Incoterms® 2020 수록

개정4판

무역실무

이신규 저

도서출판 두남

개정4판을 내면서

여러 가지 부족함에도 불구하고 본 무역실무를 활용해 주신 무역 및 국제통상 관련 전공 교수님들과 무역실무자들 그리고 일반 독자 여러분들에게 진심으로 감사를 드린다.

본서의 주요 변경 내용을 다음과 같다.

첫째, 무역실무에 필요한 내용들을 중심으로 요약하고 기존의 내용들을 약간 축소하여 정리하였다.

둘째, 그 동안 새로운 FTA 체결이 이루어진 것을 반영하여 제11장에서 추가된 내용들을 종합적으로 반영하였다.

셋째, 기존의 내용들의 잘못된 표현들을 수정함으로써 독자들이 보다 쉽게 이해할 수 있도록 정리하였다.

여전히 저자의 능력이 미흡하고 부족하여 초래된 잘못된 내용이나 표현들에 대하여 독자 여러분들의 아낌없는 지적과 조언을 해주시면 계속 수정·보완해 나갈 것을 약속드린다.

아울러 도서출판 두남의 전두표 사장님과 이승구 상무님 그리고 편집부 직원들에게 감사를 드린다.

2024년 2월

저 자

차 례

제4장 무역계약 / 75

제5장 정형거래조건과 인코텀즈 / 143

제6장 신용장과 무역결제방식 / 251

제7장 물품의 확보 및 무역금융 / 333

제8장 해상운송 / 363

제10장 무역관련보험 / 467

제11장 수출입통관과 관세 / 505

제12장 환어음과 무역결제서류 / 537

제13장 무역클레임과 상사중재 / 581

제 1 장

무역실무의 기초

1. 무역의 의의, 대상 및 특성에 대해 알아본다.
2. 무역거래의 유형에 대해 알아본다.

제 1 장

무역실무의 기초

1.1 무역의 의의와 대상

1 무역의 개념

무역(international trade)은 그 주체와 대상에 따라 여러 가지로 정의되고 있다. 무역에 대한 구체적인 정의는 다음과 같다.

첫째, 무역은 '교환 또는 매매'를 의미한다. 영어의 무역(trade)은 '걷다', '밟다'라는 의미의 'tread'와 '발자취' 또는 '항로'의 의미인 'trace'에서 유래되었다. 한편, 한자의 무역(貿易)은 역시 '무역하다'라는 의미의 무(貿)와 '바꾸다'라는 의미인 역(易)의 합성어로 교환이나 매매를 의미하는 것으로 사용되었다.

둘째, 무역의 대상은 물품(goods), 용역(service), 그리고 전자적 형태의 무체물(intangibles of electronic forms)과 같은 물품 등이다. 고대의 무역은 각 지역의 천연자원을 서로 교환하는 것에 국한되었지만, 산업화단계에서는 공장에서 생산·가공된 공산품을 매매하거나 교환하는 형태로 확대되었다. 최근 들어 무역은 물품은 물론 용역 및 전자적 형태의 무체물까지 그 대상의 폭을 넓혀 가고 있다.

셋째, 무역은 그 대상인 물품, 용역, 그리고 전자적 형태의 무체물이 이동하는 현상을 의미한다. 이러한 이동현상은 동일국가 내에서 이루어질 수도 있고 국경을 넘어 다른 국가로 이동할 수도 있다. 물품과 용역 또는 전자적 형태의 무체물이 동일국가 내에서 매매되는 것을 국내무역(domestic trade)이라고 하고, 국경을 넘어 이동하는 것을 국제무역(international trade)이라고 한다. 일반적으로 무역은 국제무역을 의미한다.

이런 관점에서 볼 때 무역은 상이한 국가 간에 물품(goods) 등을 대상으로 이루어지는 상거래로 정의할 수 있다. 좁은 의미로 무역은 가치생산을 목적으로 한 물품 등의 국제적인 매매나 교환을 의미하는 수출과 수입을 말한다. 한편 넓은 의미로 무역은 물품, 자본, 기술, 용역(서비스) 등과 같은 경제적 가치를 지닌 모든 재화를 국제간에 교환·매매하여 그 효용가치나 경제적 효과를 증대시키는 국제적 상행위를 말한다.

일반적으로 무역은 좁은 의미의 무역을 말한다. 대외무역법 제2조에서 "무역이라 함은 물품 등(물품, 대통령령이 정하는 용역 또는 전자적 형태의 무체물)의 수출·수입을 말한다" 라고 규정하고 있다.

국내무역(domestic trade)

국제무역(international trade)

1) 수출의 정의

대외무역법상 수출은 수출승인에서부터 대금영수까지 포함한 일련의 수출절차를 말하고, 관세법상 수출은 수출신고수리시점을 기준으로 내국물품을 외국으로 반출하는 것을 말한다.

(1) 대외무역법상의 정의

수출(export)이란 통상 매매의 목적물인 물품 등을 외국에 매각하는 것, 즉 국내 거주자가 외국의 거래 상대방에게 물품 등을 공급하고 그에 상응하는 경제적 대가를 수취하는 것으로서 대외무역법시행령(제2조)에서는 다음과 같이 규정하고 있다.

① 매매, 교환, 임대차, 사용대차, 증여 등을 원인으로 국내에서 외국으로 물품이 이동하는 것(우리나라의 선박으로 외국에서 채취한 광물 또는 포획한 수산물을 외국에 매도하는 것을 포함한다)

② 「관세법」 제196조에 따른 보세판매장에서 외국인에게 국내에서 생산(제조·가공·조립·수리·재생 또는 개조한 것을 말한다)된 물품을 매도하는 것

③ 유상으로 외국에서 외국으로 물품을 인도하는 것으로서 산업통상자원부장관이 정하여 고시하는 기준에 해당하는 중계무역에 의한 수출, 외국인도수출

④ 거주자의 비거주자에 대한 용역의 제공

⑤ 거주자가 비거주자에게 정보통신망을 통한 전송과 그 밖에 산업통상자원부장관이 정하여 고시하는 방법으로 전자적 형태의 무체물을 인도하는 것

수출

- 매매, 교환, 임대차, 사용대차, 증여 등 을 원인으로 국내에서 외국으로 물품이 이동하는 것(우리나라의 선박으로 외국에서 채취한 광물 또는 포획한 수산물을 외국에 매도하는 것을 포함)
- 관세법 제196조에 따른 보세판매장에서 외국인에게 국내에서 생산(제조.가공.조립.수리.재생 또는 개조하는 것을 말한다)된 물품을 매도하는 것
- 유상으로 외국에서 외국으로 물품을 인도하는 것으로서 산업통상자원부장관이 정하여 고시하는 기준에 해당하는 중계무역에 의한 수출, 외국인도수출
- 거주자(외국환거래법 제3조 제1항 제14조에 따른 거주자)가 비거주자(외국환거래법 제3조 제1항 제15호에 따른 비거주자)에게 산업통상자원부장관이 정하여 고시하는 다음의 어느 하나의 방법으로 제3조에 따른 용역제공
  - 용역의 국경을 넘은 이동에 의한 제공(서비스의 국경간 공급)
  - 비거주자의 국내에서의 소비에 의한 제공(서비스의 해외소비)
  - 거주자의 상업적 해외주재에 의한 제공(상업적 주재)
  - 거주자의 외국으로의 이동에 의한 제공(자연인의 이동)
- 거주자가 비거주자에게 제4조에 따른 전자적 형태의 무체물을 다음의 방법으로 인도하는것
  - 정보통신망을 통한 전송
  - 그 밖에 산업통상자원부장관이 정하여 고시하는 방법으로 인도하는 것. 즉 컴퓨터 등 정보처리 능력을 가진 장치에 저장한 상태로 반출한 후 인도하는 것

(2) 관세법상의 정의

관세법상 수출이란 내국물품을 외국으로 반출하는 것을 말한다.

수출

정의(관세법)	내국물품을 외국으로 반출하는 것
내국물품	•우리나라에 있는 물품으로서 외국물품이 아닌 것 •우리나라의 선박 등이 공해에서 채집하거나 포획한 수산물 등 •입항 전 수입신고가 수리된 물품 •수입신고수리 전 반출승인을 받아 반출한 물품 •수입신고 전 즉시 반출신고를 하고 반출된 물품

2) 수입의 정의

대외무역법상 수입은 수입승인에서부터 대금지급까지 포함한 일련의 수입절차를 말하고, 관세법상 수입은 국경(관세선)을 중심으로 외국물품을 우리나라에 반입하는 것을 말한다.

(1) 대외무역법상의 정의

수입(import)이란 매매의 목적물인 물품 등을 외국으로부터 구매하는 것, 즉 국내거주자가 외국으로부터 물품 등을 수령하고 그에 상응하는 경제적 가치를 제공하는 것으로서 대외무역시행령에서는 다음과 같이 정의하고 있다.

① 매매, 교환, 임대차, 사용대차, 증여 등을 원인으로 외국으로부터 국내로 물품이 이동하는 것

② 유상으로 외국에서 외국으로 물품을 인수하는 것으로서 산업통상자원부장관이 정하여 고시하는 기준에 해당하는 중계무역에 의한 수입, 외국인수수입

③ 비거주자의 거주자에 대한 용역의 제공

④ 비거주자가 거주자에게 정보통신망을 통한 전송과 그 밖에 산업통상자원부장관이 정하여 고시하는 방법으로 전자적 형태의 무체물을 인도하는 것

수입

- 매매, 교환, 임대차, 사용대차, 증여 동을 원인으로 외국으로부터 국내로 물동이 이동하는것
- 유상으로 외국에서 외국으로 물품을 인수하는 것으로서 산업통상지원부장관이 고시하는 기준에 해당하는 중계무역에 의한 수입, 외국인수수입
- 비거주자가 거주자에게 산업통상지원부장관이 정하여 고시하는 다음의 어느 하나의 방법으로 제3조에 따른 용역을 제공하는 것
  - 용역의 국경을 넘은 이동에 의한 제공
  - 거주자의 외국에서의 소비에 의한 제공
  - 비거주자의 상업적 국내주재에 의한 제공
  - 비거주자의 국내로 이동에 의한 제공
- 비거주자가 거주자에게 제4조에 따른 전자저 형태의 무체물을 다음의 방법으로 인도하는것
  - 정보통신망을 통한 전송
  - 그 밖에 산업통상자원부장관이 정하여 고시하는 방법으로 인도하는 것. 즉 컴퓨터 등 정보처리 능력을 가진 장치에 저장한 상태로 반입한 후 인도하는 것

(2) 관세법상의 정의

관세법상 수입이란 외국물품을 우리나라에 반입하거나 우리나라에서 소비 또는 사용하는 것을 말한다. 여기에서 외국물품이란 우리나라에 도착한 물품(외국의 선박 등에 의하여 공해에서 채집 또는 포획된 수산물 포함)으로서 수입신고가 수리되기 전의 것과 내국물품으로서 수출신고가 수리된 물품을 말한다.

수입

- 정의(관세법): 외국물품(다음의 하나에 해당하는 물품)을 우리나라에 반입(보세구역을 경유하는 것은 보세구역으로부터 반입하는 것을 말함)하거나 우리나라에서 소비 또는 사용하는 것(우리나라 운성수단 안에서의 소비 또는 사용을 포함하며, 제239조 각호의 I에 해당하는 소비 또는 사용은 제외)
  - 외국물품
    - 외국으로부터 우리나라에 도착된 물품(외국의 선박 등에 의하여 공해에서 채집 또는 포획된 수산물 등을 포함한다)으로서 수입신고가 수리되기 전의 것
    - 수출신고가 수리된 물품
  - 제239조 수입으로 보지 아니하는 소비 또는 사용
    - 선용품 또는 기용품, 차량용품을 운송수단 안에서 그 용도에 따라 소비 또는 사용하는 경우
    - 선용품 또는 기용품, 차량용품을 지정보세구역에서 출국자나 환승자에게 제공하여 그용도에 따라 소비 또는 사용하는 경우
    - 여행자가 휴대품을 운송수단 또는 관세통로에서 소비 또는 사용하는 경우
    - 관세법의 규정에 의하여 안정된 바에 따라 소비 또는 사용하는 경우

2 무역의 대상

대외무역법상 무역의 대상에는 물품 등이 해당된다(대외무역법 제2조). 물품 등에는 물품(goods), 용역(service) 및 전자적 형태의 무체물(intangibles of electronic forms)이 포함된다.

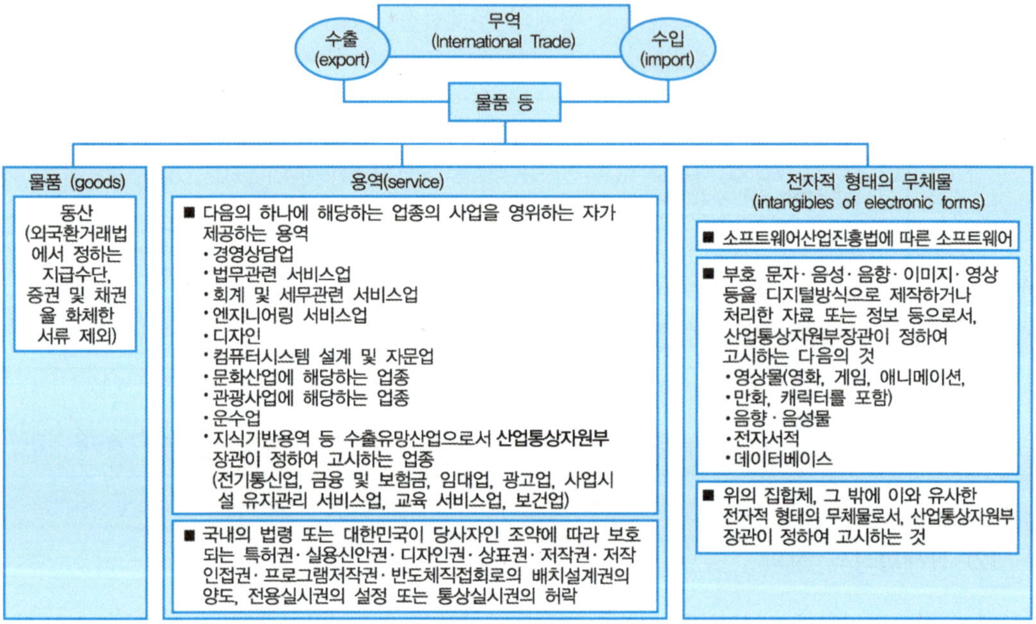

3 무역의 특성

물품 등의 국경 간 이동으로 이루어지는 무역은 동일한 경제단위 내에서 이루어지는 국내거래와는 달리 다음과 같은 특성을 가지고 있다.

1) 해상의존성

선박은 많은 물품을 이동시키는데 적합하고 비용이 비교적 다른 운송수단들보다 저렴하기 때문에 물품의 대부분이 해상으로 운송되고 있다. 이에 따라 상거래에 적용되는 국제상관습들도 해상운송, 해상보험 등과 연계되어 발달되어 왔다. 최근에는 내륙운송이나 항공운송의 비중이 증가하고 있으며, 두 가지 이상의 서로 다른 운송수단이 사용되는 복합운송방식을 통한 운송이 증가되는 추세에 있다.

2) 기업의 위험성

국가 간에 이루어지는 무역은 다음과 같은 위험성이 존재한다.

첫째, 물품수송상의 위험이 있다. 무역거래시 장거리 운송이나 보관이 불가피하기 때문에 물품 자체의 변질이나 부패는 물론 도난이나 손상의 위험이 국내거래의 경우보다 많이 노출되게 된다. 이러한 위험을 해결하기 위하여 해상보험 등의 무역관련 보험제도가 운영되고 있다.

둘째, 물품대금결제상의 위험이 있다. 수출업자는 물품을 선적하기 전에 수입업자로부터 대금을 선지급받는 경우가 아닌 동시지급방식이나 후지급방식으로 거래할 경우 수입업자의 대금지급거절이나 대금지급불능으로 대금회수에 문제가 발생될 수 있다. 이러한 위험을 회피하기 위하여 무역보험제도 등이 운영되고 있다.

셋째, 환율변동으로 인한 환위험(exchange risk)이 있다. 국제 간의 무역거래에서 결제되는 통화가 서로 다르기 때문에 계약체결시점의 환율과 대금결제시점의 환율변동으로 인한 환손실의 가능성이 있다.

넷째, 물품가격변동으로 인한 위험이 있다. 무역은 필연적으로 당사자들 간의 계약시점과 물품의 인수시점에 상당한 시간차이가 존재한다. 만일 계약체결 이후 시장에서 물품가격이 상승하거나 하락할 경우 관련 당사자들에게 직접적으로 영향을 미치게 된다.

3) 국제관습성

국제 간에 이루어지는 무역거래는 국가마다 상관습, 인어, 상거래법규가 다르기 마련이다. 따라서 상대국가들의 이러한 특성을 이해하지 못할 경우 추후에 분쟁이 발생될 소지가 있다. 국제관습상의 통일화를 위해 국제상업회의소(International Chamber of Commerce : ICC) 등을 중심으로 정형화된 '국내 및 국제무역거래 조건의 사용에 관한 ICC 규칙(Incoterms)'이나 '신용장통일규칙(Uniform Customs and Practice for Documentary Credits ; UCP)' 등이 제정되어 운영되고 있다.

4) 산업관련성

무역은 한 국가의 산업구조에 중요한 영향을 미친다. 수출의 증가는 운송, 물류, 보험, 금융 등의 국내산업 분야가 활성화되면서 고용 및 국민소득의 증가로 이어지게 된다. 반면에 수입의 증가는 관련 산업의 위축으로 인하여 고용과 소득의 감소를 가져오게 된다.

1.2 무역거래의 유형

무역거래의 유형은 다음과 같이 분류될 수 있다.

▮표 1-1▮ 무역거래의 유형

분 류	형 태
물품의 형태	• 유형무역(visible trade) • 무형무역(invisible trade)
제3국의 개입	• 중개무역(merchandising trade) • 중계무역(intermediary trade) • 통과무역(transit trade) • 스위치무역(switch trade)
수출과 수입의 연계	• 물물교환(barter trade) • 구상무역(compensation trade) • 대응구매(counter purchase) • 산업협력(industrial cooperation)
물품의 가공방식	• 위탁가공무역(improvement trade on consignment) • 수탁가공무역(improvement trade on trust)
물품의 판매방식	• 위탁판매수출(consignment sale trade) • 수탁판매수입(import on consignment) • 보세창고거래(bonded warehouse transaction) • Central Terminal Station ; CTS거래
물품의 임대차방식	• 임대수출(lease export) • 임차수입(loan import)
물품의 인도·인수	• 외국인도수출(export from a foreign country to another country) • 외국인수수입(import from a foreign country to another country)
자사상표 부착여부	• 상표수출(brand export) • 주문자상표부착방식(Original Equipment Manufacturing; OEM)의 수출 • 주문자개발생산방식(Original Design Manufacturing; ODA)의 수출
결제방법	• 송금방식(remittance)의 수출입 • 추심방식(collection)의 수출입 • 신용장방식(letter of credit; L/C)의 수출입 • 전자결제방식(electronic payment)의 수출입 • 기타결제방식[국제팩토링(international factoring), 포페이팅(forfeiting) 등]

주) 1. 결제방법에 의한 무역거래의 유형은 제6장에서 자세히 설명함.
2. 이하 일부 무역형태별 그림들은 전순환, 대외무역법, 한올출판사, 2013, 제5장 특정거래의 수출입의 내용에서 인용함.

1 물품의 형태에 따른 분류

1) 유형무역

"유형무역(visible trade)"이란 눈으로 볼 수 있으며 구체적인 형태를 가지고 있는 상품무역을 의미한다. 일반적인 상품수출입이 유형무역에 속하며 수출입시 세관통관절차를 거쳐 국제수지표상에 상품수지로 계상된다.

2) 무형무역

"무형무역(invisible trade)"이란 눈에 보이지 않는 서비스무역을 의미한다. 운임, 보험료, 관광, 특허권사용료 등은 물론 정보통신망을 통하여 전송되는 전자적 형태의 무체물도 여기에 해당된다. 수출입통관절차를 거치지 않고 수출입할 수 있으며 국제수지표상에는 서비스수지로 계상된다.

2 제3국의 개입 여부에 따른 분류

1) 중개무역

"중개무역(仲介貿易 : merchandising trade)"은 제3국의 중개업자가 수출입업자의 대리인으로 개입하여 수출입 당사자 간에 거래가 이루어지도록 해주고 중개수수료(commission)만 취득하는 형태의 무역을 말한다. 물품은 수출국에서 수입국으로 직접 선적되고 대금결제도 수출입 당사자 간에 이루어진다. 중개업자에게 물품의 소유권이 이전되지 않고 중개인은 단순중개를 통해 수출업자 또는 수입업자로부터 일정한 수수료를 지급받는다.

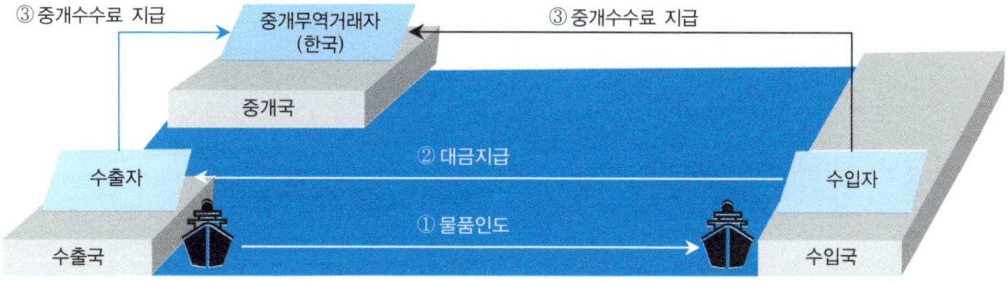

▌그림 1-1▐ 중개무역의 형태

2) 중계무역

"중계무역(中繼貿易 : intermediary trade)"은 중계업자가 수출할 것을 목적으로 물품 등을 수입하여 보세구역 및 보세구역외장치의 허가를 받은 장소 또는 자유무역지역 이외의 국내에 반입하지 않고 이를 제3국으로 수출하는 거래방식이다. 중계업자가 본인의 책임으로 물품을 수입한 후 다시 수출하는 거래 형태로 별개의 독립된 수입계약과 수출계약을 체결한다. 이 방식은 수입한 물품을 원상태 그대로 수출하여 수출대금 영수액과 수입대금 지급액과의 차액에 해당하는 가득액을 취하는 거래방식이다. 이 때 취하는 가득액은 수출액(FOB)에서 수입액(CIF)을 공제한 금액으로 이 중계차익을 수출실적으로 인정한다.

중계무역은 원칙적으로 물품이 제3국의 기업으로부터 외국의 최종 수입기업으로 직송되지 않고 중계국에 일단 들어온다는 점에서 중개무역(中介貿易)과 다르다. 거래되는 물품을 통과화물이라고 하며 여기에 따른 수입액과 수출액의 차액은 중계국의 소득이 된다. 거래방식은 수입한 물품을 가공하지 않고 원형 그대로 수출하는 점에서 가공무역과 다르다. 하지만 실제로는 중계무역 과정에서 물품이 국내로 들어오지 않고 제3국의 기업으로부터 최종 수입기업으로 직접 운송되고 중계국으로 물품선적서류만 인도되는 경우가 많다. 따라서 국내세관의 통관실적에는 잡히지 않는다.

중개무역은 제3국 중개업자가 수출입의 주체가 아니라 수출국과 수입국의 무역거래 과정에 개입하여 중개수수료를 취하는데 반해, 중계무역은 거래의 당사자로서 수출입 거래에 참여하여 매매차액을 취하는 점에서 근본적 차이가 있다. 또 중계무역은 무역거래의 한 유형으로서 수출액에서 수입액을 제한 가득액(매매 차액)을 수출실적으로 인정받을 수 있지만, 중개무역은 대외무역법상 무역거래의 유형에 해당하지 않아 수출실적에 포함되지 않는다.

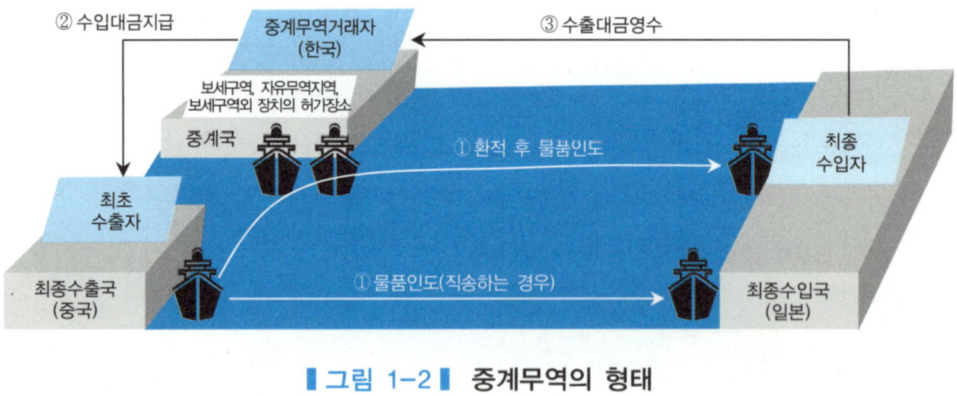

▌그림 1-2▐ 중계무역의 형태

3) 통과무역

"통과무역(transit trade)"은 물품이 수출국에서 출발하여 제3국을 경유하여 수입국으로 운송되는 경우 통과국의 입장에서 볼 때의 무역을 말한다. 통과무역은 제3국 무역업자의 자의적인 개입이 없다는 점에서 중계무역과 다르다. 통과국은 통과세 및 취급수수료, 보험료, 운임 등과 같은 통과운임의 수입을 얻는다.

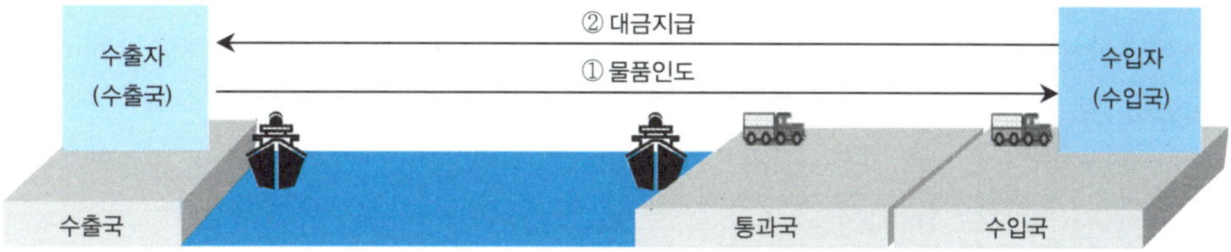

▌그림 1-3▐ 통과무역의 형태

4) 스위치무역

"스위치무역(switch trade)"은 수출업자와 수입업자가 직접 매매계약을 체결하고 물품도 수출국으로부터 수입국으로 직접 선적되지만, 대금결제는 제3국의 무역업자(switcher)를 개입시켜 행하거나 제3국의 결제통화나 계정을 사용하여 결제하는 무역을 말한다. 수입국이 수입대금을 특정 외화로 지급해야 하는데 해당 특정 외화의 여유가 없기 때문에 특정 외화를 가지고 있는 제3국을 개입시켜 지급하고자 하는 경우나, 또는 무역수지 불균형에 따라 제3국의 결제통화 또는 계정을 사용하여 지급하는 경우에 이용된다. 이 경우 제3국의 무역업자를 스위쳐(swticher)라고 하고, 스위쳐가 받는 수수료를 스위쳐 커미션(switcher commission)이라고 한다. 스위치무역은 제3국의 입장에서 보면 중개무역이 된다.

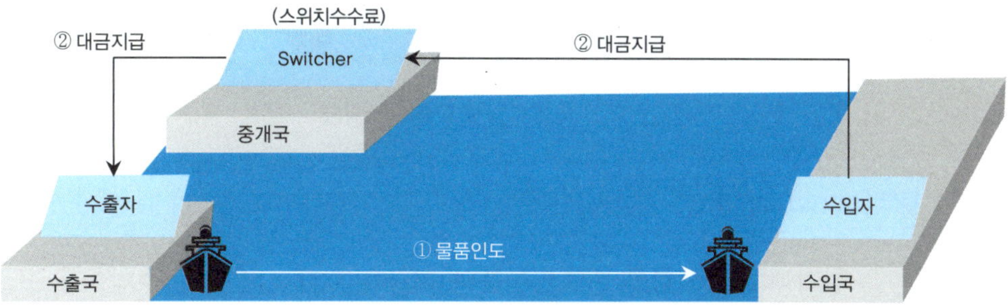

▌그림 1-4▐ 스위치무역의 형태

3 수출과 수입의 연계에 따른 분류

"연계무역(counter trade)"이란 수출국과 수입국 양국 간의 수출입 균형을 유지하기 위하여 수출과 수입을 연계시킨 거래를 말한다. 연계무역에는 환거래 없이 당사자 간에 직접 물건을 교환하는 방식인 물물교환(barter trade), 수출국이 일정금액의 물품을 수출한 경우 균형을 유지하기 위하여 수입국이 동 금액에 해당하는 물품을 수출국으로부터 수입하는 형태의 무역인 구상무역(compensation trade), 대응수입의 계약조건하에서 수출액의 일정비율에 해당하는 물품을 대응수입해야 하는 의무를 가지도록 하는 대응구매(counter purchase) 및 산업협력(industrial cooperation) 등이 있다.

1) 물물교환(barter trade)

"물물교환"은 두 거래당사자 간 수출·수입거래가 직접적인 물품교환방식으로 이루어지는 방법을 말한다. 물물교환은 환거래가 발생하지 않는 단순한 물물교환방식의 형태이며 하나의 계약으로 거래가 성립된다. 신용장의 발행 없이 직접적인 물물교환형태로 거래되기 때문에 당사자 간 물품의 인도와 인수가 거의 동시에 이루어진다.

① 수출과 수입거래를 하나의 계약서로 작성
② 환거래가 발생하지 않으며 물품의 교환이 이루어짐
③ 일반적으로 물품의 인도와 인수가 동시에 이루어짐
④ 대응수입의무를 제3국에 전가 불가능

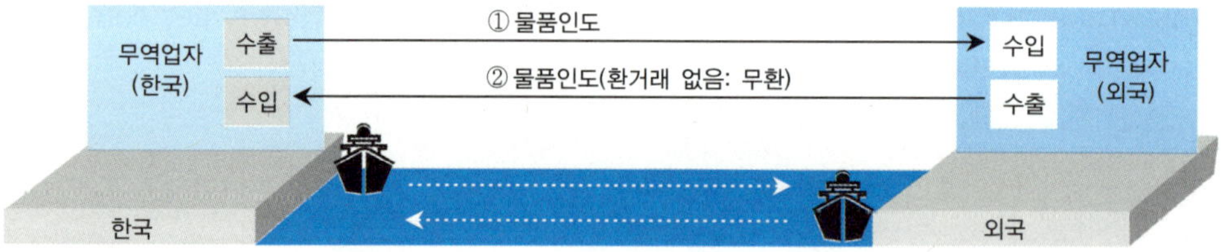

그림 1-5 물물교환의 형태

2) 구상무역(compensation trade)

"구상무역"은 환거래가 발생하고 수출입물품의 대금을 그에 상응하는 수입이나 수출로 상쇄하는 거래를 말한다. 구상무역방식은 하나의 계약서로 거래가 성립되며 대금결제가 상계되어야 하기 때문에 동시발행신용장(Back to Back L/C), 기탁신용장(Escrow L/C)

및 토마스신용장(Tomas L/C) 등의 특수신용장이 사용된다. 구상무역의 특징은 다음과 같다.

① 원칙적으로 수출과 수입거래를 하나의 계약서로 작성
② 환거래가 발생하여 상호 간에 합의된 통화로 대금결제
③ 대응수입 이행기간은 통상 3년 이내
④ 대응수입비율은 통상 10~100%
⑤ 대응수입의무를 제3국으로 전가 가능

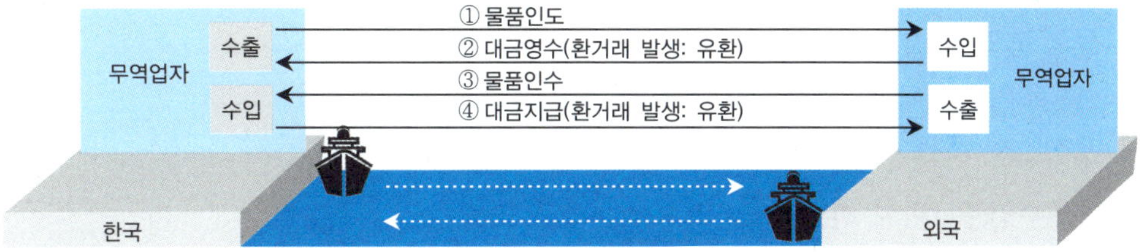

▌그림 1-6▐ 구상무역의 형태

3) 대응구매(counter purchase)

"대응구매"는 연계무역의 가장 보편적인 형태로 계약서상 수출액의 일정비율을 반드시 일정기간 내에 대응수입하겠다는 의미에서는 구상무역과 유사하지만 수출과 수입이 별도의 계약서나 신용장에 의하여 이행된다는 점이 다르다. 대응구매의 특징은 다음과 같다.

① 수출과 수입거래를 별도의 계약서로 작성
② 형식상 완전히 별도로 분리된 두 개의 일반무역거래 형태
③ 대응수입 이행기간은 통상 5년 이내
④ 환거래가 발생하며 상호 간에 합의된 통화로 결제
⑤ 대응수입의무를 제3국에 전가 가능

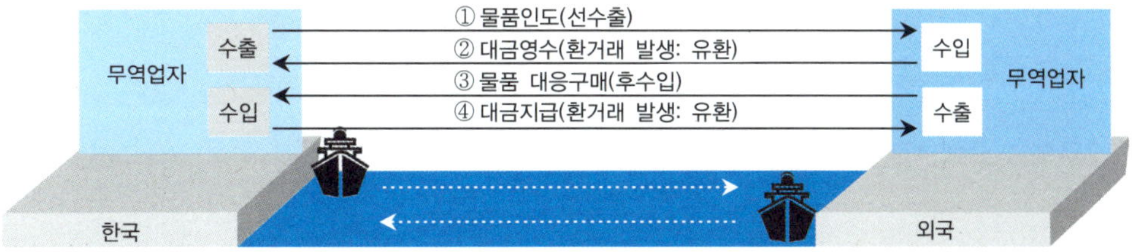

▌그림 1-7▐ 대응구매의 형태

4) 산업협력(industrial cooperation)

"산업협력"은 제품환매(buy back)와 합작투자(joint venture)로 구분된다. 제품환매는 최근 들어 특히 턴키프로젝트(turnkey project) 분야에서 많이 채택되는 방식으로 수출업자가 설비·기술 등을 수출하고, 수출한 기술 또는 설비에 의해 생산되는 제품을 재구매하는 형태의 연계무역을 의미한다. 합작투자는 수출업자가 산업발전을 위하여 자본참여, 기술 및 판매망 제공 등으로 수입업자와 합작하여 생산된 제품을 대응구매계약에 의해 수입하는 것을 말한다.

① 대응 매수인 물품이 매도인 물품의 관련 물품임
② 대응수입은 별도의 계약서에 의하여 이루어짐
③ 대응수입 이행기간은 통상 5년 내지 25년 정도
④ 대응수입은 1회에 한하지 않고 100% 초과 가능
⑤ 대응수입의무를 제3국에 전가 가능
⑥ 대응수입은 물품은 물론 판매망 제공 등으로 상계 가능

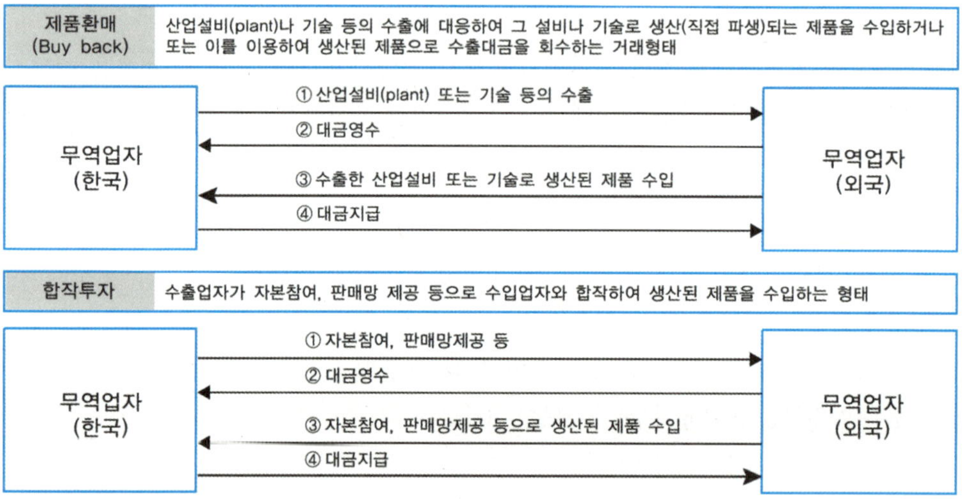

그림 1-8 산업협력의 형태

연계무역방식에 대한 비교는 다음 [표 1-2]와 같다.

▌표 1-2▐ 연계무역의 형태

구 분	물물교환	구상무역	대응구매	산업협력
계약서	하나의 계약서	하나의 계약서	별도 계약서	별도 계약서
환의 유무	환거래 없음	환거래 있음	환거래 있음	환거래 있음
신용장	–	동시발행신용장 기탁신용장 토마스신용장	두 개의 일반 신용장	–
상계방법	물품	합의된 통화	합의된 통화	합의된 통화
대응수입비율	100%	합의로 결정 (10 ~ 100%)	합의로 결정 (10 ~ 100%)	합의된 통화로 상계
대응수입기간	통상 1년 (대부분 동시 교환)	통상 3년 이내	통상 5년 이내	통상 3 ~ 25년 이내 (대응수입이 계속됨)
수입의무의 제3국 전가	불가능	가능	가능	가능

4 물품의 가공방식에 따른 분류

1) 위탁가공무역

"위탁가공무역(improvement trade on consignment)"은 가공임을 지급하는 조건으로 외국에서 가공(제조, 조립, 재생, 개조를 포함)할 원자재의 일부나 전부를 거래 상대방에게 수출하거나 외국에서 조달하여 이를 가공한 후 가공물품 등을 수입하거나 외국으로 인도하는 수출입을 말한다. 위탁가공할 원자재의 범위는 원자재·부자재·부품 및 구성품은 물론 재생, 개조를 위한 완제품도 포함되며, 원자재의 수출은 유환 또는 무환의 구별 없이 일부 또는 전부도 가능하다.

위탁가공무역은 주로 자국 내에서 가공하는 것보다 외국에서 가공하는 것이 가공임이 싸거나 기술이 발달된 국가에서 가공하고자 하는 경우에 이용된다. 거래 상대방에서 가공한 후 재수입하지 않고 현지 또는 제3국에 판매하는 경우도 있다.

2) 수탁가공무역

"수탁가공무역(improvement trade on trust)"은 가득액을 영수하기 위하여 원자재의 전부 혹은 일부를 거래 상대방의 위탁에 의하여 수입하여 이를 가공한 후 위탁자 또는 그가 지정하는 자에게 가공물품 등을 수출하는 수출입을 말한다. 다만, 위탁자가 지정하는 자가 국내에 있음으로써 보세공장 및 자유무역지역에서 가공한 물품 등을 외국으로 수출할 수 없는 경우 관세법에 따른 수탁자의 수출·반출과 위탁자가 지정한 자의 수입·반입·사용은 대외무역법에 따른 수출·수입으로 본다. 수탁가공무역이 되기 위해서는 원자재의 일부가 반드시 거래 상대방으로부터 수입되어야 한다.

수탁가공무역은 외국의 무역업자가 우리나라의 숙련된 노동력 또는 고도의 기술을 이용하고자 하는 거래형태로 수출과 수입이 하나의 계약으로 이루어진다. 원자재의 수입시 유상·무상 여부에 따라 유환수탁가공무역과 무환수탁가공무역으로 구분된다.

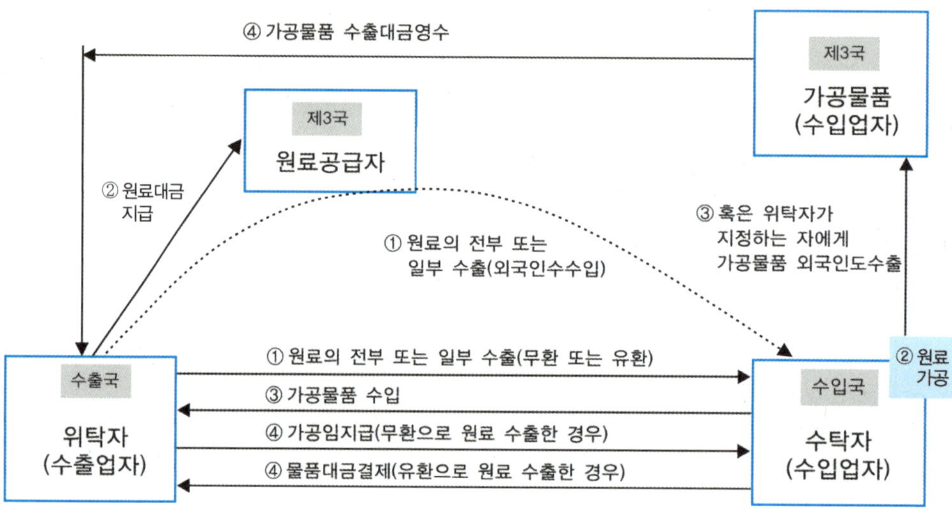

▌그림 1-9▐ 수위탁가공무역의 형태

5 물품의 판매방식에 따른 분류

1) 위탁판매수출

"위탁판매수출"이란 물품 등을 무환으로 수출하여 해당 물품이 판매된 범위 안에서 대금을 결제하는 계약에 의한 수출을 말한다. 위탁자(수출업자)가 물품 등을 무환으로 수출한 다음 수탁자(수입업자)가 해당물품이 판매된 범위 내에서 대금을 결제하고 판매 후 잔량이 있을 경우 위탁자에게 송부하는 방식의 수출을 말한다. 위탁자는 자신의 계산과 위험으로 물품을 수출하기 때문에 물품이 이동되더라도 소유권은 위탁자에게 있으며, 수탁자는 계약에 따라 물품을 판매하고 판매대금에서 경비와 수수료를 제외한 금액을 위탁자에게 송금한다. 수탁자의 입장에서 보면 물품관리 책임만 있고 자금부담과 위험부담이 없으나 위탁자는 거의 전적인 부담을 지고 있으므로 위탁자가 자금여유가 있는 상태에서 수출시장을 적극적으로 개척하고자 할 때 주로 이용된다. 대금결제방법은 일반적으로 사후송금방식이 이용된다.

이 방식과 유사한 거래로 보세창고거래(Bonded Warehouse Transaction : BWT)가 있다. 이 방식은 무역업자가 거래상대국가에 지점을 설치해 놓고 상대국 정부로부터 허가받은 보세창고에 물품을 무환으로 반출하여 현지의 수입수요상황에 따라 구매계약을 체결하여 판매하는 방식이다.

2) 수탁판매수입

"수탁판매수입"이란 물품 등을 무환으로 수입하여 당해 물품이 판매된 범위 내에서 대금을 결제하는 계약에 의한 수입을 말한다. 수탁자(수입업자)가 물품 등을 위탁자(수출업자)로부터 무환으로 수입하여 물품이 판매된 범위 내에서 수입대금을 결제하고 판매 잔량을 재수출하는 방식을 말한다. 이 방식은 물품의 소유권을 가진 수출업자가 자금과 위험을 부담하고 수입업자는 수출업자가 지정한 조건에 따라 물품을 판매한 후 판매경비와 수수료 등을 세외한 나머지 금액을 수출업자에게 송금하기 때문에 수입업자는 아무런 위험부담이나 자금부담 없이 손쉽게 수입할 수 있다.

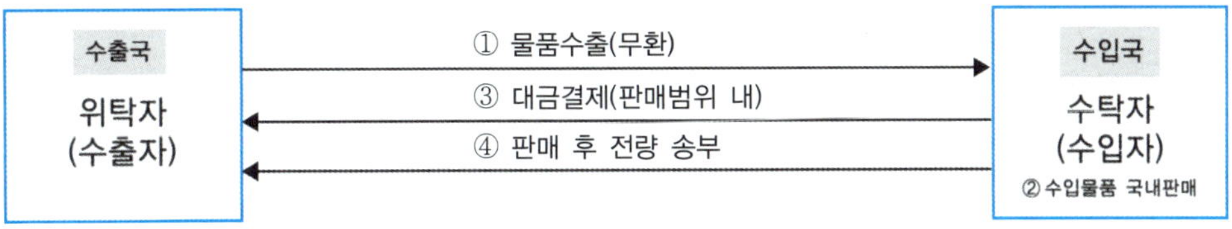

▌그림 1-10▐ 수위탁판매무역의 형태

3) 보세창고거래

"보세창고거래(Bonded Warehouse Transaction ; BWT)"란 수출업자가 본인의 책임하에 수입국 내에 지사 또는 대리인을 지정하고 매매계약을 체결하지 않은 상태에서 물품을 수입국 내의 보세창고에 무환으로 입고한 후 현지의 수입업자와 매매계약이 성립된 후 판매하는 방식의 거래이다.

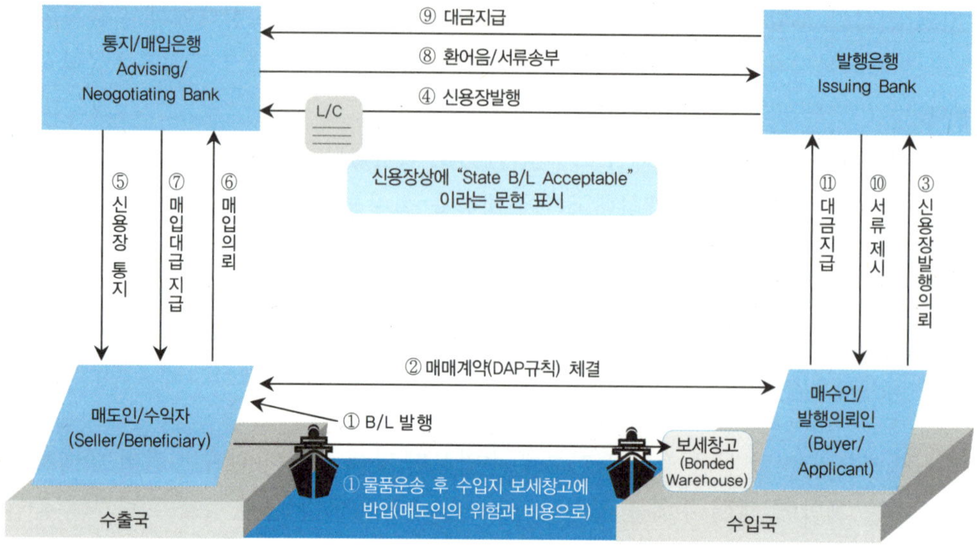

그림 1-11 보세창고방식의 거래형태

4) CTS거래

"CTS(Central Terminal Station)"방식은 수출업자가 거래 상대국의 인가를 받아 외국에 현지법인을 설립하고 그 법인 앞으로 물품을 위탁·수출하고 그 법인이 현지에서 직접 판매하고 판매된 범위 내에서 대금을 결제하는 거래형태이다. 우리나라의 경우 네덜란드의 로테르담에 CTS시설을 운영하고 있다.

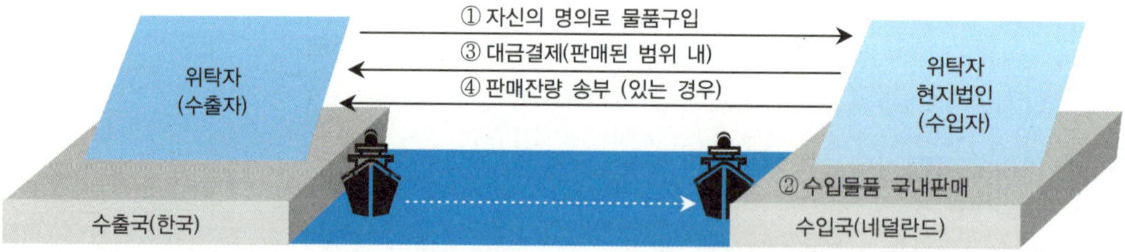

그림 1-12 CTS방식의 거래형태

6 물품의 임대차방식에 따른 분류

1) 임대수출

"임대수출"이란 임대(사용대차 포함)계약에 의하여 물품 등을 수출하여 일정기간 후 다시 수입하거나 그 기간 만료 전 또는 만료 후 당해물품 등의 소유권을 이전하는 수출을 말한다. 생산시설과 새로운 기술확보를 위해서는 어려운 해외활동을 해야 한다. 이러한 어려움을 해결하는 방법으로 시설기재의 임대차방식이 이용되고 있다.

2) 임차수입

"임차수입"이란 임차(사용대차 포함)계약에 의하여 물품 등을 수입하여 일정기간 후 다시 수출하거나 그 기간의 만료 전 또는 만료 후 당해 물품의 소유권을 이전받는 수입을 말한다.

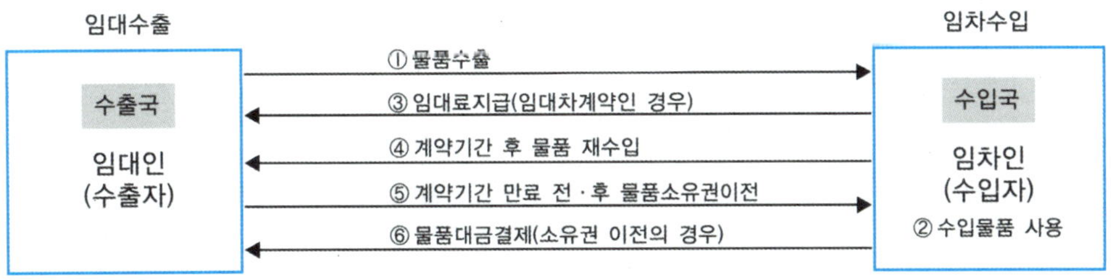

그림 1-13 임대차방식의 형태

7 물품의 인도·인수에 따른 분류

1) 외국인도수출

"외국인도수출"은 수출대금은 국내에서 영수하지만 국내에서 통관되지 아니한 수출물품 등을 외국으로 인도하거나 제공하는 수출을 말한다. 이 방식은 다음과 같은 경우에 주로 이용된다.

① 해외에서 항해 중이거나 어로작업 중인 선박을 현지에서 매각하는 경우
② 플랜트수출, 해외건설, 해외투자 등 해외사업현장에서 필요한 기자재 등을 외국인수수입형태로 구매하여 사용한 후 국내로 반입하지 않고 다시 매각하는 경우

③ 위탁가공무역방식에 의하여 외국의 수탁자에 의하여 가공된 물품을 국내로 반입하지 않고 외국에 수출하는 경우

외국인도수출과 중계무역은 물품이 외국에서 외국으로 이동된다는 점에서는 동일하지만 외국인도수출이 한 건의 수출행위만 존재하는데 반하여 중계무역은 수출과 수입이라는 두 건의 거래가 각각 발생한다는 점에서 다르다.

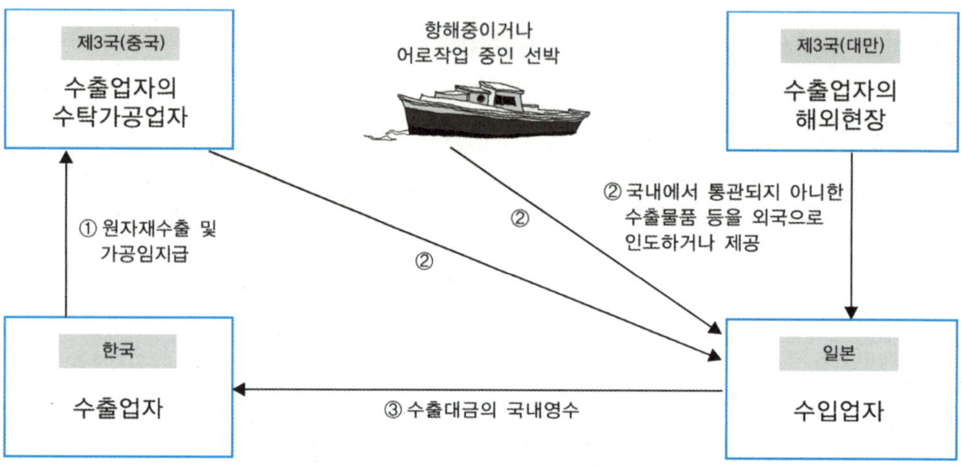

▌그림 1-14▐ 외국인도수출의 형태

2) 외국인수수입

외국인수수입은 수입대금은 국내에서 지급되지만 수입물품 등은 외국에서 인수하거나 제공받는 수입을 말한다. 외국인수수입은 해외에서 기자재나 원자재를 수입하여 다시 외국으로 수출하기 위한 절차로 인하여 발생되는 시간이나 경비의 지출을 줄이기 위하여 이용되는 거래형태이다. 외국인수수입은 다음과 같은 경우에 주로 이용된다.

① 산업설비수출, 해외건설, 해외투자 등 해외사업현장에서 필요한 기자재 등에 대해 수입대금은 국내에서 지급하고 해외현장에 직접 송부하는 경우
② 위탁가공무역방식에 의하여 외국의 수탁자가 필요로 하는 원자재를 수입대금은 국내에서 지급하고 수탁자의 공장에 직접 송부하는 경우

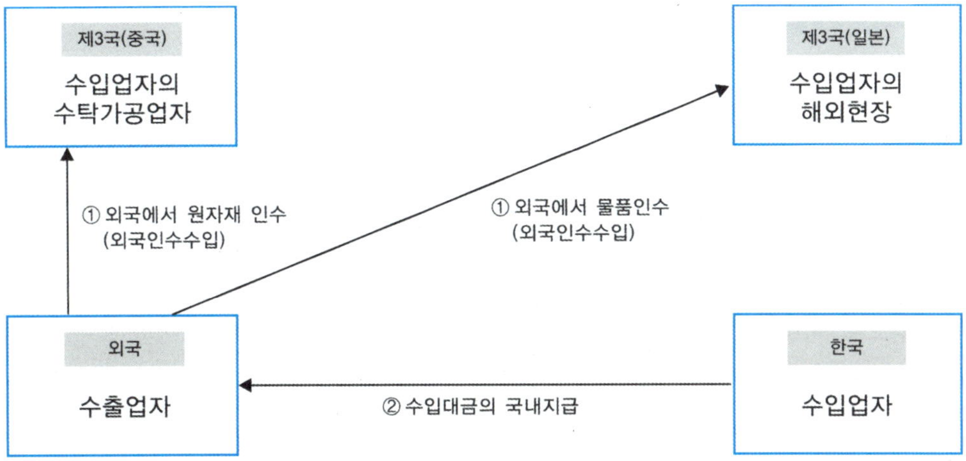

그림 1-15 외국인수수입의 형태

8 자사상표 부착 여부에 따른 분류

1) 상표수출

"상표수출(brand export)"은 제조업자 자신이 개발한 제품에 자사의 상표를 부착하여 수출하는 것을 말한다.

2) 주문자상표부착(OEM)방식의 수출

"주문자상표부착(Original Equipment Manufacturing : OEM)"방식은 유통망을 구축하고 있는 주문업체(위탁자)가 생산설비와 능력을 가진 제조업체(수탁자)에 위탁자가 원하는 디자인, 품질 등의 물품을 제조하도록 위탁하여 완성된 물품을 주문자의 브랜드로 공급받아 판매하는 방식을 말한다. 높은 인건비로 인해 가격경쟁력을 상실한 선진국 기업들이 인건비가 비교적 저렴한 국가의 기업들로부터 OEM 방식을 통하여 물품을 구매하여 제3국으로 수출하는 경우가 많다.

주문업체의 입장에서는 자신이 원하는 물품을 제조업체로부터 공급받아 자신의 브랜드로 판매할 수 있는 장점이 있다. 제조업체의 입장에서는 물품의 대량생산이 가능하기 때문에 효율적으로 제품을 생산할 수 있다는 장점이 있는 반면, 물품비용을 제대로 받지 못하는 경우가 많을 뿐만 아니라 주문자의 하청생산기지 이상의 기능을 할 수 없게 된다는 단점이 있다.

3) 제조업자개발생산(ODM)방식의 수출

"제조업자개발생산(Original Development Manufacturing; Original Design Manufacturing; ODM)"방식이란 주문업체(유통업체)가 제조업체에 제품의 생산을 위탁하면 제조업체는 이 제품을 자체적으로 개발·생산하여 주문자에게 납품하고, 주문업체는 이 제품을 유통·판매하는 형태로 자체개발주문생산 또는 자체설계주문생산이라고 한다. 주로 기술력을 보유한 제조업체에서 제품을 개발하면 판매망을 보유한 유통업체에서 납품을 받아 유통에 집중하는 시스템으로 이루어진다. 제조업체에서 자체적으로 기술을 개발하기 때문에 부가가치가 높고, 해외로의 판매가 이루어질 경우 개발 로열티를 받는 등 고부가가치를 창출할 수 있다. 주로 첨단기술을 보유하고 있지만 브랜드 파워가 없는 정보통신업체 등에서 주로 이용되고 있다.

연습문제

1. 주관식문제

1) 무역의 개념에 대해 설명하시오.
2) 대외무역법과 관세법에서 규정하고 있는 수출의 정의를 설명하시오.
3) 대외무역법과 관세법에서 규정하고 있는 수입의 정의를 설명하시오.
4) 무역의 대상에 대해 설명하시오.
5) 무역의 특성에 대해 설명하시오
6) 연계무역의 종류와 내용을 설명하시오.

2. 용어해설문제

- 중개무역
- 중계무역
- 스위치무역
- 구상무역
- 대응구매
- 산업협력
- 위탁가공무역
- 수탁가공무역
- 위탁판매수출
- 수탁판매수입
- 임대수출
- 임차수입
- 외국인도수출
- 외국인수수입
- 보세창고거래(BWT)
- CTS
- OEM
- ODM

제 2 장

무역관리와 수출입절차

1. 무역관계법규, 무역거래자 및 무역관리기구에 대해 알아본다.
2. 무역거래대상에 대한 관리를 살펴본다.
3. 수출입절차와 각 절차별 주요 내용을 알아본다.

제2장

무역관리와 수출입절차

2.1 무역관리

1 무역관리의 개념

무역관리란 특정 국가가 무역거래에 직접적으로 개입하여 대외무역의 질서를 유지하고, 자국의 수출을 촉진하며 수입을 적정하게 조정하기 위하여 무역거래에 따른 제반절차와 이를 규제 또는 지원하기 위한 각종 법규 및 제도적 장치를 말한다. 무역관리는 무역거래에 대한 정부의 인가, 허가, 면허, 승인, 인증, 행정지도 등의 방법으로 이루어진다.

무역관리는 국제수지균형과 국민경제발전을 기하기 어려운 경우에 직·간접적으로 대외거래물품의 품목과 수량을 제한하는 일종의 무역통제정책으로서 무역관리의 정도는 각국의 경제사정에 따라 서로 다르게 나타난다. 무역관리의 목적은 국가가 자유무역을 지향하는 가운데서도 국내산업발전, 국제수지균형 등 경제정책목표를 달성하기 위하여 대외무역거래에 일정한 규제를 두는데 있다.

우리나라의 무역은 헌법에 의하여 체결·공포된 무역에 관한 조약과 일반적으로 승인된 국제법규가 정하는 바에 따라 자유롭고 공정한 무역을 조장함을 원칙으로 하고 있다.

2 무역관계법규

현재 우리나라에서 제정되어 운영되고 있는 무역에 관련된 주요 법규는 ① 대외무역법, ② 관세법, ③ 외국환거래법이다. 수출입기본질서에 대해서는 대외무역법으로 관리하고 있고, 물품의 이동과 관련해서는 관세법으로 관리하고 있으며 무역대금의 결제방법에 대해서는 외국환거래법으로 관리하고 있다. 우리나라의 무역관리법규의 체계와 내용은 다음과 같다.

1) 대외무역법

대외무역법은 수출입거래를 관리하는 기본법으로 1986년 12월 31일부터 시행되어오고 있다. 이 법은 대외무역을 진흥하고 공정한 거래질서를 확립하여 국제수지의 균형과 통상의 확대를 도모함으로써 국민경제의 발전에 이바지함을 목적으로 하고 있다(대외무역법 제1조). 대외무역법에서 위임된 사항과 그 시행에 따른 사항을 결정하기 위하여 대외무역법시행령 및 대외무역관리규정이 마련되어 시행되고 있다.

2) 관세법

관세법은 관세의 부과징수 및 수출입물품의 통관을 적정하게 하여 국민경제발전에 기여하고 관세수입의 확보를 기함을 목적으로 하는 법이다. 관세법은 관세법시행령과 관세법시행규칙의 체계를 가지고 있으며 별표로서 관세율표를 가지고 있다. 관세법은 1967년 11월 29일 제정되어 수차 개정되어 오늘에 이르고 있다.

3) 외국환거래법

외국환거래법은 외국환거래와 그 밖의 대외거래의 자유를 보장하고 시장기능을 활성화하여 대외거래의 원활화 및 국제수지의 균형과 통화가치의 안정을 도모함으로써 국민경제의 건전한 발전에 이바지함을 목적으로 하고 있다. 외국환거래법은 1961년 12월 31일 외국환관리법으로 제정된 후 1998년 9월 16일 현재의 외국환거래법으로 공포되어 수차 개정되면서 오늘에 이르고 있다.

3 무역거래자

1) 무역거래자의 의의

무역거래자란 "수출 또는 수입을 하는 자, 외국의 수입자 또는 수출자에게서 위임을 받은 자 및 수출과 수입을 위임하는 자 등 물품 등의 수출행위와 수입행위의 전부 또는 일부를 위임하거나 행하는 자"를 말한다.

수출 또는 수입을 하는 자는 무역업자를 의미하고, 외국의 수입자 또는 수출자의 위임을 받은 자는 무역대리업자를 의미한다. 물품 등의 수출행위나 수입행위를 위임하는 자는 무역대행위탁자, 위임된 수출이나 수입을 행하는 자는 무역대행업자를 말한다.

이와 같이 무역거래자는 자기의 명의로 자기의 계산과 위험으로 수출 또는 수입하는 자, 수입자나 수출자로부터 위임을 받은 무역대리업자 및 무역대행업자를 포함하는 개념으로 정의되고 있다.

(1) 무역업자

무역업자는 자기명의와 자기책임 하에 수출 또는 수입을 하는 자를 말한다. 수출 또는 수입을 하는 자란 수출을 업으로 하는 수출자(exporter), 수입을 업으로 하는 수입자(importer) 그리고 양쪽을 겸하는 수출입자(exporter and importer)를 말한다.

(2) 무역대리업자

무역대리업자는 외국의 수출자 또는 수입자의 위임을 받은 자를 말한다. 외국의 수출자로부터 위임을 받은 자를 판매대리점(selling agent)이라고 하고, 외국의 수입자로부터 위임을 받은 자를 구매대리점(buying agent)이라고 한다.

① 판매대리점(selling agent) : 외국 수출자의 위임을 받은 자가 국내에서 수입계약의 체결과 이들에 부대되는 행위를 업으로 하며 수출자의 계약대리권만 행사한다. 약정된 지역 내에서 판매가 인정되는 독점판매대리점도 판매대리점의 일종이다. 외국 수출자의 명의와 계산으로 판매계약(국내 입장에서는 수입계약)을 체결하는 자로 물품매도확약서(firm offer)를 발행하는 수입물품 오퍼발행 대리업자(오퍼상)의 역할을 겸할 수도 있다.

② 구매대리점(buying agent) : 외국 수입자의 위임을 받은 자가 국내에서 수출품의 구매와 이들에 부대되는 행위를 업으로 하며 수입자의 계약대리권만 행사한다. 외국 수입자의 명의와 계산으로 구매계약(국내 입장에서는 수출계약)을 체결한 후 국내에서 물품을 구매한다.

(3) 무역대행업자

무역대행업자는 무역대행위탁자와 무역대행업자로 구분된다. 무역대행 위탁자는 다른 무역업자에게 그 무역업자의 명의로 수출입을 대행해 줄 것을 위임하거나 위탁하는 자를 말한다. 무역대행업자는 무역대행 위탁자와의 대행계약에 따라 일정한 수수료를 받고 자기명의로 거래하는 무역업자를 말한다.

▌표 2-1▌ 무역거래자의 정의

<table>
<tr><th>구 분</th><th colspan="2">내 용</th></tr>
<tr><td>무역업자</td><td colspan="2">• 자기 명의로 자신의 책임 하에 물품의 수출입을 업으로 영위하는 자
• 물품의 소유권이전을 전제로 한다는 의미에서 무역대리업과 구분됨</td></tr>
<tr><td rowspan="3">무역대리업자
(무역대리점)</td><td>판매대리점</td><td>외국의 수출자의 위임을 받은 자가 국내에서 수입계약의 체결과 이들에 부대되는 행위를 업으로 영위하는 것으로 계약대리권만 행사함</td></tr>
<tr><td>구매대리점</td><td>외국의 수입자의 위임을 받은 자가 국내에서 수출품의 구매와 이들에 부대되는 행위를 업으로 영위하는 것으로 계약대리권만 행사함</td></tr>
<tr><td colspan="2">• 자기명의로 소유권 이전을 전제로 한 수출입을 할 수 없다는 점에서 무역업과 구분됨
• 물품매도확약서발행 및 수출품의 구매알선, 시장조사 등으로 영업범위가 한정된다는 점에서 무역중개업과 구분됨</td></tr>
<tr><td rowspan="2">무역대행업자</td><td>무역대행
위탁자</td><td>다른 무역업자에게 그 무역업자의 명의로 수출입을 대행해 줄 것을 위임 또는 위탁하는 자</td></tr>
<tr><td>무역대행업자</td><td>무역대행위탁자와의 대행계약에 따라 일정한 수수료를 받고 자기명의로 거래하는 무역업자</td></tr>
</table>

2) 무역업고유번호제도

무역업을 영위하고자 하는 자는 한국무역협회에 무역업고유번호신청서를 제출하여 무역업고유번호를 부여받게 된다. 무역을 업으로 하고자 하는 자는 무역업고유번호를 한국무역협회장에게 신청해야 하며, 한국무역협회장은 접수 즉시 신청자에게 무역업고유번호를 부여해야 한다. 업체의 소재지와 관계 없이 한국무역협회 본·지부에 신청이 가능하고 구비서류는 ① 무역업고유번호신청서 1부, ② 사업자등록증 원본 1부이다.

무역업고유번호신청서
APPLICATION OF TRADE BUSINESS CODE

처리기간(Handling Time)
즉 시 (Immediately)

① 상 호 (Name of Firm)			② 무 역 업 고 유 번 호 (Trade Business Code)		
③ 주 소 (Address)				④ 업 종 (Business Type)	
⑤	전 화 번 호 (Phone Number)		⑥ 전 자 우 편 주 소 (Email Address)		
	팩 스 번 호 (Fax Number)		⑦ 사 업 자 등 록 번 호 (Business Registry Number)		
⑧ 대 표 자 성 명 (Name of Rep.)			⑨ 주 민 등 록 번 호 (Passport Number)		

대외무역법 시행령 제21조 및 대외무역 관리규정 제24조의 규정에 의하여 무역업고유번호를 위와 같이 신청합니다.

I hereby apply for the above-mentioned trade business code in accordance with Article 24 of the Foreign Trade Management Regulation.

신 청 일 : 년 월 일
Date of Application Year Month Day

신 청 인 : (서명)
Applicant Signature

사단법인 한국무역협회 회장
Chairman of Korea International Trade Association

유의사항 : 상호, 대표자, 주소, 전화번호 등 변동사항이 발생하는 경우 변동일로부터 20일 이내에 통보하거나 무역업데이터베이스에 수정 입력하여야 함.

210㎜×297㎜
일반용지 70g/㎡

4 무역관리기구

1) 중앙행정관청

우리나라의 경우 산업통상자원부가 대외무역관리를 담당하는 주무기관이다. 산업통상자원부로 하여금 상업·무역·산업 및 공업 등에 관한 사무를 관장하도록 함으로써 산업통상자원부장관이 무역행정을 담당하는 중앙행정기관의 장이 된다.

2) 권한위임·위탁기관

대외무역법은 무역행정의 신속화와 효율적인 운영을 위해 산업통상자원부장관이 수출입과 관련된 권한을 위임 또는 위탁하고 있다.

▌표 2-2▐ 수출입관련 권한 위임·위탁기관

기관	해당 기관		위임·위탁 내용
산업통상자원부	위임	기술표준원장	• 외화획득용 원료·기재 기준소요량(목재가구 제외) • 외화획득 이행여부의 사후관리
		시·도지사	• 외화획득이행기간의 연장 • 외화획득용 원료·기재의 사용목적 변경승인 • 원산지표시 관련업무
		자유무역지역관리원장	• 자유무역지역관리원의 관할구역의 입주업체에 대한 관세양허를 받기 위한 원산지증명서 발급업무
	위탁	관계중앙행정기관의 장	• 외화획득용 원료·기재 관련 규정 • 수출입질서유지를 위한 조정명령
		국립산림과학원장	• 목재가구에 대한 외화획득용 원료·기재 기준소요량 결정
		세관장	• 수출입승인면제의 확인, 원산지표시의 확인 • 원산지증명서 제출명령, 원산지증명서 발급 등
		한국무역협회	• 무역업고유번호의 부여 및 관리 • 수출입거래에 관한 정보의 수집 및 분석 • 전자적 형태의 무체물의 수출입확인
		한국선주협회	• 해운업 용역의 수출입확인
		한국관광협회중앙회	• 관광사업 용역의 수출입확인
		한국소프트웨어산업협회	• 전자적 형태의 무체물의 수출입확인
		관세청장	• 원산지표시 관련 업무
		관계행정기관 또는 단체의 장	• 수출입대상물품 등

기관	해당 기관		위임·위탁 내용
		한국기계산업진흥회장	• 산업설비수출승인 관련 업무
		한국수출입은행장	• 한국기계산업진흥협회에 위탁한 권한 중 연불금융지원
		대한상사중재원	• 무역분쟁 관련 업무
		대한상공회의소	• 원산지증명서 발급업무
		전자무역기반사업자 외국환은행장	• 구매확인서의 발급 및 사후관리
		전략물자관리원	• 전략물자의 판정 및 통보

2.2 무역거래대상에 대한 관리

1 수출입물품의 관리

우리나라의 대외무역법 제10조 수출입의 원칙에서 "물품 등의 수출입과 이에 따른 대금을 받거나 지급하는 것은 대외무역법의 목적의 범위에서 자유롭게 이루어져야 하고, 무역거래자는 대외신용도 확보 등 자유무역질서를 유지하기 위하여 자기 책임으로 그 거래를 성실히 이행하여야 한다"고 규정하고 있다. 이에 따라 원칙적으로 수출입이 정부의 제한없이 자유롭게 이루어질 수 있도록 하고 있지만, 예외적으로 일부 해당품목에 대해서는 수출입승인, 수출허가 및 요건확인 등을 받아야 수출입을 할 수 있도록 수출입품목 관리의 근거도 마련해두고 있다.

수출입품목의 관리는 수출 또는 수입에 대한 직접규제방식으로 개별품목의 수출입품목에 대한 종합관리체제이다. 수출 또는 수입하고자 하는 자는 해당 품목의 수출 또는 수입 이전에 해당 품목의 수출입이 규제되는지의 여부를 검토한 후 규제대상 품목인 경우 사전에 요건을 갖추어 수출입을 해야 한다. 수출입품목에 대한 관리는 대외무역법에 근거한 수출입공고, 개별법에 의한 통합공고 및 전략물자수출입고시로 이루어져 있다.[1)]

1) 수출입공고

수출입공고란 산업통장자원부장관이 승인대상물품 등의 품목별 수량·금액·규격 및 수출 또는 수입지역 등의 한정 등 물품 등의 수출 또는 수입의 제한 및 절차 등을 정하여 공고하

1) 이에 대한 자세한 내용은 제7장 제3절에 요약되어 있다.

는 것으로 수출입 품목관리를 위한 기본공고이다. 수출입공고에 의해 제한되는 대상물품은 해당기관에서 수출입승인을 받아야 수출입할 수 있다.

2) 통합공고

통합공고는 대외무역법 이외의 법령에 의하여 물품의 수출 또는 수입요령을 정한 것이 있는 경우에 산업통상자원부장관이 그 법령에 의하여 정한 물품의 수출 또는 수입요령을 공고하는 것을 말한다. 통합공고에 의한 요건확인품목은 일반수출입승인과는 별도로 요건확인을 받아야 한다. 수출입공고상의 승인대상물품이면서 통합공고상의 요건확인품목인 경우 일반수출입승인과 요건확인을 별도로 받아야 한다. 통합공고에는 수출입물량 규제보다는 품질검사, 형식승인 등 절차상의 요건확인을 통한 규제가 대부분이다.

3) 전략물자수출입고시

전략물자(strategic goods or materials)란 대량살상무기 및 그 운반수단의 개발·제조에 직·간접적으로 사용될 수 있는 일반 산업용 물품 및 기술을 의미한다. 전략물자는 다자간 국제수출통제체제의 원칙에 따라 국제평화 및 안전유지와 국가안보를 위하여 수출허가 등 제한이 필요한 물품·기술 등이 모두 포함된 넓은 개념이다. 일상생활에 흔히 쓰이는 용품이라도 재질에 따라 전략물자로 분류될 수 있다. 전략물자수출입고시에 의해 제한되는 물품은 수출허가, 상황허가 또는 중계허가를 받아야 수출이 가능하다. 전략물자의 수출허가 또는 플랜트의 수출승인을 받은 경우에는 일반수출입승인을 받을 필요가 없다.

표 2-3 수출입물품의 관리

구 분	제한여부	조 치	해당기관
수출입공고	제한품목	수출입승인	수출입승인기관
통합공고	제한품목	요건확인	요건확인기관
전략물자수출입고시	제한품목	수출허가, 상황허가, 중계허가	수출·상황·중계허가기관
플랜트	제한품목	수출승인	수출승인기관

2 수출입거래형태의 관리

1) 특정거래형태의 개념

산업통상부장관이 물품 등의 수출입이 원활히 이루어질 수 있도록 별도의 관리가 필요한 거래형태를 특정거래형태라고 한다. 특정거래형태는 해당 거래의 전부 또는 일부가 다음 중 어느 하나에 해당하는 수출입거래형태이다.

① 대외무역법에 따른 수출 또는 수입의 제한을 회피할 우려가 있는 거래
② 산업보호에 지장을 초래할 우려가 있는 거래
③ 외국에서 외국으로 물품 등의 이동이 있고, 그 대금의 지급이나 영수가 국내에서 이루어지는 거래로서 대금결제상황의 확인이 곤란하다고 인정되는 거래
④ 대금결제 없이 물품 등의 이동만 이루어지는 거래

2) 특정거래형태의 종류

특정거래형태의 종류로는 ① 위탁판매수출, ② 수탁판매수입, ③ 위탁가공무역, ④ 수탁가공무역, ⑤ 임대수출, ⑥ 임차수입, ⑦ 연계무역, ⑧ 중계무역, ⑨ 외국인수수입, ⑩ 외국인도수출, ⑪ 무환수출입 등 모두 11가지이다.

3 수출입지역의 관리

원칙적으로 어느 국가와도 수출입을 자유롭게 할 수 있지만 다음에 해당하는 경우에는 물품 등의 수출입을 제한하거나 금지할 수 있다.

① 우리나라 또는 교역상대국에 전쟁·사변 또는 천재지변이 있을 경우
② 교역상대국이 조약과 일반적으로 승인된 국제법규에서 정한 우리나라의 권익을 인정하지 아니할 경우
③ 교역상대국이 우리나라의 무역에 대하여 부당하거나 차별적인 부담 또는 제한을 가할 경우
④ 헌법에 따라 체결·공포된 무역에 관한 조약과 일반적으로 승인된 국제법규에서 정한 국제평화와 안전유지 등의 의무를 이행하기 위하여 필요할 경우
⑤ 인간의 생명·건강 및 안전, 동물과 식물의 생명 및 건강, 환경보전 또는 국내자원보호를 위하여 필요한 경우

2.3 수출절차

수출절차란 거래선의 발굴을 위한 해외시장조사 단계에서부터 수출계약의 체결과 이행, 그리고 수출대금이 회수되어 한 건의 수출에 따른 거래가 종료되는 때까지 일련의 행정적·법규적 흐름을 의미한다. 수출절차에서는 해외시장조사, 수출계약의 체결, 신용장의 수취와 검토(신용장방식의 대금결제인 경우), 필요시 수출승인·허가 및 요건확인, 수출물품의 정비, 수출물품의 통관, 수출물품의 운송 및 보험계약 체결, 수출물품의 선적, 수출대금의 회수, 관세환급 및 사후관리 등의 여러 절차를 거치게 된다.

1 수출계약의 체결

수출계약을 체결하기 위해서는 반드시 해외시장조사를 통하여 상대방의 거래처를 물색하는 과정을 거쳐야 한다. 해외시장조사란 수출입절차의 최초단계로 특정시장에 있어서 어떤 물품의 판매 또는 구매가능성을 조사하는 것을 말한다. 해외시장은 국내시장과는 달리 지역이 멀리 떨어져 있고, 상관습 및 언어가 서로 달라 조사하는데 많은 어려움이 따른다. 그럼에도 불구하고 외국의 거래선을 발굴하는데 비용과 위험을 최소화하고 거래의 성공가능성을 높이기 위해서 사전에 목표시장에 대한 시장조사가 필요하다.

수출계약은 어느 일방의 청약(offer)에 대해 상대방이 승낙(acceptance)을 하게 되면 성립된다. 국제물품매매계약은 구두로 하더라도 성립되기 때문에 반드시 문서로 작성할 필요는 없다. 하지만, 계약내용에 관하여 매매당사자 간에 상호 확인하고 후일에 있을지도 모르는 분쟁에 대비하기 위하여 매매계약서(contract of sale)를 작성한 다음 서명하여 서로 교환해두는 것이 바람직하다. 매매계약서에 기재될 사항으로는 물품명, 품질, 수량, 가격, 선적, 결제, 보험 등과 같은 개별거래조항과 불가항력, 클레임 제기기간, 중재 및 준거법 등과 같은 일반거래조항이 있다.

2 신용장의 수취와 검토

매매계약 체결시 결제조건을 신용장(Letter of Credit : L/C)으로 합의할 경우 수입업자는 자신의 거래은행인 발행은행(issuing bank)을 통하여 신용장발행을 의뢰하게 된다. 신용장발행은행은 신용장을 발행한 후 수출업자가 소재한 국가 내에 있는 발행은행의 본·지점 또는 환거래은행을 통지은행으로 지정하여 신용장을 통지하도록 한다.

신용장은 수출업자가 신용장의 내용대로 수출을 제대로 이행했을 때 수입업자의 거래은행(발행은행)이 대금결제를 보증함으로써 수출업자에게는 대금회수와 관련된 위험을 제거하고 수입업자에게는 화물인수에 따른 위험을 제거해 줄 수 있는 제도이다. 신용장을 받은 수출업자는 안정적인 수출이행과 대금회수를 위하여 신용장상에 기재된 내용이 매매계약의 내용과 일치하는지에 대한 여부를 검토하여야 한다. 만일 계약내용과 신용장의 내용이 불일치하는 경우 수입업자에게 연락하여 신용장을 정정하도록 요구하여야 한다.

3 수출승인 및 요건확인

물품의 수출은 원칙적으로 수출승인이나 수출요건 확인 없이 자유롭게 할 수 있다. 하지만, 대외무역법에 의한 수출입공고상으로 수출제한품목인 경우에는 해당기관이나 단체로부터 수출승인(Export Approval : E/A)을 받아야 수출할 수 있다. 아울러 통합공고상으로 수출이 규제되고 있는 품목인 경우에는 해당 기관으로부터 요건확인을 받아 수출할 수 있다. 또한 전략물자수출입고시상의 제한품목은 해당 기관으로부터 수출허가를 받아야 한다.

4 수출물품의 정비

1) 수출물품의 확보

수출업자는 매매계약상의 인도기일이나 신용장에서 규정하고 있는 선적일 내에 계약물품을 선적하여야 한다. 수출업자가 수출물품을 확보하는 방법으로는 다음과 같다.

(1) 수출물품을 수출업자가 직접 생산하는 방법

수출물품을 자신이 직접 생산하기 위해서 수출업자는 수출물품의 제조 및 생산에 필요한 원료나 자재를 국내에서 구매하거나 해외에서 구매할 수 있다. 수출용 원자재를 국내에서 구매할 경우 내국신용장 방식이나 구매확인서 방식을 통하여 구매할 수 있다. 한편 수출용 원자재를 해외에서 구매하는 경우에는 수입의 형태를 통하여 구매할 수 있다.

(2) 완제품을 다른 공급자로부터 구매하는 방법

수출용 완제품을 구매하는 방법으로는 완제품의 국내구매와 해외구매방법을 이용할 수 있다. 완제품을 국내에서 구매할 경우 내국신용장 방식이나 구매확인서 방식을 통하여 구매할 수 있고, 완제품의 해외구매는 수입의 형태를 통하여 구매할 수 있다.

2) 수출물품의 검사

수출국에서 행해지는 수출물품의 검사에는 ① 수출업자의 자체검사, ② 수입업자의 요구에 의한 검사, ③ 수출당국의 명령에 의한 검사, ④ 수입당국의 명령에 의한 선적전검사(Preshipment Inspection; PSI) 등이 있다.

물품이 생산되면 물품의 대외성가 및 품질향상뿐만 아니라 매매계약에 일치하는 물품의 품질 및 수량을 인도하기 위하여 수출검사를 해야 할 필요가 있다.

3) 수출물품의 포장

수출업자는 수출물품이 수입업자에게 인도될 때까지 물품의 멸실이나 손상을 방지하기 위하여 포장을 하고 그 포장에 적절한 화인(shipping mark)을 표시하여야 한다. 화인은 화물의 외장에 기입하는 특정기호, 목적지, 포장번호, 원산지 및 취급주의 표시 등의 각종 표식을 말한다.

5 수출눌품의 통관

수출물품을 정비한 수출업자는 물품을 선적하기 전에 관세법이 정하는 바에 따라 수출통관절차를 이행하여야 한다. 수출통관이란 내국물품을 외국으로 반출하는 것을 허용하는 세관장의 처분을 말한다. 대외무역법, 관세법, 외국환거래법 등 각종 수출관련 법규의 이행사항을 최종적으로 확인하여 불법수출이나 위장수출을 방지하기 위하여 통관을 의무화하고 있다. 수출통관절차는 수출신고인이 수출하고자 하는 물품을 세관에 수출신고한 후 신고수리를 받아 해당 물품을 외국 무역선(기)에 적재하기까지의 절차를 의미한다.

수출신고시기는 수출물품의 생산 후 적재하기 전까지 모두 가능하다. 이에 따라 화주는 생산된 물품을 자신의 공장이나 창고 등에 장치한 후 직접 또는 관세사(관세법인 또는 통관취급법인 포함)를 통하여 세관에 수출신고하거나, 물품을 선적지까지 운송하여 장치한 후 선적지 관할세관에게 수출신고할 수 있다.

수출신고는 수출신고인이 전자문서로 작성된 신고자료를 통관시스템에 전송하면 관세청의 통관시스템은 자동수리대상인 경우에는 자동으로 신고수리하고 심사대상은 심사 후 수리하며, 검사대상은 검사 후 수리한다.

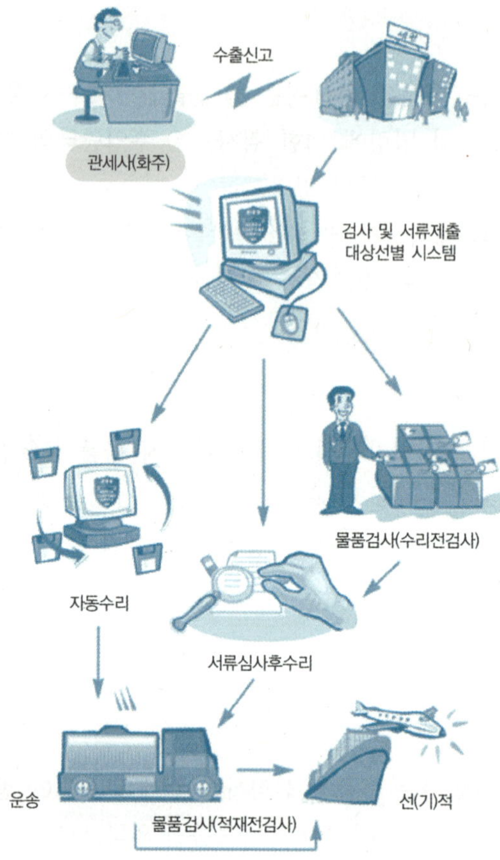

6 수출물품의 운송 및 보험계약 체결

물품운송 및 보험과 관련하여 당사자 간에 별도로 합의되어 있지 않은 경우 매매계약에 합의된 인코텀즈(Incoterms® 2020)에 따라서 운송계약과 보험계약의 체결의무자가 정해지게 된다.

1) 물품운송계약

인코텀즈(Incoterms® 2020)상 운송비지급인도규칙(CPT), 운송비보험료지급인도규칙(CIP), 목적지인도규칙(DAP), 목적지양륙인도규칙(DPU), 관세지급인도규칙(DDP), 운임포함인도규칙(CFR) 및 운임보험료포함인도규칙(CIF)은 수출업자가 운송계약을 체결하거나 마련한다. 공장인도규칙(EXW), 운송인인도규칙(FCA), 선측인도규칙(FAS) 및 본선인도규칙(FOB)의 경우 수입업자가 운송계약을 체결하거나 마련한다.

2) 보험계약

CIP 및 CIF규칙에서는 수출업자가 물품운송과정 중에 물품의 손상 및 손실에 대한 매수인의 위험을 담보하기 위한 보험계약을 체결하여야 한다. DAP, DPU 및 DDP규칙에서는 수출업자가 자신의 위험에 대하여 자신의 비용으로 보험계약을 체결할 수 있고, EXW, FCA, CPT, FAS, FOB 및 CFR규칙의 경우에는 수입업자가 자신의 위험에 대하여 자신의 비용으로 보험계약을 체결할 수 있다.

추심결제방식(D/P, D/A)이나 무신용장방식의 거래에서 수반되는 위험 중에서 수입업자의 신용위험과 수입국 내에서의 비상위험 등과 같은 불가항력적인 위험으로 수출대금을 회수할 수 없을 경우를 대비하여 한국무역보험공사에서 운영하는 무역보험을 활용할 수 있다.

7 수출물품의 선적

CFR 및 CIF규칙의 경우 수출업자는 선박회사와 운송계약을 체결하고 물품의 선적을 준비하여야 한다. 한편 FAS 및 FOB규칙의 경우에는 수입업자가 선박수배의무가 있기 때문에 수입업자가 자신의 비용과 위험으로 선박을 수배하여야 한다. 선박회사는 물품이 선적된 후 선적선하증권(on board bill of lading)을 발급하여 화주에게 교부하게 된다.

8 수출대금의 회수

신용장거래의 경우 수출업자는 환어음과 신용장에서 요구하는 관련 서류들을 준비하여 해당 외국환은행에 환어음의 매입을 의뢰하여 수출대금을 지급받는다. 수출물품의 선적을 완료한 수출업자는 신용장에서 요구하는 환어음(bill of exchange, draft)과 무역결제서류, 즉 상업송장(commercial invoice), 선하증권(bill of lading), 항공화물운송장(air waybill) 및 복합운송서류[combined(multimodal) transport document] 등의 운송서류, 보험서류 등의 기본서류와 포장명세서(packing list) 및 원산지증명서(certificate of origin) 등의 임의서류를 구비하여 거래 외국환은행에 환어음의 매입을 의뢰하게 된다.

한편, 추심거래방식의 거래인 지급인도조건(Document Against Payment ; D/P)과 인수인도조건(Document Against Acceptance ; D/A)의 경우 환어음과 계약서상에서 요구하는 서류들을 준비한 후 해당 외국환은행에게 환어음의 추심을 의뢰하여 수출대금을 지급받는다.

9 관세환급 및 사후관리

관세환급이란 수출물품을 생산하는데 소요되는 원재료의 수입시 납부세액을 수출자 또는 수출물품 생산자에게 되돌려주어 수출을 지원하는 제도이다. 환급방법에는 간이정액환급과 개별환급이 있다.

간이정액환급은 정부가 수출금액당 수출물품에 소요된 원재료에 대한 수입시 납부세액으로 일정금액을 정하여 지급하는 방법이다. 중소기업체는 간이정액환급을 이용하면 편리하다. 간이정액환급대상물품을 수출하는 중소기업에 대해서는 수출신고서에 환급신청 여부만 표시하면 별도의 환급신청 없이 자동으로 환급금이 지급된다.

개별환급은 수출물품제조에 소요된 원재료의 납부세액을 소요량제도에 의한 증빙서류에 의거 개개의 원재료별로 확인하여 환급금을 산출하는 방법이다.

관세환급을 받기 위해서는 원재료를 수입한 때로부터 2년 이내에 수출하고 수출한 때로부터 2년 이내에 환급신청을 해야 한다.[2] 환급신청은 수출업체 또는 관세사, 상공회의소, 세관 등 전산설비가 갖추어진 곳이면 어느 곳에서나 신청이 가능하다.

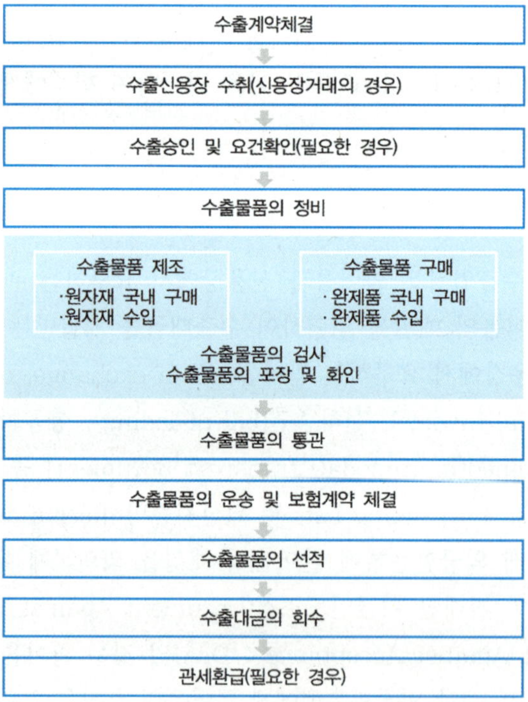

그림 2-1 수출절차의 흐름도

2) 원유 등 국제가격 하락 품목의 관세환급 유효기간은 2년에서 3월로 단축되었다.

2.4 수입절차

수입절차란 수입업자가 수입대상물품과 거래선을 선정하여 수입계약을 체결하고 필요시 수입승인 또는 요건확인을 받아 자신의 거래은행에게 수입신용장 등을 발행하도록 지시한 후, 수출업자가 송부한 환어음 및 운송서류가 은행을 통하여 도착할 경우 수입대금을 결제한 후 서류를 인도받아 당해 수입물품을 통관하는 일련의 행정적·법규적 절차를 의미한다. 수입절차에서는 수입계약의 체결, 수입승인 및 요건확인, 수입신용장 발행 및 통지, 수입물품의 운송 및 보험계약 체결, 선적서류의 내도, 수입대금결제 및 서류인수, 수입물품통관 및 물품인수 등의 여러 절차를 거치게 된다.

1 수입계약의 체결

수입업자는 필요한 물품을 수입하고자 할 경우에 해외시장조사 및 조회(inquiry) 등을 통하여 신뢰성 있는 물품공급업자를 물색하고, 외국의 수출업자로부터 직접 또는 그의 국내 대리점을 통하여 간접적으로 전달받은 청약(offer)에 대하여 승낙(acceptance)함으로써 수입계약을 성립시킨다. 매매계약은 반드시 문서로 작성할 필요는 없지만 후일의 분쟁에 대비하기 위하여 작성하여 서명한 후 상호 보관하여 두는 것이 바람직하다.

2 수입승인 및 요건확인 (필요한 경우)

일반적으로 수입은 원칙적으로 자유롭게 이루어지기 때문에 수입업자는 자유롭게 수입할 수 있다. 하지만, 수입하고자 하는 물품이 대외무역법에 의한 수출입공고상의 수입제한 품목일 경우에는 수출입공고상의 해당 수입요령에 규정되어 있는 기관이나 단체의 장으로부터 수입승인(Import Approval : I/A)을 받아야 한다. 수입물품이 통합공고상의 수입요건확인품목일 경우에는 통합공고상의 요건확인기관으로부터 수입요건 확인신청을 하여 수입요건 확인서를 발급받아야 수입할 수 있다.

3 수입신용장 발행 및 통지

매매계약서상에 결제조건을 신용장방식으로 합의한 경우 수입업자는 자신의 거래은행인 발행은행에게 신용장의 발행을 요청한다. 수입업자는 외국환거래약정서와 신용장발행신청서를 작성하여 발행은행에게 제출하면 발행은행은 수입업자인 신용장발행의뢰인의 신용상태 및 담보능력 등을 검토한 후 신용장을 발행한다. 한편 발행은행은 수출업자의 국가에 있는 자신의 본·지점 또는 환거래은행을 통지은행(advising bank)으로 지정하여 신용장을 수출업자에게 통지하도록 한다.

4 수입물품의 운송 및 보험계약 체결

1) 물품운송계약

인코텀즈(Incoterms® 2020)상 공장인도규칙(EXW), 운송인인도규칙(FCA), 선측인도규칙(FAS) 및 본선인도규칙(FOB)의 경우 수입업자가 물품의 운송을 위하여 운송계약을 체결하거나 마련한다. 운송비지급인도규칙(CPT), 운송비보험료지급인도규칙(CIP), 목적지인도규칙(DAP), 목적지양륙인도규칙(DPU), 관세지급인도규칙(DDP), 운임포함인도규칙(CFR) 및 운임보험료포함인도규칙(CIF)은 수출업자가 운송인과 운송계약을 체결하거나 마련한다.

2) 보험계약

EXW, FCA, CPT, FAS, FOB 및 CFR규칙의 경우에는 수입업자가 자신의 위험에 대하여 자신의 비용으로 보험계약을 체결할 수 있다. CIP 및 CIF규칙에서는 수출업자가 물품운송과정 중에 물품의 손상 및 손실에 대한 수입업자의 위험을 담보하기 위한 보험계약을 체결하여야 한다. DAP, DPU 및 DDP규칙에서는 수출업자가 자신의 위험에 대하여 자신의 비용으로 보험계약을 체결할 수 있다.

5 선적서류의 내도

수출업자는 물품을 선적한 후 환어음과 신용장상의 요구조건에 일치하는 무역결제서류와 환어음을 외국환은행에 제시하여 대금을 회수하게 된다. 신용장발행은행은 수출국의 매입은행 등으로부터 내도된 상업송장(commercial invoice), 선하증권(Bill of Lading : B/L) 등의 서류가 신용장조건과 일치하는지의 여부를 심사한 후 신용장발행의뢰인인 수입업자에게 관련 서류를 제시한다.

6 수입대금결제 및 선적서류인수

발행은행은 제시된 서류가 신용장조건과 일치하는지를 심사하고 일치하는 경우 수입업자에게 수입어음결제와 운송서류를 수령하도록 통지한다. 수입업자는 발행은행에게 수입대금을 결제하고 운송서류를 인수한다.

경우에 따라서는 운송서류가 이미 도착하였으나 수입업자가 결제자금이 없어 서류를 인수하지 못하는 경우가 있는데, 이 때 수입업자는 대도(Trust Receipt : TR)[3]를 통해 대금을 지급하지 않고 발행은행으로부터 서류를 인도받을 수 있다.

7 수입물품통관 및 물품인수

수입통관이란 외국물품을 수입하고자 하는 자가 직접 또는 관세사 등을 통하여 세관장에게 수입신고를 하고 동 수입신고가 관세법의 규정에 따라 적법하게 신고된 것으로 인정되는 경우에 이를 수리함으로써 수입업자가 보세구역으로부터 물품을 반출하여 자유롭게 유통할 수 있는 것을 의미한다. 수입통관절차는 수입신고인이 수입하고자 하는 물품을 세관에 수입신고한 후 신고수리를 받아 물품을 보세구역으로부터 반출하기까지의 일련의 절차를 의미한다. 수입업자는 수입항에 도착한 물품을 보세구역 또는 보세구역외 장치장소에 장치한 후 직접 또는 관세사(통관법인 또는 관세사법인 포함)에게 의뢰하여 세관에 수입신고를 한다. 필요한 경우 세관의 물품검사를 받고 수입신고필증을 교부받아 관세를 납부한 후 물품을 인수받게 된다.

한편 수입화물은 이미 도착하였으나 운송서류가 도착하지 않아 화물의 인수가 불가능한 경우에는 수입업자의 거래은행인 발행은행으로부터 수입화물선취보증서(Letter of Guarantee : L/G)[4]를 발급받아 운송인으로부터 수입화물을 인수할 수 있다.

---

3) 대도(T/R)는 일람출급신용장의 경우 서류가 도착하면 발행은행은 수입업자로부터 대금을 지급받음과 동시에 서류를 인도해야 하지만, 수입업자가 수입대금을 지급하지 않고 발행은행으로부터 운송서류를 인도받아 수입화물을 인도 받고 나중에 대금지급을 할 수 있도록 하는 제도이다.

4) 수입화물선취보증서(L/G)는 수입국에 선적서류보다 물품이 먼저 도착할 경우 신용장 발행은행이 운송인인 선박회사가 수입업자가 선적서류를 제시하지 않고도 물품을 인도할 수 있도록 선박회사 앞으로 발행하는 보증서를 말한다.

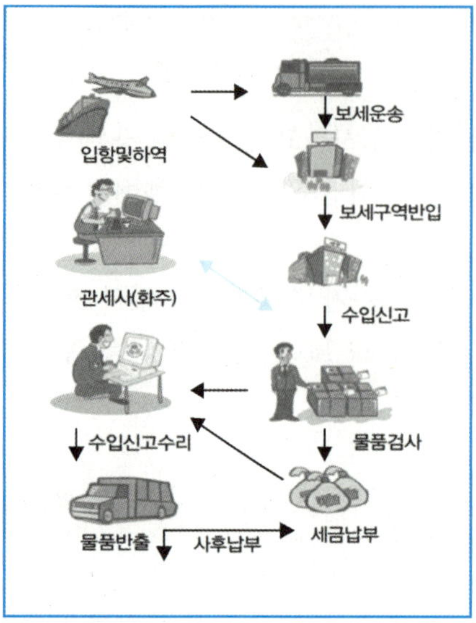

수 입 계 약 체 결

↓

수입승인 및 요건 확인(필요한 경우)

↓

수입신용장의 발행 및 통지(신용장거래의 경우)

↓

운송 및 보험계약체결

↓

선적서류의 내도

↓

수입대금결제 및 선적서류인수

↓

수입물품통관 및 물품인수

그림 2-2 수입절차의 흐름도

연습문제

1. 주관식문제

1) 무역관계법규에 대해 설명하시오.
2) 무역거래자에 대해 설명하시오.
3) 무역거래대상에 대한 관리를 설명하시오.
4) 수출절차에 대해 설명하시오.
5) 수입절차에 대해 설명하시오.

2. 용어해설문제

- 무역관리
- 대외무역법
- 외국환거래법
- 관세법
- 무역업자
- 무역대리업자
- 무역대행업자
- 수출입공고
- 전략물자수출입고시
- 통합공고

제 3 장

해외시장조사와 거래선 발굴

1. 해외시장조사의 내용과 방법에 대해 알아본다.
2. 거래선의 발굴방법에 대해 학습한다.
3. 거래제의, 거래조회 및 신용조회에 대해 알아본다.

제 3 장

해외시장조사와 거래선 발굴

3.1 해외시장조사

1 해외시장조사의 개념

해외시장조사(overseas market research)란 무역거래자가 외국의 무역상대방과 무역거래를 체결하기 위하여 의사결정에 필요한 해외시장 정보를 체계적으로 수집·정리·분석하는 과정을 말한다. 즉 해외시장조사는 해외의 구매 잠재력을 가진 고객을 찾아내고 기호에 맞는 상품을 개발하여 효과적인 마케팅 및 유통수단을 연구하고 분석하는 활동이라고 할 수 있다.

무역업자는 해외시장조사를 통하여 어느 지역의 시장에서 어떠한 거래처를 대상으로 어느 시기에 자신이 취급하고 있는 물품을 가장 합리적인 가격으로 판매 또는 구매할 수 있는가를 과학적으로 조사·연구·분석하여야 한다. 해외시장조사의 내용은 우선 목적시장의 일반적인 환경조사를 한 다음 고객조사, 상품조사, 판매경로조사 등을 통하여 믿을 만한 거래처를 발굴하는 단계를 거친다.

2 해외시장조사의 내용과 방법

1) 해외시장조사의 내용

해외시장조사의 내용은 거래대상국가의 일반환경조사, 고객조사, 상품조사, 판매경로조사 및 판매조사 등을 구체적으로 실시한 후 전망 있는 거래처를 발굴하는 단계를 거치게 된다.

(1) 거래대상국가의 일반환경조사

① 정치적 환경 : 정치체제, 정치적 안정도 및 정치적인 위험 여부
② 경제적 환경 : 전반적인 경제사정, 경제안정도, 국민소득, 국제수지, 경제성장률, 주요 자원, 노동 및 고용사정, 임금, 물가, 조세체계, 금융기관 및 산업구조
③ 사회적 환경 : 인구, 인구증가율, 면적, 기후, 인종, 종교, 문화, 통신, 교통, 언어, 교육 수준 및 법률제도
④ 무역환경 : 품목별·지역별 수출입규모, 수출입장벽, 외환관리, 대금결제조건, 관세율, 환율, 특허, 항만 및 공항사정, 운송수단, 상관습

(2) 고객조사

고객은 해당물품을 직접적으로 수출할 수 있는 거래처와 실제 최종 수요자 모두를 포함하는 개념이다. 고객조사와 관련하여 다음과 같은 사항들을 조사한다.
① 고객층 : 소비자 또는 사용자의 지역적 분포, 소득분포, 계급별 분포 및 구매능력
② 고객의 기호 및 이미지 : 기호, 취향 및 품질·상표·생산자 등의 이미지

(3) 상품조사

상품에 대한 전반적인 조사가 이루어져야 하며 다음과 같은 사항들을 조사한다.
① 상품수요 : 수요품목, 품질, 규격, 현재의 수요량, 장래의 수요량, 계절적 수요 및 현지에서의 국산품의 수요량
② 상품공급 : 주요 공급처, 공급처의 상호, 계절적 상품의 특별공급 가능성 및 현지에서의 국산품의 현황
③ 상품환경 : 경쟁상품, 대체상품 및 유사상품의 현황
④ 가격 : 수입품과 현지 국산품의 가격
⑤ 지식재산권 등 : 해당상품에 대한 특허권, 상표권, 공업소유권 등의 저촉 여부

(4) 판매경로조사

판매경로조사는 고객이 수입한 물품이 어떠한 경로를 통하여 판매되고 소비자 및 사용자에게 전달되는지를 조사하는 것으로 다음과 같은 사항들을 조사한다.
① 유통과정 : 수입상, 판매점, 특약점, 백화점, 체인스토어, 도매상, 소매상 등의 기구와 유통경로
② 서비스 : 판매 전에 행해지는 사전서비스 및 사후서비스

(5) 판매조사

판매조사는 상품계획과 효과적인 판매정책을 어떻게 수립할 것인지를 조사하는 것으로 다음과 같은 사항들을 조사한다.

① 상품계획 : 수출물품의 품목, 품질, 디자인, 상표, 특허, 포장 및 운송 등에 대한 선택

② 판매정책 : 판매계획과 예측, 견본, 카달로그, 안내서 제공 등 판매촉진, 광고, 전시전략

표 3-1 해외시장조사의 내용

조사항목	조사내용
거래대상 국가	• 정치적 환경 : 정치체제, 정치적 안정, 정치적 위험 등 • 경제적 환경 : 국민소득, 임금, 물가, 노동력, 국민소득, 국제수지, 경제성장률, 산업구조 등 • 사회적 환경 : 인구, 기후, 종교, 문화, 교육수준 등 • 무역환경 : 품목별·지역별 수출입규모, 외환관리, 대금결제조건, 관세율, 환율, 상관습 등
고 객	• 고객층 : 소비자의 지역적 분포, 소득분포, 구매능력 등 • 고객기호 및 이미지 : 기호, 취향 및 품질·상표·생산자 등의 이미지
상 품	• 상품수요 : 수요품목, 품질, 규격, 수요량, 미래수요, 경쟁상품, 대체품 및 유사품의 현황 • 상품공급 : 주요 공급처, 공급처의 상호, 계절적 특별공급 가능성, 현지의 국산품 공급량 • 상품환경 : 경쟁품, 대체품 및 유사품의 현황 • 가격 : 수입품과 현지국산품의 가격 등 • 지식재산권 등 : 특허권, 상표권, 공업소유권 등의 저촉 여부
판매경로 및 판매	• 유통 및 서비스 : 수입상, 판매점, 특약점, 백화점, 체인스토어, 도매상, 소매상 등의 유통 경로, 사전 및 사후서비스 등 • 상품계획 : 품목, 품질, 디자인, 상표, 특허, 포장, 운송방법 • 판매정책 : 판매촉진(견본, 카달로그, 안내서 제공 등), 광고, 전시 등

2) 해외시장조사의 방법

(1) 무역통계자료를 이용한 조사

해외시장조사를 하는데 가장 편리하고 경제적인 방법은 문헌 또는 인터넷을 통하여 각종 경제 및 무역통계자료를 이용한 조사방법이다. 목적시장에 대한 세부적인 무역통계자료는 해당 국가의 통계청 등의 자료를 이용할 수 있다. 대표적인 무역통계자료를 수집할 수 있는 사이트들로는 ① 유엔의 국제통계연보(http://comtrade.un.org), ② 국제통화기금(IMF)의 자료(http://www.data.ifm.org), 세계무역기구(WTO)의 국제무역통계(http://wto.org), 한국무역협회의 무역통계(http://kita.net) 등이 있다.

(2) 무역유관기관을 통한 조사

대한무역투자진흥공사(Korea Trade and Investment Promotion Agency : KOTRA), 한국무역협회(Korea International Trade Association ; KITA) 및 대한상공회의소(Korea Chamber of Commerce and Industry ; KCCI) 등을 통하여 조사할 수 있다. 대한무역투자진흥공사는 한국의 무역진흥을 위하여 전액 정부출자로 설립된 특수법인으로 무역동향에 대한 해외시장조사, 무역 관련 각종 자료의 간행, 한국무역의 홍보, 무역상품 전시업무 등을 담당하고 있다. 현재 해외 각국에 무역관이 설치되어 있어 신속한 무역정보수집 기능을 수행하고 있으며, 국내 무역기업으로부터 조사를 의뢰받아 해외 대한무역투자진흥공사의 네트워크를 통하여 정보서비스를 제공하고 있다.

(3) 무역박람회 참가 및 자체시장조사

무역업체 단독으로 현지 출장조사를 할 수 있고 한국무역협회나 지방자치단체에서 주관하는 국제무역박람회에 직접 참가하여 조사를 할 수도 있다. 현지 우리나라의 공관, 대한무역투자진흥공사의 현지 무역관 또는 현지의 상업회의소를 방문하여 일반적인 시장현황을 청취하고 최대한의 협조를 구할 수 있다. 구체적인 자료수집을 위하여 현지에 진출한 동업자와 면담하여 정보를 획득하고 백화점 및 유통체인 등을 방문하여 해당 품목에 관련된 시황, 유통구조, 소비자패턴, 가격 등의 정보를 얻을 수 있다. 한편, 국내에 주재하는 외국 대사관을 직접 방문하여 해당 국가의 정보를 얻을 수도 있다.

3.2 거래선 발굴

거래선 발굴이란 목적시장에서의 잠재적인 판매 또는 구매가능성을 보유하고 있는 고객이나 유망한 거래선을 선정하는 것을 말한다. 거래처를 발굴하는 방법에는 다음과 같은 것들이 있다.

1 인터넷의 활용

무역업자는 웹사이트를 구축하여 각종 검색엔진에 등록하고 무역거래알선 사이트나 무역관련 사이트에 게재하는 방법 등으로 자사제품을 홍보할 수 있다. 아울러 해외 전자거래알선

사이트를 통하여 국가별로 품목에 따른 업체명 등을 찾아낼 수 있다. 국내에서 이용할 수 있는 대표적인 무역거래 알선사이트들은 EC21, TradeKorea, BuyKorea, Gobiz Korea 등이 있다. 아울러 대한무역투자진흥공사, 대한상공회의소(www.korcham.net), 중소벤처기업부(www.smba.go.kr) 등이 운영하고 있는 사이트들을 활용할 수 있다.

2 국내·외 무역유관기관의 활용

국내에서 활용할 수 있는 무역유관기관은 대한무역투자진흥공사, 한국무역협회, 대한상공회의소 등이고, 해외의 무역유관기관은 현지국에 있는 대한무역투자진흥공사의 공관, 현지 국가의 상업회의소 등이다. 대한무역투자진흥공사는 무역동향에 대한 해외시장조사, 무역 관련 각종 자료의 간행, 한국무역의 홍보, 상품전시회업무 등을 담당하고 있다. 또한 세계적인 조직망을 가지고 있어 시장조사의 신뢰도가 높은 편이다.

3 주한 외국 공관의 활용

한국에 주재하고 있는 외국 공관의 상무관실이나 자료실에 비치된 자료를 통하거나 또는 외국 상무관이나 대사와의 상담을 통하여 해당국의 시장정보와 거래처 관련 정보를 얻을 수 있다.

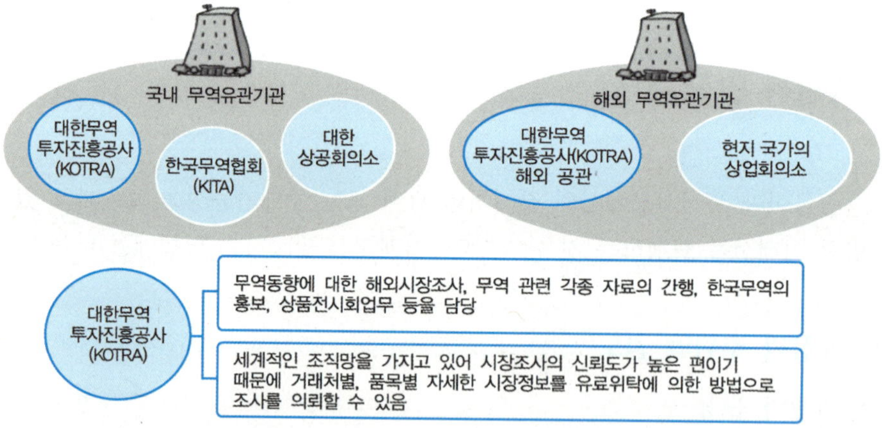

4 해외 홍보매체의 활용

해외 거래처를 발굴하기 위한 기초단계로 해외 홍보용 카달로그를 제작하여 예상 거래처에 배포할 수 있다. 또한 국내의 해외 홍보매체 등에 자사물품을 홍보하거나 인터넷을 통하여 거래처를 물색할 수도 있다. 아울러 인터넷의 온라인상에서 전자카달로그를 제작하여 홍보할 수도 있다. 카달로그나 홈페이지는 전문가를 활용하여 영문 또는 대상국가의 언어로 제작하도록 한다. 홍보물의 내용은 회사 또는 대표자의 홍보보다는 관련 상품의 품질, 가격, 경쟁력 등 상품의 차별성이 부각되도록 하여야 한다.

홍보물 배포시에는 지역별 상공인명부에 의거하여 물색된 예정거래처, 주한 외국공관의 바이어 안내, 기타 대한무역투자진흥공사, 한국무역협회 등 수출유관기관의 거래알선 및 안내 등을 활용하여 배포하는 것이 효과적이다.

5 무역박람회 및 무역전시회 참가

해외 거래처를 발굴하기 위한 효과적인 방법 중의 하나가 국제무역박람회 및 무역전시회에 참가하는 것이다. 또한 무역관련 기관에서 주관하여 파견하는 각종 투자 및 무역사절단, 박람회 및 전시회에 참여하여 거래처를 직접 물색할 수 있다. 특히 한국무역협회에서 총괄하여 파견하는 해외투자 및 무역사절단과 대한무역투자진흥공사에서 총괄하여 참가하는 해외박람회 및 전시회, 지방자치단체에서 지원하는 해외무역박람회 등에 직접 참여하여 거래처를 물색할 수 있다.

6 해외광고

해외홍보용 카탈로그를 제작하여 예상 거래선에 배포하거나, 국내의 해외홍보매체 등에 자사상품을 홍보하여 거래선을 물색할 수 있다. 홍보물의 배포처는 지역별 상공인명부를 통해 물색된 예정 거래선, 주한 외국공관의 바이어 안내, 기타 대한무역투자진흥공사, 한국무역협회 등 무역유관기관의 거래알선 및 안내 등을 활용하여 배포하는 것이 효과적이다.

3.3 거래제의 및 신용조회

1 거래제의와 거래조회

1) 거래제의

거래제의(business proposal)는 거래선 발굴방법을 통하여 선정된 잠재적인 거래상대방에게 거래를 희망하는 내용의 서신인 권유장(circular letter)을 발송하는 것으로 거래의 권유라고도 한다. 권유장이란 미지의 잠재 거래처에게 자신의 회사를 소개하고 취급물품과 거래조건 등을 간단하게 안내하면서 거래를 권유하는 서신을 말한다. 특히 권유장은 문화가 다른 외국인에게 송부되는 것이기 때문에 상대방으로 하여금 거래의욕이 생기도록 정성을 다하여 작성하여야 한다.

권유장에 대해 상대방으로부터 문의(inquiry)가 오면 계약을 체결하기 전에 상대방에 대한 신용조사를 실시하여 거래로 인한 문제점을 사전에 확인하여야 한다. 권유장은 주로 전자우편(e-mail) 등을 이용하여 발송하게 되므로 자사의 홈페이지나 전자우편주소를 거래상대방에게 알려주는 것이 바람직하다.

권유장(circular letter)의 작성방법

① 상대방을 알게 된 배경이나 경로
② 작성자 회사 및 주요 업종의 소개
③ 작성자 회사의 상품 및 업계에서의 평판 등의 소개
④ 이후의 추가정보와 자료를 제공할 수 있다는 언급
⑤ 작성자 회사의 신용조회처
⑥ 맺음말

Dear Mr. Wang,

Your company has been recommended to us by the Korean Embassy in Beijing, China as a major importer and distributor of electronic products. We are, therefore, writing you with a keen desire of opening an account with you.

We, Daehan Trading Co., Ltd. are one of the companies producing high quality electronic products and exporting them to many countries. We have been enjoying a good reputation for excellent quality, reasonable prices and prompt delivery of products.

Having been engaged in this line of business for more than 20 years, we dominate the biggest market share in Korea and we established two overseas manufacturing companies in both U.S.A and England to meet the requirements of our overseas customers.

For more objective information, please e-mail me or visit our website, http://www. daehan.com. You can find our brief company profile and digital catalogues more easily. You can contact the Hana Bank in Beijing for our credit rating.

We look forward to receiving your affirmative reply soon.

Yours truly,

2) 거래조회

(1) 거래조회의 정의와 작성

거래조회(business inquiry 또는 trade inquiry)는 거래제의를 받은 당사자가 그 거래제의에 대한 관심이 있을 때 거래를 제안한 당사자에게 물품의 가격, 품질, 수량, 선적 등의 거래조건에 대해 문의하는 것을 말한다. 거래조회는 상대방의 권유장에 대하여 거래상담에 관심을 표명하는 것으로 품질조건, 수량조건, 선적조건, 결제조건, 보험조건, 포장조건 등을 요구하는 내용이 기재된다. 아울러 카달로그 및 견본 등을 요청하거나 청약(offer)을 요청하는 내용도 포함되는 경우가 많다.

거래조회 작성방법

① 권유장에 대한 확인과 감사의 표시
② 기업의 간략한 소개
③ 관심품목의 거래조건 요청
④ 관심품목의 가격표 및 견본 요청
⑤ 기타 문의사항
⑥ 맺음말

Dear Mr. Park,

Thank you for your e-mail and for your interest in our company. We visited your homepage and we are interested in entering into business relations with you. We have been importing and distributing some different kinds of products from the USA., and the products are sold well in our market.

As the sales of other Korean brands of products have been satisfactory in the market, there seems to be a growing demand for high quality electronic products as well. We are prepared to accept your proposal if your price and quality are suitable for our market.

As we have a desire of adding new products, we shall be obliged if you will send us some samples, your latest prices and other terms and conditions including detailed information on your discount system for substantial orders so that we can take a feasibility study through our local agents.

Thank you for your cooperation and we remain,

Very truly yours,

(2) 거래조회에 대한 회신

거래조회를 받은 당사자는 거래조회를 한 당사자와 향후 거래관계를 체결할 가능성이 있기 때문에 청약서를 작성하기 전에 조회사항에 대하여 신속하게 회신하는 것이 바람직하다. 상대방으로부터 거래조회를 받으면 그 내용을 검토하여 회신하거나 시간이 요구되는 사항에 대해서는 언제까지 조치해주겠다는 내용을 통보한다.

2 신용조회

1) 신용조회의 개념

신용조회(credit inquiry)는 거래 상대방의 재정상태, 영업능력, 계약이행열의 등을 사전에 조사하여 무역거래의 확실성 여부를 사전에 파악하는 것을 말한다. 무역거래는 전쟁이나 천재지변으로 인한 의무불이행의 비상위험뿐만 아니라 거래 당사자의 의무불이행 등의 신용위험이 존재하게 된다. 현금이나 신용장방식의 거래가 감소되고 점점 연불거래 또는 송금방식 등의 무신용장방식의 거래가 증가하고 있는 상황을 고려할 때 거래 상대방의 신용조사에 대한 중요성은 더욱 커지고 있다.

신용조회의 내용으로는 ① 성격(character), ② 자본금(capital), ③ 거래능력(capacity) 등의 3Cs가 있다. 여기에 국가(country), 거래통화(currency), 기업환경(condition), 담보능력(collateral) 등이 포함될 수 있다.

2) 신용조회의 내용

(1) 성격(Character)

기업의 성격은 재정상태와 더불어 계약내용대로 수출업자가 적시에 물품을 송부하고 수입업자가 대금결제를 성실히 이행하는데 중요한 요인이다. 당사자들이 무역계약 내용을 성실히 이행할 것인가에 대한 문제는 경영진의 성실성이나 기업의 성향에 좌우되는 경우가 많기 때문에 상대기업의 성격에 대한 조사가 필요하다.

기업의 성격과 관련하여 기업의 개성(personality), 성실성(integrity), 정직성(honesty), 영업태도(attitude toward business), 평판(reputation), 의무이행열의(willingness to meet obligation) 등에 대한 내용을 조사한다.

(2) 자본(Capital)

아무리 성실하고 신용이 보장된다고 하더라도 기업의 재정상태가 건실하지 않으면 대금결제가 불가능하게 될 수 있는 등의 문제가 발생할 수 있다. 재무제표 등을 근거로 재무상태(financial status), 자기자본과 타인자본의 비율, 자본금의 규모, 재무구조의 건전성 등을 조사한다.

(3) 거래능력(Capacity)

기업의 영업능력으로 연간매출액(annual sales turnover), 업체형태, 연혁 및 경력, 영업능력 등에 대하여 평가한다. 이 외에도 기업의 거래실적, 취급상품 및 거래처 등도 조사할 필요가 있다.

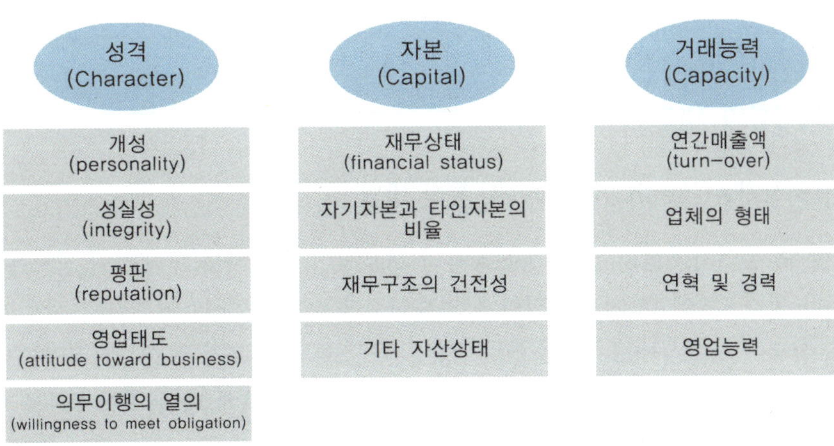

3) 신용조회의 방법

(1) 은행조회(Bank Reference)

은행조회는 해당업체의 거래은행에 신용조회를 의뢰하여 신용조사를 하는 방법으로 일반적으로 많이 이용된다. 해외 거래처의 신용조사를 하는 경우 수출입은행이나 신용보증기금을 이용할 수도 있다.

(2) 동업자조회(Trade Reference)

동업자조회는 거래를 하려는 상대방과 거래경험이 있는 국내·외 무역업자나 동종업체에 의뢰하여 신용조사를 하는 방법이다.

(3) 해외지사, 출장소, 판매대리점의 보고

무역업자의 해외지사나, 출장소 및 판매대리점 등을 통하여 원하는 상대 기업의 신용을 조사할 수 있다.

▮표 3-2▮ 신용조회 방법

조사경로	방 법
은행조회	해당업체의 거래은행을 통한 조회(bank reference)
동업자조회	상대국의 거래선을 통한 조회(trade reference)
해외지사	기업의 해외지사 등을 통한 조회
상업흥신소	D&B Korea ABC Korea
국내 신용조사 전문기관	KOTRA, 한국신용정보 한국무역보험공사, 신용보증기금 한미신용정보(www.hanmici.com)

(4) 신용조사기관(Credit Agency)을 통한 방법

은행조회 및 동업자조회의 경우 신용조사의 전문성이 부족하여 구체적인 정보를 얻기 어려운 경우가 많다. 이에 따라 세계적인 상업흥신소를 통하여 해외 거래선의 신용조사를 할 경우 보다 상세한 신용상태를 알 수 있다. 상업흥신소는 신용조사를 본업으로 하고 있는 업체로 세계 주요 도시에 지소 혹은 통신원을 두고 요청된 기업에 대한 신용조사를 수행해준다. 대표적인 국제상업흥신소로는 미국의 Dun and Bradstreet Incorporated, 영국의

Bradstreet British Ltd., 독일의 Auskunft W. Schimmelpfung, 일본의 Tokyo Mercantile Agency 등이 있다. 한편, 우리나라의 신용조사 전문기관으로는 대한무역투자진흥공사, 한국무역보험공사, 신용보증기금 등이 있다.

Gentleman :

Your bank was given to us as a trade reference by Inspiration Co., Ltd. in New York who proposed to open an account with us. If their credit standing turns out reliable, we are willing to accept their proposal.

We should be much obliged if you could inform us of your authentic opinion of their financial standing, credibility, business experience and reputation by e-mail.

We assure you that we will bear any expenses arising from your information upon receipt of your bill.

Any information you may relay us will be treated as strictly confidential.

We thank you for your kind cooperation, and your sincere response to our request would be highly appreciated.

Very truly yours,

연습문제

1. 주관식문제

1) 해외시장조사의 내용에 대해 설명하시오.
2) 거래선 발굴방법에 대해 설명하시오.
3) 신용조회의 내용에 대해 설명하시오.
4) 신용조회방법의 종류와 내용에 대해 설명하시오.

2. 용어해설문제

- 해외시장조사
- 권유장
- 거래조회
- 신용조회

제 4 장

무역계약

1. 무역계약의 법적 성격 및 종류에 대해 알아본다.
2. 청약과 승낙에 대해 살펴본다.
3. 무역계약의 기본조건에 대해 학습한다.
4. 일반거래조건협정에 대해 알아본다.

제4장

무역계약

4.1 무역계약의 의의

1 무역계약의 개념

무역계약(trade contract)이란 "국제 간에 이루어지는 매매계약으로서 매도인인 수출업자(seller)가 계약물품의 재산권(property)을 매수인인 수입업자(buyer)에게 이전하고 수입업자는 이에 대하여 대금의 지급을 약속하는 계약"이다. 무역계약은 청약(offer)과 반대청약(counter offer) 등의 교환과정을 거치면서 실제 매매거래에 필요한 모든 조건들에 대하여 합의함으로써 성립된다. 매매계약은 수출업자의 입장에서는 수출계약(export contract)이 되고 수입업자의 입장에서는 수입계약(import contract)이 된다. 따라서 당사자들은 무역거래시 계약서를 서면으로 작성하여 서명하고 그 계약내용을 이행하여야 한다.

무역계약(trade contract)이란?

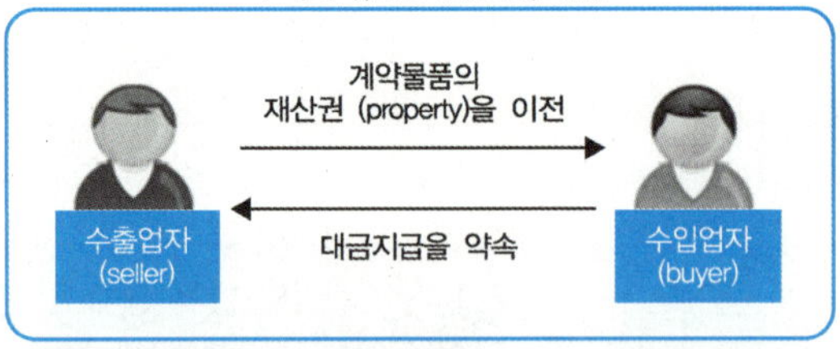

최종 수락과정을 거치면서 추가하거나 삭제된 것들을 정리하여
실제 매매거래에 필요한 모든 조건들에 대해 합의함으로써 성립

2 무역계약의 성립단계

우선 해외시장조사를 통하여 목적시장과 잠재적인 고객명단을 확보하여야 한다. 해외시장조사를 통하여 발굴된 거래선을 대상으로 거래를 권유하는 권유장(circular letter)을 보내면 거래 상대방으로부터 거래조회(trade inquiry)를 받게 된다. 관심 있는 고객으로부터 거래조회가 있을 때에는 감사의 표시와 함께 신속하게 회신을 하여야 한다. 이 때 회신은 청약자(offeror)가 가격 등이 포함된 청약(offer)의 형태로 이루어진다. 청약자가 청약서를 보내게 되면 거래 상대방인 피청약자(offeree)가 한 번에 승낙(acceptance)하는 경우도 있지만, 대부분은 거래조건의 내용을 수정하거나 변경을 의뢰하는 반대청약(counter offer)을 보내는 경우가 많다. 이에 대하여 청약자가 다시 확정청약(firm offer)을 보내고 피청약자가 다시 반대청약을 보내는 등의 과정이 반복될 수 있다. 이러한 과정을 통하여 어느 한 당사자가 상대방의 청약을 최종적으로 승낙하게 되면 무역계약이 성립된다.

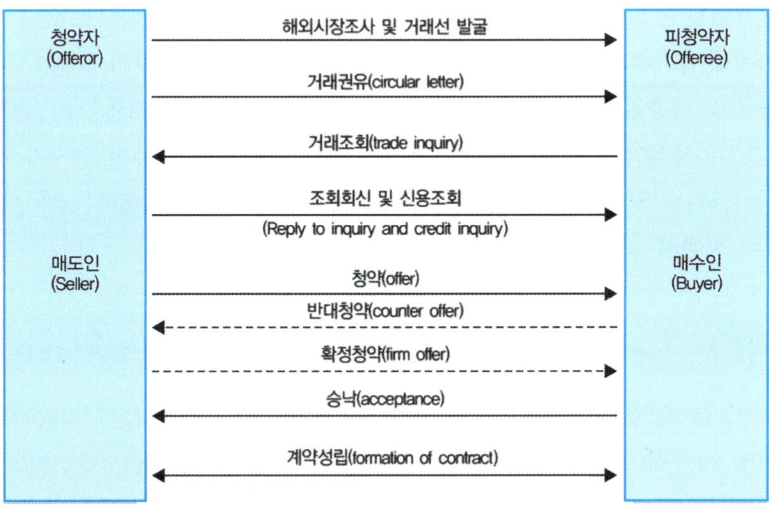

그림 4-1 무역계약 체결과정

3 무역계약의 법적 성격

1) 낙성계약

낙성계약(諾成契約 ; consensual contract)은 일방 당사자의 의사표시인 청약(offer)에 대하여 상대방이 승낙(acceptance)함으로써 성립되는 물품매매계약으로 합의계약이라고도 한다. 매매 당사자들의 합의만으로도 계약이 성립되는 합의계약인 낙성계약은 의사표시의 합의 이외에 물품의 점유나 소유권 이전을 통한 인도나 급부의 방식으로 성립되는 요물계약과 대응되는 개념이다.

2) 쌍무계약

쌍무계약(雙務契約 ; bilateral contract)은 관련 당사자가 서로 대가적 의미를 가지는 채무를 부담하는 계약으로 매도인은 물품인도의무를 부담하고 매수인은 대금지급의무를 부담하는 계약이다. 다시 말해, 계약의 성립과 동시에 매도인은 매수인에게 물품인도의무가 있고 매수인은 매도인에게 대금지급의무가 있다. 이에 따라 매도인은 매수인에 대하여 대금청구의 권리를 가지게 되고, 매수인은 매도인에 대하여 물품인도청구의 권리를 가지게 된다.

3) 유상계약

유상계약(有償契約 ; remunerative contract)은 계약당사자가 서로 대가의 관계에 있는 재산상의 급부를 할 것을 목적으로 이루어지는 계약으로 무상계약과 대응되는 개념이다. 매도인이 물품을 제공하는 것(급부)에 대하여 매수인이 금전으로 지급하는 것(반대급부)이 유상계약이다. 유상계약은 계약성립으로 발생하는 채권관계의 내용이 당사자 간 재산상의 변동이 있어야 하는 계약인데 반하여 쌍무계약은 계약성립으로 발생하는 채무관계가 상호 독립적이라는 점에서 차이가 있다.

4) 불요식계약

불요식계약(不要式契約 ; informal contract)은 계약성립을 위한 의사표시를 함에 있어 특정한 요식에 의하지 않고 문서나 구두(oral)에 의한 명시계약(express contract)이나 묵시계약(implied contract)으로도 성립되는 계약을 의미한다. 따라서 별도의 계약서를 작성하지 않더라도 계약이 성립되지만 추후의 분쟁을 사전에 방지하기 위해서는 계약서를 작성하는 요식계약의 형태를 취하는 것이 보다 바람직하다.

표 4-1 무역계약의 법적 성격

구 분	단 계	내 용
낙성계약	계약의 성립	계약조건의 청약, 청약조건의 승낙
쌍무계약	채무의 부담	매도인: 물품인도, 매수인 :대금지급
유상계약	채무의 이행	급부(계약물품의 급부), 반대급부(금전의 납부)

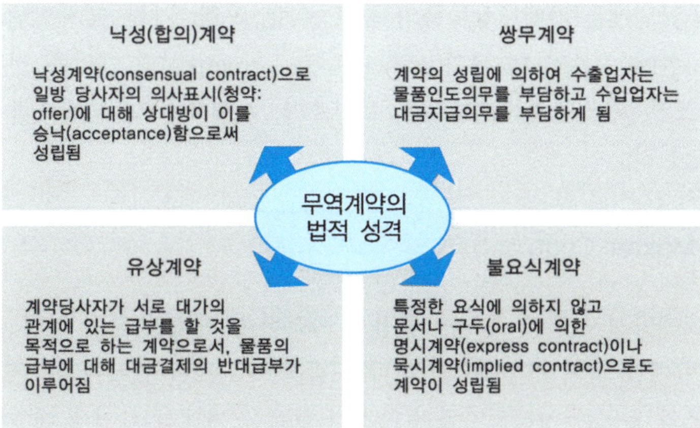

4 무역계약의 당사자

무역계약의 당사자는 매도인(seller)과 매수인(buyer)으로 무역계약의 종류에 따라 다음과 같이 불리운다.

▌표 4-2▐ 무역계약의 당사자

구 분	수출업자	수입업자
매매관계	매도인(seller)	매수인(buyer)
운송관계	송화인(shipper)	수화인(consignee)
신용장거래	수익자(beneficiary)	발행의뢰인(applicant)
환어음관계	환어음발행인(drawer)	환어음지급인(drawee)
지급관계	수취인(payee)	지급인(payer)
신용공여관계	신용수령인(accreditee)	신용제공인(accreditor)
계정관계	계정수취인(accounter)	계정결제인(accountee)

5 무역계약의 종류

1) 개별계약(Case by Case Contract)

개별계약은 매 번 거래가 성립될 때마다 당사자들이 합의하여 계약서를 작성하는 것을 말한다. 개별계약은 해당거래가 종료되면 그에 따라 계약도 종료되는 것으로 최초 거래의 수출입이나 1회 거래로 종결되는 경우에 이용된다.

개별계약서의 앞면에는 거래대상물품의 품질, 수량, 포장, 가격, 결제방법 등의 개별거래 조항이 있고, 뒷면에는 본인 대 본인(principal to principal)의 계약을 전제로 품질조건, 수량조건, 가격조건, 선적조건, 결제조건, 포장조건, 보험조건 및 분쟁해결 등 무역계약의 일반사항을 약정한다.

2) 포괄계약(Master Contract)

포괄계약은 매매당사자 간에 특정한 물품을 반복하여 거래할 경우 일정 기간 동안의 계약기간을 정하여(예를 들어 2년 등) 한 번에 포괄적으로 체결하는 계약을 말한다. 주로 무역업체들이 외국의 동일한 거래업자들과 특정한 물품을 거래하는 경우 매 거래시마다 별도의 계약을 체결하는 번거로움을 회피하기 위하여 사용된다. 계약서에 포함되는 내용은 계약기간 등을 제외하고는 개별계약과 유사하다.

3) 독점계약(Exclusive Contract)

독점계약은 특정 국가의 당사자와 특정 제품에 대해 독점적으로 거래하기 위해 사용되는 계약이다. 독점계약서에는 계약의 유효기간, 계약의 연장조건 등 거래의 제조건을 구체적으로 명시하여야 한다. 만일 수출업자가 특정 국가의 수입업자와 특정 지역에 대해 독점계약을 체결할 경우, 수출업자는 지정된 수입업자 이외에는 어느 누구에게도 해당 지역에서 특정 제품에 대해 거래를 할 수 없다.

4) 대리점계약(Agency Agreement)

무역거래는 수출업자와 수입업자가 자신의 명의와 계산으로 본인(principal) 대 본인(principal)으로서 이루어지는 것이 일반적이다. 하지만, 수출업자가 자신의 판매대리점을 통하여 해외의 수입업자에게 판매하도록 하거나 수입업자가 자신의 구매대리점을 통하여 해외의 수출업자로부터 구매한 물품을 수입하는 경우도 있다.

(1) 판매대리점계약(selling agency agreement ; sales agency agreement)

판매대리점계약은 수출업자가 수입국 내의 판매대리업자와 판매위탁계약을 체결한 후 수출업자를 대신하여 수입국 내에서의 물품판매 및 각종 부대업무를 수행하도록 하는 계약을 말한다. 수입국에 있는 판매대리점은 수출업자의 대리인으로서 수출업자와 수입업자가 본인(principal) 대 본인(principal)으로 계약을 체결할 수 있도록 해주고 이에 대한 수수료를 받는다.

(2) 구매대리점계약(buying agency agreement)

구매대리점계약은 수입업자가 수출국 내의 구매대리업자와 구매위탁계약을 체결한 후 수입업자를 대신하여 수출국 내에서의 물품구매 및 각종 부대업무를 수행하도록 하는 계약을 말한다. 수출국에 소재하는 구매대리점은 해외 수입업자의 수탁상품을 수입업자의 명의가 아닌 자신의 명으로 수출국의 수출업자로부터 직접 구매하여 대금을 지급한다. 구매대리점은 물품을 구매하여 선적한 후 해외의 수입업자로부터 매입액을 기초로 하여 산정된 구매수수료를 받는다.

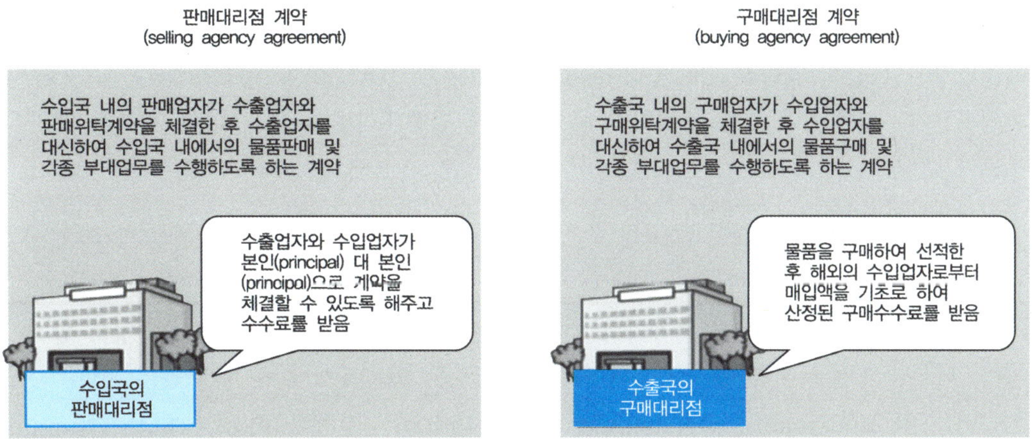

6 무역계약의 성립요건

무역계약이 성립되기 위해서는 계약당사자가 간의 합의(agreement)가 있어야 한다.

1) 합의(Agreement)

무역계약은 당사자들 간의 합의를 전제로 하여 체결되게 된다. 일반적으로 일방 당사자의 청약(offer)에 대하여 상대방의 승낙(acceptance)이라는 합의에 의하여 계약이 성립되게 된다.

2) 약인(Consideration)

일반적으로 매매계약은 당사자들 간의 합의만으로도 계약이 성립되지만, 영미법상 계약이 유효하게 성립되기 위해서는 당사자 간의 합의뿐만 아니라 약인(consideration)이 있어야 한다. 약인이란 일방 당사자의 약속에 대한 상대방의 반대급부를 말하는 것으로 영미법은 약인의 존재를 계약의 유효조건으로 하고 있으므로 증여 등의 약인이 없는 약속은 법적으로 보호받지 못한다. 약인의 요건으로는 ① 법률상 가치가 있을 것, ② 현재 또는 장래의 작위(act) 또는 부작위(forbearance)[1], ③ 적법성이 있어야 한다. 무역계약서에 "in consideration of the promises and covenants herein set forth, the parties agree as follows(여기에 기재된 약속을 약인으로 하여 당사자들은 다음과 같이 합의한다)"라는 약인 조항을 삽입함으로써 계약이 유효하게 된다.

3) 당사자의 계약체결 능력

매매당사자들 간의 합의가 이루어진다고 하더라도 무역계약의 효력이 발생되기 위해서는 매매당사자들 간의 법률적 행위능력(legal capacity of parties)이 있어야 한다. 미성년자, 한정치산자, 금치산자 등 법률행위의 무능력자가 법정대리인의 동의 없이 체결한 계약은 무효가 된다.

4) 법률적 합법성

무역계약의 효력이 발생되기 위해서는 계약내용이 적법하고 사회적으로 타당성이 있어야 한다. 따라서 밀수품이나 공서양속에 위반되는 물품, 의사표시에 하자가 있는 계약, 사기(fraud), 착오(mistake), 부실표시(misinterpretation), 강박(duress), 부당위압(undue influence)에 의한 계약은 무효가 된다.

4.2 청약과 승낙

1 청약

1) 청약의 개념

청약(offer)은 청약자(offeror)가 피청약자(offeree)에게 어떤 물품을 일정한 조건으로 계약을 체결하고자 하는 의사표시를 말한다. 청약은 청약자의 청약에 대하여 피청약자가 무

---

1) 작위(作爲)는 '행위를 한다'는 의미이고, 부작위(不作爲)는 '행위를 하지 않는 것' 또는 '거부하는 것'을 의미한다. 작위란 법적 책임을 져야 하는 일정한 행위를 하는 경우이고, 부작위란 일정한 작위 의무가 있는 자가 그 행위를 하지 않는 것을 말한다.

조건적으로 승낙할 경우 매매계약이 성립되어 청약자를 구속할 것이라는 의사표시라고 할 수 있다. 무역에서는 보통 청약자가 피청약자에게 특정 물품을 일정한 가격, 품질, 수량, 포장, 선적 및 결제조건 등으로 매도(또는 매입)하겠다는 의사표시를 말한다. 이와 같이 청약은 상대방의 무조건적이고 절대적인 승낙이 있으면 계약을 성립시킬 것을 목적으로 하는 확정적 의사표시라고 할 수 있다. 청약의 형식으로는 서신, 팩스(fax) 혹은 전자우편(e-mail)에 의하거나 일정한 서식을 갖춘 청약서(offer sheet)를 사용하기도 한다.

표 4-3 청약에 대한 각 법제의 정의

구 분	정 의
영미법	계약은 약인(consideration)에 근거를 두기 때문에 청약은 청약자가 행하는 방법대로 수행될 것이라는 약속으로 보며, 이에 대한 승낙자로부터 약인이 제공되어 계약이 성립됨
대륙법	독일 및 일본의 법리는 매도인의 청약에 대하여 매수인이 이를 승낙하면 계약이 성립되는 것으로 보기 때문에 청약은 계약성립의 기능을 매수인에게 주는 행위, 다시 말하여 계약의 성립을 전제로 한 계약상의 행위로 보고 있음
민 법	승낙과 함께 일정한 내용의 계약을 성립시킬 목적으로 하는 일방적 의사표시로 청약만으로는 계약이 성립되지 않으므로 법률행위가 아니라 법률사실임. 청약의 상대방은 특정인이나 불특정 다수인에 대해서도 유효하며 계약내용을 결정할 수 있는 정도의 사항이 포함되어 있어야 함
CISG	1인 이상의 특정한 자에 대한 계약체결의 제안은 그 내용이 충분히 확정적이고, 승낙이 있는 경우에는 구속된다고 하는 청약자의 의사가 표시되어 있는 때에는 청약으로 함. 그러나 1인 이상의 특정한 자 이외의 자에 대한 제안은 그 제안을 한 자가 반대의 의사표시를 명확히 한 경우를 제외하고는 단순히 청약의 유인으로 봄

자료) 박병호, 무역실무 제1권, 세인북스, 2013, p.133참조

2) 청약의 유인

청약의 유인(invitation to offer)은 상대방으로 하여금 자신에게 청약을 하도록 유인하는 일방적인 의사표시로 법적인 면에서는 청약이 아니다. 청약의 유인은 예비적 교섭(preliminary negotiation)으로 상대방이 유인된 청약에 대해 승낙을 하더라도 계약이 성립되지 않으며 청약을 유인한 당사자가 승낙을 하는 경우에만 계약이 성립된다.

청약의 유인에 대한 예로는 권유장(circular letter), 확인조건부청약(subject to our final confirmation), 상대방이 특정되지 아니한 상태에서 신문, 텔레비전 또는 방송의 광고, 견적서(quotation), 카달로그(catalogue), 가격표(price list) 등을 일반대중에게 배포하는 것, 그리고 입찰(bid) 및 경매(auction) 등을 들 수 있다.

청약과 청약의 유인의 구분은 상대방이 승낙할 경우 계약이 성립하는지의 여부에 달려있다. 청약의 유인은 상대방이 승낙하더라도 계약이 성립되지 않고 해당 승낙이 단지 청약

에 지나지 않는 반면, 청약의 경우에는 상대방이 승낙할 경우 계약이 성립된다.

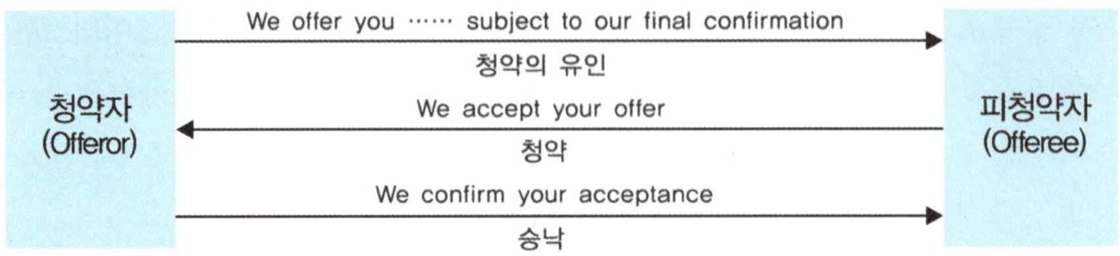

3) 청약의 종류

(1) 확정청약(firm offer)

확정청약은 청약자가 청약내용에 대하여 승낙의 유효기간(validity)을 정하고 그 기간 내에 상대방이 승낙(acceptance)하면 계약이 성립되는 청약을 말한다. 또한 청약에 확정적(firm) 또는 취소불능(irrevocable)이라는 표시가 있지만 유효기간을 정하지 않은 경우 합리적인 기간(reasonable time) 내에는 취소되지 않을 것이라는 문구가 있는 청약도 확정청약이다. 이 경우 피청약자(offeree)가 그 합리적인 기간 내에 승낙하면 계약이 성립된다. 무역기업들이 매매계약체결을 목적으로 거래 상대방에게 청약할 경우에는 확정청약을 보내는 것이 일반적이다.

① Validity : This offer is valid until September 30, 20xx
(유효기간 : 이 청약은 20xx년 9월 30일까지 유효하다)
② We offer you firm subject to your acceptance reaching us by September 30, 20xx as follows; (당사는 20xx년 9월 30일까지 귀사의 회신이 당사에 도착할 조건으로 다음과 같이 확정청약한다)

(2) 불확정청약(free offer)

불확정청약은 청약자가 청약시에 승낙·회답의 유효기간(validity)이나 확정적(firm)이라는 표시를 하지 아니한 청약을 말한다. 불확정청약의 경우 상대방이 승낙을 받기 전까지는 청약자가 청약내용을 일방적으로 철회하거나 변경할 수 있지만, 청약이 취소되기 전에 피청약자가 승낙하면 계약이 성립된다.

① We offer you the following goods on the terms and conditions mentioned hereunder.
(당사는 다음에 언급된 거래조건으로 다음 물품에 대해 청약한다)
② We are pleased to offer you without engagement as follows;
(당사는 확약 없이 귀사에게 다음과 같이 청약하게 되어 기쁘다)

(3) 반대청약(counter offer)

반대청약은 청약자의 청약에 대하여 피청약자가 품명, 수량, 가격, 선적, 결제 등 청약내용의 일부를 추가하거나 제한하거나 또는 변경하는 등 새로운 조건을 제의해오는 청약을 말한다. 반대청약은 원청약(original offer)에 대한 거절이 되고 동시에 새로운 청약이 된다. 이에 따라 원청약의 효력은 반대청약으로 인하여 소멸된다.

Your offer dated March 10 is too high in price. We can accept the offer at USD 5.00 per piece CIF Long Beach, CA, U.S.A.
(3월 10일자 귀사의 청약은 가격이 너무 높다. 당사는 미국 캘리포니아 롱비치항까지 운임보험료포함인도규칙으로 개당 미화 5달러라면 청약을 수락할 수 있다)

(4) 조건부청약(conditional offer)

청약자의 청약내용에 단서가 있는 청약으로 피청약자의 승낙만으로는 계약이 성립되지 않고 청약자의 최종확인이 있을 경우에만 계약이 성립된다.

① 무확약청약

무확약청약(offer without engagement)은 시황변동(market fluctuation)에 따라 청약자가 피청약자에게 사전통지 없이 가격을 변경할 수 있는 청약으로 시황변동조건부청약(offer subject to market fluctuation)이라고도 한다. 일반적으로 가격변동이 심한 물품에 대해 청약할 경우에 이용된다. 이는 성질상 불확정청약(free offer)에 해당된다.

We offer the goods at USD 5.00 per piece CIF Long Beach, CA, U.S.A. subject to market fluctuation.
(당사는 그 물품에 대해 시황변동조건부로 미국 캘리포니아 롱비치항까지 운임보험료포함인도규칙으로 개당 미화 5달러로 청약한다)

② 재고잔류조건부청약

재고잔류조건부청약(offer subject to being unsold)은 청약자의 청약에 대한 피청약자의 승낙이 청약자에게 도달하였을 때 해당 물품의 재고가 있을 경우에만 계약이 성립되는 청약으로 선착순판매조건부청약(offer subject to prior sale)이라고도 한다. 청약자가 해당 제품을 추가적으로 생산할 계획이 없고, 이미 한정된 재고를 판매하기 위하여 불특정 다수의 피청약자들에게 청약할 경우에 주로 이용된다. 이는 성질상 불확정청약(free offer)에 해당된다.

> We offer the goods at USD 5.00 per piece CIF Long Beach, CA, U.S.A. subject to being unsold
> (당사는 그 물품에 대해 재고잔류조건부로 미국 캘리포니아 롱비치항까지 운임보험료포함인도규칙으로 개당 미화 5달러로 청약한다)

③ 점검매매조건부청약

점검매매조건부청약(offer on approval)은 청약자가 청약과 함께 송부한 견본 또는 현품을 피청약자가 점검한 후 구매의사가 있으면 그 대금을 지급하고 구매의사가 없으면 일정기간 내에 반품해도 좋다는 조건이 있는 청약으로 승인조건부청약이라고도 한다. 피청약자의 대금지급은 승낙의 의사표시이며 동시에 대금지급의무의 이행이다. 이는 성질상 확정청약(firm offer)에 해당된다.

> We offer the goods on approval at USD 5.00 per piece CIF Long Beach, CA, U.S.A.
> (당사는 그 물품에 대해 점검매매조건부로 미국 캘리포니아 롱비치항까지 운임보험료포함인도규칙으로 개당 미화 5달러로 청약한다)

④ 반품허용조건부청약

반품허용조건부청약(offer on sale or return)은 피청약자가 청약자가 청약과 함께 송부한 대량의 물품을 일정기간 동안 판매하고 남은 잔량을 반품해도 좋다는 조건이 있는 청약이다. 서적, 잡화류 등의 위탁판매에 주로 이용되고, 성질상 확정청약(firm offer)에 해당된다.

> We offer the goods at USD 5.00 per piece CIF Long Beach, CA, U.S.A. on sale or return
> (당사는 그 물품에 대해 반품허용조건부로 미국 캘리포니아 롱비치항까지 운임보험료포함인도규칙으로 개당 미화 5달러로 청약한다)

점검매매조건부청약과 반품허용조건부청약은 청약과 함께 송부된 물품을 반품할 수 있다는 점에서 동일하다. 하지만, 점검매매조건부청약은 피청약자가 송부된 물품을 점검한 후 구입의사가 없을 경우에 바로 반품하여야 하는 반면, 반품허용조건부청약은 송부된 물품을 일정기간 동안 판매하고 난 후 남은 잔량을 반품할 수 있다는 점에서 차이가 있다.

⑤ 확인조건부청약

확인조건부청약(offer subject to our final confirmation)은 청약자의 청약에 대하여 피청약자의 승낙이 있다고 하더라도 다시 청약자의 최종 수락확인이 있을 경우에만 계약이 성립될 수 있다는 조건이 있는 청약이다. 확인조건부청약은 'Sub-con offer'라고도 하며 성질상 청약이 아니라 청약의 유인(invitation to offer)에 해당된다.

> We offer the goods at USD 5.00 per piece CIF Long Beach, CA, U.S.A. subject to our final confirmation
> (당사는 그 물품에 대해 당사의 확인조건부로 미국 캘리포니아 롱비치항까지 운임보험료포함인도규칙으로 개당 미화 5달러로 청약한다)

조건부청약 Conditional offer

- **무확약청약(offer without engagement)**
  시황변동조건부청약(offer subject to market fluctuation)
  시황변동에 따라 사전통지 없이 제시가격이 변경될 수 있다는 조건이 있는 청약(불확정청약)
- **선착순판매조건부청약(offer subject to prior sale)**
  재고잔류조건부청약(offer subject to being unsold)
  피청약자의 승낙의 의사표시가 청약자에게 도달했을 때 해당물품의 재고가 있어야만 계약이 성립된다는 조건이 있는 청약(불확정청약)
- **점검매매조건부/승인조건부청약(offer on approval)**
  청약과 함께 송부된 물품을 상대방이 점검 후 구매의사가 있으면 지급하고, 의사가 없으면 반품해도 좋다는 조건이 있는 청약(확정청약)
- **반품허용조건부청약(offer on sale or return)**
  청약과 함께 송부된 대량물품을 상대방이 일정기간 동안 판매한 후 그 판매잔량은 반품해도 좋다는 조건이 있는 청약(확정청약)
- **확인조건부청약(offer subject to our final confirmation)**
  피청약자의 승낙에 대하여 청약자의 최종확인이 있어야만 계약이 성립한다는 조건이 있는 청약(청약이 아니라 청약의 유인에 해당됨)

▮표 4-4▮ 청약의 종류

구 분	종 류	내 용
발행지	국내발행청약	동일한 국가 내에서 발행되는 청약
	국외발행청약	외국에서 발행되어 오는 청약
발행주체	판매청약	매도인이 판매의사를 표시하는 청약(selling offer)
	구매청약	매수인이 구매의사를 표시하는 청약(buying offer)
확정력	확정청약	청약의 유효기간에 대한 문구가 있는 청약(firm offer)
	불확정청약	청약의 유효기간에 대한 문구가 없는 청약(free offer)
기 타	반대청약	피청약자가 청약조건을 변경, 추가 또는 제한하여 오는 청약(counter offer)
특정조건	조건부청약(conditional offer)	무확약청약(offer without engagement)
		재고잔류조건부청약(offer subject to being unsold) 선착순판매조건부청약(offer subject to prior sale)
		점검매매조건부/승인조건부청약(offer on approval)
		반품허용조건부청약(offer on sale or return)
		확인조건부청약(offer subject to our final confirmation)

4) 청약서의 작성방법

청약은 특별히 정해진 형식이나 방식이 있는 것은 아니고 거래대상물품이나 거래방식 등에 따라 다양한 형태를 취한다. 또한 기재사항도 거래특성에 따라 다양할 수 있으나 판매청약(selling offer)의 가장 전형적인 형태와 작성방법은 [서식 4-1]과 같다.

- 포장(packing) : 거래되는 물품에 따라 포장방법이 다르기 때문에 해당물품의 포장방법을 구체적으로 기재하는 것이 바람직하다. 일반적으로 'Export standard packing(수출표준포장)'이라고 표기할 경우 청약자가 피청약자에게 물품인도에 아무런 문제없이 포장을 적절하게 해주겠다는 약속을 의미한다.
- 원산지(origin) : 물품별로 원산지에 따라 가격의 차이가 상당히 발생할 수 있다. 수입국의 입장에서 수입되는 물품의 원산지가 어느 국가인지에 따라 수입관세율이 달라질 수 있기 때문에 해당 물품의 정확한 원산지 표기를 하여야 한다.
- 선적일(shipment date, delivery date) : 청약서에는 반드시 계약물품을 선적할 수 있는 예상가능일을 표기하는 것이 바람직하다. 피청약자는 청약자의 선적가능일을 기준으로 구매결정을 할 수 있고 신용장발행시 선적일과 만기일을 결정하는 근거가 된다.

- 대금결제(payment) : 대금결제방법에는 신용장에 의한 결제방법, 추심에 의한 결제방법, 송금방식에 의한 결제방법 및 기타 결제방법 등이 있다. 이에 따라 청약자가 선호하는 결제방법을 기재하게 된다.
- 물품검사(inspection) : 수출국에서 수출되기 전에 최종적으로 물품의 품질이나 상태 등을 검사하게 되는데 최종 물품검사에 대한 책임자나 기관을 기재한다.
- 유효기간(validity) : 유효기간은 청약자의 청약에 대해 피청약자가 승낙하여야 하는 최종일을 의미한다. 유효기간이 기재된 청약이 확정청약(firm offer)이 된다.
- 비고(remarks) : 비고란에는 청약자가 피청약자에게 요구하는 기타 사항들을 기재한다. 특정 물품에 대하여 주문 가능한 최소주문량이 있을 경우 청약자의 물품 생산능력 등을 고려하여 기재한다.
- 품명(commodity & description) : 비슷한 물품이나 유사한 물품명에 대한 혼란이 없도록 정확하게 품명을 기재한다.
- 규격(specification) : 같은 품목이라도 그 품질과 규격에 따라 가격의 차이가 발생될 수 있기 때문에 추후에 분쟁이 발생되지 않도록 정확한 규격을 표시한다.
- 단가(unit price) : 각국의 화폐단위가 다르므로 사용화폐를 분명하게 명시한다. 특히 달러(dollar)나 프랑(franc)으로 표시될 때에는 여러 나라가 이 단위들을 사용하며 그 가치기준도 다르기 때문에 어느 나라의 달러(U.S. dollar, Australian dollar 등)이며 어느 나라의 프랑(France franc, Swiss franc 등)인지를 정확하게 기재하여야 한다. 단가를 제시할 때 @USD3.00/pc CIF New York, USA 등과 같이 가격조건과 결제통화를 동시에 제시한다.

[서식 4-1] Offer Sheet의 예(수출의 경우)

DAEHAN TRADING CO., LTD.

C. P. O BOX, 203, SEOUL, KOREA

O F F E R S H E E T

Messrs. : Geosystem Co., Ltd.
New York USA

Date : August 11, 20xx
Ref. No. Euro20xx

Dear Sirs,
We are pleased to offer you as follows :

Packing : Export Standard Packing
Origin : Republic of Korea(R.O.K)
Shipment : Within 60 days from the date of contract
Payment : By an irrevocable L/C at sight in our favor
Inspection : Manufacturer's inspection is final
Validity : By the end of November, 20xx
Remarks : Minimum order requirement – 1,000pcs above per item

H. S.	Item#	Description	Quantity	Unit Price	Amount
		Cosmetics		CIF New York	
3304.99.2000	20	Make-up Base 30gr	1,000pcs	@USD20.00	USD20,000.00
3304.20.9000	79	Mascara 5ml	1,000pcs	@USD20.00	USD20,000.00
		Total :	2,000pcs		USD40,000.00

Yours very truly,
Daehan Trading Co., Ltd.
(signed)
S. K. Lee
Director

5) 청약의 통지와 효력발생시기

(1) 청약의 통지

청약이 유효하게 효력이 발생되기 위해서는 청약이 통지되어야 한다. 과거에 청약의 통지는 일반적으로 전보, 전화(phone), 우편(airmail), 팩스(fax) 등이 이용되었으나, 컴퓨터 등 전자통신기술의 발달에 따라 전자우편(e-mail), 인터넷폰(internet phone)이나 인터넷팩스(internet fax) 등의 전자적 매체로 청약이 통지되고 있다.

(2) 청약의 효력발생시기

청약의 효력은 청약의 내용이 피청약자에게 도달한 때에 발생된다. 국제물품매매계약에 관한 UN협약(United Nations Convention on Contracts for the International Sale of Goods ; CISG ; Vienna Convention, 1980) 제15조 제1항에 "청약은 피청약자에게 도달한 때에 효력이 생긴다"라고 규정되어 있으며, 한국 민법 제111조 제1항에서도 "상대방이 있는 의사표시는 상대방에게 도달한 때에 그 효력이 생긴다"라고 규정되어 있다.

청약의 내용이 피청약자에게 도달한 때에 그 효력이 발생한다는 도달주의 채택

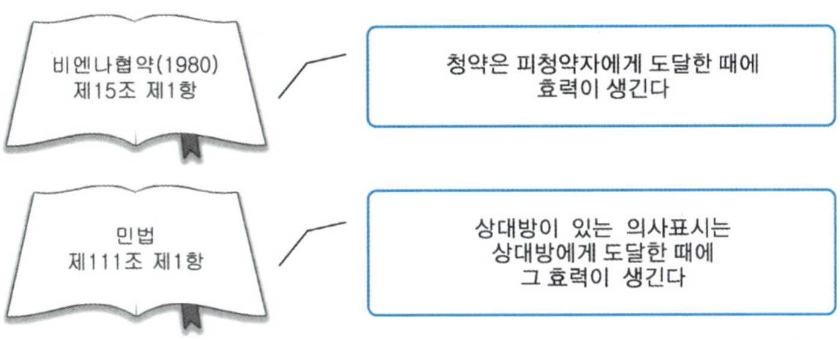

6) 청약의 효력소멸사유

(1) 청약의 철회

청약의 철회(withdrawal)란 청약의 효력이 발생되기 전에 청약자(offeror)가 일방적으로 청약의 효력을 소멸시키고자 하는 의사표시이다. CISG(비엔나협약) 제15조 제2항에 확정청약(firm offer)이라고 할지라도 청약자가 청약을 송부한 후 청약철회의 의사표시가 ① 청약자의 청약이 피청약자(offeree)에게 도달하기 이전 또는 ② 청약자의 청약이 피청약자에게 도달함과 동시에 피청약자에게 도달된 때에는 그 청약은 철회될 수 있는 것으로 규정하고 있다. 또한 확정청약의 경우 유효기간이 경과한 때에는 그 효력이 상실된다.

한국 민법에서는 “계약의 청약은 이를 철회하지 못하며 승낙기간을 정한 청약은 청약자가 그 기간 내에 승낙의 통지를 받지 못할 때에는 그 효력을 잃는다”고 규정하고 있다(민법 제527조 및 528조 제1항).

비엔나협약	청약은 그것이 취소불능한 것이라도 청약의 철회가 청약의 도달 전 또는 그와 동시에 피청약자에게 도달하는 경우에 취소가능(제15조 제2항)
한국민법	계약의 청약은 이를 철회하지 못한다(제527조) 승낙의 기간을 정한 계약의 청약은 청약자가 그 기간 내에 승낙의 통지를 받지 못한때에는 그 효력을 잃는다(제528조)

(2) 청약의 취소

청약의 취소(revocation)는 청약이 피청약자에게 도달되어 효력을 발생시킨 후 승낙의 통지를 보내기 전에 취소시킬 수 있는 요인에 의하여 청약이 소멸하게 되는 것을 말한다.

CISG(비엔나협약)에 의하면 불확정청약의 경우 계약이 체결되기까지는 청약은 취소될 수 있다. 다만, 이 경우에 취소의 통지는 피청약자가 승낙을 발송하기 전에 피청약자에게 도달하여야 한다(제16조 1항). 그러나 다음의 경우에는 청약은 취소될 수 없다(제16조 2항).

① 청약이 승낙을 위한 지정된 기간을 명시하거나 또는 기타의 방법으로 그것이 취소불능임을 표시하고 있는 경우, 또는

② 피청약자가 청약을 취소불능이라고 신뢰하는 것이 합리적이고, 또한 피청약자가 그 청약을 신뢰하여 행동한 경우

비엔나협약	취소가능한 경우	불확정청약인 경우 청약자의 취소통지가 피청약자가 승낙을 발송하기 전에 피청약자에게 도달한 경우
	취소불가능한 경우	• 확정청약인 경우 • 피청약자가 청약을 취소불능이라고 신뢰하는 것이 합리적이고, 피청약자가 그 청약을 신뢰하여 행동한 경우

(3) 청약의 거절

청약의 거절(rejection)이란 청약자의 청약에 대하여 피청약자가 승낙하지 않는다는 의사표시를 말한다. 이 경우 청약자가 보낸 청약을 피청약자가 거절하게 되면 그 청약의 효력이 소멸된다. 다만 피청약자의 거절통지가 청약자에게 도달된 시점이 청약의 효력소멸시점이 된다.

피청약자가 청약자의 청약에 대해 거절통지를 보낸 후 마음이 바뀌어 계약을 위한 승낙을 목적으로 다시 승낙통지를 보낼 경우, 그 승낙통지가 전에 보낸 거절통지보다 먼저 청약자에게 도달한다면 계약이 성립된다.[2)]

한편, 피청약자가 청약을 거절함으로써 효력이 소멸된 청약에 대해 이후 피청약자가 마음이 바뀌어 유효기간 내에 원청약의 내용대로 승낙하더라도 청약자의 동의가 없으면 청약의 효력이 상실된다.

(4) 반대청약

반대청약(counter offer)은 피청약자가 청약자의 원청약 내용을 추가하거나 변경하여 새로운 조건을 제안해오는 것으로 승낙이 아니라 청약의 거절이다. 반대청약이 청약자에게 도달하면 원청약의 효력은 소멸되고 그 반대청약은 새로운 효력이 발생되게 된다.

(5) 유효기간의 경과

청약자의 청약에 유효기간(validity)내지 승낙기간이 설정된 확정청약(firm offer)의 경우 그 기간이 경과하면 청약의 효력이 상실된다. 유효기간이 명시되지 않은 불확정청약(free offer)의 경우에는 합리적인 기간(reasonable time) 또는 상당한 기간이 경과하였을 때 청약의 효력이 소멸된다. 합리적인 기간 또는 상당한 기간은 물품의 성질, 거래관습 등에 의하여 결정되는 것으로 어려운 점이 있다. 따라서 실무적으로 피청약자가 유효기간이 없는 청약이나 조건부청약을 수령한 경우에는 청약자에게 다시 문의할 필요가 있다.

(6) 후발적 위법

청약이 이루어진 후 매매계약의 이행이 위법인 후발적 위법(subsequent illegality)인 경우 그 청약의 효력은 상실된다. 예를 들어 특정 물품을 판매하기 위하여 청약자가 청약을 행하였으나, 승낙기간 전에 같은 물품에 대한 해당 국가의 수출금지 및 수출제한조치의 법률이 시행되어 판매가 불가능한 경우에는 청약의 효력이 소멸된다. 또한 계약이 성립된 후에 전쟁의 발발, 당사자의 사망 등과 같은 후발적인 위법인 이행불능(frustration)[3)] 상태에

2) 승낙에 대한 의사표시의 기본원칙과 관련하여 대화자 간에는 도달주의, 우편과 전보와 같은 격지자 간에는 발신주의가 적용된다. 하지만 승낙의 거절통지는 도달주의가 적용되기 때문에 이후 우편에 의한 승낙 역시 발신주의가 아닌 도달주의가 적용되어야 한다. 따라서 우편에 의한 거절통지보다 이후 송부된 우편에 의한 승낙통지가 청약자에게 먼저 도착하면 계약이 성립된다.

3) 여기서 이행불능(frustration)은 계약성립 후 물품의 소유권이 매수인에게 이전되기 이전에 양 당사자의 과실에 의하지 않고 계약이 법적으로 이행이 불가능하게 되거나, 또는 이행이 요구되어지는 상황이 계약체결 시에 예상했던 것과는 전혀 달라졌기 때문에 이행할 가치가 없게 된 경우를 말한다.

는 계약이 자동 소멸된다.

(7) 당사자의 사망

영미법에서 청약이 승낙되기 전에 청약자 또는 피청약자가 사망한 경우에는 청약의 효력은 소멸된다. 하지만, 청약이 승낙된 후에 당사자의 일방이 사망하는 경우에는 계약이 성립된 것이므로 청약의 효력에 아무런 영향을 미치지 아니한다. 한편 대륙법계에서 청약은 승낙 전 일방 당사자의 사망이나 능력상실로 인하여 효력이 상실되지 아니한다. 한국 민법 제111조 제2항에서 "의사표시자가 그 통지를 발송한 후 사망하거나 제한능력자가 되어도 의사표시의 효력에 영향을 미치지 아니한다"라고 규정하고 있어 청약자의 사망으로 인하여 청약의 효력이 소멸되지 아니한다.

2 승낙

1) 승낙의 개념

승낙(acceptance)이란 청약자의 청약에 대해 무조건적으로 동의하고, 계약성립을 목적으로 행하는 피정약자의 의사표시이다. 승낙은 청약의 모든 사항에 대하여 무조건으로 동의하는 것이어야 하며, 새로운 사항을 추가하거나 청약의 내용을 변경하거나 제한하는 것은 승낙으로 간주되지 않는다.

하지만 청약을 받은 피청약자가 청약의 내용에 대해 자신의 의견을 첨가하여 반대청약(counter offer)을 보낼 수 있다. 피청약자의 수정의사인 반대청약이 제시되면 이전의 원청약은 무효가 되며 계속해서 청약자와 피청약자가 확정청약과 반대청약을 주고 받는 상담과정을 통하여 최종적으로 승낙되면 무역계약이 성립된다.

승낙이란? 청약자의 청약에 대해 무조건적으로 동의하고, 계약성립을 목적으로 행하는 피정약자의 의사표시

2) 승낙의 조건

승낙의 의사표시가 계약을 성립시키기 위해서는 ① 승낙의 내용이 청약의 내용과 완전하게 일치되어야 할 것, ② 승낙은 절대적(absolute), 최종적(final), 무조건(unconditional)일 것, ③ 승낙은 청약의 효력기간 내에 행해져야 할 것, ④ 승낙의 방법이 지정되어 있는 경우에는 그 방법에 따라야 할 것, ⑤ 청약이 특정인에게 행해진 경우에는 그 당사자만이

승낙하여야 할 것 등의 요건을 충족하여야 한다.

승낙의 의사표시가 계약을 성립시키기 위한 조건

- 승낙의 내용이 청약의 내용과 완전하게 일치해야 함
- 승낙은 절대적(absolute), 최종적(final), 무조건(unconditional)적이어야 함
- 승낙은 청약의 효력기간 내에 행해져야 함
- 승낙의 방법이 지정되어 있는 경우에는 그 방법에 따라야 함
- 청약이 특정인에게 행해진 경우에는 그 당사자만이 승낙하여야 함

3) 승낙의 방법

원칙적으로 승낙의 방법은 아무런 제한이 없다. 청약과 같이 구두(oral), 서면(writing) 또는 행위(action)에 의하여 행할 수 있다. 하지만 청약자가 승낙에 대하여 특정한 방법 또는 수단을 청약서상에 미리 지정하였을 경우에는 그 지정된 방법에 따라야 한다. 예를 들어, 전자우편, 전보, 텔렉스, 팩시밀리, 전화, 항공우편 등으로 승낙방법이 지정되어 있을 경우 그 지정된 방법에 따라야 한다.

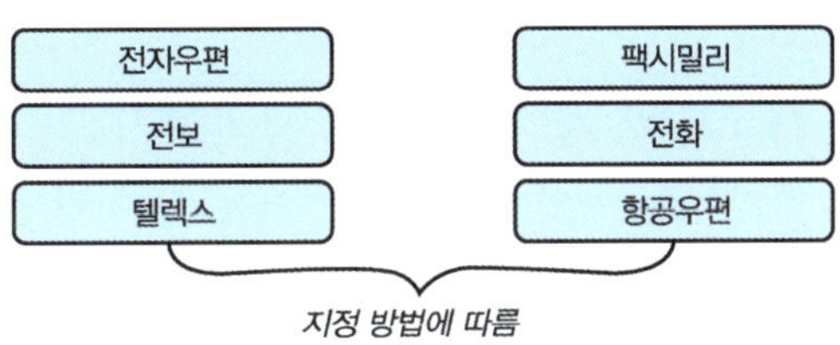

한편 청약의 승낙방법을 지정하지 않은 경우에는 합리적인 방법과 수단에 따라야 한다. 청약이 전자우편으로 된 경우에는 전자우편으로, 텔렉스로 된 경우에는 텔렉스로, 항공우편으로 된 경우에는 항공우편과 같이 그에 상응하는 수단으로 승낙하여야 한다.

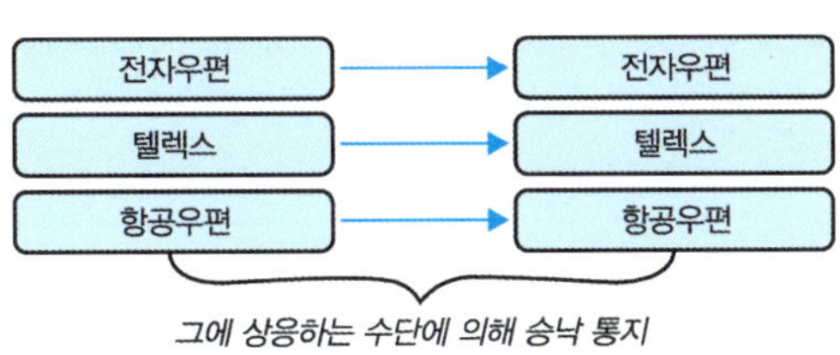

4) 계약을 유효하게 성립시키는 승낙

(1) 무조건승낙(unconditional acceptance)

무조건승낙은 청약자의 청약에 대하여 피청약자가 청약의 내용을 변경하거나 추가하지 않고 무조건적으로 승낙하는 것을 말한다.

(2) 행위에 의한 승낙(acceptance by action)

행위에 의한 승낙은 피청약자가 청약에 대한 동의의 의사표시를 행위로 하는 것으로 그 행위가 이행되는 시점에 승낙의 효력이 발생되는 것을 말한다. 예를 들어 매도인의 청약에 대해 피청약자인 매수인이 승낙의 통지 없이 물품대금을 지급하는 경우가 이에 해당된다. CISG(비엔나협약) 제18조 제3항에서 "청약의 성격상 또는 당사자 간에 이미 확립되어 있는 관행이나 관습의 결과로서 피청약자가 청약자에게 아무런 통지 없이 물품의 발송이나 대금의 지급과 같은 행위를 함으로써 동의의 의사표시를 하는 경우에는 기간 내에 그 행위가 행하여짐과 동시에 효력이 발생한다"라고 규정하고 있다.

5) 계약을 성립시킬 수 없는 승낙

(1) 지연승낙

지연승낙(delayed acceptance)은 청약에 대한 승낙의 의사표시가 정해진 기간이 경과되어 늦게 도착된 경우를 말한다. 즉, 청약자가 승낙기간을 정한 경우에는 그 기간 내에, 그리고 승낙기간이 정해지지 않은 경우에는 합리적인 기간 내에 승낙의 의사표시가 도착하지 않을 경우 승낙은 효력을 상실하게 된다.

하지만, 지연된 승낙의 경우에도 청약자가 유효하다는 취지를 지체 없이 피청약자에게 구두로 알리거나 그러한 통지를 발송하는 경우에는 승낙으로서의 효력을 가진다. 또한 통상적인 경우라면 유효기간 내에 도착되는 피청약자의 승낙이 우편상의 사고로 인하여 유효기간 이후에 지연되어 도착한 경우 청약자가 청약의 유효기일 경과로 인한 거절의 의사표시를 피청약자에게 통지하여야 한다. 만일 이 경우 청약자가 그러한 취지를 통지하지 않을 경우에는 지연된 승낙의 경우라도 승낙으로서의 효력을 가지게 된다.[4)]

4) CISG(비엔나협약) 제21조 제2항

(2) 조건부승낙

조건부승낙(conditional acceptance)은 피청약자가 원청약에 대해 일부 청약내용을 변경하거나 추가하여 승낙하는 것을 말한다. 이는 반대청약의 내용과 같기 때문에 청약자의 승낙이 없으면 계약이 성립되지 않는다. CISG(비엔나협약)에서는 특히 "가격조건, 대금지급조건, 물품의 품질 및 수량조건, 인도장소와 시기, 당사자의 책임범위 또는 분쟁해결에 대한 부가조건 또는 상이한 조건은 청약조건을 실질적으로 변경한 것으로 본다"고 규정하고 있어(제19조 제3항) 이러한 조건이 있는 승낙은 청약에 대한 거절이며 반대청약이 된다. 하지만, 청약조건을 실질적으로 변경하지 아니한 경우에는 청약자가 반대하지 않는 한 승낙이 된다"고 규정하고 있어(제19조 제2항) 가격, 품질, 수량 등의 실질적인 내용이 아닌 다른 조건부 승낙은 승낙으로 인정될 수 있다.

(3) 일부승낙

일부승낙(partial acceptance)은 청약의 내용 중 일부만을 승낙하는 것으로 조건부승낙과 같이 반대청약의 개념이므로 계약이 성립되지 않는다. CISG(비엔나협약)에서 "승낙을 의도한 청약에 대한 응답으로 청약에 내용을 부가, 삭제 또는 기타의 변경을 가하고 있는 것은 청약의 거절이면서 반대청약을 한 것으로 한다"라고 규정하고 있다(제19조 제1항).

(4) 침묵 또는 무행위에 의한 승낙

침묵 또는 무행위에 의한 승낙(acceptance by silence or inactivity)은 피청약자가 청약자의 청약에 대해 아무런 행위나 회신을 하지 않고 침묵하는 것으로 침묵 또는 행위 그 자체는 승낙으로 인정되지 않는다. CISG(비엔나협약)에서도 "침묵이나 또는 어떠한 행위도 취하지 아니하는 것, 그 자체로는 승낙이 되지 않는다"고 규정하고 있어(제18조 제1항) 피청약자의 침묵이나 무행위는 승낙으로 간주될 수 없다.

6) 승낙의 효력발생시기

청약자의 청약을 피청약자가 승낙하면 계약이 성립되지만, 청약자와 피청약자가 멀리 떨어져 있기 때문에 승낙의 의사표시가 피청약자로부터 발송되어 청약자에게 도달할 때까지 어느 시점에서 계약이 성립되는지 문제가 될 수 있다.

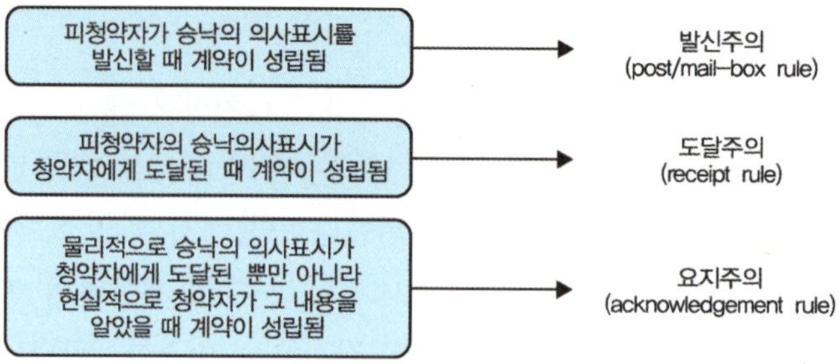

▌표 4-5▐ 승낙의 의사표시에 대한 효력발생 시기

통신수단 \ 준거법			한국법	일본법	영국법	미국법	독일법	비엔나협약
의사표시에 관한 일반원칙			도달주의	도달주의	도달주의	도달주의	도달주의	도달주의
승낙의 의사표시	대화자간	대 면	도달주의	도달주의	도달주의	도달주의	도달주의	도달주의
		전 화	도달주의	도달주의	도달주의	도달주의	도달주의	도달주의
		텔렉스	도달주의	도달주의	도달주의	도달주의	도달주의	도달주의
		EDI	도달주의	도달주의	도달주의	도달주의	도달주의	도달주의
	격지자간	우 편	발신주의	발신주의	발신주의	발신주의	도달주의	도달주의
		전 보	발신주의	발신주의	발신주의	발신주의	도달주의	도달주의

승낙의 효력발생시기에는 ① 피청약자가 승낙의 의사표시를 발신할 때 계약이 성립되는 발신주의(post/mail-box rule),[5] ② 피청약자의 승낙의사표시가 청약자에게 도달된 때 계약이 성립되는 도달주의(receipt rule), ③ 물리적으로 승낙의 의사표시가 청약자에게 도달될 뿐만 아니라 현실적으로 청약자가 그 내용을 알았을 때 계약이 성립되는 요지주의(acknowledgement rule)가 있다.

영미법은 물론 대륙법에서도 승낙의 일반원칙을 도달주의로 하고 있다. 그러나 승낙의 의사표시에서 대화자 간이나 격지자 간에는 도달주의 또는 발신주의를 택하고 있다. 도달주의는 대면에 의한 승낙이나 전화, 텔렉스(telex), 팩스(fax) 및 전자우편(e-mail) 등에 의한 승낙에서 주로 적용된다. 하지만 전보나 우편으로 승낙을 통보하는 경우에는 일반적으로 발신한 시점을 기준으로 승낙의 효력시기를 산정하기도 한다.

5) 청약, 승낙의 선언 또는 기타의 의사표시가 상대방에게 도달한 때라 함은 그 의사표시가 구두 또는 기타의 방법으로 직접 상대방에게 전달되었을 때, 또는 상대방의 영업소나 우편주소로 전달되었을 때, 또는 상대방의 영업소나 우편주소가 없는 경우에는 상대방이 상주하는 거소로 전달되었을 때로 한다(CISG 제24조).

CISG(비엔나협약)에서는 대화자 간이나 격지자 간에 관계없이 도달주의원칙을 적용하고 있다. 따라서 이와 같은 효력발생시기에 대한 문제를 해결하기 위하여 승낙의 효력발생시기에 대한 명확한 조건의 제시가 필요하다.

6) 승낙기간의 해석

청약자가 전보 또는 서한에서 정한 승낙기간은 전보문이 발신을 위하여 넘겨진 때로부터, 또는 서한에 표시된 일자로부터, 또는 그러한 일자가 표시되지 않은 경우에는 봉투에 표시된 일자로부터 시작된다. 청약자가 전화, 텔렉스 또는 기타의 동시적 통신수단에 의하여 정해진 승낙기간은 승낙이 상대방에게 도달한 때로부터 시작된다. 승낙기간 중에 들어있는 공휴일 또는 휴업일은 승낙기간에 산입된다. 승낙기간의 말일이 공휴일 또는 휴업일이기 때문에 도달될 수 없는 경우에는 그 다음의 첫 번째 영업일까지 연장된다.

7) 승낙의 철회

승낙의 철회는 승낙의 효력발생시기가 도달주의를 적용하는 경우에만 가능하다. 이 경우 피청약자의 승낙이 청약자에게 도달하기 이전 또는 그와 동시에 철회가 청약자에게 도달하는 경우에 철회가 가능하다. 하지만 발신주의가 적용되는 경우에는 승낙을 발송함과 동시에 무역계약이 성립되기 때문에 철회가 불가능하다.

8) 승낙의 취소

승낙의 효력이 발생되면 계약이 성립되기 때문에 승낙의 취소는 불가능하다.

▌표 4-6▐ 매매계약성립을 위한 청약과 승낙에 관한 CISG(비엔나협약) 내용

구 분		주요 내용	조항
청약	청약의 요건	(1) 제의가 충분히 확정적(내용의 확정성)이고 승낙이 있을 경우 구속된다는 청약자의 의사표시(의사의 확정성)가 있을 경우 (2) 1인 또는 특정의 다수에게 통지(대상의 확정성)	제14조
	청약의 효력발생 및 철회	(1) 청약의 효력발생시기 : 상대방에게 도달된 때 (2) 청약의 철회 : 철회의사표시가 원청약이 피청약자에게 도달하기 이전 또는 동시에 도달된 때 철회가능	제15조
	청약의 취소	(1) 계약체결 전까지 청약자는 청약취소 가능(단, 취소의사표시가 피청약자의 승낙 발송 전에 도달하여야 함) (2) 다음의 경우에는 취소불가능함 ① 청약이 확정적이거나 ② 피청약자가 청약이 취소불능이라고 신뢰하는 것이 합리적이고, 피청약자가 그 청약을 신뢰하여 행동하는 경우	제16조
	청약의 거절	청약에 대하여 피청약자의 거절통지가 청약자에게 도달한 때 효력발생	제17조
승낙	승낙의 효력발생과 승낙의 방법	(1) 청약에 대해 동의하는 피청약자의 진술 또는 행위는 승낙임(침묵 또는 부작위 그 자체는 승낙이 아님) (2) 승낙의 효력발생시기 : 승낙의 의사표시가 도달된 때 (3) 청약의 내용 또는 당사자 사이에 관습이 형성되었다면 특정 행위만으로도 승낙 가능	제18조
	변경된 승낙의 효력 및 실질적 변경없는 승낙	(1) 변경된 승낙의 효력은 원칙적으로 청약의 거절이자 반대청약임 (2) 청약의 조건을 실질적으로 변경하지 않았다면 승낙임 (3) 대금, 인도장소, 물품의 품질·수량 등을 변경한 것은 실질적 변경으로 간주됨	제19조
	승낙기간의 해석	(1) 승낙기간의 기산일은 다음 중의 하나임 ① 전보발신을 위해 교부된 날, ② 서신에 표시된 날, ③ 봉투에 표시된 날, ④ 동시적 통신수단에 의한 청약은 도달 즉시 (2) 승낙기간의 말일이 공휴일 등이라면 최초의 영업일까지 기간연장	제20조
	지연된 승낙의 효력	(1) 원칙적으로 무효이지만 청약자가 승인하면 유효함 (2) 통상적으로 전달된 경우 기간 내 도착되었을 것이라는 표시가 있지만 비정상적인 사정으로 인한 지연된 승낙은 청약자의 반대의사가 없는 경우에 유효함	제21조
	승낙의 철회	효력발생시기가 도달주의인 경우 : 승낙이 청약자에게 도달하기 이전 또는 그와 동시에 철회가 청약자에게 도달하면 철회가능	제22조
	계약의 성립시기	승낙의 효력이 발생되는 때	제23조
	도달의 정의	① 상대방에게 구두로 통지되거나, ② 상대방에게, ③ 상대방의 영업소 또는 우편송부처에, ④ 영업소나 우편송부처가 없는 경우에는 일상적인 거주지에 도달되었을 때 도달된 것으로 봄	제24조

4.3 무역계약의 기본조건

무역계약은 국제간의 상품에 대한 매매계약이기 때문에 추후에 분쟁이 발생될 소지가 있다. 이와 같은 상거래분쟁을 사전에 예방하기 위하여 계약내용에 대한 제반사항을 명확히 해둘 필요가 있는데 이를 무역계약조건이라 한다. 계약물품에 대한 기본적인 조건으로는 ① 품질조건(quality terms), ② 수량조건(quantity terms), ③ 가격조건(price terms), ④ 선적조건(shipment terms), ⑤ 대금결제조건(payment terms), ⑥ 보험조건(insurance terms), ⑦ 포장조건(packing terms), ⑧ 분쟁해결조건(dispute settlement terms) 등이 있다.

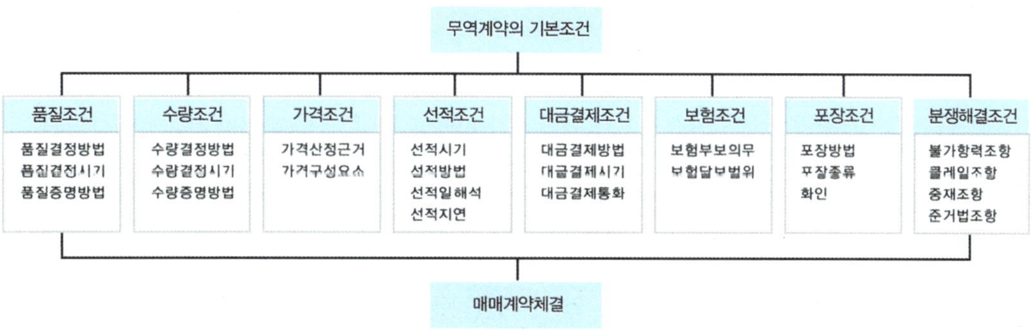

1 품질조건 (Quality Terms)

품질조건은 대상물품의 품질에 관한 조건으로 무역계약시 ① 품질결정방법, ② 품질결정시기 및 ③ 품질증명방법 등에 대하여 명확히 합의하여야 한다.

1) 품질결정방법

(1) 견본매매(sale by sample)

견본매매는 매매당사자가 제시한 견본의 품질을 실제 매매될 물품의 품질기준으로 결정하는 것을 말한다. 무역에서 가장 많이 사용하는 방법으로 공산품이나 저가제품 등에 많이 사용된다. 견본은 제시하는 당사자에 따라 매도인 견본(seller's sample)과 매수인 견본(buyer's sample)으로 구분된다. 매도인 견본은 매도인이 견본을 제작하여 매수인에게 송부하는 견본을 말한다. 매수인 견본은 매수인이 자신의 견본을 매도인에게 송부하는 견본으로 매수인이 희망하는 물품의 품질을 매도인에게 요구할 경우에 사용된다. 또한 매수인이 송부한 견본을 보고 매도인이 유사견본(similar sample)을 만들어 매수인에게 보내어 승인을 받아내는 방법도 있다.

견본은 향후 매매될 물품의 품질을 보증하는 것으로 매수인은 제시된 견본의 품질과 일치되는 물품이 인도될 것을 기대하게 된다. 후일에 야기될지도 모르는 분쟁에 대비하기 위하여 최소한 동일 견본을 몇 개 만들어 보관하여야 한다. 즉, 매도인과 매수인이 각각 견본을 보관하고 생산업자가 별도로 존재할 경우 생산업자도 견본을 보관하여야 한다.

매매계약시 "품질은 견본과 완전히 일치할 것(Quality to be fully equal to the sample)", "품질은 견본과 동일할 것(Quality should be the same as that of the sample)" 등과 같은 엄격한 표현보다는 "품질은 견본과 유사할 것(Quality to be similar to the sample)", "품질은 견본과 거의 일치할 것(Quality to be about equal to the sample)" 등과 같이 완곡한 표현을 사용하는 것이 향후 있을지 모르는 분쟁예방에 도움이 된다.

(2) 상표매매(sale by trademark or brand)

상표매매는 별도의 견본을 제시하지 않고 국제적으로 널리 알려진 유명 상표(trade mark) 또는 통명(brand)을 실제 매매될 물품의 품질기준으로 결정하는 것을 말한다. 상표만 보아도 그 물품의 품질이나 등급을 알 수 있는 경우에 많이 이용된다. 예를 들어 니콘(Nikon) 카메라, 파카(Parker) 만년필, 오메가(Omega)·롤렉스(Rolex) 손목시계 등과 같은 물품은 해당 상표가 품질결정기준이 된다.

(3) 명세서매매(sale by specification)

명세서매매는 견본제시가 어려운 거래대상물품의 소재, 구조, 성능, 규격 등을 구체적으로 설명하는 명세서(specification)나 설명서(description), 설계도(plan), 도해목록(illustrated catalogue) 또는 청사진(blueprint) 등을 실제 매매되는 품질기준으로 결정하는 것을 말한다. 선박, 철도차량, 의료용구, 중장비류 등이 이에 해당된다.

(4) 규격매매(sale by type or grade)

규격매매는 물품의 규격이 국제적으로 정해져 있거나 수출국에서 공식적으로 인정하는 것일 경우 이들 규격이나 등급을 실제 매매될 물품의 품질기준으로 결정하는 것을 말한다. 국제표준화기구(International Standardized Organization : ISO), 한국의 KS(Korean Industrial Standard), 일본의 JIS(Japan Industrial Standard), 영국의 BSS(British

Standard Specification) 등을 품질기준으로 하는 것이 이에 해당된다. 전기, 전자제품 등과 같은 공산품에 주로 이용되며 규격과 견본 등이 함께 사용된다.

(5) 점검매매(sale by inspection)

점검매매는 매도인의 물품에 대하여 매수인이 품질수준을 직접 확인한 후 구매여부를 결정하는 방법이다. 점검매매에 주로 이용되는 경우로는 현품인도조건(Cash on Delivery : COD), 서류인도조건(Cash Against Document : CAD), 보세창고거래(Bonded Warehouse Transaction : BWT), 점검매매조건부청약(offer on approval), 반품허용조건부청약(offer on sale or return) 등이다.

(6) 표준품매매(sale by standard)

표준품매매는 일정한 규격이나 견본제공이 곤란한 수확예정인 농·수산품 등의 1차 산품과 벌채예정의 원목 등과 같은 물품의 경우 당해 연도의 표준품을 실제 거래물품의 품질기준으로 결정하는 것을 말한다.

① 평균중등품질조건(Fair Average Quality : FAQ)

면화, 곡물, 차 등과 같은 곡물류의 매매에 사용하는 품질조건으로서 선적지에서 당해 년도에 출하된 수확물 중에서 중간품질을 표준으로 하여 거래물품의 품질수준을 결정하는 방법이다.

② 판매적격품질조건(Good Merchantable Quality : GMQ)

목재, 원목, 냉동어류 및 광석류 등과 같이 물품의 잠재적 하자나 내부의 부패상태를 알 수 없는 경우, 상관습에 비추어 수입지에서 판매가능한 상태일 것을 전제조건으로 하여 거래물품의 품질수준을 결정하는 방법이다.

③ 보통품질조건(Usual Standard Quality : USQ)

주로 원사거래에 이용되는 품질조건으로 공인검사기관 또는 공인표준기관에 의하여 정해진 보통품질을 표준품의 품질수준으로 결정하는 방법이다. 이 조건은 미국의 면화판매에서 시작되었으며 주로 원면거래에 이용된다.

▌표 4-7▐ 품질결정방법

<table>
<tr><th>종 류</th><th colspan="2">내 용</th><th>예</th></tr>
<tr><td>견본매매</td><td colspan="2">매매당사자가 제시한 견본의 품질을 실제 매매될 물품의 품질기준으로 결정하는 것</td><td>공산품
저가제품</td></tr>
<tr><td>상표매매</td><td colspan="2">별도의 견본을 제시하지 않고 국제적으로 널리 알려진 유명 상표(trade mark) 또는 통명(brand)에 의하여 실제 매매될 물품의 품질수준을 결정하는 것</td><td>Nikon카메라
Omega손목시계
등의 유명 상표</td></tr>
<tr><td>명세서매매</td><td colspan="2">견본제시가 어려운 거래대상물품의 소재, 구조, 성능, 규격 등을 구체적으로 설명하는 명세서(specification)나 설명서(description), 설계도(plan), 도해목록(illustrated catalogue) 또는 청사진(blueprint) 등을 실제 매매되는 품질기준으로 결정하는 것</td><td>선박, 철도차량,
의료용구,
중장비류 등의
고가 기계류</td></tr>
<tr><td>규격매매</td><td colspan="2">상품의 규격이 국제적으로 정해져 있거나 수출국에서 공식적으로 인정하는 것일 경우 이들 규격이나 등급을 실제 매매될 물품의 품질기준으로 결정하는 것</td><td>ISO, KS, JIS,
BSS 등의
표시물품</td></tr>
<tr><td>점검매매</td><td colspan="2">매도인의 물품에 대하여 매수인이 품질수준을 직접 확인한 후 매매계약을 체결하는 방법</td><td>COD, CAD,
BWT거래 등</td></tr>
<tr><td rowspan="4">표준품매매</td><td colspan="3">일정한 규격이나 견본제공이 곤란한 수확예정인 농·수산품 등의 1차 산품과 벌채예정의 원목 등과 같은 물품의 경우 당해 연도의 표준품을 실제 거래물품의 품질기준으로 결정하는 것</td></tr>
<tr><td>평균중등품질조건
(FAQ)</td><td>인도물품의 품질을 선적지에서 당해 년도에 출하된 수확물 중에서 중간의 품질을 표준으로 하여 거래물품의 품질수준을 결정하는 것</td><td>면화, 곡물, 차,
천연과일 등</td></tr>
<tr><td>판매적격품질조건
(GMQ)</td><td>물품의 잠재적 하자나 내부의 부패상태를 알 수 없는 경우, 상관습에 비추어 수입지에서 판매가 가능한 상태일 것을 전제조건으로 하여 거래물품의 품질수준을 결정하는 것</td><td>원목, 목재,
냉동어류,
광석류 등</td></tr>
<tr><td>보통표준품질조건
(USQ)</td><td>공인검사기관 또는 공인표준기관에 의하여 정해진 보통품질을 표준품의 품질수준으로 결정하는 것</td><td>원사, 인삼,
오징어 등</td></tr>
</table>

2) 품질결정시기

(1) 일반물품의 품질결정시기

① 선적품질조건(Shipped Quality Terms)

선적품질조건은 인도물품에 대한 품질의 일치여부를 선적시점의 품질로 결정하는 방법으로 주로 일반 공산품에 널리 사용된다. 선적품질조건에서 매도인은 거래물품의 품질을 선적할 때까지만 책임지고 선적 이후 물품의 변질·손상에 대해서는 책임을 지지 않는다. 인코텀즈(Incoterms® 2020)상의 선적지인도규칙인 EXW, FCA, FAS, FOB, CFR, CIF, CPT, CIP 규칙 및 표준품매매 중 평균중등품질조건(FAQ)이 선적품질조건에 해당된다.

② 양륙품질조건(Landed Quality Terms)

양륙품질조건은 인도물품에 대한 품질의 일치여부를 양륙시점의 품질로 결정하는 방법이다. 양륙품질조건에서 매도인은 도착지의 양륙시점까지 거래물품의 품질을 책임져야 한다. 따라서 매도인은 물품의 선적은 물론 운송 중에 변질·손상된 물품에 대해 책임을 져야 한다. 인코텀즈(Incoterms® 2020)상의 양륙지인도규칙인 DAP, DPU, DDP 규칙 및 표준품매매 중 판매적격품질조건(GMQ)이 양륙품질조건에 해당된다.

(2) 곡물의 품질결정시기

① Tale Quale(T.Q)

Tale Quale은 "있는 그대로(such as it is, just as it comes)"의 의미를 가진 프랑스어로 매도인이 약정한 물품을 선적할 때까지만 책임을 지는 선적품질조건이다. 계약시 "Shipment in good condition but tale quale as regards condition on arrival(양호한 상태로 선적하지만 도착 시의 상태는 있는 그대로)" 등과 같이 약정할 수 있다.

② Rye Terms(RT)

Rye Terms는 러시아 호밀(rye)거래에 사용되기 시작한 것으로 물품 도착시 손상되어 있는 경우 그 손해를 매도인이 책임지는 양륙품질조건이다.

③ Sea Damaged(SD)

Sea Damaged 조건은 조건부선적품질조건이다. 조건부선적품질조건은 인도된 물품에 대한 품질의 일치여부를 선적시점의 품질에 의하여 결정하되 선적 이후 운송도중에 발생하는 일부손해를 매도인이 추가적으로 부담하는 조건으로 선적품질조건과 양륙품질조건을 절충한 조건이다. 이 조건은 선적품질조건이지만 선적 이후의 해상운송 중에 발생하는 해수(seawater), 응고(condensation) 등에 의한 품질손해를 매도인이 추가적으로 부담한다. 이 조건으로 계약을 체결할 경우 "Any damage caused by seawater, if any, to be seller's account(해수에 의한 손해가 있다면 매도인의 책임으로 한다)"와 같이 합의할 수 있다.

3) 품질증명방법

품질증명방법은 인도된 물품이 계약시의 품질과 일치하는지의 여부를 증명하는 방법을 말한다. 원칙적으로 선적품질조건의 경우에는 매도인이, 양륙품질조건의 경우에는 매수인이 품질입증의 책임을 져야 한다.

선적품질조건의 경우 매도인이 선적지에서 권위 있는 검사기관인 감정인(surveyor)의 검사증명서(inspection certificate) 혹은 품질증명서(quality certificate)를 발급받아 매수인에게 제공함으로써 품질의 일치를 입증하여야 한다. 한편, 양륙품질조건의 경우 매수인이 도착된 물품의 품질상위나 운송 중의 변질·손상 등에 대하여 권위 있는 검사기관인 감정인(surveyor)으로부터 감정보고서(surveyor's report)를 발급받아 이를 증명하고 매도인에게 손해배상을 청구할 수 있다.

2 수량조건 (Quantity Terms)

계약물품의 수량조건은 가격산정의 기초가 되는 조건으로 분쟁이 발생하기 쉬운 조건이다. 수량조건에서는 ① 수량결정방법, ② 수량결정시기, ③ 수량증명방법 등을 약정하여야 한다.

1) 수량결정방법

(1) 수량단위(quantity unit)

물품의 수량을 결정할 때 사용되는 단위로는 중량, 용적, 개수, 길이 등이 있다. 수량단위는 물품의 성질과 각 국가의 도량형에 따라 차이가 있기 때문에 정확하게 합의하는 것이 바람직하다.

(2) 개산수량조건

개산수량조건(approximate quantity terms)은 과부족용인조항을 설정하지 않고 계약물품의 수량이나 단가 앞에 "약"의 의미인 "about"나 "대략"의 의미인 "approximately" 등과 같은 유사한 용어들을 사용하여 과부족의 용인을 신축적으로 허용하는 것을 말한다.

신용장방식의 거래에서 수량 앞에 "about"나 "approximately"라는 단어가 사용될 경우 10%의 수량과부족은 허용되지만[6] 금액이나 단가의 과부족은 허용되지 않는다. 한편 금액

---

6) 신용장통일규칙(UCP 600) 제30조 a항. 예를 들어, "about 1,000tons of grains"의 경우 10%의 과부족용

이나 단가 앞에 “about”나 “approximately”라는 단어가 사용될 경우 10%의 금액 또는 단가의 과부족은 허용되지만[7] 수량의 과부족은 허용되지 않는다. 결국 “about”이나 “approximately”의 단어가 수량 앞에 사용되면 수량만 10%의 과부족이 용인되고, 단가 앞에 사용되면 단가만, 그리고 금액 앞에 사용되면 금액만 10%의 과부족이 용인된다.

하지만 추심거래(D/P 및 D/A) 등의 무신용장 방식의 거래에서는 별도의 합의가 없는 한 과부족 인정문제에 대해 논란의 여지가 있기 때문에 매매계약서에 계약수량을 명확하게 합의하거나 과부족한도를 미리 합의할 필요가 있다.

▌표 4-8▐ 수량단위의 종류별 내용

구 분		단 위
중 량		• Long ton(English ton : Gross ton : LT=2,240lbs=1,016.1kgs(영국식) • Short ton(American ton : Net ton : S/T=2,000lbs=907.2kgs(미국식) • Metric ton(French ton : Kilo ton : M/T=2,204lbs=1,000kgs(대륙식) • Gross Weight(총중량 : 물품의 무게와 포장의 무게를 합한 총중량 • Net Weight(순중량 : 포장의 무게를 제외한 순물품의 무게)
용적	목새단위	• Cubic Meter : CBM, Cubic Feet : cft • Sufer Feet(sf)=1 square foot(평방피트) x 1 inch
	액체화물	• Barrel : 31.5gallons(미국), 36gallons(영국) • Gallon(gal) : American gallon(wine gallon)=4,456 liters=4 quarts English gallon(imperial gallon)=3,785 liters=4 quarts • Quart(qt) : 1/4gallon=2 pints=0.95 liter(미국)=1.14 liter(영국) • Liter(lit) : 1,000 cc • Pint : 0.47 liter(미국) = 0.57 liter(영국)
	곡물	• Bushel= 8 gallons = 35 liters(미국) = 36 liters(영국)
	선박	• Measurement ton(용적톤 : M/T)=1CBM(m3)=40입방피트=480sf
개 수		• Dozen : 12pcs • Gross : 144pcs(12pcsx12pcs), Small Gross=120pcs(12x10pcs) Great Gross : 1,728pcs(12x12x12pcs)
길 이		• Meter, Yard, Inch, Foot
포 장		• TEU : Twenty Feet Equivalent Unit • Case(상자), Bale(곤포), Bag(포대), Sack(마대), Keg(나무통), Drum(드럼통), Bundle(다발) 등

인범위인 수량의 하한인 900톤에서 수량의 상한인 1,100톤까지 용인된다. 이 규정은 개체화물, 포장화물 및 산화물 모두 해당된다.

7) 예를 들어, “about US$1,000”의 경우 10%의 과부족용인범위인 금액의 하한인 US$900에서 금액의 상한인 US$1,100까지 용인된다.

(3) 과부족용인조건(More or Less Clause : M/L Clause)

과부족용인조건은 장기간의 운송 중 감량이 예상되어 정확한 계약수량을 선적하기 힘든 광물, 곡물 및 원유 등과 같은 산화물(bulk cargo)의 경우 매매계약시 과부족(surplus or deficiency)한계를 정하여 그 범위 내에서 인도가 이루어지면 수량과부족에 대한 클레임을 제기하지 않기로 약정하는 수량표시방법을 말한다. 계약체결시 과부족의 허용비율을 합의하여 명시할 필요가 있다.

(가) 과부족용인조건이 있는 경우

(i) 과부족용인조건의 삽입

매매계약서에 물품의 성질에 따라 수량과부족을 인정해야 할 경우에 과부족 허용범위 및 과부족 선택권자를 명시하는 것이 바람직하다. 과부족 선택권자는 운송계약 체결의무가 있는 당사자로 하는 것이 일반적이다. 따라서 CIF규칙에서는 매도인의 선택(seller's option)으로 하고, FOB규칙에서는 매수인의 선택(buyer's option)으로 하도록 한다.

① "Quantity shall be subject to a variation of 3% more or less at seller's option (수량은 매도인의 재량 하에 3%의 과부족을 허용할 조건으로 한다)"

② "Seller has the option of delivering 3% more or less on the quantity contracted(매도인은 계약수량에 관한 3%의 과부족수량을 인도할 선택권한을 가진다)"

③ "Seller has the option of shipment with a variation of 3% more or less on the quantity contracted, unless otherwise agreed(매도인은 별도로 합의하지 않는 한 계약수량에 관한 3%의 과부족 수량을 선적할 권한을 가진다)"

(나) 과부족용인조건이 없는 경우

과부족용인조건이 없는 경우란 계약물품 앞에 과부족의 허용범위나 "약"의 의미인 "about"나 "대략"의 의미인 "approximately" 등의 표현이 없는 경우를 말한다. 이 경우 포장화물(packing units)이나 개체화물(individual items)의 경우에는 정확히 계약수량대로 인도하여야 한다. 하지만 곡물, 광물 등의 산화물(bulk cargo)은 그 성질상 요구하는 정확한 수량을 인도하는 것이 사실상 불가능하다.

이에 따라 산화물이 신용장방식으로 거래되는 경우 계약물품의 수량과 관련한 과부족용인조항이 없거나 또는 수량 앞에 "about"나 "approximately" 등의 표현이 없이 정확한 수량을 표기하고 있더라도 5%의 수량과부족이 허용된다. 이 경우 어음발행 총액은 신용장금액을 초과할 수 없다.[8)]

8) 신용장방식이면서 과부족용인조항이 없는 산화물의 금액이 US$10,000, 수량이 100톤일 경우 수량은 95톤

한편, 신용장방식의 거래에서 개수로 수량을 표시할 수 있는 포장화물이나 개체화물의 수량 앞에 계약수량을 명확히 표기한 경우 분할선적을 금지하고 있더라도 신용장상의 수량을 전부 선적해야 하고 단가도 감액될 수 없다. 하지만 어음발행총액은 신용장금액의 5% 범위 내에서 감액하여 발생하는 것이 허용된다.[9)]

하지만 추심거래(D/P 및 D/A) 등의 무신용장 방식의 거래에서는 별도의 합의가 없는 한 과부족이 허용되지 않기 때문에 과부족한도를 미리 명확하게 설정할 필요가 있다.

▌표 4-9▌ 수량표기 방법

<table>
<tr><th>과부족용인</th><th>표시방법</th><th>대상화물</th><th colspan="2">내 용</th><th>비 고</th></tr>
<tr><td rowspan="3">개산수량 조건 (approximate quantity terms)</td><td rowspan="3">계약수량 앞에 about, approximately 명시</td><td rowspan="3">포장화물 개체화물 산화물</td><td rowspan="2">신용장거래 (UCP 600 제30조 a항)</td><td>10%의 수량과부족 허용</td><td>금액 및 단가의 과부족은 안됨</td></tr>
<tr><td></td><td>금액 및 단가 앞에 “약”을 명시하는 경우 금액 또는 단가에만 10%의 과부족 허용</td></tr>
<tr><td>기타 거래</td><td>수량과부족 허용범위 없음</td><td></td></tr>
<tr><td>과부족용인조건 (M/L Clause)이 있는 경우</td><td>계약서에 과부족 허용범위 명시</td><td>포장화물 개체화물 산화물</td><td>모든 거래</td><td>명시된 수량의 과부족 허용범위 인정 (사례 : 3% more or less)</td><td></td></tr>
<tr><td rowspan="4">과부족용인조건 (M/L Clause)이 없는 경우</td><td rowspan="4">계약수량을 명확하게 명시</td><td rowspan="2">산화물</td><td>신용장거래 (UCP 600 제30조 b항)</td><td>5% 수량과부족 허용</td><td>어음발행금액이 신용장금액을 초과할 수 없음</td></tr>
<tr><td>기타(무신용장거래)</td><td>과부족 허용범위 불명확</td><td></td></tr>
<tr><td rowspan="2">포장화물 개체화물</td><td>신용장거래 (UCP 600 제30조 c항)</td><td>수량과부족 불허용</td><td>어음발행총액은 신용장금액의 5% 이내 감액 허용(분할선적 허용 여부에 관계 없음)</td></tr>
<tr><td>기타(무신용장거래)</td><td>과부족 허용범위 불명확</td><td></td></tr>
</table>

에서 105톤으로 5%의 과부족이 용인되고, 금액은 UD$9,500에서 UD$10,000이 용인된다. 즉 수량의 경우 5%의 부족은 허용되지만 계약금액인 US$10,000을 초과할 수 없다(UCP 600 제30조 b항)

9) 신용장방식하의 포장화물이나 개체화물의 수량이 100개, 금액이 US$10,000인 경우 수량이 100개 모두 선적되고 단가도 감액될 수 없지만, 총 금액은 5%범위인 US$9,500까지 감액될 수 있다(UCP 600 제30조 c항)

2) 수량결정시기

(1) 선적수량조건(shipped quantity terms)

선적수량조건은 계약된 수량의 일치여부를 선적시점에서 검량한 수량에 의하여 결정하는 방법이다. 이는 선적시점에서 계약에 합의된 수량과 일치되면 운송 중에 감량이 되더라도 매도인은 책임을 부담하지 않는 조건으로 일반 공산품에 이용된다. 선적지인도규칙에 해당되는 EXW, FCA, FAS, FOB, CPT, CIP, CFR, CIF 규칙이 원칙적으로 선적수량조건에 해당된다.

(2) 양륙수량조건(landed quantity terms)

양륙수량조건은 계약된 수량의 일치여부를 목적항 또는 목적지의 양륙지점에서 검량한 수량에 의하여 결정하는 방법이다. 이는 운송 중의 감량 등의 요인으로 목적지에 인도된 물품의 수량이 계약수량과 일치되지 않을 경우에는 매도인이 책임을 부담하는 조건으로 주로 산화물에 이용된다. 일반적으로 도착지인도규칙에 해당되는 DAP, DPU, DDP규칙이 양륙수량조건에 해당된다.

3) 수량증명방법

수량증명방법은 인도된 물품이 계약시의 수량과 일치하는지의 여부를 증명하는 방법을 말한다. 원칙적으로 수량의 입증과 관련하여 선적수량조건의 경우에는 매도인이, 양륙수량조건의 경우에는 매수인이 입증의 책임을 져야 한다. 수량의 증명은 감정인(surveyor)이나 공인검량인(public weigher)으로부터 검량을 받아 작성되는 중량증명서(certificate of weight)나 용적증명서(certificate of measurement)를 매수인에게 제공하도록 하거나 당사자의 합의에 따라 선하증권면에 기재한 수량이나 매수인이 작성한 중량표(weight list)에 의해 수량을 증명한다.

3 가격조건 (Price Terms)

수출입물품의 가격과 관련하여 당사자는 ① 가격산정근거, ② 가격구성요소 등에 대해 약정하여야 한다.

1) 가격산정근거

무역거래에서 물품의 가격을 결정하는 큰 기준은 다음과 같다.

① 비용의 분기점(비용의 배분 : allocation of costs)

② 위험의 분기점(위험의 이전 : transfer of risks)

매매가격을 결정할 때 생산원가(제조원가, 이익, 포장비, 검사비 등), 수출지의 부대비용(내륙운송비, 수출통관 관련 부대비용, 선적관련 비용 등), 해상 및 항공 등의 운송비, 수입지의 부대비용(양륙비, 수입통관 관련 부대비용, 수입지 내륙운송비) 등의 비용(costs)과 운송과정에서의 위험(risks)을 누가 어디까지 부담할 것인가를 고려하여야 한다.

국제매매가격은 매도인과 매수인이 부담해야 할 여러 가지의 원가요소와 물품의 인도장소 등을 감안하여 정하게 된다. 하지만 매매당사자 간에 이러한 점을 고려하여 매 거래시마다 계약서상에 구체적으로 나열하여 정한다는 것은 불편한 일이기 때문에 실제 거래에서는 국제적으로 무역거래관습상 형성된 정형무역거래조건(trade terms)에 의하여 매매가격이 산출되고 있다.

이에 따라 국제무역거래상의 분쟁요소를 방지하고 무역의 확대를 도모하기 위해 1936년 국제상업회의소(International Chamber of Commerce : ICC)가 무역거래조건의 해석에 관한 국제규칙(International Rules for the Interpretation of Trade Terms)을 제정하였다. 이 통일규칙을 "인코텀즈(INCOTERMS)"[10]라고 하는데, 무역관습의 변화에 따라 1953년, 1967년, 1976년, 1980년, 1990년, 2000년, 2010년, 그리고 2020년에 각각 개정되어 현재 11가지 거래규칙을 사용하고 있다.

INCOTERMS는 국제적으로 법적인 구속력을 가진 국제조약이 아니라 단순히 민간단체인 국제상업회의소(ICC)가 제정한 국제규칙이기 때문에 매매당사자들의 합의에 의해서만 이용될 수 있다. 따라서 당사자들이 다른 상관습에 대해 합의하면 인코텀즈 대신 사용할 수 있다.

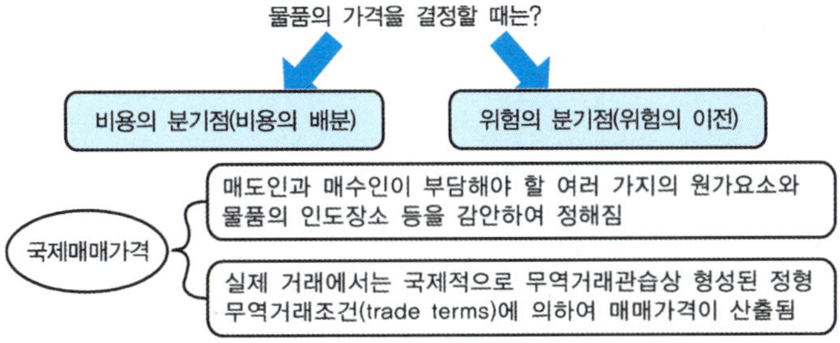

10) 이 용어는 International Commercial Terms를 조합한 것이다.

2) 가격구성요소

수출입물품의 단가는 매도인과 매수인이 어느 지점까지 비용과 위험을 부담하는가에 따라 달라진다. 인코텀즈(Incoterms® 2020)에 규정되어 있는 11가지 규칙들에 따라 매도인과 매수인의 비용과 위험의 분기점이 결정된다. 인코텀즈의 구체적인 내용은 제5장에 자세히 설명되어 있다.

표 4-10 INCOTERMS 2020의 규칙별 가격구성요소

			한 가지 이상의 모든 운송방식							해상 및 내륙수로운송			
			EXW	FCA	CPT	CIP	DAP	DPU	DDP	FAS	FOB	CFR	CIF
생산원가		제조원가	○	○	○	○	○	○	○	○	○	○	○
생산원가		이 윤	○	○	○	○	○	○	○	○	○	○	○
부대비용	수출지	포장 및 화인비	○	○	○	○	○	○	○	○	○	○	○
부대비용	수출지	물품검사비	○	○	○	○	○	○	○	○	○	○	○
부대비용	수출지	수출지내 내륙운송비		○	○	○	○	○	○	○	○	○	○
부대비용	수출지	최초운송인인도비용		○	○	○	○	○	○	○	○	○	○
부대비용	수출지	수출통관 제비용		○	○	○	○	○	○	○	○	○	○
부대비용	수출지	수출제세 및 부과금		○	○	○	○	○	○	○	○	○	○
부대비용	수출지	선적항 부선사용료		△	○	○	○	○	○	△	○	○	○
부대비용	수출지	인도서류 제공비용		○	○	○	○	○	○	○	○	○	○
부대비용	수출지	선적항 본선적재비용			○	○	○	○	○		○	○	○
부대비용	운송	운 임 (해상·항공·육상 등)			○	○	○	○	○			○	○
부대비용	운송	화물보험료				○	○	○	○				○
부대비용	수입지	목적항 양륙비			○	○	○	○	○			◎	◎
부대비용	수입지	지정터미널인도비용											
부대비용	수입지	목적지내 내륙운송비			○	○	○	○	○				
부대비용	수입지	지정목적지 양륙비			◎	◎	◎	○	◎				
부대비용	수입지	수입관세							○				
부대비용	수입지	수입통관 제비용							○				
부대비용	수입지	수입제세 및 부과금							○				

주) 1) ○표시는 매도인이 부담, 공란은 매수인이 부담
2) △표시는 선적항에서 부선이 사용될 경우 매도인이 부담
3) ◎표시는 정기선운송이 운임에 양륙비가 포함된 경우로 매도인 부담, 원칙은 매수인 부담
4) 지정터미널인도비용은 DAT규칙에만 적용됨
5) 화물보험의 경우 CPT, CIP규칙은 매도인이 매수인을 위해 부보하고, DAT, DAP, DDP규칙은 매도인이 자신을 위해 부보함
6) CPT, CIP, DAP, DPU, DDP규칙은 항구를 포함한 복합운송을 전제로 한 것임

4 선적조건 (Shipment Terms)

선적(shipment)이란 선박으로의 본선적재(loading on board), 우편의 발송(dispatch), 운송을 위한 인수(acceptance for carriage), 우편수령일(date of post), 접수일(date of pick-up) 및 복합운송을 요구하거나 허용할 경우에는 수탁(taking in charge)을 의미하는 것으로 해석되고 있다. 즉, 선적이란 용어는 해상운송뿐만 아니라 항공운송, 육상운송, 복합운송, 우편, 특송업자에 의한 운송에까지 광범위하게 이용되고 있다.

선적에 관한 조건은 계약물품이 어느 시기에 선적이 이행되어야 하는가를 약정하는 것이다. 선적조건에 대해 ① 선적시기, ② 선적방법, ③ 선적일의 해석기준 및 ④ 선적지연에 따른 면책조항 등에 대하여 합의하여야 한다.

1) 선적시기

(1) 최종일선적조건

최종일선적조건은 선적시기를 특정일로 약정하는 방법으로서 늦어도 정해진 날짜까지 선적을 해야 하는 것을 말한다. 선적시기와 관련하여 일반적으로 최종일선적조건이 가장 많이 사용되고 있다. 예를 들어 선적일이 "Shipment should be made not later than September 30, 20xx(선적은 20xx년 9월 30일까지 선적되어야 한다)"일 경우 매도인은 20xx년 9월 30일까지만 선적하면 된다. 선적일과 관련하여 주로 사용되는 예문은 다음과 같다.

가장 많이 사용되는 방식으로 선적일이 특정일로 지정된 경우

예

선적일이 "September 30, 20xx"일 경우
- 20xx년 9월 30일까지만 선적하면 됨
- 신용장방식에서 주로 사용되는 선적일에 대한 예문

-Shipment : May 10, 20xx.
-Shipment : Not later than March 31, 20xx.
-Shipment should be made by June 10, 20xx.

(2) 특정월선적조건

특정월을 지정하는 방법은 단월조건(單月條件)과 연월조건(連月條件)이 있다. 단월조건은 선적기간을 어느 특정월로 약정하는 방법으로 선적시기는 해당월의 1일부터 말일까지이다.

예를 들어 "Shipment shall be made during November(선적은 11월 중에 이루어져야 한다)" 혹은 "Shipment during November(11월 중 선적)"조건인 경우 11월 1일부터 11월 30일 사이에 선적이 이루어져야 함을 의미한다. 특약이 없는 한 1회에 선적하는 것이 일반적이지만 분할선적이 허용될 경우에는 2회 이상 분할하여 선적할 수 있다.

연월조건은 선적기간을 어느 특정월에서 다른 특정월까지 약정하는 방법으로 선적시기는 어느 특정월의 1일부터 다른 특정월의 말일까지이다. 예를 들어 "Shipment shall be made during April and May(선적은 4월과 5월 중에 이루어져야 한다)" 조건인 경우 4월과 5월 사이에 선적할 수 있고, "Shipment during February, March and April(2월, 3월, 4월 중 선적)"조건인 경우 2월에서 4월 중에 선적할 수 있다.

(3) 특정기간선적조건

특정월의 전반(first half), 후반(second half), 상순(beginning), 중순(middle), 하순(end), ~경(on or about) 등으로 선적기간을 약정하는 방법이다. "Shipment shall be made at the first half(second half) of October, 20xx[선적은 20xx년 전반(후반)에 이루질 것]" 등으로 표기할 수 있다.

(4) 조건부선적조건

특정조건이 이행되는 시점을 기준으로 선적기일을 지정하는 방법이다. 청약서를 보낼 경우 "Shipment : Within 60 days after receipt of your L/C(신용장 수령 후 60일 이내)" 등으로 표현하는 경우가 많은데, 해석상의 오류가 발생될 가능성이 있을 수 있기 때문에[11] "Shipment : Within 60 days from the date of contract(계약체결일로부터 60일 이내)" 등과 같이 합의하는 것이 바람직하다.

(5) 즉시선적조건

즉시선적조건은 특정월이나 기간으로 명시하지 않고 "immediate shipment", "prompt shipment", "shipment as soon as possible", "shipment without delay" 등과 같은 표현을 사용하여 선적시기를 정하는 방법이다. 이 용어는 국가마다 해석이 달라 선적시기가 애매해질 수 있기 때문에 사용하지 않는 것이 좋다. 신용장통일규칙(UCP 600 제3조)에서도 "신속히(prompt), 즉시(immediately), 가능한 한 빨리(as soon as possible)" 등의 표현은 사용하지 말아야 하며 만일 사용될 경우 은행은 무시하도록 규정하고 있다.

---

11) 신용장을 수령한 후 60일에 대한 기산기준이 통지은행의 실제 통지일자(date of credit advice)인지 아니면 수출업자가 통지된 신용장을 수령한 일자인지에 대한 해석상의 오류가 발생될 수 있다.

(6) 선적일 및 기간

신용장거래에서 일자와 관련된 용어로 선적기간을 결정하기 위하여 사용된 경우 “to”, “until”, “till”, “from”, “between”이라는 단어는 언급된 일자를 포함하며, “before”및 “after”라는 단어는 언급된 일자를 제외한다. 하지만, 만기일을 결정하기 위하여 “from” 및 “after”라는 단어가 사용된 경우 언급된 일자를 제외한다.

어느 달의 전반(first half)과 후반(second half)은 그 달의 1일부터 15일, 그리고 16일부터 말일까지 포함하는 것으로 해석된다. 어느 달의 상순(beginning), 중순(middle) 또는 하순(end)은 각기 그 달의 1일부터 10일, 11일부터 20일, 그리고 21일부터 말일까지를 포함하는 것으로 해석된다.

또한 선적시기와 관련하여 “Shipment shall be effected on or about July 20, 20xx (선적은 20xx년 7월 20일 경에 이루어져야 한다)”와 같이 “on or about”이나 이와 유사한 표현이 사용될 경우 선적일은 지정일자인 7월 20일로부터 5일 전후까지의 기간 내에 선적이 이행되는 것으로 해석되며 전후 양 말일이 포함된다. 따라서 매도인은 7월 15일에서 25일 사이에 선적할 수 있다. 이 경우 7월 15일과 25일은 포함된다.

2) 선적방법

(1) 전량선적

전량선적(single shipment, full shipment)은 약정기간 동안에 계약물품을 한 번에 전부 선적하는 것을 말한다. 예를 들어 “Partial shipments are not allowed(분할선적은 허용되지 않는다)” 혹은 “Partial shipments are prohibited(분할선적은 금지된다)”로 되어 있는 경우 매도인은 계약물품을 분할로 선적할 수 없고 반드시 한 번에 전량 선적하여야 한다.

(2) 분할선적

분할선적(partial shipment)이란 계약물품을 정해진 선적기일 이내에 한 번에 선적하지 않고 2회 이상 나누어서 선적하는 것을 말한다. 거래 당사자들 간에 계약물품에 대한 분할선적 여부에 대해 사전에 약정해야 하는데, 분할선적이 허용되는 경우 매도인은 정해진 선적시기 이내에 2회 이상 나누어 선적할 수 있으며 각 선적분에 대한 선적횟수, 수량 및 선적시기를 매도인이 자율적으로 정할 수 있다. 예를 들어 “Partial shipments are allowed (분할선적은 허용된다)” 혹은 “Partial shipments are not prohibited(분할선적은 금지되지 않는다)”로 되어 있는 경우 매도인은 계약물품을 분할하여 선적할 수 있다. 신용장거래시 분할선적을 금지한다는 명시가 없으면 분할선적과 분할어음발행이 허용된다.

분할선적이 허용되는 경우 마지막에 행해지는 분할선적분의 선적일이 계약상의 선적일을 충족시켜야 한다. 만일 매도인이 일부 분할분은 계약에서 규정된 선적일 이전에 선적하고 일부 분할분은 선적일 이후에 선적한 경우, 선적일 이전에 선적된 분할분에 대해서는 대금을 지급받을 수 있지만 선적일 이후 선적된 분할분에 대해서는 대금을 지급받을 수 없다.

분할선적이란? 계약물품을 정해진 선적기일 이내에 한 번에 선적하지 않고 2회 이상 나누어서 선적하는 것

- 거래 당사자들간에 계약물품에 대한 분할선적 여부에 대해 사전에 약정해야 하는데, 분할선적이 허용될 경우에 매도인은 선적기간 내에 나누어 선적할 수 있음
- 신용장상에 분할선적을 금지한다는 명시가 없으면 분할선적을 허용하는 것으로 간주

- Partial Shipments are allowed( ), not allowed( )
- Partial Shipments : prohibited( ), not prohibited( )

(3) 할부선적

할부선적(installment shipment)은 계약물품의 분할 횟수, 횟수별 수량 및 분할분의 선적시기 등을 구체적으로 합의하여 정해진 방법에 따라 선적하는 것으로 분할선적의 일종이다. 2회 이상 나누어 선적한다는 점에서는 분할선적과 동일하지만 분할선적의 경우 각 선적분마다 선적수량과 시기를 매도인이 자율적으로 정하는 반면, 할부선적은 양 당사자에 의하여 사전에 정해진 분할 횟수, 수량 및 선적시기에 따라 선적한다는 점에서 다르다. 예를 들어 "June and July shipments equally divided(7월과 8월 동등하게 분할하여 선적할 것)"와 같이 균등분할선적조건의 경우 매도인은 임의대로 나누어서 선적할 수 없고 조건대로 균등하게 분할선적하여야 한다.

신용장거래에서 할부선적이 허용되는 경우 매도인은 지정된 할부기간에 따라 각 할부분을 선적하고 환어음도 발행하여야 한다. 만일 매도인이 정해진 기간 내에 정해진 수량을 선적하여야 함에도 불구하고 어느 할부분을 지정된 기간 또는 수량을 위반하여 선적할 경우 그 위반된 할부분은 물론 그 이후의 모든 할부분에 대해서도 효력이 상실된다.[12)]

예를 들어, 신용장상에 미화 80만 달러의 물품을 4개월에 걸쳐 균등하게 선적하라는 할부선적조건인 "Equal monthly shipment during March, April, May, June, 20xx(20xx년 3월, 4월, 5월, 6월 매달 균등하게 선적)"인 경우 매도인이 3월분은 계약내용대로 선적을 이행했지만 4월분을 계약내용대로 이행하지 못했다면, 4월의 선적분은 물론 5월과 6월의 선적분에 대해서 효력이 상실된다.

---

12) UCP 600 제32조

(4) 환적

환적(transhipment)이란 적재항(선적지)으로부터 양륙항(목적지)까지의 운송과정 중에 한 운송수단으로부터의 양륙 및 다른 운송수단으로의 재적재를 의미한다.[13] 즉, 환적은 선적항이나 선적지로부터 최종 목적항이나 목적지까지의 운송과정 중에 한 운송수단으로부터 양륙하여 다른 운송수단으로 다시 적재하는 것을 말한다. 목적항까지의 직항선이 없거나 여러 운송수단을 동시에 사용하는 복합운송인 경우에 환적을 허용하는 경우가 많다. 예를 들어 "Transhipment is allowed"인 경우에는 환적이 허용되고, "Transhipment is not allowed"인 경우에는 환적이 허용되지 않는다. 신용장상에 환적을 금지한다는 문언이 없는 경우[14]에는 환적이 허용되는 것으로 간주된다. 따라서 분쟁을 예방하기 위해 환적의 허용 여부를 사전에 합의하는 것이 바람직하다.

환적(transhipment)이란? 화물을 운송도중 한 운송수단에서 양륙하여 다른 운송수단으로 옮겨 싣는 것을 의미

- Transhipment is prohibited
- Transhipment : allowed(　　), prohibited(　　)
- May shipment : to be transhipped at Kobe for Long Beach.

한편, 신용장상에 환적을 금지하고 있다고 하더라도 운송서류상에 "Transhipment will (may) take place[환적이 행해질 것임(행해질 수 있음)]" 등의 환적유보문언이 명시되어 있는 복합운송서류, 선하증권, 해상화물운송장, 항공화물운송장, 도로·철도 또는 내륙운송서류는 예외적으로 은행이 수리한다. 다만, 이 경우 전 운송이 동일한 운송서류에 의하여 커버되어야 한다. 이는 최초의 운송인이 발행한 한 통의 운송서류가 전 항로를 커버하는 경우 각각의 운송방식 별로 환적이 허용되는 것을 의미한다.

① 해상운송에서 컨테이너, 트레일러 또는 래쉬선(lash)선에 선적되는 경우
② 항공운송으로 운송되는 경우
③ 복합운송으로 운송되는 경우
④ 도로, 철도 또는 내륙수로 운송인 경우

---

13) UCP 600 제20조 b항

14) 신용장상에 환적금지문언이 없는 경우란 ① 환적을 허용하는 경우와 ② 환적에 대한 아무런 규정이 없는 경우이다.

▌표 4-11▐ 선적시기 및 방법

구 분	항 목	내 용
선적시기	최종일선적조건	Shipment shall be made not later than May 20, 20xx.
	특정월 선적조건 – 단월선적조건	Shipment shall be made during September 20xx.
	특정월 선적조건 – 연월선적조건	Shipment shall be made from May to June, 20xx.
	특정기간선적조건	Shipment shall be made on or about May 10, 20xx.
	조건부선적조건	Shipment shall be made within three months after the date of contract
	즉시선적조건	Shipment should be made as soon as possible
선적방법	전량선적 (single shipment)	Shipment should be made in one lot
	분할선적 (partial shipment)	Partial shipments are allowed (not prohibited) Partial shipments are not allowed (prohibited)
	할부선적 (installment shipment)	June an July shipments equally divided
	환적 (transhipment)	Transhipment is allowed (not prohibited) Transhipment is not allowed (prohibited)

3) 선적일의 해석기준

선적일은 일반적으로 운송서류(transport documents)의 일자를 기준으로 하여 약정된 기간 내에 선적이 이행되었는지를 판단하게 된다. 해상선적선하증권(marine on board bill of lading)의 경우 본선적재일(on board date)과 발행일(date of issue)이 동시에 기재되기 때문에 선적일의 기준과 해석에 문제가 된다. 신용장통일규칙(UCP 600 제20조)에서는 "선하증권의 발행일은 선적일로 본다. 다만, 선하증권이 선적일을 표시하고 있는 본선적재표기를 포함하고 있는 경우에는 본선적재표기상에 명기된 일자를 선적일로 본다"라고 규정하고 있다.

선적일 일반적으로 운송서류(transport documents)의 일자를 기준으로 하여 약정된 기간 내에 선적이행이 되었는지를 판단

해상선적선하증권(marine on board bill of lading)의 경우 : 본선적재일(on board date)과 발행일(date of issue)이 동시에 기재되기 때문에 선적일의 기준과 해석에 문제가 됨

신용장통일규칙 (UCP 600 제20조)

"선하증권의 발행일은 선적일로 본다. 다만, 선하증권이 선적일 표시하고 있는 본선적재표기를 포함하고 있는 경우에는 그러하지 아니하며, 이 경우 본선적재표기상에 명기된 일자는 선적일로 본다" 라고 규정

"The date of issuance of the bill of lading will be deemed to be the date of shipment unless the bill of lading contains an on board notation indicating the date of shipment, in which case the date stated in the on board notation will be deemed to be the of shipment"

▌표 4-12▐ 운송서류별 선적일자의 해석기준

운송서류	선적일자의 해석
해상/해양선하증권	• 발행일(원칙) • 본선적재일(본선적재일이 표기된 경우)
비유통 해상화물운송장	• 발행일(원칙) • 본선적재일(본선적재일이 표기된 경우)
용선계약 선하증권	• 발행일(원칙) • 본선적재일(본선적재일이 표기된 경우)
복합운송서류	• 발행일(원칙)-> 발송, 수탁 또는 본선선적일 및 선적일로 봄 • 스탬프 및 표기에 의하여 발송, 수탁 또는 본선적재일을 표기하고 있는 경우에는 그 일자
항공운송서류	• 발행일(원칙) • 선적일에 대해 특정표기한 경우에는 표기에 명기된 일자
도로, 철도, 내수로 운송서류	• 선적일 또는 • 선적, 발송 또는 운송을 위하여 수령된 일자 • 일자기재의 수령스탬프, 수령일의 표시 또는 선적일을 포함하고 있지 아니하는 경우에는 운송서류 발행일
특송화물수령증, 우편수령증 또는 우송증명서	• 특송화물 : 특송화물수령증상의 접수일 또는 수령일 • 우편수령증 및 우송증명서 : 발송지에서의 스탬프일자 또는 서명일
특사이용시	• 접수일 또는 수령일

4) 선적지연

매도인의 고의, 과실 또는 태만에 의하여 약정된 기간 내에 선적이 이루어지지 않을 경우에는 매도인이 책임을 져야 한다. 하지만 선적지연의 원인이 천재지변(Act of God)이나 전쟁(war) 등의 불가항력(force majeure)에 의한 경우에는 다음과 같은 조항을 약정함으로써 면제받을 수 있다.

> "Force Majeure : The seller shall not be responsible for the delay of shipment due to force majeure including mobilization, war, strike, riots, civil commotion, hostilities, blockade, requisition of vessels, prohibition of export, fires floods earthquakes, tempests, and any other contingencies which prevent shipment within the stipulated period. In the event of any of the aforesaid causes arising, documents proving its occurrence or existence shall be sent by the seller to the buyer without delay"
> (불가항력 : 매도인은 약정기간 내에 선적을 방해하는 동원, 전쟁, 소요, 폭동, 적대행위, 항만봉쇄, 선박징발, 수출금지, 화재, 홍수, 지진, 폭풍, 기타 예측하기 어려운 사건 등의 불가항력적인 사건이 발생했을 경우에는 선적지연에 대하여 책임을 지지 않는다. 전기한 제요인이 발생했을 때에는 매도인은 이것의 발생, 혹은 존재를 증명하는 서류를 지체 없이 매수인에게 송부하여야 한다.)

5 대금결제조건 (Payment Terms)

매매계약은 쌍무계약이면서 유상계약이기 때문에 소유권이전을 대가로 대금지급을 약정하게 된다. 대금결제조건으로 ① 대금결제방법, ② 대금결제시기, ③ 대금결제통화에 대하여 합의하여야 한다.

1) 대금결제방법

무역대금에 대한 대금결제방식으로는 ① 현금방식에 의한 결제, ② 송금방식에 의한 결제, ③ 추심방식에 의한 결제, ④ 신용장방식에 의한 결제, ⑤ 전자결제방식에 의한 결제, ⑥ 특수방식에 의한 결제 등으로 구분된다.

(1) 현금방식에 의한 결제

수출입대금을 어음의 발행 없이 현금으로 지급하는 방식에는 현금선지급(Cash In Advance ; CIA), 주문시 현금지급(Cash With Order ; CWO), 현품인도지급(Cash On Delivery ; COD), 서류상환지급(Cash Against Documents : CAD) 등이 있다.

(2) 송금방식에 의한 결제

송금(remittance)방식은 매수인이 매도인 앞으로 은행을 통하여 송금환이나 송금수표의 형태로 대금을 송금하여 주는 방식을 말한다. 송금은 송금시기에 따라 ① 사전송금방식, ② 동시지급방식, ③ 사후송금방식으로 구분되고, 송금수단의 형태에 따라 전신송금환(Telegraphic Transfer ; T/T), 우편송금환(Mail Transfer ; M/T) 및 송금수표(Demand Draft ; D/D)로 구분된다.

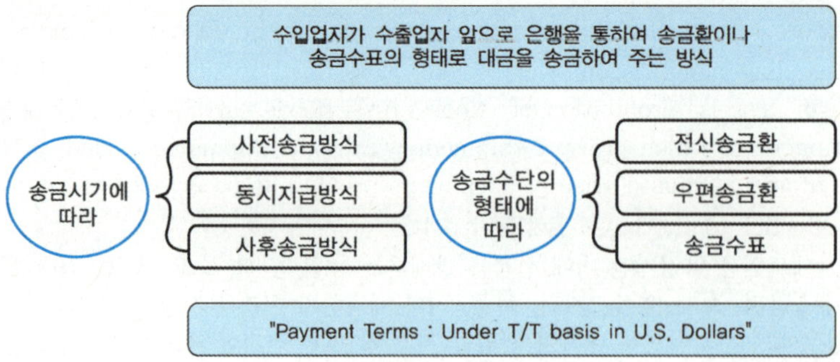

(3) 추심방식에 의한 결제

추심(collection)결제방식은 은행의 지급보증이 없이 단순히 매매당사자 간의 계약에 의거하여 매도인이 물품을 선적한 후 관련 서류를 첨부한 화환어음을 은행(추심의뢰은행, 추심은행)을 통하여 매수인에게 제시하면 매수인이 그 어음에 대하여 지급 또는 인수하는 결제방식을 말한다. 추심결제방식에는 지급인도조건(Document Against Payment : D/P)과 인수인도조건(Document Against Acceptance : D/A)이 있다.

지급인도조건(Document against Payment : D/P)

인수인도조건(Document against Acceptance : D/A)

은행의 지급보증이 없이 전적으로 당사자 간의 신용을 기초로 하여 이루어지는거래

→ 본 · 지사간의 거래나 신용이 확실한 거래처 간에 이루어짐

"Payment Terms : Under D/P at sight in U.S. Dollars"
"Payment Terms : Under D/A at 60 days after sight in U.S. Dollars"

지급인도조건(D/P)은 매도인이 일람출급지급방식으로 물품을 선적하고 일람출급환어음(sight draft) 및 관련 서류를 자신의 거래은행인 추심의뢰은행(remitting bank)을 통하여 수입지의 추심은행(collecting)에게 제시하면, 추심은행은 매수인으로부터 대금을 지급받음과 동시에 선적서류를 인도하는 방식을 말한다.

인수인도조건(D/A)은 매도인이 기한부지급방식으로 기한부환어음(usance draft) 및 관련 서류를 거래은행은 추심의뢰은행을 통하여 수입지의 추심은행에게 제시하면, 매수인은 서류를 인수하고 만기일에 대금을 지급하는 방식을 말한다.

(4) 신용장방식에 의한 결제

신용장(letter of credit)이란 발행의뢰인인 매수인의 거래은행인 발행은행(issuing bank)이 수익자(beneficiary)인 매도인이 제시한 환어음 및/또는 서류가 신용장의 제조건과 일치하는 경우 대금지급을 확약해주겠다는 보증서를 말한다.

매도인의 입장에서는 신용장에서 요구하는 서류와 일치되는 서류를 제시하기만 하면 수입업자의 능력과는 상관 없이 발행은행으로부터 대금을 받을 수 있다. 신용장방식에서 환어음지급인이 대금을 즉시 지급하기로 약정할 경우에는 일람출급신용장(sight credit)이 되고, 일정기한 후 지급을 약정할 경우에는 기한부신용장(usance credit)이 된다.

서류와 상환으로 대금을 즉시 지급하기로 약정할 경우	일정기한 후 지급을 약정할 경우
알람출급신용장 (sight credit)이 됨	기한부신용장 (usance credit)이 됨

"Payment Terms : Under an irrevocable L/C at sight in our favor"
"Payment Terms : By an irrevocable L/C at 60 days after sight in our favor"

(5) 전자결제방식에 의한 결제

전자결제(electronic payment)방식은 매수인이 무역의 대상인 물품, 용역 또는 전자적 형태의 무체물의 대가를 전자적인 수단을 통하여 지급하거나 결제하는 것을 의미한다. 국제무역에 이용될 수 있는 전자결제방식으로는 전자수표(electronic check), 전자자금이체(electronic fund transfer), 무역카드(TradeCard), 전자신용장(electronic letter of credit) 등이 있으며, 기업과 소비자 간(B2C)거래의 소액결제에 활용되는 신용카드(credit card), 직불카드(debit card) 및 전자화폐(electronic money) 등이 있다.

(6) 특수방식에 의한 결제

① 국제팩토링(international factoring)방식 : 대리인의 역할을 하는 팩터(factor)가 수출업자와 수입업자 사이에 개입하여 수입업자에 대한 신용조사 및 신용위험의 인수, 수출업자에 대한 금융제공, 대금회수, 기타 업무처리의 대행 등의 서비스를 제공하는 것으로 수출업자에게는 수출대금의 지급을 보증하고, 수입업자에게는 신용을 공여하는 무신용장방식의 무역거래기법이다.

② 포페이팅(forfaiting)방식 : 포페이터(forfaitor)가 물품이나 서비스의 연불수출거래에 따른 환어음을 수출업자 또는 이전의 소지인에게 상환청구권을 행사하지 않는 조건(without recourse)으로 고정이자율로 할인·매입하는 수출무역금융의 한 형태이다.

2) 대금결제시기

(1) 선지급(payment in advance)

선지급은 물품이 선적 또는 인도되기 전에 매수인이 매도인에게 대금을 송금하는 방식으로 소량의 견본대금을 지급하거나 특별주문시 이용된다. 선지급에는 다음과 같은 방식들이 이용된다.

① 현금결제방식 : 현금선지급(Cash in Advance : CIA), 주문시 현금지급
(Cash With Order : CWO)
② 송금환방식 : 송금수표(D/D)나 우편송금환(M/T) 또는 전신송금환(T/T) 등에 의해 물품이 인도되기 전에 미리 송금되는 사전송금방식(remittance in advance)
③ 환어음방식 : 발행은행이 수익자에게 수출대금의 선지급을 허용하는 선대신용장(red clause L/C)

(2) 동시지급(concurrent payment)

동시지급은 물품이 인도되거나 물품을 화체화한 서류의 인도와 동시에 대금이 지급되는 방식으로 다음과 같은 방식들이 이용된다.

① 현금결제방식 : 현품인도지급(Cash On Delivery : COD)[15],
서류상환지급(Cash Against Document : CAD)[16]
② 송금환방식 : 현품인도지급(COD), 서류상환지급(CAD)
③ 환어음방식 : 신용장방식에서의 일람출급신용장(sight L/C),
추심방식에서의 지급인도조건(D/P)

(3) 후지급(deferred payment)

후지급(연지급)은 물품의 선적이나 서류의 인도 후 일정기간이 경과된 후에 대금지급이 이루어지는 방식으로 다음과 같은 방식들이 이용된다.

① 송금환방식 : 송금수표나 우편송금환 또는 전신송금환 등에 의해 송금되는 사후송금
② 환어음방식 : 신용장방식에서의 기한부신용장(usance L/C),
추심방식에서의 인수인도조건(D/A)
③ 기타 : 청산계정(open account), 위탁판매(sales on consignment),
외상판매(sales on credit), 중장기연불방식

---

15) 현품인도지급방식(COD)은 수출업자가 수입국에 있는 자신의 대리인에게 물품을 선적한 후 현지 대리인이 물품을 수입통관 한 후 수입업자가 물품을 확인한 후 물품과 대금을 교환하는 현금결제방식이다.

16) 서류상환지급방식(CAD)은 수출업자가 물품을 수입업자에게 선적하고 선적을 증명하는 운송서류를 수출지에 있는 수입업자의 대리인이나 거래은행에 제시하여 대금을 지급받는 방식이다.

▌표 4-13▐ 대금지급방법 및 지급시기

<table>
<tr><th colspan="2" rowspan="2">대금결제방법</th><th colspan="3">대금결제시기</th></tr>
<tr><th>선지급</th><th>동시지급</th><th>후지급</th></tr>
<tr><td colspan="2">현금결제</td><td>현금선지급(CIA)
주문시현금지급(CWO)</td><td>현품인도지급(COD)
서류상환지급(CAD)</td><td></td></tr>
<tr><td>송금환</td><td>전신환(T/T)
우편환(M/T)
송금수표(D/D)</td><td>사전송금방식</td><td>현품인도지급(COD)
서류상환지급(CAD)</td><td>사후송금방식</td></tr>
<tr><td rowspan="2">환어음</td><td>추심방식</td><td></td><td>지급인도조건(D/P)</td><td>인수인도조건(D/A)</td></tr>
<tr><td>신용장</td><td>전(선)대신용장
(Red Clause L/C)</td><td>일람출급신용장
(at sight L/C)</td><td>기한부신용장
(Usance L/C)</td></tr>
<tr><td colspan="2">기 타</td><td></td><td></td><td>청산계정
위탁판매
외상판매
중장기연불방식</td></tr>
</table>

3) 대금결제통화

당사자 간에 계약체결시 결제통화를 어느 나라의 통화로 할 것인지를 결정하여야 한다. 같은 통화라고 하더라도 국가마다 통화가치가 다를 수 있다. 예를 들어 달러(dollar)가 미국(US$, USD)뿐만 아니라 홍콩(H.K.$), 싱가포르(S.$), 캐나다(C.$), 호주(A.$) 등 여러 국가에서 사용되고 있기 때문에 국가별 통화단위를 정확하게 합의하여야 한다.

6 보험조건 (Insurance Terms)

보험조건(terms of insurance)은 물품의 운송과 관련하여 발생되는 사고에 대하여 피보험자가 보험자로부터 손해에 대한 보상을 받기 위하여 누가 어떠한 보험조건으로 부보해야 하는지를 결정하는 조건이다. 물품이 선박으로 운송될 경우에는 해상화물보험(해상적화보험 : marine cargo insurance)에 부보하여야 하고, 물품이 항공으로 운송될 경우에는 항공화물보험(항공적화보험 : Air Cargo Insurance)에 부보하여야 한다.

1) 보험부보의무

협회화물보험[Institute Cargo Clause : ICC(협회적화보험)]은 화물의 운송구간에 있어서 우발적인 사고에 의해 발생하는 손해를 보험자가 보상할 것을 목적으로 하는 보험을 말한다. 협회화물보험계약은 운송에 수반한 우발적 사고를 보험사고로 하여 보험자가 손해보상을 약속하고 그 대가로서 보험계약자는 보험료를 지급할 것을 약속하는 당사자 간의 낙성계약이다. 보험계약자(policy holder)란 보험자와 보험계약을 체결하고 보험료를 지급할 의무를 부담하는 자를 말하며, 피보험자(insured, assured)는 피보험이익이 귀속되는 주체로서 보험사고의 발생에 의하여 손해를 입는 경우 보험자에게 직접 손해보상을 청구할 수 있는 자를 말한다.

국제물품매매계약과 관련한 화물보험에 있어서는 보험계약자와 피보험자가 상이한 경우가 있다. 따라서 매매계약체결시에는 보험자와 보험계약을 체결하는 보험계약자와 피보험이익을 가지게 될 피보험자에 대한 관계를 분명히 할 필요가 있다.

보험부보의무의 약정은 인코텀즈(Incoterms® 2020)상의 거래규칙에 따라 결정된다. CIF나 CIP규칙에서와 같이 부보의무는 매도인에게 있으나 물품운송의 위험은 매수인이 부담하는 경우 보험계약자는 매도인이 되지만 피보험자는 매수인이 된다. CIF규칙의 경우 매도인이 선적이전까지의 자신의 위험과 선적 이후 매수인의 위험을 포함하여 우선 매도인을 피보험자로 하는 보험을 부보한다. 이후 매도인이 보험증권(insurance policy)의 이면에 배서하여 매수인에게 인도함으로써 매수인이 보험상의 권리를 양수받게 되어 피보험이익을 얻을 수 있게 된다.

EXW, FCA, FAS, FOB, CFR, CPT규칙의 경우에는 매수인이, DAP, DPU, DDP규칙들의 경우에는 매도인이 각각 자신을 피보험자로 하여 부험을 부보할 수 있다. 하지만 이 경우 상대방을 위한 보험부보의무가 없기 때문에 자신의 위험을 담보하기 위하여 보험을 부보할지의 여부는 스스로 판단하여 결정하게 된다.

CIF, CIP 규칙	EXW, FCA, FAS, FOB, CFR CPT 규칙	DAP, DPU, DDP 규칙
매도인이 매수인을 위하여 보험계약을 체결	매수인이 자신을 위하여 보험계약을 체결	매도인이 자신을 위하여 보험계약을 체결

2) 보험담보범위

(1) 협회화물보험약관(협회적화약관)

화물보험(적화보험)에서의 담보범위는 계약에서 명시한 원인에 의하여 발생한 멸실(loss) 및 손상(damage)에 한정되기 때문에 약관에서 규정되지 않은 멸실이나 손상은 보상받을 수 없다. 해상적화보험은 런던보험업자협회(Institute of London Underwriters : ILU)가

"Lloyd's S.G. Policy"를 기초로 하여 제정한 정형화된 협회화물약관[협회적화약관 ; Institute Cargo Clauses(ICC)]에 따라 1962년 구약관인 전위험담보조건(All Risks : A/R), 분손담보조건(With Average : W.A.), 단독해손부담보조건(Free from Particular Average : F.P.A.)이 제정되었다.

이들 약관들은 1982년에 A/R와 유사한 ICC(A), WA와 유사한 ICC(B), FPA와 유사한 ICC(C)로 다시 개편되었다. 1982년부터 도입된 신협회적화약관은 테러행위 등 새로운 위험요인들이 등장하고 운송 및 보험환경의 변화에 부응하기 위하여 런던국제보험자협회(International Underwriting Association of London : IUA)는 로이즈보험시장협회(Lloyd's Market Association ; LMA)와 합동적화위원회를 구성하여 2009년 다시 개정이 이루어졌으나 기본 틀은 1982년 신약관과 마찬가지로 ICC(A), ICC(B), ICC(C)체제를 유지하고 있다. 주요 개정내용은 보험자의 면책조항에 대한 범위가 축소되었고 운송조항의 내용을 수정하여 종전보다 보험담보기간이 확장되도록 하였다.

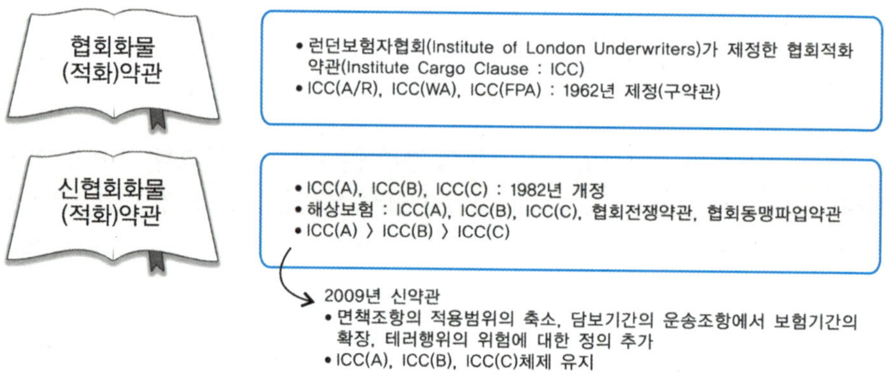

<table>
<tr><td rowspan="6">보험
조건</td><td rowspan="5">부보
범위</td><td colspan="3">다음의 협회화물약관[협회적화약관(Institute Cargo Clauses)] 중 하나를 선택하고, 전쟁 및 동맹파업위험, 기타 위험에 대하여 추가담보가 필요한 경우에는 추가보험료를 납부하고 특약하여야 함.</td></tr>
<tr><td>2009년
개정협회화물약관</td><td>1982년
신협회화물약관</td><td>1962년 구협회적화약관</td></tr>
<tr><td>ICC(A)</td><td>ICC(A)</td><td>ICC(A/R) : 전위험담보(All Risk)</td></tr>
<tr><td>ICC(B)</td><td>ICC(B)</td><td>ICC(W/A) : 분손담보(With Average)</td></tr>
<tr><td>ICC(C)</td><td>ICC(C)</td><td>ICC(FPA) : 단독해손부담보
(Free from Particular Average)</td></tr>
<tr><td>부보
금액</td><td colspan="3">계약당사자간에 특별한 약정이 없는 한 송장가액의 110%로 부보함.</td></tr>
</table>

그림 4-2 보험조건

현재 구협회화물약관(A/R, WA, FPA)과 신협회화물약관인 ICC(A), ICC(B), ICC(C) 모두 사용이 가능하다. 화물의 종류에 따라 위험이 발생하는 빈도가 다르기 때문에 ICC(A), ICC(B), ICC(C)조건 중 적당한 조건을 선택하는 것이 필요하다. 가장 담보범위가 큰 ICC(A)조건의 경우에도 전쟁위험이나 동맹파업위험을 담보하지 않기 때문에 협회전쟁약관(Institute War Clause)이나 협회동맹파업약관(Institute Strikes Clause)을 포함시켜 부보할 수 있다.

(2) 부보금액의 결정

보험금액(insured amount)이란 보험계약 당사자 간의 합의에 의하여 보험자가 지급해야 할 손해보상의 최고한도액을 말한다. 이는 보험계약을 체결할 때 당사자 간의 약정에 의하여 정하여지는데, 매매계약에 따라 거래물품에 대하여 위험을 부담하는 당사자가 보험자와 그 보험금액과 부보의 범위를 결정하여 보험계약을 체결한다.

하지만, CIF나 CIP규칙과 같이 보험계약자와 피보험자가 상이한 경우에는 부보금액에 대한 별도의 약정이 필요한 경우가 있다. 보험금액은 보험사고가 발생할 경우 보험자(insurer)가 지급해야 할 금액을 말한다. 일반적으로 매수인이 특별히 요구하지 않는 한 상업송장(commercial invoice)금액에 10%를 가산한 110%에 대해 CIP규칙은 ICC(A) 또는 이와 유사한 최대담보조건으로, 그리고 및 CIF규칙의 경우에는 최소담보조건[ICC(C)]으로 부보하여야 한다.

7 포장조건 (Packing Terms)

1) 포장방법

포장(packaging)이란 물품의 운송, 보관, 하역, 진열, 판매 등을 하는데 있어 그 물품의 외형과 내용을 보호하고 상품가치를 유지하기 위해 재료나 용기로 둘러싸는 기술작업 및 상태를 말한다. 따라서 물품의 형태나 특성에 따라 포장되는 재료나 방법은 각각 다를 수 있다.

포장의 기본적인 기능은 포장의 보호성, 상품성, 편리성, 배송성 및 판매촉진성에 있다. 예전에는 포장의 기능 및 중요성을 보호성에 두어 왔으나 현재에는 보호성뿐만 아니라 판매촉진기능에 중점을 두고 있다. 생산된 물품 그 자체만으로는 상품이라고 하기 어렵고 포장이 내용물과 일체를 이룸으로써 비로소 상품이 되는 것이므로 포장의 상품성도 중요한 기능으로 작용하고 있다.

포장방법으로는 물품의 최소 소매단위를 개별적으로 포장하는 개장(個裝, unit packaging), 물품의 이동을 편리하게 하기 위하여 일정한 양을 묶어 재포장하는 내장(內裝, inner packaging), 운송도중 파손이나 도난을 방지하고 하역에 편리하도록 몇 개의 내장을 목재나 종이상자(carton) 등으로 최종적으로 다시 포장하는 외장(外裝, outer packaging)이 있다. 외장에는 포장물품이 목적지에 정확히 운송되도록 화인(shipping mark) 표시를 하여야 한다.

▌표 4-14▐ 포장의 종류

포장종류	내 용
개장 (unit packaging)	물품을 직접 싸기 위한 포장으로서 내개는 제조공정의 마지막 단계에서 제품에 시장(施裝)된다. 이는 단순히 제품의 보호라는 기술적인 요구만을 충족시키는 것이 아니고, 포장재료 또는 용기에 포장된 것이 진열되어 구매자의 구매의욕을 자극하는 세련된 디자인이라는 시각적인 목적도 지닌다. 개장에 사용되는 포장재료로는 금속·종이·플라스틱 및 나무 등이 있다.
내장 (inner packaging)	개장된 물품을 상자 등과 같은 용기에 넣는 포장으로 포장된 화물의 안쪽에 포장되는 것이다. 내장에는 일반내장과 특수내장이 있다. 일반내장은 약품·화장품·과자·문방구 및 도자기 등의 포장과 같이 종이포장지나 용기가 주로 쓰인다. 특수내장은 상품을 수분이나 습기로부터 보호하기 위한 방수방습포장, 금속제품의 수송·보관 중에 녹이 슬지 않도록 하기 위한 방청포장, 도자기·유리제품, 광학부품 및 전자제품 등과 같이 포장화물의 수송·하역 중에 받게 되는 진동이나 충격으로부터 내용물이 파손되지 않도록 보호하기 위한 완충포장이 있다.
외장 (outer packaging)	운송을 위한 포장으로서 각종 용기에 상품을 넣어 포장하는 것을 말한다. 종래에는 나무상자로 포장하는 것이 일반적이었으나 오늘날에는 목재자원절약과 포장합리화의 관점에서 골판지상자나 철사를 이용한 포장이 늘어나고 있으며, 합성수지의 개발·발전으로 플라스틱 용기가 널리 사용되고 있다. 이외에도 상품에 따라서 통, 액체약품을 넣기 위한 금속관, 병, 내산성이 있는 항아리, 가축수송용의 대나무 광주리, 산소 등을 넣는 봄베(bombe) 등이 있으며, 끈이나 로프 등으로 다발로 묶는 결속포장·자루포장방법 등도 있다.

2) 포장종류

수출물품의 일반적인 포장은 종이상자(carton)이지만, 물품의 특성과 종류에 따라 다르기 때문에 표준화된 포장은 불가능하다. 다만 원격지 물품운송의 안전을 위하여 견고하면서도 경제성이 있고 취급하기가 용이한 포장을 하여야 한다. 포장에 소요되는 가격도 종류에 따라 차이가 나기 때문에 이를 감안하여 수출가격을 산정하여야 한다.

▌표 4-15▐ 수출포장의 종류

포장종류	포 장 명	약호	포장대상물품
상자 (box, case, carton)	나무상자(wooden case, box) 종이상자(carton) 금속지상자(tin-lined case) 투시상자(crate skeleton case)	W/B CTN C/S CRT	식료품, 손상되기 쉬운 잡화, 기타 잡화 통조림 자동차 등
곤포 (베일) (bale)	마곤포(hassian cloth, burlap) 압축곤포(pressed bale) 밀집가마니곤포(straw-mat)	– – –	면사, 원모, 원면 쌀 등
포대 (bag)	마포대(gunny bag) 면포대(sack) 종이포대(paper bag) 폴이에틸렌(polyethylene bag)	BG SK BT BG	미곡, 잡곡 소맥 시멘트, 석회 소금, 사료, 분말약품 등
통	나무통(대) (barrel) 나무통(중) (cask) 나무통(소) (keg)	BRL CSK KG	술, 간장 염료 못, 볼트 등
특수용기	드럼통(drum) 양철통(tin, can) 옹기, 유리(jar, pot, carboy) 대나무(basket, hamper) 철제원통(cylinder, iron flask)	DR – – BKT –	화공약품, 유지 석유, 통조림 유산, 음료수 과일 탄소
무용기 포장	두루마리(roll, coil) 다발(bundle) 궤(ingot)	RL, CL BDL –	철판, 신문지, 철사 철근 철강, 알루미늄

3) 화인

화인(shipping marks)은 운송관계자나 수화인 또는 매수인이 쉽게 식별할 수 있도록 외장에 기재하는 특정의 기호(주화인), 목적항(지), 화물번호, 원산지 및 취급상의 주의, 포장번호, 목적항 등의 여러 가지 표시를 말한다. 보통 매수인이 요구하는 경우에는 지시에 따라서 표시하여야 하지만, 매수인의 별도 요청이 없을 경우에는 매도인이 임의적으로 표시하면 된다. 화인은 상업송장(commercial invoice), 선하증권(bill of lading) 및 기타 다른 서류에도 동일하게 표시되어야 한다. 일반적으로 사용되는 화인은 [그림 4-3]과 같다. 실무적으로 화인은 ① 주화인(main mark), ② 목적항(지)표시(port mark), ③ 화물번호표시

(case number mark), ④ 원산지표시(country of origin mark)가 주로 사용되고 필요한 경우 부화인(counter mark), 품질표시(quality mark), 중량 및 용적표시(weight and measurement mark) 및 주의표시(care mark) 등이 사용된다.

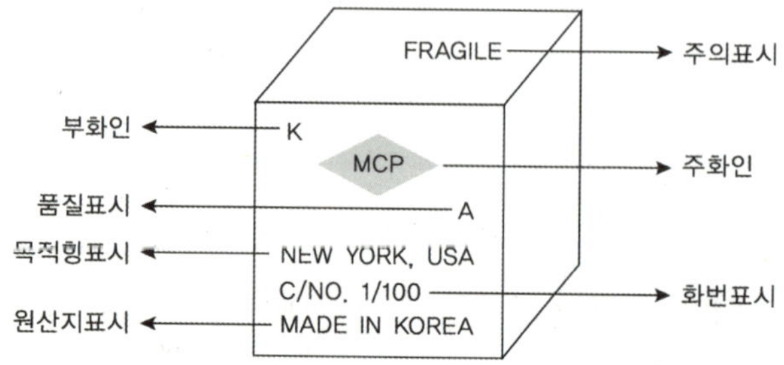

그림 4-3 화인의 종류

(1) 주화인(Main Mark)

주화인은 다른 화물들과 식별을 용이하게 하기 위해 포장외면에 삼각형이나 사각형 등을 그린 후 그 안에 상호 등의 약자를 넣는 도형으로, 일반적으로 송화인이나 수화인을 표시하는 대표문자를 넣는다.

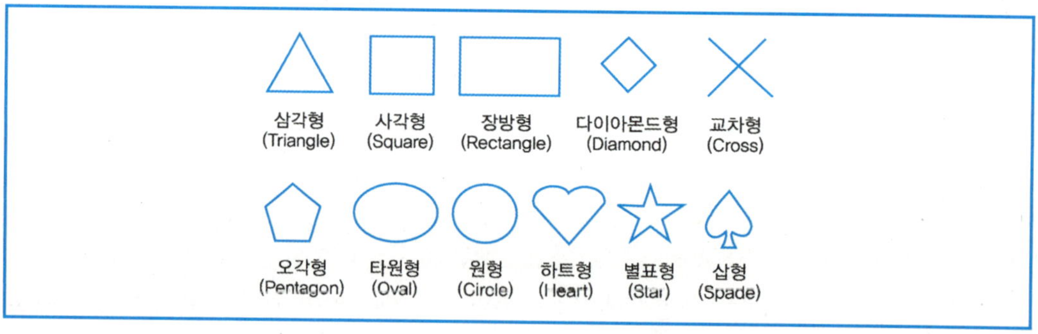

(2) 부화인(Counter Mark)

부화인은 주화인의 보조로 주화인만으로는 다른 화물들과의 구별이 어려운 경우, 화물의 등급이나 규정을 표기해야 할 경우, 그리고 생산자 또는 공급자의 약호를 붙여야 하는 경우에 표시한다.

(3) 목적항(Port Mark)

화물의 선적이나 양륙작업을 편리하게 하고 잘못 인도되는 일이 없도록 목적항구 또는 목적지를 표시한 것이다.

(4) 화물번호(Case Mark)

포장화물이 여러 개로 구성되는 경우 각 포장마다 순서를 일련번호로 기재한다. 이는 상업송장(invoice) 적화목록(manifest) 및 기타 운송서류와 대조하여 식별·확인하기 위하여 표시한다.

(5) 원산지(Country of Origin)

화물의 원산지국명을 표기한다. 원산지가 한국인 경우 "Made in Korea"로 표기한다.

(6) 주의표시(Care Mark)

화물의 운송이나 보관시 취급상의 주의사항을 표시하는 것으로 취급자가 잘 알아볼 수 있도록 영어단어로 표시하거나 그림 등으로 표시한다.

8 분쟁해결조건 (Dispute Settlement Terms)

분쟁해결조건은 계약당사자의 일방 또는 쌍방에 의한 계약불이행 또는 사기 등으로 분쟁이 발생할 경우 해결할 수 있는 방법을 약정하는 것이다. 분쟁해결조건과 관련하여 ① 불가항력조항, ② 클레임 및 중재조항, ③ 준거법조항에 대하여 합의할 필요가 있다.

1) 불가항력조항

불가항력(force majeure)이란 '관련 당사자의 통제를 넘어서는 모든 사건'을 말한다. 계약 당사자는 계약체결시에 예견하지 못한 사태로 인하여 이행지체나 이행불능이 되는 경우에 대비하여 불가항력조항을 계약서나 일반거래약정서에 삽입하여 면책을 주장할 수 있다. 하지만 불가항력조항과 프러스트레이션(frustration)과는 구별되어야 한다. 프러스트레이션은 계약이 성립된 후 당사자들의 고의나 과실이 없이 발생한 후발적 사정으로 인하여 계약이 해제되는 것이다. 따라서 당사자들은 계약체결시에 불의의 사태로 인하여 프러스트레이션이 되는 상황을 방지하기 위하여 불가항력조항을 구체적으로 설정하여 의무를 면제받도록 해야 할 필요가 있다. 수출업자의 고의적인 과실이나 태만 등으로 야기되는 계약불이행에 대해서는 매도인이 책임을 져야 하지만 전쟁, 천재지변 등과 같은 불가항력에 의한 계약불이행은 면책될 수 있다.

> "Force Majeure : Neither shall be liable for failure to perform its part of this contract when such failure is due to act of God, fire, flood, strikes, labor troubles or other industrial disturbances, inevitable accidents, war(declared or undeclared), embargoes, blockades, legal restrictions, riots, insurrections, or any causes beyond the control of the parties"
> (불가항력 : 어느 당사자도 본 계약을 이행할 수 없는 사유가 천재지변, 화재, 홍수, 파업, 노동쟁의, 기타 노사분규, 불가피한 사고, 전쟁(선포포고 여부를 불문하고), 수출금지, 봉쇄, 법적 규제, 소요, 내란, 기타 당사자가 지배할 수 없는 일체의 원인에 의한 때에는 그 불이행에 대하여 면책된다.)

2) 클레임조항

클레임(claim)이란 당사자가 약정된 계약을 위반함으로써 상대방이 단순한 불평(complaint)의 차원을 넘어 손해배상을 요구하는 것을 의미한다. 무역계약시 클레임 제기시한을 정하는 것이 바람직하며, 클레임의 정당성을 입증할 수 있는 공인된 감정인의 감정보고서(surveyor's report)를 첨부하도록 합의하여야 한다.

> **Claim Clause**
>
> "Claims : No claim shall be entertained before the payment is made or draft is duly honoured. Each claim shall be advised to seller within fourteen(14) days after the arrival of the goods at destination specified in the relative bill of lading and shall be confirmed by airmail with surveyor's report within fifteen(15) days thereafter. No claim shall be entertained after the expiration of such fourteen days"
> (클레임 : 어떠한 클레임도 대금지급이 이루어지거나 환어음이 정히 지급이행되기 전에 제기될 수 없다. 각 클레임은 관련 선하증권에서 규정하고 있는 목적항에 물품이 도착된 후 14일 이내에 매도인에게 통지되어야 하며 그 이후 15일 이내에 감정인의 보고서가 우편으로 확인되어야 한다. 어떠한 클레임도 14일이 지난 이후에는 제기될 수 없다.)

3) 중재조항

중재(arbitration)란 사법상의 분쟁을 법원의 판결에 의지하지 않고 제3자인 중재인을 선임하여 구속력 있는 판정을 구함으로써 최종적인 해결을 하는 것을 의미한다. 분쟁이 발생하였을 경우 중재에 의해 분쟁을 해결하기 위해서는 중재계약을 작성하여야 한다. 당사자간 분쟁이 발생되기 전에 작성된 중재계약은 물론 분쟁이 발생된 후에 작성된 중재계약도

중재에 의해 해결될 수 있다. 중재조항에는 중재기관, 중재장소, 중재절차 및 준거법 등이 명시되어야 한다. 계약서상 대한상사중재원에 의해 분쟁이 해결되기로 한 경우 한국에서 내려진 중재판정의 결과는 최종적이며 뉴욕협약에 따라 외국이 가입국인 경우 외국에서도 집행이 가능하다.

대한상사중재원의 표준중재조항(Standard Arbitration Clause)

"Arbitration : All disputes, controversies, or differences which may arise between the parties, out of or in connection with the contract, or for the breach thereof, shall be finally settled by arbitration in Seoul, Korea in accordance with the Commercial Arbitration Rules of the Korean Commercial Arbitration Board and under the Laws of Korea. The award rendered by the arbitrator(s) shall be final and binding upon both parties concerned"
(중재 : 이 계약으로부터 또는 이 계약과 관련하여 또는 이 계약의 불이행으로 말미암아 당사자 간에 발생하는 모든 분쟁, 논쟁 또는 의견차이는 대한민국 서울특별시 대한상사중재원의 상사중재규칙 및 대한민국법에 따라 중재인에 의하여 최종결의로 해결한다. 중재인(들)에 의하여 내려지는 판정은 최종적인 것으로 당사자 쌍방에 대하여 구속력을 가진다).

4) 재판관할조항

계약에서 중재조항을 규정하고 있지 않은 경우에는 중재로 분쟁을 해결할 수 없고 소송(litigation)을 통한 국가기관의 법원의 판결에 의하여 강제적으로 해결할 수밖에 없다. 뉴욕협약에 가입되어 있지 않거나 중재합의가 이루어지지 않은 경우에는 특정 국가의 법원을 지정하는 재판관할조항(jurisdictional clause)을 두어야 한다.

"Jurisdiction : The Court of the Republic of Korea shall have jurisdiction over all disputes which may arise between the parties with respect to execution, interpretation and performance of this contract and the parties shall waive any other forum to which they might be entitled by virtue of domicile or otherwise"

5) 준거법 조항

무역계약의 성립과 이행 및 해석에 관하여 어느 나라의 법을 적용할 것인가에 대한 준거법(governing law)이 문제가 된다. 따라서 계약 당사자가 준거법을 어느 국가의 법으로 할 것인가를 약정해야 한다. 무역계약시 준거법에 관한 약정의 예는 다음과 같다.

"Governing Law : This contract shall be governed, construed and performed by the laws of the Republic of Korea"
(준거법 : 이 계약은 대한민국법에 의하여 지배되고 해석되며 이행된다)

6) 기타 조건

(1) 권리침해조항

권리침해조항(infringement clause)은 매수인의 주문에 의하여 매도인이 생산하여 인도한 물품이 제3자의 특허권·실용신안권·디자인권·상표권 등의 지식재산권(intellectual property rights)을 침해할 경우 모든 책임을 매수인이 부담하고 매도인에게 피해를 주지 않는다는 조항을 말한다. 따라서 매매계약서에 이 조항을 삽입할 경우 매수인은 제3자로부터 지식재산권을 침해받았다는 사유로 인하여 매도인에게 클레임을 제기할 수 없다.

(2) 완전합의조항

완전합의조항(entire agreement clause)은 매매 당사자 간 최종적으로 합의하여 계약을 체결한 경우 계약 이전단계에서 합의한 내용들은 무효화되는 조항을 말한다. 따라서 당사자들은 계약 이전단계에서 합의한 제안서, 의향서 양해각서 등이 최종적으로 합의된 내용과 다르다는 이유로 항변할 수 없으며 오직 최종적으로 체결된 완전합의조항만 유효하다.

(3) 가격변동조항

가격변동조항(escalation clause)은 계약이행기간이 장기인 경우 계약체결 이후 원자재, 운임, 보험료 등 물품가격 상승에 따라 합의된 가격이 변경될 수 있다는 조건을 제시한 조항을 말한다. 이 조항은 산업설비(plant)나 선박, 대형 기계류와 같은 장기계약의 경우 원·부자재의 가격상승에 대응하기 위해 이용되는 경우가 많다.

(4) 사정변경조항

사정변경조항(hardship clause)은 불가항력적인 요인에 의해 합의사항을 이행할 수 없을 경우 합의된 계약내용을 다시 협의할 수 있도록 하는 조항을 말한다. 산업설비나 대형선박 등 장기간의 제작기간이 요구되는 물품의 가격변경, 인도기일 연장 등의 변경 등을 위해 이용되는 경우가 있다.

(5) 비포기조항

비포기조항(non-waiver clause)은 일방 당사자가 체결된 어떤 특정 계약조항에 대한 이행청구를 하지 않았다고 하더라도 상대방 당사자가 이후 동일 조항에 대한 이행청구권을 포기한 것으로 간주하지 않는다는 것을 명시한 조항을 말한다. 따라서 특정 계약조항에 대해 이행청구권을 행사하지 않았다고 하더라도 이후 동일한 조항에 대한 이행청구권을 요구할 경우 상대방은 받아들여야 한다.

4.4 일반거래조건협정서

당사자 간에 무역거래가 이루어지기 전에 거래의 일반적 기준이 되는 조건들을 협의하여 서명하게 되는데 이를 일반거래조건협정서(Agreement on General Terms and Conditions)라고 한다. 일반거래조건협정서는 매매당사자 간 일반거래조건에 대해 포괄적으로 합의하여 체결하는 계약을 말한다. 일반거래조건협정서는 매 거래 건별로 청약과 승낙이 이루어진 후 매매계약서를 작성하는 것으로 일반적으로 거래 상대방과 첫 거래를 할 때나 거래 초기 단계에서 많이 이용된다. ① 거래형태는 당사자가 대리인이 아니라 본인 대 본인(Principal to Principal)간에 이루어진다. ② 계약의 기본조건으로는 품질, 수량, 가격, 대금결제, 선적 및 선적지연, 포장 및 보험 등에 대한 내용을 합의한다. ③ 거래절차와 관련해서는 청약과 승낙의 시기와 방법, 주문 및 선적통지에 대한 내용이 포함된다. 뿐만 아니라 ④ 클레임 처리방법과 기타 사항으로 불가항력조항과 준거법조항 등에 대해서 합의할 필요가 있다.

DAEHAN TRADING CO., LTD.
C. P. O BOX, 203, SEOUL, KOREA

SALES CONTRACT

Messrs. : MCP Co., Ltd.
New York USA

Date : August 11, 20xx
Ref. No. Euro20xx

Dear Sirs,
We as Seller confirm having sold you as Buyer the following goods on the terms and conditions as stated on the back thereof :

H. S.	Item#	Description	Quantity	Unit Price	Amount
		Cosmetics		CIF New York/pc	
3304.99.2000	20	Make-up Base 30gr	1,000pcs	@USD10.00	USD10,000.00
3304.20.9000	79	Mascara 5ml	1,000pcs	@USD10.00	USD10,000.00
Total			2,000pcs		USD20,000.00

Packing : Export Standard Packing
Origin : Republic of Korea(R.O.K)
Shipment : Within 60 days from the date of contract
Payment : By an irrevocable L/C at sight in our favor
Inspection : Seller's inspection is final
Partial Shipment : Allowed
Transhipment : Not allowed
Shipment : May 10, 20xx.

Documents Required :
1. Signed commercial invoice in triplicate
2. Packing list in triplicate
3. Full set of clean on board ocean bill of lading made out to order of shipper blank endorsed marked freight prepaid and notify MCP Co. Ltd.
4. Insurance policy or certificate for full invoice value plus 10% with claims payable in New York in the same currency as the draft, covering Institute Cargo Clause(All Risks) including War and SRCC risks
5. Certificate of origin
6. Inspection Certificate

Buyer
M.C.P Co., Ltd.
(Signed)
David C. Jones
President

Seller
Dahan Trading Co., Ltd.
(Signed)
Gildong Hong
President

Agreement on General Terms and Conditions of Business

This Agreement entered into between Daehan Trading Co., Ltd., Seoul, Korea, (hereinafter called the Seller) and M.C.P. Inc., New York, USA,(hereinafter called the Buyer), witnesses as follows;

1. **Business** : Both Seller and Buyer act as Principals and not as Agents.
2. **Goods** : Goods in business, their unit to be quoted, and their mode of packing shall be stated in the attached list.
3. **Prices** : Unless otherwise specified in e-mails or letters, all quotations and offers submitted by either party to this Agreement shall be in U.S. Dollars on the basis of CIF New York.
4. **Firm Offers** : All offers shall be subject to a reply within the period stated in respective e-mails. When 'immediately reply' is used, it shall mean that a reply is to be received by the seller within three days from and including the date of the dispatch of a firm offer. In either case, however, sundays and all official holidays are excepted.
5. **Orders** : Any business closed by e-mail shall be confirmed in writing without delay, and orders thus confirmed shall not be cancelled unless by mutual consent.
6. **Credit** : Banker's irrevocable Letter of Credit shall be issued in favor of the seller within ten(10) days from the date of contract. Credit shall be made available twenty-one(21) days after the contracted time of shipment.
7. **Payment** : Drafts shall be drawn under irrevocable Letter of Credit at sight, documents attached, for full invoice value.
8. **Shipment** : All goods sold in accordance with this Agreement shall be shipped within the stipulated time. The date of Bill of Lading shall be taken as conclusive proof of the date of shipment. Unless expressly agreed upon, the port of shipment shall be at the Seller's option.
9. **Marine Insurance** : All shipments shall be covered ICC(A) Clause for a sum equal to the amount of the invoice plus ten(10) percent, if no other conditions are particularly agreed upon. All policies shall be made out in U.S. Dollars and payable in New York.
10. **Quality** : The Seller shall guarantee all shipment to confirm to samples, types, or descriptions, with regard to quality and condition.
11. **Damage in Transit** : The seller shall ship all goods in good condition, and the buyer shall assume all risks of damage, deterioration or breakage during transportation.
12. **Claims** : Claims, if any, shall be submitted by e-mail within fourteen(14) days after arrival of goods at destination. Certificates recognized by surveyors shall be sent by mail without delay. All claims which can not be amicably settled between the Seller and the Buyer shall be submitted to Arbitration in Seoul. The arbitrators are consisted of three members. The decision of the arbitrators shall be final, and the losing party shall bear expenses thereof.

13. **Force Majeure** : The Seller shall not be responsible for the delay of shipment in all cases of force majeure, including mobilization, war, riots, civil commotion, hostilities, blockade, requisition of vessels, prohibition of export, fires, floods, earthquakes, tempest, and any other contingencies, which prevent shipment within the stipulated period. In the event of any of the aforesaid causes rising, documents proving its occurrence or existence shall be sent by the Seller to the Buyer without delay.
14. **Delayed Shipment** : In all cases of force majeure provided in Article 13, the period of shipment stipulated shall be extended for a period of twenty-one(21) days. In case shipment within the extended period should still be prevented by a continuance of the causes mentioned in Article 13 or the consequences of any of them, it shall be at the Buyer's option either to allow the late shipment of goods or to cancel the order by giving the Seller the notice of cancellation by e-mail.
15. **Shipping Notice** : Shipment effected against the contract of sale shall be immediately e-mailed.
16. **Shipment Samples** : In case shipment samples be required, the Seller shall forward them to the Buyer prior to shipment.
17. **Marking** : All shipments shall be marked as arranged otherwise.
18. **Expenses** : Both parties shall bear all their expenses relating to communication, traveling and other incidental expenses.
19. **Trade Terms** : Unless specially stated, the trade terms under this contract shall be governed and interpreted by the latest Incoterms(Incoterms 2010).
20. **Governing Law** : This agreement shall be governed as to matters including validity, construction and performance under and by the United Nations Convention on Contracts for the international Sae of Goods, 1980.

In witness whereof, Daehan Trading Co., Ltd., has hereunto set their hand on the 1st of March 20xx, and M.C.P. Inc., has hereto set their hand on the 30th of March 20xx. This Agreement shall be valid on and from the 1st of April 20xx, and any of the Articles in the Agreement shall not be changed or modified unless by mutual consent.

(Buyer) M.C.P. Co., Ltd.	(Seller) Daehan Trading Co., Ltd.
(signed)	(signed)
David C. Jones, President	Gildong, Hong, President

일반거래조건협정서

본 협정서는 한국 서울특별시의 대한무역주식회사(이하 매도인이라 칭함) 및 미국 뉴욕의 M.C.P. 사(이하 매수인이라 칭함)간에 체결된 것으로 다음의 사항을 증명한다.

1. **거래** : 매도인·매수인의 쌍방은 본인으로서 거래하며 대리인으로서 행동하는 것이 아니다.
2. **물품** : 거래물품, 제시단위 및 포장형태를 별첨목록에 기재한다.
3. **가격** : 전자우편 또는 서신에 별도의 규정이 없는 한 본 협정 당사자에 의한 견적 및 청약은 모두 뉴욕항 운임보험료포함인도규칙에 의한 미화를 기준으로 한다.
4. **확정청약** : 확정청약은 모두 개개의 전자우편에 제시되어 있는 기간 내의 회답을 조건으로 간주한다. '즉답'이라는 용어가 사용될 때에는 회답이 확정청약의 발송일을 포함하는 3일 이내에 매도인에게 수신되는 것을 말한다. 다만 어떠한 경우에도 일요일 및 공휴일은 제외한다.
5. **주문** : 전자우편에 의해 결정된 거래는 지체 없이 서면에 의해 확인하는 것으로 하고 이렇게 확인된 주문은 당사자 쌍방의 동의에 의하지 않는 한 취소할 수 없는 것으로 한다.
6. **신용장** : 계약체결일자로부터 10일 이내에 은행취소불능신용장이 매도인 앞으로 발행되도록 한다. 신용장은 그 유효기간을 약정된 선적일 이후 21일간 으로 하는 것으로 한다.
7. **대금결제** : 환어음은 신용장에 의거하여 일람출급으로 선적서류를 첨부하여 송장금액 전액에 대하여 발행되는 것으로 한다.
8. **선적** : 본 협정에 의하여 매매되는 물품은 모두 약정기간 내에 선적되는 것으로 한다. 선하증권의 일자는 선적일을 최종적으로 입증하는 것으로 간주한다. 별도의 약정이 없는 한 선적항은 매도인이 자유로이 선정한다.
9. **해상보험** : 특히 다른 조건을 약정하지 않는 한 모든 화물은 송장금액에 10%를 가산한 것에 ICC(A)약관 조건의 보험을 부보하는 것으로 한다. 모든 보험증권은 미화로써 표시되며 또한 뉴욕에서 지급되는 것으로 한다.
10. **품질** : 매도인은 모든 선적화물의 품질 및 상태에 관하여 견본, 규격 혹은 명세와 일치할 것을 보증한다.
11. **운송중의 손상** : 매도인은 모든 물품을 양호한 상태로 선적하고 매수인은 운송도중 손상·변질 혹은 파손에 관한 모든 위험을 부담하는 것으로 한다.
12. **클레임** : 클레임이 있을 때에는 물품이 목적지에 도착한 후 14일 이내에 전자우편으로써 행하고 검사인이 확증한 증명서를 지체 없이 우편으로 제시토록 한다. 매도인과 매수인간에서 화해할 수 없는 클레임은 모두 서울에서 중재에 붙여지고 그 중재인은 3명으로 구성된다. 중재인들의 결정은 최종적이며 패소자는 그 중재비용을 부담토록 한다.
13. **불가항력** : 매도인은 약정기간 내에 선적을 방해하는 동원, 전쟁, 소요, 폭동, 적대행위, 항만봉쇄, 선박징발, 수출금지, 화재, 홍수, 지진, 폭풍, 기타 예측하기 어려운 사건 등의 불가항력적인 사건이 발생했을 경우에는 선적지연에 대하여 책임을 지지 않는다. 전기한 제요인이 발생했을 때에는 매도인은 이것의 발생, 혹은 존재를 증명하는 서류를 지체 없이 매수인에게 송부하여야 한다.
14. **선적지연** : 본 협정서 제13조에 규정한 불가항력일 경우에는 약정된 선적기간을 21일간 연장

하는 것으로 한다. 유예기간내의 선적이 제13조에 기재된 제 요인이 계속 혹은 그 결과에 의하여 아직 방해되고 있을 경우에는 지연화물의 선적을 용인하든가 아니면 전자우편으로서 해약통지를 매도인에게 행함으로써 주문을 취소할 것인가 하는 것은 매수인이 자유로이 결정토록 한다.

15. **선적통지** : 매매계약에 대하여 행한 선적은 즉시 전자우편으로 통지한다.

16. **적송품 견본** : 적송품의 견본을 필요로 할 때에는 매도인은 그와 같은 견본을 선적 전에 매수인에게 송부토록 한다.

17. **화인** : 모든 선적화물에는 별도로 약정한대로 화인을 표시한다.

18. **비용** : 매도인과 매수인은 각가자 지출한 통신, 교통 및 기타 부대비용을 각각 부담으로 하는 것으로 한다.

19. **정형거래조건** : 특별히 명기되지 않는 한, 이 계약에 따른 정형거래조건은 인코텀즈 최신판(Incoterms 2010)에 의하여 적용되고 해석된다.

20. **준거법** : 이 계약서는 유효기간, 해석, 이행을 포함하는 사항에 관하여 1980년 국제물품매매계약에 관한 UN협약에 의하여 적용된다.

상기 사항의 증거로서 대한무역주식회사는 20××년 3월 20일에 서명하고 또 M.C.P. 사는 20××년 3월 30일에 서명하였다. 본 협정서는 20××년 4월 1일부터 효력을 발생하며 본 협정서의 조항 어느 것이든 당사자 쌍방의 의견이 일치하지 않는 한 변경 혹은 수정되지 아니한다.

(매수인) M.C.P. 주식회사	(매도인) 대한무역주식회사
(서명)__________	(서명)__________
데이비드 존스	홍길동
대표이사	대표이사

연습문제

1. 주관식문제

1) 무역계약의 법적 성격에 대해 설명하시오.
2) 청약(offer)의 종류와 내용을 설명하시오.
3) 청약서(offer sheet)를 작성해보시오.
4) 청약의 효력소멸에 대해 설명하시오.
5) 승낙(acceptance)의 효력발생시기에 대해 설명하시오.
6) 품질조건 중 품질결정방법에 대해 설명하라.
7) 수량조건 중 과부족용인조건(M/L Clause)에 대해 설명하시오.
8) 수출입가격의 구성항목에 대해 설명하시오.
9) 선적시기에 대해 설명하시오.
10) 대금결제방식과 결제시기에 대해 설명하라.
11) 분쟁해결조건에 대해 설명하시오.

2. 용어해설문제

- 무역계약
- 청약(offer)
- 확정청약
- 불확정청약
- 반대청약
- 청약철회
- 청약취소
- 승낙(acceptance)
- 지연승낙
- 일부승낙
- F.A.Q
- G.M.Q
- 과부족용인조건
- 분할선적
- 환적
- 화인
- 권리침해조항
- 사정변경조항

제 5 장

정형거래조건과 인코텀즈

1. 정형거래조건과 인코텀즈(Incoterms)의 개요를 알아본다.
2. 인코텀즈(Incoterms® 2020)의 특징에 대해 알아본다.
3. 인코텀즈(Incoterms® 2020)의 각 규칙별 주요 내용을 알아본다.
4. 물품인도 및 위험 관련 내용을 인코텀즈와 CISG의 주요 내용을 비교하여 이해한다.

제 5 장

정형거래조건과 인코텀즈

5.1 정형거래조건과 인코텀즈의 의의

1 국제상관습과 정형거래조건

국내에서의 상거래는 해당 국가의 국내법에 의하여 규율되지만, 국제무역거래는 국제적으로 통일된 법이 없기 때문에 무역 당사자들이 일반적으로 정형화된 상관습에 따라 거래를 하게 된다. 상관습은 상업계에서 오랫동안 발생하여 반복됨으로써 인정되고 승인되어 있는 사실적인 행위양식을 말하는 것으로 국제무역거래에 이용되고 있는 상관습을 국제상관습(international commercial custom) 혹은 국제무역관습(international trade custom)이라고도 한다.

국제무역거래는 상이한 국가 간에 이루어지기 때문에 합의된 계약을 이행하지 않을 경우 국내법과 외국법이 충돌하게 되어 어느 법을 적용할 것인가에 대해 논란이 있을 수 있고, 특정 국가에서 적용된 판정결과가 다른 국가에서 허용되지 않는 문제가 발생할 수 있다.

국제상관습이 서로 달라 국제무역거래에서 통일적으로 적용할 수 있는 거래조건의 제정이 필요함에 따라 정형거래조건(trade terms)이 제정되게 되었다. 정형거래조건은 물품이 매도인으로부터 매수인에게 운송되는 과정에서 수출입통관, 운송 및 보험계약, 비용과 위험의 이전시기 등을 포함한 당사자들의 의무사항들을 구분해주는 표준화된 거래조건을 말한다.

2 인코텀즈의 의의

'인코텀스(INCOTERMS)'란 'International Commercial Terms'의 약자로 일반적으로 '무역거래조건의 해석에 관한 국제규칙'(International Rules for the Interpretation of

Trade Terms)이라고 한다. 인코텀즈는 매매계약에 의한 물품의 인도와 관련하여 매도인과 매수인의 의무를 규정한 것으로 거래당사자 간에 비용과 위험이 어떻게 배분되고 이전되는지에 대한 유권해석이라고 할 수 있다.

국제무역거래상의 분쟁요소를 방지하고 무역의 확대를 도모하기 위해 1936년 국제상업회의소(International Chamber of Commerce : ICC)는 '무역거래조건의 해석에 관한 국제규칙'을 제정하였다. 이 통일규칙을 "INCOTERMS"라고 하는데, 무역관습의 변화에 따라 1953년, 1967년, 1976년, 1980년, 1990년, 2000년, 2010년, 그리고 2020년에 개정 또는 보완되어 현재 11가지의 거래규칙을 사용하고 있다. Incoterms® 2010에서는 '국내 및 국제무역거래조건의 사용에 관한 국제상업회의소 규칙(ICC rules for the use of domestic and international trade terms)'이라는 부제를 달아 국내거래와 국제거래에 모두 이 규칙을 사용할 수 있도록 하였다. Incoterms® 2010은 국제상업회의소의 등록상표로 정형거래규칙을 표기할 경우 이를 반드시 병행표기하도록 하였다. Incoterms® 2020에서도 이러한 원칙을 유지하고 있다.[1)]

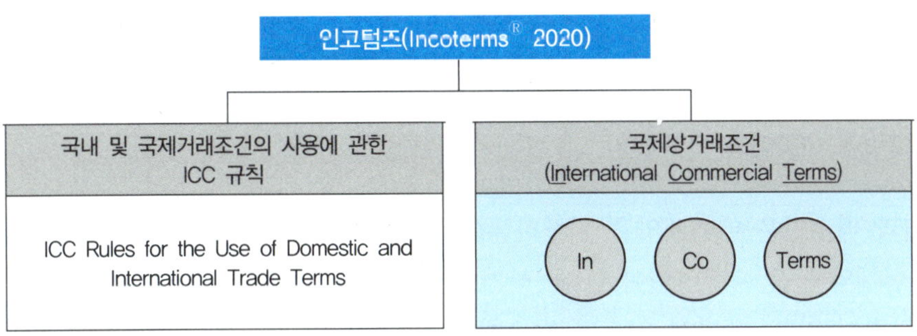

3 인코텀즈 2020의 내용

1) 매도인과 매수인의 책임한계

인코텀즈(Incoterms)는 운송계약을 체결해야 할 당사자, 수출입통관을 해야 할 당사자를 규정함과 동시에 다음과 같은 매매당사자의 책임한계를 규정하고 있다.

① 물품의 인도장소
② 물품에 대한 매매당사자의 위험의 이전
③ 물품에 대한 매매당사자의 비용의 배분

1) Incoterms® 2020에서 ®은 국제상업회의소의 등록상표(registered trademark)의 약자를 의미한다.

(1) 위험의 이전(transfer of risks)

인코텀즈에서 말하는 위험(risks)이란 물품의 물리적인 멸실 또는 물품에 대한 손상(physical loss of or damage to the goods)을 의미하며 인도지연이나 계약불이행의 위험 등은 포함되지 않는다.

(2) 비용의 배분(allocation of costs)

비용부담의 문제는 모든 매매계약에서 가장 중요한 요소이다. 영국의 물품매매법(Sale of Goods Act)은 당사자 간 별도의 합의가 없는 한 물품을 인도할 수 있는 상태에 두기 위한 비용과 이에 부수하여 발생하는 모든 비용을 매도인이 부담하도록 하고 있다. 인코텀즈에서도 원칙적으로 매도인의 물품인도에 관한 의무가 완료된 때를 매매당사자 간의 위험과 비용부담의 분기점으로 볼 수 있다. 하지만 운송비지급인도규칙(Carriage Paid To : CPT), 운송비보험료지급인도규칙(Carriage Insurance Paid To : CIP), 운임포함인도규칙(Cost and Freight : CFR)이나 운임보험료포함인도규칙(Cost, Insurance and Freight : CIF)과 같이 물품인도가 이행된 때와 장소에서 위험은 매수인에게 이전되지만, 인도 후 합의된 목적지 또는 목적항까지의 운임이나 보험료를 매도인이 부담하기로 하는 예외적인 규칙도 있다.

2) 인코텀즈 2020의 적용범위

매도인과 매수인은 매매계약을 이행하는데 필요한 계약, 즉 매매계약 뿐만 아니라 운송계약, 보험계약 등을 수행하여야 한다. 하지만 인코텀즈(Incoterms)는 이들 계약 중 매매계약에만 관련이 있다. 따라서 인코텀즈는 매매당사자가 임의로 무역계약에 채택할 수 있도록 매매당사자 간에 최소한의 해석기준을 통일하여 제공하는데 지나지 않으며 운송계약이나 보험계약내용까지 전부 포괄하여 적용되는 것은 아니다.

인코텀즈는 매도인의 물품을 매수인의 임의처분상태로 두거나 또는 목적지에서 인도할 의무 등 당사자들에게 부과되는 특정된 의무 및 위험부담을 다루고 있다. 또한 물품의 수출과 수입통관의무, 물품의 포장, 매수인의 인도수령의무 뿐만 아니라 각각의 의무를 정히 완수하였다는 증거서류의 제공의무, 안전관련 정보제공의무 등을 다루고 있다.

인코텀즈는 매매계약의 이행을 위하여 중요한 것임에도 불구하고 그러한 계약에서 발생할 수 있는 문제들, 예를 들어 소유권과 재산권의 이전, 계약의 위반과 그로 인한 결과 및 의무면제 등은 다루지 않고 있다. 이와 같이 인코텀즈는 계약위반의 결과와 기타 장애요인으로 인한 의무면제 등을 다루고 있지 않기 때문에 이러한 문제들은 매매계약의 다른 규정과 준거법에 의해 해결되어야 한다.

매매 당사자간의 최소한의 해석기준 통일하여 제공,
운송계약이나 보험계약 내용까지 적용되는 것은 아님

4 인코텀즈 2020의 구성

1) 서문

Incoterms® 2020의 서문(introduction)은 Incoterms® 2020규칙의 사용 및 해석에 관한 종합적인 정보를 제공하는 것일 뿐 이 규칙의 일부분이 아니다. 서문에는 ① 인코텀즈 규칙의 역할(What the Incoterms® rules do), ② 인코텀즈 규칙이 하지 않는 역할(What the Incoterms® rules do NOT do), ③ 인코텀즈 규칙을 잘 편입시킬 수 있는 방법(How best to incorporate the Incoterms® rules), ④ 인코텀즈 2020규칙상 인도, 위험 및 비용(Delivery, risk and costs in the Incoterms® 2020 rules), ⑤ 인코텀즈 2020 규칙과 운송인(Incoterms® 2010 rules and the carrier), ⑥ 매매계약규칙 및 다른 계약들과의 관계(Rules for the contract of sale and their relationship to other contracts), ⑦ 11개 인코텀즈 2020 규칙의 올바른 사용법(The eleven Incoterms® rules– 'sea and inland waterway' and 'any mode(s) of transport': getting it right), ⑧ 인코텀즈 2020규칙 내 조항의 순서(Order with the Incoterms® rules), ⑨ 인코텀즈 2010과 인코텀즈 2020의 차이점(Differences between Incoterms® 2010 and Incoterms® 2020), ⑩ 인코텀즈규칙 변용시 유의점(Caution with variants of Incoterms® rule)의 내용을 담고 있다.

▌표 5-1▐ Incoterms® 2020의 규칙

구 분	가격조건	약어
운송수단에 관계없이 사용되는 규칙	• 공장인도(Ex Works : insert named place of delivery) • 운송인인도(Free Carrier : insert named place of delivery) • 운송비지급인도(Carriage Paid To : insert named place of destination) • 운송비보험료지급인도(Carriage and Insurance Paid To : insert named place of destination) • 목적지인도(Delivered At Place : insert named place of destination) • 목적지양륙인도(Delivered At Place Unloaded : insert named place of destination) • 관세지급인도(Delivered Duty Paid) : insert named place of destination)	EXW FCA CPT CIP DAP DPU DDP
해상운송 및 내륙수로 운송에 사용되는 규칙	• 선측인도(Free Alongside Ship : insert named port of shipment) • 본선인도(Free on Board : insert named port of shipment) • 운임포함인도(Cost and Freight : insert named port of destination) • 운임보험료포함인도(Cost, Insurance and Freight : insert named port of destination)	FAS FOB CFR CIF

2) 거래규칙

Incoterms® 2020의 거래규칙은 운송방식을 기준으로 ① 한 가지 이상의 모든 운송방식에 사용되는 7가지 규칙과 ② 해상운송 및 내륙수로운송에만 사용되는 4가지 규칙을 포함하여 모두 11가지 규칙으로 구성되어 있다.

3) 사용자를 위한 설명문

사용자를 위한 설명문(explanatory notes for users)은 Incoterms® 2020의 각 거래규칙별로 사용자들이 이해하기 쉽게 해당 규칙에 대한 정의, 특징 및 사용상의 주의점 등을 요약하여 설명한 부분이다.

4) 당사자별 의무사항

Incoterms® 2020은 각 거래규칙별로 지침서에 이어서 매도인과 매수인의 의무사항을 10개의 항목으로 분류하여 설명하고 있다. 매도인의 의무사항(A1~A10)과 매수인의 의무사항(B1~B10)들이 각 항목별로 대칭(mirror)으로 설명되어 있다.

인코텀즈 2020(Incoterms® 2020)	
서문(introduction)	
EXW, FCA, CPT, CIP, DAP, DPU, DDP	FAS, FOB, CFR, CIF
사용자를 위한 설명문(Explanatory Notes for Users)	

A. 매도인의 의무(Seller's obligation)	B. 매수인의 의무(Buyer's obligation)
A1. General Obligations (일반의무)	B1. General Obligations (일반의무)
A2. Delivery (인도)	B2. Taking Delivery (인도의 수령)
A3. Transfer of Risks (위험의 이전)	B3. Transfer of Risks (위험의 이전)
A4. Carriage (운송)	B4. Carriage (운송)
A5. Insurance (보험)	B5. Insurance (보험)
A6. Delivery/Transport Document (인도/운송서류)	B6 Delivery/Transport Document (인도/운송서류)
A7. Export/Import clearance (수출/수입통관)	B7. Export/Import clearance (수출/수입통관)
A8. Checking/packaging/marking (점검/포장/화인표시)	B8. Checking/packaging/marking (점검/포장/화인표시)
A9. Allocation of costs (비용의 분배)	B9. Allocation of costs (비용의 분배)
A10. Notices (통지)	B10. Notices (통지)

5 인코텀즈 2020의 주요 특징

1) 개별규칙 내 조항순서 변경

인코텀즈 2010 규칙과는 달리 인코텀즈 2020 규칙에서는 당사자의 의무사항 중 중요한 규정을 앞 쪽에 배치함으로써 사용자가 쉽게 이해하고 활용할 수 있도록 하였다. A2/B2조항에 인도 및 인도수령(delivery/taking delivery), A3/B3조항에 위험이전(transfer of risks), A4/B4조항에 운송(carriage), A5/B5조항에 보험(insurance)을 각각 배치하였고, 비용(allocation of costs)조항은 사용자들에게 중요한 항목임에도 불구하고 비용일람표(one stop list)를 제공하는 목적에서 당사자의 의무 중 뒷부분에 제시되었다.

【표 5-2】 Incoterms® 2010과 Incoterms® 2020의 조항 비교

개별규칙 내 조항순서 변경	
Incoterms 2010® 조항순서	Incoterms 2020® 조항순서
•A1/B1 General obligations of the seller/buyer	•A1/B1 General obligations
•A2/B2 License, authorizations, security clearances and other formalities.	•A2/B2 Delivery/Taking Delivery
•A3/B3 Contracts of carriage and insurance	•A3/B3 Transfer of Risks
•A4/B4 Delivery/Taking delivery	•A4/B4 Carriage
•A5/B5 Transfer of risks	•A5/B5 Insurance
•A6/B6 Allocation of costs	•A6/B6 Delivery/Transport Document
•A7/B7 Notices to the buyer/seller	•A7/B7 Export/Import Clearance
•A8/B8 Delivery document/Proof of delivery	•A8/B8 Checking/Packaging/Making
•A9/B9 Checking/Packaging/Making	•A9/B9 Allocation of Costs
•A10/B10	•A10/B10 Notices

2) CIP 규칙의 최대 부보의무 및 CIF 규칙의 최소 부보의무

인코텀즈 2020 규칙 중 운송비보험료지급인도규칙(CIP)과 운임보험료포함인도규칙(CIF)은 운송 중 물품의 손실 및 손상에 대한 매수인의 위험에 대하여 매도인이 보험을 부보하여야 한다. CIP 규칙의 경우 과거에는 송장금액의 110%에 대해 최소담보조건[ICC(C)]으로 부보하도록 하였는데, 인코텀즈 2020에서는 최대담보조건인 ICC(A)약관으로 부보하도록 하였다. 물론 인코텀즈 자체가 임의규범이기 때문에 필요한 경우 당사자들은 ICC(A)약관보다 낮은 수준으로 부보하도록 합의할 수 있다. 한편, CIF 규칙은 예전과 마찬가지로 최소담보조건[ICC(C)]으로 부보하도록 유지하였다.

3) 운송인인도규칙(FCA) 상 본선적재표기 선하증권 사용 가능

인코텀즈 2020에 새로 신설된 내용으로 매매계약에서 합의한 경우 매수인은 그의 운송인에게 본선적재표기(on board notation)가 있는 선하증권(B/L)을 매도인에게 발행하도록 지시하여야 한다. 이에 따라 매수인이 매도인에게 운송서류를 발행하도록 운송인에게 지시한 경우 매도인은 그러한 서류를 매수인에게 제공하여야 한다. 운송인이 매수인의 위험과 비용으로 매도인에게 선하증권을 발행하는 경우에는 매도인은 그 선하증권을 매수인에게 제공하여야 한다.

4) 터미널인도규칙(DAT)을 목적지양륙인도규칙(DPU)으로 명칭 변경

인코텀즈® 2020에서는 DAT규칙을 없애고 대신 DPU규칙으로 명칭을 바꾸어 신설하였다. DPU규칙은 인도장소가 터미널로 제한되지 않고 지정목적지 또는 지정목적지 내의 합의지점에서 물품을 양륙한 후 매수인의 임의처분 하에 둘 때 매도인의 인도의무가 끝나며, 이 지점이 위험의 분기점이 된다.

5) 당사자 자신의 운송수단에 의한 운송 허용

인코텀즈 2020에서 매도인과 매수인은 자신의 운송수단에 의해 운송을 할 수 있도록 허용하였다. 운송인인도규칙(FCA)의 경우 매수인은 지정 인도장소에서 물품을 수취하기 위해 또는 그 인도장소에서 자신의 영업구내까지 운송하기 위하여 자신의 운송수단(차량 등)을 사용할 수 있다. 목적지인도규칙(DAP), 도착지양륙인도규칙(DPU) 및 관세지급인도규칙(DDP)의 A4 운송조항에서 매도인은 지정목적지 또는 그 지정목적지의 합의지점까지 운송을 마련하도록 함으로써 제3자의 운송인이 아닌 자신의 운송수단을 사용하여 운송할 수 있도록 하였다.

6) 운송 및 비용조항에 보안관련 의무 삽입

인코텀즈 2010이 시행된 후 테러 등을 대비하기 위한 보안문제에 따른 새로운 선적관행이 상당부분 정리되었다. 이러한 보안통관은 운송 및 통관에 직결되기 때문에 각 인코텀즈 규칙의 A4(운송)와 A7(수출통관)에 보안관련 의무를 명시하였다. 아울러 보안관련 비용도 A9/B9 (비용부담)에 규정하였다.

7) 사용자를 위한 설명문

인코텀즈 2010의 사용지침(Guide Note)이 인코텀즈 2020에는 사용자를 위한 설명문(Explanatory Notes for Users)으로 명칭이 변경되었다. 이 부문에서 각 인코텀즈 규칙의 기본적인 사항을 설명하고 사용자들이 거래에 적합한 인코텀즈 규칙을 정확하고 효율적으로 찾을 수 있도록 하였다. 이는 개별 인코텀즈 규칙의 해석이 필요할 때 지침을 제공한다.

6 인코텀즈 2020 구성상의 특징

1) 지정장소 인도규칙과 특수비용포함 인도규칙

지정장소 인도규칙은 거래규칙 뒤에 기재된 지정장소가 물품의 인도장소를 나타내는 곳으로 물품의 인도와 동시에 위험과 비용이 동시에 매도인으로부터 매수인에게 이전된다. 이에 따라 인도 이후 일체의 위험과 비용은 매수인이 부담하여야 한다. 예를 들어 'FOB Busan, Korea, Incoterms® 2020' 혹은 'DPU Abc Terminal, Chicago, USA, Incoterms® 2020'의 경우 거래규칙 뒤에 기재된 지정장소가 위험과 비용이 이전되는 장소가 된다.

지정장소 인도규칙

- 거래규칙 뒤에 기재된 지정장소가 물품의 인도장소를 나타내는 것
- 물품의 인도와 동시에 위험과 비용이 매도인으로부터 매수인에게 이전되어 인도 이후의 일체의 위험과 비용은 매수인이 부담

예 'FOB Busan, Korea, Incoterms® 2020' 혹은 'DPU Abc Terminal, Chicago, USA, Incoterms® 2020'의 경우
→ 거래규칙 뒤에 기재된 지정장소가 위험과 비용이 이전되는 장소가 됨

특수비용포함 인도규칙은 선적지를 기초로 하여 매도인이 매수인의 부담에 해당되는 특정비용을 부담하고, 매수인은 매도인이 부담하지 않은 비용과 위험을 부담하는 규칙이다. 특수비용포함 인도규칙 하에서 매도인의 위험은 물품이 합의된 선적지의 지정장소(named place)나 선적항에서 인도되는 때 이전되고, 비용은 목적지의 지정장소나 목적항까지 매도인이 부담하게 된다. 즉, 특수비용포함 인도규칙은 물품의 인도장소와 위험부담의 분기점은 일치하지만, 비용부담의 분기점과 위험부담의 분기점이 다르다. 예를 들어 'CIF New York, USA, Incoterms® 2020' 혹은 'CFR Piraeus, Greece, Incoterms® 2020'의 경우 규칙 뒤에 기재된 특정장소는 계약의 이행지, 즉 인도장소가 아니라 해상운임을 지급해야

특수비용포함 인도규칙

- 선적지를 기초로 하여 매도인이 매수인의 부담에 해당되는 특정비용을 부담하고, 매수인은 매도인이 부담하지 않은
비용과 위험을 부담하는 규칙
- 특수비용 포함규칙에서는 매수인이 부담할 특정비용을 매도인이 부담하고 위험만을 매수인이 부담하므로 비용이 이전되는 장소와 위험이 이전되는 장소가 다른 특수비용 포함규칙
- 물품의 인도장소와 위험부담의 분기점은 일치하지만, 비용부담의 분기점과 위험부담의 분기점이 다름

예 'CIF New York, Incoterms® 2020' 혹은 'CFR Piraeus Greece, Incoterms® 2020'의 경우
→ 규칙 뒤에 기재된 특정장소는 계약의 이행지, 즉 인도장소가 아니라 해상운임을 지급해야 하는 목적지

하는 목적지이다. Incoterms® 2020 규칙 중 CPT, CIP, CFR 및 CIF규칙은 특수비용포함 인도규칙이고 나머지 규칙들은 지정장소 인도규칙이다.

2) 현실적 인도규칙과 상징적 인도규칙

현실적 인도규칙(actual delivery)은 매도인으로부터 매수인 또는 그 대리인에게 현실적이고 직접적으로 물품을 교부함으로써 인도가 이루어지는 것으로 CFR 및 CIF규칙을 제외한 모든 규칙들이 여기에 해당된다.

상징적 인도규칙(symbolic delivery)은 인도가 물품이 선적된 시점이 아니라 선하증권 등의 선적서류와 상환으로 인도가 이루어지는 것을 말한다. 상징적 인도규칙에서는 물품이 선적되어도 매수인은 그 대금을 지급할 의무가 없으며 선적서류와 상환으로 대금을 지급하면 된다.

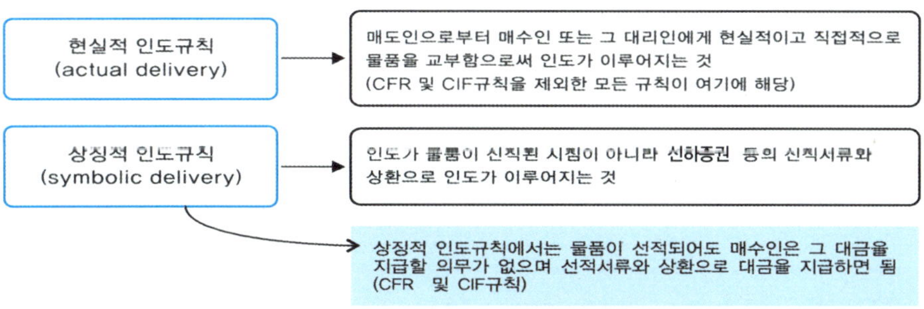

3) 선적지 인도규칙과 양륙지 인도규칙

선적지 인도규칙은 물품의 인도장소를 선적지로 하고 있는 매매조건으로 인도장소가 매매당사자의 위험분기점이 된다. 비용부담의 분기점도 원칙적으로 위험부담과 동일하지만 특수비용포함규칙은 예외이다. Incoterms® 2020 규칙 중 E, F, 그리고 C로 시작되는 규칙은 모두 선적지 인도규칙이다. 양륙지 인도규칙은 물품의 인도장소를 목적지로 하는 매매조건으로 그 인도장소를 매매당사자의 위험부담과 비용부담의 분기점으로 한다. Incoterms® 2020 규칙 중 D로 시작되는 모든 규칙들은 양륙지 인도규칙이다.

▌표 5-3▌ Incoterms® 2020 규칙의 분류

<table>
<tr><th>표현방식</th><th>인도장소</th><th>인도형태</th><th>운송방식</th><th>거래규칙</th></tr>
<tr><td rowspan="7">지정장소 인도규칙</td><td rowspan="4">선적지인도</td><td rowspan="9">현실적 인도</td><td rowspan="2">복합운송</td><td>EXW</td></tr>
<tr><td>FCA</td></tr>
<tr><td rowspan="2">해상운송</td><td>FAS</td></tr>
<tr><td>FOB</td></tr>
<tr><td rowspan="3">양륙지인도</td><td rowspan="5">복합운송</td><td>DAP</td></tr>
<tr><td>DPU</td></tr>
<tr><td>DDP</td></tr>
<tr><td rowspan="4">특수비용 포함규칙</td><td rowspan="4">선적지인도</td><td>CPT</td></tr>
<tr><td>CIP</td></tr>
<tr><td rowspan="2">상징적 인도</td><td rowspan="2">해상운송</td><td>CFR</td></tr>
<tr><td>CIF</td></tr>
</table>

5.2 한 가지 이상의 모든 운송을 위한 규칙

1 공장인도규칙 (EXW) ... (지정인도장소) Incoterms® 2020

Ex Works : (insert named place of delivery)

1) 개념

EXW는 Ex Works[2]의 약칭으로 "공장인도규칙"을 말한다. 이 규칙은 한 가지 이상의 모든 운송방식에도 사용가능한 규칙이다. 다시 말해, 철도운송, 도로운송, 항공운송, 해상운송, 내륙수로운송 등의 단일운송방식에도 사용할 수 있고, 이들 단일운송방식들을 결합한 복합운송(combined transport 또는 multimodal transport)에도 사용될 수 있다.

공장인도(EXW)란 매도인이 지정장소 또는 그 지정장소 내에 합의지점이 있는 경우에는 그 지점에서 수출통관하지 않은 물품을 매수인의 수취용 차량(collecting vehicle)에 적재하지 않은 상태로 매수인의 임의처분 하에 놓아둘 때 인도의무를 다하는 것을 말한다.

2) "Ex Works"에서 "Ex"는 '특정장소로부터(from a specific place)'의 의미를 가지고 있고, 'Works'는 라틴어의 'Loco', 영어의 'Spot'의 의미로 공장(works), 작업장(factory), 광산(mill), 육상에 위치한 창고(warehouse) 등을 의미한다.

매도인은 매수인의 수취용 차량에 적재할 필요가 없으며, 물품인도를 위한 지정장소 또는 합의지점은 매도인의 구내(premises)일 수도 있고 또는 기타 다른 장소(공장, 창고 등)일 수도 있다. 매수인은 자신의 비용으로 물품을 지정인도장소로부터 운송인과 운송계약을 체결하거나 그러한 운송을 마련하여야 한다. 또한 매수인은 수출국의 수출통관, 통과국의 통과통관 및 수입국의 수입통관을 이행하고 관련 비용을 부담하여야 한다.

2) 인도시기 및 위험이전(delivery and risk)

(1) 인도시기(delivery)

물품의 인도는 지정인도장소 또는 그 지정인도장소 내의 합의지점이 있는 경우에는 그 지점에서 물품을 매수인의 수취용 차량에 적재하지 않은 상태로 매수인의 임의처분 하에 놓아둔 때 매도인으로부터 매수인에게 이전된다. 지정인도장소 내에 합의된 특정지점이 없는 경우, 그리고 이용가능한 여러 지점이 있는 경우에 매도인은 자신의 목적에 적합한 지점을 선택할 수 있다. 또한 매도인은 합의된 기일에 또는 합의된 기간 내에 물품을 인도하여야 한다. 인도장소 및 지점은 매도인의 구내 또는 기타의 장소일 수 있다.

(2) 위험의 이전(transfer of risk)

위험은 지정인도장소 또는 그 지정인도장소 내의 합의지점이 있는 경우에는 그 지점에서 물품을 매수인의 수취용 차량에 적재하지 않은 상태로 매수인의 임의처분 하에 놓아둔 때 매도인으로부터 매수인에게 이전된다. 따라서 위험의 이전시기는 물품의 인도시기와 동일하다.

3) 비용의 배분(allocation of costs)

비용의 이전시기도 인도시기와 동일하다. 매도인은 지정인도장소 또는 그 지정인도장소 내의 합의지점이 있는 경우에는 그 지점에서 물품을 매수인의 수취용 차량에 적재하지 않은 상태로 매수인의 임의처분 하에 놓아둘 때까지 모든 비용을 부담하여야 한다. 즉, 물품을 직접 제조하거나 구매·조달하는데 따른 기본원가(basic costs), 사업부문별 간접원가(indirect costs), 포장비(packing costs), 품질·용적·중량·수량 등의 물품점검업무비용(costs of checking operations) 및 기타 비용을 부담하여야 한다.

매수인은 운송수단에의 적재비용(loading charges), 수출입 승인비용, 적용 가능한 경우 수출시 지급되는 모든 관세(all duties), 조세(taxes) 및 기타 부과금을 포함한 통관비용, 내륙운송비, 해상운임, 적화보험료 등 임의처분상태로 인도된 이후의 제비용을 부담하여야 한다. 적용 가능한 경우 통과국 및 수입국에 의해 부과되는 모든 절차를 수행하고 그에 대한 비용을 부담하여야 한다.

4) 사용자를 위한 설명문(explanatory notes for users)

(1) 인도와 위험(delivery and risk)

'공장인도'는 매도인이 다음과 같이 한 때 매수인에게 물품을 인도하는 것을 의미한다.

- 매수인이 물품을 (공장이나 창고와 같은) 지정장소에서 매수인의 처분 하에 둘 때, 그리고
- 그 지정장소는 매도인의 영업구내일 수도 있고 아닐 수도 있다.

물품의 인도전 매도인은 물품을 매수인이 지정한 수취용 차량에 적재할 의무가 없으며, 물품에 대한 수출통관이 요구되더라도 이를 수행할 필요가 없다.

(2) 운송방식(mode of transport)

EXW 규칙은 한 가지 이상의 모든 운송방식에 적용된다. 따라서 운송방식이 특정한 단일 운송방식은 물론 두 가지 이상의 운송방식이 적용되는 복합운송방식에도 사용될 수 있다.

(3) 인도장소 또는 정확한 인도지점 (place of precise point of delivery)

매매당사자들은 단지 인도장소만 지정하면 되지만, 가능한 한 지정인도장소 내의 정확한 지점을 명시하는 것이 바람직하다. 왜냐하면, 그 지정인도지점이 물품의 인도지점인 동시에 위험이 이전되는 지점이면서 또한 비용이 이전되는 지점이기 때문이다. 만일 당사자들이 인도지점을 지정하지 않은 경우 매도인이 자신의 목적에 가장 적합한 지점을 선택할 수 있다. 이에 따라 매수인은 물품의 인도가 이루어질 장소 내의 정확한 지점을 선택하는 것이 바람직하다.

(4) 매수인 유의사항

EXW규칙은 매도인에게 최소의무를 부담시키는 규칙이다.

(5) 적재위험(loading risks)

인도는 물품이 적재된 때가 아니라 매수인의 임의처분 하에 놓인 때 이루어지며, 위험도

그 때 이전된다. 그러나 매도인이 적재작업을 수행하는 동안에 발생하는 물품의 멸실 또는 물품에 대한 손상의 위험을 적재에 물리적으로 참여하지 않은 매수인이 부담하는 것은 논란이 될 수 있다. 이러한 가능성 때문에 매도인이 물품을 적재하여야 하는 경우에 당사자들은 적재 중 물품의 멸실 또는 물품에 대한 손상의 위험을 누가 부담하는지를 미리 합의하여 두는 것이 바람직하다. 단순히 매도인이 그의 영업구내에서 필요한 적재장비를 가지고 있을 가능성이 많고, 적용가능한 안전규칙이나 보안규칙상 권한 없는 사람이 매도인의 영업구내에 접근할 수 없기 때문에 매도인이 물품을 적재하는 경우가 많다. 매도인의 영업구내에서 일어나는 적재작업 중의 위험을 피하고자 하는 경우에 매수인은 운송인인도규칙(FCA)을 선택하는 것이 바람직하다. 왜냐하면, FCA규칙에서는 물품이 매도인의 영업구내에서 인도되는 경우에 매도인이 매수인에 대하여 적재의무를 부담하고 적재작업 중에 발생하는 물품의 멸실 또는 물품에 대한 손상의 위험을 부담하기 때문이다.

(6) 수출통관(export clearance)

물품이 매도인의 영업구내에서 또는 매도인 관할구역이나 관세동맹지역 내에 있는 다른 지정지점에서 매수인의 임의처분 하에 놓인 때 인도가 이루어지므로, 매도인은 수출통관이나 운송 중에 물품이 통과할 제3국의 통관을 수행할 의무가 없다. EXW는 물품을 수출할 의사가 전혀 없는 국내거래에 적합하다. 매도인은 매수인의 요청에 따라 매수인의 위험과 비용으로 수출국, 통과국 및 수입국에 의해 부과되는 서류와 정보를 취득하는데 매수인에게 협력하여야 한다. 매수인이 수출통관을 이행하는데 어려움이 예상되는 경우에, 매수인은 수출통관의무와 관련 비용을 매도인이 부담하는 FCA규칙을 선택하는 것이 더 좋다.

5) 매도인의 제공서류

(1) 기본서류

매도인은 매매계약과 일치하는 상업송장(commercial invoice) 및 계약에서 요구하는 일치증명(evidence of conformity)을 제공하여야 한다. 매도인이 제공해야 하는 서류는 합의에 따라, 합의가 없는 경우에는 관행에 따라 종이서류 또는 전자적 방식으로 제공될 수 있다.

(2) 임의서류

매도인은 매수인의 비용과 위험으로 포장명세서(packing list), 원산지증명서(certificate of origin), 품질 및 수량증명서(certificate of quality and quantity), 중량 및 용적증명서

(certificate of weight and measurement), 영사송장(consular invoice) 그리고 보험부보를 위한 정보 등 임의서류를 제공할 수 있다.

6) 기타 의무

(1) 매도인의 의무

매도인은 매수인의 요청에 따라 매수인의 위험과 비용으로 수출국, 통과국 및 수입국이 부과하는 수출·통과·수입허가, 수출·통과·수입을 위한 보안통관, 선적전검사 및 그 밖의 공적허가 관련 서류 및/또는 정보를 매수인에게 협력하여야 한다. 매도인은 매수인에 대하여 운송계약을 체결할 의무가 없다. 하지만, 매도인은 매수인의 요청에 따라 매수인의 위험과 부담으로 운송관련 보안요건을 포함하여 운송인이 운송을 마련하는데 필요한 정보를 제공하여야 한다. 매도인은 매수인에 대해 보험계약을 체결할 의무가 없으며, 매수인의 위험과 비용으로 매수인이 부보하는데 필요한 정보를 제공하여야 한다.

매도인은 물품을 인도하기 위해 필요한 품질점검, 용적측량, 중량측정, 수량계수 등의 점검작업비용을 부담하여야 하며, 적절한 방법으로 물품을 포장하고 화인(marking)을 표시하여야 한다. 매도인은 매수인이 물품의 인도를 수령할 수 있도록 하는데 필요한 통지를 하여야 한다.

(2) 매수인의 의무

매수인은 매매계약에 따라 대금을 지급하여야 하고 물품이 인도된 때부터 물품의 멸실 또는 손상에 대한 매수인의 위험을 부담한다. 매수인은 자신의 비용으로 물품을 지정인도장소로부터 운송계약을 체결하거나 그러한 운송을 마련하여야 한다. 매수인은 수출국, 통과국 및 수입국에 의해 부과되는 수입·통과·수입허가 및 통관, 보안통관, 선적전검사 및 그 밖의 공적 인가 등 모든 절차를 수행하고 관련 비용을 부담하여야 한다. 매수인은 자신이 합의된 기간 중의 어느 시기 및/또는 지정장소 내 인도를 수령할 지점을 결정할 권리가 있을 경우 매도인에게 충분히 통지를 하여야 한다.

7) 표기방법

- 인도장소가 공장인 경우 : US$ 10.00/pc EXW Abc Factory at 325, San 20,
  Yongsan-Gu, Seoul, Korea, Incoterms® 2020

- 인도장소가 광산인 경우 : US$ 10.00/pc EXW Abc Mine at 325, San 20, Yongsan-Gu, Seoul, Korea, Incoterms® 2020
- 인도장소가 경작지인 경우 : US$ 10.00/pc EXW Abc Plantation at 325, San 20, Yongsan-Gu, Seoul, Korea, Incoterms® 2020

공장인도규칙(Ex Works : EXW)이란 매도인이 지정장소 또는 그 지정장소 내에 합의지점이 있는 경우에는 그 지점에서 매수인의 수취용 차량(collecting vehicle)에 수출통관하지 않은 상태로 계약물품을 매수인의 임의처분 하에 놓아 두면 되고 그 때까지의 위험과 비용을 부담한다. 매도인은 매수인의 수취용 차량에 적재할 필요가 없으며, 물품인도를 위한 지정장소 또는 합의지점은 매도인의 구내(premises)일 수도 있고 또는 기타 다른 장소(공장 창고 등)일 수도 있다.

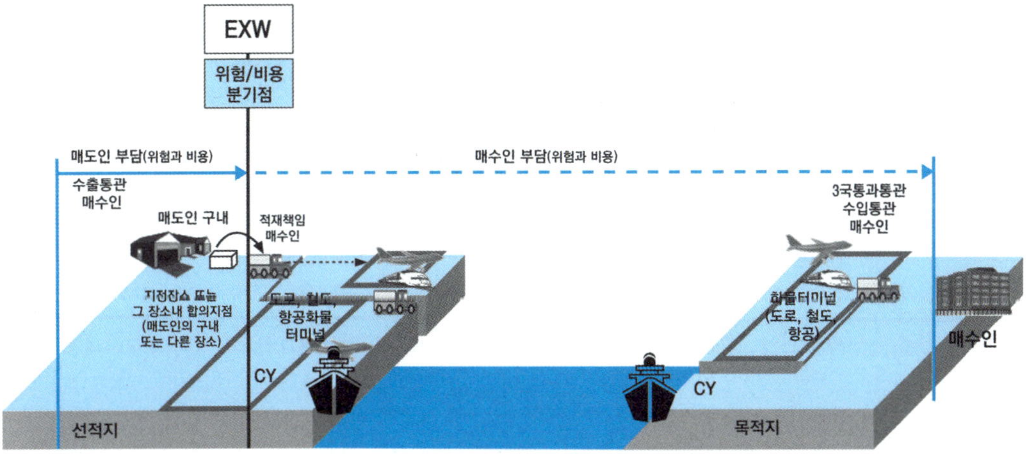

- 인도 및 위험이전시기 : 물품을 지정장소 또는 지정장소 내 합의지점에서 매수인의 임의처분 하에 놓아둔 때
- 비용의 분기점 : 인도 및 위험이전시기와 동일
- 수출통관, 3국 통과통관 및 수입통관 : 매수인부담
- 매도인이 물품적재에 유리한 입장에 있더라도 매수인의 수취용 차량에 적재의무 없음
- 매도인은 수출통관의무가 없고 단지 수출통관이행에 협조할 뿐임
- 매도인이 자신의 위험과 비용으로 적재하기 원하는 경우에는 FCA규칙이 적합함
- 물품인도를 위한 지정장소(공장이나 창고 등)는 매도인의 구내일수도 있고 다른 장소일 수도 있음.

▌표 5-4▐ EXW규칙상 매매당사자의 의무

내 용	매도인의 의무(A1~A10)	매수인의 의무(B1~B10)
일반적 의무 (A1/B1)	• 계약일치물품, 상업송장 및 기타 요구서류 • 합의에 따라, 합의 없는 경우 관행에 따라 종이서류 또는 전자적 방식	• 매매계약에 약정된대로 물품대금지급 • 합의에 따라, 합의 없는 경우 관행에 따라 종이서류 또는 전자적 방식
인도/ 인도의 수령 (A2/B2)	• 지정인도장소의 합의지점 : 매수인의 수취용 차량에 적재하지 않은 상태에서 매수인의 임의 처분 하에 둘 때 • 지정인도장소내의 특정지점이 없거나 여	• 물품인도의 수령

내 용	매도인의 의무(A1~A10)	매수인의 의무(B1~B10)
	러개의 이용가능 지점이 있는 경우 : 매도인이 적합한 지점을 선택가능 • 합의된 일자나 기간 내에 물품인도	
위험이전 (A3/B3)	• 물품이 인도될 때까지 위험부담 • B3에 규정된 상황에서 발생하는 위험부담은 없음	• 인도 후 물품의 멸실 및 손상의 모든 위험부담 • 매수인이 B10에 따른 통지를 하지 않은 경우 인도기일 또는 인도기간 만료일부터 위험부담 (단, 물품은 계약물품으로 특정되어야 함)
운송 (A4/B4)	• (매수인에 대해) 운송계약 체결의무 없음 • 매수인의 요청에 따라 매수인의 위험 및 비용으로 매수인이 운송마련을 위해 필요한 정보제공	• 매수인의 비용으로 물품을 지정인도장소로부터 운송계약을 체결하거나 그러한 운송을 마련
보험 (A5/B5)	• (매수인에 대해) 보험계약 체결의무 없음 • 매수인의 요청에 따라 매수인의 위험 및 비용으로 매수인이 보험부보에 필요한 정보제공	• (매도인에 대해) 보험계약 체결의무 없음
인도/운송서류 인도의 증거 (A6/B6)	• (매수인에 대해) 의무 없음	• (매도인에게) 인도수령의 증거 제공
수출/수입통관 (A7/B7)	• 수출입통관 의무 없음 • 매수인의 요청에 따라 매수인의 위험과 비용으로 다음과 같은 수출국·통과국·수입국에 의해 부과되는 수출·통과·수입통관절차 관련 서류 또는 정보를 취득하는데 매수인에게 협력제공 ▸ 수출·통과·수입허가 ▸ 수출·통과·수입을 위한 보안통관 ▸ 선적전검사 및 ▸ 그 밖의 공적 인가	• 수출입통관의무 있음 • 수출국·통과국·수입국에 의해 부과되는 모든 수출·통과·수입통관절차를 수행하고 관련 비용부담 ▸ 수출·통과·수입허가 ▸ 수출·통과·수입을 위한 보안통관 ▸ 선적전검사 및 ▸ 그 밖의 공적 인가
섬검/포상/화인 (A8/B8)	• 인도를 위한 물품점검업무 비용부담 (품질, 용적, 중량, 수량 등) • 적절한 포장, 화인표시	• (매도인에 대해) 의무 없음
비용부담 (A9/B9)	• 물품인도 시까지 비용부담	• 물품인수 이후 물품관련 모든 비용 • 운송(A4), 보험(A5) 및 수출입통관규정(A7)에 따라 서류와 정보를 취득하는데 매도인에게 발생한 비용 상환 • 수출통관 관련 비용 • 인도를 수령하지 않거나 B10에 따른 적절한 통지를 아니 한 경우 발생하는 추가비용

내 용	매도인의 의무(A1~A10)	매수인의 의무(B1~B10)
통지 (A10/B10)	• 물품인도수령에 필요한 통지	• 매수인이 인도수령시기 및/또는 지점의 결정권이 있을 경우 충분한 통지

2 운송인인도규칙 (FCA) ... (지정인도장소) Incoterms® 2020
Free Carrier : (insert named place of delivery) Incoterms® 2020

1) 개념

FCA는 Free Carrier의 약칭으로 "운송인인도규칙"을 말한다. 이 규칙은 한 가지 이상의 모든 운송방식에 사용가능한 규칙이다. 다시 말해, 철도운송, 도로운송, 항공운송, 해상운송, 내륙수로운송 등의 단일운송방식에도 사용할 수 있고, 이들 단일운송방식들을 결합한 복합운송(combined transport 또는 multimodal transport)에도 사용될 수 있다.

운송인인도(FCA)는 매도인이 물품을 지정장소에서 또는 그 지정장소 내에 지정된 지점이 있는 경우에는 그 지점에서 매수인이 지정한 운송인 또는 기타의 자에게 인도하거나 또는 그렇게 인도된 물품을 조달하는 것을 의미한다. 인도장소가 매도인의 구내(seller's premises)인 경우 매수인이 제공한 운송수단 상에 물품을 적재한 때 인도가 이루어지고, 인도장소가 그 밖의 장소인 경우(운송인의 구내)[3] 물품이 매도인의 운송수단에 적재되어 있는 상태로(양륙되지 않은 상태로) 매수인이 지정한 운송인[4] 또는 그 밖의 당사자의 임의처분상태에 둘 때 인도가 이루어진다.

당사자들은 지정된 인도장소 내의 지점을 명확히 표시하여야 하며 그 지점에서 위험이 매도인으로부터 매수인에게 이전된다. 매수인은 자신의 비용으로 물품을 지정인도장소로부터 운송인과 운송계약을 체결하거나 그러한 운송을 마련하여야 한다.

신용장방식이나 추심거래방식(D/P 및 D/A)으로 거래하는 경우 FCA 규칙하의 매매에서 본선적재표기가 있는 선하증권이 이용될 수 있다. 물품이 FCA 규칙으로 매매되고 해상운송되는 경우 매수인은 운송인에게 본선적재표기(on board notation)가 있는 선하증권을 매도인에게 발행하도록 지시하여야 한다. 운송인이 매수인의 위험과 비용으로 선하증권을 발행하는 경우 매도인은 은행들을 통하여 선적선하증권을 매수인에게 제시하여야 한다.

---

3) 기타의 지정된 장소는 일반적으로 운송인의 구내로 항구의 CY 및 CFS, 공항화물터미널, 도로화물터미널, 철도화물터미널 등의 지정된 장소를 의미한다.

4) 운송인(carrier)은 매수인이 지정하는 도로운송인, 철도운송인, 해상운송인, 항공운송인 및 복합운송인을 지칭한다. 한편 운송인의 범주에는 이들 운송인뿐만 아니라 매수인이 지정하는 기타의 제3자도 포함된다.

FCA규칙 하에서 적용가능한 경우 매도인이 물품에 대한 수출통관을 이행해야 한다. 하지만 매도인은 수입통관, 수입관세납부 또는 수입통관절차를 이행할 의무가 없기 때문에 매수인이 통과국의 통과통관 및 수입국의 수입통관을 이행하고 관련 비용을 부담하여야 한다.

2) 인도시기 및 위험이전(delivery and risk)

(1) 인도시기(delivery)

매도인이 물품을 지정장소에서, 그 지정장소에 지정된 지점이 있는 경우에는 그 지점에서 매수인이 제공한 운송인 또는 기타 당사자에게 인도하거나 그렇게 인도된 물품을 조달한 때 인도가 매수인에게 이전된다. 이 규칙은 선택된 인도장소에 따라 물품의 적재 및 양륙의무가 달라진다. 인도의 완료시점은 다음과 같다.

① 인도장소가 매도인의 구내인 경우 : 매수인이 제공한 운송수단 상에 물품을 적재한 때
② 인도장소가 그 밖의 장소인 경우(운송인의 구내) : 물품이 매도인의 운송수단에 적재되어 있는 상태로(양륙되지 않은 상태로) 매수인이 지명한 운송인 또는 그 밖의 당사자의 임의처분상태에 둘 때

인도장소는 매도인의 구내(seller's premises) 또는 운송인의 구내인 항구의 컨테이너 화물조작장(Container Freight Station : CFS)이나 컨테이너 장치장(Container Yard : CY), 항공화물터미널(air cargo terminal), 도로화물터미널(road cargo terminal), 철도화물터미널(rail cargo terminal) 등이 될 수 있다.

(2) 위험의 이전(transfer of risks)

위험은 매도인이 계약물품을 합의된 일자나 기간 내에 지정장소 또는 지정장소 내 합의지점에서 매수인이 지정한 운송인 또는 기타 당사자에게 인도할 때 매도인으로부터 매수인에게 이전된다. 따라서 인도시기와 위험의 이전시기는 동일하다.

3) 비용의 배분(allocation of costs)

매도인은 지정된 장소에게 매수인이 제공한 운송인 또는 기타의 자에게 인도할 때까지의 제비용을 부담한다. 즉, 물품을 직접 제조하거나 구매·조달하는데 따른 기본원가(basic costs), 사업부문별 간접원가(indirect costs), 포장비(packing costs), 품질·용적·중량·수

량 등의 물품점검업무비용(costs of checking operations) 및 기타 비용을 부담하여야 한다. 또한 인도지점까지의 내륙운송비(inland freight), 물품인도완료에 따른 통지비용과 물품인도증거서류 취득비용을 부담한다. 아울러 적용가능한 경우 수출승인이나 기타 정부승인을 얻는데 소요되는 비용, 수출에 수반되어 부과되는 관세(export duties)와 조세 또는 기타 부과금 및 통관절차(customs formalities)에 소요되는 일체의 비용을 부담하여야 한다.

한편, 매수인은 매도인이 물품인도의무를 완료한 후 일체의 비용을 부담하여야 한 다. 즉 운송비, 적화보험료, 적용 가능한 경우 통과국 및 수입국에 의해 부과되는 모든 절차를 수행하고 그에 대한 비용을 부담하여야 한다.

4) 사용자를 위한 설명문(explanatory notes for users)

(1) 인도와 위험(delivery and risk)

운송인인도규칙(FCA)은 매도인이 물품을 매수인에게 다음과 같은 두 가지 방법 중 어느 하나로 인도하는 것을 의미한다.

① 지정장소가 매도인의 영업구내인 경우, 물품은 다음과 같이 된 때 인도된다.

- ▸물품이 매수인이 마련한 운송수단에 적재된 때

② 지정장소가 그 밖의 장소인 경우, 물품은 다음과 같이 된 때 인도된다.

- ▸매도인의 운송수단에 적재되어서
- ▸지정장소에 도착하고
- ▸매도인의 운송수단에 적재된 채 양륙준비된 상태로
- ▸매수인이 지정한 운송인이나 기타 당사자의 처분 하에 놓인 때

(2) 운송방식(mode of transport)

FCA 규칙은 한 가지 이상의 모든 운송방식에 적용된다. 따라서 운송방식이 특정한 단일 운송방식은 물론 두 가지 이상의 운송방식이 적용되는 복합운송방식에도 사용될 수 있다.

(3) 인도장소 및 인도지점

FCA규칙 하에서 당사자들은 지정장소 내의 정확한 인도지점(the precise point of delivery)을 명시하지 않고 매도인의 영업구내나 그 밖의 장소 중 어느 하나를 인도장소로 지정하여 매매계약을 체결할 수 있다. 하지만 당사자들은 지정인도장소 내의 정확한 인도지점을 가능한 한 정확하게 명시하는 것이 바람직하다. 왜냐하면, 그러한 지정인도지점은 물품의 인도시기와 위험시기가 동일하게 매도인으로부터 매수인에게 이전되는 지점이며,

그 지점은 매수인이 비용을 부담하는 기준점이 되기 때문이다.

그러나 정확한 인도지점이 지정되지 않는 경우에는 매수인에게 문제가 생길 수 있다. 그러한 경우에 매도인은 자신의 목적에 가장 적합한 지점을 선택할 권리를 갖는다. 즉, 이러한 지점이 곧 인도지점이 되고 그 곳에서부터 위험과 비용이 매수인에게 이전된다. 따라서 매수인으로서는 인도가 이루어질 장소 내의 정확한 지점을 선택하는 것이 바람직하다.

(4) 연속매매

연속매매는 매도인이 매수인에게 물품을 인도하면, 물품을 인수받은 매수인이 그 물품을 다시 다른 매수인에게 판매하고, 다른 매수인이 또 다른 매수인에게 판매하는 것과 같은 거래가 연속적으로 이루어지는 것을 말한다. FCA규칙에서 인도장소가 매도인의 구내인 경우 매수인이 지정한 수취용 차량에 물품이 적재된 때에, 그리고 인도장소가 그 밖의 장소인 경우 도착된 물품이 매도인의 운송수단에 적재되어 있는 상태로(즉 양륙하지 않은 상태로) 매수인이 지명한 운송인 또는 그 밖의 당사자의 임의처분상태에 둘 때 물품의 손실 또는 손상에 대한 위험이 매수인에게 이전된다.

해당 매수인이 이제 다시 매도인의 입장에서 다른 매수인에게 다시 판매(연속매매)할 경우 FCA규칙에 따라 첫 번째 매도인이 인도한 방법으로 다시 인도할 필요 없이 첫 번째 매도인이 인도해 놓은대로 그렇게 인도된 물품을 조달한 때가 물품의 손실 또는 손상의 위험이 그 매수인(매도인의 입장)으로부터 다른 매수인에게 이전된다. 따라서 “조달한다(procure)”라는 용어는 특히 일차산품거래(commodity trades)에서 수차에 걸쳐 연속적으로 이루어지는 매매(연속매매; string sales)를 위하여 사용된다.

(5) 수출통관 및 수입통관

FCA규칙에서는 해당되는 경우에 매도인이 물품의 수출통관을 하여야 한다. 그러나 매도인은 물품의 수입을 위한 또는 제3국 통과를 위한 통관을 하거나 수입관세를 납부하거나 수입통관절차를 수행할 의무가 없다.

(6) 본선적재표기가 있는 선하증권

만일 매매당사자들이 FCA Las Vegas 규칙으로 계약을 체결하였지만 해상으로 운송되는 경우를 가정해본다. 매수인의 도로운송인이 미국 라스베이거스(Las Vegas)에서 물품을 수령(pick up)할 때 물품인도가 완료되기 때문에 라스베이거스에서 운송인으로부터 본선적재표기가 있는 선하증권을 발급받는다는 것은 일반적이지 않다. 라스베이거스는 항구가 아닌 내륙이기 때문에 그 곳에서 선박으로 물품적재를 할 수 없기 때문이다. 그럼에도 불구하고

FCA Las Vegas 규칙으로 매매하는 매도인은 추심거래조건(D/P, D/A)이나 신용장조건으로 거래할 경우 물품이 라스베이거스에서 운송을 위하여 수령된 것으로 기재될 뿐만 아니라 물품이 로스앤젤레스항(port of LA)에서 선적되었다고 기재된 본선적재표기가 있는 선하증권이 필요한 상황에 처하게 된다.

본선적재표기가 있는 선하증권을 필요로 하는 FCA 규칙 하에서 당사자들이 계약에서 합의한 경우에 매수인은 그의 운송인에게 본선적재표기가 있는 선하증권을 매도인에게 발행하도록 지시하여야 한다. 물론 운송인으로서는 물품이 로스앤젤레스에서 본선적재된 때에만 그러한 선하증권을 발행할 의무가 있고 또 그렇게 할 권리가 있기 때문에 매수인의 요청에 응할 수도 응하지 않을 수도 있다.

그러나 운송인이 매수인의 비용과 위험으로 매도인에게 선하증권을 발행하는 경우에는 매도인이 바로 그 선하증권을 매수인에게 제공하여야 하고 매수인은 운송인으로부터 물품을 수령하기 위하여 그 선하증권이 필요하다. 이러한 선택적 방법이 적용되는 경우에도 매도인은 매수인에 대하여 운송계약조건에 관한 어떠한 의무도 없다. 아울러 이러한 선택적 방법이 적용되는 경우에 내륙의 인도일자와 본선적재일자가 다르게 되어 신용장거래에서 매도인에게 이려움이 발생할 수 있다.

5) 매도인의 제공서류

(1) 기본서류

매도인은 매매계약과 일치하는 상업송장(commercial invoice) 및 계약에서 요구하는 일치증명(evidence of conformity)을 제공하여야 한다. 매도인이 제공해야 하는 서류는 합의에 따라, 합의가 없는 경우에는 관행에 따라 종이서류 또는 전자적 방식으로 제공될 수 있다. 따라서 매도인은 선택된 운송방식에 따른 운송서류를 매수인에게 제공하여야 한다. 즉 복합운송서류(multimodal transport document), 해상선하증권(ocean bill of lading), 내수로 운송서류(inland waterway document), 항공화물운송장(air waybill), 철도화물수탁서(rail consignment note), 도로화물수탁서(road consignment note) 등이다.

(2) 임의서류

매도인은 매수인의 비용과 위험으로 포장명세서(packing list), 원산지증명서(certificate of origin), 품질 및 수량증명서(certificate of quality and quantity), 중량 및 용적증명서(certificate of weight and measurement), 영사송장(consular invoice) 그리고 보험부보를 위한 정보 등 임의서류를 제공할 수 있다.

6) 기타 의무

(1) 매도인의 의무

매도인은 매수인에게 운송계약을 체결할 의무는 없다. 하지만, 합의가 있는 경우 매도인은 매수인의 위험과 비용으로 통상적인 조건으로 운송계약을 체결하여야 하며, 매도인은 물품이 인도될 때까지 운송관련 보안요건을 준수하여야 한다.

매도인은 수출허가, 수출을 위한 보안통관, 선적전검사 및 그 밖의 공적인가 등과 같이 수출국에 의해 부과되는 수출통관절차를 수행하고 비용을 부담한다. 물품을 인도하기 위해 필요한 점검작업(품질점검, 용적측량, 중량측정, 수량계수)에 드는 비용을 부담하며 포장이 필요한 물품의 경우에는 적절한 화인(marking)을 하여야 한다. 매도인은 또한 물품이 인도된 사실 또는 매수인이 지정한 운송인 또는 기타 당사자가 합의된 시기 내에 물품을 수령하지 않은 경우 이 사실을 매수인에게 통지하여야 한다.

(2) 매수인의 의무

매수인은 계약에 정한 바에 따라 대금지급을 하여야 하며, 물품의 인도를 수령하여야 한다. 아울러 물품이 인수되었다는 증거를 인수하여야 하며, 당사자들이 합의한 경우 본선적재표기가 있는 선하증권과 같이 물품이 적재되었음을 기재한 운송서류를 매수인의 비용과 위험으로 매도인에게 발행하도록 운송인에게 지시하여야 한다.

매수인은 자신의 비용으로 물품을 지정인도장소로부터 운송하는 계약을 체결하거나 그러한 운송을 마련하여야 한다. 또한 매수인은 수입허가 및 통과허가, 수입과 통과를 위한 보안통관, 선적전검사 및 그 밖의 공적허가 등과 같은 통과국 및 수입국에 의하여 부과되는 모든 절차를 수행하고 관련 비용을 부담한다.

또한 매도인이 물품을 인도할 수 있도록 지정된 운송인, 또는 기타 당사자의 이름, 인도기간 내에서 물품을 수령할 것으로 선택된 시기, 운송방식, 물품수령지점 등을 매도인에게 통지하여야 한다.

7) 표기방법

• 복합운송의 경우 : US$12,00/pc FCA 1826, Jungangdae-ro, Geumjeong-gu, Busan, Korea, Incoterms® 2020.

- 항공운송의 경우 : US$12,00/pc FCA Incheon Airport Cargo Terminal, 271, Gong-hang-ro Jung-gu, Incheon Korea, Incoterms® 2020.
- 해상운송의 경우 US$ 12.00/pc FOB Busan Port, 330 Sinhangnam-ro, Gangseo-gu, Busan, Korea, Incoterms® 2020.
- 철도운송의 경우 : US$12,00/pc FCA Daejeon Station, 215 Jungang-ro, Dong-gu, Daejeon Korea, Incoterms® 2020.
- 도로운송의 경우 : US$12,00/pc FCA, 155-40 Baejae-ro, Seo-gu, Daejeon, Korea, Incoterms® 2020.

운송인인도규칙(Free Carrier : FCA)이란 매도인이 물품을 지정장소에서, 또는 그 지정장소 내의 지정된 지점이 있는 경우에는 그 지점에서 매수인이 지정한 운송인 또는 기타의 자에게 인도하거나 또는 그렇게 인도된 물품을 조달하는 것을 의미한다. 인도장소가 매도인의 구내(seller's premises)인 경우 매수인이 제공한 운송수단 상에 물품을 적재한 때 인도가 이루어지고, 인도장소가 그 밖의 장소(운송인의 구내)인 경우 물품이 매도인의 운송수단에 적재되어 있는 상태로(양륙되지 않은 상태로) 매수인이 지정한 운송인 또는 그 밖의 당사자의 임의처분상태에 둘 때 인도가 이루어진다.

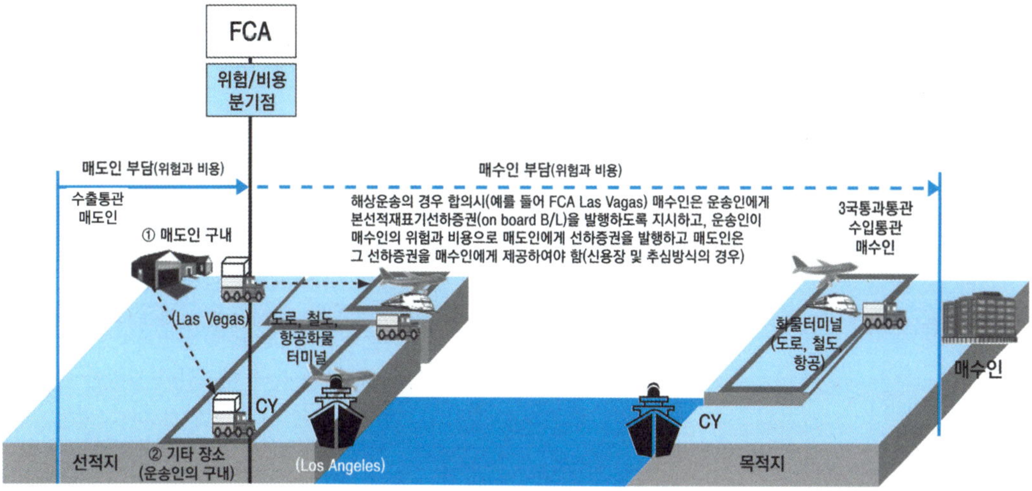

- 인도 및 위험이전시기 : 물품을 지정장소 또는 지정장소 내 합의지점에서 매수인이 지정한 운송인 또는 기타의 자에게 인도하거나 또는 그렇게 인도된 물품을 조달한 때
  ① 매도인의 구내 : 매수인이 지정한 운송수단 상에 물품이 적재된 때
  ② 그 밖의 장소 : 매도인의 도착운송수단 상에서 매수인이 지정한 운송인 또는 기타의 자에게 인도한 때
- 비용의 분기점 : 인도 및 위험이전시기와 동일
- 수출통관 : 매도인부담, 3국 통과통관, 수입통관 : 매수인부담
- 해상운송시 : 매수인이 운송인에게 본선적재표기 선하증권 발행지시, 매도인이 운송서류를 매수인에게 제공

▌표 5-5▐ FCA규칙상 매매당사자의 의무

내 용	매도인의 의무(A1~A10)	매수인의 의무(B1~B10)
일반적 의무 (A1/B1)	• 계약일치물품, 상업송장 및 기타 요구서류 • 합의에 따라, 합의 없는 경우 관행에 따라 종이서류 또는 전자적 방식	• 매매계약에 약정된대로 물품대금지급 • 합의에 따라, 합의 없는 경우 관행에 따라 종이서류 또는 전자적 방식
인도/ 인도의 수령 (A2/B2)	• 지정장소, 지정장소의 합의지점 : 그 지점에서 매수인이 지정한 운송인 또는 제3자에게 인도하거나 그렇게 인도된 물품을 조달 ▸ 물품인도시기 1. 합의된 기일 또는 2. B10(b)에 따라 매수인으로부터 통지받은 합의된 기간 중 어느 시기 3. 그러한 인도시기가 통지되지 않는 경우 : 합의된 기간의 만료일 인도완료시점 ① 인도장소가 매도인의 구내인 경우 : 매수인이 제공한 운송수단상에 적재된 때 또는 ② 그 밖의 장소 : 양륙준비가 된 매도인의 운송수단상에서 매수인이 지정한 운송인 또는 제3자의 임의 처분하에 둘 때 • 지정인도장소내의 특정지점이 없거나 여러 개의 이용가능 지점이 있는 경우 : 매도인이 적합한 지점을 선택할 수 있음	•물품인도의 수령
위험이전 (A3/B3)	• 물품이 인도될 때까지 위험부담 • B3규정 하에 발생된 위험부담은 없음	• 물품이 인도된 때부터 위험부담 a) 매수인이 운송인이나 제3자를 지정하지 않거나 B10에 따라 통지하지 않은 경우 b) B10(a)에 따라 매수인이 지정한 운송이이나 제3자가 수령하지 않은 경우 매수인은 다음시기부터 위험 부담 ① 합의인도기일부터, 합의인도기일이 없는 경우에는 ② 매수인이 B10(b)에 따라 선택한 시기부터 또는 그러한 시기가 통지되지 않은 경우에는 ③ 합의된 인도기간의 만료일 • 물품은 계약물품으로 특정되어야 함
운송 (A4/B4)	• (매수인에 대해) 운송계약 체결의무 없음 • 매수인의 요청에 따라 매수인의 위험 및 비용으로 운송 관련 보안요건 포함하여 매수인이 운송마련을 위해 필요한 정보제공	• 매수인의 비용으로 지정된 장소로부터 물품운송계약을 체결하거나 그러한 운송을 조달

내 용	매도인의 의무(A1~A10)	매수인의 의무(B1~B10)
	• 인도될 때까지 운송관련 보안요건 준수	
보험 (A5/B5)	• (매수인에 대해) 보험계약 체결의무 없음 • 매수인의 요청에 따라 매수인의 위험 및 비용으로 매수인이 보험부보에 필요한 정보제공	• (매도인에 대해) 보험계약 의무 없음
인도/운송서류 (A6/B6)	• 물품이 인도되었다는 통상적인 증거제공 • 매수인의 위험과 비용으로 매수인의 운송서류취득에 협력 • 매수인이 B6에 따라 매도인에게 운송서류를 발행하도록 운송인에게 지시한 경우 그 서류를 매수인에게 제공	• 인도수령의 증거 제공 • 당사자들이 합의한 경우 본선적재표기 선하증권 등의 운송서류를 매수인의 비용과 위험으로 매도인에게 발행하도록 운송인에게 지시
수출/수입통관 (A7/B7)	• 수출통관 수출국에 의해 부과되는 수출통관절차수행하고 비용 부담 ▸ 수출 허가 ▸ 수출을 위한 보안통관 ▸ 선적전검사 및 ▸ 그 밖의 공적 인가 • 수입통관에 관한 협력 매수인의 위험과 비용으로 보안요건 및 선적전검사를 포함하여 통과국 또는 수입국이 통과 또는 수입통관을 위해 필요로 하는 서류 및 정보를 취득하는데 매수인에게 협력	• 수출통관에 관한 협력 매도인의 위험과 비용으로 보안요건 및 선적전검사 포함하여 수출국이 필요로 하는 수출통관절차 서류 및 정보를 취득하는데 매도인에게 협력 • 수입통관의무 있음 ▸ 통과국 및 수입국에 의하여 부과되는 모든 절차를 수행하고 비용부담 ▸ 수입허가 및 통과를 위한 허가 ▸ 수입과 통과를 위한 보안통관 ▸ 선적전검사 및 ▸ 그 밖의 공적 인가
점검/포장/화인 (A8/B8)	• 인도를 위한 물품점검업무 비용부담 (품질, 용적, 중량, 수량 등) • 적절한 포장, 화인표시	• 의무 없음
비용부담 (A9/B9)	• 물품인도 시까지 비용부담 (B9에 따라 매수인 부담비용은 제외) • 물품인도 관련 통상적인 증거 제공비용 • 수출통관비용 • B7(a)의 수출통관에 관한 협력 조항에 따라 매수인의 서류와 정보취득 등 협력제공 관련 비용	• 물품이 인도된 때부터 물품관련 모든 비용 • 운송(A4), 보험(A5), 인도·운송서류(A6) 및 수입통관에 관한 협력[A7(b)]조항에 따라 매도인의 협력제공 관련 비용 • 통과통관 또는 수입통관 관련 비용 • 다음의 추가비용 ▸ 매수인이 운송인이나 제3자를 지정하지 못한 경우 ▸ 매수인이 지정한 운송인이나 제3자가 물품을 수령하지 않은 경우(단 물품은 계약물품으로 특정될 것)
통지 (A10/B10)	• 물품이 인도된 사실 • 매수인이 지정한 운송인 또는 제3자가 합의된 시기 내에 물품을 수령하지 않은 사실	• 지정운송인 또는 제3자의 이름 • 합의된 인도기간 내에 운송인이나 제3자가 물품을 수령할 것으로 선택된 시기가

내 용	매도인의 의무(A1~A10)	매수인의 의무(B1~B10)
		있는 경우 그 선택된 시기 • 운송관련 보안요건, 운송방식 및 • 지정인도장소 내에서 물품수령 지점

3 운송비지급인도규칙(CPT) ... (지정목적지) Incoterms® 2020
Carriage Paid To...(insert named place of destination)

1) 개념

CPT는 Carriage Paid To의 약칭으로 "운송비지급인도규칙"을 말한다. 이 규칙은 한 가지 이상의 모든 운송방식에도 사용가능한 규칙이다. 다시 말해, 철도운송, 도로운송, 항공운송, 해상운송, 내륙수로운송 등의 단일운송방식에도 사용할 수 있고, 이들 단일운송방식들을 결합한 복합운송(combined transport 또는 multimodal transport)에도 사용될 수 있다.

운송비지급인도(CPT)는 매도인이 인도장소 또는 인도장소 내의 합의된 인도지점이 있을 경우 그 지점에서 매도인이 지정한 운송인[5]에게 물품을 인도하거나, 또는 그렇게 인도된 물품을 조달할 때 매도인의 인도의무가 완료되지만, 지정목적지까지 또는 합의가 있는 경우 그 지정목적지의 어느 지점까지 물품운송에 필요한 운송계약을 체결하고 운송비를 지급하여야 하는 것을 의미한다.

CPT, CIP, CFR 또는 CIF규칙이 사용되는 경우, 매도인의 인도의무는 물품이 지정목적지에 도착될 때가 아닌 물품이 수출국 내의 운송인에게 인도되거나 또는 그렇게 인도된 물품을 조달할 때 완료된다.

CPT 규칙에서는 위험의 분기점과 비용의 분기점이 서로 다르다. 당사자들은 매수인에게 위험이 이전되는 수출국 내의 물품인도장소와 매도인이 운송계약을 체결해야 하는 수입국 내의 지징도착지를 가능한 한 정확하세 합의하는 것이 좋나.

당사자들은 매도인이 비용을 부담해야 하는 도착장소 내의 지점을 가능한 한 정확하게 합의하여야 하고, 매도인은 지정목적지 또는 목적지내 합의지점(있을 경우)까지 운송계약을 체결하거나 스스로 조달하여야 한다. 만약 매도인이 양륙비용을 지불하는 조건으로 운송계약을 체결하고 지정목적지에서 양륙비용을 지불한 경우, 매도인은 당사자 간에 별도 합의가

5) 운송인(carrier)은 FCA, CIP규칙과 마찬가지로 운송계약을 체결하는 해상운송인, 도로운송인, 철도운송인 또는 복합운송인을 말한다. 운송인이라고 하는 의미는 매도인이 지명한 운송인은 물론 기타 당사자까지 모두 포함되는 개념이다.

없는 한, 매수인으로부터 그러한 비용을 별도로 지급받을 수 없다. CPT규칙에서 적용가능한 경우 매도인이 물품에 대한 수출통관을 이행해야 한다. 하지만 매도인은 수입통관, 수입관세납부 또는 수입통관절차를 이행할 의무가 없기 때문에 매수인이 통과국의 통과통관 및 수입국의 수입통관을 이행하고 관련 비용을 부담하여야 한다.

2) 인도시기 및 위험이전(delivery and risk)

(1) 인도시기(delivery)

매도인이 물품을 인도장소로부터 또는 그 인도장소에 합의된 인도지점이 있는 경우에는 그 지점에서 운송계약을 체결한 운송인에게 교부하거나 또는 그렇게 인도된 물품을 조달한 때 인도가 이루어진다.

인도장소는 매도인의 구내(seller's premises) 또는 운송인의 구내인 항구의 컨테이너 화물조작장(Container Freight Station : CFS)이나 컨테이너 장치장(Container Yard : CY), 항공화물터미널(air cargo terminal), 도로화물터미널(road cargo terminal), 철도화물터미널(rail cargo terminal) 등이 될 수 있다.

일반적으로 만재화물(FCL Cargo)인 경우와 같이 문전운송(door to door)서비스가 이루어질 때에는 매도인의 공장이나 구내에서 최초의 운송인인 컨테이너 복합운송인에게 물품을 컨테이너에 적재하여 인도함으로써 인도가 이루어진다. 인도장소는 구체적으로 적출지의 매도인의 구내(premise), 컨테이너화물조작장(Container Freight Station ; CFS)이나 컨테이너장치장(Container Yard ; CY), 철도역이나 화물터미널, 공항이나 선적항 또는 내수로 항구, 기타 운송터미널 또는 창고 등이 될 수 있고, 경우에 따라서는 철도화차 내, 본선 내 또는 부선 내도 될 수 있다.

(2) 위험의 이전(transfer of risks)

위험은 매도인이 물품을 인도장소로부터 또는 그 인도장소에 합의된 인도지점이 있는 경우에는 그 지점에서 운송계약을 체결한 운송인에게 교부하거나 또는 그렇게 인도된 물품을 조달한 때 매도인으로부터 매수인에게 이전된다. 따라서 인도시기와 위험의 이전시기는 동일하다.

3) 비용의 배분(allocation of costs)

CPT규칙에서는 물품인도장소 및 위험이전의 분기점은 적출지인 수출국 내의 지정인도장소 또는 합의된 지정인도장소 내 지정지점으로 하고 있는 반면, 매도인은 지정인도장소 또는 지정인도장소 내 합의지점부터 수입국의 지정목적지 또는 지정목적지 내 합의지점(있는 경우)까지 운송계약을 체결하고 운송비를 지급하여야 한다. 따라서 비용의 분기점은 지정목적지 또는 지정목적지 내의 합의지점으로 위험의 이전시기와 다르다.

매도인은 물품을 직접 제조하거나 구매·조달하는데 따른 기본원가(basic costs), 사업부문별 간접원가(indirect costs), 포장비(packing costs), 품질·용적·중량·수량 등의 물품점검업무비용(costs of checking operations) 및 기타 비용을 부담하여야 한다. 또한 인도지점까지의 내륙운송비(inland freight), 약정된 목적지까지의 운임(freight), 물품인도완료에 따른 통지비용과 물품인도증거서류의 취득비용을 부담하여야 한다. 적용 가능한 경우 수출승인이나 기타 정부승인을 취득하는데 소요되는 비용, 수출에 수반되어 부과되는 관세(export duties)와 조세 또는 기타 부과금 및 통관절차(customs formalities)에 소요되는 일체의 비용을 부담하여야 한다.

매수인은 최종목적지까지의 적화보험료, 양륙비용, 적용 가능한 경우 수입시 지급되는 모든 관세(all duties), 조세(taxes) 및 기타 부과금(other charges)을 포함한 통관비용(customs clearance charges) 등 인도된 이후의 제비용을 부담하여야 한다.

4) 사용자를 위한 설명문(explanatory notes for users)

(1) 인도와 위험(delivery and risk)

"운송비지급인도"는 매도인이 다음과 같이 매수인에게 물품을 인도하는 것을 의미하는 것으로 인도시기와 위험의 이전시기는 동일하다.

- 매도인과 계약을 체결한 운송인에게
- 물품을 교부함으로써
- 또는 그렇게 인도된 물품을 조달함으로써
- 매도인은 사용되는 운송수단에 적합한 방법으로 그에 적합한 장소에서 운송인에게 물품의 물리적 점유를 이전함으로써 물품을 인도할 수 있다.

물품이 위와 같은 방법으로 매수인에게 인도되면 매도인의 인도의무가 완료되기 때문에 매도인은 그 물품이 목적지에 계약대로 완전한 상태로 도착되어야 하는 것에 책임이 없다. 그러나 매도인은 물품을 인도지로부터 합의된 목적지까지 운송계약을 체결하여야 한다. 예를 들어 (항구인) 사우샘프턴(Southampton)이나 항구가 아닌 윈체스터(Winchester)까지 운송하기 위하여 (항구가 아닌) 라스베이거스(Las Vegas)에서 운송인에게 물품이 교부된다고 하자. 이 경우 물품의 인도 및 위험은 라스베이거스(Las Vegas)에서 매수인에게 이전되고, 매도인은 사우샘프턴이나 윈체스터까지 물품운송계약을 체결하여야 한다.

매도인이 합의된 일자 또는 기간 내에 계약된 운송인에게 물품을 인도할 때 위험이 매도인으로부터 매수인에게 이전된다. 물품의 인도는 합의된 일자 또는 기간 내에 지정 목적지까지의 운송을 위하여 운송계약이 체결된 운송인에게 계약물품을 인도함으로써 이루어진다.

(2) 운송방식(mode of transport)

CPT규칙은 한 가지 이상의 모든 운송방식에 적용된다. 따라서 운송방식이 특정한 단일 운송방식은 물론 여러 운송방식이 적용되는 복합운송방식에도 사용될 수 있다.

(3) 인도장소(또는 인도지점)와 목적지

CPT규칙에서는 두 곳이 중요하다. 하나는 물품이 (위험이전을 위하여) 인도되는 장소 또는 지점(있는 경우)이고, 다른 하나는 물품의 목적지로서 합의된 장소 또는 지점이다. 매도인은 이 장소 또는 지점까지 운송계약을 체결하거나 조달하여야 한다.

(4) 정확한 인도장소 또는 인도지점의 지정

당사자들은 매매계약에서 가능한 정확하게 두 장소(인도장소 및 목적지) 또는 그러한 장소 내의 특정 지점들을 지정하는 것이 좋다. 인도장소나 인도지점(있는 경우)을 가능한 정확하게 지정하게 되면 인도지부터 목적지까지의 운송과정에서 복수의 운송인들이 서로 다른 운송구간을 담당하는 경우 활용하기 좋다. 이러한 상황에서 당사자들이 특정한 인도장소나 인도지점을 합의하지 않는 경우에 (본 규칙이 규정하는) 기본적인 입장은 위험은 전적으로 매도인이 선택하고 매수인이 통제할 수 없는 어떤 지점에서 물품이 최초의 운송인(first carrier)에게 인도될 때 이전된다. 그 이후의 어느 단계에서 (예컨대 바다나 강의 항구에서 또는 공항에서) 또는 그 전의 어느 단계에서 (예컨대 바다나 강의 항구로부터 멀리 있는 내륙의 어느 지점에서) 위험이 이전되기를 원한다면, 당사자들은 이를 매매계약에 명시하고 물품이 실제로 멸실 또는 손상되는 경우에 그렇게 하는 것의 결과가 어떻게 되는지를 신중하게 생각할 필요가 있다.

(5) 가능한 한 정확한 목적지의 지정

당사자들은 또한 매매계약에서 합의된 목적지 내의 지점을 가능한 정확하게 지정하는 것이 좋다. 왜냐하면 그 지점까지 매도인이 운송계약을 체결하여야 하고 또한 그 지점까지 발생하는 운송비용을 매도인이 부담하기 때문이다.

(6) 연속매매의 적용

연속매매는 매도인이 매수인에게 물품을 인도하면, 물품을 인수받은 매수인이 그 물품을 다시 다른 매수인에게 판매하고, 다른 매수인이 또 다른 매수인에게 판매하는 것과 같은 거래가 연속적으로 이루어지는 것을 말한다. CPT규칙에서 매도인이 지정한 운송인 또는 제3자에게 인도할 때 물품의 멸실 또는 손상의 위험은 매도인으로부터 매수인에게 이전되고, 그 매수인이 이제 매도인의 입장에서 다른 매수인에게 다시 판매(연속매매)할 경우 별도로 운송인이나 제3자에게 인도할 필요 없이 첫 번째 매도인이 인도해 놓은대로 그렇게 인도된 물품을 조달한 때가 물품의 손실 또는 손상의 위험이 그 매수인(매도인의 입장)으로부터 다른 매수인에게 이전된다. 따라서 "조달한다(procure)"라는 용어는 특히 일차산품거래(commodity trades)에서 수차에 걸쳐 연속적으로 이루어지는 매매(연속매매; string sales)를 위하여 사용된다.

(7) 목적지의 양륙비용

매도인이 자신의 운송계약 하에서 지정목적지에서 양륙에 관련된 비용을 부담하는 경우에 당사자 간에 별도의 합의가 없는 한 매도인은 매수인으로부터 그러한 비용을 별도로 지급받을 수 없다.

(8) 수출통관 및 수입통관

CPT규칙에서는 해당되는 경우에 매도인이 물품의 수출통관을 이행하여야 한다. 하지만, 매도인은 수입을 위한 또는 제3국 통과를 위한 통관을 하거나 수입관세를 납부하거나 수입통관절차를 수행할 의무가 없다.

5) 매도인의 제공서류

(1) 기본서류

매도인은 매매계약과 일치하는 상업송장(commercial invoice) 및 계약에서 요구하는 일치증명(evidence of conformity)을 제공하여야 한다. 매도인이 제공해야 하는 서류는 합의에 따라, 합의가 없는 경우에는 관행에 따라 종이서류 또는 전자적 방식으로 제공될 수 있다. 따라서 매도인은 선택된 운송방식에 따른 운송서류를 매수인에게 제공하여야 한다. 즉 복합운송서류(multimodal transport document), 해상선하증권(ocean bill of lading), 내수로 운송서류(inland waterway document), 항공화물운송장(air waybill), 철도화물수탁서(rail consignment note), 도로화물수탁서(road consignment note) 등이다.

(2) 임의서류

매도인은 매수인의 비용과 위험으로 포장명세서(packing list), 원산지증명서(certificate of origin), 품질 및 수량증명서(certificate of quality and quantity), 중량 및 용적증명서(certificate of weight and measurement), 영사송장(consular invoice) 그리고 보험부보를 위한 정보 등 임의서류를 제공할 수 있다.

6) 기타 의무

(1) 매도인의 의무

매도인은 인도장소로부터, 그 장소에서 합의된 인도지점이 있는 경우에는 그 지점으로부터 지정목적지까지 또는 합의가 있는 때에는 그 지정목적지의 어느 지점까지 물품을 운송하는 계약을 체결하거나 주달하여야 한다. 매도인은 목적지까지 운송하는데 요구되는 운송관련 보안요건을 준수하여야 한다. 매도인은 수출허가, 수출을 위한 보안통관, 선적전검사 및 그 밖의 공적인가 등과 같이 수출국에 의해 부과되는 수출통관절차를 수행하고 비용을 부담한다. 물품을 인도하기 위해 필요한 점검작업(품질점검, 용적측량, 중량측정, 수량계수)에 드는 비용을 부담하며 포장이 필요한 물품의 경우에는 적절한 화인(marking)을 하여야 한다. 매도인은 매수인에게 매수인이 물품을 수령할 수 있도록 하는데 필요한 통지를 하여야 한다.

(2) 매수인의 의무

매수인은 계약에 정한 바에 따라 대금지급을 하여야 하며, 물품의 인도를 수령하여야 하고, 지정목적지 또는 지정목적지 내의 합의지점에서 운송인으로부터 물품을 수령하여야 한다. 물품이 인도된 때부터 물품의 멸실 또는 손상의 모든 위험을 부담한다. 매수인은 수입허가 및 통과허가, 수입과 통과를 위한 보안통관, 선적전검사 및 그 밖의 공적허가 등과 같이 통과국 및 수입국에 의하여 부과되는 모든 절차를 수행하고 관련 비용을 부담한다.

또한 매수인은 자신이 물품발송시기 및 지정목적지 내에 물품을 수령할 지점을 결정할 권리를 가질 경우에는 매도인에게 충분한 통지를 하여야 한다.

7) 표기방법

- 복합운송의 경우 : US$14.00/pc CPT The Liberty Warehouse, 260 Conover St. Brooklyn, NY 11231, NY USA, Incoterms® 2020.
- 항공운송의 경우 : US$14.00/pc CPT Swissport Cargo Service, 618 South Access Road, Chicago, USA, Incoterms® 2020.
- 해상운송의 경우 : US$14.00/pc CPT New York Port, 70 Hamilton Ave. Brooklyn New York, USA, Incoterms® 2020.
- 철도운송의 경우 : US$14.00/pc CPT New York Station Terminal, 7th Ave & West 32nd St, New York City, NY 10001, Incoterms® 2020.
- 도로운송의 경우 : US$14.00/pc CPT Abc Cargo Terminal, 40–42 Street & 625 8th Ave. New York, NY 10018, Incoterms® 2020.

운송비지급인도규칙(Carriage Paid To : CPT)이란 매도인이 인도장소 또는 인도장소 내의 합의된 인도지점이 있을 경우 그 지점에서 매도인이 지정한 운송인에게 물품을 인도하거나, 또는 그렇게 인도된 물품을 조달할 때 매도인의 인도의무는 완료되지만, 지정목적지까지 또는 합의가 있는 경우 그 지정목적지의 어느 지점까지 물품운송에 필요한 운송계약을 체결하거나 조달하여야 하는 것을 의미한다.

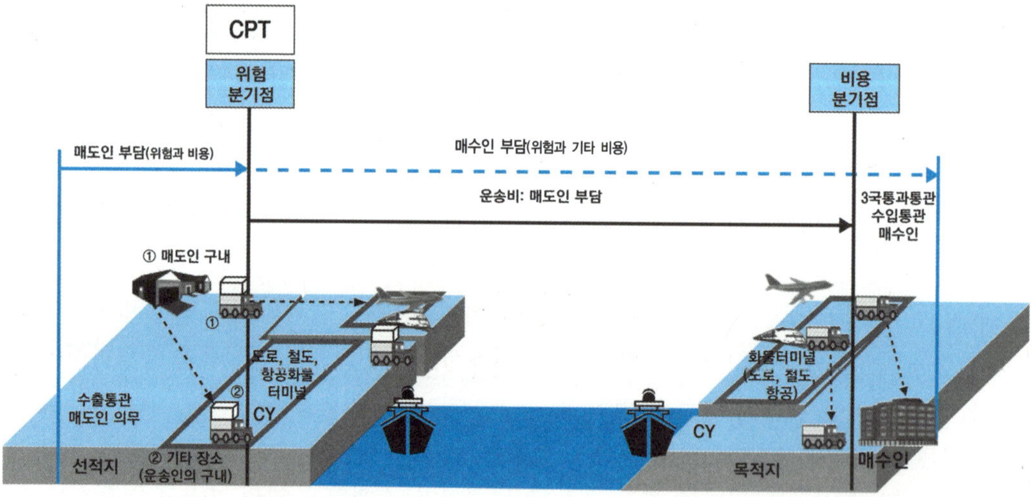

- 인도 및 위험이전시기 : 물품을 인도장소로부터 또는 그 인도장소에 합의된 인도지점이 있는 경우에는 그 지점에서 운송계약을 체결한 운송인에게 교부하거나 또는 그렇게 인도된 물품을 조달한 때
- 비용의 이전시기 : 수입국의 지정목적지 또는 지정목적지 내 합의지점까지 운송계약을 체결하고 운송비지급
- 수출통관 : 매도인부담, 3국 통과통관, 수입통관 : 매수인부담
- 위험의 이전시기와 비용의 이전시기가 다름

▌표 5-6▐ CPT규칙상 매매당사자의 의무

내 용	매도인의 의무(A1~A10)	매수인의 의무(B1~B10)
일반적 의무 (A1/B1)	• 계약일치물품, 상업송장 및 기타 요구서류 • 합의에 따라, 합의 없는 경우 관행에 따라 종이서류 또는 전자적 방식	• 매매계약에 약정된대로 물품대급지급 • 합의에 따라, 합의 없는 경우 관행에 따라 종이서류 또는 전자적 방식
인도/ 인도의 수령 (A2/B2)	• A4에 따라 운송인에게 물품을 교부하거나 그렇게 인도된 물품을 조달한 때 • 합의된 기일에 또는 합의된 기간 내 인도	• A2에 따라 인도된 때 물품인도의 수령 • 지정목적지 또는 지정목적지 내의 합의지점에서 운송인으로부터 물품수령
위험이전 (A3/B3)	• 물품이 인도될 때까지 위험부담 • B3규정 하에 발생된 위험부담은 없음	• 물품이 인도된 때부터 위험부담 • B10에 따라 통지하지 않은 경우 합의된 인도기일이나, 인도기간의 만료일부터 모든 위험부담 • 물품은 계약물품으로 특정되어야 함
운송 (A4/B4)	• (매수인에 대해) 운송계약 체결의무 있음 (인도장소 또는 인도장소의 합의지점부터 지정목적지 또는 지정목적지의 합의지점까지 운송계약을 체결하거나 조달) • 통상적인 조건 및 항로로 운송계약 체결 • 합의되지 않은 경우 매도인의 목적에 가장 적합한 인도지점 및 지정목적지 지점선택 • 목적지까지 운송관련 보안요건 준수	• (매도인에 대해) 운송계약 의무 없음
보험 (A5/B5)	• (매수인에 대해) 보험계약 체결의무 없음 • 매수인의 요청에 따라 매수인의 위험 및 비용으로 매수인이 보험부보에 필요한 정보제공	• (매도인에 대해) 보험계약 의무 없음
인도/운송서류 (A6/B6)	• 매수인 요청시 통상적인 운송서류 제공 • 복수 원본발행시 원본 전통(全通) 제공	• 계약과 일치하는 운송서류의 인수
수출/수입통관 (A7/B7)	• 수출통관의무 있음 ▸ 수출허가 ▸ 수출을 위한 보완통관 ▸ 선적전검사 및 ▸ 그 밖의 공적 인가 • 수입통관에 관한 협력 매수인의 위험과 비용으로 보안요건 및 선적전검사를 포함하여 통과국 또는 수입국이 통과 또는 수입통관을 위해 필요로 하는 서류 및 정보를 취득하는데 매수인에게 협력	• 수출통관에 관한 협력 매도인의 위험과 비용으로 보안요건 및 선적전검사 포함하여 수출국이 필요로 하는 수출통관절차 서류 및 정보를 취득하는데 매도인에게 협력 • 수입통관의무 있음 ▸ 수입허가 및 통과를 위한 허가 ▸ 수입과 통과를 위한 보안통관 ▸ 선적전검사 및 ▸ 그 밖의 공적 인가
점검/포장/화인 (A8/B8)	• 인도를 위한 물품점검업무 비용부담 (품질, 용적, 중량, 수량 등) • 적절한 포장, 화인표시	• 의무 없음

내 용	매도인의 의무(A1~A10)	매수인의 의무(B1~B10)
비용부담 (A9/B9)	• 물품인도 시까지 비용부담 (B9에 따라 매수인 부담비용은 제외) • 물품적재비용과 운송관련 보안비용포함하여 물품운송비용 및 그 밖의 모든 비용 • 목적지 양륙비용 중 운송계약상 매도인이 부담하기로 된 비용 • 운송계약상 매도인이 부담하는 통과비용 • 물품인도 관련 통상적인 증거를 매수인에게 제공하는 데 드는 비용 • 수출통관 관련 관세, 세금 및 그 밖의 비용 • 수출통관 협력규성[B7(a)]에 따라 서류와 정보를 취득하는 데 매수인이 협력을 제공하는 것과 관련된 모든 비용	• 물품이 인도된 때부터 물품관련 모든 비용 • 통과비용(운송계약상 매도인부담인 경우 제외) • 양륙비용(운송계약상 매도인부담인 경우 제외) • 보험(A5) 및 수입통관 관련 협력[A7(b)]에 따라 서류와 정보취득시 매도인 협력제공 관련 모든 비용 • 수입통관규정[B7(b)]에 따른 통과통관 또는 수입통관에 관한 관세, 세금, 그 밖의 비용 • 통지규정(B10)에 따른 통지를 하지 않은 경우 합의된 기일 또는 선적기간의 만료일부터 발행하는 추가비용(계약물품은 명확히 특정될 것)
통지 (A10/B10)	• 물품이 인도된 사실 • 매수인이 물품을 수령할 수 있도록 하는데 필요한 통지	• 매수인이 물품 발송시기 및/또는 지정목적지 내의 물품수령지점을 결정할 권한이 있을 경우 매도인에게 충분한 통지

4 운송비보험료지급인도규칙 (CIP) ... (지정목적지) Incoterms® 2020

Carriage and Insurance Paid To ... (insert named place of destination)

1) 개념

CIP는 Carriage and Insurance Paid To의 약칭으로 "운송비보험료지급인도규칙"을 말한다. 이 규칙은 한 가지 이상의 모든 운송방식에도 사용가능한 규칙이다. 다시 말해, 철도운송, 도로운송, 항공운송, 해상운송, 내륙수로운송 등의 단일운송방식에도 사용할 수 있고, 이들 단일운송방식들을 결합한 복합운송(combined transport 또는 multimodal transport)에도 사용될 수 있다.

운송비보험료지급인도(CIP)는 인도장소 또는 인도장소 내의 합의된 인도지점이 있을 경우 그 지점에서 매도인이 지정한 운송인[6]에게 물품을 인도하거나, 또는 그렇게 인도된 물

6) 운송인(carrier)은 FCA, CIP규칙과 마찬가지로 운송계약을 체결하는 해상운송인, 도로운송인, 철도운송인 또는 복합운송인을 말한다. 운송인이라고 하는 의미는 매도인이 지명한 운송인은 물론 기타 당사자까지 모두 포함되는 개념이다.

품을 조달할 때 매도인의 인도의무는 완료되지만, 지정목적지까지 또는 합의가 있는 경우 그 지정목적지의 어느 지점까지 물품운송에 필요한 운송계약을 체결하고 운송비를 지급함은 물론 운송 중 물품의 멸실 또는 손상에 대한 매수인의 위험에 대하여 보험계약을 체결하고 보험료를 지급하여야 하는 것을 의미한다.

매도인은 운송 중 물품의 멸실 또는 손상에 대한 매수인의 위험에 대하여 [협회화물약관(협회적화약관)]의 A약관이나 그와 유사한 약관으로 보험계약을 체결하여야 한다. 하지만 당사자들이 합의할 경우 ICC(A)약관보다 낮은 수준의 담보조건으로 보험을 부보할 수 있다. CPT, CIP, CFR 또는 CIF규칙이 사용될 경우, 매도인의 인도의무는 물품이 목적지에 도착할 때가 아니라 물품이 수출국 내의 운송인에게 인도될 때 완료된다.

CIP규칙도 CPT규칙과 마찬가지로 위험의 이전과 비용부담의 분기점이 다르다. 당사자들은 매수인에게 위험이 이전되는 수출국 내의 물품인도장소와 매도인이 운송계약을 체결해야 하는 수입국 내의 지정도착지를 가능한 한 정확하게 합의하는 것이 좋다.

당사자들은 매도인이 비용을 부담해야 하는 도착장소 내의 지점을 가능한 한 정확하게 합의하여야 하고, 매도인은 이 규칙에 정확하게 일치하는 운송계약을 체결해야 한다. 만약 매도인이 양륙비용을 지불하는 조건으로 운송계약을 체결하고 지정목적지에서 양륙비용을 지불한 경우, 매도인은 당사자 간에 별도 합의가 없는 한, 매수인으로부터 그러한 비용을 별도로 지급받을 수 없다. 적용가능한 경우 매도인이 물품에 대한 수출통관을 이행해야 한다. 하지만 매도인은 수입통관, 수입관세납부 또는 수입통관절차를 이행할 의무가 없기 때문에 매수인이 통과국의 통과통관 및 수입국의 수입통관을 이행하고 관련 비용을 부담하여야 한다.

2) 인도시기 및 위험이전(delivery and risk)

(1) 인도시기(delivery)

매도인이 물품을 인도장소로부터 또는 그 인도장소에 합의된 인도지점이 있는 경우에는 그 지점에서 운송계약을 체결한 운송인에게 교부하거나 또는 그렇게 인도된 물품을 조달한 때 인도가 이루어진다.

인도장소는 매도인의 구내(seller's premises) 또는 운송인의 구내인 항구의 컨테이너 화물조작장(Container Freight Station : CFS)이나 컨테이너 장치장(Container Yard : CY), 항공화물터미널(air cargo terminal), 도로화물터미널(road cargo terminal), 철도화물터미널(rail cargo terminal) 등이 될 수 있다.

일반적으로 만재화물(FCL Cargo)인 경우와 같이 문전운송(door to door)서비스가 이루어질 때에는 매도인의 공장이나 구내에서 최초의 운송인인 컨테이너 복합운송인에게 물품을 컨테이너에 적재하여 인도함으로써 인도가 이루어진다. 인도장소는 구체적으로 적출지의 매도인의 구내(premise), 컨테이너화물조작장(Container Freight Station ; CFS)이나 컨테이너장치장(Container Yard ; CY), 철도역이나 화물터미널, 공항이나 선적항 또는 내수로 항구, 기타 운송터미널 또는 창고 등이 될 수 있고, 경우에 따라서는 철도화차 내, 본선 내 또는 부선 내도 될 수 있다.

(2) 위험의 이전(transfer of risks)

위험은 매도인이 물품을 매도인은 물품을 인도장소로부터 또는 그 인도장소에 합의된 인도지점이 있는 경우에는 그 지점에서 운송계약을 체결한 운송인에게 교부하거나 또는 그렇게 인도된 물품을 조달한 때 매도인으로부터 매수인에게 이전된다. 따라서 인도시기와 위험의 이전시기는 동일하다.

3) 비용의 배분(allocation of costs)

CIP규칙에서는 물품인도장소 및 위험이전의 분기점은 적출지인 수출국 내의 지정인도장소 또는 합의된 지정인도장소 내 지정지점으로 하고 있는 반면, 매도인은 지정인도장소 또는 지정인도장소 내 합의지점부터 수입국의 지정목적지 또는 지정목적지 내 합의지점까지 운송계약을 체결하고 운송비를 지급하여야 한다. 따라서 비용의 분기점은 지정목적지 또는 지정목적지 내의 합의지점으로 위험의 이전시기와 다르다.

매도인은 물품을 직접 제조하거나 구매·조달하는데 따른 기본원가(basic costs), 사업부문별 간접원가(indirect costs), 포장비(packing costs), 품질·용적·중량·수량 등의 물품점검업무비용(costs of checking operations) 및 기타 비용을 부담하여야 한다. 또한 인도지점까지의 내륙운송비(inland freight), 약정된 목적지까지의 운임(freight), 보험료, 물품인도완료에 따른 통지비용과 물품인도증거서류의 취득비용을 부담하여야 한다. 적용 가능한 경우 수출승인이나 기타 정부승인을 취득하는데 소요되는 비용, 수출에 수반되어 부과되는 관세(export duties)와 조세 또는 기타 부과금 및 통관절차(customs formalities)에 소요되는 일체의 비용을 부담하여야 한다.

매수인은 양륙비용, 적용 가능한 경우 수입시 지급되는 모든 관세(all duties), 조세(taxes) 및 기타 부과금(other charges)을 포함한 통관비용(customs clearance charges) 등 인도된 이후의 제비용을 부담하여야 한다.

4) 사용자를 위한 설명문(explanatory notes for users)

(1) 인도와 위험(delivery and risk)

"운송비지급인도"는 매도인이 다음과 같이 매수인에게 물품을 인도하는 것을 의미하는 것으로 인도시기와 위험이 이전시기는 동일하다.

- ▸ 매도인과 계약을 체결한 운송인에게
- ▸ 물품을 교부함으로써
- ▸ 또는 그렇게 인도된 물품을 조달함으로써
- ▸ 매도인은 사용되는 운송수단에 적합한 방법으로 그에 적합한 장소에서 운송인에게 물품의 물리적 점유를 이전함으로써 물품을 인도할 수 있다.

물품이 이러한 방법으로 매수인에게 인도되면 매도인은 그 물품이 목적지에 양호한 상태로 그리고 명시된 수량 또는 그 전량이 도착할 것을 보장하지 않는다. 왜냐하면 물품이 운송인에게 교부됨으로써 매수인에게 인도된 때 위험은 매도인으로부터 매수인에게 이전하기 때문이다. 그러나 매도인은 물품을 인도지로부터 합의된 목적지까지 운송계약을 체결하여야 한다. 따라서 예컨대 (항구인) 사우샘프턴(Southampton)이나 항구가 아닌 윈체스터(Winchester)까지 운송하기 위하여 (항구가 아닌) 라스베가스(Las Vegas)에서 운송인에게 물품이 교부된다. 이러한 각각의 경우에 위험을 매수인에게 이전시키는 인도는 라스베이거스에서 일어나고 매도인은 사우샘프턴이나 윈체스터로 향하는 운송계약을 체결하여야 한다.

매도인이 합의된 일자 또는 기간 내에 계약된 운송인에게 물품을 인도할 때 위험이 매도인으로부터 매수인에게 이전된다. 물품의 인도는 합의된 일자 또는 기간 내에 지정 목적지까지의 운송을 위하여 운송계약이 체결된 운송인에게 계약물품을 인도함으로써 이루어진다.

(2) 운송방식(mode of transport)

CIP규칙은 한 가지 이상의 모든 운송방식에 적용된다. 따라서 운송방식이 특정한 단일운송방식은 물론 두 가지 이상의 운송방식이 적용되는 복합운송방식에도 사용될 수 있다.

(3) 인도장소(또는 인도지점)와 목적지

CIP규칙에서는 두 곳이 중요하다. 하나는 물품이 (위험이전을 위하여) 인도되는 장소 또는 지점(있는 경우)이고, 다른 하나는 물품의 목적지로서 합의된 장소 또는 지점이다. 매도인은 이 장소 또는 지점까지 물품을 운송하는 계약을 체결하거나 조달하여야 한다.

(4) 보험(insurance)

매도인은 또한 인도지점부터 적어도 목적지점까지 물품의 멸실 또는 손상에 대한 매수인의 위험에 대하여 보험계약을 체결하여야 한다. 만약 수입국이 수입국의 보험자에게 부보하도록 요구할 경우에는 어려움이 있을 수 있기 때문에 당사자들은 CPT규칙으로 계약을 체결하는 것을 고려하여야 한다. CIP규칙에서 매도인은 협회화물약관(협회적하약관)의 최소담보조건인 ICC(C)약관이 아니라 ICC(A)약관이나 그와 유사한 약관으로 부보하여야 한다. 하지만 당사자들이 합의할 경우 더 낮은 수준의 담보조건으로 부보할 수 있다.

(5) 정확한 인도장소 또는 인도지점의 지정

당사자들은 매매계약에서 가능한 정확하게 두 장소(인도장소 및 목적지) 또는 그러한 장소 내의 실제 지점들을 지정하는 것이 좋다. 인도장소나 인도지점(있는 경우)을 가능한 한 정확하게 지정하는 것은 복수의 운송인이 참여하여 인도지부터 목적지까지 사이에 각자 상이한 운송구간을 담당하는 경우 활용하기 좋다. 이러한 상황에서 당사자들이 특정한 인도장소나 인도지점을 합의하지 않는 경우에 (본 규칙이 규정하는) 기본적인 입장은 위험은 전적으로 매도인이 선택하고 매수인이 통제할 수 없는 어떤 지점에서 물품이 최초의 운송인(first carrier)에게 인도될 때 이전된다는 것이다. 그 후에 어느 단계에서 (예컨대 바다나 강의 항구에서 또는 공항에서) 또는 그 전의 어느 단계에서 (예컨대 바다나 강의 항구로부터 멀리 있는 내륙의 어느 지점에서) 위험이 이전되길 원한다면, 당사자들은 이를 매매계약에 명시하고 물품이 실제로 멸실 또는 손상되는 경우에 그렇게 하는 것의 결과가 어떻게 되는지를 신중하게 생각할 필요가 있다.

(6) 가능한 한 정확한 목적지의 지정

당사자들은 또한 매매계약에서 합의된 목적지 내의 지점을 가능한 정확하게 지정하는 것이 좋다. 왜냐하면 그 지점까지 매도인이 운송계약을 체결하여야 하고 또한 그 지점까지 발생하는 운송비용을 매도인이 부담하기 때문이다.

(7) 연속매매의 적용

연속매매는 매도인이 매수인에게 물품을 인도하면, 물품을 인수받은 매수인이 그 물품을 다시 다른 매수인에게 판매하고, 다른 매수인이 또 다른 매수인에게 판매하는 것과 같은 거래가 연속적으로 이루어지는 것을 말한다. CIP규칙에서 매도인이 지정한 운송인 또는 제3자에게 인도할 때 물품의 멸실 또는 손상의 위험은 매도인으로부터 매수인에게 이전되고, 그 매수인이 이제 매도인의 입장에서 다른 매수인에게 다시 판매(연속매매)할 경우 별도로 운송인이나 제3자에게 인도할 필요 없이 첫 번째 매도인이 인도해 놓은대로 그렇게 인도된 물품을 조달한 때가 물품의 손실 또는 손상의 위험이 그 매수인(매도인의 입장)으로부터 다른 매수인에게 이전된다. 따라서 "조달한다(procure)"라는 용어는 특히 일차산품 거래(commodity trades)에서 수차에 걸쳐 연속적으로 이루어지는 매매(연속매매; string sales)를 위하여 사용된다.

(8) 목적지의 양륙비용

매도인이 자신의 운송계약상 지정목적지에서 양륙과 관련된 비용을 부담하는 경우에 당사자 간에 별도의 합의가 없는 한 매도인은 매수인으로부터 그러한 비용을 별도로 지급받을 수 없다.

(9) 수출통관 및 수입통관

CIP규칙에서는 해당되는 경우에 매도인이 물품의 수출통관을 이행하여야 한다. 하지만, 매도인은 수입을 위한 또는 제3국 통과를 위한 통관을 하거나 수입관세를 납부하거나 수입 통관절차를 수행할 의무가 없다.

5) 매도인이 제공서류

(1) 기본서류

매도인은 매매계약과 일치하는 상업송장(commercial invoice) 및 계약에서 요구하는 일치증명(evidence of conformity)을 제공하여야 한다. 매도인이 제공해야 하는 서류는 합의에 따라, 합의가 없는 경우에는 관행에 따라 종이서류 또는 전자적 방식으로 제공될 수 있다. 따라서 매도인은 선택된 운송방식에 따른 운송서류를 매수인에게 제공하여야 한다. 즉 복합운송서류(multimodal transport document), 해상선하증권(ocean bill of lading), 내수로 운송서류(inland waterway document), 항공화물운송장(air waybill), 철도화물수탁서(rail consignment note), 도로화물수탁서(road consignment note) 등이다. 아울러 협회화물약관[협회적화약관(Institute Cargo Clauses)]의 A조건[ICC(A)]과 같은 금액으로 부보된 보험증권(insurance policy) 또는 그 밖의 보험부보 증거를 제공하여야 한다.

(2) 임의서류

매도인은 매수인의 비용과 위험으로 포장명세서(packing list), 원산지증명서(certificate of origin), 품질 및 수량증명서(certificate of quality and quantity), 중량 및 용적증명서(certificate of weight and measurement), 영사송장(consular invoice) 등 임의서류를 제공할 수 있다.

6) 기타 의무

(1) 매도인의 의무

매도인은 인도장소로부터, 그 장소에서 합의된 인도지점이 있는 경우에는 그 지점으로부터 지정목적지까지 또는 합의가 있는 때에는 그 지정목적지의 어느 지점까지 물품을 운송하는 계약을 체결하거나 조달하여야 한다. 매도인은 목적지까지 운송하는데 요구되는 운송관련 보안요건을 준수하여야 한다. 또한 운송 중 물품의 멸실 또는 손상에 대한 매수인의 위험에 대해 ICC(A)약관으로 보험을 부보하여야 한다.

매도인은 수출허가, 수출을 위한 보안통관, 선적전검사 및 그 밖의 공적인가 등과 같이 수출국에 의해 부과되는 수출통관절차를 수행하고 비용을 부담한다. 물품을 인도하기 위해 필요한 점검작업(품질점검, 용적측량, 중량측정, 수량계수)에 드는 비용을 부담하며 포장이 필요한 물품의 경우에는 적절한 화인(marking)을 하여야 한다. 매도인은 매수인에게 매수인이 물품을 수령할 수 있도록 하는데 필요한 통지를 하여야 한다.

(2) 매수인의 의무

매수인은 계약에 정한 바에 따라 대금지급을 하여야 하며, 물품의 인도를 수령하여야 하고, 지정목적지 또는 지정목적지 내의 합의지점에서 운송인으로부터 물품을 수령하여야 한다. 물품이 인된 때부터 물품의 멸실 또는 손상의 모든 위험을 부담한다.

매수인은 계약에 정한 바에 따라 대금지급을 하여야 하며, 물품의 인도를 수령하여야 하고, 지정목적지 또는 지정목적지 내의 합의지점에서 운송인으로부터 물품을 수령하여야 한다. 물품이 인도된 때부터 물품의 멸실 또는 손상의 모든 위험을 부담한다. 매수인은 수입허가 및 통과허가, 수입과 통과를 위한 보안통관, 선적전검사 및 그 밖의 공적허가 등과 같이 통과국 및 수입국에 의하여 부과되는 모든 절차를 수행하고 관련 비용을 부담한다. 또한 매수인은 자신이 물품발송시기 및/또는 지정목적지 내에 물품을 수령할 지점을 결정할 권리를 가질 경우에는 매도인에게 충분한 통지를 하여야 한다.

7) 표기방법

- 복합운송의 경우 : US$15.00/pc CIP The Liberty Warehouse, 260 Conover St. Brooklyn, NY 11231, NY USA, Incoterms® 2020.
- 항공운송의 경우 : US$15.00/pc CIP Swissport Cargo Service, 618 South Access Road, Chicago, USA, Incoterms® 2020.

- 해상운송의 경우 : US$15.00/pc CIP New York Port, 70 Hamilton Ave. Brooklyn New York, USA, Incoterms® 2020.
- 철도운송의 경우 : US$15.00/pc CIP New York Station Terminal, 7th Ave 32nd St, New York City, NY 10001, Incoterms® 2020.
- 도로운송의 경우 : US$15.00/pc CIP Abc Cargo Terminal, 40-42 Street & 625 8th Ave. New York, NY 10018, Incoterms® 2020.

운송비보험료지급인도규칙(Carriage and Insurance Paid To : CIP)이란 인도장소 또는 인도장소 내의 합의된 인도지점이 있을 경우 그 지점에서 매도인이 지정한 운송인[7]에게 물품을 인도하거나, 또는 그렇게 인도된 물품을 조달할 때 매도인의 인도의무는 완료되지만, 지정목적지까지 또는 합의가 있는 경우 그 지정목적지의 어느 지점까지 물품운송에 필요한 운송계약을 체결하거나 조달하여야 하며 운송 중 물품의 멸실 또는 손상에 대한 매수인의 위험에 대하여 보험계약을 체결하고 보험료를 지급하여야 하는 것을 의미한다.

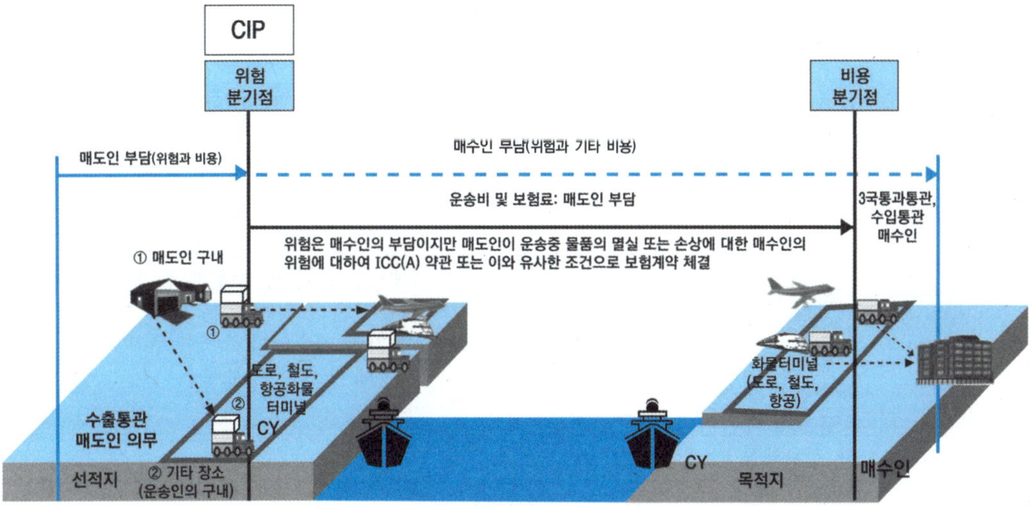

- 인도 및 위험이전시기 : 물품을 인도장소로부터 또는 그 인도장소에 합의된 인도지점이 있는 경우에는 그 지점에서 운송계약을 체결한 운송인에게 교부하거나 또는 그렇게 인도된 물품을 조달한 때
- 비용의 이전시기 : 수입국의 지정목적지 또는 지정목적지 내 합의지점까지 운송계약을 체결하고 운송비지급
- 수출통관 : 매도인부담, 3국 통과통관, 수입통관 : 매수인부담
- 위험의 이전시기와 비용의 이전시기가 다름
- 매도인이 운송 중 물품의 손실 및 손상에 대한 매수인의 위험에 대하여 최대담보조건[ICC(A)]으로 보험 부보

7) 운송인(carrier)은 FCA, CIP규칙과 마찬가지로 운송계약을 체결하는 해상운송인, 도로운송인, 철도운송인 또는 복합운송인을 말한다. 운송인이라고 하는 의미는 매도인이 지명한 운송인은 물론 기타 당사자까지 모두 포함되는 개념이다.

▌표 5-7▐ CIP규칙상 매매당사자의 의무

내 용	매도인의 의무(A1~A10)	매수인의 의무(B1~B10)
일반적 의무 (A1/B1)	• 계약일치물품, 상업송장 및 기타 요구서류 • 합의에 따라, 합의 없는 경우 관행에 따라 종이서류 또는 전자적 방식	• 매매계약에 약정된대로 물품대금지급 • 합의에 따라, 합의 없는 경우 관행에 따라 종이서류 또는 전자적 방식
인도/ 인도의 수령 (A2/B2)	• A4에 따라 운송인에게 물품을 교부하거나 그렇게 인도된 물품을 조달한 때 • 합의된 기일에 또는 합의된 기간 내 인도	•A2에 따라 인도된 때 물품인도의 수령 •지정목적지 또는 지정목적지 내의 합의지점에서 운송인으로부터 물품수령
위험이전 (A3/B3)	• 물품이 인도될 때까지 위험부담 • B3규정 하에 발생된 위험부담은 없음	• 물품이 인도된 때부터 위험부담 • B10에 따라 통지하지 않은 경우 합의된 인도기일이나, 인도기간의 만료일부터 모든 위험부담 • 물품은 계약물품으로 특정되어야 함
운송 (A4/B4)	• (매수인에 대해) 운송계약 체결의무 있음 (인도장소 또는 인도장소의 합의지점부터 지정목적지 또는 지정목적지의 합의지점까지 운송계약을 체결하거나 조달) • 통상적인 조건 및 항로로 운송계약 체결 • 합의되지 않은 경우 매도인의 목적에 가장 적합한 인도지점 및 지정목적지 지점선택 • 목적지까지 운송 관련 보안요건 준수	• (매도인에 대해) 운송계약 체결의무 없음
보험 (A5/B5)	• (매수인에 대해) 보험계약 체결의무 있음 ▸ 협회화물(적하)약관(ICC) A약관 ▸ 인도지점부터 지정목적지까지 부보 ▸ 계약금액의 110%로 부보 • 매수인의 요청에 따라 매수인의 위험 및 비용으로 매수인이 추가 보험부보에 필요한 정보제공	• (매도인에 대해) 보험계약 체결의무 없음 • 매수인은 요청이 있는 경우 매도인이 A5에 따라 매수인이 요청한 추가보험을 조달하는데 필요한 정보제공
인도/운송서류 (A6/B6)	• 매수인 요청시 통상적인 운송서류 제공 • 복수 원본발행시 원본 전통(全通)제공	• 계약과 일치하는 운송서류의 인수
수출/수입통관 (A7/B7)	• 수출통관의무 있음 ▸ 수출허가 ▸ 수출을 위한 보안통관 ▸ 선적전검사 및 ▸ 그 밖의 공적 인가 • 수입통관에 관한 협력 매수인의 위험과 비용으로 보안요건 및 선적전검사를 포함하여 통과국 또는 수입국이 통과 또는 수입통관을 위해 필요로 하는 서류 및 정보를 취득하는데 매수인에게 협력	• 수출통관에 관한 협력 매도인의 위험과 비용으로 보안요건 및 선적전검사 포함하여 수출국이 필요로 하는 수출통관절차 서류 및 정보를 취득하는데 매도인에게 협력 • 수입통관의무 있음 ▸ 수입허가 및 통과를 위한 허가 ▸ 수입과 통과를 위한 보안통관 ▸ 선적전검사 및 ▸ 그 밖의 공적 인가

내 용	매도인의 의무(A1~A10)	매수인의 의무(B1~B10)
점검/포장/화인 (A8/B8)	• 인도를 위한 물품점검업무 비용부담 (품질, 용적, 중량, 수량 등) • 적절한 포장, 화인표시	• 의무 없음
비용부담 (A9/B9)	• 물품인도 시까지 비용부담 (B9에 따라 매수인 부담비용은 제외) • 물품적재비용과 운송관련 보안비용포함하여 물품운송비용 및 그 밖의 모든 비용 • 목적지 양륙비용 중 계약상 매도인이 부담하기로 된 비용 • 운송계약상 매도인이 부담하는 통과비용 • 물품인도 관련 통상적인 증거를 매수인에게 제공하는 데 드는 비용 • 보험비용(A5 관련 보험비용) • 수출통관 관련 관세, 세금 및 그 밖의 비용 • 수출통관 협력[B7(a)]조항에 따라 서류와 정보를 취득하는 데 매수인이 협력을 제공하는 것과 관련된 비용	• 물품이 인도된 때부터 물품관련 모든 비용 • 통과비용(운송계약상 매도인부담인 경우 제외) • 양륙비용(운송계약상 매도인부담인 경우 제외) • 보험(A5) 및 수입통관 관련 협력[A7(b)]에 따라 서류와 정보취득시 매도인 협력제공 관련 모든 비용 • 수입통관규정[B7(b)]에 따른 통과통관 또는 수입통관에 관한 관세, 세금, 그 밖의 비용 • 통지규정(B10)에 따른 통지를 하지 않은 경우 합의된 기일 또는 선적기간의 만료일부터 발생하는 추가비용(계약물품은 명확히 특정될 것)
통지 (A10/B10)	• 물품이 인도된 사실 • 매수인이 물품을 수령할 수 있도록 하는데 필요한 통지	• 매수인이 물품 발송시기 및/또는 지정목적지내의 물품수령지점을 결정할 권한이 있을 경우 매도인에게 충분한 통지

5 목적지인도규칙 (DAP) ... (지정목적지) Incoterms® 2020

Delivered At Place ... (insert named place of destination)

1) 개념

DAP는 Delivered At Place의 약칭으로 "목적지인도규칙"을 말한다. 이 규칙은 한 가지 이상의 모든 운송방식에도 사용가능한 규칙이다. 다시 말해, 철도운송, 도로운송, 항공운송, 해상운송, 내륙수로운송 등의 단일운송방식에도 사용할 수 있고, 이들 단일운송방식들을 결합한 복합운송(combined transport 또는 multimodal transport)에도 사용될 수 있다.

목적지인도(DAP)는 지정목적지 또는 지정목적지 내의 합의지점이 있는 경우에는 그 지점에서 양륙을 위하여 준비된 도착운송수단상에서 물품을 매수인의 임의처분 상태로 두거나 또는 그렇게 인도된 물품을 조달한 때 매도인의 인도의무가 완료되는 것을 말한다. 매도인은 지정목적지 또는 지정목적지 내의 합의지점까지 운송계약을 체결하거나 그러한 운송을 마련하여야 한다. 매도인은 물품이 인도될 때까지 물품의 멸실 또는 손상의 모든 위험을 부담한다.

지정목적지 또는 지정목적지 내의 합의지점까지 물품을 운송하는데 관련된 모든 위험과 비용은 매도인이 부담하고, 지정된 목적지 또는 지정목적지 내의 합의지점에 도착한 운송수단으로부터 양륙하는데 따른 위험과 비용은 매수인이 부담한다. 예를 들어 물품의 인도장소가 목적지 또는 목적항의 터미널인 경우에는 그 터미널에 도착한 운송수단으로부터 양륙하는데 관련되는 위험과 비용은 물론 해당 터미널에서 다른 장소까지 물품운송과 관련된 비용과 위험을 모두 매수인이 부담한다. 또한 인도장소가 목적지 또는 목적항의 터미널로부터 떨어진 다른 합의장소인 경우 목적지 또는 목적항의 해당 터미널에 도착한 운송수단으로부터 양륙하여 합의된 다른 장소까지 물품운송에 관련된 위험과 비용은 매도인이 부담한다. 즉, 합의된 인도장소가 어디든지 그 인도장소에서 물품의 양륙에 관련된 위험과 비용은 매수인이 부담한다.

DAP규칙에서 적용 가능한 경우 매도인이 물품의 수출통관을 이행하여야 한다. 하지만 매도인은 수입통관의 이행, 수입관세의 지급 및 수입통관절차의 이행과 같은 수입통관을 이행할 의무가 없다. 당사자가 매도인이 물품에 대한 수입통관을 하고 모든 수입관세의 지급 및 모든 수입통관수속절차를 이행하기를 원할 경우 관세지급인도규칙(Delivered Duty Paid : DDP)을 사용하여야 한다.

2) 인도 및 위험이전(delivery and risk)

(1) 인도시기(delivery)

매도인은 물품을 지정목적지에서 또는 그 지정목적지에 합의된 지점이 있는 경우 그 지점에서 양륙을 위해 도착된 매도인의 운송수단 상에서 매수인의 임의처분 하에 두거나 또는 그렇게 인도된 물품을 조달한 때 인도의무를 다한다. 인도장소는 합의된 지정 목적지 또는 지정목적지 내 합의지점으로서 부두(quay), 창고(warehouse), 컨테이너 장치장(Container Yard : CY), 도로화물터미널(road cargo terminal), 철도화물터미널(rail cargo terminal), 항공화물터미널(air cargo terminal) 등은 물론 매수인의 영업소 또는 구내, 기타 장소 등이 될 수 있다.

(2) 위험의 이전(transfer of risks)

위험은 매도인이 지정목적지 또는 지정목적지 내의 합의지점에서 양륙을 위해 도착된 운송수단상에서 물품을 매수인의 임의처분상태로 두거나 또는 그렇게 인도된 물품을 조달한 때 매도인으로부터 매수인에게 이전된다. 물품의 인도지점과 위험의 이전지점은 동일하다.

매도인은 물품을 지정목적지까지 또는 지정목적지 내의 합의된 지점까지 운송하는데 수반되는 모든 위험을 부담하며, 인도를 완료할 때까지 물품의 멸실 또는 손상에 대한 위험을 부담한다.

3) 비용의 배분(allocation of costs)

DAP 규칙에서 비용의 분기점과 위험의 이전시점은 일치된다. 매도인은 물품을 직접 제조하거나 구매·조달하는데 따른 기본원가(basic costs), 사업부문별 간접원가(indirect costs), 포장비(packing costs), 품질·용적·중량·수량 등의 물품점검업무비용(costs of checking operations) 및 기타 비용을 부담하여야 한다. 또한 지정목적지 또는 지정목적지 내의 합의된 지점에서 양륙을 위해 준비된 매도인의 도착운송수단 상에서 물품을 매수인의 임의처분 상태로 두어 인도를 완료할 때까지의 물품운송비를 부담한다. 하지만 운송계약에서 양륙비용을 매도인이 부담하기로 한 경우에는 매도인이 부담한다. 이 경우 만일 매도인이 매수인과 별도로 합의하지 않는 한 그러한 비용을 매수인으로부터 지급받을 수 없다. 또한 매도인의 의무는 아닐지라도 자신을 위하여 화물보험을 부보하였다면 보험료를 부담하여야 한다.

매수인은 적용 가능한 경우, 자신의 위험과 비용으로 모든 수입허가 및 기타 공적인 승인 및 물품수입을 위하여 통관절차를 이행하여야 한다. 따라서 수입시 지급되는 모든 관세(all duties), 조세(taxes) 및 기타 부과금(other charges)을 포함한 통관비용(customs clearance charges) 등 인도된 이후의 제비용을 부담하여야 한다.

4) 사용자를 위한 설명문(explanatory notes for users)

(1) 인도와 위험

"도착지인도"는 다음과 같이 된 때 매도인이 매수인에게 물품을 인도하는 것을 의미하고 그 때 위험이 이전된다.

- 물품이 지정목적지에서 또는
- 지정목적지 내의 어떠한 지점이 합의된 경우에는 그 지점에서
- 양륙을 위해 준비된 도착된 운송수단 상에서
- 매수인의 임의처분 하에 놓인 때

위험은 매도인이 합의된 일자 또는 기간 내에 목적지에서 양륙을 위하여 준비된 도착운송수단상에서 물품을 매수인의 임의처분상태로 두어 인도 완료할 때 매도인으로부터

매수인으로 이전된다. 매도인은 인도를 완료할 때까지의 멸실 또는 손상에 대한 위험을 부담한다.

(2) 운송방식

DAP 규칙은 한 가지 이상의 모든 운송방식에 적용된다. 따라서 운송방식이 특정한 단일 운송방식은 물론 두 가지 이상의 모든 운송방식이 적용되는 복합운송방식에도 사용할 수 있다.

(3) 정확한 인도장소나 목적지 또는 인도지점이나 목적지점 지정

당사자들은 다음과 같은 이유들로 가능한 한 정확하게 목적지나 목적지점을 명시하는 것이 좋다. 첫째, 물품의 멸실 또는 손상의 위험은 그러한 인도 및 목적지점에서 매수인에게 이전되기 때문에 매도인과 매수인은 구체적인 인도지점에 대하여 가능한 한 정확하게 정해 두는 것이 가장 좋다. 둘째, 그러한 인도장소 또는 목적지, 인도 및 목적지점까지의 비용은 매도인이 부담하고 그 후의 비용은 매수인이 부담한다. 셋째, 매도인은 물품을 합의된 인도장소 또는 목적지, 인도 또는 목적지점까지 운송하는 계약을 체결하거나 그러한 운송을 마련하여야 한다. 그렇게 하지 않는 경우에 매도인은 인코텀즈 DAP규칙상 그의 의무를 위반한 것이 되고 매수인에 대하여 그에 따른 손해배상책임을 지게 된다. 이러한 경우 매도인은 추가적인 후속운송(on-carriage)과 관련된 추가비용에 대해 책임을 져야 한다.

(4) 연속매매의 적용

연속매매는 매도인이 매수인에게 물품을 인도하면, 물품을 인수받은 매수인이 그 물품을 다시 다른 매수인에게 판매하고, 다른 매수인이 또 다른 매수인에게 판매하는 것과 같은 거래가 연속적으로 이루어지는 것을 말한다. DAP 규칙에서 매도인은 물품을 지정목적지 혹은 그 지정목적지에 합의된 지점이 있는 경우에는 그 지점에서 양륙을 위해 준비된 도착된 운송수단상에 매수인의 처분 하에 두거나, 그렇게 인도된 물품을 조달할 때 물품의 멸실 또는 손상의 위험은 매도인으로부터 매수인에게 이전된다. 그 매수인이 이제 매도인의 입장에서 다른 매수인에게 다시 판매(연속매매)할 경우 첫 번째 매도인이 인도해 놓은대로 그렇게 인도된 물품을 조달한 때가 물품의 손실 또는 손상의 위험이 그 매수인(매도인의 입장)으로부터 다른 매수인에게 이전된다. 따라서 "조달한다(procure)"라는 용어는 특히 일차산품거래(commodity trades)에서 수차에 걸쳐 연속적으로 이루어지는 매매(연속매매; string sales)를 위하여 사용된다.

(5) 양륙비용

매도인은 도착운송수단으로부터 물품을 양륙(unload)할 필요가 없다. 그러나 매도인이 운송계약상 양륙비용을 부담하기로 한 경우 매도인은 매수인과 별도로 합의하지 않는 한 그러한 비용을 매수인으로부터 회수할 수 없다.

(6) 수출통관과 수입통관

DAP 규칙에서는 해당되는 경우 매도인은 수출국과 통과국(수입국 제외)에 의하여 부과되는 모든 수출통관 및 통과통관절차를 수행하고 그에 관한 비용을 부담하여야 하고, 매수인은 수입통관절차를 수행하고 그에 관한 비용을 부담하여야 한다. 따라서 매수인이 수입통관을 할 수 없어 물품이 목적지 국가의 항구나 내륙터미널에 묶이게 될 경우 물품이 목적지 국가의 입국항구(port of entry)에 묶여있는 동안에 발생되는 물품의 멸실에 대한 위험은 매수인이 부담한다. 왜냐하면 아직 인도가 이루어지지 않았고, B3(a)규정에 따라 내륙의 지정지점으로의 통과가 재개될 때까지 물품의 멸실 또는 훼손의 위험을 매수인이 부담하도록 하고 있기 때문이다. 만일 이러한 상황을 회피하기 위하여 매도인으로 하여금 수입통관을 하고 수입관세나 세금을 납부하고 수입통관절차를 수행하도록 하고자 하는 경우에는 DDP 규칙을 사용하여야 한다.

5) 매도인의 제공서류

(1) 기본서류

매도인은 매매계약과 일치하는 상업송장(commercial invoice) 및 계약에서 요구하는 일치증명(evidence of conformity)을 제공하여야 한다. 매도인이 제공해야 하는 서류는 합의에 따라, 합의가 없는 경우에는 관행에 따라 종이서류 또는 전자적 방식으로 제공될 수 있다. 매도인은 자신의 비용으로 매수인이 물품을 수령할 수 있도록 하는데 필요한 서류를 제공하여야 한다.

(2) 임의서류

매도인은 매수인의 비용과 위험으로 포장명세서(packing list), 원산지증명서(certificate of origin), 품질 및 수량증명서(certificate of quality and quantity), 중량 및 용적증명서(certificate of weight and measurement), 영사송장(consular invoice) 그리고 보험부보를 위한 정보 등 임의서류를 제공할 수 있다.

6) 기타 의무

(1) 매도인의 의무

매도인은 자신의 비용으로 지정목적지까지 또는 그 지정목적지에 합의된 지점이 있는 경우 그 지점까지 운송계약을 체결하거나 그러한 운송을 마련하여야 한다. 또한 목적지까지 운송하는데 요구되는 운송관련 보안요건을 준수하여야 한다.

매도인은 수출통관, 통과통관(수입국제외)을 이행하고 그에 관련된 비용을 부담하여야 한다. 물품을 인도하기 위해 필요한 품질점검, 용적측량, 중량측정, 수량계수 등의 점검작업비용을 부담하여야 하며, 적절한 방법으로 물품을 포장하고 화인(marking)을 표시하여야 한다. 매도인은 매수인에게 매수인이 물품을 수령할 수 있도록 하는데 필요한 통지를 하여야 한다.

(2) 매수인의 의무

매수인은 계약에 정한 바에 따라 대금지급을 하여야 하며, 물품이 인도된 때 인도를 수령하여야 한다. 매수인은 수입국에 의하여 부과되는 모든 절차를 수행하고 비용을 부담하여야 한다. 아울러 매수인은 수입국에 의해 부과되는 선적전검사비용을 부담하여야 한다. 물품이 인도된 때부터 물품의 멸실 또는 손상의 위험을 부담하고, 물품에 관한 모든 비용을 부담하여야 한다. 매수인은 물품의 발송시기 및/또는 지정목적지 내에 물품을 수령할 지점을 결정할 권리가 있는 경우 매도인에게 충분한 통지를 하여야 한다.

7) 표기방법

- 복합운송의 경우 : US$ 19.00/pc DAP Abc Warehouse at 68516 Lincoln, NE, USA, Incoterms® 2020.
- 항공운송의 경우 : US$ 19.00/pc DAP Chicago Airport, IL, USA, Incoterms® 2020.
- 해상운송의 경우 : US$ 19.00/pc DAP Long Beach Port, 231 Windsor Way Long Beach, CA 90802, USA, Incoterms® 2020.
- 철도운송의 경우 : US$ 19.00/pc DAP New York Station Terminal, 7th Ave. Corner of West 30th Street, New York, Incoterms® 2020.
- 도로운송의 경우 : US$ 19.00/pc DAP Abc Warehouse at 1322 Omaha, NE, USA, Incoterms® 2020.

목적지인도규칙(Delivered At Place : DAP)이란 지정목적지 또는 지정목적지 내의 합의지점이 있는 경우에는 그 지점에서 양륙을 위하여 준비된 도착운송수단상에서 물품을 매수인의 임의처분 상태로 두거나 또는 그렇게 인도된 물품을 조달한 때 매도인의 인도의무가 완료되는 것을 말한다. 매도인은 지정목적지 또는 지정목적지 내의 합의지점까지 운송계약을 체결하거나 그러한 운송을 마련하여야 하고, 물품이 인도될 때까지 물품의 멸실 또는 손상의 모든 위험을 부담한다.

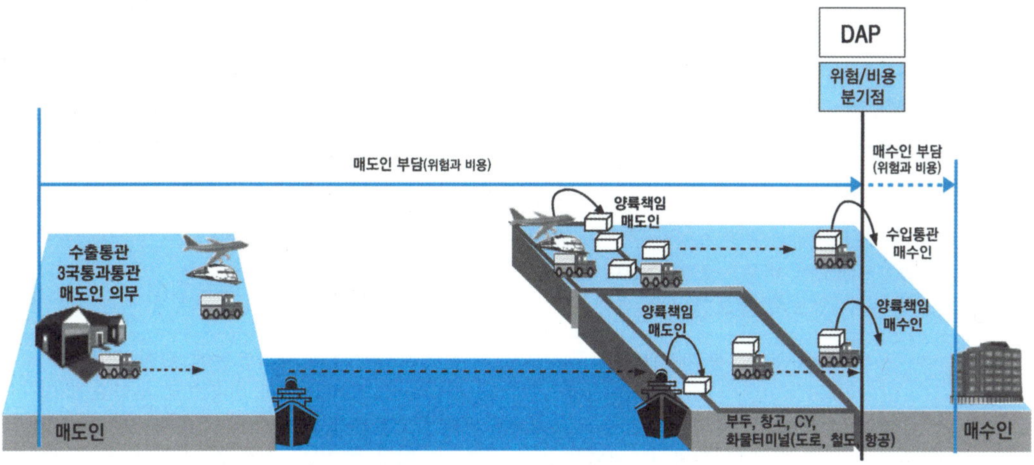

- 인도 및 위험이전시기 : 물품을 지정목적지에서 또는 그 지정목적지에 합의된 지점이 있는 경우 그 지점에서 양륙을 위해 도착된 매도인의 운송수단 상에서 매수인의 임의처분 하에 두거나 또는 그렇게 인도된 물품을 조달한 때
- 비용의 이전시기 : 위험의 이전시기와 동일
- 위험의 이전시기와 비용의 이전시기가 동일
- 수출통관, 3국 통과통관(수입국제외) : 매도인부담, 수입통관 : 매수인부담
- 매도인이 지정목적지 또는 지정목적지 내의 합의지점까지 운송계약을 체결하거나 운송을 마련하여야 함

▌표 5-8▐ DAP규칙상 매매당사자의 의무

내 용	매도인의 의무(A1~A10)	매수인의 의무(B1~B10)
일반적 의무 (A1/B1)	• 계약일치물품, 상업송장 및 기타 요구서류 • 합의에 따라, 합의 없는 경우 관행에 따라 종이서류 또는 전자적 방식	• 매매계약에 약정된대로 물품대급지급 • 합의에 따라, 합의 없는 경우 관행에 따라 종이서류 또는 전자적 방식
인도/ 인도의 수령 (A2/B2)	• 지정목적지에서, 그 지정목적지에 합의된 지점이 있는 경우에는 그 지점에서 양륙을 위해 준비된 도착운송수단 상에서 매수인의 임의처분 하에 두거나, 그렇게 인도된 물품을 조달한 때	•A2에 따라 인도된 때 물품인도의 수령
위험이전 (A3/B3)	• 물품이 인도될 때까지 위험부담 • B3규정 하에 발생된 위험부담은 없음	• 물품이 인도된 때부터 위험부담 • B7에 따른 의무미이행시 매수인 위험부담 • B10에 따른 통지를 하지 않은 경우 매수인은 그로 인한 위험을 부담 (단, 물품은 계약물품으로 명확히 특정)

내 용	매도인의 의무(A1~A10)	매수인의 의무(B1~B10)
운송 (A4/B4)	• (매수인에 대해) 운송계약 체결의무 있음 (지정목적지 또는 지정목적지의 합의지점까지 운송계약을 체결하거나 운송 마련) • 합의되지 않은 경우 지정목적지에서 매도인의 목적에 가장 적합한 지점 선택 • 목적지까지 운송 관련 보안요건 준수	• (매도인에 대해) 운송계약 체결의무 없음
보험 (A5/B5)	• (매수인에 대해) 보험계약 체결의무 없음	• (매도인에 대해) 보험계약 체결의무 없음 • 매도인의 요청에 따라 매도인의 위험과 비용으로 매도인이 부보하는데 필요한 정보제공
인도/운송서류 (A6/B6)	• 매도인 비용으로 매수인이 물품을 수령할 수 있도록 필요한 서류제공	• 매도인이 제공한 서류 인수
수출/수입통관 (A7/B7)	• 수출통관 및 통과통관(수입국 제외) 의무 있음 ▸ 수출허가/통과허가 ▸ 수출/통과를 위한 보안통관 ▸ 선적전검사 및 ▸ 그 밖의 공적 인가 • 수입통관에 관한 협력 매수인의 위험과 비용으로 보안요건 및 선적전검사를 포함하여 수입통관을 위해 필요로 하는 서류 및 정보를 취득하는데 매수인에게 협력	• 수출통관과 통과통관에 관한 협력 매도인의 위험과 비용으로 보안요건 및 선적전검사 포함하여 수출국 및 통과국(수입국 제외)이 필요로 하는 수출/통과통관 절차 서류 및/또는 정보를 취득하는데 매도인에게 협력 • 수입통관의무 있음 ▸ 수입허가 ▸ 수입을 위한 보안통관 ▸ 선적전검사 및 ▸ 그 밖의 공적 인가
점검/포장/화인 (A8/B8)	• 인도를 위한 물품점검업무 비용부담 (품질, 용적, 중량, 수량 등) • 적절한 포장, 화인표시	• 의무 없음
비용부담 (A9/B9)	• 물품인도 시까지 비용부담 (B9에 따라 매수인 부담비용은 제외) • 운송계약상 목적지의 양륙비용을 매도인이 부담하기로 한 경우의 양륙비용 • 인도·운송서류를 제공하는데 드는 비용 • 수출통관 및 통과통관 관련 관세, 세금 및 그 밖의 비용 • 보험(B5) 및 수출통관 협력조항[B7(a)]에 따라 서류와 정보를 취득하는데 매수인이 협력을 제공하는 것과 관련된 비용	• 물품이 인도된 때부터 물품 관련 모든 비용 • 지정목적지에 도착된 운송수단으로부터 물품인도를 수령하는데 필요한 양륙비용 (운송계약상 매도인부담인 경우 제외) • 수입통관에 관한 협력조항[A7(b)]조항에 따라 서류와 정보취득시 매도인 협력제공 관련 모든 비용 • 수입통관[B7(b)]조항에 따른 통과통관에 관한 관세, 세금, 그 밖의 비용 • 수출통관협력 및 수입통관조항(B7)에 따른 의무불이행하거나, 통지규정(B10)에 따른 통지를 하지 않은 경우 매도인에게 발생하는 추가비용(계약물품은 명확히 특정될 것)

내 용	매도인의 의무(A1~A10)	매수인의 의무(B1~B10)
통지 (A10/B10)	• 매수인이 물품을 수령할 수 있도록 하는데 필요한 통지	• 매수인이 물품 발송시기 및/또는 지정목적지내의 물품수령지점을 결정할 권한이 있을 경우 매도인에게 충분한 통지

6 도착지양륙인도규칙 (DPU) ... (지정목적지) Incoterms® 2020

Delivered at Place Unloaded (insert named place of destination)

1) 개념

DPU는 Delivered at Place Unloaded의 약칭으로 "도착지양륙인도규칙"을 말한다. 이 규칙은 한 가지 이상의 모든 운송방식에도 사용가능한 규칙이다. 다시 말해, 철도운송, 도로운송, 항공운송, 해상운송, 내륙수로운송 등의 단일운송방식에도 사용할 수 있고, 이들 단일운송방식들을 결합한 복합운송(combined transport 또는 multimodal transport)에도 사용될 수 있다.

도착지양륙인도(DPU)는 매도인이 지정목적지 또는 지정목적지 내의 합의된 지점이 있는 경우 그 지점에서 도착된 운송수단으로부터 물품을 양륙한 후 매수인의 임의처분상태로 두거나 또는 그렇게 인도된 물품을 조달할 때 인도의무가 완료되는 것을 말한다. 매도인은 지정목적지 또는 지정목적지 내의 합의된 지점까지 물품운송계약을 체결하거나 그러한 운송을 마련하여야 하며 물품양륙에 따른 모든 위험과 비용을 부담한다. 매도인은 물품이 인도될 때까지 물품의 멸실 또는 손상의 모든 위험을 부담한다. 따라서 지정목적지 또는 지정목적지 내의 합의된 지점에서 도착된 운송수단으로부터 물품이 양륙되어 매수인의 임의처분상태에 놓여진 이후에는 매수인이 위험과 비용을 부담하여야 한다.

당사자는 매도인이 위험을 부담하여야 하는 지정목적지 또는 지정목적지 내의 합의지점을 가능한 한 정확하게 명시하도록 하여야 한다. 또한 매도인은 그 지점까지 운송계약을 체결하거나 그러한 운송을 마련하여야 한다. 만일 매도인이 지정장소 또는 지정지점에서 양륙과 관련된 위험과 비용을 부담하기 원하지 않을 경우 DPU규칙이 아닌 DAP규칙을 사용하여야 한다.

DPU규칙은 적용 가능한 경우, 매도인이 물품의 수출통관을 이행하여야 한다. 하지만 매도인은 수입통관의 이행, 수입관세의 지급 및 수입통관절차를 이행할 의무가 없기 때문에 수입통관은 매수인의 의무이다.

2) 인도시기 및 위험이전(delivery and risk)

(1) 인도시기(delivery)

매도인은 지정목적지 또는 지정목적지 내의 합의된 지점이 있는 경우 그 지점에서 도착된 운송수단으로부터 물품을 양륙한 후 매수인의 임의처분상태로 두거나 또는 그렇게 인도된 물품을 조달한 때 인도의무가 완료된다.

인도장소는 합의된 지정 목적지 또는 지정목적지 내 합의지점으로서 부두(quay), 창고(warehouse), 컨테이너 장치장(Container Yard : CY), 도로화물터미널(road cargo terminal), 철도화물터미널(rail cargo terminal), 항공화물터미널(air cargo terminal) 등은 물론 매수인의 영업소 또는 구내, 기타 장소 등이 될 수 있다.

(2) 위험의 이전(transfer of risks)

위험은 지정목적지 또는 지정목적지 내의 합의된 지점이 있는 경우 그 지점에서 도착된 운송수단으로부터 물품을 양륙한 후 매수인의 임의처분상태로 두거나 또는 그렇게 인도된 물품을 조달한 때 매도인으로부터 매수인에게 이전된다. 물품의 인도지점과 위험의 이전지점은 동일하다. 매도인은 물품을 지정목적지까지 또는 지정목적지 내의 합의된 지점까지 운송하는데 수반되는 모든 위험을 부담하며, 인도를 완료할 때까지 물품의 멸실 또는 손상에 대한 위험을 부담한다.

3) 비용의 배분(allocation of costs)

DPU규칙에서 비용의 분기점과 위험의 이전시점이 일치된다. 매도인은 물품을 직접 제조하거나 구매·조달하는데 따른 기본원가(basic costs), 사업부문별 간접원가(indirect costs), 포장비(packing costs), 품질·용적·중량·수량 등의 물품점검업무비용(costs of checking operations) 및 기타 비용을 부담하여야 한다. 또한 지정목적지 또는 지정목적지 내의 합의된 지점에서 도착된 운송수단으로부터 물품을 양륙한 후 매수인의 임의처분 상태로 두어 인도를 완료할 때까지의 물품운송비를 부담한다. 또한 매도인의 의무는 아닐지라도 자신을 위하여 화물보험을 부보하였다면 보험료를 부담하여야 한다.

매수인은 적용 가능한 경우, 자신의 위험과 비용으로 모든 수입허가 및 기타 공적인 승인 및 물품수입을 위하여 통관절차를 이행하여야 한다. 따라서 수입시 지급되는 모든 관세(all duties), 조세(taxes) 및 기타 부과금(other charges)을 포함한 통관비용(customs clearance charges) 등 인도된 이후의 제비용을 부담하여야 한다.

4) 사용자를 위한 설명문(explanatory notes for users)

(1) 인도와 위험(delivery and risk)

"도착지양륙인도"는 다음과 같이 된 때 매도인이 매수인에게 물품을 인도하는 것을 의미하고 그 때 위험이 이전된다.

- 물품이
- 지정목적지에서 또는
- 지정목적지 내의 어떠한 지점이 합의된 경우에는 그 지점에서
- 도착운송수단으로부터 양륙된 상태로
- 매수인의 처분 하에 놓인 때

DPU는 매도인이 물품을 지정목적지까지 운송하여 그곳에서 물품을 양륙하는 데 수반되는 모든 위험을 부담하는 규칙으로, 매도인이 목적지에서 물품을 양륙하도록 하는 유일한 인코텀즈 규칙이다. 따라서 매도인은 자신이 그러한 지정장소에서 양륙을 할 수 있는지를 확실히 하여야 한다. 만일 당사자들 매도인이 양륙의 위험과 비용을 부담하기를 원하지 않는 경우에는 DPU 대신 DAP를 사용하여야 한다.

(2) 운송방식(mode of transport)

DPU규칙은 한 가지 이상의 모든 운송방식에 적용된다. 따라서 운송방식이 특정 단일운송방식은 물론 두 가지 이상의 운송방식이 적용되는 복합운송방식에도 사용할 수 있다.

(3) 정확한 인도장소·목적지 또는 인도·목적지점 지정

당사자들은 다음과 같은 이유로 가능한 한 정확하게 목적지나 목적지점을 명시하는 것이 좋다. 첫째, 물품의 멸실 또는 손상의 위험은 인도 및 목적지점에서 매수인에게 이전되기 때문에 매도인과 매수인은 그러한 지점을 정확하게 정하는 것이 좋다. 둘째, 그러한 인도장소·목적지 또는 인도·목적지점 이전의 비용은 매도인이 부담하고 그 후의 비용은 매수인이 부담한다. 셋째, 매도인은 물품을 합의된 인도장소·목적지 또는 인도·목적지점까지 운송하는 계약을 체결하거나 그러한 운송을 마련하여야 한다. 그렇게 하지 않는 경우에 매도인은 인코텀즈 DAP규칙상 그의 의무를 위반한 것이 되고 매수인에 대하여 그에 따른 손해배상 책임을 지게 된다. 이러한 경우 매도인은 추가적인 후속운송(on-carriage)과 관련된 추가 비용에 대해 책임을 져야 한다.

(4) 연속매매의 적용

연속매매는 매도인이 매수인에게 물품을 인도하면, 물품을 인수받은 매수인이 그 물품을 다시 다른 매수인에게 판매하고, 다른 매수인이 또 다른 매수인에게 판매하는 것과 같은 거래가 연속적으로 이루어지는 것을 말한다. DPU규칙에서 매도인은 물품을 지정목적지에서, 그 지정목적지에 합의된 지점이 있는 경우에는 그 지점에서 도착된 운송수단으로부터 양륙하여 매수인의 처분하에 두거나, 또는 그렇게 인도된 물품을 조달할 때 물품의 멸실 또는 손상의 위험은 매도인으로부터 매수인에게 이전된다. 그 매수인이 이제 매도인의 입장에서 다른 매수인에게 다시 판매(연속매매)할 경우 첫 번째 매도인이 인도해 놓은대로 그렇게 인도된 물품을 조달한 때가 물품의 손실 또는 손상의 위험이 그 매수인(매도인의 입장)으로부터 다른 매수인에게 이전된다. 따라서 "조달한다(procure)"라는 용어는 특히 일차산품거래(commodity trades)에서 수차에 걸쳐 연속적으로 이루어지는 매매(연속매매; string sales)를 위하여 사용된다.

(5) 수출통관과 수입통관

DPU 규칙에서는 해당되는 경우 매도인은 수출국과 통과국(수입국 제외)에 의하여 부과되는 모든 수출통관 및 통과통관절차를 수행하고 그에 관한 비용을 부담하여야 하고, 매수인은 수입통관절차를 수행하고 그에 관한 비용을 부담하여야 한다. 따라서 매수인이 수입통관을 할 수 없어 물품이 목적지 국가의 항구나 내륙터미널에 묶이게 될 경우 물품이 목적지 국가의 입국항구(port of entry)에 묶여있는 동안에 발생되는 물품의 멸실에 대한 위험은 매수인이 부담한다. 왜냐하면 아직 인도가 이루어지지 않았고, B3(a)규정에 따라 내륙의 지정지점으로의 통과가 재개될 때까지 물품의 멸실 또는 훼손의 위험을 매수인이 부담하도록 하고 있기 때문이다. 만일 이러한 상황을 회피하기 위하여 매도인으로 하여금 수입통관을 하고 수입관세나 세금을 납부하고 수입통관절차를 수행하도록 하고자 하는 경우에는 DDP규칙을 사용하여야 한다.

5) 매도인의 제공서류

(1) 기본서류

매도인은 매매계약과 일치하는 상업송장(commercial invoice) 및 계약에서 요구하는 일치증명(evidence of conformity)을 제공하여야 한다. 매도인이 제공해야 하는 서류는 합의에 따라, 합의가 없는 경우에는 관행에 따라 종이서류 또는 전자적 방식으로 제공될 수 있다. 매도인은 자신의 비용으로 매수인이 물품을 수령할 수 있도록 하는데 필요한 서류를 제공하여야 한다.

(2) 임의서류

매도인은 매수인의 비용과 위험으로 포장명세서(packing list), 원산지증명서(certificate of origin), 품질 및 수량증명서(certificate of quality and quantity), 중량 및 용적증명서(certificate of weight and measurement), 영사송장(consular invoice) 그리고 보험부보를 위한 정보 등 임의서류를 제공할 수 있다.

6) 기타 의무

(1) 매도인의 의무

매도인은 자신의 비용으로 물품을 지정목적지까지 또는 그 지정목적지에 합의된 지점이 있는 때에는 그 지점까지 운송하는 계약을 체결하거나 그러한 운송을 마련하여야 한다. 매도인은 지정목적지까지 운송하는데 요구되는 운송관련 보안요건을 준수하여야 한다.

매도인은 수출통관, 통과통관(수입국제외)을 이행하고 그에 관련된 비용을 부담하여야 한다. 물품을 인도하기 위해 필요한 점검작업(품질점검, 용적측량, 중량측정, 수량계수)에 드는 비용을 부담하며 포장이 필요한 물품의 경우에는 적절한 화인(marking)을 하여야 한다. 매도인은 매수인에게 매수인이 물품을 수령할 수 있도록 하는데 필요한 통지를 하여야 한다.

(2) 매수인의 의무

매수인은 계약에 정한 바에 따라 대금지급을 하여야 하며, 물품이 인도된 때 인도를 수령하여야 한다. 매수인은 수입국에 의하여 부과되는 모든 절차를 수행하고 비용을 부담하여야 한다. 아울러 매수인은 수입국에 의해 부과되는 선적전검사비용을 부담하여야 한다. 물품이 인도된 때부터 물품의 멸실 또는 손상의 위험을 부담하고, 물품에 관한 모든 비용을 부담하여야 한다. 매수인은 물품의 발송시기 및/또는 지정목적지 내에 물품을 수령할 지점을 결정할 권리가 있는 경우 매도인에게 충분한 통지를 하여야 한다.

7) 표기방법

- 복합운송의 경우 : US$ 19.00/pc DPU Abc Warehouse at 68516 Lincoln, NE, USA, Incoterms® 2020.
- 항공운송의 경우 : US$ 19.00/pc DPU Chicago Airport, IL, USA, Incoterms® 2020.
- 해상운송의 경우 : US$ 19.00/pc DPU Long Beach Port, 231 Windsor Way Long Beach, CA 90802, USA, Incoterms® 2020.
- 철도운송의 경우 : US$ 19.00/pc DPU New York Station Terminal, 7th Ave. Corner of West 30th Street, New York, Incoterms® 2020.
- 도로운송의 경우 : US$ 19.00/pc DPU Abc Warehouse at 1322 Omaha, NE, USA, Incoterms® 2020.

도착지양륙인도규칙(Delivered at Place Unloaded : DPU)는 매도인이 지정목적지 또는 지정목적지 내의 합의된 지점이 있는 경우 그 지점에서 도착된 운송수단으로부터 물품을 양륙한 후 매수인의 임의처분상태로 두거나 또는 그렇게 인도된 물품을 조달할 때 인도의무가 완료되는 것을 말한다. 매도인은 지정목적지 또는 지정목적지 내의 합의된 지점까지 물품운송계약을 체결하거나 그러한 운송을 마련하여야 하며 물품양륙에 따른 모든 위험과 비용을 부담한다. 매도인은 물품이 인도될 때까지 물품의 멸실 또는 손상의 모든 위험을 부담한다.

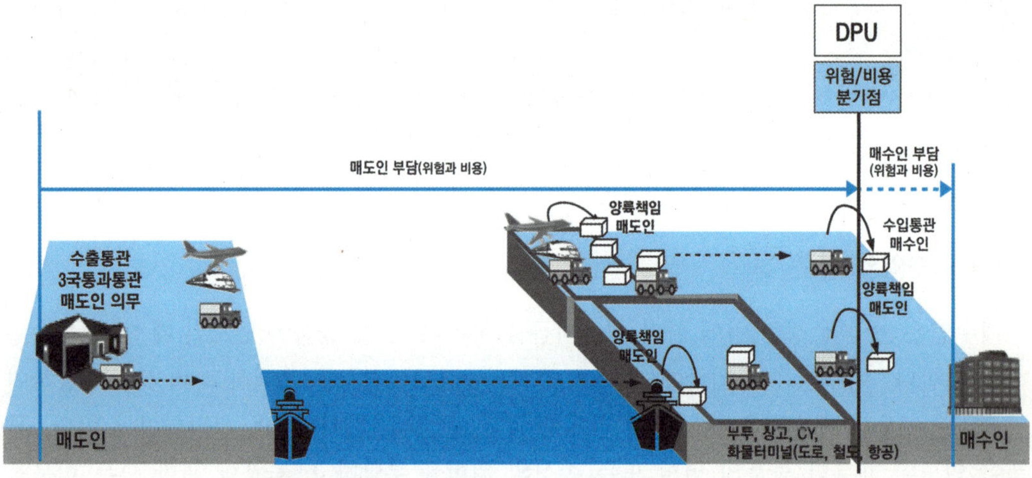

- 인도 및 위험이전시기 : 물품을 지정목적지에서 또는 그 지정목적지에 합의된 지점이 있는 경우 그 지점에서 도착된 운송수단으로부터 양륙하여 매수인의 임의처분 하에 두거나 또는 그렇게 인도된 물품을 조달한 때
- 비용의 이전시기 : 위험의 이전시기와 동일
- 위험의 이전시기와 비용의 이전시기가 동일
- 수출통관, 3국 통과통관(수입국제외) : 매도인부담, 수입통관 : 매수인부담
- 매도인이 지정목적지 또는 지정목적지 내의 합의지점까지 운송계약을 체결하거나 운송을 마련하여야 함

▌표 5-9▌ DPU규칙상 매매당사자의 의무

내 용	매도인의 의무(A1~A10)	매수인의 의무(B1~B10)
일반적 의무 (A1/B1)	• 계약일치물품, 상업송장 및 기타 요구서류 • 합의에 따라, 합의 없는 경우 관행에 따라 종이서류 또는 전자적 방식	• 매매계약에 약정된대로 물품대급지급 • 합의에 따라, 합의 없는 경우 관행에 따라 종이서류 또는 전자적 방식
인도/ 인도의 수령 (A2/B2)	• 지정목적지에서, 그 지정목적지에 합의된 지점이 있는 경우에는 그 지점에서 도착된 운송수단으로부터 양륙하여 매수인의 임의처분 하에 두거나, 그렇게 인도된 물품을 조달한 때	•A2에 따라 인도된 때 물품인도의 수령
위험이전 (A3/B3)	• 물품이 인도될 때까지 위험부담 • B3규정 하에 발생된 위험부담은 없음	• 물품이 인도된 때부터 위험부담 • B7에 따른 의무미이행시 매수인 위험부담 • B10에 따른 통지를 하지 않은 경우 매수인은 그로 인한 위험을 부담 (단, 물품은 계약물품으로 명확히 특정)
운송 (A4/B4)	• (매수인에 대하여) 운송계약 체결 의무 있음 (지정목적지 또는 지정목적지의 합의 지점까지 운송계약을 체결하거나 운송 마련) • 합의되지 않은 경우 지정목적지에서 매도인의 목적에 가장 적합한 지점선택 • 목적지까지 운송관련 보안요건 준수	• (매도인에 대하여) 운송계약 체결 의무 없음
보험 (A5/B5)	• (매수인에 대하여) 보험계약 체결의무 없음	• (매도인에 대하여)보험계약 의무 없음 • 매도인의 요청에 따라 매도인의 위험과 비용으로 매도인이 부보하는데 필요한 정보 제공
인도/운송서류 (A6/B6)	• 매도인 비용으로 매수인이 물품을 수령할 수 있도록 필요한 서류 제공	• 매도인이 제공한 서류 인수
수출/수입통관 (A7/B7)	• 수출통관 및 통과통관(수입국 제외) 의무 있음 ▸ 수출허가/통과허가 ▸ 수출/통과를 위한 보안통관 ▸ 선적전검사 및 ▸ 그 밖의 공적 인가 • 수입통관에 관한 협력 매수인의 위험과 비용으로 보안요건 및 선적전검사를 포함하여 수입통관을 위해 필요로 하는 서류 및 정보를 취득하는데 매수인에게 협력	• 수출통관과 통과통관에 관한 협력 매도인의 위험과 비용으로 보안요건 및 선적전검사 포함하여 수출국 및 통과국(수입국 제외)이 필요로 하는 수출/통과통관절차 서류 및/또는 정보를 취득하는데 매도인에게 협력 • 수입통관의무 있음 ▸ 수입허가 ▸ 수입을 위한 보안통관 ▸ 선적전검사 및 ▸ 그 밖의 공적 인가
점검/포장/화인 (A8/B8)	• 인도를 위한 물품점검업무 비용부담 (품질, 용적, 중량, 수량 등) • 적절한 포장, 화인표시	• 의무 없음

내 용	매도인의 의무(A1~A10)	매수인의 의무(B1~B10)
비용부담 (A9/B9)	• 물품인도 시까지 비용부담 (B9에 따라 매수인 부담비용은 제외) • A6에 따라 인도/운송서류 제공 비용 • A7(a)에 따른 수출통관 및 통과통관 관련 관세, 세금 및 그 밖의 비용 • 보험(B5) 및 수출통관 협력조항[B7(a)]에 따라 서류와 정보를 취득하는데 매수인이 협력을 제공하는 것과 관련된 비용	• 물품이 인도된 때부터 물품 관련 모든 비용 • 수입통관에 관한 협력조항[A7(b)]조항에 따라 서류와 정보취득 시 매도인 협력제공 관련 모든 비용 • 수입통관[B7(b)]조항에 따른 수입통관에 관한 관세, 세금, 그 밖의 비용 • 수출 및 수입통관조항(B7)에 따른 의무불이행하거나, 통지규정(B10)에 따른 통지를 하지 않은 경우 매도인에게 발생하는 추가비용(물품은 계약물품으로 명확히 특정될 것)
통지 (A10/B10)	• 매수인이 물품을 수령할 수 있도록 하는데 필요한 통지	• 매수인이 합의된 수령기간 내의 어느 시기 또는 지정목적지 내의 물품수령지점을 결정할 권한이 있을 경우 매도인에게 충분한 통지

7 관세지급인도규칙 (DDP) ... (지정목적지) Incoterms® 2020

Delivered Duty Paid ... (insert named place of destination)

1) 개념

DDP는 Delivered Duty Paid의 약칭으로 "관세지급인도규칙"을 말한다. 이 규칙은 한 가지 이상의 모든 운송방식에도 사용가능한 규칙이다. 다시 말해, 철도운송, 도로운송, 항공운송, 해상운송, 내륙수로운송 등의 단일운송방식에도 사용할 수 있고, 이들 단일운송방식들을 결합한 복합운송(combined transport 또는 multimodal transport)에도 사용될 수 있다.

관세지급인도(DDP)는 지정목적지 또는 지정목적지 내의 합의지점이 있는 경우에는 그 지점에서 양륙을 위하여 준비된 도착운송수단상에서 물품을 매수인의 임의처분 상태로 두거나 또는 그렇게 인도된 물품을 조달한 때 매도인의 인도의무가 완료되는 것을 말한다. 매도인은 지정목적지 또는 지정목적지 내의 합의지점까지 운송계약을 체결하거나 그러한 운송을 마련하여야 한다. 매도인은 물품이 인도될 때까지 물품의 멸실 또는 손상의 모든 위험을 부담한다.

매도인은 지정목적지 또는 지정목적지 내의 합의지점까지 물품운송에 포함된 모든 비용 및 위험을 부담하고 지정된 목적지에 도착한 운송수단으로부터 양륙하는데 따른 위험과 비용은 매수인이 부담한다. 매도인은 또한 물품의 수출통관 뿐만 아니라 수입통관의무를 수행하여야 한다. 이에 따라 매도인은 수출 및 수입에 대한 모든 관세를 부담하고 모든 통관 수속절차를 이행할 의무가 있다.

지정목적지 또는 지정목적지 내의 합의지점까지 물품을 운송하는데 관련된 모든 위험과 비용은 매도인이 부담하고, 지정된 목적지에 도착한 운송수단으로부터 양륙하는데 따른 위험과 비용은 매수인이 부담한다. 예를 들어 물품의 인도장소가 목적지 또는 목적항의 터미널인 경우에는 그 터미널에 도착한 운송수단으로부터 양륙하는데 관련되는 위험과 비용은 물론 해당 터미널에서 다른 장소까지 물품운송과 관련된 비용과 위험을 모두 매수인이 부담한다. 또한 인도장소가 목적지 또는 목적항의 터미널로부터 떨어진 다른 합의장소인 경우 목적지 또는 목적항의 해당 터미널에 도착한 운송수단으로부터 양륙하여 합의된 다른 장소까지 물품운송에 관련된 위험과 비용은 매도인이 부담한다. 즉 합의된 인도장소가 어디든지 그 인도장소에서 물품의 양륙에 관련된 위험과 비용은 매수인이 부담하는 것이다.

DDP규칙은 매도인의 최대의무를 나타낸다. 매도인이 운송계약에 따라 지정목적지에서 양륙과 관련된 비용을 지급하는 경우, 매도인은 당사자 간에 별도의 합의가 없는 한 매수인으로부터 그러한 비용을 지급받을 수 없다.

매도인이 직접적으로 또는 간접적으로 수입통관을 할 수 없을 경우 당사자는 DDP규칙을 사용하지 않는 편이 좋다. 당사자가 매수인이 수입통관에 따른 모든 위험 및 비용을 부담하기로 한다면 DAP규칙이나 DPU규칙을 사용하는 것이 바람직하다.

2) 인도 및 위험이전(delivery and risk)

(1) 인도시기(delivery)

매도인은 물품을 지정목적지에서 또는 그 지정목적지에 합의된 지점이 있는 경우 그 지점에서 양륙을 위해 도착된 매도인의 운송수단 상에서 매수인의 임의처분 하에 두거나 또는 그렇게 인도된 물품을 조달한 때 인도의무를 다한다. 인도장소는 합의된 지정 목적지 또는 지정목적지내 합의지점으로서 부두(quay), 창고(warehouse), 컨테이너 장치장(Container Yard : CY), 도로화물터미널(road cargo terminal), 철도화물터미널(rail cargo terminal), 항공화물터미널(air cargo terminal) 등은 물론 매수인의 영업소 또는 구내, 기타 장소 등이 될 수 있다.

(2) 위험의 이전(transfer of risks)

위험은 매도인이 지정목적지 또는 지정목적지 내의 합의지점에서 양륙을 위해 도착된 운송수단상에서 물품을 매수인의 임의처분상태로 두거나 또는 그렇게 인도된 물품을 조달한 때 매도인으로부터 매수인에게 이전된다. 물품의 인도지점과 위험의 이전지점은 동일하다.

매도인은 물품을 지정목적지까지 또는 지정목적지 내의 합의된 지점까지 운송하는데 수반되는 모든 위험을 부담하며, 인도를 완료할 때까지 물품의 멸실 또는 손상에 대한 위험을 부담한다.

3) 비용의 배분(allocation of costs)

DDP규칙에서 비용의 부담에 대한 분기점과 위험의 이전시점은 일치된다. 매도인은 물품을 직접 제조하거나 구매·조달하는데 따른 기본원가(basic costs), 사업부문별 간접원가(indirect costs), 포장비(packing costs), 품질·용적·중량·수량 등의 물품점검업무비용(costs of checking operations) 및 기타 비용을 부담하여야 한다. 또한 지정목적지 또는 지정목적지 내의 합의된 지점에서 양륙을 위해 준비된 매도인의 도착운송수단 상에서 물품을 매수인의 임의처분 상태로 두어 인도를 완료할 때까지의 물품운송비를 부담한다. 하지만 운송계약에서 양륙비용을 매도인이 부담하기로 한 경우에는 매도인이 부담한다. 이 경우 만일 매도인이 매수인과 별도로 합의하지 않는 한 그러한 비용을 매수인으로부터 지급받을 수 없다. 또한 매도인의 의무는 아닐지라도 자신을 위하여 화물보험을 부보하였다면 보험료를 부담하여야 한다.

매도인은 자신의 위험과 비용으로 수출국, 통과국 및 수입국에서 부과하는 모든 수출·통과·수입통관절차를 수행하고 관련 비용을 부담하여야 하며, 이들 국가들에서 행해지는 선적전검사비용을 부담하여야 한다.

4) 사용자를 위한 설명문(explanatory notes for users)

(1) 인도와 위험

"관세지급인도"는 다음과 같이 된 때 매도인이 매수인에게 물품을 인도하는 것을 의미한다.

- 물품이 지정목적지에서 또는 지정목적지 내의 어떠한 지점이 합의된 경우에는 그러한 지점에서
- 수입통관 후
- 양륙을 위해 준비된
- 도착운송수단 상에서
- 매수인의 처분하에 놓인 때

위험은 매도인이 합의된 일자 또는 기간 내에 목적지에서 양륙을 위하여 준비된 도착 운송수단상에서 수입통관된 물품을 매수인의 임의처분상태로 두어 인도 완료할 때 매도인으로부터 매수인으로 이전된다. 매도인은 인도를 완료할 때까지의 멸실 또는 손상에 대한 위험을 부담한다.

(2) 운송방식

DDP규칙은 한 가지 이상의 모든 운송방식에 적용된다. 따라서 운송방식이 특정 단일운송방식은 물론 두 가지 이상의 모든 운송방식이 적용되는 복합운송방식에도 사용할 수 있다.

(3) 매도인을 위한 유의사항 : 최대책임

DDP규칙은 인도가 도착지에서 일어나고 매도인이 수입관세와 해당되는 세금의 납부책임을 지므로 11개의 모든 인코텀즈규칙 중에서 매도인에게 최대의 의무를 부과하는 규칙이다.

(4) 정확한 인도장소나 목적지 또는 인도지점이나 목적지점 지정

당사자들은 다음과 같은 이유로 가급적 정확하게 목적지나 목적지점을 명시하는 것이 좋다. 첫째, 물품의 멸실 또는 손상의 위험은 그러한 인도지점이나 목적지점에서 매수인에게 이전되기 때문에 당사자들은 이들 지점에 대하여 정확하게 합의하는 것이 바람직하다.

둘째, 수입통관비용을 포함하여 그러한 인도장소나 목적지 또는 인도지점이나 목적지점 이전의 비용은 매도인이 부담하고 수입비용을 제외한 그 후의 비용은 매수인이 부담한다.

셋째, 매도인은 물품을 합의된 인도장소나 목적지 또는 인도지점이나 목적지점까지 운송하는 계약을 체결하거나 그러한 운송을 주선하여야 한다. 그렇게 하지 않는 경우에 매도인은 자신의 의무를 위반한 것이 되고 매수인에 대하여 그에 따른 손해배상책임을 지게 된다. 이에 따라 매도인은 추가적인 후속운송(on-carriage)을 위하여 운송인이 매수인에게 부과하는 추가비용에 대하여 책임을 지게 된다.

(5) 연속매매의 적용

연속매매(string sales)는 매도인이 매수인에게 물품을 인도하면, 물품을 인수받은 매수인이 그 물품을 다시 다른 매수인에게 판매하고, 다른 매수인이 또 다른 매수인에게 판매하는 것과 같은 거래가 연속적으로 이루어지는 것을 말한다. DDP규칙에서 매도인은 물품을 지정목적지에서, 그 지정목적지에 합의된 지점이 있는 경우에는 그 지점에서 양륙을 위해 준비된 도착된 운송수단상에 매수인의 처분하에 두거나, 그렇게 인도된 물품을 조달할 때 물품의 멸실 또는 손상의 위험은 매도인으로부터 매수인에게 이전된다. 그 매수인이 이제 매도인의 입장에서 다른 매수인에게 다시 판매(연속매매)할 경우 첫 번째 매도인이 인도해 놓은대로 그렇게 인도된 물품을 조달한 때가 물품의 손실 또는 손상의 위험이 그 매수인(매도인의 입장)으로부터 다른 매수인에게 이전된다. 따라서 "조달한다(procure)"라는 용어는 특히 일차산품거래(commodity trades)에서 수차에 걸쳐 연속적으로 이루어지는 매매(연속매매)를 위하여 사용된다.

(6) 양륙비용

매도인은 도착운송수단으로부터 물품을 양륙(unload)할 필요가 없다. 그러나 매도인이 자신의 운송계약상 인도장소나 목적지에서 양륙에 관하여 비용이 발생한 경우에 매도인은 당사자 간에 달리 합의되지 않은 한 그러한 비용을 매수인으로부터 별도로 지급받을 수가 없다.

(7) 수출통관 및 수입통관

DDP규칙에서는 해당되는 경우에 매도인이 물품의 수출통관 및 수입통관을 하여야 하고 또한 수입관세를 납부하거나 모든 통관절차를 수행하여야 한다. 따라서 매도인은 수입통관을 이행할 수 없어 매수인이 이행하도록 하는 경우 인도는 여전히 목적지에서 이루어지지만 수입통관은 매수인이 이행하도록 되어 있는 DAP규칙이나 DPU규칙을 사용하는 것이 바람직하다.

5) 매도인의 제공서류

(1) 기본서류

매도인은 매매계약과 일치하는 상업송장(commercial invoice) 및 계약에서 요구하는 일치증명(evidence of conformity)을 제공하여야 한다. 매도인이 제공해야 하는 서류는 합의에 따라, 합의가 없는 경우에는 관행에 따라 종이서류 또는 전자적 방식으로 제공될 수 있다. 매도인은 자신의 비용으로 매수인이 물품을 수령할 수 있도록 하는데 필요한 서류를 제공하여야 한다.

(2) 임의서류

매도인은 매수인의 비용과 위험으로 포장명세서(packing list), 원산지증명서(certificate of origin), 품질 및 수량증명서(certificate of quality and quantity), 중량 및 용적증명서

(certificate of weight and measurement), 영사송장(consular invoice) 그리고 보험부보를 위한 정보 등 임의서류를 제공할 수 있다.

6) 기타 의무

(1) 매도인의 의무

매도인은 자신의 비용으로 지정목적지까지 또는 그 지정목적지에 합의된 지점이 있는 경우 그 지점까지 운송계약을 체결하거나 그러한 운송을 마련하여야 한다. 또한 목적지까지 운송하는데 요구되는 운송관련 보안요건을 준수하여야 한다.

매도인은 수출국, 통과국 및 수입국에서 요구되는 수출, 통과 및 수입통관절차를 이행하고 그에 관련된 비용을 부담하여야 한다. 매도인은 또한 이들 국가에 의해 이루어지는 선적전검사비용을 부담하여야 한다. 물품을 인도하기 위해 필요한 품질점검, 용적측량, 중량측정, 수량계수 등의 점검작업비용을 부담하여야 하며, 적절한 방법으로 물품을 포장하고 화인(marking)을 표시하여야 한다. 매도인은 매수인에게 매수인이 물품을 수령할 수 있도록 하는데 필요한 통지를 하여야 한다.

(2) 매수인의 의무

매수인은 계약에 정한 바에 따라 대금지급을 하여야 하며, 물품이 인도된 때 인도를 수령하여야 한다. 매수인은 매도인의 요청에 따라 매도인의 위험과 비용으로 수출, 통과, 수입통관절차에 관한 서류 및/또는 정보를 취득하는데 매도인에게 협력하여야 한다. 매수인은 지정목적지 내에서 인도를 수령할 지점을 결정할 권한이 있는 경우 매도인에게 충분히 통지를 하여야 한다.

7) 표기방법

- 복합운송의 경우 : US$ 20.00/pc DDP Abc Warehouse at 68516 Lincoln, NE, USA, Incoterms® 2020.
- 항공운송의 경우 : US$ 20.00/pc DDP Chicago Airport, IL, USA, Incoterms® 2020.
- 해상운송의 경우 : US$ 20.00/pc DDP Long Beach Port, 231 Windsor Way Long Beach, CA 90802, USA, Incoterms® 2020.
- 철도운송의 경우 : US$ 20.00/pc DDP New York Station Terminal, 7th Ave. Corner of West 30th Street, New York, Incoterms® 2020.

• 도로운송의 경우 : US$ 20.00/pc DDP Abc Warehouse at 1322 Omaha, NE, USA, Incoterms® 2020.

관세지급인도규칙(Delivered Duty Paid : DDP)이란 지정목적지 또는 지정목적지 내의 합의지점이 있는 경우에는 그 지점에서 양륙을 위하여 준비된 도착운송수단상에서 수입통관된 물품을 매수인의 임의처분 상태로 두거나 또는 그렇게 인도된 물품을 조달한 때 매도인의 인도의무가 완료되는 것을 말한다. 매도인은 지정목적지 또는 지정목적지 내의 합의지점까지 운송계약을 체결하거나 그러한 운송을 마련하여야 한다. 매도인은 물품이 인도될 때까지 물품의 멸실 또는 손상의 모든 위험을 부담한다.

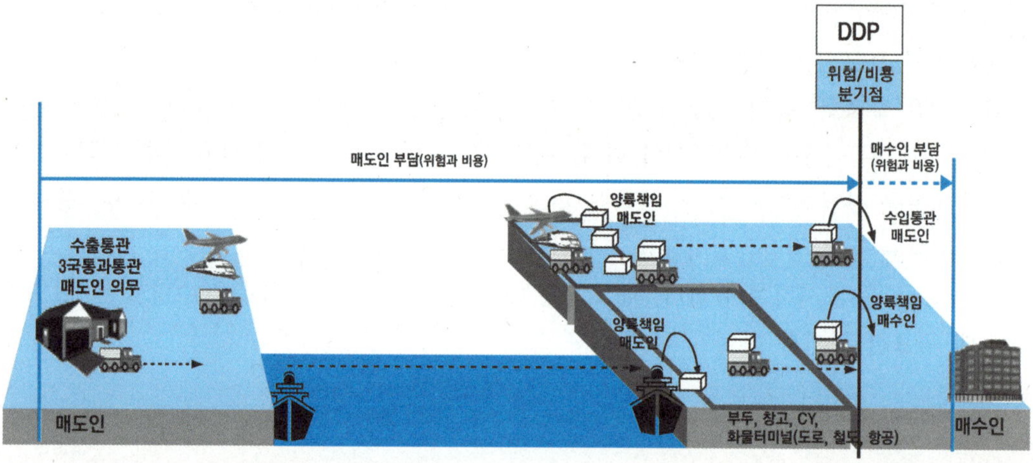

• 인도 및 위험이전시기 : 물품을 지정목적지에서 또는 그 지정목적지에 합의된 지점이 있는 경우 그 지점에서 양륙을 위해 도착된 매도인의 운송수단 상에서 매수인의 임의처분 하에 두거나 또는 그렇게 인도된 물품을 조달한 때
• 비용의 이전시기 : 위험의 이전시기와 동일
• 위험의 이전시기와 비용의 이전시기가 동일
• 수출통관, 3국 통과통관, 수입통관 : 매도인부담
• 매도인이 지정목적지 또는 지정목적지 내의 합의지점까지 운송계약을 체결하거나 운송을 마련하여야 함

표 5-10 DDP규칙상 매매당사자의 의무

내 용	매도인의 의무(A1~A10)	매수인의 의무(B1~B10)
일반적 의무 (A1/B1)	• 계약일치물품, 상업송장 및 기타 요구서류 • 합의에 따라, 합의 없는 경우 관행에 따라 종이서류 또는 전자적 방식	• 매매계약에 약정된대로 물품대금지급 • 합의에 따라, 합의 없는 경우 관행에 따라 종이서류 또는 전자적 방식
인도/ 인도의 수령 (A2/B2)	• 지정목적지에서, 그 지정목적지에 합의된 지점이 있는 경우에는 그 지점에서 양륙을 위해 준비된 도착운송수단 상에서 매수인의 임의처분 하에 두거나, 그렇게 인도된 물품을 조달한 때	• A2에 따라 인도된 때 물품인도의 수령

내 용	매도인의 의무(A1~A10)	매수인의 의무(B1~B10)
위험이전 (A3/B3)	• 물품이 인도될 때까지 위험부담 • B3규정 하에 발생된 위험부담은 없음	• 물품이 인도된 때부터 위험부담 • B7에 따른 의무미이행시 매수인 위험부담 • B10에 따른 통지를 하지 않은 경우 매수인은 그로 인한 위험을 부담 (단, 물품은 계약물품으로 명확히 특정)
운송 (A4/B4)	• (매수인에 대해) 운송계약 체결의무 있음 (지정목적지 또는 지정목적지의 합의지점까지 운송계약을 체결하거나 운송 마련) • 합의되지 않은 경우 지정목적지에서 매도인의 목적에 가장 적합한 지점선택 • 목적지까지 운송 관련 보안요건 준수	• (매도인에 대해) 운송계약 의무 없음
보험 (A5/B5)	• (매수인에 대해) 보험계약 체결의무 없음	• (매도인에 대해) 보험계약 의무 없음 • 매도인의 요청에 따라 매도인의 위험과 비용으로 매도인이 부보하는데 필요한 정보제공
인도/운송서류 (A6/B6)	• 매도인 비용으로 매수인이 물품을 수령할 수 있도록 필요한 서류제공	• 매도인이 제공한 서류 인수
수출/수입통관 (A7/B7)	• 수출국, 통과국 및 수입국에 의해 부과되는 수출·통과·수입통관절차를 수행하고 비용부담 ▸ 수출허가, 통과허가, 수입허가 ▸ 수출·통과·수입을 위한 보안통관 ▸ 선적전검사 및 ▸ 그 밖의 공적 인가	• 매도인이 위험과 비용으로 수출국, 통과국, 수입국에 의해 부과되는 수출·통과·수입통관절차 관련 서류 및 정보를 취득하는데 매도인에게 협력 ▸ 수출허가, 통과허가, 수입허가 ▸ 수출, 통과 및 수입을 위한 보안통관 ▸ 선적전검사 및 ▸ 그 밖의 공적 인가
점검/포장/화인 (A8/B8)	• 인도를 위한 물품점검업무 비용부담 (품질, 용적, 중량, 수량 등) • 적절한 포장, 화인표시	• 의무 없음
비용부담 (A9/B9)	• 물품인도 시까지 비용부담 (B9에 따라 매수인 부담비용은 제외) • 운송계약상 목적지의 양륙비용을 매도인이 부담하기로 한 경우의 양륙비용 • 인도·운송서류를 제공하는데 드는 비용 • 수출통관 및 통과통관 관련 관세, 세금 및 그 밖의 비용 • 보험(B5) 및 수출통관 협력조항[B7(a)]에 따라 서류와 정보를 취득하는데 매수인 협력을 제공하는 것과 관련된 비용	• 물품이 인도된 때부터 물품관련 모든 비용 • 지정목적지에 도착된 운송수단으로부터 물품인도를 수령하는데 필요한 양륙비용 (운송계약상 매도인부담인 경우 제외) • 수출통관협력 및 수입통관조항(B7)에 따른 의무불이행하거나, 통지규정(B10)에 따른 통지를 하지 않은 경우 매도인에게 발생하는 추가비용(물품은 계약물품으로 명확히 특정될 것)
통지 (A10/B10)	• 매수인이 물품을 수령할 수 있도록 하는데 필요한 통지	• 매수인이 합의된 수령기간 내의 시기, 목적지 내의 인도수령지점을 결정할 권한이 있을 경우 매도인에게 충분한 통지

5.3 해상 및 내륙수로 운송을 위한 규칙

1 선측인도규칙 (FAS) ... (지정선적항) Incoterms® 2020

Free Alongside Ship...(named port of shipment)

1) 개념

FAS는 Free Alongside Ship의 약칭으로 "선측인도규칙"을 말한다. 선측인도는 해상운송 및 내륙수로운송에만 사용될 수 있다. 선측인도(FAS)는 물품이 지정된 선적항에서 매수인이 정한 본선의 선측[예를 들어 부두 또는 부선(barge) 내]에 놓일 때, 혹은 그렇게 인도된 물품을 조달(procure)한 때 매도인이 인도의무를 완료하는 것을 의미한다. 물품이 본선의 선측에 놓여질 때 물품의 멸실 또는 손상의 위험이 매도인으로부터 매수인에게 이전되며 매수인은 그 시점으로부터 모든 위험과 비용을 부담한다.

지정선적항의 선측까지의 비용 및 위험을 매도인이 부담하기 때문에 당사자는 적재지점을 명확하게 합의하여야 한다. 매수인이 특정한 적재지점을 표시하지 않은 경우에 매도인은 지정선적항 내에서 그의 목적에 가장 적합한 지점을 선택할 수 있다.

매도인은 본선 선측에서 물품을 인도하거나 또는 선적을 위하여 이미 그와 같이 인도된 물품을 조달(procure)하여야 한다. 여기에서 "조달"은 상품무역에서 흔히 발생하는 연속매매(string sales)에 부응하기 위한 것이다.

FAS규칙에서는 적용 가능한 경우 매도인이 물품에 대한 수출통관을 이행하여야 한다. 하지만 매도인은 물품의 수입통관의무와 모든 수입관세의 지급의무 또는 수입통관수속절차를 이행할 의무가 없다. 물품의 인도장소는 당사자들이 지정한 선적항(적재지점을 합의한 경우에는 선적항의 적재지점)에서 매수인이 지정한 선박의 측면(부두 또는 부선 상)이다.

물품이 컨테이너에 석재되는 경우, 매도인의 본선의 선측이 아닌 터미널에서 운송인에게 물품을 인도하는 것이 일반적이다. 따라서 컨테이너화물의 경우 FAS규칙은 부적절하기 때문에 운송인인도규칙(FCA)을 사용하는 것이 좋다.

2) 인도 및 위험이전(delivery and risk)

(1) 인도시기(delivery)

매도인이 물품을 지정선적항 또는 그 지정선적항에 매수인이 지정하는 적재지점이 있는 경우에는 그 지점에서 매수인이 지정하는 선박의 선측[부두 또는 부선(barge)내]에 놓아두거나 또는 그렇게 인도된 물품을 조달한 때 인도의무가 완료된다. 따라서 인도지점은 본선이 부두에 접안되어 있을 경우에는 선적을 위한 적·양화장비, 즉 양화기(winch) 등 선적용구(tackle)가 도달할 수 있는 부두 상(on a quay)이 되고, 해상에 정박하여 있을 경우에는 부선 내(on a barge)가 된다.

매도인은 합의된 기일에 또는, 매수인으로부터 통지받은 합의된 기간 중의 어느 시기에 또는, 그러한 통지가 없는 경우에는 합의된 기간의 만료일에, 그리고 그 항구의 관행적인 방법으로 인도하여야 한다. 만일 매수인이 특정한 적재지점을 선택하지 않은 경우 매도인은 지정선적항 내에서 자신의 목적에 가장 적합한 지점을 선택할 수 있다.

(2) 위험의 이전(transfer of risks)

위험은 매도인이 물품을 지정선적항 또는 그 지정선적항에 매수인이 지정하는 적재지점이 있는 경우에는 그 지점에서 매수인이 지정하는 선박의 선측[부두 또는 부선(barge)내]에 놓아두거나 또는 그렇게 인도된 물품을 조달한 때 매수인에게 이전된다. 물품의 인도시기와 위험이전시기는 동일하다. 이에 따라 매도인은 물품이 인도될 때까지 물품의 손실 및 손상의 위험을 부담하고 인도 후에는 매수인이 부담한다.

3) 비용의 배분(allocation of costs)

FAS규칙에서 비용의 부담에 대한 분기점과 위험의 이전시점은 일치된다. 비용부담은 위험이전의 분기점을 기준으로 하여 매도인은 적재지점에서 매수인이 정한 본선 선측에 인도할 때까지의 제비용을 부담한다. 물품을 직접 제조하거나 구매·조달하는데 따른 기본원가, 사업부문별 간접원가(indirect costs), 포장비(packing costs), 품질·용적·중량·수량의 물품점검업무비용 및 기타 비용을 부담하여야 한다. 또한 인도지점까지의 내륙운송비(inland freight), 물품인도완료에 따른 통지비용과 물품인도증거서류 취득비용을 부담하여야 한다. 또한 적용 가능한 경우, 수출승인이나 기타 정부승인을 얻는데 소요되는 비용, 수출에 수반되어 부과되는 관세와 조세 또는 기타 부과금 및 통관절차에 소요되는 일체의 비용을 부담하여야 한다. 또한 항구세, 부두사용료(wharfage), 창고료(go-down rent), 보관료

(storage), 본선이 부두에 접안된 경우의 본선선측까지의 물품운반비용, 본선이 해상에 정박된 경우 부두인부임(stevedorage) 및 부선비(lighterage charges)를 부담하여야 한다.

매수인은 매도인이 물품인도의무를 완료한 이후 일체의 비용을 부담하여야 한다. 즉, 적재비(loading charges)와 적부비(stowage) 등 선적작업비용, 최종 목적항까지의 해상운임(ocean freight), 적화보험료(cargo insurance premium), 목적항에서의 양륙비(unloading charges), 수입통관비용 및 제세공과금, 적용 가능한 경우 수입시 지급되는 모든 관세(all duties), 조세(taxes) 및 기타 부과금(other charges)을 포함한 통관비용(customs clearance charges) 등 인도된 이후의 제비용이다.

4) 사용자를 위한 설명문(explanatory notes for users)

(1) 인도와 위험

"선측인도"는 다음과 같이 된 때 매도인이 매수인에게 물품을 인도하는 것을 의미한다.

- 지정선적항에서
- 매수인이 지정한 선박의
- 선측 [예를 들어 부두(quay) 또는 부선(barge)내]에 물품이 놓인 때
- 또는 이미 그렇게 인도된 물품을 조달한 때

물품의 멸실 또는 손상의 위험은 물품이 본선선측에 놓인 때 이전되고, 매수인은 그 순간부터 이후의 모든 비용을 부담한다.

(2) 운송방식

FAS규칙은 당사자들이 물품을 선측에 놓아둠으로써 인도가 완료되는 해상운송이나 내륙수로운송에만 사용된다. 물품이 컨테이너에 적재되는 경우 매도인은 본선의 선측이 아닌 터미널에서 운송인에게 물품을 인도하는 것이 일반적이다. 따라서 이와 같은 컨테이너화물의 경우 FAS규칙 대신에 FCA규칙을 사용하는 것이 바람직하다.

(3) 정확한 적재지점

당사자들은 지정선적항에서 물품이 부두나 바지(barge)선으로부터 선박으로 이동하는 적재지점을 가급적 명확하게 명시하는 것이 좋다. 그 지점까지의 비용과 위험은 매도인이 부담하고, 이러한 비용과 그와 관련된 처리비용(handling charges)은 항구의 관행에 따라 다르기 때문이다.

(4) 연속매매의 허용

연속매매(string sales)는 매도인이 매수인에게 물품을 인도하면, 물품을 인수받은 매수인이 그 물품을 다시 다른 매수인에게 판매하고, 다른 매수인이 또 다른 매수인에게 판매하는 것과 같은 거래가 연속적으로 이루어지는 것을 말한다. 상품거래에서 매도인이 매수인에게 물품을 인도하면 물품을 인수받은 매수인이 그 물품을 다시 다른 매수인에게 판매하고, 다른 매수인이 또 다른 매수인에게 판매하는 등 연속매매가 이루어진다. 이러한 경우 매도인이 물품의 인도를 위하여 선측에 물품을 놓아둔 때 물품의 멸실 또는 물품에 대한 손상의 위험이 매도인으로부터 매수인에게 이전된다. 한편 그 물품을 재판매시 최초의 매수인이 이번에는 다시 매도인의 입장이 되어 선적을 위하여 이미 선측에 놓여진 물품을 그대로 둔 상태로 조달할 때 물품의 멸실 또는 물품에 대한 손상의 위험이 이전된다. 따라서 "조달한다(procure)"라는 용어는 특히 일차산품거래(commodity trades)에서 수차에 걸쳐 연속적으로 이루어지는 매매(연속매매)를 위하여 사용된다.

(5) 수출통관 및 수입통관

FAS규칙에서는 해당되는 경우에 매도인이 물품에 대한 수출통관을 이행하여야 한다. 이에 따라 매도인은 물품의 수입을 위한 또는 제 3국 통과를 위한 통관을 하거나 수입관세를 납부하거나 수입통관절차를 수행할 의무가 없다.

5) 매도인의 제공서류

(1) 기본서류

매도인은 매매계약과 일치하는 상업송장(commercial invoice) 및 계약에서 요구하는 일치증명(evidence of conformity)을 제공하여야 한다. 매도인이 제공해야 하는 서류는 합의에 따라, 합의가 없는 경우에는 관행에 따라 종이서류 또는 전자적 방식으로 제공될 수 있다.

매도인은 본선 선측에 인도가 완료되었다는 통상적인 증거를 제공하여야 한다. 그러한 증거가 운송서류가 아닌 경우 매도인은 매수인의 요청에 따라 매수인의 위험과 비용으로 매수인이 운송서류를 취득하는데 협력을 제공하여야 한다. 관련증거로는 항만당국이 발행하는 부두수령증(Dock's Receipt : D/R), 선박대리인이 발행하는 선박수령증(ship's receipt) 또는 수취선하증권(received B/L) 등을 들 수 있다. 매수인이 요청할 경우 매도인은 해상선하증권과 같은 운송서류를 제공할 수 있다.

(2) 임의서류

매수인의 비용과 위험으로 포장명세서(packing list), 원산지증명서(certificate of origin), 품질 및 수량증명서(certificate of quality and quantity), 중량 및 용적증명서, 영사송장 그리고 보험부보를 위한 정보 등 임의서류를 제공할 수 있다.

6) 기타 의무

(1) 매도인의 의무

매도인은 수출허가, 수출을 위한 보안통관, 선적전검사 및 그 밖의 공적인가와 같이 수출국에 의해 부과되는 모든 수출통관절차를 수행하고 관련 비용을 부담하여야 한다. FAS규칙에서 매도인은 매수인에 대해 운송계약의무는 없지만, 합의하는 경우 매도인은 매수인의 위험 및 비용부담으로 통상적인 운송계약을 체결할 수도 있으며, 매수인의 위험과 비용으로 운송을 마련할 수 있도록 운송관련 보안요건을 포함한 관련 정보를 매수인에게 제공하여야 한다. 매도인은 물품을 인도하기 위해 필요한 품질점검, 용적측량, 중량측정, 수량계수 등의 점검작업비용을 부담하여야 하며, 적절한 방법으로 물품을 포장하고 화인(marking)을 표시하여야 한다. 매도인은 물품이 인도된 사실 또는 매수인이 지정한 선박이 합의된 시기 내에 인도를 수령하지 않은 사실을 매수인에게 통지하여야 한다.

(2) 매수인의 의무

매수인은 계약에 따라 대금지급을 하여야 하고 자신의 비용으로 지정선적항으로부터 운송하는 운송계약을 체결하여야 한다. 매수인은 통과국 및 수입국에 의해 부과되는 수입·통과허가 및 통관, 보안통관, 선적전검사 및 그 밖의 공적 인가 등 모든 절차를 수행하고 관련 비용을 부담하여야 한다. 또한 매수인은 매도인에게 운송관련 보안요건, 선박명, 적재지점 및 합의된 인도기간 내에서 선택된 인도일자가 있는 경우에는 그 일자를 매도인에게 통지하여야 한다.

7) 표기방법

- US$ 10.00/pc FAS Busan Port, 330 Sinhangnam-ro, Gangseo-gu, Busan, Korea, Incoterms® 2020.

선측인도규칙(Free Alongside Ship : FAS)이란 물품이 지정된 선적항에서 매수인이 정한 본선의 선측[예를 들어 부두 또는 부선(barge)상]에 놓일 때, 혹은 그렇게 인도된 물품을 조달(procure)한 때 매도인이 인도의무를 완료하는 것을 의미한다. 물품이 본선의 선측에 놓여질 때 물품의 멸실 또는 손상의 위험이 매도인으로부터 매수인에게 이전되며 매수인은 그 시점으로부터 모든 위험과 비용을 부담한다. 매도인은 합의된 기일 또는 기간 내에 항구의 관습적인 방법으로 인도한다.

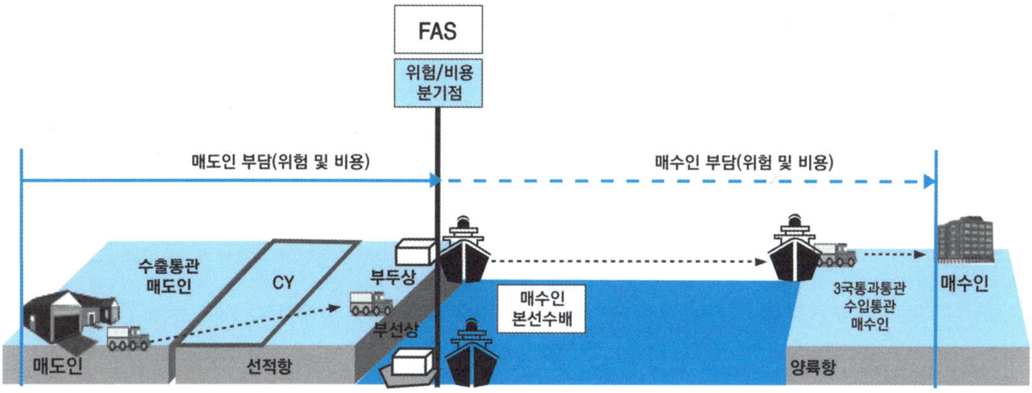

- 인도 및 위험의 이전시기 : 지정선적항 또는 지정선적항에서 매수인이 지정하는 적재지점이 있는 경우에는 그 적재지점에서 매수인이 지정하는 본선의 선측에 물품을 놓아두거나 또는 그렇게 인도된 물품을 조달한 때
- 비용의 이전시기 : 위험의 이전시기와 동일
- 본선수배의무 : 매수인
- 수출통관 : 매도인부담, 3국 통과통관, 수입통관 : 매수인부담

▌표 5-11▐ FAS규칙상 매매당사자의 의무

내 용	매도인의 의무(A1~A10)	매수인의 의무(B1~B10)
일반적 의무 (A1/B1)	• 계약일치물품, 상업송장 및 기타 요구서류 • 합의에 따라, 합의 없는 경우 관행에 따라 종이서류 또는 전자적 방식	• 매매계약에 약정된대로 물품대금지급 • 합의에 따라, 합의 없는 경우 관행에 따라 종이서류 또는 전자적 방식
인도/ 인도의 수령 (A2/B2)	• 지정선적항에서 또는 그 지정선적항에서 매수인이 지정하는 적재지점에서 물품을 매수인이 지정하는 선박의 선측에 두거나, • 그렇게 인도된 물품을 조달한 때 • 물품인도방법은 다음과 같음 ① 합의된 기일에, 또는 ② B10에 따라 매수인으로부터 통지받은 합의기간 중의 어느 시기에 ③ 그러한 시기통지가 없는 경우에는 합의된 기간의 만료일에 ④ 항구의 관행으로 • 매수인이 특정 적재지점을 지정하지 않은 경우 매도인이 지정선적항 내에서 가장 적합한 지점선택 가능	• A2에 따라 인도된 때 물품인도의 수령

내 용	매도인의 의무(A1~A10)	매수인의 의무(B1~B10)
위험이전 (A3/B3)	• 물품이 인도될 때까지 위험부담 • B3규정 하에 발생된 위험부담은 없음	• 물품이 인도된 때부터 위험부담 • 만일, ① B10에 따른 통지를 하지 않은 경우, ② 매수인 지정선박이 선적항에 정시에 도착하지 않거나, 물품을 수령하지 않거나, B10에 따라 통지된 시기보다 일찍 선적을 마감하는 경우 • 매수인은 다음 시기부터 위험부담 ① 합의인도기일부터 또는 합의인도기일이 없는 경우에는 ② 매수인이 B10에 따라 선택한 일자부터 또는 그러한 일자가 통지되지 않은 경우에는 ③ 합의된 인도기간의 만료일부터 (단, 물품은 계약물품으로 명확히 특정)
운송 (A4/B4)	• (매수인에 대해) 운송계약체결의무 없음 • 매수인의 위험과 비용으로 매수인이 운송을 주선하기 위한 필요정보 제공 • 매수인이 운송을 주선하기 위한 운송관련 보안요건 제공 • 합의시 매수인의 위험과 비용으로 통상적인 조건으로 운송계약 체결 • 인도할 때까지 운송 관련 보안요건 준수	• 매수인 자신의 비용으로 지정선적항부터 운송계약 체결 • 매도인과 합의하여 매수인의 위험과 비용으로 매도인이 대신 운송계약을 체결하는 경우에는 예외임
보험 (A5/B5)	• (매수인에 대해) 보험계약 체결의무 없음 • 매수인의 요청에 따라 매수인의 위험과 비용으로 매수인이 부보하는데 필요한 정보 제공	• (매도인에 대해) 보험계약 체결의무 없음
인도/운송서류 (A6/B6)	• 매도인 비용으로 물품이 인도되었다는 통상적인 증거제공 • 증거가 운송서류가 아닌 경우 매수인의 요청에 따라 매수인의 위험과 비용으로 매수인이 운송서류 취득하는데 협력	• 매도인이 제공한 인도의 증거를 인수
수출/수입통관 (A7/B7)	• 수출통관 수출통관을 수행하고 그에 대한 비용부담 ▸ 수출허가 ▸ 수출을 위한 보안통관 ▸ 선적전검사 및 ▸ 그 밖의 공적 인가 • 수입통관에 관한 협력 ▸ 매수인의 위험과 비용으로 보안요건 및 선적전검사를 포함하여 통과국 또는 수입국에 의해 필요한 서류 및 정보를 취득하는데 매수인에게 협력	• 수출통관에 관한 협력 ▸ 매도인의 위험과 비용으로 보안요건 및 선적전검사를 포함하여 수출국에 의해 필요한 수출통관서류 및 정보를 취득하는데 매도인에게 협력 • 수입통관 ▸ 수입허가 및 통과를 위해 필요한 허가 ▸ 수입과 통과를 위한 보안통관 ▸ 선적전검사 및 ▸ 그 밖의 공적 인가

내 용	매도인의 의무(A1~A10)	매수인의 의무(B1~B10)
점검/포장/화인 (A8/B8)	• 인도를 위한 물품점검업무 비용부담 (품질, 용적, 중량, 수량 등) • 적절한 포장, 화인표시	• 의무 없음
비용부담 (A9/B9)	• 물품인도 시까지 비용부담 (B9에 따라 매수인 부담비용은 제외) • 물품이 인도되었다는 증거제공 비용 • 수출통관 관세, 세금 및 그 밖의 비용 • 수출통관 협력조항[B7(a)]에 따라 서류와 정보를 취득하는데 매수인이 협력을 제공하는 것과 관련된 비용	• 물품이 인도된 때부터 물품관련 모든 비용 (A9에 따라 매도인 부담비용 제외) • 운송, 보험, 인도·운송서류 및 수입통관협력 관련 조항들에 따라 매도인 협력 관련 모든 비용 • 통과통관, 수입통관 관련 관세, 세금 및 그 밖의 비용 • 다음의 경우에 발생하는 추가비용 ① 매수인이 B10에 따라 통지하지 않는 경우 ② 매수인 지정선박이 정시에 도착하지 않거나, 물품이 수령되지 않거나, 통지시기보다 일찍 선적을 마감하는 경우 (물품은 계약물품으로 명확히 특정될 것)
통지 (A10/B10)	• 물품이 인도된 사실 또는 매수인 지정선박이 합의된 시기 내에 인도를 수령하지 않은 사실을 통지	• 매도인에게 운송관련 보안요건, 선박명, 적재지점 및 합의된 인도기간 내에서 선택된 인도일자 있는 경우 그 일자를 통지

2 본선인도규칙 (FOB) ... (지정선적항) Incoterms® 2020

Free On Board...(named port of shipment)

1) 개념

FOB는 Free On Board의 약칭으로 "본선인도규칙"을 말한다. 본선인도는 해상운송 및 내륙수로운송에만 사용될 수 있다. 본선인도(FOB)는 매도인이 지정선적항 또는 지정선적항에서 매수인이 지정하는 적재지점이 있는 경우에는 그 지점에서 매수인이 지정한 본선에 적재하거나 또는 그렇게 인도된 물품을 조달하는 것을 의미한다. 물품이 본선상에 있을 때 물품의 멸실 또는 손상의 위험이 매도인으로부터 매수인에게 이전되며 매수인은 그 시점으로부터 모든 비용을 부담한다.

매도인이 지정선적항 또는 지정적재지점까지의 비용 및 위험을 매도인이 부담하기 때문에 당사자는 지정선적항 또는 적재지점을 명확하게 합의하여야 한다. 매수인이 특정한 적재지점을 표시하지 않은 경우에 매도인은 지정선적항 내에서 그의 목적에 가장 적합한 적재지점을 선택할 수 있다.

FOB규칙에서는 적용 가능한 경우 매도인이 물품에 대한 수출통관을 이행하여야 한다. 하지만 매도인은 물품의 수입통관의무와 모든 수입관세의 지급의무 또는 수입통관수속절차를 이행할 의무가 없다.

FOB규칙은 전형적으로 터미널에서 인도되는 컨테이너화물의 경우와 같이 물품이 본선상에 놓여지기 전에 운송인에게 인도되는 경우에는 적당하지 않을 수 있기 때문에 운송인인도규칙(FCA규칙)이 사용되어야 한다.

2) 인도 및 위험이전(delivery and risk)

(1) 인도시기(delivery)

매도인이 물품을 지정선적항 또는 그 지정선적항에 매수인이 지정하는 적재지점이 있는 경우에는 그 적재지점에서 매수인이 지정하는 본선에 적재하거나 또는 그렇게 인도된 물품을 조달한 때 인도의무가 완료된다. 따라서 인도시기는 매도인이 물품을 본선상에 적재하는 시점이다.

매도인은 합의된 기일에 또는, 매수인으로부터 통지받은 합의된 기간 중의 어느 시기에 또는, 그러한 통지가 없는 경우에는 합의된 기간의 만료일에, 그리고 그 항구의 관행적인 방법으로 인도하여야 한다. 만일 매수인이 특정한 적재지점을 선택하지 않은 경우 매도인은 지정선적항 내에서 자신의 목적에 가장 적합한 적재지점을 선택할 수 있다.

(2) 위험이전(transfer of risks)

위험은 매도인이 물품을 지정선적항 또는 그 지정선적항에 매수인이 지정하는 적재지점이 있는 경우에는 그 지점에서 매수인이 지정하는 선박에 적재하거나 또는 그렇게 인도된 물품을 조달한 때 매수인에게 이전된다. 물품의 인도시기와 위험이전시기는 동일하다. 이에 따라 매도인은 물품이 인도될 때까지 물품의 손실 및 손상의 위험을 부담하고 인도 후에는 매수인이 부담한다.

3) 비용의 배분(allocation of costs)

FOB규칙에서 비용의 부담에 대한 분기점과 위험의 이전시점은 일치된다. 매도인은 지정선적항에서 매수인이 정한 본선상에 물품을 인도할 때까지의 제비용을 부담하여야 한다. 즉 매도인은 물품을 직접 제조하거나 구매·조달하는데 따른 기본원가, 사업부문별 간접원가(indirect costs), 포장비(packing costs), 품질·용적·중량·수량의 물품점검업무비용 및 기타 비용을 부담하여야 한다. 또한 인도지점까지의 내륙운송비(inland freight), 물품인도

완료에 따른 통지비용과 물품인도증거서류 취득비용을 부담하여야 한다. 또한 적용 가능한 경우, 수출승인이나 기타 정부승인을 얻는데 소요되는 비용, 수출에 수반되어 부과되는 관세(export duties)와 조세 또는 기타 부과금 및 통관절차(customs formalities)에 소요되는 일체의 비용을 부담하여야 한다. 또한 적재비(loading charges)와 적부비(stowage) 등의 선적작업비용, 항구세(port dues), 부두사용료(wharfage), 창고료(go-down rent), 보관료(storage), 본선이 부두에 접안된 경우의 본선선측까지의 물품운반비용, 본선이 해상에 정박된 경우 부두인부임(stevedorage) 및 부선비(literage)를 부담하여야 한다.

매수인은 매도인이 물품인도의무를 완료한 이후 일체의 비용을 부담하여야 한다. 즉, 최종 목적항까지의 해상운임(ocean freight), 화물보험료(cargo insurance premium), 목적항에서의 양륙비(unloading charges), 수입통관비용 및 제세와 공과금, 적용 가능한 경우 수입시 지급되는 모든 관세(all duties), 조세(taxes) 및 기타 부과금(other charges)을 포함한 통관비용(customs clearance charges) 등 인도된 이후의 제비용을 매도인이 부담한다.

4) FOB규칙의 특성

(1) 선적지매매규칙

FOB규칙은 매도인이 자기의 위험과 비용으로 약정기간 내에 지정선적항에서 약정된 물품을 매수인이 수배한 선박에 선적함으로써 인도를 완료하는 규칙이다. 당해 물품의 소유권과 위험은 물품이 본선에 적재될 때 매도인으로부터 매수인에게 이전되고, 매수인은 그 시점 이후에 발생하는 위험과 비용으로 부담하고 계약에서 약정한 대금을 지급하여야 한다. FOB Busan Port의 경우 Busan항은 물품의 소유권이 이전되는 장소이며, 매매당사자의 위험 및 비용부담의 분기점이 되는 선적항이다. 따라서 FOB규칙은 선적지에서 매매가 이행되는 선적지매매규칙이다.

(2) 현물인도규칙

FOB규칙은 현실적 인도(actual delivery)규칙으로 매도인이 매수인 또는 매수인이 지정하는 운송인에게 현실적으로 물품의 점유를 이전시켜 계약을 이행한다. 무역거래에 사용되는 FOB규칙에서는 보통 운송인에게 물품을 인도하게 되는데 이 경우 운송인은 매수인의 이행보조자이다. 따라서 매수인이 선박의 지정을 게을리하거나 또는 그 이행보조자인 운송인의 귀책사유에 의하여 선적이 불가능한 경우 매수인이 이에 대한 책임을 져야 한다. 현실적 인도규칙인 FOB규칙에서 선적과 동시에 인도가 완료되기 때문에 매수인은 물품의 인도 즉시 대금을 지급하여야 한다. FOB규칙은 서류이전에 의한 상징적 인도규칙인 CIF규칙과는 달리 현실적 인도를 본질로 하고 있지만, 무역거래의 경우 대금지급에 관한 특약조건으로 매도인이 선하증권을 획득하여 화환어음을 결제하는 방식(신용장, D/A, D/P조건 등)을 적용하고 있다.

5) 사용자를 위한 설명문

(1) 인도와 위험

"본선인도"는 매도인이 다음과 같이 물품을 매수인에게 인도하는 것을 의미한다.

- 지정선적항에서
- 매수인이 지정한
- 선박에 적재하거나
- 또는 이미 그렇게 인도된 물품을 조달함

물품의 멸실 또는 손상의 위험은 물품이 선박에 적재된 때 이전되고, 매수인은 그 순간부터 모든 비용을 부담한다.

(2) 운송방식

FOB규칙은 당사자들이 물품을 선박에 적재함으로써 인도하기로 하는 해상운송이나 내륙수로운송에만 사용된다. 물품이 컨테이너에 적재되는 경우 매도인은 본선상이 아닌 터미널에서 운송인에게 물품을 인도하는 것이 일반적이다. 따라서 이와 같은 컨테이너화물의 경우 FOB규칙 대신에 FCA규칙을 사용하는 것이 바람직하다.

(3) 연속매매의 적용

연속매매(string sales)는 매도인이 매수인에게 물품을 인도하면, 물품을 인수받은 매수인이 그 물품을 다시 다른 매수인에게 판매하고, 다른 매수인이 또 다른 매수인에게 판매하는 것과 같은 거래가 연속적으로 이루어지는 것을 말한다. 이러한 경우 매도인이 물품의 인도를 위하여 본선상에 물품을 놓아둔 때 물품의 멸실 또는 물품에 대한 손상의 위험이 매도인으로부터 매수인에게 이전된다. 한편 그 물품을 재판매시 최초의 매수인이 이번에는 다시 매도인의 입장이 되어 물품을 선적하여야 하는 의무가 발생하게 된다. 하지만 이미 최초에 물품이 본선상에 이미 선적된 상태이기 때문에 다시 선적할 수 없으며 그렇게 선적되어 있는 물품을 조달할 때 물품의 멸실 또는 물품에 대한 손상의 위험이 이전되는 것이다. 따라서 "조달한다(procure)"라는 용어는 특히 일차산품거래(commodity trades)에서 수차에 걸쳐 연속적으로 이루어지는 매매(연속매매)를 위하여 사용된다.

(4) 수출통관 및 수입통관

FOB규칙에서는 해당되는 경우에 매도인이 물품에 대한 수출통관을 이행하여야 한다. 이에 따라 매도인은 물품의 수입을 위한 또는 제 3국 통과를 위한 통관을 하거나 수입관세를 납부하거나 수입통관절차를 수행할 의무가 없다.

6) 매도인의 제공서류

(1) 기본서류

매도인은 매매계약과 일치하는 상업송장(commercial invoice) 및 계약에서 요구하는 일치증명(evidence of conformity)을 제공하여야 한다. 매도인이 제공해야 하는 서류는 합의에 따라, 합의가 없는 경우에는 관행에 따라 종이서류 또는 전자적 방식으로 제공될 수 있다.

매도인은 본선상에 인도가 완료되었다는 관례적인 증거를 제공하여야 한다. 이러한 증거가 운송서류가 아닐 경우 매수인의 요청으로 매수인의 위험과 비용부담으로 운송서류를 취득하는데 협조를 하여야 한다. 관련증거로는 항만당국이 발행하는 부두수령증(Dock's Receipt : D/R), 선박대리인이 발행하는 선박수령증(ship's receipt) 또는 수취선하증권(received B/L) 등을 들 수 있다. 매수인이 요청할 경우 매도인은 해상선하증권과 같은 운송서류를 제공할 수 있다.

(2) 임의서류

매수인의 비용과 위험으로 포장명세서(packing list), 원산지증명서(certificate of origin), 품질 및 수량증명서(certificate of quality and quantity), 중량 및 용적증명서, 영사송장 그리고 보험부보를 위한 정보 등 임의서류를 제공할 수 있다.

7) 기타 의무

(1) 매도인의 의무

매도인은 수출허가, 수출을 위한 보안통관, 선적전검사 및 그 밖의 공적인가와 같이 수출국에 의해 부과되는 모든 수출통관절차를 수행하고 관련 비용을 부담하여야 한다. FOB규칙에서 매도인은 매수인에 대해 운송계약의무는 없지만, 합의하는 경우 매도인은 매수인의 위험 및 비용부담으로 통상적인 운송계약을 체결할 수도 있으며, 매수인의 위험과 비용으로 운송을 마련할 수 있도록 운송 관련 보안요건을 포함한 관련 정보를 매수인에게 제공하여야 한다. 매도인은 물품을 인도하기 위해 필요한 품질점검, 용적측량, 중량측정, 수량계수 등의 점검작업비용을 부담하여야 하며, 적절한 방법으로 물품을 포장하고 화인(marking)을 표시하여야 한다. 매도인은 물품이 인도된 사실 또는 매수인이 지정한 선박이 합의된 시기 내에 인도를 수령하지 않은 사실을 매수인에게 통지하여야 한다.

(2) 매수인의 의무

매수인은 계약에 따라 대금지급을 하여야 하고 자신의 비용으로 지정선적항으로부터 운송하는 운송계약을 체결하여야 한다. 매수인은 통과국 및 수입국에 의해 부과되는 수입·통과허가 및 통관, 보안통관, 선적전검사 및 그 밖의 공적 인가 등 모든 절차를 수행하고 관련 비용을 부담하여야 한다. 또한 매수인은 매도인에게 운송관련 보안요건, 선박명, 적재지점 및 합의된 인도기간 내에서 선택된 인도일자가 있는 경우에는 그 일자를 매도인에게 통지하여야 한다.

8) 거래규칙 표기의 예

- US$ 12.00/pc FOB Busan Port, 330 Sinhangnam-ro, Gangseo-gu, Busan, Korea, Incoterms® 2020

본선인도규칙(Free On Board : FOB)이란 매도인이 지정선적항 또는 지정선적항에서 매수인이 지정하는 적재지점이 있는 경우에는 그 지점에서 매수인이 지정한 본선에 적재하거나 또는 그렇게 인도된 물품을 조달하는 것을 의미한다. 물품이 본선상에 있을 때 물품의 멸실 또는 손상의 위험이 매도인으로부터 매수인에게 이전되며 매수인은 그 시점으로부터 모든 비용을 부담한다.

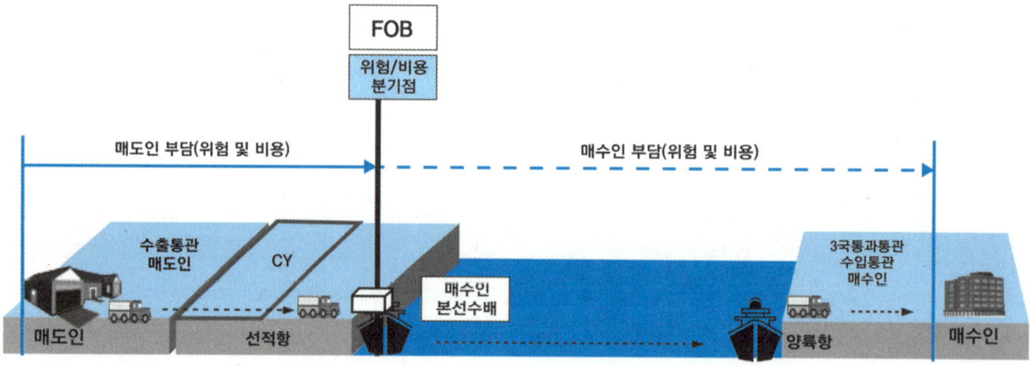

- 인도 및 위험의 이전시기 : 매도인이 지정선적항 또는 지정선적항에서 매수인이 지정하는 적재지점이 있는 경우에는 그 지점에서 매수인이 지정한 본선에 적재하거나 또는 그렇게 인도된 물품을 조달한 때
- 비용의 이전시기 : 위험의 이전시기와 동일
- 본선수배의무 : 매수인
- 수출통관 : 매도인부담, 3국 통과통관, 수입통관 : 매수인부담
- 터미널에 인도되는 컨테이너화물의 경우에는 부적합 → FCA규칙이 적합

▌표 5-12▐ FOB규칙상 매매당사자의 의무

내 용	매도인의 의무(A1~A10)	매수인의 의무(B1~B10)
일반적 의무 (A1/B1)	• 계약일치물품, 상업송장 및 기타 요구서류 • 합의에 따라, 합의 없는 경우 관행에 따라 종이서류 또는 전자적 방식	• 매매계약에 약정된대로 물품대금지급 • 합의에 따라, 합의 없는 경우 관행에 따라 종이서류 또는 전자적 방식
인도/ 인도의 수령 (A2/B2)	• 지정선적항에서 또는 그 지정선적항에서 매수인이 지정하는 적재지점에서 물품을 매수인이 지정하는 선박에 적재하거나, 그렇게 인도된 물품을 조달한 때 • 물품인도방법은 다음과 같음 ① 합의된 기일에, 또는 ② B10에 따라 매수인으로부터 통지받은 합의기간 중의 어느 시기에 ③ 그러한 시기통지가 없는 경우에는 합의된 기간의 만료일에 ④ 항구의 관행적인 방법으로 • 매수인이 특정 적재지점을 지정하지 않은 경우 매도인이 지정선적항 내에서 가장 적합한 지점선택가능	• A2에 따라 인도된 때 물품인도의 수령
위험이전 (A3/B3)	• 물품이 인도될 때까지 위험부담 • B3규정 하에 발생된 위험부담은 없음	• 물품이 인도된 때부터 위험부담 • 만일, ① B10에 따른 통지를 하지 않은 경우, ② 매수인 지정선박이 선적항에 정시에 도착하지 않거나, 물품을 수령하지 않거나, B10에 따라 통지된 시기보다 일찍 선적을 마감하는 경우 • 매수인은 다음 시기부터 위험부담 ① 합의인도기일부터 또는 합의인도기일이 없는 경우에는 ② 매수인이 B10에 따라 선택한 일자부터 또는 그러한 일자가 통지되지 않은 경우에는 ③ 합의된 인도기간의 만료일부터 (단, 물품은 계약물품으로 명확히 특정)
운송 (A4/B4)	• (매수인에 대해) 운송계약체결의무 없음 • 매수인의 위험과 비용으로 매수인이 운송을 주선하기 위한 필요정보 제공 • 매수인이 운송을 주선하기 위한 운송관련 보안요건 제공 • 합의시 매수인의 위험과 비용으로 통상적인 조건으로 운송계약 체결 • 인도할 때까지 운송관련 보안요건 준수	• 매수인 자신의 비용으로 지정선적항부터 운송계약 체결 • 매도인과 합의하여 매수인의 위험과 비용으로 매도인이 대신 운송계약 체결하는 경우에는 예외임

내 용	매도인의 의무(A1~A10)	매수인의 의무(B1~B10)
보험 (A5/B5)	• (매수인에 대해) 보험계약 체결의무 없음 • 매수인의 요청에 따라 매수인의 위험과 비용으로 매수인이 부보하는데 필요한 정보 제공	• (매도인에 대해) 보험계약 체결의무 없음
인도/운송서류 (A6/B6)	• 매도인 비용으로 물품이 인도되었다는 통상적인 증거제공 • 증거가 운송서류가 아닌 경우 매수인의 요청에 따라 매수인의 위험과 비용으로 매수인이 운송서류 취득하는데 협력	• 매도인이 제공한 인도의 증거를 인수
수출/수입통관 (A7/B7)	• 수출통관 수출통관을 수행하고 그에 대한 비용부담 ▸ 수출허가 ▸ 수출을 위한 보안통관 ▸ 선적전검사 및 ▸ 그 밖의 공적 인가 • 수입통관에 관한 협력 ▸ 매수인의 위험과 비용으로 보안요건 및 선적전검사를 포함하여 통과국 또는 수입국에 의해 필요한 서류 및 정보를 취득하는데 매수인에게 협력	• 수출통관에 관한 협력 ▸ 매도인의 위험과 비용으로 보안요건 및 선적전검사를 포함하여 수출국에 의해 필요한 수출통관서류 및 정보를 취득하는데 매도인에게 협력 • 수입통관 ▸ 수입허가 및 통과를 위해 필요한 허가 ▸ 수입과 통과를 위한 보안통관 ▸ 선적전검사 및 ▸ 그 밖의 공적 인가
점검/포장/화인 (A8/B8)	• 인도를 위한 물품점검업무 비용부담 (품질, 용적, 중량, 수량 등) • 적절한 포장, 화인표시	• 매도인에 대해 의무 없음
비용부담 (A9/B9)	• 물품인도 시까지 비용부담 (B9에 따라 매수인 부담비용은 제외) • 물품이 인도되었다는 증거제공 비용 • 수출통관 관세, 세금 및 그 밖의 비용 • 수출통관 협력조항[B7(a)]에 따라 서류와 정보를 취득하는데 매수인이 협력을 제공하는 것과 관련된 비용	• 물품이 인도된 때부터 물품관련 모든 비용 (A9에 따라 매도인 부담비용 제외) • 운송, 보험, 인도·운송서류 및 수입통관협력 관련 조항들에 따라 매도인 협력관련 모든 비용 • 통과통관, 수입통관 관련 관세, 세금 및 그 밖의 비용 • 다음의 경우에 발생하는 추가비용 ① 매수인이 B10에 따라 통지하지 않는 경우 ② 매수인 지정선박이 정시에 도착하지 않거나, 물품이 수령되지 않거나, 통지시기 보다 일찍 선적을 마감하는 경우 (물품은 계약물품으로 명확히 특정될 것)
통지 (A10/B10)	• 물품이 인도된 사실 또는 매수인 지정선박이 합의된 시기 내에 인도를 수령하지 않은 사실을 통지	• 매도인에게 운송관련 보안요건, 선박명, 적재지점 및 합의된 인도기간 내에서 선택된 인도일자 있는 경우 그 일자를 통지

3 운임포함인도규칙 (CFR) ... (지정목적항) Incoterms® 2020

Cost and Freight...(named port of destination)

1) 개념

CFR은 Cost and Freight[8]의 약칭으로 "운임포함인도규칙"을 말한다. 운임포함인도는 해상운송 및 내륙수로운송에만 사용될 수 있다. 운임포함인도(CFR)는 매도인이 본선상에 물품을 적재하거나 또는 그렇게 인도된 물품을 조달할 때 인도의무가 완료된다. 물품이 본선상에 있을 때 물품의 멸실 또는 손상의 위험이 이전되지만, 매도인은 운송계약을 체결하고 지정 목적항 또는 목적항의 합의지점까지 물품을 운송하는데 필요한 비용 및 운임을 지급하여야 한다.

CPT, CIP, CFR 및 CIF규칙이 사용되는 경우, 매도인의 인도의무는 물품이 목적지에 도착될 때가 아닌 선택된 규칙에 명시된 방법으로 물품이 운송인에게 인도될 때 완료된다. CFR규칙에서 매도인의 인도의무는 물품이 목적항에 도착할 때가 아니라 선적항에 있는 본신상에서 물품을 인도힐 때 완료된다.

CFR규칙에서는 위험의 분기점과 비용의 이전시점이 서로 다르다. 일반적으로 계약서에 목적항을 명시하고 있으나 위험이 매수인에게 이전되는 선적항을 명시하고 있지는 않다. 선적항이 매수인에게 특히 관심이 있는 경우 당사자들이 가능한 한 계약서에 이를 명확하게 특정하는 것이 바람직하다.

매도인이 합의된 목적항의 지정지점까지 비용을 부담하므로 당사자는 가능한 한 그 지점을 명확히 결정하여야 하며, 매도인은 이 규칙에 일치하는 운송계약을 체결하여야 한다. 매도인이 운송계약에 따라 목적항의 명시된 지점에서 양륙과 관련된 비용을 지급하는 경우, 매도인은 당사자 간에 별도의 합의가 없는 한 매수인으로부터 그러한 비용을 지급받을 수 없다. 매도인은 본선상에서 물품을 인도하거나 또는 선적을 위하여 그렇게 인도된 물품을 조달(procure)하여야 한다.

CFR규칙은 전형적으로 터미널에서 인도되는 컨테이너화물의 경우와 같이 물품이 본선상에 놓여지기 전에 운송인에게 인도되는 경우에는 적당하지 않을 수 있기 때문에 그러한 경우에는 운송비포함인도규칙(CPT규칙)이 사용되어야 한다.

CFR규칙은 적용 가능한 경우 매도인이 물품에 대한 수출통관을 해야 한다. 그러나 매도인은 물품의 수입통관의무와 모든 수입관세의 지급의무 및 수입통관절차를 이행할 의무가 없다.

---

8) "Cost"는 선적항에 본선상에 적재할 때까지의 비용으로 FOB가격을 의미하고, "Freight"는 선적항에서 목적항까지의 해상운송비(ocean freight)를 의미한다.

2) 인도 및 위험이전(delivery and risk)

(1) 인도시기(delivery)

매도인이 본선상에 물품을 적재하거나 또는 그렇게 인도된 물품을 조달하는 것을 의미한다. 물품이 본선상에 있을 때 물품의 멸실 또는 손상의 위험이 이전되지만, 매도인은 운송계약을 체결하고 지정 목적항까지 물품을 운송하는데 필요한 비용 및 운임을 지급하여야 한다. 매도인은 합의된 기일에 또는 합의된 기간 내에 당해 항구에서 관행적인 방법으로 물품을 인도하여야 한다.

(2) 위험의 이전(transfer of risks)

위험은 매도인이 물품을 본선상에 적재하거나 또는 그렇게 인도된 물품을 조달한 때 매수인에게 이전된다. 물품의 인도시기와 위험이전시기는 동일하다. 이에 따라 매도인은 물품이 인도될 때까지 물품의 손실 및 손상의 위험을 부담하고 인도 후에는 매수인이 부담한다. 이에 따라 매도인은 물품이 인도될 때까지 물품의 손실 및 손상의 위험을 부담하고 인도 후에는 매수인이 부담한다.

3) 비용의 배분(allocation of costs)

비용부담에 대한 분기점과 위험이전의 분기점은 일치되지 않는다. 물품에 대한 위험이전의 분기점은 선적항의 본선상이지만, 비용부담의 분기점은 지정 목적항까지 확장된다. 물품인도장소 및 물품에 대한 위험이전의 분기점을 보통 적출지인 수출국 내에 있는 본선상으로 하면서도 해상운임(ocean freight)은 수입국 지정 목적항까지 매도인이 부담하도록 함으로써 위험이전과 비용의 분담에 대한 분기점이 상이하게 분리되어 있다.

매도인을 물품을 인도장소 또는 그 인도장소에서 합의된 인도지점이 있는 경우에는 그 지점으로부터 지정목적항까지 또는 합의가 있는 때에는 그 지정목적항의 합의지점까지 운송계약을 체결하거나 조달하여야 한다. 또한 매도인은 목적지까지 운송하는데 요구되는 운송관련 보안요건을 준수하여야 한다.

매도인은 물품을 직접 제조하거나 구매·조달하는데 따른 기본원가, 사업부문별 간접원가(indirect costs), 포장비(packing costs), 품질·용적·중량·수량의 물품점검업무비용 및 기타 잡비를 부담하여야 한다. 또한 인도지점까지의 내륙운송비(inland freight), 약정된 목적항까지의 해상운임(ocean freight), 물품인도완료에 따른 통지비용과 물품인도증거서류 취득비용을 부담하여야 하며, 운송계약체결시 정기선(liner)에 의해 부과될 수 있는 목적항에서의 양륙비(unloading charge)를 부담하여야 한다. 또한 적용 가능한 경우 수출승인이나 기타 정부 승인을 얻는데 소요되는 비용, 수출에 수반되어 부과되는 관세(export duties)와 조세 또는 기타 부과금 및 통관절차(customs formalities)에 소요되는 일체의 비용을 부담하여야 한다.

매수인은 최종목적지까지의 화물보험료, 적용가능한 경우 수입시 지급되는 모든 관세(all duties), 조세(taxes) 및 기타 부과금(other charges)을 포함한 통관비용(customs clearance charges) 등 인도된 이후의 제비용을 부담하여야 한다.

4) 사용자를 위한 설명문

(1) 인도와 위험

"운임포함인도"는 매도인이 다음과 같이 물품을 매수인에게 인도하는 것을 의미한다.

- 본선에 적재하거나
- 또는 이미 그렇게 인도된 물품을 조달함

물품의 멸실 또는 손상의 위험은 물품이 선적항의 본선에 적재된 때 이전된다. 따라서 매도인은 명시된 수량의 물품이 실제로 목적지에 양호한 상태로 도착하는지를 불문하고 또는 사실 물품이 전혀 도착하지 않더라도 매도인은 물품인도의무를 이행한 것으로 간주된다. CFR 규칙에서 매도인은 매수인에 대하여 보험부보의무가 없기 때문에 매수인은 스스로 보험을 부보하는 것이 바람직하다.

(2) 운송방식

CFR 규칙은 해상운송이나 내륙수로 운송에서만 사용되어야 한다. 하지만, 전형적으로 터미널에서 인도되는 컨테이너화물의 경우와 같이 물품이 본선상에 적재되기 전에 운송인에게 인도되는 경우에는 CFR규칙보다 CPT규칙을 사용하는 것이 더 적절하다.

(3) 연속매매의 적용

연속매매(string sales)는 매도인이 매수인에게 물품을 인도하면, 물품을 인수받은 매수인이 그 물품을 다시 다른 매수인에게 판매하고, 다른 매수인이 또 다른 매수인에게 판매하는 것과 같은 거래가 연속적으로 이루어지는 것을 말한다. 이러한 경우 매도인이 물품의 인도를 위하여 본선상에 물품을 놓아둔 때 물품의 멸실 또는 물품에 대한 손상의 위험이 매도인으로부터 매수인에게 이전된다. 한편 그 물품을 재판매시 최초의 매수인이 이번에는 다시 매도인의 입장이 되어 물품을 선적하여야 하는 의무가 발생하게 된다. 하지만 이미 최초에 물품이 본선상에 이미 선적된 상태이기 때문에 다시 신직할 수 없으며 그렇게 선적되어 있는 물품을 조달할 때 물품의 멸실 또는 물품에 대한 손상의 위험이 이전되는 것이다. 따라서 "조달한다(procure)"라는 용어는 특히 일차산품거래(commodity trades)에서 수차에 걸쳐 연속적으로 이루어지는 매매(연속매매)를 위하여 사용된다.

(4) 인도항(port of delivery)과 목적항(port of destination)

CFR규칙에서는 두 항구, 즉 물품이 본선상에 적재되어 인도되는 항구와 물품의 목적항으로 합의된 항구가 중요하다. 위험은 물품이 선적항에서 본선에 적재됨으로써 또는 이미 그렇게 인도된 물품을 조달함으로써 매수인에게 인도된 때 매도인으로부터 매수인에게 이전된다. 그러나 매도인은 물품을 인도지부터 합의된 목적지까지 운송계약을 체결하여야 한다. 예를 들어, 물품이 중국의 상하이항(shanghai)에서 선박에 적재되어 영국의 사우샘프턴항(southampton)까지 운송되는 경우를 가정해보자. 이 경우 인도는 물품이 상하이항에서 본선에 적재된 때 이루어져, 그 시점에서 위험이 매수인에게 이전되지만, 매도인은 상하이항에서 사우샘프턴항까지 운송계약을 체결하여야 한다.

(5) 선적항의 지정

CFR규칙의 매매계약에서 항상 목적항이 명시되지만, 위험이 매수인에게 이전되는 장소인 선적항은 명시되지 않을 수도 있다. 예컨대 매수인이 매매대금에서 운임요소가 합리적인지 확인하고자 하는 경우와 같이 선적항이 특히 매수인의 관심사항인 경우에 당사자들은 매매계약에서 선적항을 가능한 한 정확하게 지정하는 것이 바람직하다

(6) 양륙항 내 목적지점 지정

당사자들은 지정목적항 내의 지점을 가급적 정확하게 지정하는 것이 바람직하다. 왜냐하면, 그 지점까지의 비용을 매도인이 부담하기 때문이다. 매도인은 물품을 인도지로부터 지정목적항까지 또는 메매계약에서 합의된 그 지정목적항 내의 합의지점까지 물품을 운송하는 단일 또는 복수의 계약을 체결하여야 한다.

(7) 복수의 운송인

예컨대 먼저 홍콩에서 상하이까지 피더선(feeder vessel)을 운항하는 운송인이 담당하고, 상하이에서 사우샘프턴까지 항해선박 (ocean vessel)이 담당하는 경우와 같이, 상이한 해상운송구간을 각각 담당하는 복수의 운송인이 운송을 수행할 수 있다. 이때 과연 위험은 매도인으로부터 매수인에게 홍콩에서 이전하는지 아니면 상하이에서 이전하는지에 대한 의문

이 발생한다. 즉 인도는 어디서 일어나는가? 당사자들이 매매계약 자체에서 이를 구체적으로 합의하였을 수도 있다. 그러나 그러한 합의가 없는 경우 본 인코텀즈 규칙의 기본적인 입장은 위험은 물품이 최초의 운송인(first carrier)에게 인도된 때, 즉 홍콩에서 이전됨으로써 결과적으로 매수인이 멸실 또는 손상의 위험을 부담하는 기간이 증가하게 된다. 당사자들은 그 이후의 어느 단계에서 (여기에서는 상하이) 위험이 이전되기를 원한다면 이를 매매계약에 명시하여야 한다.

(8) 양륙비용

매도인은 자신의 운송계약상 목적항 내의 명시된 지점에서 양륙에 관한 비용이 발생하는 경우, 별도로 당사자 간에 합의하지 않는 한 그러한 비용을 매수인으로부터 지급받을 수가 없다.

(9) 수출통관 및 수입통관

CFR규칙에서는 해당되는 경우에 매도인이 물품의 수출통관을 하여야 한다. 그러나 매도인은 물품의 수입을 위한 또는 제3국 통과를 위한 통관을 하거나 수입관세를 납부하거나 수입통관절차를 수행할 의무가 없다.

5) 매도인의 제공서류

(1) 기본서류

매도인은 매매계약과 일치하는 상업송장(commercial invoice)과 그 밖에 계약에서 요구하는 일치증명을 제공하여야 한다. 매도인이 제공하여야 하는 서류는 합의에 따라, 합의가 없는 경우에는 관행에 따라 종이서류 또는 전자적 형식으로 제공될 수 있다.

매도인은 자신의 비용으로 매수인에게 합의된 목적항에서 필요한 통상적인 운송서류를 제공하여야 한다. 이 운송서류는 ① 계약물품에 관한 것일 것, ② 합의된 선적기간 이내의 날짜로 되어 있을 것, ③ 매수인이 목적항에서 운송인에게 물품인도를 청구할 수 있도록 할 것, ④ 별도로 합의되지 않는 한 매수인이 후속매수인에게 그 운송서류를 양도함으로써, 또는 운송인에 대한 통지로써 운송 중에 물품을 매도할 수 있도록 하는 것일 것 등의 요건을 갖추어야 한다. 운송서류가 유통가능한 형식으로 복수의 원본으로 발행된 경우에 그 원본 전통(full set)이 매수인에게 제공되어야 한다. 이와 같은 운송서류는 해상선하증권(ocean bill of lading) 및 내륙수로 운송서류 등이다.

(2) 임의서류

매수인의 요청에 따라 매수인의 비용과 위험으로 포장명세서(packing list), 원산지증명서(certificate of origin), 품질 및 수량증명서(certificate of quality and quantity), 중량 및 용적증명서, 영사송장 등의 임의서류와 보험부보를 위한 정보 등을 제공할 수 있다.

6) 기타 의무

(1) 매도인의 의무

매도인은 수출허가, 수출을 위한 보안통관, 선적전검사 및 그 밖의 공적인가와 같이 수출국에 의해 부과되는 모든 수출통관절차를 수행하고 관련 비용을 부담하여야 한다. CFR규칙에서 매도인은 물품을 인도장소 또는 그 인도장소에 합의된 인도지점이 있는 경우 그 지점으로부터 지정목적지까지 또는 합의가 있는 때에는 그 기정목적항의 어느 지점까지 운송계약을 체결하거나 조달하여야 한다. 운송계약은 매도인의 비용으로 통상적인 조건으로 체결되어야 하며, 매도인은 목적지까지 운송하는데 요구되는 운송관련 보안요건을 준수하여야 한다.

매도인은 물품을 인도하기 위해 필요한 품질점검, 용적측량, 중량측정, 수량계수 등의 점검작업비용을 부담하여야 하며, 적절한 방법으로 물품을 포장하고 화인(marking)을 표시하여야 한다. 매도인은 물품이 인도된 사실 또는 매수인이 지정한 선박이 합의된 시기 내에 인도를 수령하지 않은 사실을 매수인에게 통지하여야 한다.

(2) 매수인의 의무

매수인은 계약에 따라 대금지급을 하여야 하고 매수인이 제공하여야 하는 서류는 합의에 따라, 합의가 없는 경우에는 관행에 따라 종이서류 또는 전자적 방식으로 제공될 수 있다. 매수인은 인도된 때 그 물품의 인도를 수령하고 지정목적항에서 운송인으로부터 물품을 수령하여야 한다. 매수인은 수입허가 및 통관을 위하여 필요한 허가, 수입과 통과를 위한 보안통관, 선적전검사 및 그 밖의 공석인가와 같은 통과국 및 수입국에 의해 부과되는 모든 절차를 수행하고 관련 비용을 부담하여야 한다.

7) 표기방법

- US$ 15.00/pc CFR Long Beach Port, 231 Windsor Way Long Beach, CA 90802 USA, Incoterms® 2020.

운임포함인도규칙(Cost and Freight : CFR)이란 매도인이 본선상에 물품을 적재하거나 또는 그렇게 인도된 물품을 조달할 때 인도의무가 완료된다. 물품이 본선상에 있을 때 물품의 멸실 또는 손상의 위험이 이전되지만, 매도인은 운송계약을 체결하고 지정 목적항 또는 목적항의 합의지점까지 물품을 운송하는데 필요한 비용 및 운임을 지급하여야 한다.

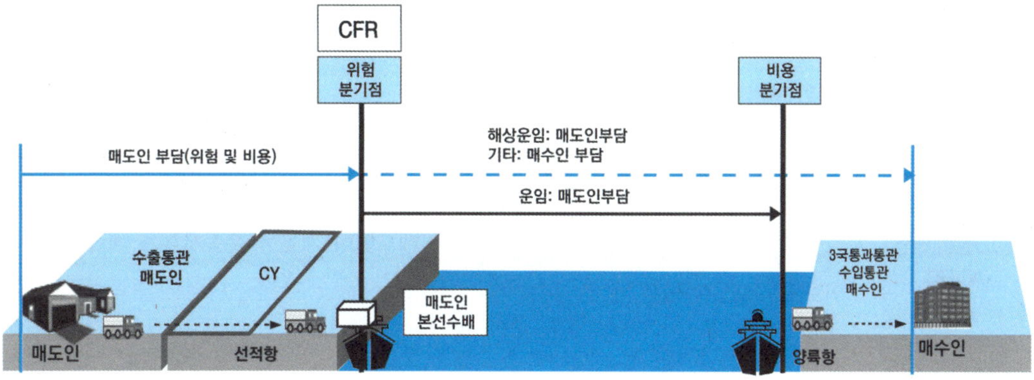

- 위험의 이전시기(인도시기) : 지정선적항에서 매도인이 지명한 본선상에 물품을 인도하거나 또는 그렇게 인도된 물품을 조달한 때
- 비용의 이전시기 : 지정 목적항
- 위험의 이전시기와 비용의 이전시기가 다름
- 본선수배의무 : 매도인
- 수출통관 : 매도인부담, 3국 통과통관, 수입통관 : 매수인부담
- 터미널에서 인도되는 컨테이너화물의 경우에는 부적합 -> CPT규칙이 적합

▌표 5-13▐ CFR규칙상 매매당사자의 의무

내 용	매도인의 의무(A1~A10)	매수인의 의무(B1~B10)
일반적 의무 (A1/B1)	• 계약일치물품, 상업송장 및 기타 요구서류 • 합의에 따라, 합의 없는 경우 관행에 따라 종이서류 또는 전자적 방식	• 매매계약에 약정된대로 물품대급지급 • 합의에 따라, 합의 없는 경우 관행에 따라 종이서류 또는 전자적 방식
인도/ 인도의 수령 (A2/B2)	• 물품을 본선(선박)에 적재하거나 또는 • 그렇게 인도된 물품을 조달한 때 • 합의된 기일에 또는 합의된 기간 내에 당해 항구에서 관행적인 방법으로 물품인도	• A2에 따라 인도된 때 물품인도의 수령 • 지정목적항에서 운송인으로부터 물품수령
위험이전 (A3/B3)	• 물품이 인도될 때까지 위험부담 • B3규정 하에 발생된 위험부담은 없음	• 물품이 인도된 때부터 위험부담 • B10에 따른 통지를 하지 않은 경우 합의된 선적기일이나 선적기간 만료일부터 위험부담 (단, 물품은 계약물품으로 명확히 특정)
운송 (A4/B4)	• (매수인에 대해) 운송계약 체결의무 있음 • 인도장소 또는 인도장소 내 합의된 인도지점에서부터 지정목적항 또는 지정목적항 내의 합의지점까지 운송계약 체결 • 통상적인 종류의 선박이나 항로로 운송 • 목적지까지 운송 관련 보안요건 준수	• (매도인에 대해) 운송계약 체결의무 없음

내 용	매도인의 의무(A1~A10)	매수인의 의무(B1~B10)
보험 (A5/B5)	• (매수인에 대해) 보험계약 체결의무 없음 • 매수인의 요청에 따라 매수인의 위험과 비용으로 매수인이 부보하는데 필요한 정보 제공	• (매도인에 대해) 보험계약 체결의무 없음
인도/운송서류 (A6/B6)	• 매도인 비용으로 합의된 목적항에서 필요한 통상적인 운송서류 제공 • 운송서류 요건 ▸ 계약물품에 관한 것 ▸ 합의된 선적기간 내의 일자로 될 것 ▸ 매수인이 목적항에서 운송인에게 물품 인도청구 할 수 있을 것 ▸ 운송서류를 양도함으로써 운송 중에 물품을 매각할 수 있도록 하는 것 • 유통가능 형식의 복수의 원본으로 발행된 경우에는 그 원본 전통(全通)을 제공	• 매도인이 제공한 운송서류가 계약에 일치하는 경우에 인수
수출/수입통관 (A7/B7)	• 수출통관 수출통관을 수행하고 그에 대한 비용부담 ▸ 수출허가 ▸ 수출을 위한 보안통관 ▸ 선적전검사 및 ▸ 그 밖의 공적 인가 • 수입통관에 관한 협력 ▸ 매수인의 위험과 비용으로 보안요건 및 선적전검사를 포함하여 통과국 또는 수입국에 의해 필요한 서류 및 정보를 취득하는데 매수인에게 협력	• 수출통관에 관한 협력 ▸ 매도인의 위험과 비용으로 보안요건 및 선적전검사를 포함하여 수출국에 의해 필요한 수출통관서류 및 정보를 취득하는데 매도인에게 협력 • 수입통관 ▸ 수입허가 및 통과를 위해 필요한 허가 ▸ 수입과 통과를 위한 보안통관 ▸ 선적전검사 및 ▸ 그 밖의 공적 인가
점검/포장/화인 (A8/B8)	• 인도를 위한 물품점검업무 비용부담 (품질, 용적, 중량, 수량 등) • 적절한 포장, 화인표시	• 매도인에 대해 의무 없음
비용부담 (A9/B9)	• 물품인도 시까지 비용부담 (B9에 따라 매수인 부담비용은 제외) • 물품선적비용과 운송 관련 보안비용, 운송 관련 운임 및 그 밖의 모든 비용 • 양륙항의 양륙비용 중 운송계약상 매도인이 부담하기로 한 비용 • 운송계약상 매도인이 부담하기로 된 통과비용 • 물품이 인도되었다는 통상적인 증거를 인도·운송서류조항(A6)에 따라 매수인에게 제공하는데 드는 비용 • 수출통관에 관한 관세, 세금, 그 밖의 비용	• 물품이 인도된 때부터 물품관련 모든 비용 (A9에 따라 매도인 부담비용 제외) • 통과비용(운송계약상 메도인부담은 제외) • 부선료와 부두사용료 포함한 양륙비용(운송계약상 매도인부담은 제외) • 보험(A5) 및 수입통관에 관한 협력[A7(b)] 조항에 따라 서류와 정보취득하는데 매도인의 협력제공비용 • 통과통관 또는 수입통관 관련 관세, 세금, 그 밖의 비용 • 매수인이 B10에 따라 통지하지 않는 경우 합의된 선적기일 또는 합의된 선적기간의

내 용	매도인의 의무(A1~A10)	매수인의 의무(B1~B10)
	• 수출통관 협력조항[B7(a)]에 따라 서류와 정보를 취득하는데 매수인이 협력을 제공하는 것과 관련된 비용	만료일부터 발생하는 추가비용 (물품은 계약물품으로 명확히 특정될 것)
통지 (A10/B10)	• 물품이 인도된 사실 • 매수인이 물품을 수령할 수 있도록 하는데 필요한 통지	• 매수인이 물품의 선적시기 및/또는 지정목적항 내 물품수령지점을 결정할 권리를 가질 경우 매도인에게 충분한 통지

4 운임보험료포함인도규칙 (CIF) ... (지정목적항) Incoterms® 2020

Cost Insurance and Freight...(named port of destination)

1) 개념

CIF는 Cost, Insurance and Freight의 약칭으로 "운임보험료포함인도규칙"을 말한다. 운임보험료포함인도는 해상운송 및 내륙수로운송에만 사용될 수 있다.

운임보험료포함인도(CIF)는 매도인이 본선상에 물품을 적재하거나 또는 그렇게 인도된 물품을 조달할 때 인도의무가 완료된다. 물품이 본선상에 있을 때 물품의 멸실 또는 손상의 위험이 이전되지만, 매도인은 운송계약을 체결하고 지정 목적항 또는 목적항의 합의지점까지 물품을 운송하는데 필요한 비용 및 운임을 지급하여야 한다. 매도인은 또한 운송 중 물품의 멸실 또는 손상에 대한 매수인의 위험에 대하여 최소담보조건[ICC(C)]으로 보험부보계약을 체결한다. 매수인이 더 많은 보험담보를 원할 경우, 매도인과 특별히 합의하거나 자신이 추가보험계약을 체결할 필요가 있다.

CPT, CIP, CFR 및 CIF규칙이 사용되는 경우, 매도인의 인도의무는 물품이 목적지에 도착될 때가 아닌 선택된 규칙에 명시된 방법으로 물품이 운송인에게 인도될 때 완료된다. 즉 CIF규칙에서 매도인의 인도의무는 물품이 목적항에 도착할 때가 아니라 선적항에 있는 본선상에서 물품을 인도할 때 완료된다.

CIF규칙에서는 위험의 분기점과 비용의 이전시점이 서로 다르다. 일반적으로 계약서에 목적항을 명시하고 있으나 위험이 매수인에게 이전되는 선적항을 명시하고 있지는 않다. 선적항이 매수인에게 특히 관심이 있는 경우, 당사자들이 가능한 한 계약서에 이를 명확하게 특정하는 것이 바람직하다.

당사자는 매도인이 합의된 목적항의 지정지점까지 비용을 부담하므로 가능한 한 그 지점을 명확히 결정하여야 하고, 매도인은 CIF규칙과 일치하는 운송계약을 체결하여야 한다.

매도인이 운송계약에 따라 목적항의 명시된 지점에서 양륙과 관련된 비용을 지급하는 경우, 매도인은 당사자 간에 별도의 합의가 없는 한 매수인으로부터 그러한 비용을 보상받을 수 없다. 매도인은 본선상에서 물품을 인도하거나 또는 선적을 위하여 그렇게 인도된 물품을 조달(procure)하여야 한다.

운임보험료포함인도규칙은 전형적으로 터미널에서 인도되는 컨테이너화물의 경우와 같이 물품이 본선상에 놓여지기 전에 운송인에게 인도되는 경우에는 적당하지 않을 수 있기 때문에 그러한 경우에는 운송비보험료지급인도규칙(CIP규칙)이 사용되어야 한다.

CIF규칙은 적용 가능한 경우 매도인이 물품에 대한 수출통관을 해야 한다. 그러나 매도인은 물품의 수입통관의무와 모든 수입관세의 지급의무 및 수입통관절차를 이행할 의무가 없다.

2) 인도 및 위험이전(delivery and risk)

(1) 인도시기(delivery)

매도인이 본선상에 물품을 적재하거나 또는 그렇게 인도된 물품을 조달하는 것을 의미한다. 물품이 본선상에 있을 때 물품의 멸실 또는 손상의 위험이 이전되지만, 매도인은 운송계약을 체결하고 지정 목적항까지 물품을 운송하는데 필요한 비용 및 운임을 지급하여야 한다. 매도인은 합의된 기일에 또는 합의된 기간 내에 당해 항구에서 관행적인 방법으로 물품을 인도하여야 한다.

(2) 위험이전(transfer of risks)

위험은 매도인이 물품을 본선상에 적재하거나 또는 그렇게 인도된 물품을 조달한 때 매수인에게 이전된다. 물품의 인도시기와 위험이전시기는 동일하다. 이에 따라 매도인은 물품이 인도될 때까지 물품의 손실 및 손상의 위험을 부담하고 인도 후에는 매수인이 부담한다. 이에 따라 매도인은 물품이 인도될 때까지 물품의 손실 및 손상의 위험을 부담하고 인도 후에는 매수인이 부담한다.

3) 비용의 배분(allocation of costs)

비용부담에 대한 분기점과 위험이전의 분기점은 일치되지 않는다. 물품에 대한 위험이전의 분기점은 선적항의 본선상이지만, 비용부담의 분기점은 지정 목적항까지 확장된다. 물품인도장소 및 물품에 대한 위험이전의 분기점을 보통 적출지인 수출국 내에 있는 본선상으로 하면서도 해상운임(ocean freight)은 수입국 지정 목적항까지 매도인이 부담하도록 함으로써 위험이전과 비용의 분담에 대한 분기점이 상이하게 분리되어 있다.

매도인은 물품을 인도장소 또는 그 인도장소에서 합의된 인도지점이 있는 경우에는 그 지점으로부터 지정목적항까지 또는 합의가 있는 때에는 그 지정목적항의 합의지점까지 운송계약을 체결하거나 조달하여야 한다. 또한 매도인은 목적지까지 운송하는데 요구되는 운송관련 보안요건을 준수하여야 한다.

매도인은 물품을 직접 제조하거나 구매·조달하는데 따른 기본원가, 사업부문별 간접원가(indirect costs), 포장비(packing costs), 품질·용적·중량·수량의 물품점검업무비용 및 기타 잡비를 부담하여야 한다. 또한 인도지점까지의 내륙운송비(inland freight), 약정된 목적항까지의 해상운임(ocean freight), 해상보험료, 물품인도완료에 따른 통지비용과 물품인도증거서류 취득비용을 부담하여야 하며, 운송계약체결시 정기선(liner)에 의해 부과될 수 있는 목적항에서의 양륙비(unloading charge)를 부담하여야 한다. 또한 적용 가능한 경우 수출승인이나 기타 정부승인을 얻는데 소요되는 비용, 수출에 수반되어 부과되는 관세(export duties)와 조세 또는 기타 부과금 및 통관절차(customs formalities)에 소요되는 일체의 비용을 부담하여야 한다.

매수인은 양륙비용, 적용가능한 경우 수입시 지급되는 모든 관세(all duties), 조세(taxes) 및 기타 부과금(other charges)을 포함한 통관비용(customs clearance charges) 등 인도된 이후의 제비용을 부담하여야 한다.

4) CIF규칙의 특성

(1) 서류인도규칙

CIF규칙의 본질적 특성은 서류의 인도로 계약이 이행된다는 점이다. 따라서 매수인이 계약상 요구할 수 있는 것은 관습적 서류의 인도이다. 서류인도규칙이란 매수인이 서류는 거절하고 물품을 요구할 수 없으며, 매도인도 역시 서류를 인도하지 않고 물품만 인도할 수는 없다는 것을 의미한다. 또한 매도인이 계약과 일치하는 선적서류만 제시하면 매수인은 물품의 도착과 관계없이 대금을 지급해야 하며, 반대로 물품이 목적항에 안전하게 도착했다고 하더라도 계약과 일치하는 선적서류를 제공할 수 없다면 매수인은 물품을 인도받을 수 없다. 이러한 특성으로 매수인은 서류의 인수·인도로 물품을 자유롭게 처분할 수 있으며 운송 중에 있는 물품이라도 제3자에게 전매할 수 있다.

(2) 선적지인도규칙

CIF규칙은 FOB규칙과 마찬가지로 물품이 본선에 적재될 때 위험이 이전되기 때문에 선적지인도규칙으로 분류된다. CIF Long Beach와 같이 도착항구명이 CIF 뒤에 따라오기 때문에 양륙지인도규칙으로 볼 수 있으나 목적항은 어디까지나 매도인이 운임 및 보험료를 부담하는 비용의 연장선일 뿐 계약의 이행지는 아니다.

CIF규칙에서 매도인은 이미 운송 중인 물품의 선적서류를 입수하여 제공해도 되지만 대부분의 경우 선적의무를 수행하고 난 후 선적서류를 제공함으로써 계약의 의무를 이행한다. 따라서 매도인의 서류제공의무는 물품이 선적된 이후에 행해지기 때문에 계약의 이행지를 선적지로 하는 선적지인도규칙이다.

(3) 복합가격규칙

CIF규칙에서는 위험의 이전시기와 비용의 이전시기가 다르다. 위험은 선적시에 이전되지만, 인도 후의 비용, 즉 목적항까지의 운임과 보험료는 계약가격에 포함되어 매도인이 지급한다. 이와 같이 CIF규칙은 선적원가(cost)에 해당하는 FOB가격에 해상운임(ocean freight)과 해상보험료(marine insurance)를 포함하는 복합가격으로 구성되어 있다.

5) 사용자를 위한 설명문

(1) 인도와 위험

"운임보험료포함인도"는 매도인이 다음과 같이 물품을 매수인에게 인도하는 것을 의미한다.

- 본선에 적재하거나
- 또는 이미 그렇게 인도된 물품을 조달함

물품의 멸실 또는 손상의 위험은 물품이 선적항의 본선에 적재된 때 이전된다. 따라서 매도인은 명시된 수량의 물품이 실제로 목적지에 양호한 상태로 도착하는지를 불문하고 또는 사실 물품이 전혀 도착하지 않더라도 매도인은 물품인도의무를 이행한 것으로 간주된다.

(2) 운송방식

CIF규칙은 해상운송이나 내륙수로 운송에서만 사용되어야 한다. 하지만, 전형적으로 터미널에서 인도되는 컨테이너화물의 경우와 같이 물품이 본선상에 적재되기 전에 운송인에게 인도되는 경우에는 CIF규칙보다 CIP규칙을 사용하는 것이 더 적절하다.

(3) 연속매매의 적용

연속매매(string sales)는 매도인이 매수인에게 물품을 인도하면, 물품을 인수받은 매수인이 그 물품을 다시 다른 매수인에게 판매하고, 다른 매수인이 또 다른 매수인에게 판매하는 것과 같은 거래가 연속적으로 이루어지는 것을 말한다. 이러한 경우 매도인이 물품의 인도를 위하여 본선상에 물품을 놓아둔 때 물품의 멸실 또는 물품에 대한 손상의 위험이 매도인으로부터 매수인에게 이전된다. 한편 그 물품을 재판매시 최초의 매수인이 이번에는 다시 매도인의 입장이 되어 물품을 선적하여야 하는 의무가 발생하게 된다. 하지만 이미 최초에 물품이 본선상에 이미 선적된 상태이기 때문에 다시 선적할 수 없으며 그렇게 선적되어 있는 물품을 조달할 때 물품의 멸실 또는 물품에 대한 손상의 위험이 이전되는 것이다. 따라서 "조달한다(procure)"라는 용어는 특히 일차산품거래(commodity trades)에서 수차에 걸쳐 연속적으로 이루어지는 매매(연속매매)를 위하여 사용된다.

(4) 인도항(port of delivery)과 목적항(port of destination)

CIF규칙에서는 두 항구, 즉 물품이 본선상에 적재되어 인도되는 항구와 물품의 목적항으로 합의된 항구가 중요하다. 위험은 물품이 선적항에서 본선에 적재됨으로써 또는 이미 그렇게 인도된 물품을 조달함으로써 매수인에게 인도된 때 매도인으로부터 매수인에게 이전된다. 그러나 매도인은 물품을 인도지부터 합의된 목적지까지 운송계약을 체결하여야 한다. 예를 들어, 물품이 중국의 상하이항(shanghai)에서 선박에 적재되어 영국의 사우샘프턴항(southampton)까지 운송되는 경우를 가정해보자. 이 경우 인도는 물품이 상하이항에서 본선에 적재된 때 이루어져, 그 시점에서 위험이 매수인에게 이전되지만, 매도인은 상하이항에서 사우샘프턴항까지 운송계약을 체결하여야 한다.

(5) 선적항의 지정

CIF규칙의 매매계약에서 항상 목적항이 명시되지만, 위험이 매수인에게 이전되는 장소인 선적항은 명시되지 않을 수도 있다. 예컨대 매수인이 매매대금에서 운임요소가 합리적인지 확인하고자 하는 경우와 같이 선적항이 특히 매수인의 관심사항인 경우에 당사자들은 매매계약에서 선적항을 가능한 한 정확하게 지정하는 것이 바람직하다

(6) 양륙항 내 목적지점 지정

당사자들은 지정목적항 내의 지점을 가급적 정확하게 지정하는 것이 바람직하다. 왜냐하면, 그 지점까지의 비용을 매도인이 부담하기 때문이다. 매도인은 물품을 인도지로부터 지

정목적지까지 또는 매매계약에서 합의된 그 지정목적항 내의 합의지점까지 물품을 운송하는 단일 또는 복수의 계약을 체결하여야 한다.

(7) 복수의 운송인

예컨대 먼저 홍콩에서 상하이까지 피더선(feeder vessel)을 운항하는 운송인이 담당하고, 상하이에서 사우샘프턴까지 항해선박(ocean vessel)이 담당하는 경우와 같이, 상이한 해상 운송구간을 각각 담당하는 복수의 운송인이 운송을 수행할 수 있다. 이때 과연 위험은 매도인으로부터 매수인에게 홍콩에서 이전하는지 아니면 상하이에서 이전하는지에 대한 의문이 발생한다. 즉 인도는 어디서 일어나는가? 당사자들이 매매계약 자체에서 이를 구체적으로 합의하였을 수도 있다. 그러나 그러한 합의가 없는 경우 본 인코텀즈 규칙의 기본적인 입장은 위험은 물품이 최초의 운송인(first carrier)에게 인도된 때, 즉 홍콩에서 이전됨으로써 결과적으로 매수인이 멸실 또는 손상의 위험을 부담하는 기간이 증가하게 된다. 당사자들은 그 이후의 어느 단계에서 (여기에서는 상하이) 위험이 이전되기를 원한다면 이를 매매계약에 명시하여야 한다.

(8) 보험

매도인은 선적항에서 적어도 목적항까지 물품의 멸실 및 손상에 대한 매수인의 위험에 대하여 보험계약을 체결하여야 한다. 하지만, 목적지 국가가 자국의 보험자에게 보험을 부보하도록 요구하는 경우에는 CIF규칙으로 거래하기 어렵기 때문에 이 경우 CFR규칙으로 거래하여야 한다. 인코텀즈 2020상의 CIF규칙하에서 매도인은 협회화물약관(협회적화약관) A약관[ICC(A)]에 의한 광범위한 담보조건이 아니라 협회화물약관(협회적화약관) C약관[ICC(C)]이나 이와 유사한 담보조건으로 부보하여야 한다. 하지만 당사자들이 합의할 경우 더 높은 수준의 담보조건으로 부보할 수 있다.

(9) 양륙비용

매도인은 자신의 운송계약상 목적항 내의 명시된 지점에서 양륙에 관한 비용이 발생하는 경우, 별도로 당사자 간에 합의하지 않는 한 그러한 비용을 매수인으로부터 지급받을 권리가 없다.

(10) 수출통관 및 수입통관

CIF규칙에서는 해당되는 경우에 매도인이 물품의 수출통관을 하여야 한다. 그러나 매도인은 물품의 수입을 위한 또는 제3국 통과를 위한 통관을 하거나 수입관세를 납부하거나 수입통관절차를 수행할 의무가 없다.

6) 매도인의 제공서류

(1) 기본서류

매도인은 매매계약과 일치하는 상업송장(commercial invoice)과 그 밖에 계약에서 요구하는 일치증명을 제공하여야 한다. 매도인이 제공하여야 하는 서류는 합의에 따라, 합의가 없는 경우에는 관행에 따라 종이서류 또는 전자적 형식으로 제공될 수 있다.

매도인은 자신의 비용으로 매수인에게 합의된 목적항에서 필요한 통상적인 운송서류를 제공하여야 한다. 이 운송서류는 ① 계약물품에 관한 것일 것, ② 합의된 선적기간 이내의 날짜로 되어 있을 것, ③ 매수인이 목적항에서 운송인에게 물품인도를 청구할 수 있도록 할 것, ④ 별도로 합의되지 않는 한 매수인이 후속매수인에게 그 운송서류를 양도함으로써, 또는 운송인에 대한 통지로써 운송 중에 물품을 매도할 수 있도록 하는 것일 것 등의 요건을 갖추어야 한다. 운송서류가 유통가능한 형식으로 복수의 원본으로 발행된 경우에 그 원본 전통(full set)이 매수인에게 제공되어야 한다. 이와 같은 운송서류는 해상선하증권(ocean bill of lading) 및 내륙수로 운송서류 등이다.

(2) 임의서류

매수인의 요청에 따라 매수인의 비용과 위험으로 포장명세서(packing list), 원산지증명서(certificate of origin), 품질 및 수량증명서(certificate of quality and quantity), 중량 및 용적증명서, 영사송장 등의 임의서류와 보험부보를 위한 정보 등을 제공할 수 있다.

7) 기타 의무

(1) 매도인의 의무

매도인은 수출허가, 수출을 위한 보안통관, 선적전검사 및 그 밖의 공적인가와 같이 수출국에 의해 부과되는 모든 수출통관절차를 수행하고 관련 비용을 부담하여야 한다. CIF규칙에서 매도인은 물품을 인도장소 또는 그 인도장소에 합의된 인도지점이 있는 경우 그 지점으로부터 지정목적지까지 또는 합의가 있는 때에는 그 기정목적항의 어느 지점까지 운송계약을 체결하거나 조달하여야 한다. 운송계약은 매도인의 비용으로 통상적인 조건으로 체결되어야 하며, 매도인은 목적지까지 운송하는데 요구되는 운송관련 보안요건을 준수하여야 한다.

또한 협회화물약관[협회적화약관(Institute Cargo Clauses)]의 C조건과 같은 최소담보조건(minimum cover)으로 부보하고 약정된 계약금액에 10%를 가산한 금액으로 부보된 보험증권(insurance policy) 또는 그 밖의 보험부보의 증거를 제공하여야 한다. 보험부보의 증거로는 보험증권(insurance policy) 및 보험증명서(insurance certificate)이다.

매도인은 물품을 인도하기 위해 필요한 품질점검, 용적측량, 중량측정, 수량계수 등의 점검작업비용을 부담하여야 하며, 적절한 방법으로 물품을 포장하고 화인(marking)을 표시하여야 한다. 매도인은 물품이 인도된 사실 또는 매수인이 지정한 선박이 합의된 시기 내에 인도를 수령하지 않은 사실을 매수인에게 통지하여야 한다.

(2) 매수인의 의무

매수인은 계약에 따라 대금지급을 하여야 하고 매수인이 제공하여야 하는 서류는 합의에 따라, 합의가 없는 경우에는 관행에 따라 종이서류 또는 전자적 방식으로 제공될 수 있다. 매수인은 인도된 때 그 물품의 인도를 수령하고 지정목적항에서 운송인으로부터 물품을 수령하여야 한다. 매수인은 수입허가 및 통관을 위하여 필요한 허가, 수입과 통과를 위한 보안통관, 선적전검사 및 그 밖의 공적인가와 같은 통과국 및 수입국에 의해 부과되는 모든 절차를 수행하고 관련 비용을 부담하여야 한다.

(3) 임의서류

매수인의 요청에 따라 매수인의 비용과 위험으로 포장명세서(packing list), 원산지증명서(certificate of origin), 품질 및 수량증명서(certificate of quality and quantity), 중량 및 용적증명서, 영사송장 그리고 보험부보를 위한 정보 등 임의서류를 제공할 수 있다.

8) 거래규칙 표기의 예

- US$ 20.00/pc CIF Long Beach Port, 231 Windsor Way Long Beach, CA 90802 USA, Incoterms® 2020.

운임보험료포함인도규칙(Cost, Insurance and Freight : CIF)이란 매도인이 본선상에 물품을 적재하거나 또는 그렇게 인도된 물품을 조달할 때 인도하는 것을 말한다. 물품이 본선상에 인도될 때 물품의 멸실 또는 손상의 위험이 이전되지만, 매도인은 운송계약을 체결하고 지정 목적항 또는 목적항의 합의지점까지 물품을 운송하는데 필요한 비용 및 운임을 지급하여야 한다. 매도인은 또한 운송 중 물품의 멸실 또는 손상에 대한 매수인의 위험에 대하여 최소담보조건[ICC(C)]으로 보험담보계약을 체결한다.

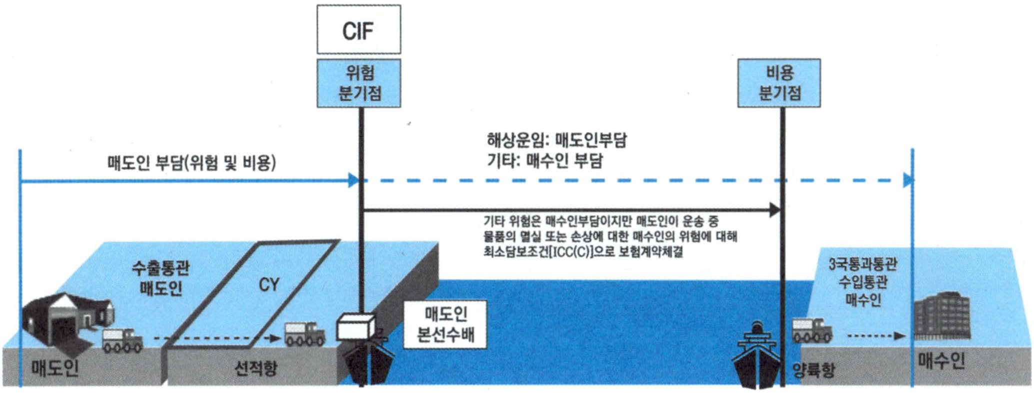

- 위험의 이전시기(인도시기) : 지정선적항에서 매도인이 지명한 본선상에 물품을 인도하거나 또는 그렇게 인도된 물품을 조달한 때
- 비용의 이전시기 : 지정 목적항
- 위험의 이전시기와 비용의 이전시기가 다름
- 본선수배의무 : 매도인
- 수출통관 : 매도인부담, 3국 통과통관, 수입통관 : 매수인부담
- 터미널에서 인도되는 컨테이너화물의 경우에는 부적합 → CIP규칙이 적합

▌표 5-14▐ CIF규칙상 매매당사자의 의무

내 용	매도인의 의무(A1~A10)	매수인의 의무(B1~B10)
일반적 의무 (A1/B1)	• 계약일치물품, 상업송장 및 기타 요구서류 • 합의에 따라, 합의 없는 경우 관행에 따라 종이서류 또는 전자적 방식	• 매매계약에 약정된대로 물품대금지급 • 합의에 따라, 합의 없는 경우 관행에 따라 종이서류 또는 전자적 방식
인도/ 인도의 수령 (A2/B2)	• 물품을 본선(선박)에 적재하거나 또는 • 그렇게 인도된 물품을 조달한 때 • 합의된 기일에 또는 합의된 기간 내에 당해 항구에서 관행적인 방법으로 물품인도	•A2에 따라 인도된 때 물품인도의 수령 •지정목적항에서 운송인으로부터 물품수령
위험이전 (A3/B3)	• 물품이 인도될 때까지 위험부담 • B3규정 하에 발생된 위험부담은 없음	• 물품이 인도된 때부터 위험부담 • B10에 따른 통지를 하지 않은 경우 합의된 선적기일이나 선적기간 만료일부터 위험부담 (단, 물품은 계약물품으로 명확히 특정)
운송 (A4/B4)	• (매수인)에 대해 운송계약체결의무 있음 • 인도장소 또는 인도장소 내 합의된 인도지점에서부터 지정목적항 또는 지정목적항 내의 합의지점까지 운송계약 체결 • 통상적인 종류의 선박이나 항로로 운송	• (매도인에 대해) 운송계약 체결의무 없음

내 용	매도인의 의무(A1~A10)	매수인의 의무(B1~B10)
	• 목적지까지 운송관련 보안요건 준수	
보험 (A5/B5)	• (매수인에 대해) 보험계약 체결의무 있음 • 협회화물약관(협회적화약관)기준 최소담보조건[ICC(C)약관]으로 부보 ‣ 해당 매매계약의 110%부보 ‣ 인도지점부터 적어도 목적항까지 부보 • 매수인의 요청에 따라 매수인의 위험과 비용으로 추가보험부보 • 매수인에게 보험증권이나 보험증명서 그 밖의 부보의 증거를 제공 • 매수인의 요청에 따라 매수인의 위험과 비용으로 매수인이 추가보험을 조달하는데 필요한 정보제공	• (매도인에 대해) 보험계약 체결의무 없음 • 매수인이 요청한 추가보험을 매도인이 조달(부보)하는데 필요한 정보제공
인도/운송서류 (A6/B6)	• 매도인 비용으로 합의된 목적항에서 필요한 통상적인 운송서류 제공 • 운송서류 요건 ‣ 계약물품에 관한 것 ‣ 합의된 선적기간 내의 일자로 될 것 ‣ 매수인이 목적항에서 운송인에게 물품인도청구 할 수 있을 것 ‣ 운송서류를 양도함으로써 운송 중에 물품을 매각할 수 있도록 하는 것 • 유통가능 형식의 복수의 원본으로 발행된 경우에는 그 원본 전통(全通)을 제공	• 매도인이 제공한 운송서류가 계약에 일치하는 경우에 인수
수출/수입통관 (A7/B7)	• 수출통관 수출통관을 수행하고 그에 대한 비용부담 ‣ 수출허가 ‣ 수출을 위한 보안통관 ‣ 선적전검사 및 ‣ 그 밖의 공적 인가 • 수입통관에 관한 협력 ‣ 매수인의 위험과 비용으로 보안요건 및 선적전검사를 포함하여 통과국 또는 수입국에 의해 필요한 서류 및 정보를 취득하는데 매수인에게 협력	• 수출통관에 관한 협력 ‣ 매도인의 위험과 비용으로 보안요건 및 선적전검사를 포함하여 수출국에 의해 필요한 수출통관서류 및 정보를 취득하는데 매도인에게 협력 • 수입통관 ‣ 수입허가 및 통과를 위해 필요한 허가 ‣ 수입과 통과를 위한 보안통관 ‣ 선적전검사 및 ‣ 그 밖의 공적 인가
점검/포장/화인 (A8/B8)	• 인도를 위한 물품점검업무 비용부담 (품질, 용적, 중량, 수량 등) • 적절한 포장, 화인표시	• 의무 없음
비용부담 (A9/B9)	• 물품인도 시까지 비용부담 (B9에 따라 매수인 부담비용은 제외) • 물품선적비용과 운송관련 보안비용, 운송관련 운임 및 그 밖의 모든 비용 • 양륙항의 양륙비용 중 운송계약상 매도인이 부담하기로 한 비용	• 물품이 인도된 때부터 물품 관련 모든 비용 (A9에 따라 매도인 부담비용 제외) • 통과비용(운송계약상 매도인부담은 제외) • 부선료와 부두사용료 포함한 양륙비용(운송계약상 매도인부담은 제외) • 보험(A5) 및 수입통관에 관한 협력[A7(b)]

내 용	매도인의 의무(A1~A10)	매수인의 의무(B1~B10)
	• 운송계약상 매도인이 부담하기로 된 통과비용 • 물품이 인도되었다는 통상적인 증거를 인도·운송서류조항(A6)에 따라 매수인에게 제공하는데 드는 비용 • 보험비용[보험조항(A5)] • 수출통관에 관한 관세, 세금, 그 밖의 비용 • 수출통관 협력조항[B7(a)]에 따라 서류와 정보를 취득하는데 매수인이 협력을 제공하는 것과 관련된 비용	조항에 따라 서류와 정보취득하는데 매도인의 협력제공비용 • 통과통관 또는 수입통관 관련 관세, 세금, 그 밖의 비용 • 매수인이 B10에 따라 통지하지 않는 경우 합의된 선적기일 또는 합의된 선적기간의 만료일부터 발생하는 추가비용 (물품은 계약물품으로 명확히 특정될 것)
통지 (A10/B10)	• 물품이 인도된 사실 • 매수인이 물품을 수령할 수 있도록 하는데 필요한 통지	• 매수인이 물품의 선적시기 및/또는 지정목적항 내 물품수령지점을 결정할 권리를 가질 경우 매도인에게 충분한 통지

5.4 인도 및 위험이전에 대한 CISG와 인코텀즈 2020의 비교

1 인코텀즈 2020의 주요 내용

1) Incoterms® 2020별 당사자의 주요 의무

Incoterms® 2020에 규정되어 있는 인도시점, 위험분기점 및 비용분기점에 대한 내용을 요약하면 다음과 같다.

▌표 5-15▌ Incoterms® 2020별 당사자의 주요 의무

구분	통관		인도시점	위험분기점	비용분기점
	수출	수입			
EXW	매수인	매수인	매도인의 구내 또는 그 밖의 장소의 지정인도장소 또는 지정인도장소 내 합의지점에서 계약물품을 매수인의 수취용차량에 적재하지 않고 매수인의 임의처분상태로 둘 때	인도시점과 동일	위험분기점과 동일
FCA	매도인	매수인	지정장소 또는 지정장소 내 합의지점에서 매수인이 지정한 운송인 또는 기타 당사자에게 인도하거나 또는 그렇게 인도된 물품을 조달한 때 ① 인도장소가 매도인의 구내 : 매도인	인도시점과 동일	위험분기점과 동일

구분	통관		인도시점	위험분기점	비용분기점
	수출	수입			
			이 매수인이 제공한 운송수단상에 물품을 적재한 때 ② 인도장소가 그 밖의 장소 : 물품이 매도인의 도착운송수단상에서 매수인이 지정한 운송인 또는 기타 당사자에의 처분 하에 놓인 때		
CPT	매도인	매수인	계약물품을 매도인과 운송계약을 체결한 운송인에게 교부하거나 또는 그렇게 인도된 물품을 조달한 때	인도시점과 동일	수입국 내의 지정목적장소 또는 지정목적장소 내의 합의지점(매도인이 운송비지급)
CIP	매도인	매수인	계약물품을 매도인과 운송계약을 체결한 운송인에게 교부하거나 또는 그렇게 인도된 물품을 조달한 때	인도시점과 동일	수입국 내의 지정목적장소 또는 지정목적장소 내의 합의지점(매도인이 운송비지급)
DAP	매도인	매수인	지정목적지 또는 지정목적지 내의 합의지점에 양륙을 위해 도착된 운송수단 상에서 매수인의 임의처분하에 두거나 또는 그렇게 인도된 물품을 조달한 때	인도시점과 동일	위험분기점과 동일
DPU	매도인	매수인	지정목적지 또는 지정목적지 내의 합의지점에 도착된 운송수단으로 물품을 양륙하여 매수인의 임의처분하에 두거나 또는 그렇게 인도된 물품을 조달한 때	인도시점과 동일	위험분기점과 동일
DDP	매도인	매도인	지정목적지 또는 지정목적지 내의 합의지점에 양륙을 위해 도착된 운송수단 상에서 매수인의 임의처분하에 두거나 또는 그렇게 인도된 물품을 조달한 때	인도시점과 동일	위험분기점과 동일
FAS	매도인	매수인	지정선적항에서, 또는 지정선적항에 매수인이 제시하는 적재지점에서 물품을 매수인이 지정한 선박(본선)의 선측(부두 또는 부선상)에 두거나 또는 그렇게 인도된 물품을 조달한 때	인도시점과 동일	위험분기점과 동일
FOB	매도인	매수인	지정선적항에서, 또는 지정선적항에 매수인이 제시하는 적재지점에서 물품을 매수인이 지정한 선박(본선상)에 적재하거나 또는 그렇게 인도된 물품을 조달한 때	인도시점과 동일	위험이전과 동일
CFR	매도인	매수인	지정선적항에서 물품을 선박(매도인이 지정한 선박 또는 매도인 선박)에 적재하거나 또는 그렇게 인도된 물품을 조달한 때	인도시점과 동일	지정목적항 또는 지정목적항 내의 합의지점(매도인이 해상운임 지급)

구분	통관		인도시점	위험분기점	비용분기점
	수출	수입			
CIF	매도인	매수인	지정선적항에서 물품을 선박(매도인이 지정한 선박 또는 매도인 선박)에 적재하거나 또는 그렇게 인도된 물품을 조달한 때	인도시점과 동일	지정목적항 또는 지정목적항 내의 합의지점(매도인이 해상운임 지급)

2 CISG의 주요 내용

1) CISG상 인도의무

국제물품매매계약에 관한 UN협약[(United Nations Convention on Contracts for the International Sale of Goods, 1980) ; CISG]에서의 매도인의 의무, 인도의무, 인도의무에 수반하는 의무 및 인도시기는 다음과 같다.

▌표 5-16▐ CISG상 매도인의 물품인도의무

구 분	내 용			조항
인도장소	당사자간 합의가 없는 경우	매매계약이 운송을 포함하는 경우	물품을 최초의 운송인에게 인도	제31조
		매매계약이 운송을 포함하지 않은 경우(특정물 매매, 특정 재고품 중 일정수량 매매, 제조 및 생산예정인 불특정물 매매 등에서 특정장소를 알고 있는 경우)	해당 특정 장소에서 물품을 매수인의 임의처분 하에 둠	
		기타의 경우	계약체결시 매도인의 영업소에서 물품을 매수인의 임의처분하에 둠	
인도의무에 수반하는 의무	화인, 선적서류, 기타 방법으로 계약 목적물로 특정되지 않은 경우		물품을 특정하는 탁송통지서를 매수인에게 송부	제32조
	운송계약(운송수배)의무가 있는 경우		적절한 운송수단에 통상적인 조건으로 지정장소까지 운송계약 체결	
	보험부보의무가 없는 경우		보험부보에 필요한 정보를 매수인에게 제공	
인도시기	기일이 계약에 의해 지정되어 있거나 또는 결정될 수 있는 경우		그 기일	제33조
	기간이 계약에 의하여 지정되어 있거나 또는 결정될 수 있는 경우		그 기간 내의 어떠한 기일	
	기타의 모든 경우		계약체결 후의 합리적인 기간 내	

2) CISG상 위험이전

CISG에서의 위험이전은 ① 운송을 포함하는 물품의 매매, ② 운송 중 물품의 매매, ③ 운송을 포함하지 않는 물품의 매매로 구분된다.

(1) 운송을 포함하는 물품의 매매

① 특정장소에서 물품을 인도하여야 할 의무가 없는 경우

매매계약이 물품의 운송을 포함하고 있는 경우에 매도인이 특정장소에서 이를 인도하여야 할 의무가 없는 경우 위험은 물품이 매매계약에 따라 매수인에게 송부하도록 최초의 운송인에게 인도된 때에 매수인에게 이전된다.

② 특정장소에서 물품을 인도하여야 하는 경우

매도인이 특정장소에서 운송인에게 인도할 의무가 있는 경우에는 물품이 특정장소에서 운송인에게 인도될 때까지 매수인에게 위험이 이전되지 아니한다.

(2) 운송 중 물품의 매매

① 매매 일반원칙

국제물품매매계약에서 운송 중의 전매가 이루어지는 경우 운송 중 매각된 물품의 위험은 계약체결시 매수인에게 이전된다.

② 운송보험계약이 체결되어 있는 경우

특별한 사정이 있는 경우, 즉 그 물품에 대하여 운송보험계약이 체결되어 있는 경우에는 운송계약을 표장하는 서류를 발행한 운송인에게 물품을 인도한 때부터 매수인이 위험을 부담한다.

③ 매도인의 악의 또는 과실이 있는 경우

매도인이 계약체결시 물품의 멸실 또는 훼손을 알았거나 알 수 있었던 경우로서 매도인이 매수인에게 이를 밝히지 아니한 때에는 그 멸실 또는 훼손은 매도인의 위험으로 한다.

(3) 운송을 포함하지 않는 물품의 매매

① 매도인의 영업소에서 물품을 인도할 경우

매도인의 영업소에서 물품을 인도할 경우 위험은 매수인이 물품을 인수한 때 또는 매수인이 적시에 이를 인수하지 아니한 경우 물품이 매수인의 임의처분 하에 적치되고 매수인이 이를 수령하지 아니하여 계약위반을 범하게 된 때로부터 매수인에게 이전된다.

② 매도인의 영업소 이외의 장소에서 물품을 인도할 경우

매도인의 영업소 이외의 장소에서 물품을 인도할 경우에는 위험은 인도기일이 도래하고 또 물품이 그러한 장소에서 매수인의 임의처분 하에 적치된 사실을 매수인이 안 때에 이전된다.

▌표 5-17▐ CISG상 위험이전

구 분		CISG상의 위험이전	Incoterms® 2020
운송을 포함하는 물품의 매매	특정장소에서의 인도의무 있을 경우	특정장소에서 운송인에게 인도된 때 (제67조 제1항 2문)	EXW, FCA, FAS, FOB, CFR, CIF, CPT, CIP, DAP, DPU, DDP
	특정장소에서 인도의무 없을 경우	최초의 운송인에게 인도된 때 (제67조 제1항 1문)	해당사항 없음, 장소 누락시 CISG가 보충적으로 사용됨
운송 중 물품의 매매	운송 중 매매일반원칙	계약체결시 (제68조 1문)	매도인과 매수인의 의무를 규정한 규칙으로 운송 중 전매를 목적으로 하지 않음
	운송보험계약이 체결된 경우	운송서류를 발행한 운송인에게 물품교부시 (제68조 2문)	
운송을 포함하지 않는 물품의 매매	매도인의 영입소에서 인도시	매수인이 물품을 인수한 때 또는 매수인의 임의처분하에 있을 때 (제69조 제1항)	EXW
	매도인의 영업소 이외의 장소에서 물품인도시	해당 장소에서 매수인의 임의처분 사실을 매수인이 인지한 때 (제69조 제2항)	

3 인코텀즈와 CISG의 인도 및 위험이전 비교

▌표 5-18▐ 인도시기와 위험이전시기에 관한 CISG와 Incoterms® 2020의 비교

구 분	CISG상 위험이전	CISG상 물품인도	Incoterms® 2020상 인도 및 위험이전	
특정장소에서 인도의무	특정장소에서 운송인에게 인도된 때 (제67조 제1항 2문)	특정장소에서 운송인에게 교부시 (31조)	EXW	매도인의 구내 또는 그 밖의 장소의 지정인도장소 또는 지정인도장소 내 합의지점에서 계약물품을 매수인의 수취용차량에 적재하지 않고 매수인의 임의처분상태로 둘 때
			FCA	지정장소 또는 지정장소 내 합의지점에서 매수인이 지정한 운송인 또는 제3자에게 인도하거나 또는 그렇게 인도된 물품을 조달한 때

구 분		CISG상 위험이진	CISG상 물품인도	Incoterms® 2020상 인도 및 위험이전	
				CPT	계약물품을 매도인과 운송계약을 체결한 운송인에게 교부하거나 또는 그렇게 인도된 물품을 조달한 때
				CIP	계약물품을 매도인과 운송계약을 체결한 운송인에게 교부하거나 또는 그렇게 인도된 물품을 조달한 때
				DAP	지정목적지 또는 지정목적지 내의 합의지점에 양륙을 위해 도착된 운송수단 상에서 매수인의 임의처분하에 두거나 또는 그렇게 인도된 물품을 조달한 때
				DPU	지정목적지 또는 지정목적지 내의 합의지섬에 도착된 운송수단으로 물품을 양륙하여 매수인의 임의처분하에 두거나 또는 그렇게 인도된 물품을 조달한 때
				DDP	지정목적지 또는 지정목적지 내의 합의지점에 양륙을 위해 도착된 운송수단 상에서 매수인의 임의처분하에 두거나 또는 그렇게 인도된 물품을 조달한 때
				FAS	지정선적항에서, 또는 지정선적항에 매수인이 제시하는 적재지점에서 물품을 매수인이 지정한 선박(본선)의 선측(부두 또는 부선상)에 두거나 또는 그렇게 인도된 물품을 조달한 때
				FOB	지정선적항에서, 또는 지정선적항에 매수인이 제시하는 적재지점에서 물품을 매수인이 지정한 선박(본선상)에 적재하거나 또는 그렇게 인도된 물품을 조달한 때
				CFR	지정선적항에서 물품을 선박(매도인이 지정한 선박 또는 매도인 선박)에 적재하거나 또는 그렇게 인도된 물품을 조달한 때
				CIF	지정선적항에서 물품을 선박(매도인이 지정한 선박 또는 매도인 선박)에 적재하거나 또는 그렇게 인도된 물품을 조달한 때
운송을 포함하는 물품의 매매	특정장소에서 인도 의무 없을 경우	최초의 운송인에게 인도된 때 (제67조 제1항 1문)	최초의 운송인에게 교부시 (31조 a)	Incoterms® 2020은 인도될 특정장소를 명기하는 것이 원칙이므로 해당조항에서 인코텀즈규칙이 적용될 여지는 없으나 인코텀즈 사용시 특정장소를 명기하지 않은 경우 이 조항이 적용됨	
운송을 포함하지	매도인의	매수인이 물품을 인수한 때 또는 매	매도인 영업소에서 매수인의 임의처분	EXW	매도인의 구내 또는 기타 지정장소에서 물품을 매수인의 임의처분하에 놓아둔 때 인도됨.

<table>
<tr><th colspan="2">구 분</th><th>CISG상 위험이전</th><th>CISG상 물품인도</th><th colspan="2">Incoterms® 2020상 인도 및 위험이전</th></tr>
<tr><td rowspan="2">않는 물품의 매매</td><td>영업소에서 물품인도시</td><td>수인의 임의처분 하에 있을 때 (제67조 제1항)</td><td>하에 있을 때 (31조 b)</td><td rowspan="2"></td><td rowspan="2">매도인이 인도장소를 명기하지 않을 경우 CISG가 적용됨</td></tr>
<tr><td>매도인의 영업소 이외의 장소에서 물품인도시</td><td>해당 장소에서 매수인의 임의처분 사실을 매수인이 인지한 때 (제67조 제2항)</td><td>해당 장소에서 매수인의 임의처분 사실을 매수인이 인지한 때 (31조 b)</td></tr>
<tr><td rowspan="2">운송 중의 물품매매</td><td>운송중 매매 일반원칙</td><td>계약체결시 (제68조 1문)</td><td>계약체결시 영업소에서 물품을 매수인의 임의처분 (31조 c)</td><td rowspan="2"></td><td rowspan="2">Incoterms® 2020은 매도인과 매수인의 의무를 규정한 정형거래규칙으로 운송 중 전매를 목적으로 하지 않음. 운송 중 전매의 경우 CISG를 적용하여 판단해야 할 것임.</td></tr>
<tr><td>운송보험계약 체결된 경우</td><td>운송서류를 발행한 운송인에게 물품 교부시(제68조 2문)</td><td></td></tr>
</table>

연습문제

1. 주관식문제

1) Incoterms® 2020의 적용범위를 설명하시오.
2) Incoterms® 2020의 주요 특징을 설명하시오.
3) Incoterms® 2020규칙(EXW, FCA, CPT, CIP, DAP, DPU, DDP)의 정의 및 주요 내용을 설명하시오,
4) Incoterms® 2020규칙(FAS, FOB, CFR, CIF)의 정의 및 주요 내용을 설명하시오.
5) Incoterms® 2020 각 규칙별 물품인도시기와 위험이전시기에 대해 설명하시오.
6) Incoterms® 2020 각 규칙별 비용이전시기에 대해 설명하시오.
8) Incoterms® 2020 각 규칙별 매도인과 매수인의 운송 및 보험계약의무에 대해 설명하시오.
9) CISG상 매도인의 물품인도의무에 대해 설명하시오.
10) CISG상 매도인의 위험이전시기에 대해 설명하시오.
11) 물품인도시기와 위험이전시기에 관해 CISG와 Incoterms® 2020을 비교하여 설명하시오.

2. 용어해설문제

- Incoterms
- EXW
- FCA
- CPT
- CIP
- DAP
- DPU
- DDP
- FAS
- FOB
- CFR
- CIF
- CISG

제 6 장

신용장과 무역결제방식

1. 신용장의 성격과 특성에 대해 알아본다.
2. 신용장의 거래과정과 당사자에 대해 알아본다.
3. 신용장의 종류와 내용에 대해 알아본다.
4. 기타 무역결제방식에 대해 알아본다.

제6장

신용장과 무역결제방식

6.1 신용장의 의의와 특성

1 신용장의 의의

1) 신용장의 개념

신용장통일규칙(UCP 600) 제2조에 따르면 "신용장(Letter of Credit : L/C)이란 그 명칭이나 표현에 관계없이 취소불능이며 일치하는 제시를 지급이행할 발행은행의 확약을 구성하는 모든 약정"을 의미한다. 즉 신용장이란 "발행의뢰인인 수입업자의 요청에 따라 발행의뢰인의 거래은행인 발행은행이 수출업자를 수익자로 하여 신용장을 발행하고, 수익자, 배서인(endorser) 또는 선의의 소지인(bona-fide holder)이 신용장의 제조건, 신용장통일규칙(UCP 600), 국제표준은행관행(International Standard Banking Practice ; ISBP)의 적용가능한 규정에 일치하는 환어음을 제시하면 매입하거나, 지정은행이 제시하는 환어음 및/또는 서류에 대해 지급이행(지급, 연지급 또는 인수)을 확약하는 비유통약속증서"이다. 즉, 신용장은 ① 매수인인 발행의뢰인의 거래은행인 발행은행이, ② 신용장의 제조건(필요시 신용장통일규칙 및 국제표준은행관행의 관련 규정)에 일치된 서류를 약정된 기간 내에 제시하면, ③ 수익자인 매도인 또는 그가 지시하는 당사자에게 대금지급하겠다는 취소불능의 조건부지급확약서이다.

지급이행(honour)이란 다음을 말한다.[1)]

---

1) Honour means : ① to pay at sight if the credit is available by sight payment. ② to incur a deferred payment undertaking and pay at maturity if the credit is available by deferred payment. ③ to accept a bill of exchange("draft") drawn by the beneficiary and pay at maturity if the credit is available by acceptance.

① 신용장이 일람지급에 의하여 사용될 경우 일람 후 지급하는 것(일람지급신용장)
② 신용장이 연지급에 의하여 사용될 경우 연지급확약의무를 부담하고 만기일에 지급하는 것(연지급신용장)
③ 신용장이 인수에 의해 사용될 경우 수익자에 의하여 발행된 환어음을 인수하고 만기일에 지급하는 것(인수신용장), 즉 지급이행(honour)은 매입(negotiation)을 제외한 일람지급(sight payment), 연지급(deferred payment), 인수(acceptance)를 포함하는 개념으로 사용된다.

Credit means any arrangement, however named or described, that is irrevocable and thereby constitutes a definite ubdertaking of the issuing bank to honour a complying presentation.

→ 신용장은 그명칭이나 표현에 관계없이 취소불능이며 일치하는 제시를 지급이행할 발행은행의 확약을 구성하는 모든 약정을 말함

2) 신용장의 효용성

신용장은 국제매매당사자 간에 국제적으로 공신력이 있는 은행이 개입하여 신용을 바탕으로 지급보증기능과 금융기능을 수행하게 함으로써 국제무역을 원활하게 수행할 수 있다는 점에서 효용이 크다고 할 수 있다.

(1) 매도인(수익자)의 효용성

① 대금회수의 안정성 보장

신용장 발행은행이 대금지급을 확약함으로써 대금회수의 안정이 보장된다.

② 무역금융의 수혜 및 내국신용장의 활용

신용장을 담보로 국내에서 수출물품을 제조·가공하거나 원자재조달을 위한 금융혜택을 받을 수 있으며 내국신용장을 통하여 수출용 원자재 및 완제품을 조달할 수 있다.

③ 수출대금의 조기회수

물품을 선적한 후 신용장조건과 일치되는 환어음 및/또는 서류를 제시함으로써 수출대금을 조기에 회수할 수 있다.

④ 매수인의 계약이행 보장

매도인이 계약의 내용대로 선적을 완료한 후 일치되는 제시를 할 경우 은행이 대금을 지급할 것을 확약하고 있어 매수인의 계약이행이 보장된다.

(2) 매수인(발행의뢰인)의 효용성

① 매도인과의 유리한 계약조건 체결

발행은행의 신용을 이용할 수 있기 때문에 유리한 조건으로 수출업자와 계약을 체결할 수 있다.

② 자금활용의 이점

선적시에 대금을 지급하지 않고, 수입어음 및/또는 수입관련 서류가 도착한 다음 지급하거나 발행은행으로부터 대도(Trust Receipt : T/R)에 의한 금융수혜를 받아 수입화물을 인도받을 수 있다.

③ 계약물품의 인도시기 예측

신용장상에 선적기일과 유효기일이 명시되어 있기 때문에 계약물품의 인도시기를 예측할 수 있다.

(3) 매입은행의 효용성

① 독립성과 추상성의 원칙으로 업무수행이 용이하다.
② 서류매입을 통하여 수수료를 얻을 수 있다.
③ 신용장조건과 일치되는 서류를 제시할 경우 발행은행으로부터 대금지급을 보장받는다.
④ 발행은행의 지급거절시 수익자에게 상환청구행사가 가능하다.

(4) 발행은행의 효용성

① 독립성과 추상성의 원칙으로 업무수행이 용이하다.
② 신용장을 발행할 때 발행의뢰인인 수업업자로부터 수입금액의 입금을 요구하거나 담보차입증을 받기 때문에 수출업자에 대하여 독자적으로 지급확약에 따른 위험을 수입업자에게 전가시킬 수 있다.
③ 매도인이 제시하는 운송서류를 발행은행의 지시식으로 발행하도록 함으로써 운송 중인 화물의 담보권을 취득할 수 있다.

2 신용장의 특성

1) 신용장의 독립성과 추상성

(1) 신용장의 독립성

신용장의 독립성(principle of independence)이란 신용장은 매매계약을 근거로 하여 발행되지만, 일단 발행되면 신용장은 그 근거가 되는 매매계약과는 완전히 독립적이며 별도의 법률성을 가지는 것을 말한다.

신용장통일규칙(UCP 600 제4조)에 "신용장은 그 성질상 근거가 될 수 있는 매매계약 및 기타 계약과는 독립된 거래로 은행은 그러한 계약과는 아무런 관계가 없으며 또한 구속되지 아니한다"(A credit by its nature is a separate transaction from the sale or other contract on which it may be based)라고 규정되어 있다. 이에 따라 은행은 어떠한 경우라도 매매계약 또는 기타 계약상의 내용이 신용장의 내용과 다르다는 이유로 매수인인 신용장발행의뢰인의 항변이나 청구로 권리침해를 당하거나 책임과 의무를 지지 않는다. 따라서 매수인은 신용장의 조건이 매매계약의 조건과 다르다는 이유로 대금지급을 거절하거나 매매계약조건과 일치하지 않는 물품을 선적했다는 이유로 대금지급을 거절할 수 없다. 수익자 역시 발행의뢰인인 매수인에 의하여 매매계약이 취소되었다고 할지라도 신용장조건대로 이행을 하였다면 은행으로부터 대금을 지급받을 수 있다.

신용장거래가 당사자들의 매매계약으로부터 독립되어 있기 때문에 은행은 제시된 서류가 신용장조건과 문면상(on its face) 일치하면 대금을 지급해야 한다. 또한 제시된 서류를 발행한 운송회사, 보험회사, 세관 등의 정부기관, 수익자 등에 직접 가서 확인하지 않고도 신용장대금을 지급할 수 있음으로써 은행 자신도 보호받을 수 있다.

신용장의 독립성 (independence)이란?	• 매매당사자 간의 매매계약에 근거하여 발행되지만, 일단 신용장이 발행되면 그 매매계약과는 별도로 독립된 법률관계가 성립되는 것을 의미함

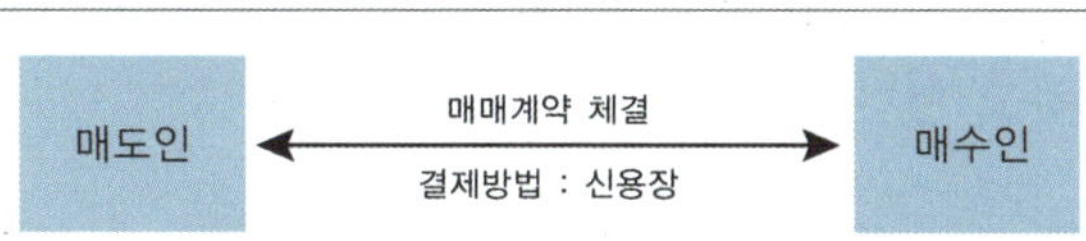

신용장은 그 근거가 되는 매매계약과 독립된 법률성을 가지는 것

(2) 신용장의 추상성

신용장의 추상성(principle of abstraction)은 수익자와 신용장발행의뢰인은 구체적인 물품을 가지고 거래하는 것이지만 은행은 물품을 대표하는 서류만을 가지고 모든 것을 판단한다는 것을 의미한다. 다시 말해 매매계약서에 언급된 물품이 무엇이든지 간에 혹은 실제로 선적된 물품이 어떻든지 은행은 신용장상에서 요구하는 서류만 가지고 대금지급여부를 판단하는 것이 신용장의 추상성이다.

신용장통일규칙(UCP 600 제5조)에 "은행은 서류를 취급하는 것이며 그 서류와 관련되는 물품, 용역 또는 이행을 취급하는 것은 아니다"(Banks deal with documents and not with goods, services or performance to which the documents may relate)라고 규정되어 있다.

2) 신용장의 거래원칙

(1) 엄밀일치의 원칙

엄밀일치의 원칙(doctrine of strict compliance)이란 은행이 제시된 서류가 신용장조건과 엄밀하게 일치하는 경우에만 서류를 수리한다는 원칙을 말한다. 따라서 은행은 신용장조건과 엄밀하게 일치하는 서류만 수리하고 사소한 불일치가 있는 경우 수리거절할 수 있다는 것이다. 엄밀일치의 원칙은 은행이 서류상 미비하거나 신용장조건에서 강조하고 있지 않은 중요한 부분에 이르기까지 엄격히 일치하지 않는 경우에는 거절할 수 있는 권리를 의미한다. 엄밀일치의 원칙에 의하면 ① 서류는 지정된대로 모든 서류가 은행에 제시되어야 하고, ② 서류는 반드시 신용장에서 요구된 조건과 정확하게 일치하여야 하며, ③ 서류상의 상품명세는 반드시 신용장상의 명세와 일치하여야 한다는 조건이다.

신용장통일규칙(UCP 600)에서도 서류수리요건으로 "일치하는 제시"(complying presentation)를 요구하고 있고, "상업송장(commercial invoice)상의 물품, 용역 또는 이행의 명세는 신용장에 보이는 것과 일치하여야 한다(제18조 c항)"고 규정함으로써 본질적으로 엄밀일치의 원칙을 요구하고 있다.

(2) 상당일치의 원칙

상당일치의 원칙(doctrine of substantial compliance)이란 은행이 상당한 주의(reasonable care)를 기울여 서류를 검토하는 과정에서 그 차이가 경미하여 신용장조건을 해치지 않는 경우에는 일치된 제시(complying presentation)로 보고 수리해야 하는 원칙을 말한다. 상당일치의 원칙은 신용장조건과 글자 하나 틀리지 않을 정도로 완벽하게 일치되어야 하는 엄밀일치의 원칙을 다소 완화하여 서류가 내용상 신용장조건과 상호 모순되는 내용이 아닌 한 은행은 수리할 의무가 있다는 것이다. 신용장통일규칙(UCP 600 제14조)에서도 엄밀일치의 원칙을 다소 완화하여 서류가 내용상 신용장조건과 상호 모순되는 내용이 아닌 한 어느 정도까지 일치하면 은행은 이를 지급할 의무가 있다고 규정함으로써 상당일치의 원칙을 인정하고 있다.

① 서류상의 자료는 신용장, 그 서류자체 및 국제표준은행관행(International Standard Banking Practice ; ISBP)의 관점에서 검토하는 경우, 그 서류, 기타 명시된 서류 혹은 신용장상의 자료와 동일할 필요는 없지만 상충되어서는 안된다(제14조 d항).
② 상업송장(commercial invoice) 이외의 서류에 있어서 물품, 용역 또는 이행의 명세는 신용장상의 명세와 상충되지 아니하는 일반용어로 기재될 수 있다(제14조 e항).

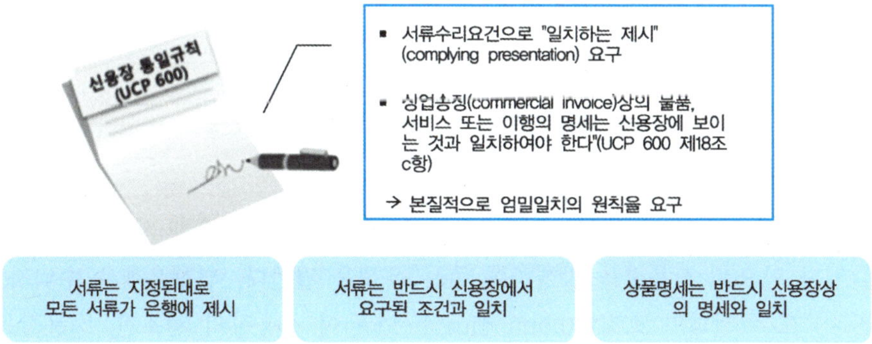

3) 신용장의 한계

현재 국제무역에서 사용되는 대금결제수단 중 신용장이 다른 어떤 수단보다도 안전하고 편리하지만 다음과 같은 한계점도 가지고 있다.

첫째, 신용장이 별개의 지급수단이 될 수 없다는 점이다. 신용장은 신용장조건에 일치하는 관련 서류를 지정된 기일 내에 제시할 경우 대금을 지급하겠다는 은행의 조건부 약속일 뿐이며 그 자체가 유통증권으로서의 기능을 가지고 있지 않다.

둘째, 신용장의 독립·추상성에 대한 한계이다. 신용장거래는 단순히 서류에 의한 거래이기 때문에 수출업자가 계약과 실제로 다른 물품을 선적하더라도 신용장상에 규정된 서류와 일치하는 서류를 구비하여 제시하면, 발행은행과 수입업자는 이를 명백하게 규명하지 못할 경우 대금을 지급하여야 한다.

최근 들어 국제무역에서 신용장의 이용률이 점차 감소되어가고 있는 추세에 있다. 전자상거래로 인한 서류 없는 무역시대의 도래로 향후 대금결제방법은 혁명적인 변화가 예상된다. 그럼에도 불구하고 공신력이 있는 은행이 발행한 신용장은 미지의 수출업자와 수입업자가 안전하게 무역거래를 할 수 있도록 해준다는 점에서 효용성이 높다.

6.2 신용장거래의 당사자와 거래과정

1 신용장거래의 당사자

신용장거래의 당사자란 신용장거래에 관련되는 매매당사자 및 은행을 총칭하는 개념으로 당사자는 모든 신용장에 일정하게 등장하는 것이 아니고 신용장의 종류에 따라 다르다.

1) 기본 당사자

(1) 발행은행(Issuing Bank)

발행은행은 신용장 발행의뢰인인 수입업자의 요청 또는 발행은행 자신을 위하여 수익자인 수출업자 앞으로 신용장을 발행하여 주는 은행을 말한다. 발행은행은 수익자, 배서인(endorser) 또는 선의의 소지인(bona-fide holder)이 신용장의 제조건, 신용장통일규칙, 국제표준은행관행(ISBP)의 적용가능한 규정에 일치하는 환어음을 제시하면 매입하거나(negotiate), 지정은행(nominated bank)[2]이 제시하는 환어음 및/또는 서류에 대해 지급이행(honour : 일람지급, 연지급 또는 인수)을 확약하는 은행이다.

신용장의 발행은행은 신용장을 발행할 뿐만 아니라 수익자에 대하여 신용장에 따라 발행되는 환어음을 최종적으로 지급하거나 인수하는 의무를 부담한다. 아울러 발행은행은 다른 은행(지정은행)에게 그러한 서류와 상환으로 지급, 환어음의 인수 및 지급 또는 매입하도록 권한을 부여해 준다. 이러한 의미에서 발행은행은 개설은행(opening bank), 어음지급인(drawee), 신용공여인(grantor) 및 발행인(issuer) 등으로도 불린다.

---

2) 지정은행(Nominated Bank)은 신용장이 사용될 수 있는 은행 또는 은행에서 사용될 수 있는 신용장의 경우에는 모든 은행을 말한다(UCP 600 제2조 제12문). 지정은행은 발행은행으로부터 위탁받은 은행으로서 매입은행(Negotiating Bank), 지급은행(Paying Bank), 인수은행(Accepting Bank), 있는 경우 확인은행(Confirming Bank, if any)을 말한다.

(2) 확인은행(Confirming Bank)

확인은행은 발행은행의 수권 또는 요청에 의해서 신용장에 확인을 추가하는 은행으로 발행은행의 확약과는 별도로 신용장에 의해 발행된 환어음의 지급, 인수 또는 매입을 추가로 확약하는 은행이다. '확인(confirmation)'이란 발행은행이 지급, 인수 또는 매입을 확약한 신용장에 대하여 제3의 은행인 확인은행이 발행은행의 수권이나 요청에 따라서 상환청구를 하지 않을 조건(without recourse)으로 수익자에게 지급, 인수 또는 매입을 확약하는 것을 말한다.

일반적으로 신용장을 통지하는 통지은행(advising bank)이 확인은행의 역할을 동시에 부여받는 경우가 많다. 확인은행은 발행은행과 동일한 입장에서 관련 서류가 신용장조건과 일치하게 지정은행이나 확인은행에 제시되는 한 지급, 인수 또는 매입을 이행하여야 한다. 실무적으로 신용장거래에서 확인은행이 있는 경우도 있지만 확인은행이 없는 경우가 대부분이다. 확인은행은 통상적으로 수익자와 같은 국가에 위치하게 된다.

(3) 수익자(Beneficiary)

수익자는 그 자신을 수익자로 하여 신용장을 발행받는 당사자를 말한다. 즉, 수익자는 신용장 발행을 통하여 이익을 얻게 되는 당사자로 신용장조건과 일치하는 서류를 지정은행, 발행은행 또는 확인은행(있는 경우)에 제시하고 신용장에 의한 확약의 이행을 요청하는 수출업자이다. 수익자는 수출업자(exporter), 매도인(seller), 신용장의 사용자(user), 환어음을 발행하는 어음발행인(drawer), 신용장의 수신인(addressee), 물품을 선적하는 송화인(shipper or consignor)이라는 용어로도 불린다.

2) 기타 당사자

(1) 발행의뢰인(Applicant)

발행의뢰인은 수익자와의 매매계약을 근거로 자신의 국가 또는 외국에 소재하는 거래은행인 발행은행에 신용장의 발행을 요청하는 당사자를 말한다. 발행의뢰인은 일반적으로 수입업자가 되지만 수입업자의 거래처인 제3자가 될 수도 있다. 발행의뢰인은 수입업자(importer), 매수인(buyer), 수화인(consignee), 지급인(drawee), 여신수령인(grantee), 신용제공인(accreditor)으로도 불린다.

(2) 통지은행(Advising Bank)

통지은행은 발행은행의 요청으로 신용장을 통지하는 은행을 말한다. 즉, 통지은행은 발행은행이 발행한 신용장을 수출업자인 수익자에게 단순히 통지해주는 은행을 말한다. 통지은행의 지정에 대한 특별한 요청이 없을 경우에 발행은행은 수출국에 소재하는 자기의 본·지점이나 환거래은행을 통지은행으로 선택한다. 통지은행은 통지해주는 신용장에 대해 어떠한 책임을 지거나 약정을 하는 것은 아니지만, 외관상으로 진위여부에 상당한 주의를 기울여야 한다. 통지은행은 일반적으로 수익자가 소재하는 국가에 있는 발행은행의 지점이거나 환거래은행(correspondent bank)이 된다. 통지은행은 'Notifying Bank', 'Transmitting Bank' 등으로 불리고, 필요한 경우 확인을 추가하여 확인은행의 역할을 하거나 지급은행(paying bank) 또는 인수은행(accepting bank)의 역할을 하기도 한다.

(3) 매입은행(Negotiating Bank)

매입(negotiation)은 수출지의 은행이 수익자가 제시하는 서류(환어음 및/또는 서류)를 할인가격(신용장금액에서 이자 및 수수료 등을 공제한 금액)으로 구매하는 것을 말한다. 매입은행은 수익자가 발행은행을 지급인으로 하여 발행한 환어음을 매입하는 은행을 말한다. 신용장상에 매입은행이 지정되어 있지 않은 자유매입신용장의 경우 수익자는 자신의 거래은행에 매입을 의뢰한다. 한편, 신용장상에 매입은행이 지정된 매입제한신용장(restricted credit)의 경우에는 수익자가 자신의 거래은행에 매입을 의뢰하고 매입을 의뢰받은 수익자의 거래은행은 매입 후 매입제한은행에 재매입(renegotiation)을 의뢰하게 된다.

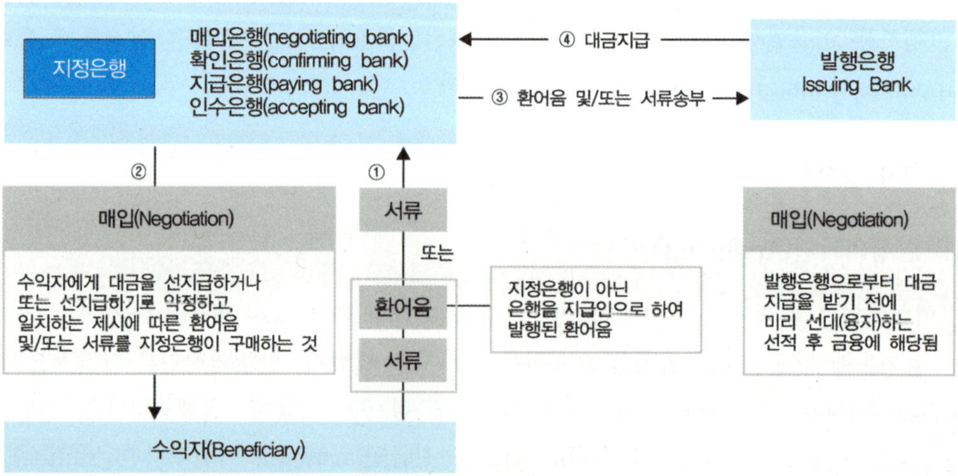

매입은 지정은행(확인은행, 지급은행, 인수은행 및 매입은행 등)이 자신(지정은행)이 아닌 은행을 지급인(일반적으로 발행은행)으로 하여 발행된 환어음에 서류가 첨부되어 제시된

경우 그 환어음 및/또는 서류를 구매하고, 환어음 없이 서류만 제시된 경우에는 그 서류만 구매하는 것이다. 지정은행은 환어음 및/또는 서류에 대하여 선지급한 후에 구매할 수도 있으며 선지급하지 않고 선지급하겠다는 약정만으로 구매할 수도 있다. 매입은 발행은행으로부터 대금을 지급받기 전에 미리 선대(융자)하는 선적 후 금융에 해당된다.

(4) 지급은행(Paying Bank)

지급(payment)이란 발행은행의 요청에 따라 지정된 수출지의 발행은행의 본·지점, 특정은행(예치환거래은행)이나 발행은행 자신이 수익자가 제시하는 환어음 및/또는 서류를 받고 약정된 신용장 금액을 액면가액으로 지급하는 것을 말한다. 지급은행은 발행은행의 본·지점이나 예치환거래은행(depositary correspondent bank)으로 신용장에서 요구되는 서류와 상환으로 전액을 지급하거나 수익자가 자기 앞으로 발행한 환어음의 액면가액을 할인하지 않고 전부 지급하는 은행을 말한다.

따라서 발행은행 자신이나 발행은행의 본·지점, 예치환거래은행 또는 발행은행이 결제대금을 위탁시켜 둔 지정은행이 지급은행이 된다. 지급신용장(straight credit; payment credit)하에서 수익자가 발행은행이나 발행은행이 지정하는 은행에 직접 서류를 제시하면 지급하고, 인수신용장(acceptance credit)하에서는 인수은행(accepting bank)이 수익자가 발행한 기한부환어음을 인수하고 그 어음의 만기일에 지급함으로써 지급은행의 역할을 담당한다. 지급은행은 지급행위에 대해 책임을 부담하지 않고 단순히 대리인의 역할만 수행한다.

(5) 인수은행(Accepting Bank)

인수(acceptance)란 발행은행의 요청에 따라 지정된 수출지의 은행이 수익자 또는 매입은행에 대하여 수익자가 발행한 기한부신용장의 어음을 어음 만기일에 자행에 제시하면 대금을 지급하겠다고 하는 의사표시를 말한다. 즉, 인수는 환어음의 소지인이 지급받기 위하여 일치되는 환어음과 서류를 제시하면 은행이 환어음의 전면에 인수한다는 문언과 인수일자, 지급지, 지급만기일 등을 기재한 후 서명·날인하여 환어음을 제시인에게 되돌려주는 행위를 말한다.

발행은행이 자신의 해외지점이나 예치환거래은행(주로 통지은행)을 인수은행으로 지정하고 그 은행을 지급인으로 하여 수익자가 발행한 기한부 환어음을 인수하는 것을 명시하고 있는 신용장을 인수신용장(acceptance credit)이라고 한다.

인수은행은 인수신용장 하에서 수익자가 발행한 기한부어음(usance bill)을 인수한 후 어음의 만기일에 그 어음금액을 지급하도록 발행은행으로부터 수권받은 은행을 말한다. 따라서 인수은행은 자신의 은행 앞으로 발행된 기한부 환어음을 인수한 경우에는 그 어음의 결제일에 반드시 지급할 의무가 생기므로 어음의 만기일에는 지급은행이 된다.

(6) 상환은행(Reimbursing Bank)

일반적인 신용장거래에서 매입은행이 수익자로부터 제시된 환어음과 서류를 매입하여 이를 발행은행에 송부하여 대금을 상환받는다. 하지만 신용장의 결제통화가 제3국의 통화인 경우 매입은행이 서류는 발행은행 앞으로 송부하고, 환어음은 제3의 은행으로 송부하여 대금을 상환받는 경우가 있다. 상환은행은 수익자가 발행한 환어음을 매입한 매입은행에게 어음대금을 상환하도록 발행은행의 수권을 받고 상환을 해주는 은행을 말한다. 상환은행은 발행은행은 물론 매입은행과도 환거래계약을 체결하고 있어 단순하게 발행은행과 매입은행의 계정을 정리해주는 역할을 한다. 상환은행은 발행은행의 상환수권이나 지시에 따라 상환업무를 대행한다. 상환은행은 발행은행의 입장에서는 결제은행(settling bank)이 되고 매입은행의 입장에서는 상환은행이 된다.

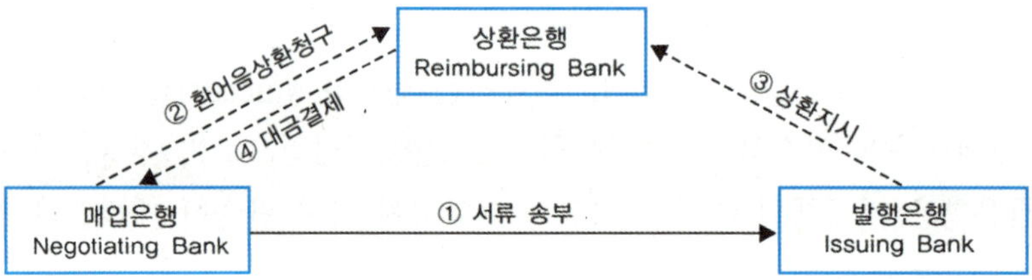

(7) 양도은행(Transferring Bank)

양도은행은 양도가능신용장(transferable credit)하에서 제1수익자(first beneficiary)의 요청에 따라 제2수익자(second beneficiary)에게 신용장을 양도하고 이에 따라 지급, 인수 또는 매입을 행하는 은행을 말한다.

2 신용장의 거래과정[3)]

① 매매계약 체결

매매당사자들은 일람출급매입신용장(negotiation credit at sight)으로 거래하기 위한 매매계약을 체결한다.

---

3) 이하에서는 가격조건이 운임보험료포함인도규칙(CIF)인 일람출급매입신용장(sight negotiation credit)에 대한 업무절차를 설명한다.

② 신용장 발행요청

수입업자(신용장발행의뢰인)는 자신의 거래은행인 신용장 발행은행에게 수출업자를 수익자로 하는 일람출급매입신용장을 발행해 주도록 요청한다.

③ 신용장 발행과 송부

발행은행은 고객인 발행의뢰인의 요청과 지시에 따라서 신용장을 발행하고, 수출업자(수익자)의 국가에 소재하는 자기의 본·지점이나 환거래은행인 통지은행에게 신용장을 송부하면서 수익자에게 통지해줄 것을 요청한다.

④ 신용장 통지

발행은행으로부터 신용장을 송부받은 통지은행은 서명감(signature books) 또는 테스트키(test codes)를 사용하여 신용장의 외관상 진정성을 확인한 후 수익자에게 신용장을 통지한다.

⑤ 신용장의 수령, 확인 및 물품정비

수익자는 신용장의 조건이 매매계약의 내용과 일치하는지를 확인하고 만일 일치하지 않을 경우 발행의뢰인에세 매매계약의 내용과 일치하도록 정정을 요청한다. 신용장의 조건이 매매계약의 내용과 일치할 경우 수출물품을 준비한다.

⑥ 운송계약 및 보험계약

매도인은 운송인(선박회사 또는 국제물류주선인)과 운송계약을 체결하고 보험회사와 화물보험(적화보험)계약을 체결한다.

⑦ 화물반입 및 선적

매도인은 수출물품에 대한 통관절차를 이행하고 동 화물을 운송인이 지정한 터미널(CFS 혹은 CY)로 반입한다.

⑧ 선하증권(B/L)발급

운송인은 선적을 완료하고 선하증권(선적선하증권)을 발급한다. 선박소유 운송인이 국제물류주선인(international freight forwarder)에게 발급하는 것을 Groupage B/L (Master B/L)이라고 하고, 국제물류주선인이 송화인에게 발급하는 것을 국제물류주선인 선하증권(House B/L)이라고 한다.

⑨ 매입의뢰

수익자는 선적완료 후 신용장에서 요구하는 관련서류[4]를 구비하고, 환어음을 발행하여 매입은행에 화환어음매입을 의뢰한다.

⑩ 매입은행의 대금지급

수익자로부터 화환어음매입을 의뢰받은 매입은행은 제시된 다음 날부터 5은행영업일 이내에 서류를 심사하여 일치되는 제시에 대해 매입대금을 지급한다.

⑪ 환어음 및 서류송부

화환어음을 매입한 매입은행은 환어음과 서류를 발행은행으로 송부하여 대금결제를 요청한다. 하지만 발행은행과 매입은행 간에 환거래약정이 체결되어 있지 않은 경우 등의 사유로 상환은행이 결제할 수 있다. 이 경우 매입은행은 상환은행 앞으로 환어음을 제시하면서 상환청구하고 발행은행에게 관련 서류를 송부한다.

⑫ 발행은행의 어음대금결제

매입은행으로부터 환어음과 서류를 인도받은 발행은행은 제시받은 다음 날로부터 5은행영업일 이내에 서류를 심사하여 일치되는 제시에 대해 대금을 지급한다.

⑬ 발행은행의 서류 도착통지

발행은행은 발행의뢰인에게 수입관련 서류도착사항을 통지한다.

⑭ 대금지급 후 서류인수

발행의뢰인은 발행은행에게 수입대금을 결제하고 선하증권 등의 관련 서류를 인도받는다.

⑮ 물품의 양륙

운송인(선박회사)은 양륙지 세관에 적화목록을 제출하고 화물을 양륙한 다음 터미널에 장치한다.

⑯ 물품의 수입신고

발행의뢰인은 수입화물에 대한 수입통관절차를 이행하고 수입면허를 발급받은 다음 수입관세를 납부한다.

⑰ 물품인수를 위한 선하증권의 상환

발행의뢰인(또는 수화인)은 운송인에게 선하증권을 제시하고 물품인도요청을 한다.

⑱ 운송인의 화물인도

운송인은 제시된 선하증권의 원본을 확인한 후 이와 상환으로(운임후불인 경우에는 운임

---

4) 매입을 위한 서류는 환어음과 상업송장, 선하증권, 보험증권 등의 기본서류, 그리고 포장명세서, 원산지증명서, 품질증명서, 용량 및 용적증명서, 검역증명서, 영사송장 및 기타 신용장에서 요구하는 서류인 임의서류로 구성되어 있다.

징수 후) 화물을 인도한다.

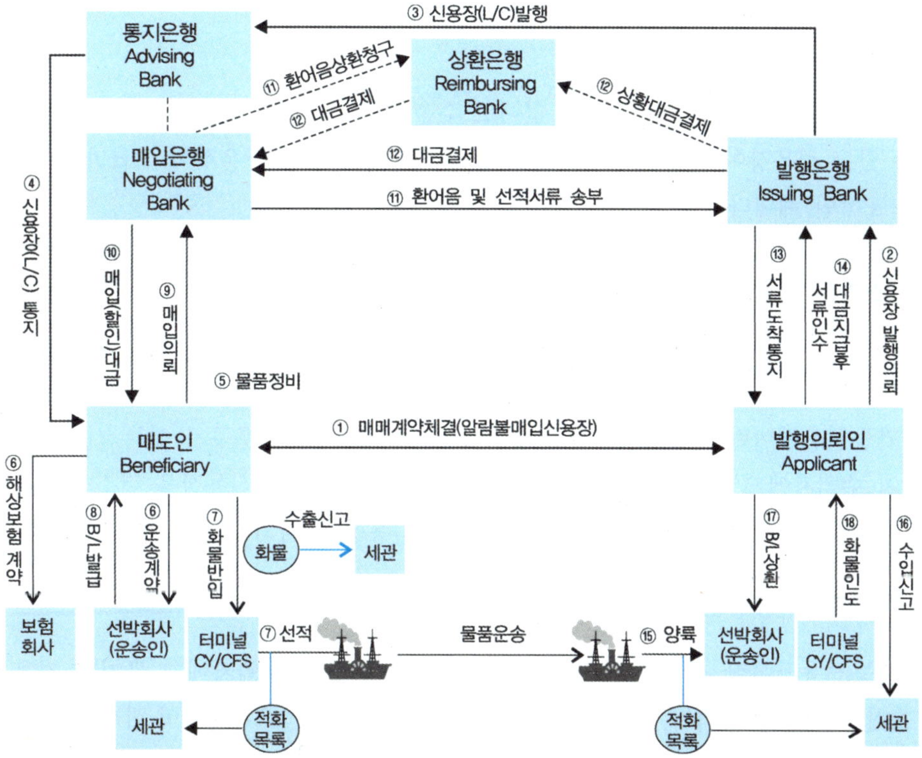

그림 6-1 일람출급매입신용장(L/C at sight)거래 절차도

6.3 신용장의 종류

1 일반신용장

1) 요구서류 유무에 따른 분류

(1) 화환신용장(documentary credit)

화환신용장은 수출업자가 발행한 환어음(drafts)과 상업송장(commercial invoice), 운송서류(transport documents), 보험서류(insurance document) 그리고 기타 신용장에서 요

구하는 서류와 상환으로 대금지급을 확약하는 신용장이다. 일반적인 무역거래에서는 화환신용장이 사용된다.

(2) 무화환신용장(clean credit)

무화환신용장은 운송서류의 제시가 없어도 수출업자가 발행한 환어음만으로 대금을 지급받을 수 있는 신용장이다. 보증신용장(stand-by credit)과 같이 은행이 지급만을 보증하는 것이 대표적인 예이다.

2) 취소가능 여부에 따른 분류

(1) 취소가능신용장(revocable credit)

취소가능신용장이란 신용장에 "취소가능(revocable)"이라는 문구가 있는 신용장으로 발행은행이 수익자에게 미리 통지하지 않고 언제든지 일방적으로 신용장을 취소하거나 그 조건을 변경할 수 있는 신용장이다. 현재 취소가능신용장은 거의 사용되고 있지 않다.

(2) 취소불능신용장(irrevocable credit)

취소불능신용장이란 신용장 발행은행이 발행한 신용장이 수익자에게 통지된 경우 신용장 유효기간 내에는 수익자, 발행은행 또는 확인은행(있는 경우) 전원의 합의가 없이는 취소하거나 변경할 수 없는 신용장을 말한다. UCP 600 제2조에서 신용장은 그 명칭이나 표현에 관계없이 취소불능이라고 규정하고 있고, UCP 600 제3조에서 "신용장은 취소불능이라는 표시가 없는 경우에도 취소불능이다(A credit is irrevocable even if there is no indication to that effect)"라고 규정하고 있다. 다시 말해 신용장상에 ① "취소불능(irrevocable)"으로 표기된 경우, 또는 ② 신용장 종류에 대해 아무런 언급이 없는 경우 모두 취소불능으로 간주된다. 즉 "취소가능(revocable)"이라는 문언이 없으면 모두 취소불능신용장으로 간주된다.

3) 확인유무에 따른 분류

(1) 확인신용장(confirmed credit)

확인신용장이란 발행은행의 요청에 의하여 발행은행 이외의 제3의 은행(확인은행)이 상환청구불능(without recourse)조건으로 수익자가 발행하는 환어음의 인수, 지급 또는 매입을 추가적으로 확약하고 있는 신용장을 말한다. 발행은행은 통상 수출국에 소재하는 발행은행의 본·지점이나 예치환거래은행(depositary corres- pondent bank)을 확인은행으로 지정하게 된다. 확인은행의 확인(confirmation)은 발행은행의 지급확인에 대한 보증이 아니라 발행은행과는 별개의 독립된 지급확약이다. 따라서 수익자는 발행은행과 확인은행으로부터 이중으로 지급확약을 받게 되는 것이다.

(2) 무확인신용장(unconfirmed credit)

무확인신용장은 발행은행 이외의 제3은행의 확약문언이 없는 신용장을 말한다.

4) 사용방법에 따른 분류

(1) 지급신용장(payment credit)

지급신용장은 신용장에 의한 환어음의 매입여부에 대한 명시가 없고 신용장조건에 맞게 발행된 서류가 신용장 발행은행 또는 발행은행이 지정한 지정은행에 제시되면 지급할 것을 확약한 신용장을 말한다. 따라서 지급신용장은 지급은행이 지정되어 있고 환어음의 발행을 요구하지 않으며 환어음의 매입에 대한 언급 없이 수익자가 발행은행이나 발행은행이 지정한 지급은행에 서류를 제시할 경우 지급을 확약하는 신용장이다. 지급신용장은 신용장상에 지급방식으로 사용가능하다는 취지의 문언과 지급은행이 명시되고 환어음의 발행조건이 없으며 매입이 인정되지 않는 특성이 있다.

하지만 지급신용장의 경우에도 신용장에 의해 발행된 환어음의 매입이 불가능한 것은 아니므로 수익자의 거래은행이 매입을 할 수 있다. 이 경우 수익자의 신용도에 따라 매입은행의 계산과 위험부담으로 매입이 이루어지기 때문에 이 매입에 대해 발행은행이 책임을 지지 않는다. 지급신용장은 지급시기에 따라 일람지급신용장(sight payment credit)과 연지급신용장(deferred payment credit)으로 구분된다.

① 일람지급신용장(sight payment credit) : 일람지급방식으로 사용가능한 신용장(credit available by sight payment)으로 환어음 없이 일치서류를 지정은행인 지급은행(paying bank)에 제시하면 지급되는 무어음신용장이다. 일람지급신용장은 수익자가 지급은행에게 신용장과 일치되는 서류를 지급은행에 제시하면 일람 후 즉시 지급하는 신용장이다. 일람지급신용장에는 그 사용방식이 일람지급방식이라는 취지의 문언인 “Available by Sight Payment” 또는 “Available by Payment at Sight” 등이 명시되어야 한다.

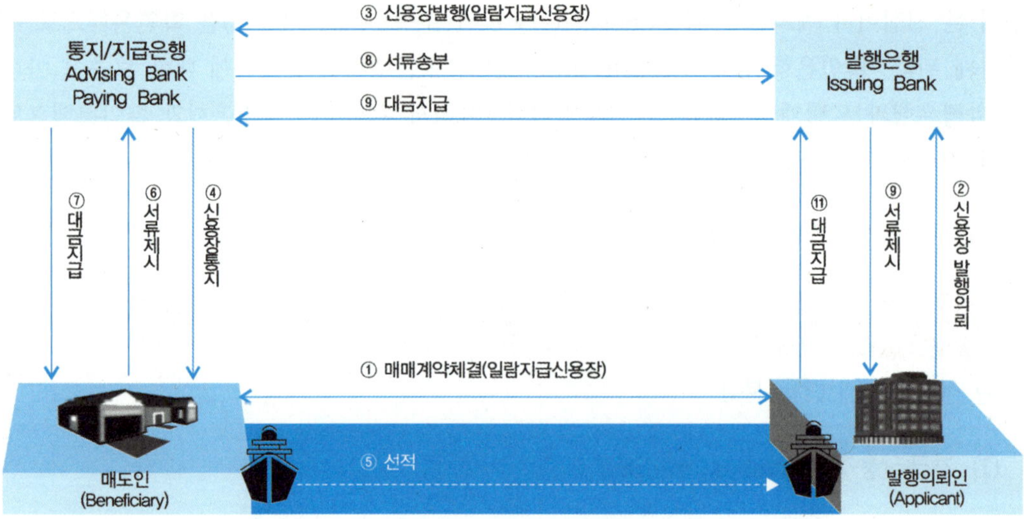

그림 6-2 일람지급신용장(Sight Payment Credit)

② 연지급신용장(deferred payment credit) : 연지급방식으로 사용가능한 신용장(credit available by deferred payment)으로 신용장조건에 일치하는 서류가 신용장에 지정된 지급은행(paying bank)에 제시되면 연지급확약(deferred payment undertaking)을 기채하고 만기일에 대금을 지급하는 무어음신용장이다. 연지급신용장은 기한부라는 점에서 인수신용장과 동일하지만 이 신용장에서는 기한부어음이 발행되지 않고 지급은행이 연지급확약을 제공하는 점에서 차이가 있다. 연지급신용장에는 그 사용방식이 연지급방식이라는 취지의 문언인 "Available by Deferred Payment" 또는 이와 유사한 문언이 명시되어야 한다.

지급신용장의 특징은 다음과 같다.

㉠ 지급신용장은 원칙적으로 어음을 필요로 하지 않는다.
㉡ 원칙적으로 지정은행인 지급은행만 지급업무를 담당한다.
㉢ 서류가 부도·반환되어도 수익자에게 소구권을 행사할 수 없다.

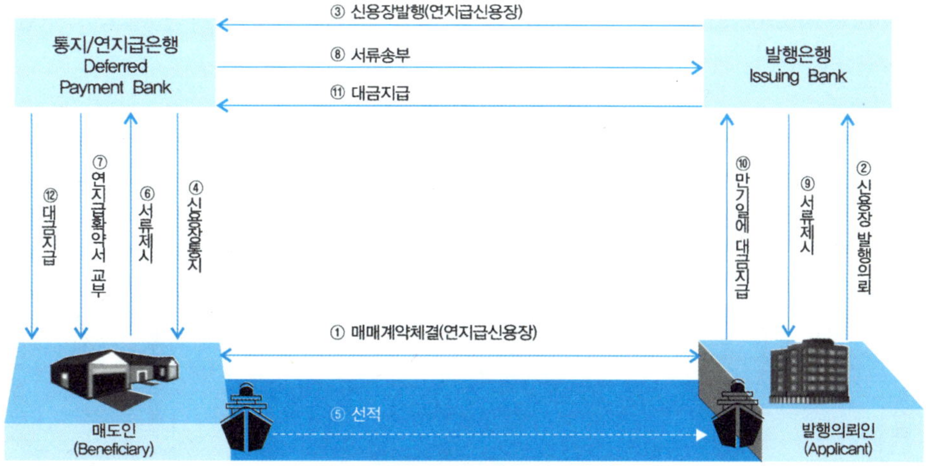

그림 6-3 연지급신용장(Deferred Payment Credit)

(2) 인수신용장(acceptance credit)

인수신용장은 발행은행 또는 발행은행이 지정한 인수은행(일반적으로 통지은행)이 기한부환어음을 인수하고 어음의 만기일에 지급할 것을 약속하는 신용장이다. 기한부환어음을 인수한 인수은행은 환어음의 만기일에 지급은행이 된다. 인수신용장은 인수를 담당하는 은행이 발행은행에 의하여 서류가 부도 반환되더라도 수익자에게 소구권을 행사할 수 없는 상환청구불능신용장이다. 신용장의 문면에 인수방식으로 사용가능하다는 문언, 인수가 수권되어 있는 인수은행 및 기한부어음 발행조건이 기재된다. 인수신용장은 기한부기간 동안 이자부담의 주체가 누가 되느냐에 따라 다음과 같이 구분된다.

① 무역인수신용장(seller's usance L/C, shipper's usance L/C, trade usance L/C)

무역인수신용장은 유전스(usance)기간 동안의 이자를 매도인이 지급하는 것으로 매도인은 기한부환어음의 만기일에 발행은행(인수은행)으로부터 어음금액의 전액을 지급받거나, 만기일 이전에 그 어음을 매입은행에 매입함으로써 그 어음금액에서 만기일까지의 이자를 공제한 금액을 지급받는 신용장이다. 신용장상의 기한부환어음의 문언으로는 다음과 같다.

- We hereby issue in your favor this documentary credit which is available by acceptance of your drafts at 90 days after sight drawn on us(당행은 당행을 지급인으로 하는 귀사의 일람 후 90일 출급의 환어음의 인수에 이용될 수 있는 이 화환신용장을 귀사를 수익자로 하여 정히 발행한다).
- Acceptance commission and discount charges are for account of beneficiary(인수수수료 및 할인료는 매도인 부담이다).

- Usance interests are for account of beneficiary(기한부 이자는 매도인 부담이다).

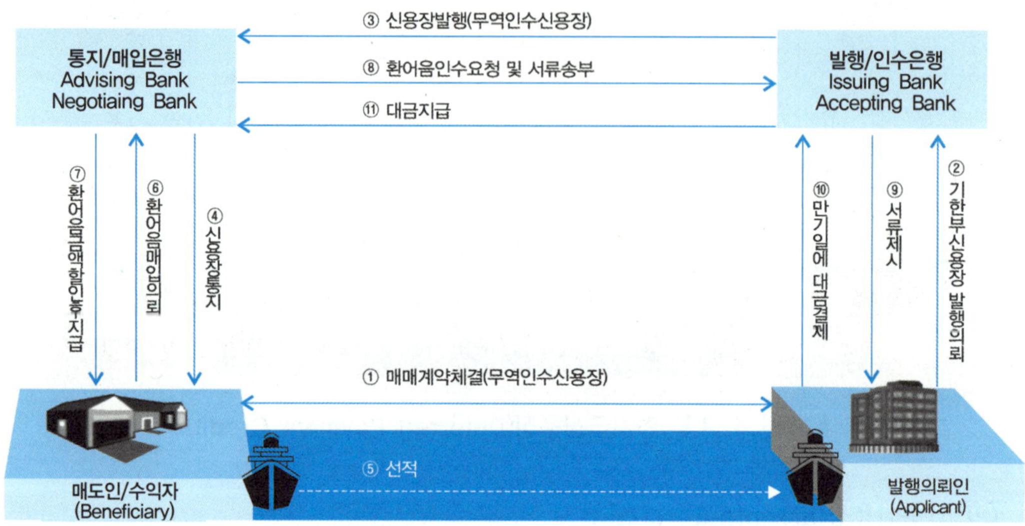

그림 6-4 무역인수신용장(Shipper's Usance L/C)

② 은행인수신용장(banker's usance L/C)

은행인수신용장은 어음인수은행(accepting bank)이 매수인에게 유전스(usance)기간 동안의 여신을 제공하는 신용장을 말한다. 환어음의 인수장소에 따라 매도인 국가에 소재하는 발행은행의 해외 환거래은행이 어음인수의 주체가 되는 해외은행인수신용장(overseas banker's usance credit)과 수입지 국내의 발행은행이 어음인수의 주체가 되는 국내은행인수신용장(domestic banker's usance credit)으로 구분된다.

은행인수신용장은 매도인의 입장에서는 일람출급신용장과 같으므로 선적서류매입과 동시에 대금을 즉시 수령하고, 매입은행도 발행은행이 지정한 예치환거래은행 앞으로 상환청구를 하여 일람출급으로 대금상환을 받는다.

㉠ 해외은행인수신용장(Overseas Banker's Usance)

해외인수신용장은 발행은행이 매도인 국가에 소재하는 발행은행의 해외 지점이나 환거래은행(인수은행)을 어음지급은행으로 지정하여 수익자의 기한부 환어음을 인수하도록 하고 만기일에 할인금액을 포함한 어음금액 전액을 지급하는 신용장을 말한다.

해외은행인수신용장하에서는 매수인에 대하여 발행은행이 신용을 공여하는 것이 아니라 해외에 있는 인수은행이 신용을 공여한다. 매수인에게 신용을 공여하는 인수은행은 발행은행과 예치환거래계약을 체결할 때 인수편의(acceptance facility)를 제공하는 경우가 대부분이다. 인수편의(acceptance facility)를 제공한다는 의미는 발행은행을 대신해서 대금을 미리 지급하고 어음의 만기에 그 대금을 발행은행으로부터 징수하는 것을 말한다.

발행은행의 해외 환거래은행인 인수은행(매입은행)은 매도인이 인수은행(매입은행)을 지급인으로 하여 발행한 기한부 환어음을 일람출급방식으로 먼저 지급한 후 서류를 발행은행에 송부하여 만기일에 발행은행으로부터 대금을 지급받는다. 해외은행인수신용장의 인수문언은 다음과 같다.

- We hereby issue in your favor this documentary credit which is available by acceptance of your drafts 90 days after sight drawn on Hana Bank, Seoul, Korea(당행은 대한민국 서울 소재 하나은행을 지급인으로 하는 귀사의 일람 후 90일 출급의 환어음의 인수에 의해 이용될 수 있는 화환신용장을 귀사를 수익자로 하여 정히 발행한다).
- Acceptance commission and discount charges are for account of buyer. Payment under this L/C is to be made at sight basis(인수수수료 및 할인료는 매수인 부담이다. 이 신용장 하에서의 지급은 일람출급조건으로 행해진다).

참고로 [그림 6-5]는 매입이 행해지는 경우의 해외은행인수신용장의 거래절차이다.

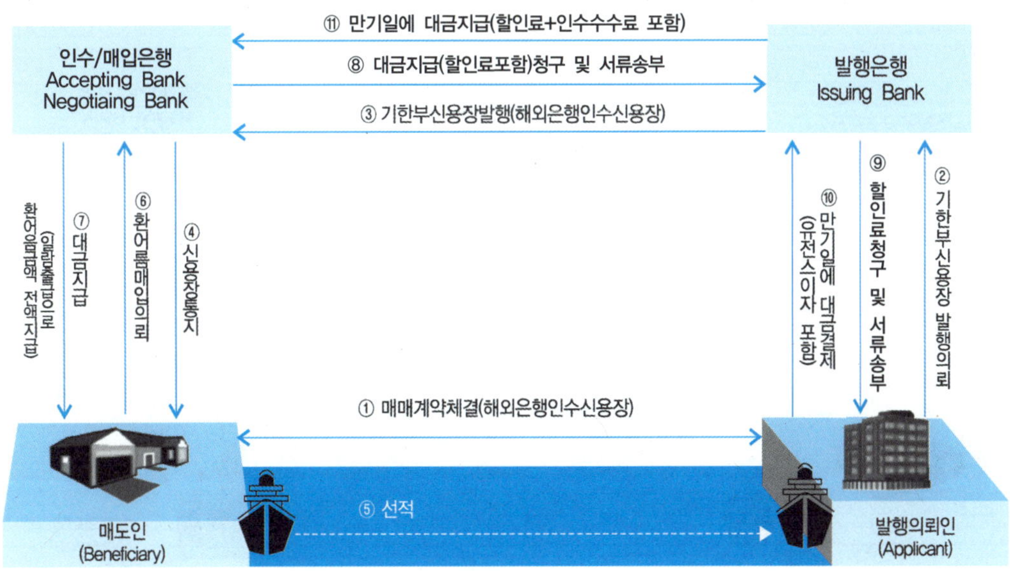

그림 6-5 해외은행인수신용장(Overseas Banker's Usance L/C)

ⓛ 국내은행인수신용장(Domestic Banker's Usance L/C)

국내인수신용장은 수입국의 발행은행이 서류와 함께 기한부 환어음을 매입은행으로부터 인수하고 즉시 매입은행에 일람출급 방식으로 결제하고 만기일에 발행의뢰인으로부터 어음을 결제받는 신용장이다. 국내은행인수신용장하에서 발행은행이 매수인에게 유전스(Usance)기간 동안의 신용을 공여하기 때문에 매수인은 수입대금의 지급이 일정기간 동안 유예된다.

매도인은 환어음과 서류를 자신의 거래은행인 매입은행에 매입을 의뢰하여 일람출급 방식으로 대금을 결제받는다. 매입은행은 환어음과 서류를 발행은행으로 송부하면 발행은행은 일람출급형태로 매입은행에 대금을 지급한다. 발행은행은 발행의뢰인에게 어음만기일까지의 유전스이자(인수수수료 및 할인료)를 청구한다. 물론 발행의뢰인은 Usance 이자만 선지급하고 원금은 만기일에 결제하거나 원금과 이자를 만기일에 결제할 수 있다.

국내은행인수신용장의 인수문언은 다음과 같다.

- We hereby issue in your favor this documentary credit which is available by acceptance of your drafts 90 days after sight drawn on us(당행은 당행을 지급인으로 하는 귀사의 일람 후 90일 출급의 환어음의 인수에 의해 이용될 수 있는 화환신용장을 귀사를 수익자로 하여 정히 발행한다).
- Payment under this L/C is to be made at sight basis(이 신용장 하에서의 지급은 일람출급조건으로 행해진다).

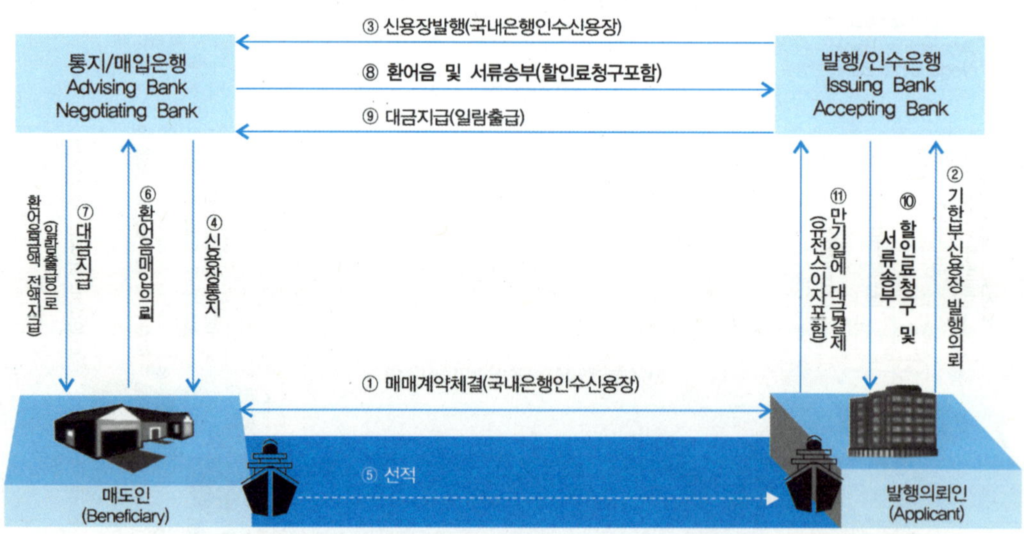

▌그림 6-6▌ 국내은행인수신용장(Domestic Banker's Usance L/C)

(3) 매입신용장(negotiation credit)

매입신용장은 신용장의 문면에 매입방식으로 사용가능하다는 취지의 문언(credit available by negotiation)이 명시되고 발행은행이 환어음의 발행인(수익자), 배서인(endorser) 및 선의의 소지인(bona-fide holder)에게 지급을 약속하는 신용장이다. 수익자가 환어음을 매입은행에 매입의뢰하면 매입은행이 환어음의 선의의 소지인이 되어 자신의 자금으로 매입하고 지급인인 발행은행에 제시하여 지급을 받게 된다.

발행은행은 수익자가 발행하여 제시한 환어음 및 서류와 상환으로 수익자, 배서인 및 선의의 소지인에게 지급을 행하여야 하며 일단 지급을 행한 경우 상환청구권을 행사할 수 없다. 반면, 배서인이나 선의의 소지인(일반적으로 매입은행)은 자신이 매입하여 대금을 지급하였으나 발행은행이 대금지급을 이행하지 않을 경우 환어음발행인인 수익자에게 상환청구권을 행사할 수 있다.

매입신용장은 대금지급시기에 따라 다음과 같이 분류된다.

① 일람출급매입신용장(sight negotiation credit)

발행은행이 환어음의 발행인, 배서인 및 선의의 소지인에게 일람출급환어음이 제시되면 즉시 지급하겠다고 확약한 신용장이다.

② 기한부매입신용장(usance negotiation credit)

발행은행이 환어음의 발행인, 배서인 및 선의의 소지인에게 기한부환어음이 제시된 후 만기일에 지급하겠다고 확약한 신용장이다.

매입신용장은 매입을 위한 특정은행의 지정여부에 따라 다음과 같이 구분된다.

① 자유매입신용장(open credit, freely negotiable credit)

신용장상에 환어음의 매입은행을 지정하거나 제한하지 않아 어떠한 은행도 자유롭게 매입할 수 있는 신용장이다. 따라서 수익자는 자신의 거래은행 등과 같이 원하는 은행을 마음대로 선택하여 매입을 의뢰할 수 있다. 자유매입신용장의 표시문언은 다음과 같다.

"This credit is available with any bank by negotiation against presentation of the following documents."(이 신용장은 다음 서류들을 제시하여 매입함으로써 사용할 수 있다)

"This credit is freely negotiable by any bank."(이 신용장은 아무 은행에서나 자유롭게 매입할 수 있다)

② 매입제한신용장(restricted credit)

매입제한신용장은 신용장 발행은행이 그 신용장에 의하여 발행된 어음의 매입을 특정은행으로 한정시키는 신용장을 말한다. 이와 같이 매입을 제한하는 이유는 발행은행이 해외의 본·지점에 환어음 매입수수료의 수익증대를 도모하기 위한 정책적 배려와 환거래은행 간의 편의 때문이다. 매입제한신용장의 매입제한문언은 다음과 같다.

"Negotiations under this credit are restricted to xxx bank."(이 신용장하에서 매입은 xxx은행에 제한된다)

"This credit is available through xxx bank only."(이 신용장은 xxx은행을 통해서만 이용이 가능하다)

매입신용장의 특징은 다음과 같다.

① 선적서류 매입시 반드시 환어음이 제시되어야 한다.

② 신용장의 뒷면에 매입사실의 배서를 요구하는 신용장이다. 따라서 매입은행은 매입시 신용장의 뒷면에 매입사실을 기재하여 수익자가 다른 은행에 동일한 건과 해당 금액에 대해 이중으로 매입의뢰할 수 없다.

③ 발행은행으로부터 매입서류가 부도·반환될 경우 매입은행은 수익자에 대해 이미 매입한 금액에 대해 소구권(상환청구권)을 행사할 수 있다.

④ 매입신용장(일람출급매입신용장 및 기한부매입신용장)에 대한 발행은행의 표시문언과 지급확약문언은 대금지급시기에 따른 분류에서 제시되는 것과 같다(일람출급매입신용장, 기한부매입신용장 내용 참조).

또한 신용장에 환어음의 매입을 위한 유효기일을 다음과 같이 기재하기도 한다.

"Drafts must be presented for negotiation within 10 days after the date of issuance of transportation documents but within the credit validity."(환어음은 운송서류 발행일 10일 이내에, 하지만 유효기일 이내에 매입을 위하여 제시되어야 한다)

▌표 6-1▌ 매입신용장·지급신용장 및 인수신용장의 비교

<table>
<tr><th>구 분</th><th>지급 시기</th><th colspan="2">종 류</th></tr>
<tr><td rowspan="2">지급신용장
(Payment Credit)</td><td>일람불</td><td colspan="2">일람지급신용장 (sight payment credit)</td></tr>
<tr><td>기한부</td><td colspan="2">연지급신용장 (deferred payment credit)</td></tr>
<tr><td rowspan="3">인수신용장
(Acceptance Credit)</td><td rowspan="3">기한부</td><td colspan="2">무역인수신용장(shipper's usance credit)</td></tr>
<tr><td rowspan="2">은행인수신용장
(banker's usance credit)</td><td>해외은행인수신용장(overseas banker's usance credit)</td></tr>
<tr><td>국내은행인수신용장(domestic banker's usance credit)</td></tr>
<tr><td rowspan="2">매입신용장
(Negotiation Credit)</td><td>일람불</td><td>일람출급매입신용장
(sight negotiation credit)</td><td>자유매입신용장(open credit)
매입제한신용장(restricted credit)</td></tr>
<tr><td>기한부</td><td>기한부매입신용장
(usance negotiation credit)</td><td>자유매입신용장(open credit)
매입제한신용장(restricted credit)</td></tr>
</table>

▌표 6-2▌ 신용장의 종류

구분	분류	신용장의 종류
일반 신용장	요구서류 유무	• 화환신용장(documentary credit) • 무화환신용장(clean credit)
	취소가능 여부	• 취소가능신용장(revocable credit) • 취소불능신용장(irrevocable credit)
	확인 유무	• 확인신용장(confirmed credit) • 무확인신용장(unconfirmed credit)
	사용방법	• 인수신용장(acceptance credit) • 지급신용장(payment credit) • 매입신용장(negotiation credit)
	대금지급시기	• 일람출급신용장(sight credit) • 기한부신용장(usance credit)
	상환청구 유무	• 상환청구가능신용장(with recourse credit) • 상환청구불능신용장(without recourse credit)
	양도허용 여부	• 양도가능신용장(transferable credit) • 양도불능신용장(non-transferable credit)
	국내외 거래 용도	• 내국신용장(local credit) • 원신용장(master credit)
특수 신용장	특수 목적과 용도	• 보증신용장(stand-by credit) • 전대신용장(red clause credit) • 회전신용장(revolving credit) • 구상무역신용장(back to back credit)

[서식 6-1] 일람출급매입신용장(negotiation credit)

(MT 700) ISSUE OF A DOCUMENTARY CREDIT
From : BANK OF AMERICA, NEW YORK
To : Hana BANK, SEOUL, KOREA

:27	Sequence of total : 1/1
:40A	form of documentary credit : IRREVOCABLE
:20	documentary credit number : MD1NY824NS00018
:31C	date of issue : 5/15/20xx
:31D	date and place of expiry : 8/10/20xx KOREA
:50	applicant : BROWN CO., Ltd. 310 FIFTH AVE. NEW YORK, NY10118, U.S.A.
:59	beneficiary : DAEHAN CO., LTD. CPO BOX 195, SEOUL, KOREA.
:32B	currency code amount : USD500,000
:39A	percent credit amount tolerance : 10/10
:41D	available with by name, address : ADVISING BANK BY NEGOTIATION
:42C	drafts at : SIGHT
:42A	drawee : BANK OF AMERICA, NEW YORK, NY 10015, U.S.A.
:43P	partial shipments : ALLOWED
:43T	transshipment : NOT ALLOWED
:44A	loading on board/dispatch/taking in charge : BUSAN, KOREA
:44B	for transportation to : NEW YORK, U.S.A.
:44C	latest date of shipment : 7/25/20××
:45A	description of goods and/or services 2,000 SETS OF COMPUTERS. CIF NEW YORK. INCOTERMS® 2020
:46A	documents required + SIGNED COMMERCIAL INVOICE IN TRIPLICATE + PACKING LIST IN TRIPLICATE + FULL SET OF CLEAN ON BOARD OCEAN BILL OF LADING MADE OUT TO THE ORDER OF BANK OF AMERICA MARKED FREIGHT PREPAID AND NOTIFY ACCOUNTEE + MARINE INSURANCE POLICIES AND CERTIFICATES IN DUPLICATE ENDORSED IN BLANK FOR 110PCT OF INVOICE VALUE. + INSURANCE POLICIES OR CERTIFICATES MUST EXPRESSLY STIPULATE THAT CLAIMS ARE PAYABLE IN THE CURRENCY OF THE DRAFTS AND MUST ALSO INDICATE A CLAIM SETTLING AGENT IN NEW YORK. INSURANCE MUST INDICATE CARGO INSURANCE CLAUSE(B) + CERTIFICATE OF ORIGIN IN DUPLICATE
:47A	additional conditions ALL DOCUMENTS MUST BEAR OUR CREDIT NUMBER
:48	period for negotiation : DOCUMENTS MUST BE PRESENTED WITHIN 10 DAYS AFTER THE DATE OF BILL OF LADING BUT WITHIN THE CREDIT VALIDITY
:53A	reimbursement bank : BANK OF AMERICA, NEW YORK, NY 10015, U.S.A.
:71B	charges : ALL BANKING COMMISSIONS AND CHARGES OUTSIDE U.S.A. ARE FOR ACCOUNT OF BENEFICIARY
:49	confirmation instructions : WITHOUT
:78	instructions to the paying/accepting/negotiating bank: DRAFTS AND ALL DOCUMENTS MUST BE SENT TO US BY COURIER SERVICE IN ONE LOT. DRAFTS DRAWN UNDER AND NEGOTIATED IN CONFORMITY WITH THE TERMS OF THIS CREDIT WILL BE DULY HONOURED ON PRESENTATION.
:72	sender to receiver information : THIS CREDIT IS SUBJECT TO UCP(2007 REVISION) ICC PUBLICATION NO.600

[서식 6-2] 일람지급신용장(payment credit)

(MT 700) ISSUE OF A DOCUMENTARY CREDIT
From : BANK OF AMERICA, NEW YORK
To : Hana BANK, SEOUL, KOREA
:27 Sequence of total : 1/1
:40A form of documentary credit : IRREVOCABLE
:20 documentary credit number : MD1NY824NS00018
:31C date of issue : 5/15/20××
:31D date and place of expiry : 8/10/20×× KOREA
:50 applicant : BROWN CO., Ltd. 310 FIFTH AVE. NEW YORK, NY10118, U.S.A.
:59 beneficiary : DAEHAN CO., LTD. CPO BOX 195, SEOUL, KOREA.
:32B currency code amount : USD500,000
:39A percent credit amount tolerance : 10/10
:41D available with by name, address : ADVISING BANK BY PAYMENT
:42A drawee : BANK OF AMERICA, NEW YORK, NY 10015, U.S.A.
:43P partial shipments : ALLOWED
:43T transshipment : NOT ALLOWED
:44A loading on board/dispatch/taking in charge : BUSAN, KOREA
:44B for transportation to : NEW YORK, U.S.A.
:44C latest date of shipment : 7/25/20××
:45A description of goods and/or services
2,000 SETS OF COMPUTERS. CIF NEW YORK, USA. INCOTERMS® 2020
:46A documents required
+SIGNED COMMERCIAL INVOICE IN TRIPLICATE
+PACKING LIST IN TRIPLICATE
+FULL SET OF CLEAN ON BOARD OCEAN BILL OF LADING MADE OUT TO THE ORDER OF BANK OF AMERICA MARKED FREIGHT PREPAID AND NOTIFY ACCOUNTEE
+MARINE INSURANCE POLICIES AND CERTIFICATES IN DUPLICATE ENDORSED IN BLANK FOR 110PCT OF INVOICE VALUE. INSURANCE POLICIES OR CERTIFICATES MUST EXPRESSLY STIPULATE THAT CLAIMS ARE PAYABLE IN THE CURRENCY OF THE DRAFTS AND MUST ALSO INDICATE A CLAIM SETTLING AGENT IN NEW YORK. INSURANCE MUST INDICATE CARGO INSURANCE CLAUSE(B)
+CERTIFICATE OF ORIGIN IN DUPLICATE
:47A additional conditions
ALL DOCUMENTS MUST BEAR OUR CREDIT NUMBER
T/T REIMBURSEMENT NOT ALLOWED
:48 period for negotiation : DOCUMENTS MUST BE PRESENTED WITHIN 10 DAYS AFTER THE DATE OF BILL OF LADING BUT WITHIN THE CREDIT VALIDITY
:53A reimbursement bank : BANK OF AMERICA, NEW YORK, NY10015, U.S.A.
:71B charges : ALL BANKING COMMISSIONS AND CHARGES OUTSIDE U.S.A. ARE FOR ACCOUNT OF BENEFICIARY
:49 confirmation instructions : WITHOUT
:78 instructions to the paying/accepting/negotiating bank: PAYMENT WILL BE DULY MADE AGAINST DOCUMENTS PRESENTED IN CONFORMITY WITH THE TERMS OF CREDIT. ALL DOCUMENTS MUST BE SENT TO US BY COURIER SERVICE IN ONE LOT.
:72 sender to receiver information : THIS CREDIT IS SUBJECT TO UCP(2007 REVISION) ICC PUBLICATION NO.600

[서식 6-3] 인수신용장(해외은행인수신용장)

(MT 700) ISSUE OF A DOCUMENTARY CREDIT
From : BANK OF AMERICA, NEW YORK
To : Hana BANK, SEOUL, KOREA
:27 Sequence of total : 1/1
:40A form of documentary credit : IRREVOCABLE
:20 documentary credit number : MD1NY824NS00018
:31C date of issue : 5/15/20xx
:31D date and place of expiry : 8/10/20×× KOREA
:50 applicant : BROWN CO., Ltd. 310 FIFTH AVE. NEW YORK, NY10118, U.S.A.
:59 beneficiary : DAEHAN CO., LTD. CPO BOX 195, SEOUL, KOREA.
:32B currency code amount : USD500,000
:39A percent credit amount tolerance : 10/10
:41D available with by name, address : ADVISING BANK BY ACCEPTANCE
:42C drafts at : 30 DAYS AFTER SIGHT
:42A drawee : Hana Bank, Seoul, Korea
:43P partial shipments : ALLOWED
:43T transshipment : NOT ALLOWED
:44A loading on board/dispatch/taking in charge : BUSAN, KOREA
:44B for transportation to : NEW YORK, U.S.A.
:44C latest date of shipment : 7/25/20××
:45A description of goods and/or services
2,000 SETS OF COMPUTERS. CIF NEW YORK, USA, INCOTERMS® 2020
:46A documents required
+ SIGNED COMMERCIAL INVOICE IN TRIPLICATE
+ PACKING LIST IN TRIPLICATE
+ FULL SET OF CLEAN ON BOARD OCEAN BILL OF LADING MADE OUT TO THE ORDER OF BANK OF AMERICA MARKED FREIGHT PREPAID AND NOTIFY ACCOUNTEE
+ MARINE INSURANCE POLICIES AND CERTIFICATES IN DUPLICATE ENDORSED IN BLANK FOR 110PCT OF INVOICE VALUE. INSURANCE POLICIES OR CERTIFICATES MUST EXPRESSLY STIPULATE THAT CLAIMS ARE PAYABLE IN THE CURRENCY OF THE DRAFTS AND MUST ALSO INDICATE A CLAIM SETTLING AGENT IN NEW YORK. INSURANCE MUST INDICATE CARGO INSURANCE CLAUSE(B)
+ CERTIFICATE OF ORIGIN IN DUPLICATE
:47A additional conditions
ALL DOCUMENTS MUST BEAR OUR CREDIT NUMBER
T/T REIMBURSEMENT NOT ALLOWED
:48 period for negotiation : DOCUMENTS MUST BE PRESENTED WITHIN 10 DAYS AFTER THE DATE OF BILL OF LADING BUT WITHIN THE CREDIT VALIDITY
:53A reimbursement bank : BANK OF AMERICA, NEW YORK, NY 10015, U.S.A.
:71B charges : ALL BANKING COMMISSIONS AND CHARGES OUTSIDE U.S.A. ARE FOR ACCOUNT OF BENEFICIARY
:49 confirmation instructions : WITHOUT
:78 instructions to the paying/accepting/negotiating bank: DRAFTS MUST BE SENT TO DRAWEE BANK FOR YOUR REIMBURSEMENT AND ALL DOCUMENTS MUST BE SENT TO US BY COURIER SERVICE IN ONE LOT. DRAFTS DRAWN IN CONFORMITY WITH THE TERMS OF THIS CREDIT WILL BE DULY ACCEPTED ON PRESENTATION AND HONOURED AT MATURITY
:72 sender to receiver information : THIS CREDIT IS SUBJECT TO UCP(2007 REVISION) ICC PUBLICATION NO.600

5) 대금지급시기에 따른 분류

▌표 6-3▌ 대금지급시기에 따른 신용장의 분류

<table>
<tr><th>지급시기</th><th colspan="2">형 태</th><th>내 용</th></tr>
<tr><td rowspan="2">일람출급
신용장
(Sight Credit)</td><td rowspan="2">환어음 및
서류의
매입
허용 여부</td><td>일람출급매입신용장
(sight negotiation credit)</td><td>• 매입자유신용장(sight open credit)
• 매입제한신용장(sight restricted credit)</td></tr>
<tr><td>일람지급신용장
(sight payment credit)</td><td>원칙적으로 환어음이 필요 없이 선적서류의 제시로 지급</td></tr>
<tr><td rowspan="8">기한부
신용장
(Usance
Credit)</td><td rowspan="3">환어음
지급기일</td><td>확정일 후 정기출급
(at 30 days after B/L date)</td><td>선적 후 30일부 정기출급 환어음</td></tr>
<tr><td>(환어음)발행일 후 정기출급
[at 30 days after date
(of draft)]</td><td>환어음 발행 후 30일부 정기출급 환어음</td></tr>
<tr><td>일람 후 정기출급
(at 30 days after sight)</td><td>일람 후 30일부 정기출급 환어음</td></tr>
<tr><td rowspan="3">환어음
발행과
지급확약</td><td>기한부매입신용장
(usance negotiation credit)</td><td>–</td></tr>
<tr><td>연지급신용장
(deferred payment credit)</td><td>–</td></tr>
<tr><td>인수신용장
(acceptance credit)</td><td>–</td></tr>
<tr><td rowspan="2">신용공여
주체</td><td>무역인수신용장
(shipper's usance credit)</td><td>화주인 수익자가 수입업자를 위해 기한부어음의 만기일까지 지급을 유예해주는 신용장</td></tr>
<tr><td>은행인수신용장
(banker's usance credit)</td><td>어음인수 주체인 인수은행이 usance기간 동안의 이자를 부담하는 신용장으로 ① 발행은행의 해외 환거래은행이 주체가 되는 해외은행인수신용장과 ② 수입지의 발행은행이 주체가 되는 국내은행인수신용장으로 구분됨</td></tr>
<tr><td rowspan="2">할부
신용장
(Instalment
Shipment
Credit)</td><td colspan="2">할부지급신용장
(installment payment credit)</td><td>기한부신용장의 일종으로 신용장에서 지급만기일을 각각 달리 지정한 복수의 기한부어음을 요구하는 신용장</td></tr>
<tr><td colspan="2">할부선적신용장
(installment shipment credit)</td><td>일정한 기간 내에 수회에 걸쳐서 주기적으로 정해진 수량을 할부선적하도록 명시한 신용장</td></tr>
</table>

(1) 일람출급신용장(sight credit)

일람출급신용장은 신용장에 의한 일람출급환어음(sight draft) 및/또는 서류가 지급인(drawee)에게 제시되면 즉시 대금을 지급하는 조건의 신용장이다.[5] 수익자는 환어음을 일람출급(at sight)조건으로 발행하고 환어음상의 지급인은 환어음을 일람하는 즉시 지급해야 한다. 일람출급신용장은 환어음을 요구하지 않는 일람지급신용장과 환어음을 요구하는 일람출급매입신용장이 사용될 수 있다.

(가) 일람출급매입신용장의 경우

① 매입표시문언

We hereby issue this documentary credit in your favor which is available by negotiation of your drafts at sight drawn on us for 100% invoice value.
(당행은 상업송장가액의 100%에 대하여 당행을 지급인으로 하여 발행된 귀사의 일람출급 환어음이 매입될 수 있도록 귀사를 수익자로 하는 화환신용장을 발행한다)

② 발행은행의 지급확약문언

We hereby engage with drawers, endorsers and bona fide holders that drafts drawn under and negotiated in conformity with the terms of this credit will be duly honoured on presentation
(당행은 이 신용장조건과 일치하여 발행되어 매입된 환어음은 제시되는대로 정히 지급이행될 것을 환어음 발행인, 배서인 그리고 선의의 소지인에게 약속한다)

(나) 일람지급신용장의 경우

① 지급표시문언

We hereby issue this credit in your favor which is available by sight payment against presentation of the following documents
(당행은 다음 서류들을 제시하면 일람지급에 의하여 사용이 가능한 신용장을 귀사를 수익자로 하여 발행한다)

② 발행은행의 지급확약문언

We hereby engage with you that payment will be duly made against documents presented in conformity with terms of this credit
(당행은 이 신용장조건과 일치하는 서류가 제출되면 지급이 이루어질 것이라는 것을 귀사에게 약속한다)

---

5) 한국의 외국환은행들은 일람출급환어음(sight draft) 방식의 결제시 수입어음 도착일로 부터 5은행영업일 이내에 신용장발행의뢰인이 발행은행에 지급하는 것으로 하고 있다.

(2) 기한부신용장(usance credit)

기한부신용장은 신용장에 의한 기한부환어음(usance draft) 및/또는 서류가 지급인(drawee)에게 제시된 후 일정기간이 경과된 후(만기일)에 지급되는 신용장을 말한다.

(가) 어음지급기일에 따른 발행방법

① 확정일 후 정기출급(at xxx days after B/L date) : 선하증권 발행일(선적일) 후 ××× 일이 도래된 날에 지급되는 어음

② (환어음) 발행일 후 정기출급(at xxx days after date of draft) : 환어음 발행일 후 ××× 일이 도래된 날에 지급되는 어음

③ 일람 후 정기출급(at xxx days after sight) : 환어음이 지급인에 제시된 날 후부터 ××× 일이 도래된 날에 지급되는 어음

④ 확정일출급(fixed date) : 환어음상에 확정된 날에 지급되는 어음

(나) 어음발행과 지급확약방식에 따른 분류

① 기한부매입신용장(usance negotiation credit) : 신용장에 의한 기한부환어음(usance draft) 또는 서류가 지급인(drawee)에게 제시된 이후 일정기간이 경과 후에 대금을 지급하는 신용장을 말한다.

- 기한부어음표시문언

> We hereby issue this documentary credit in your favor which is available by negotiation of your draft at 90 days after sight drawn on us for 100% of invoice value
> (당행은 상업송장가액의 100%에 대하여 당행을 지급인으로 하여 발행된 일람후 90일부 환어음이 매입될 수 있도록 귀사를 수익자로 하여 이 화환신용장을 발행한다)

- 발행은행의 매입확약문언

> We hereby engage with drawers, endorsers and bona-fide holders that drafts drawn under and negotiated in conformity with the terms of this credit will be duly honored at maturity
> (당행은 이 신용장조건과 일치하여 발행되어 매입된 환어음이 만기일에 지급이행될 것이라는 것을 발행인, 배서인 및 선의의 소지인에게 확약한다)

② 연지급신용장(deferred payment credit) : 연지급신용장은 환어음의 발행 없이 서류의 제시 후 일정기간이 경과한 후 대금지급이 이루어지는 신용장을 말한다.

• 기한부지급표시문언

> We hereby issue this documentary credit in your favor which is available by payment at 30 days after sight against presentation of the following documents
> (당행은 다음 서류의 제시에 대하여 일람 후 30일 지급조건으로 귀사를 수익자로 하여 이 화환신용장을 발행한다)

• 발행은행의 지급확약문언

> "We hereby engage that payment will be duly undertaken on presentation of documents in conformity with the terms of this credit and duly honored at maturity"
> (당행은 이 신용장의 거래조건과 일치하는 서류가 수취되어 만기일에 지급될 것을 확약한다)

③ 인수신용장(acceptance credit) : 인수신용장은 발행은행 또는 발행은행이 지정한 인수은행(발행은행의 예치환거래은행)이 기한부환어음을 인수하고 그 어음의 만기일에 지급할 것을 약속하는 신용장을 말한다. 기한부환어음을 인수한 은행은 환어음의 만기일에 지급은행이 된다. 국내은행인수신용장의 예는 다음과 같다.

• 기한부어음 표시문언

> "We hereby issue this documentary credit in your favor which is available by acceptance of your draft at 30 days after sight drawn on us for 100% of invoice value"
> (당행은 상업송장 가액의 100%에 대하여 당행을 지급인으로 하여 발행된 일람 후 30일부 환어음을 인수할 수 있도록 이 화환신용장을 발행한다)

• 발행은행의 지급확약문언

> We hereby engage that draft drawn in conformity with the terms of this credit will be duly accepted on presentation and duly honored at maturity
> (당행은 이 신용장의 거래조건과 일치하여 발행된 환어음이 정히 인수되고 만기일에 지급될 것을 확약한다)

6) 상환청구 유무에 따른 분류

(1) 상환청구가능신용장(with recourse credit)

상환청구가능신용장이란 수익자가 발행한 환어음을 매입한 매입은행, 배서인(endorser) 또는 선의의 소지인(bona-fide holder)이 환어음의 지급인(drawee)인 발행은행으로부터 대금지급을 받지 못하였을 경우 그 환어음의 발행인인 수익자에게 이미 매입된 환어음 금액을 돌려 달라는 상환청구(소구)가 가능한 신용장을 말한다. 신용장상에 "with recourse"의 명시적인 문언이 있거나 아무런 명시가 없는 경우에는 상환청구가능신용장으로 간주된다.

상환청구가능신용장(with recourse credit)이란? 수익자가 발행한 환어음을 매입한 매입은행, 배서인 또는 선의의 소지인이 환어음의 지급인인 발행은행으로부터 대금지급을 받지 못하였을 경우 그 환어음의 발행인인 수익자에게 이미 매입된 환어음 금액을 돌려 달라는 상환청구가 가능한 신용장

(2) 상환청구불능신용장(without recourse credit)

상환청구불능신용장이란 환어음의 발행인인 수익자에게 이미 매입된 환어음금액을 상환청구(소구)할 수 없도록 하고 있는 신용장을 말한다. "상환청구불능(without recourse)"이라는 명시적인 문구가 있는 경우에만 상환청구불능신용장으로 간주된다.

어음발행인에 대한 상환청구 유무는 그 나라의 어음법에 따른다. 한국의 경우 상환청구가능(with recourse) 및 상환청구불능(without recourse)에 관계없이 어음법 제43조에서 상환청구권을 인정하고 있기 때문에 상환청구불능신용장하에서도 상환청구가 가능하다. 하지만 영미법에서는 "without recourse"의 표시가 있는 것은 원칙적으로 상환청구권을 인정하지 않고 있다.

상환청구불능신용장(without recourse credit)이란? 환어음의 발행인인 수익자에게 이미 매입된 환어음금액을 상환청구(소구)할 수 없도록 하고 있는 신용장

7) 양도허용 여부에 따른 분류

(1) 양도가능신용장(transferable credit)

양도가능신용장이란 신용장상에 "transferable"이란 표시가 있어 최초의 수익자(first beneficiary)가 신용장 금액의 일부 혹은 전부를 제3자에게 양도할 수 있도록 허용하고 있

는 신용장을 말한다. 양도가능신용장은 1회에 한하여 양도가 허용되며 분할선적이 금지되어 있지 않으면 최초의 수익자는 다수의 제2수익자(second beneficiary)에게 분할 양도할 수 있다.

신용장의 양도가 필요한 경우는 ① 무역을 직접적으로 수행할 수 없거나, ② 주문받은 물품 중 일부가 다른 수출업자가 생산하고, ③ 거래은행에 무역금융수혜를 위한 거래한도가 부족하거나, ④ 기타 업무수행 상의 번거로움을 피하기 위한 경우 등이다.

(2) 양도불능신용장(non-transferable credit)

양도불능신용장은 신용장상에 "transferable"이라는 문언이 없는 신용장을 말한다. 양도불능신용장은 어느 경우에서라도 최초의 수익자가 제3자에게 양도할 수 없다.

8) 국내외 거래용도에 따른 분류

(1) 내국신용장(local credit)

내국신용장이란 수익자가 받은 수출신용장을 근거로 하여 국내에서 수출물품 또는 수출용 원자재를 조달하기 위하여 물품공급자를 수익자로 하여 수익자의 거래은행이 발급하는 신용장을 말한다.

(2) 원신용장(master credit)

원신용장이란 수익자가 신용장발행의뢰인의 요구에 의해 발행은행이 발행한 최초의 수출신용장을 말한다.

2 특수신용장

1) 보증신용장(standby credit)

보증신용장은 물품의 대금을 결제하기 위해서가 아니라 단순히 지급보증으로 사용되는 보증장이다. 국내 본사의 해외지점이 현지에서 금융을 조달할 경우, 본사의 보증을 담보로 본국의 은행이 발행해 주는 보증신용장을 가지고 담보로 활용할 수 있다.

본국에 있는 보증신용장의 발행은행이 상환에 대한 모든 책임을 지겠다는 보증신용장을 기초로 현지의 은행은 금융을 제공한다. 따라서 본국은행이 신용장의 발행은행이 되고 현지은행이 수익자가 되며, 본국의 본사는 보증신용장의 발행의뢰인이 된다. 만일 해외지점이 기간 내에 상환을 하지 않을 경우에 현지의 은행은 해외지점이 채무를 이행하지 않았다는 진술서(statement)의 첨부만으로 모든 책임을 본국의 발행은행에 부담시킨다.

이 신용장은 대규모 해외건설공사나 플랜트수출에 있어서의 입찰보증(bid bond), 계약이행보증(performance bond), 하자보증, 선수금환급보증(advance payment bond) 등을 위한 목적으로 사용된다.

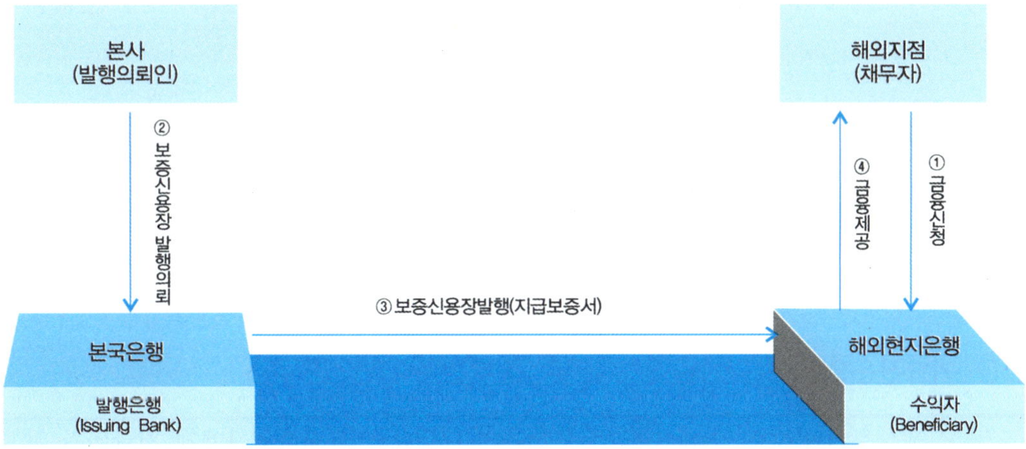

그림 6-7 **보증신용장의 흐름도**

2) 전대신용장(red clause credit)

전대신용장은 수출업자가 수출물품의 생산가공에 필요한 자금을 미리 활용할 수 있도록 하기 위하여 물품의 선적과 관련된 선적서류 발행 전에 신용장금액을 수출업자 앞으로 전대해 줄 것을 허용하는 신용장을 말한다. 발행은행이 대금의 선지급을 허용한다는 의미에서 전대 또는 선대신용장, 수익자가 대금을 선지급받는다는 의미에서 선수금신용장, 선지급수권조항이 적색으로 되어 있다는 의미에서 적색신용장이라고도 한다. 현재는 적색으로 표시되는 관행은 사라지고 매도인의 집화자금 융자라는 의미에서 'Packing Credit'이라는 용어가 쓰이기도 한다.

3) 회전신용장(revolving credit)

회전신용장이란 동일한 거래처와 동일한 물품으로 거래가 지속되는 경우에 일정기간 일정한 금액의 범위 내에서 자동적으로 갱신되는 신용장을 말한다.

신용장이 회전되는 방법으로는 ① 환어음에 대한 지급통지가 있으면 회전되는 방법, ② 환어음이 결제되는 일정 횟수를 정하여 그 기간 내에 지급거절 통지가 없으면 회전되는 방법, ③ 일정기간 후에 다시 그 금액이 회전되는 방법이 있다. 신용장금액을 갱신하는 방법에는 갱신되기 전에 미사용 잔액이 있을 경우 그 잔액이 그대로 누적되는 누적적 방법(cumulative method)과 잔액이 누적되지 않는 비누적적 방법(non-cumulative method)이 있다.

4) 구상무역신용장

(1) 동시발행신용장(back to back credit)

동시발행신용장은 수출업자와 수입업자가 동시에 신용장을 발행하여 균형시키는 신용장을 말한다. 한 국가에서 일정액의 수입신용장을 발행할 경우 수출국에서도 같은 금액의 신용장을 발행하여 오는 경우에만 유효하다는 조건이 있는 신용장이다.

(2) 기탁신용장(escrow credit)

기탁신용장은 신용장에 의해 발행되는 어음의 매입대금이 수출업자에게 지급되지 않고 상호 약정에 따라 수출업자 명의의 매입은행, 발행은행 또는 제3국의 환거래은행 등의 기탁계정(escrow account)에 기탁하여 두고, 수출업자가 원신용장 발행국으로부터 수입하는 물품의 대금결제에만 사용하도록 하는 조건의 신용장을 말한다.

(3) 토마스신용장(Thomas credit)

토마스신용장은 수출업자와 수입업자가 상호 일정금액의 신용장을 서로 발행하기로 하고, 수출업자가 신용장을 받는 대가로 일정기간 이후에 동 금액의 신용장을 발행하여 수입하겠다는 보증서를 상대방에게 보내야만 수출업자가 받은 신용장이 유효하게 되는 신용장을 말한다.

3 유사신용장

1) 어음매입수권서(Authority to Purchase : A/P)

어음매입수권서는 수입업자의 거래은행이 수입업자의 요청에 따라 어음매입수권서를 발행하고 수출국에 소재하는 자신의 본·지점 또는 환거래은행에 대하여 수출업자가 수권서

(letter of authority)에 명시된 일정조건의 서류를 준비하여 매수인을 지급인으로 발행된 어음을 제시하면 매입해줄 것을 요청하는 통지서이다. 매수인의 거래은행이 어음의 지급·인수·매입을 보증하고 있지 않기 때문에 취소가능하고, 어음의 지급인이 매수인이므로 그 어음의 지급이 거절된 경우 관련 은행들이 어음발행인인 수출업자에 상환청구를 하면 수출업자는 응하여야 한다.

2) 어음지급수권서(Authority to Pay : A/P)

어음지급수권서는 수업업자의 거래은행이 수업업자의 요청에 따라 어음지급수권서를 발행하고 수출국에 소재하는 자신의 본·지점 또는 환거래은행에 대하여 수출업자가 일정한 조건에 따라 발행하는 어음에 대하여 지급할 것을 지시하는 통지서를 말한다. 어음이 수업업자 앞으로 발행되는 것이 아니라 통지은행 등의 환거래은행 앞으로 발행되는 일람출급어음이고, 통지은행 등의 환거래은행은 지급약정 없이 수출업자에게 통지하지 않고 취소할 수 있다.

4 스위프트신용장

스위프트(SWIFT)신용장은 신용장의 종류라기보다는 신용장이 발행되는 방식에 근거하여 분류되는 것이다. 스위프트(SWIFT)는 국가간 대금결제 등 은행 간 업무를 데이터통신망으로 연결하기 위하여 1973년에 설립된 "세계은행간금융데이터통신협회(Society for Worldwide Interbank Financial Telecommunication)"를 말한다. 이 시스템은 기존의 통신보다 효율성이 높기 때문에 국가간의 은행업무가 신속하고 정확하게 처리될 수 있다. 스위프트시스템의 발전에 따라 현재의 신용장은 스위프트 "MT700"의 형식에 따라 발행되고 있다.

6.4 신용장의 구성과 신용장 관련 규칙

1 신용장의 구성

1) 신용장 자체에 관한 사항

① 발행은행(issuing bank) : 발행은행은 발행의뢰인의 의뢰에 의하여 신용장을 발행하는 은행으로 수입업자의 거래은행이 된다. 일반적으로 신용장의 발행자는 발행은행이고 수

신자는 통지은행이 된다. 스위프트신용장에서의 "we"는 발행은행을 의미하고 "you"는 수익자(beneficiary)를 의미한다.

From : Bank of America, New York, U.S.A.

② 총 쪽수(sequence of total) : 발행된 신용장의 총 쪽수를 의미한다. 예를 들어 총 쪽수가 2쪽이면 1쪽은 1/2, 2쪽은 2/2로 표시된다. 신용장예시의 경우 총 1쪽으로 1/1로 표시된다.

:27 Sequence of total : 1/1 (총 쪽수 : 1)

③ 화환신용장의 종류(form of documentary credit) : 취소불능화환신용장(irrevocable documentary credit) 등과 같이 신용장의 종류를 표시한 것으로 대부분 "irrevocable"이란 문언이 기재되어 있다. 취소불능신용장은 당사자 전원[수익자, 발행은행, 확인은행(있는 경우)]의 합의가 있어야만 신용장의 취소나 조건변경이 가능하다. 신용장통일규칙(UCP 600)에서는 신용장상에 "취소불능(irrevocable)" 또는 "취소가능(revocable)"의 문언이 없더라도 취소불능신용장으로 간주된다.

:40A form of documentary credit : IRREVOCABLE (화환신용장의 종류 : 취소불능)

④ 화환신용장번호(documentary credit number) : 화환신용장번호는 발행은행이 신용장을 발행하면서 부여하는 고유번호이다. 일반적으로 신용장번호를 관련 서류상에 기재할 것을 요구하는 경우가 많다. 신용장번호는 한국은행이 정하는 "수출입승인서 및 신용장 등의 번호기재요강"에 따라 발행등록시 자동으로 정해진다.

:20 documentary credit number : M D1 NY 8 24 N S 0001 8
① ② ③ ④ ⑤ ⑥ ⑦ ⑧ ⑨

① 수입신용장의 표시번호(M: Master L/C, L: Local L/C)
② 은행고유번호(D1: 우리은행, 42: 신한은행 등)
③ 발행은행 지점번호(D1NY : 우리은행/트윈타워), ④ 발행년도의 끝자리 수
⑤ 발행월 표시, ⑥ 수입용도 구분(N: Normal 일반재 내수용 물자 E: Export 수출용 원자재)
⑦ 대금결제방법(S: Sight L/C, U: Usance L/C, P: D/P, A: D/A, R: 단순송금방식)
⑧ 신용장 일련번호, ⑨ Check digit number: 은행별 확인번호

종류별		수입용도		수입결제방법	
대 상	기호	수입용도	기호	수입용도	기호
수출승인번호	E	일반내수용	N	일람출급 L/C	S
수출신용장통지번호	A	수출용원자재	E	기한부 L/C (내국수입유전스포함)	U
내국신용장번호	L	정부용	G	기타 L/C(분할지급수입, 연계무역포함)	D
수출입승인서번호	C	가공무역용	B	D/P방식	P
수입승인번호	I	군납용원자재	A	D/A방식	A
수입신용장번호	M	기타 외화획득 (중계무역 등)	S	송금방식	R
구매확인서번호	R	특수거래(임차수입, 연계무역, 외국인수수입)	X	무상거래 (임차수입 포함)	N

⑤ 발행일자(date of issue) : 발행은행이 신용장을 발행하는 일자로서 발행은행의 지급확약 개시일이다.

:31C date of issue : 5/25/20×× (발행일 : 20××년 5월 25일)

⑥ 신용장의 유효기일 및 장소(date and place of expiry) : 신용장의 유효기일 및 장소는 일람지급(sight payment), 연지급(deferred payment), 인수(acceptance) 및 매입(negotiation) 등을 위하여 제시되어야 할 최종일과 제시장소를 말한다. 신용장 유효기일의 의미는 동 기간 내에 지급확약의 효력이 있고 서류제시장소가 특정되었을 경우에는 그 특정은행에, 그 이외에는 수익자의 거래은행에 신용장상에서 요구하고 있는 서류의 제시(presentation)가 이루어져야 한다.

:31D date and place of expiry : 8/10/20××, Korea (유효기일 및 장소 : 20××년 8월 10일)

⑦ 발행의뢰인(applicant) : 신용장발행의뢰인은 발행은행에게 신용장의 발행을 의뢰하는 수입업자를 말한다.

:50 applicant : BROWN CO., Ltd. 310 FIFTH AVE, NEW YORK, NY10118, U.S.A.

⑧ 수익자(beneficiary) : 수익자는 신용장을 수령하는 수출업자로서 수익자의 상호와 주소를 기재한다.

:59 beneficiary : DAEHAN CO., LTD. CPO BOX 195, SEOUL, KOREA

⑨ 통지은행(advising bank) : 통지은행은 발행은행에서 보내는 신용장을 단순히 통지하는 은행으로 수익자의 소재지에 있는 발행은행의 본·지점이나 환거래계약을 체결한 은행이 된다.

To : Hana BANK, SEOUL, KOREA

⑩ 신용장 통화 및 금액(currency code, amount) : 신용장 통화 및 금액은 발행은행이 수익자에게 실제로 지급하는 금액이 아니라 지급할 수 있는 최대의 사용한도액이며, 수익자의 환어음발행금액을 기준으로 실제 지급되는 금액이다. 통화는 문자로 기재되고 금액은 숫자로 기재된다.

:32B currency code, amount : USD500,000 (통화 및 금액 : USD500,000)

⑪ 신용장금액 과부족 허용비율(percent credit amount tolerance) : 신용장금액 과부족 허용비율(percent credit amount tolerance)을 나타나는 것으로 신용장금액의 편차를 의미한다. 10/10은 표시된 금액을 기준으로 상한 10%, 하한 10%까지 허용되는 것을 의미한다.

:39A percent credit amount tolerance : 10/10 (신용장금액의 과부족 허용비율 : ±10)

(2) 환어음에 관한 사항

⑫ 신용장 사용가능은행 및 사용방법(available with... by...) : 신용장은 일람지급(by sight), 연지급(by deferred payment), 인수(by acceptance), 매입(by negotiation) 중 어느 것에 의하여 사용될 수 있는지를 명기하여야 한다. "Available with ... by ..."에서 "with" 다음에는 신용장을 사용할 수 있는 은행이 기입되는데 "New York Bank",

"Advising Bank(통지은행)", "Issuing Bank(발행은행)", "Reimbursing Bank(상환은행)", "Any Bank(모든 은행)" 등과 같이 표시된다. 한편 "by" 다음에는 "by sight payment(일람지급)", "by deferred payment(연지급)", "by acceptance(인수)", "by negotiation(매입)" 중 하나를 선택하여 기재한다.

:41D available with ... by ... : Any Bank by Negotiation (모든 은행에서 매입에 의해 사용가능함)

⑬ 환어음의 지급방식 : 환어음의 지급방식에 대해서는 "sight payment(일람지급)", "deferred payment(연지급)", "acceptance(인수)", "negotiation(매입)" 중에서 하나를 선택하여 표시함으로써 허용되는 신용장의 지급확약방식을 기재한다. 지급신용장(일람지급신용장 및 연지급신용장 포함)의 경우 환어음이 제시되지 않고 수익자에게만 대금지급을 확약하고 있기 때문에 ":42C drafts at" 및 "42A drawee"란에 아무런 표시를 하지 않는다.

:42C drafts at : SIGHT (환어음 : 일람지급)

환어음의 종류는 환어음의 지급기일에 따라 "at sight"로 표시되는 일람출급신용장(sight credit)과 "at xxx days after sight" 등으로 표시되는 기한부신용장(usance credit)으로 구분된다. 일람출급환어음은 환어음이 지급인에게 제시되는 즉시 지급되고, 기한부환어음은 일정기간이 경과된 후에 지급된다. 환어음금액은 신용장금액을 초과할 수 없다.

- draft at sight for 100% of invoice value .....(상업송장 가액의 100%에 대한 일람지급환어음)
- draft at 30 days after sight(B/L date or date of draft) for invoice value...
  [상업송장 가액에 대해 일람 후(선하증권 발행 후, 혹은 환어음 발행일 후) 30일부 지급조건부 환어음]

⑭ 환어음 지급인(drawee) : 환어음 지급인은 "draft drawn on" 다음에 기재된다. 일반적으로 발행은행이나 지정은행 등 은행명이 기재된다.

:42A drawee : BANK OF AMERICA, NEW YORK, NY10015, U.S.A.

(3) 운송에 관한 사항

⑮ 분할선적(partial shipments) : 분할선적은 수익자가 물품의 선적으로 2회 이상 나누어 선적하는 것을 의미한다. 분할선적에 관한 아무런 표시가 없을 경우에는 분할선적이 허용되는 것으로 간주한다. 분할선적의 경우 마지막 선적분량이 신용장에서 규정하고 있는 선적일 이내에 선적되어야 한다.

Partial shipments : □ allowed, □ not allowed
Partial shipments : □ not prohibited, □ prohibited

:43P partial shipments : ALLOWED (분할선적 : 허용됨)

⑯ 환적(transhipment) : 환적은 선적항에서 양륙항까지 운송과정 중에 한 운송수단으로부터 다른 운송수단으로 물품을 옮겨 싣는 것을 의미한다.

Transhipment : □ allowed, □ not allowed
Transhipment : □ not prohibited, □ prohibited

:43T transhipment : NOT ALLOWED

⑰ 선적지(place of shipment) : 선적지는 물품이 선적되는 장소로서 "loading on board/dispatch/taking in charge from/at(...으로부터 본선적재/발송/수탁)" 다음에 기재된다. "loading on board"는 해상운송서류, "dispatch"는 항공운송서류, 그리고 "taking in charge"는 복합운송서류가 요구될 때 해당 장소를 기재한다.

:44A loading on board/dispatch/taking in charge : Busan, Korea
(본선적재/발송/수탁 : 한국, 부산항)

⑱ 도착지(place of destination) : 목적지는 "for transportation to" 다음에 기재된다. 복합운송에서는 양륙항(port of discharge)과 구별되어 기재된다.

:44B for transportation to : New York, USA.

⑲ 최종선적일(latest date of shipment) : 선적기일은 물품의 최종선적, 즉 적재, 발송, 수탁 등을 위하여 최종적으로 허용되는 일자를 말한다. "not later than July 25, 20xx"일 경우 인도조건에 따라 7월 25일까지는 적재, 발송 또는 수탁을 완료하여야 한다는 의미이다. 만일 7월 25일이 공휴일이라고 하더라도 공휴일을 불문하고 적재, 발송, 수탁이 이루어져야 한다. SWIFT신용장에서는 선적기일의 의미로 "latest date of shipment" 등으로 표기된다.

:44C latest date of shipment : 7/25/20×× (최종선적일 : 20××년 7월 25일)

(4) 물품명세에 관한 사항(:46A documents required)

⑳ 물품 및/또는 용역의 명세(description of goods and/or services) : 물품명세(description of commodity)는 물품명 및 수량, 규격, 단가(unit price), 가격조건(price terms), 원산지(country of origin) 등을 다음과 같이 표기한다.

:45A description of goods and/or services : 2,000 pcs of computers as per sales note No. A01 dated April 10, 20xx CIF New York Port, USA, Incoterms 2020
(물품 및/또는 용역의 명세 : 인코텀즈 2020에 의한 미국 뉴욕항까지의 운임보험료포함규칙으로 20××년 4월 10일자 매매계약서 번호 A01에 따른 컴퓨터 2,000대)

(5) 요구서류에 관한 사항(:46A documents required)

㉑ 상업송장(commercial invoice) : 상업송장은 수익자가 발행하는 서류로서 물품의 명세서, 가격계산서 및 대금청구서의 역할을 한다. 물품명세는 신용장의 물품명세와 일치되어야 한다. 신용장상에서 상업송장상에 어떠한 내용을 명시할 것을 요구하는 경우에는 지시대로 상업송장에 기재하여야 한다. 일반적으로 "signed commercial invoice in triplicate"와 같이 통수를 표시한다. "duplicate(2통)", "triplicate(3통)", "quadruplicate(4통)", "quintuplicate(5통)", "sextuplicate(6통)", "septuplicate(7통)", "octuplicate(8통)" 등과 같이 요구한다.

+signed commercial invoice in triplicate (서명된 상업송장 3통)

㉒ 포장명세서(packing list) : 포장명세서는 선적화물의 포장 및 포장단위별 명세와 단위별 순중량(net weight), 총중량(gross weight), 용적(measurement), 화인(shipping mark) 및 포장의 일련번호 등을 기재한 명세서이다.

+packing list in triplicate (포장명세서 3통)

㉓ 운송서류(transport document) : 운송서류는 물품의 선적, 발송, 수탁을 명시하는 인도의 증거서류를 포괄하여 부르는 것으로 해상선하증권(ocean bill of lading), 항공화물운송장(Air Waybill), 복합운송증권(combined transport document) 등과 같이 운송방식에 따라 요구되는 운송서류가 다르다. 여기에서는 해상선하증권을 요구하고 있다.

+Full set of clean on board ocean bill of lading made out to the order of Bank of America marked "Freight Prepaid" and notify Accountee.
뱅크 오브 아메리카의 지시식으로 발행되고 운임 "선지급" 및 발행의뢰인을 착화통지처로 된 전통으로 구성된 무고장 선적해상선하증권.

- "Full set" : "전통"이란 선하증권의 원본 3통(first original, second original, third original)이 1조로 발행되었다면 3통 모두를 갖춘 것을 말한다. 3통은 각각 정식의 선하증권으로서 독립적인 효력을 가지기 때문에 한 통이 사용되면 나머지 두 통은 무효가 된다. 과거 매입은행이나 지정은행 등이 발행은행에 운송서류를 송부할 때 분실사고를 방지하기 위하여 원본 1통을 먼저 송부하고 나중에 나머지 원본들을 별도로 송부하는 관행이 있었다. 이러한 관행을 반영하여 선하증권 원본은 3통을 발행하고 있으나, 신용장통일규칙(UCP 600) 제20조 a항 iv호에서 "단일의 선하증권 원본 또는 2통 이상의 원본으로 발행된 경우에는 선하증권 상에 표시된대로 전통일 것"으로 규정되어 있어 한 통의 선하증권 원본을 발행할 수 있는 근거를 마련하였다.
- "Clean" : "무사고"란 의미로 선적된 물품 및 포장이 파손되거나 부족함이 없고 외관상 완전한 상태로 선적되었음을 나타내는 것으로 사고문언(remarks)이 없는 것을 말한다. 일반적으로 신용장상에 표기된 물품명 및 수량 등이 동일하게 선하증권에 기재되어 있어야 은행이 서류를 수리한다.
- "on board ocean bill of lading" : "선적해상선하증권"을 의미한다. 운송인이 선하증권을 발행하는 방법으로는 송화인으로부터 화물을 수취한 후 발행하는 "수취선하증권(received bill of lading)"과 물품이 본선에 선적된 후 발행하는 "선적선하증권(on

board bill of lading)"으로 구분된다. 은행은 수취식으로 발생된 선하증권은 수리거절하고 선적선하증권만을 수리하기 때문에 선하증권에 "on board : July 25, 20xx" 등과 같이 선적된 날짜가 기재되어야 한다.

- "Made out to the order of Bank of America" : "뱅크 오브 아메리카의 지시식으로 발행된"의 의미로 수화인(consignee)은 뱅크 오브 아메리카가 지시하는 상대방이 된다. 같은 의미로 "made out to our order"라고도 할 수 있다. 일반적으로 대금지급을 보증하고 있는 발행은행은 수입업자가 대금지급을 완료할 때까지 물품의 담보권을 확보하는 것이 자신에게 유리하기 때문에 발행은행의 지시식으로 선하증권을 발행하도록 요구하고 있다.

  이 밖에 신용장상에 수화인을 표시하는 방법으로 단순 지시식(to order), 송화인의 지시식(to the order of shipper) 등으로 기재하도록 요구할 수 있다. 단순 지지식이거나 송화인의 지시식인 경우 수익자는 선하증권 원본의 배면에 무기명배서(blank endorsement)[6]하여 운송서류를 양도한다.
- "Freight prepaid" : "운임선지급"의 의미로 송화인이 운송인에게 운송비를 사전에 지급해야 함을 의미한다. 인코텀즈 2020규칙 하에서 화주가 해상운임을 지급하는 경우는 CFR규칙이나 CIF규칙이다. FAS규칙이나 FOB규칙의 경우 해상운임은 수입업자가 부담해야 하기 때문에 운임후지급(freight to collect)이라고 표시되어야 한다.
- "Notify accountee" : "착화통지처"로 화물도착통지처를 의미한다. 화물이 목적항에 도착한 경우 운송인이 화물도착통지(arrival notice)를 보낼 상대방으로 통상 수입업자가 된다.

㉔ 보험서류(insurance document) : CIF규칙인 경우 수익자는 반드시 신용장에 명시된 보험서류를 구비해야 한다. 보험서류는 다음과 같이 표기된다.

> +Insurance policy or certificate in duplicate, endorsed in blank for 110% of invoice value, expressly stipulating that claims are payable in New York USA and it must include Institute Cargo Clause(C).
> 송장금액의 110%로 백지배서되고 보험금이 미국 뉴욕에서 지급될 수 있다고 명백히 표시되어 있으며 협회화물약관(협회적화약관)(C)조건으로 부보된 보험증권 또는 보험증명서 2통

CIP규칙인 경우에는 최대담보조건[ICC(A)]으로 부보하여야 한다. 보험서류는 물품이 운송되는 도중에 해난이나 기타의 위험으로 인하여 입게 될 손해에 대해 화주에 의해

---

6) 백지배서(blank endorsement)란 배서인이 피배서인이 명기되어 있지 않은 백지상태로 배서하는 방식을 말한다. 예를 들어 송화인 지시식(to the order of shipper)선하증권인 경우 배서인인 송화인이 양도받을 은행(매입은행 등)을 명기하지 않고 선하증권에 배서(뒷면에 서명)하는 것을 말한다.

부보된 보험에 대해 보험자가 발급하는 증거서류이다. 신용장에서 수리가능한 보험서류는 보험증권(insurance policy)과 보험증명서(insurance certificate)가 있다.

예시의 신용장에서 "endorsed in blank"는 백지배서를 요구한다는 의미이다. 백지배서는 유가증권의 소유권 양도시에 행해지는 법률적인 행위이다. 보험증권은 유가증권이 아님에도 불구하고 배서조항을 명시하여 유가증권과 같은 법률적 행위를 하도록 규정하였다.

부보금액은 송장금액에 대하여 110%를 부보하도록 부보범위를 정하고 있다. 원칙적으로 손해보험에서 초과보험은 인정되지 않으나 국제무역거래에서는 예외적으로 희망이익(estimated profit)과 최소한의 수출입비용이 인정되어 초과보험이 합법적으로 가능하다.

담보범위는 ICC(A), ICC(B), ICC(C)중에서 당사자 간에 합의하여 정하게 되며, 특약보험의 가입여부도 마찬가지이다. 부보되는 통화는 신용장에 의하여 발행된 환어음의 통화와 일치하여야 한다.

㉕ 원산지증명서(certificate of origin) : 원산지증명서는 수입통관 또는 수출대금의 결제시 구비되어야 하는 서류의 하나로 당해 물품이 당해국에서 생산, 제조 또는 가공되었다는 사실을 증명하는 서류이다.

+Certificate of origin in duplicate (원산지증명서 2통)

㉖ 검사증명서(inspection certificate) : 검사증명서는 수출물품이 매매계약이나 수출입국이 미리 정하고 있는 품질조건이나 규격에 합치하고 있다는 것을 수출국의 공적 검사기관이 검사하고 발행하는 서류이다.

㉗ 중량 및 용적증명서(certificate of weight and measurement) : 물품의 중량 및 용적에 대한 증명서를 요구할 경우 수익자는 이들에 대한 증명서를 발급하여 제출하여야 한다.

(6) 추가조건에 관한 사항(:47A additional conditions)

추가조건에 관한 사항은 신용장에 따라 다르지만, 일반적으로 특별조건(special conditions)을 두어 신용장 표준양식에 기재되지 못한 사항에 대하여 요구하게 된다. 예를 들어 ㉘ 특별선박편의 지정(nomination)은 "Shipment must be effected by SNCDV line only", ㉙ 신용장의 양도허용여부에 대해서는 "This credit is transferable", ㉚ 서류상에 신용장번호 기재사항의 지시는 "All documents must bear our credit number", ㉛ 전신환(Telegraphic Transfer : T/T)에 의한 상환은 금지된다는 지시는 “T/T reimbursement is not allowed”와 같이 요구할 수 있다.

(7) 기타 사항에 관한 사항

㉜ 제시기일(period for presentation) : 제시기일은 수익자가 신용장에 의한 대금지급을 받기 위하여 은행에 서류를 제시해야 하는 기일이다. 신용장 예시에서는 “선하증권 발급 후(물품선적 후) 10일 이내에 서류가 제시되어야 하지만 서류가 신용장에서 규정하고 있는 만기일 이내에 제시되어야 한다”라고 규정되어 있어 실무적으로 유의할 필요가 있다.

> :48 period for negotiation : Document must be presented within 10 days after the date of bill of lading but within the credit validity
> (제시시일 : 서류는 선하증권 발행일(선적일) 이후 10일 이내에, 하지만 신용장 유효기일 이내에 제시되어야 한다)

㉝ 확인지시(confirmation instructions) : 발행은행의 확인은 수출국에 소재하는 자신의 본·지점 혹은 제3은행의 확인의 유무에 대해 다음과 같이 표기한다.

> :49 confirmation instructions : without (미확인신용장)
> :49 confirmation instructions : confirmation (확인신용장)

㉞ 상환은행(reimbursing bank) : 신용장발행은행이 대금의 상환을 위해 제3의 은행에게 결제방법을 지시하는 것으로, 발행은행의 계정을 가지고 있는 상환은행에게 대금지급을 하도록 지시할 수 있다.

> :53A reimbursement bank : Bank of America, New York, NY10015, U.S.A.

㉟ 은행수수료 부담(charges) : 은행수수료 부담 란에는 은행수수료를 어느 당사자가 부담할 것인가를 기재한다.

> :71B charges : All banking commissions and charges outside U.S.A are for account of beneficiary (미국 이외에서 발생하는 모든 은행 수수료와 비용은 수익자가 부담한다)

㊱ 지급, 인수, 매입은행에 대한 지시사항(서류의 송달방법) : 제시된 서류가 발행은행에 송달될 때 서류의 분실을 방지하기 위하여 두 번으로 나누어 송달할 것인가 아니면 한 번에 송부할 것인가를 기재할 수 있다.

> :78 instructions to the paying/accepting/negotiating bank : Drafts must be sent to drawee bank for your reimbursement by courier service in one lot
> (지급은행/인수은행/매입은행에 대한 지시시항 : 환어음은 한 세트로 특송에 의한 방법으로 귀사의 상환을 위하여 지급은행으로 송부되어야 한다)

㊲ 지급, 인수, 매입은행에 대한 지시사항(지급확약문언) : 지급확약문언(engagement clause)과 관련하여 발행은행의 지급확약문언은 신용장의 종류에 따라 다르다.

> **매입신용장 :** We hereby engage with drawers, endorsers and bona fide holders that drafts drawn under and negotiated in conformity with the terms of this credit will be duly honoured on presentation (당행은 이 신용장하에서 발행되고 신용장조건에 일치하여 매입된 환어음은 제시 되는대로 정히 지급이행될 것을 환어음 발행인, 배서인 그리고 선의의 소지인에게 약속한다)

> **일람지급신용장 :** We hereby engage with you that payment will be duly made against documents presented in conformity with terms of this credit (당행은 이 신용장조건과 일치하는 서류가 제출되면 지급이 이루어질 것이라는 것을 귀사에게 약속한다)

> **인수신용장 :** We hereby engage with you that drafts drawn in conformity with the terms of this credit will be duly accepted on presentation and duly honored at maturity (당행은 이 신용장조건과 일치하여 발행된 환어음은 제시 되는대로 정히 인수될 것이며, 만기일에 정히 지급될 것임을 귀사에게 약속한다)

㊳ 매입은행에 대한 지시사항(이중매입방지문언) : 이중매입방지문언은 신용장에 의하여 환어음을 매입하였을 때에는 같은 신용장을 가지고 이중으로 매입하는 것을 방지하기 위하여 신용장 원본의 뒷면에 매입사실을 기재하도록 명시하고 있는 문언을 말한다.

> :78 instructions to the paying/accepting/negotiating bank : The amount and date of negotiation of each draft must be endorsed on the reverse hereof by the negotiating bank
> (각 환어음의 매입금액과 날짜는 매입은행에 의하여 신용장의 뒷면(배면)에 배서되어야 한다)

㊴ 추가정보(sender to receiver information) : 추가정보는 신용장통일규칙의 준거문언이다. 신용장통일규칙은 임의규칙이기 때문에 이 규칙이 적용되기 위해서는 적용문언을 기재하여야 한다.

:72 sender to receiver information : This credit is subject to UCP(2007 revision) ICC publication No.600.(수신자에 대한 송신자 정보 : 이 신용장은 화환신용장을 위한 통일 관습과 관행(신용장통일규칙, 2007 개정), 국제상업회의소 간행물 번호 600(UCP 600)에 따른다)

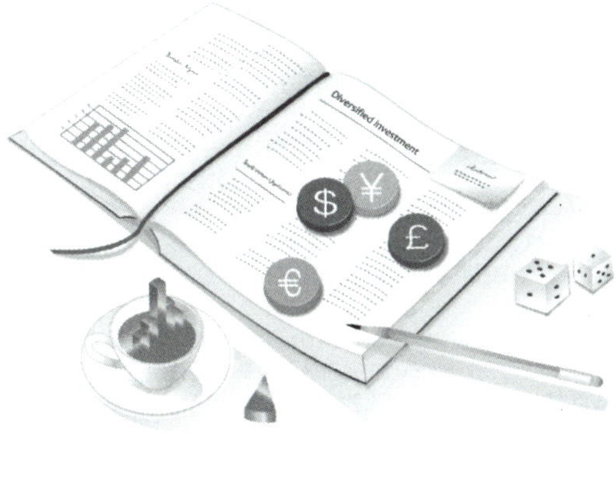

[서식 6-4] 스위프트(SWIFT)신용장 예시

(MT 700) ISSUE OF A DOCUMENTARY CREDIT
From : BANK OF AMERICA, NEW YORK, U.S.A. ①
To : Hana BANK, 181, EULJIRO 2-GA, JUNG-GU, C.P.O Box 2924, SEOUL, KOREA ⑨
:27 Sequence of total : 1/1 ②
:40A form of documentary credit : IRREVOCABLE ③
:20 documentary credit number : MD1NY424NS00018 ④
:31C date of issue : 5/15/20×× ⑤
:31D date and place of expiry : 8/10/20×× KOREA ⑥
:50 applicant : BROWN CO., Ltd. 310 FIFTH AVE. NEW YORK, NY10118, U.S.A. ⑦
:59 beneficiary : DAEHAN CO., LTD. CPO BOX 195, SEOUL, KOREA. ⑧
:32B currency code amount : USD500,000 ⑩
:39A percent credit amount tolerance : 10/10 ⑪
:41D available with by name, address : ANY BANK ⑫ BY NEGOTIATION
:42C drafts at : SIGHT ⑬
:42A drawee : BANK OF AMERICA, 150 BROADWAY, NEW YORK, NY 10038, U.S.A. ⑭
:43P partial shipments : ALLOWED ⑮
:43T transhipment : NOT ALLOWED ⑯
:44A loading on board/dispatch/taking in charge : BUSAN, KOREA ⑰
:44B for transportation to : NEW YORK, U.S.A. ⑱
:44C latest date of shipment : 7/25/20×× ⑲
:45A description of goods and/or services
2,000 PCS OF COMPUTERS, CIF NEW YORK, USA. INCOTERMS® 2020 ⑳
:46A documents required
+SIGNED COMMERCIAL INVOICE IN TRIPLICATE ㉑
+PACKING LIST IN TRIPLICATE ㉒
+FULL SET OF CLEAN ON BOARD OCEAN BILL OF LADING MADE OUT TO THE ORDER OF BANK OF AMERICA MARKED FREIGHT PREPAID AND NOTIFY ACCOUNTEE ㉓
+MARINE INSURANCE POLICY OR CERTIFICATE IN DUPLICATE, ENDORSED IN BLANK FOR 110PCT OF INVOICE VALUE, EXPRESSLY STIPULATING THAT CLAIMS ARE PAYABLE IN NEW YORK, USA AND IT MUST INCLUDE INSTITUTE CARGO CLAUSE(C) ㉔
+CERTIFICATE OF ORIGIN IN DUPLICATE ㉕
+INSPECTION CERTIFICATE IN DUPLICATE ㉖
+CERTIFICATE OF WEIGHT AND MEASUREMENT IN DUPLICATE ㉗
:47A additional conditions
SHIPMENT MUST BE EFFECTED BY SNCDV LINE ONLY ㉘
THIS CREDIT IS TRANSFERABLE ㉙
ALL DOCUMENTS MUST BEAR OUR CREDIT NUMBER ㉚
T/T REIMBURSEMENT NOT ALLOWED ㉛
:48 period for negotiation : DOCUMENTS MUST BE PRESENTED WITHIN 10 DAYS AFTER THE DATE OF BILL OF LADING BUT WITHIN THE CREDIT VALIDITY ㉜
:49 confirmation instructions : WITHOUT ㉝
:53A reimbursement bank : BANK OF AMERICA, NEW YORK, NY10015, U.S.A.㉞
:71B charges : ALL BANKING COMMISSIONS AND CHARGES OUTSIDE U.S.A. ARE FOR ACCOUNT OF BENEFICIARY ㉟
:78 instructions to the paying/accepting/negotiating bank: DRAFTS MUST BE SENT TO DRAWEE BANK FOR YOUR REIMBURSEMENT BY COURIER SERVICE IN ONE LOT.㊱ WE HEREBY ENGAGE WITH DRAWERS, ENDORSERS AND BONE FIDE HOLDERS THAT DRAFTS DRAWN UNDER AND NEGOTIATED IN CONFORMITY WITH THE TERMS OF THIS CREDIT WILL BE DULY HONORED ON PRESENTATION.㊲ THE AMOUNT AND DATE OF NEGOTIATION OF EACH DRAFTS MUST BE ENDORSED ON THE REVERSE HEREOF BY THE NEGOTIATING BANK ㊳
:72 sender to receiver information : THIS CREDIT IS SUBJECT TO UCP(2007 REVISION) ICC PUBLICATION NO.600 ㊴

[서식 6-5] 스위프트(SWIFT)신용장(AT SIGHT)

Application header block :

: Input/Output Identifier	: I Outgoing Message
: Transaction Typer	: 700 issue of a documentary credit
: Transaction Priority	: n Normal
: From	: WOORI BANK, HUIHYUN-DONG, JUNG-GU, SEOUL, KOREA
: To	: BANK OF CHINA 20 NANJING EAST RD, HUANGPU, SHANGHAI, CHINA

Text Block :

/27 : sequence of total	: 1/1
/40A : form of documentary credit	: IRREVOCABLE
/20 : documentary credit number	: M1234 606NS00018
/31C : date of issue	: 06/24/20xx
/31D : date and place of expiry	: 08/20/20xx HONG KONG
/50 : applicant	: KOREA TOYS CO., LTD. 159-1 SAMSUNGDONG KANGNAMGU, SEOUL, KOREA
/59 : beneficiary	: CHINA TOYS CO., LTD. 25 NANJRM 1000 CHAI WAN IND. CITY PHAING WEST RD, HUANGPU, SHANGHAI, CHINA
/32B : currency code amount	: USD 150,000.00
/39A : percent credit amount toterance	: 10/10
/41D : available with by name, address	: ANY BANK BY NEGOTIATION
/42C : drafts at	: AT SIGHT
/42A : drawee	: WOORI BANK, HUIHYUN-DONG, JUNG-GU, SEOUL, KOREA
/43P : partial shipment	: ALLOWED
/43T : transshipment	: NOT ALLOWED
/44A : on board/Disp/taking charge	: SHANGHAI, CHINA
/44B : for transportation to	: BUSAN, KOREA
/44C : latest date of shipment	: 08/10/20xx.

/45A : description of goods and/or services
700 PAIRS OF CHINESE GIANT BEAR TOYS
FOB SHANHAI, CHINA

/46A : documents required
+SIGNED COMMERCIAL INVOICE IN QUINTUPLICATE
+PACKING LIST IN TRIPLICATE
+FULL SET OF CLEAN ON BOARD OCEAN BILL OF LANDING MADE OUT TO THE ORDER OF WOORI BANK MARKED FREIGHT COLLECT AND NOTIFY APPLICANT
+CERTIFICATE OF ORIGIN
+INSPECTION CERTIFICATE IN DUPLICATE

/47A : additional conditions
+ALL DOCUMENTS MUST BEAR OUR CREDIT NUMBER M1234 606NS00018
+T/T REIMBURSEMENT NOT ALLOWED
+QUANTITY 10PCT MORE OR LESS ALLOWED
+THIRD PARTY DOCUMENTS ACCEPTABLE

/71B : charges	: ALL BANKING COMMISSIONS AND CHARGES INCLUDING REIMBURSEMENT CHARGES OUTSIDE KOREA ARE FOR ACCOUNT OF BENEFICIARY
/49 : confirmation instructions	: WITHOUT
/53A : reimbursement bank	: BANK OF CHINA 20 NANJING EAST RD, HUANGPU, SHANGHAI, CHINA

/78 : instructions to the pay/acc/neg bk
DRAFTS MUST BE SENT TO DRAWEE BANK FOR YOUR REIMBURSEMENT
AND ALL DOCUMENTS SHOULD BE SENT TO US BY COURIER SERVICE IN ONE LOT

/72 : sender to receiver information	: THIS CREDIT IS SUBJECT TO UCP(2007 REVISION) ICC PUBLICATION NO. 600

[서식 6-6] 스위프트(SWIFT)신용장(USANCE)

Adivice Br. : 충무로 *Adivice Date : 20xx. 07. 24(FAX/A12)
Adivice of*Adivice No. : A-0663-902-03402
Issue of Documentary Credit*Credit No. : 128RN71218

* Beneficiary : TEL 3166-449 SEOUL TRADING CO., LTD. 25-5, CHUNGMURO 1-KA, SEOUL, KOREA	* Applicant : DUNHILL INC., LTD. 440, FIFTH AVE. NEW YORK N.Y. 440014, U.S.A.
* Amount : USD21,700.00	* Issuing Bank : TEL 0222-1346-1234

* Expiry Date : March 25, 20××. BANK OF AMERICA
NEW YORK, U.S.A.
* Senders bank : 123456

Gentlemen :

At the request of the issuing bank, and without any engagement or responsibility on our part, we are pleased to inform you that we have received the following AUTHENTICATED teletransmission dated October 21, 20××.

: 700 Issue of Documentary Credit
: 27 Sequence of Total: 1/1
: 40A Form of Documentary Credit: IRREVOCABLE
: 20 Documentary Credit Number : 128RN71218
: 31C Date of Issue: October 20, 20××
: 31D Date and Place of Expiry : December 20, 20××
: 50 Applicant: DUNHILL INC., LTD. B.P. 6342312 N.Y.
: 59 Beneficiary: SEOUL TRADING CO., LTD.
25-5 CHUNGMU-RO 1 GA CHUNG-GU
SEOUL, KOREA
: 32B Currency Code and Amount : USD 21,700.00
: 39A Percentage Credit Amount tolerance: 10/10
: 41A Available With · By ·: KOEXKRSEXXX BY DEFERRED PAYMENT
: 42P Deferred Payment Details: 90 DAYS AFTER ON BOARD DATE
: 43P Partial Shipments : ALLOWED
: 43T Transshipment : PROHIBITED
: 44A Loading/Dispatch/Taking Charge at/from : BUSAN, KOREA
: 44B For transportation to ·: NEW YORK
: 44C Latest Date of Shipment: December 05, 20××
: 45A Description of Goods and/or Services:
RAYON/POLY(61/39 PERCENT) 7000 MAT TOTAL AMOUNT USD 21,700 CIF NEW YORK AS PER PROFORMA INVOICE NUMBER A-1 DATED JULY 2, 20××.
: 46A Documents Required
+COMMERCIAL INVOICE IN TRIPLICATE
+PACKING LIST IN TRIPLICATE
+FULL SET OF CLEAN OCEAN BILL OF LADING MADE OUT TO OUR ORDER MARKED FREIGHT PREPAID AND NOTIFY APPLICANT
+CERTIFICATE OF ORIGIN IN DUPLICATE
+INSURANCE POLICY OR CERTIFICATE IN DUPLICATE, ENDORSED IN BLANK FOR 110% OF THE INVOICE VALUE, EXPRESSLY STIPULATING THAT CLAIMS ARE PAYABLE IN NEW YORK, U.S.A.

Please note that we reserve the right to make such corrections to this advice as may be necessary upon receipt of the cable confirmation and assume no responsibility for any errors and / or omissions in the transmission and / or translation of the teletransmission, and for any forgery and/or alteration on the credit.
If the credit is available by negotiation, each presentation must be noted on the reverse of this advice by the bank where the credit is available.
THIS ADVICE IS SUBJECT TO THE UNIFORM CUSTOMS AND PRACTICE FOR DOCUMENTARY CREDITS(2007 REVISION, ICC PUBLICATION NO. 600)

2 신용장 관련 규칙

1) 신용장통일규칙(UCP)

(1) 신용장통일규칙의 의의

신용장은 오랜 역사를 가지고 사용되어 왔으나 국가마다 상관습이 달라 무역거래상 혼란과 분쟁이 야기되어 왔다. 이에 따라 국제상업회의소(International Chamber of Commerce : ICC)는 1933년 "회환신용장에 관한 통일규칙 및 관례(Uniform Customs and Practice for Documentary Credits ; UCP)"를 제정하였으며, 이를 "신용장통일규칙(UCP)"라고 불리고 있다.

신용장통일규칙은 그 동안 무역관습의 변화에 따라 1951년, 1962년, 1974년, 1983년, 1993년, 2007년에 각각 개정되어 현재 이용되고 있는 것은 2007년에 개정된 제6차 신용장통일규칙 "ICC Publication No. 600(UCP 600)"이다.

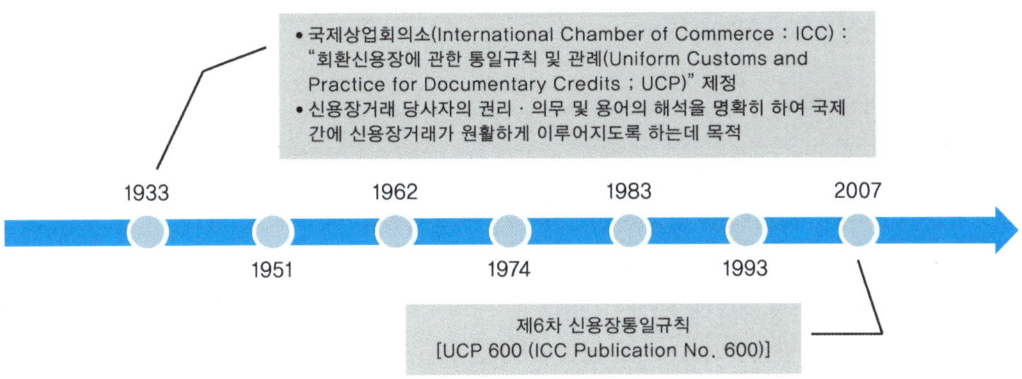

(2) 신용장통일규칙의 적용

신용장통일규칙은 계약 당사자들이 거래시 적용하기로 합의하는 경우에만 적용되는 임의규정이다. 이에 따라 국제상업회의소(ICC)는 신용장통일규칙이 신용장거래의 해석기준으로 적용되기 위해서 신용장에 신용장통일규칙의 준거문언을 삽입하도록 권고하고 있다. 이와 같이 신용장통일규칙은 조약이나 법률과 같이 강행법규가 아닌 임의규정이기 때문에 당사자가 신용장상에 이 규칙(UCP)을 적용한다는 준거문언을 명기할 경우에만 규칙의 적용을 받을 수 있다. 통상적으로 준거문언은 다음과 같다.

"Unless otherwise expressly stated herein, this credit is subject to the Uniform

Customs and Practice for Documentary Credits(2007 Revision), International Chamber of Commerce Publication No.600(별도의 명시가 없는 한 이 신용장은 화환신용장통일규칙 및 관례(2007년 개정), 국제상업회의소 간행물번호 제600호에 따른다)"

관계당사자 간에 다른 특약이 있을 경우에는 그 특약이 신용장통일규칙보다 우선하여 적용된다. 따라서 신용장거래에서 신용장통일규칙을 적용한다는 준거문언이 삽입된 경우에는 비록 신용장통일규칙이 법률은 아니지만 신용장거래와 관련 모든 당사자들을 구속하는 것이다.

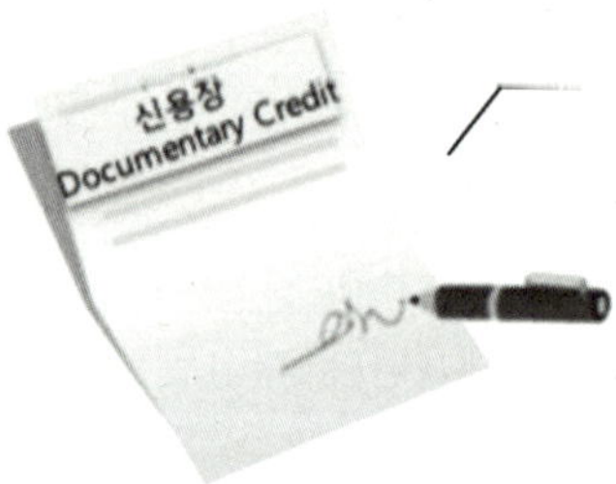

"Unless otherwise expressly stated herein, this credit is subject to the Uniform Customs and Practice for Documentary Credits(2007 Revision), International Chamber of Commerce, Publication No.600"

"별도의 명시가 없는 한, 이 신용장은 화환신용장통일규칙 및 관례(2007년 개정), 국제상업회의소 간행물번호 제600호에 따른다"

2) 전자신용장통일규칙(eUCP)

(1) eUCP의 의의

정보통신기술의 발달로 신용장의 발행, 통지, 매입 등 관련 주요 업무가 전자적으로 처리되면서 전자신용장 시스템을 갖추려는 여러 가지 방법들이 시도되고 있다. 기존의 화환신용장통일규칙은 주로 종이문서에 기반을 둔 전통적인 신용장을 위한 규정이기 때문에 이러한 기술적 변화를 수용하는데 한계가 있다.

국제상업회의소(ICC)는 신용장통일규칙을 보완하고 전자신용장에 관한 통일규칙을 마련하기 위하여 2002년 "전자적 제시를 위한 회환신용장에 관한 통일규칙 및 관례의 보칙(Supplement to the Uniform Customs and Practice for Documentary Credits for Electronic Presentation-Version 1.0)"이 발효되었다. 이것이 전자신용장에 관련된 당사자의 책임과 의무를 규정하고 있는 eUCP이며, 현재 사용되고 있는 eUCP는 2007년에 개정된 "보칙 1.1판(Version 1.1)"이다.

(2) eUCP의 적용범위

UCP 600의 보칙인 eUCP는 전자기록만이 제시되거나 또는 전자기록과 종이서류가 혼합되어 제시되는 경우에 신용장통일규칙(UCP)을 보충할 목적으로 제정되었다. 즉 eUCP는 신용장통일규칙(UCP 600)의 개정이 아니며 전자기록의 제시에 대한 불확실성을 제거하기 위하여 제정한 화환신용장통일규칙의 보칙이다. 따라서 eUCP를 적용하기로 합의하고 그 준거문언을 신용장에 명시하여야 UCP에 대한 보충판으로 적용될 수 있다.

eUCP를 적용한다는 준거문언에는 반드시 "eUCP Version 1.1"과 같이 적용판이 표시되어야 한다. 신용장이 판(version)을 명시하지 않을 경우에는 신용장이 발행된 일자에 시행되는 판에 따른다. 만일 수익자가 승낙한 조건변경이 eUCP에 따르도록 되어 있을 경우에는 조건변경일자에 시행되는 판에 따른다.

▮표 6-4▮ eUCP 적용원칙

구 분	내 용
준거문언 기본원칙	'eUCP Version 1.1'과 같이 적용판을 명시
신용장이 판(version)을 명시하지 않은 경우	신용장이 발행되는 일자에 시행되는 판에 따름
수익자가 승낙한 조건변경이 eUCP에 따르도록 되어 있는 경우	신용장 조건변경일자에 시행되는 판에 따름

(3) UCP와 eUCP의 관계

eUCP에 적용되는 신용장은 기존 UCP의 적용을 명시하지 않더라도 UCP가 적용된다. 만일 eUCP와 UCP 600이 적용과정에서 상충될 경우에는 eUCP가 우선적으로 적용된다. eUCP신용장에서 전자기록만이 제시되거나 전자기록이 종이서류와 혼합되어 제시되는 경우에는 eUCP와 UCP 600이 함께 적용되지만, 종이서류만이 제시되거나 종이서류만을 허용할 경우에는 UCP 600만이 적용되는 것이다.

▮표 6-5▮ eUCP적용 신용장하에서 UCP와 eUCP와의 관계

구 분	내 용
eUCP와 UCP 600이 적용과정에서 상충하는 경우	eUCP가 우선적으로 적용됨
전자기록 혹은 전자기록과 종이서류가 함께 제시되는 경우	eUCP와 UCP 600이 함께 적용됨
종이서류만 제시되거나 종이서류만 허용할 경우	UCP 600만 적용됨

3) 국제표준은행관행(ISBP)

국제표준은행관행(International Standard Banking Practice for the Examination of Documents under Documentary Credits ; ISBP)은 국제상업회의소 은행실무위원회에

의하여 제정된 것으로 UCP에 대한 실무상의 보완서라고 할 수 있다. 관련 은행들이 서류심사과정에서 엄밀일치의 원칙을 강조하며 서류상 본질적이고 중요한 하자사항이 아님에도 불구하고 서류하자로 분류하여 대금지급거절 또는 지급유보하는 사례가 많아졌다. ISBP는 이와 같은 요인들로 인한 분쟁사례를 줄이기 위한 목적으로 서류를 취급하는 은행의 실무자들에게 문서화된 국제표준관행을 제시하기 위하여 제정된 것이다.

ICC 은행실무위원회는 2003년 신용장 서류심사를 위한 "국제표준은행관행(ISBP, ICC Publication No. 645)"을 200항에 걸쳐 구체적인 표준을 제시하였다. 그 후 ISBP는 1차로 2007년 UCP 600의 내용을 반영하여 185항으로 축소하고 업데이트하여 UCP 600의 추록으로 함께 적용할 수 있도록 하였으며, 2차 개정판(ISBP, ICC Publication No. 745)은 2013년 4월부터 시행되고 있다. ISBP는 이미 신용장통일규칙에 언급되어 있기 때문에 신용장에 준거조항으로 기재하지 않더라도 서류심사자가 이를 업무에 적용함으로써 서류심사에서의 문제를 감소시키는데 도움이 될 수 있기 위한 것이다. 따라서 은행실무자들은 신용장거래의 서류심사시 일치되는 제시(complying presentation)의 여부를 ① 신용장 자체조건, ② 적용가능한 신용장통일규칙(UCP), 그리고 ③ 국제표준은행관행(international standard banking practice)에 의하여 판단하게 된다.

신용장거래 서류심사 판단기준

1. 신용장 자체조건
2. 신용장통일규칙(UCP)의 관련 규정
3. 국제표준은행관행(ISBP)의 관련 규정

6.5 신용장 거래실무

1 신용장의 발행

당사자 간의 물품매매계약에 의하여 수입업자인 신용장발행의뢰인(applicant)은 자신의 거래은행인 발행은행(issuing bank)에게 신용장발행을 의뢰한다. 발행은행이 신용장을 발행하는 방법에는 ① 우편(mail)에 의한 방법(mail credit), ② 전신(cable)에 의한 방법[7] 및

7) 전신에 의한 방법에는 약식전신(short cable)과 정식전신(full cable)이 있다.

③ 스위프트(SWIFT)에 의한 방법이 있다. 현재 우편에 의한 방식은 거의 사용되고 있지 않으며 대부분이 스위프트(SWIFT)방식에 의해 발행되고 있다.

2 신용장의 통지

신용장의 통지(advice)는 발행은행의 요청에 의하여 수출국에 소재하는 발행은행의 본점이나 지점, 혹은 환거래은행인 통지은행이 발행은행이 발행한 신용장을 수익자에게 신용장의 내도사실을 통지하고 교부하는 것을 말한다. 통지은행은 단지 송부되어온 신용장을 통지할 뿐 통지되는 신용장에 대한 진위여부, 매입이나 지급확약 등의 의무를 부담하지 않는다.

3 신용장의 확인

신용장의 확인(confirmation)이란 발행은행이 일차적으로 지급이나 인수를 확약하고 있는 취소불능신용장에 대하여 발행은행의 요청을 받은 수출국에 있는 발행은행의 본·지점 혹은 기타 환거래은행이 신용장의 조건과 일치하는 제시에 대해 지급·인수 또는 매입을 추가적으로 확약하는 것을 말한다. 이에 따라 확인은행은 발행은행의 지급확약과 더불어 독립적인 채무를 부담할 의무를 가진다.

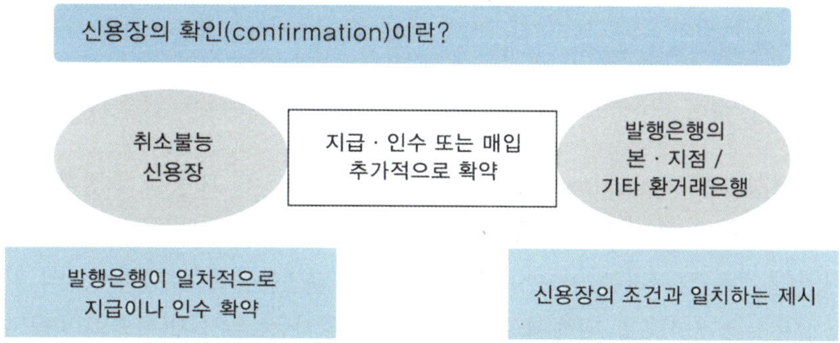

4 신용장의 점검 및 조건변경

1) 신용장의 점검

(1) 통지은행의 점검

통지은행은 발행은행으로부터 통지된 신용장에 대하여 다음과 같은 방법으로 신용장의 진정성을 확인하여야 한다. 우편으로 우송된 신용장에 대해서는 신용장상의 발행은행의 서명을 코레스계약에 근거하여 발행은행으로부터 미리 송부받은 동 은행 책임자의 서명감에 해당하는 서명과 일치하는지를 조회한다. 전신에 의한 신용장에 대해서는 전문에 포함되어 있는 전신약호(Cypher)를 코레스계약에 근거하여 발행은행으로부터 미리 송부받은 Telegraphic Test Key에 의하여 조회한다. 통지은행이 신용장을 통지하지 아니하기로 선택한 경우, 동 은행은 지체없이 발행은행에게 이를 반드시 통고하여야 한다.

(2) 수익자의 점검

수익자는 신용장을 수령한 후 ① 신용장의 형식요건과 구비요건 확인, ② 신용장과 계약내용과의 일치여부 확인, ③ 기재사항의 상호모순 확인, ④ 이행불가능한 조건 등을 확인하여야 한다. 만일 이들 내용들이 발견될 경우에는 발행의뢰인에게 연락하여 해당 사항에 대한 신용장의 조건변경을 요청하여야 한다.

2) 신용장의 조건변경

(1) 조건변경의 의의

신용장조건변경(L/C Amendment)은 원래 발행된 신용장의 내용을 수정하거나 변경하는 것으로 수익자, 발행은행 및 확인은행(있는 경우) 간의 합의가 있어야 가능하다. 비록 신용장발행의뢰인이 기본 당사자는 아니지만 실무적으로 발행은행은 발행의뢰인의 지시에 따르기 때문에 신용장조건변경을 위해서 수익자인 수출업자는 우선 발행의뢰인인 수입업자와 합의를 하여야 한다. 확인신용장의 경우에는 확인은행의 조건변경이 필요하기 때문에 서면동의가 필요하다.

신용장조건변경은 원신용장의 유효기일 내에 이루어져야 하고, 유효기간이 지난 신용장의 경우에는 우선 유효기간을 연장하는 조건변경부터 한 후 다른 조건을 변경할 수 있다. 수익자의 조건변경제의에 대한 상대방의 수락은 무조건적이어야 한다. 예를 들어 선적기일과 유효기일의 연장요청에 대하여 발행은행이 이를 허용하는 조건으로 단가의 인하를 요구하면 조건변경을 거부하는 것으로 해석된다.

(2) 조건변경 사항

신용장 조건변경에 대한 대표적인 사항들로는 ① 선적기일(shipping date), ② 유효기일(expiry date), ③ 선적항(port of shipment), ④ 양륙항(port of destination), ⑤ 분할선적(partial shipments), ⑥ 환적(transhipment), ⑦ 물품명(description of goods), ⑧ 단가(unit price) 등이다.

5 신용장의 양도

1) 신용장양도의 의의

신용장의 양도(transfer)는 양도가능신용장(transferable credit) 하에서 수익자가 신용장에 관한 자신의 권리 중 전부 혹은 일부를 제3자에게 양도하는 것을 말한다. 신용장을 양도하는 수익자를 원수익자 또는 제1수익자(first beneficiary)라고 하며, 양도받는 제3자를 제2수익자(second beneficiary)라고 한다. 일반적으로 신용장을 양도하는 경우는 다음과 같다.

① 원수익자가 생산시설이 없는 무역중개업자로서 원래부터 양도차익을 목적으로 신용장을 수령하여 양도하는 경우
② 원수익자가 제3자를 통하여 수출하는 것이 경제적으로 이익이 있다고 인정되어 제3자에게 신용장을 양도하는 경우
③ 수출국에 있는 수입업자의 지사나 대리점이 우선 신용장을 수령하고 실제 수출업자에게 신용장을 양도하는 경우

2) 신용장양도의 조건

(1) 양도가능신용장의 명시

신용장상에 "양도가능(transferable)"이라는 문구가 있어야 양도가 가능하다. 양도가능신용장은 수익자가 신용장금액의 전부 또는 일부를 제3자(제2수익자)에게 양도할 수 있는 권리를 부여한 신용장을 말한다.

(2) 양도의 횟수

양도가능신용장의 양도는 1회에 한한다. 다수의 제2수익자에게 분할양도되는 경우도 모

두 1회의 양도로 간주된다. 분할어음 발행 또는 분할선적이 허용되는 한 신용장금액을 분할하여 다수의 제2수익자에게 양도될 수 있다. 하지만 제2수익자가 양도받은 신용장을 또 다시 제3자에게 재양도하는 것은 불가능하다.

(3) 양도지역

신용장에 별도의 조건이 없는 한 동일국내는 물론 제3국으로의 양도가 가능하다.

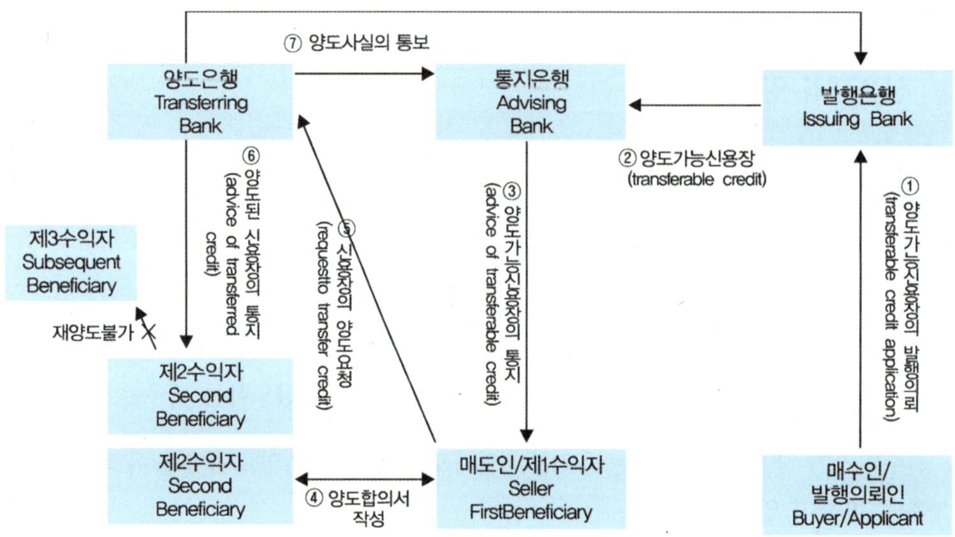

(4) 양도신용장의 조건변경

다수의 제2수익자에게 양도된 신용장이 조건변경된 경우 조건변경의 효력은 각각의 제2수익자의 동의여부에 달려 있다. 조건변경에 동의한 제2수익자에게는 동 조건변경의 효력이 유효하지만, 동의하지 않은 제2수익자에게는 효력이 없다.

(5) 양도취급 가능은행

양도취급은행은 통상적으로 수익자의 국가에 있는 수익자의 거래은행이다. 수익자 소재지의 거래은행으로서 지급, 인수 또는 매입을 이행하도록 수권받은 은행이 양도취급은행이 되고, 자유매입신용장상에 양도은행이 지정된 경우에는 그 지정된 은행이 양도취급은행이 된다.

(6) 양도가능 사항

양도는 원칙적으로 원신용장(original L/C)의 조건과 동일한 조건으로 양도되어야 한다.

하지만 다음에 대한 사항에 대해서는 원신용장의 조건을 변경하여 양도할 수 있다.

① 신용장금액 및 기한의 단축

제1수익자는 원신용장의 금액 및 단가의 감액, 선적기일·유효기일·서류제시를 위한 기일의 단축 등과 같이 원신용장의 금액이나 기일을 감액 또는 단축하여 양도할 수 있다.

② 보험부보비율의 증가

제1수익자는 원신용장의 부보금액을 충족시키기 위하여 보험부보비율을 증가하여 양도할 수 있다. CIP 및 CIF규칙의 경우 매도인은 상업송장 가액의 110%의 금액으로 부보하게 된다. 하지만 제1수익자가 원신용장의 금액을 감액하여 양도할 경우 감액된 금액의 110%의 금액은 원신용장 금액의 110%의 금액에 미치지 못하게 된다. 따라서 원신용장 금액에서 감액되어 양도된 신용장의 부보금액이 원신용장에 규정된 부보금액과 동일하도록 110% 이상에 대해 부보할 수 있다.

표 6-6 양도가능 사항

구 분	내 용
감액·단축	금액, 단가, 유효기일, 제시를 위한 기간, 최종선적일 또는 정해진 선적기간
보험비율의 증가	원신용장 또는 신용장통일규칙에 규정된 부보금액을 충족시키는 방법으로 부보되어야 하는 율

표 6-7 신용장양도의 종류

구분	종 류	내 용
양도 방법	단순양도	제1수익자가 원신용장의 권리를 포기하여 별도 조건변경 없이 신용장을 제2수익자에게 양도하는 것
	조건변경 양도	제1수익자가 신용장 양도에 따른 중계차익 확보 등을 목적으로 원신용장의 금액, 단가, 유효기일 등을 감액 또는 단축하여 제2수익자에게 양도하는 것
양도 지역	국내양도	제1수익자 및 제2수익자가 동일한 국가 내에 소재
	국외양도	제1수익자 및 제2수익자가 다른 국가에 소재. 단, 국외양도에 대한 금지문언이 없고 선적항 및 가격조건이 양도되는 국가와 모순되지 않을 것
양도 금액	전액양도	원신용장 전체 금액을 하나의 제2수익자에게 양도
	분할양도	원신용장 금액 중 일부를 하나의 제2수익자에게 양도하거나, 원신용장 전체금액을 다수의 제2수익자에게 분할하여 양도

3) 신용장 양도인의 권리

(1) 발행의뢰인의 명의변경 보유권

신용장이 양도될 때 제1수익자는 발행의뢰인의 이름을 자신의 것으로 대체할 수 있다. 제2수익자가 수입업자의 이름과 주소를 알게 되면 향후 거래에서는 제1수익자를 거치지 않고 직접 거래할 가능성이 있기 때문이다. 하지만 발행의뢰인의 명의가 송장 이외의 모든 서류에 표시되도록 규정하고 있으면 송장 이외의 서류는 반드시 이 규정에 따라야 한다.

- 신용장이 양도될 때 제1수익자는 발행의뢰인의 이름을 자신의 것으로 대체할 수 있음
  - → 제2수익자가 수입업자의 이름과 주소를 알게 되면 향후 거래에서는 제1수익자를 거치지 않고 직접 거래할 가능성이 있기 때문
- 원신용장에 발행의뢰인의 이름을 명시하도록 규정하고 있을 경우
  - → 송장 이외의 서류는 반드시 이 규정에 따라야 함

(2) 송장 및 환어음의 대체 또는 차액청구권

양도인은 제2수익자가 작성한 송장을 자신의 송장으로 대체할 수 있고 추가적으로 어음을 발행할 권리를 가진다. 송장 및 환어음의 대체란 제1수익자는 제2수익자에 의하여 은행에 제시된 송장 및 환어음을 회수하고 원신용장의 금액을 초과하지 않는 범위 내에서 자신이 직접 작성한 송장 및 환어음으로 대체하는 것을 말한다. 제1수익자는 원신용장의 금액을 감액하여 양도하는 경우는 물론 금액을 감액하지 않고 양도하는 전액양도의 경우에도 제2수익자의 송장을 자신의 송장으로 대체할 수 있다. 감액하여 양도한 경우나 감액하지 않고 양도하는 경우 모두 제1수익자는 제2수익자에 의해 은행에 제시된 송장 및 환어음을 회수하고 원신용장 금액을 초과하지 않는 범위 내에서 자신이 작성한 송장 및 환어음으로 대체할 수 있다. 하지만 금액을 감액하여 양도한 경우 제1수익자는 제2수익자의 송장과의 차액에 대해 양도은행 앞으로 추가로 별도의 환어음을 발행하여 양도차액을 확보할 수 있다.

(3) 송장 및 환어음의 대체이행 또는 정정의무

제1수익자가 양도은행으로부터 제2수익자가 제시한 송장 및 환어음을 제1수익자의 송장 및 환어음과 대체하여 제시하도록 요구받은 경우 제1수익자는 최초의 요구시에 송장 및 환어음을 대체하여야 한다. 만일 제1수익자가 요구받은 송장 및 환어음을 대체하지 않은 경우 양도은행은 제1수익자가 권리를 포기한 것으로 간주하고 제2수익자의 명의로 된 서류들을

발행은행에 제시할 권한을 가지고 있다.

한편 제1수익자가 대체한 송장 및 환어음이 제2수익자가 제시한 서류와 불일치하여 양도은행이 제1수익자에게 정정하도록 요구할 수 있다. 하지만 정정에 대한 양도은행의 최초 요구시 제1수익자가 이를 정정하지 않은 경우에도 양도은행은 제1수익자에게 아무런 책임 없이 제2수익자로부터 수령한 서류를 발행은행에 제시할 수 있다.

(4) 지급이행 및 매입장소의 변경지시권

제1수익자는 신용장의 양도지에서 신용장의 유효기일을 포함한 특정기일 이내에 제2수익자의 지급이행 또는 매입이 행해지도록 표시할 권한을 갖는다. 제1수익자는 지급이행 및 매입장소를 자신의 편의를 위하여 신용장을 양도한 자신의 소재지 국가로 정하도록 하거나, 또는 제2수익자의 국가로 변경하도록 양도은행에게 지시할 수 있는 권리를 가지고 있다.

6.6 기타 무역결제방법

1 송금결제방식

송금결제방식(remittance basis)은 수출업자가 물품을 인도하기 전이나 인도한 후에 수입업자가 수출업자에게 대금을 송금하여 결제하는 방식을 말한다. 결제방식으로 전신송금환(Telegraphic Transfer ; T/T)방식이 주로 사용된다. 송금결제방식은 사전송금방식과 사후송금방식으로 구분된다.

사전송금(advance payment)방식은 수입업자가 우선 물품대금의 전부 혹은 일부를 외화 또는 수표를 수출업자에게 지불하고 수출업자는 계약된 기간 내에 물품을 선적하는 방식이다. 수출업자의 입장에서는 대금을 미리 받고 물품을 선적할 수 있기 때문에 가장 좋은 방법이지만, 수입업자의 입장에서는 물품을 받기 전에 대금을 지불해야 하기 때문에 수출업자의 신용을 믿기 전에는 거래할 수 없는 방식이다.

사후송금방식은 물품의 인도(선적)후에 전신환방식으로 대금을 주고받는 방식의 거래이다. 유럽을 중심으로 한 서구에서 보편화된 결제방식으로 수출업자가 매매계약의 조건에 따라 먼저 물품선적 후 선적서류를 송부하고, 계약에 따라 수입업자가 사후에 결제하는 방식이다. 매매계약의 조건에 따라 수출업자가 선적을 이행한 후 수입업자에게 선적서류를 송부하면 선적일 기준으로 계약에서 정한 일정기간(통상적으로 30일에서 180일)이 경과한 후에 수입업자가 수출업자가 지정한 은행의 계좌로 대금을 송금하여 결제한다. 사후송금방식의 계약서상의 문구로는 다음과 같다.

- Buyer shall remit by wire transfer within 30 days after the date of B/L.
- Buyer shall remit by wire transfer within 60 days after the date of arrival at buyer's warehouse in Busan, Korea.
- Buyer shall remit by T/T within 10 days after the shipment.

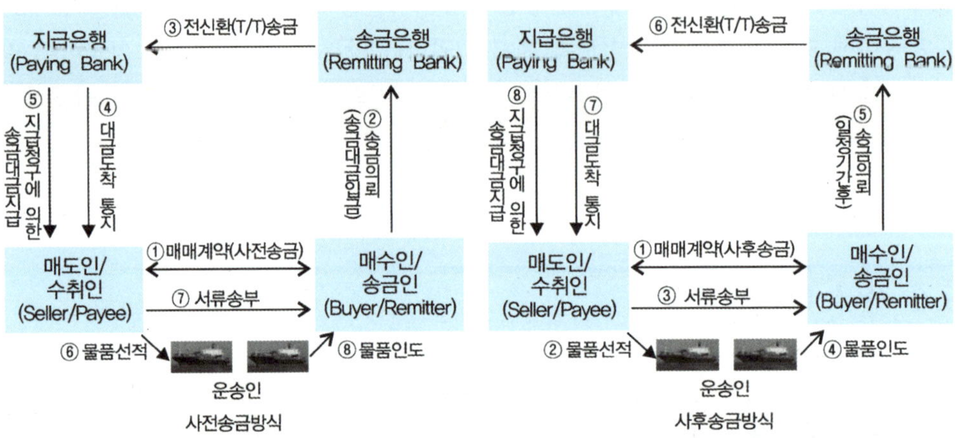

그림 6-8 단순송금방식의 절차도

2 대금상환도 지급방식

대금상환도 결제방식은 수출물품의 인도와 동시에 또는 물품인도 후 일정기간 이내에 수출대금 전액을 외국환은행을 통하여 지급받는 거래를 말한다. 대금상환도 결제방식은 대금교환의 대상에 따라 현품인도지급방식(Cash On Delivery ; COD)과 서류상환지급방식(Cash against Documents ; CAD)으로 구분된다.[8)]

1) 현품인도지급방식

현품인도지급방식(Cash On Delivery : COD)은 수출업자가 선적을 완료한 다음 선적서류를 자신의 대리인에게 송부하여 물품이 목적지에 도착하면 수입업자가 검사한 후에 물품을 인도받으며 대금을 결제하는 방식이다. 주로 귀금속 등 고가품과 동일물품이라도 미묘

8) 대금상환도 지급방식 및 팩토링결제방식에 대한 도표는 전순환, 전게서의 내용을 인용함.

한 차이로 가격차이가 결정되는 물품에 주로 이용된다. 수입지에 수출업자의 대리인이 있는 경우에 이용될 수 있다.

① 당사자 간에 현품인도지급(COD)방식으로 매매계약 체결한다.
② 수출업자는 수출통관 후 선적한다.
③ 수출업자는 수입국에 있는 자신의 대리인에게 서류발송한다.
④ 수출업자의 대리인은 물품을 수입·통관하여 창고에 입고하여 보관한다.
⑤ 수입업자는 수출업자 대리인의 입회하에 물품검사를 한다.
⑥ 수입업자에게 물품을 인도한다.
⑦ 수입업자는 물품인수와 동시에 수출업자의 대리인에게 대금지급한다.
⑧ 수출업자의 대리인은 은행을 통하여 수출업자에게 결제받은 대금을 송금한다.

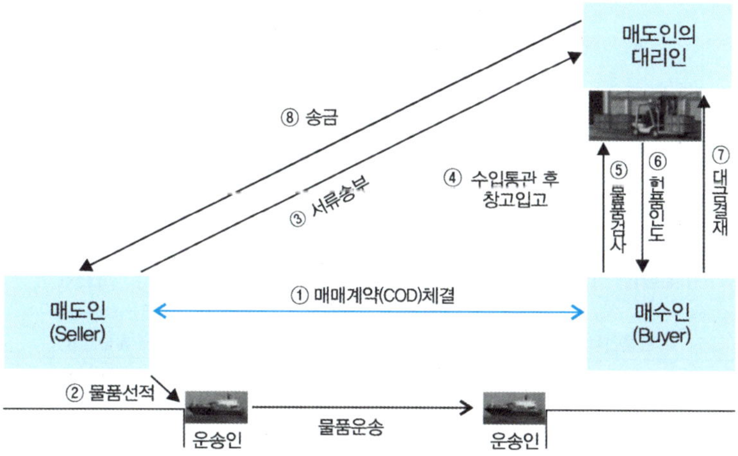

그림 6-9 현품인도결제방식(COD)의 절차도

2) 서류상환지급방식

서류상환지급방식(Cash Against Documents : CAD)은 수출업자가 선적을 한 후 선적서류를 주로 수출국에 소재하는 수입업자의 대리인에게 인도하면서 대금을 결제받는 방식이다. 이 방식의 거래에서는 수입업자의 지사나 대리인이 수출국 내에서 물품의 선적전 검사를 실시할 수 있다. 수출업자의 입장에서 보면 선적을 완료한 상태에서 수업업자가 대리인에게 지시하여 서류의 인수를 거절할 경우 어려운 상황에 처할 수 있다. 수출국에 수입업자의 대리인이나 지사가 없는 경우에는 은행을 이용할 수 있다. 서류상환지급방식은 D/P방식과 유사하다. D/P방식은 환어음을 발행하여 추심함으로써 추심에 관한 통일규칙의 적용을 받지만 CAD방식은 송금방식으로 수입업자는 선적서류를 수령한 다음 은행을 통해 대금을 송금한다.

① 당사자간에 서류상환지급(CAD)방식으로 매매계약 체결한다.
② 수출업자가 수출통관 후 선적한다.
③ 수출업자가 수출국에 있는 수입업자의 대리인에게 서류인도한다.
④ 수입업자의 대리인이 서류와 상환으로 수출업자에게 대금지급한다.
⑤ 수입업자의 대리인이 수입업자에게 서류송부한다.
⑥ 물품도착 후 수입업자가 운송인으로부터 물품인수한다.

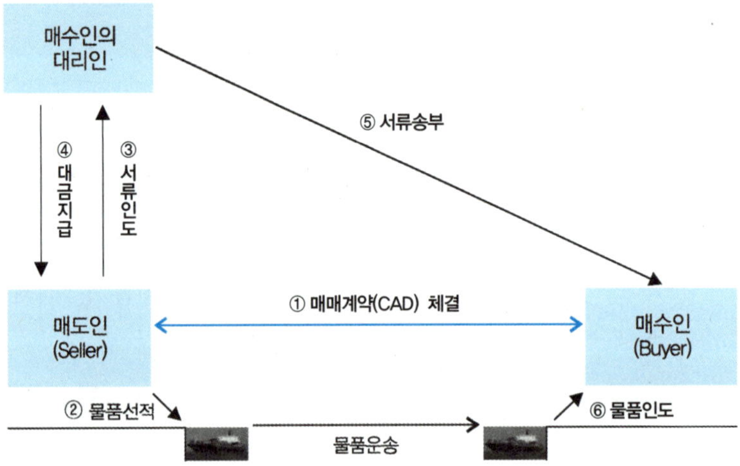

▌그림 6-10▐ 서류상환지급방식(CAD)의 절차도

3 추심결제방식

추심(collection)은 어음이나 수표를 가진 사람이 거래은행에 어음과 수표의 대금회수를 위임하고, 위임을 받은 거래은행은 어음과 수표의 발행은행 앞으로 대금지급을 요청하는 일련의 절차를 말한다. 추심결제방식이란 수출업자가 계약에 의해 물품을 선적한 후 관련 서류를 첨부한 화환어음을 수입업자에게 제시하면, 수입업자가 그 어음에 대해 지급 또는 인수하여 결제하는 방식을 말한다. 이 방식의 거래는 은행의 지급확약 없이 당사자들 간의 매매계약에 의하여 수출업자가 화환추심어음(bill of document)을 발행하여 수입업자로부터 수출대금을 추심하는 방식이며 운송서류의 인도조건에 따라 지급인도조건(Document against Payment : D/P)과 인수인도조건(Document against Acceptance : D/A)으로 구분된다. 추심거래방식의 당사자는 다음과 같다.

① 추심의뢰인(principal) : 계약물품을 선적하고 거래은행에 추심의 취급을 의뢰하는 수출업자(exporter)로 매도인(seller), 환어음발행인(drawer) 및 채권자(creditor)이다.
② 추심의뢰은행(remitting bank) : 수출업자로부터 추심을 의뢰받은 수출국의 은행으로 보통 수출업자의 거래은행이 된다.
③ 추심은행(collecting bank) : 추심의뢰은행 이외에 추심과정에 참여하는 은행으로 수입업자의 거래은행이다. 추심의뢰은행이 요청한 추심의뢰서에 따라 지급인에게 추심하여 대금을 송금하는 은행이다.
④ 제시은행(presenting bank) : 수입업자인 지급인에게 직접 추심서류를 제시하는 은행으로 넓은 의미로 추심은행이다. 추심은행이 수입업자의 거래은행이 아닌 경우 제시은행이 존재한다.
⑤ 지급인(drawee) : 수출국의 추심의뢰은행의 추심의뢰에 대해 최종지급을 하거나 인수하는 수입업자를 말한다.

1) 지급인도조건(Document Against Payment : D/P)

지급인도조건은 수입국의 추심은행(collecting bank)이 제시한 환어음 및/또는 서류에 대해 수입업자가 대금을 지급하는 경우에만 서류가 수입업자에게 인도되는 것을 말한다. 즉, 선적서류를 인도받은 추심은행이 수입업자로부터 대금을 지급받음과 동시에 서류를 인도하는 조건이다. 이 조건에는 대금지급시기에 따라 일람출급추심(D/P at sight)과 기한부추심(D/P usance)으로 구분된다.

(1) 일람출급추심(D/P at sight)

수출업자가 물품을 선적한 후 선적서류가 첨부된 일람출급환어음(documentary sight bill)을 수입업자를 지급인으로 하여 발행한 후 수출업자의 거래은행(추심의뢰은행)에 추심을 의뢰하면, 수출업자의 거래은행은 서류가 첨부된 환어음을 수입업자의 거래은행(추심은행)으로 보내어 추심을 의뢰하고, 추심은행은 환어음의 지급인인 수입업자로부터 대금을 지급받으며 서류를 인도한 후 지급받은 대금을 추심의뢰은행으로 지급하는 방식이다.

수출업자가 선적을 완료한 후 관련 서류를 준비하여 추심의뢰은행에 추심을 의뢰하면 추심의뢰은행은 원칙적으로 어음을 할인하지 않고 바로 제시된 서류를 수입국의 추심은행에게 송부하여 추심을 의뢰하게 된다. 수출업자가 추심 전 매입을 의뢰할 경우 서류에 하자가 없고 부도에 대비한 채권보전조치를 추심의뢰은행이 취한 경우에는 환어음을 추심 전에 매입하고 그 대전을 선지급한다. 이 경우 추심의뢰은행은 우편송달기간에 해당하는 이자성격의 환가료를 공제하여 산출한 금액을 수출업자에게 선지급한다.

예를 들어 거래조건이 다음과 같다고 가정해보자.

선적일이 5월 1일, 수입업자의 거래은행인 추심은행에 서류 도착일이 5월 10일, 그리고 양륙항에 물품도착일이 5월 30일이다.

추심은행은 5월 10일 서류가 도착하면 바로 수입업자에게 통지하고 수입업자로부터 대금을 지급받고 관련 서류를 인도한 후 추심의뢰은행에게 대금을 송금한다. 한편 수입업자는 자신의 자금으로 수입대금을 지급하고 서류를 인수받은 후 5월 30일 물품이 도착하면 선하증권 등의 서류를 제출하고 물품을 인도받는다. 따라서 이론적으로 볼 때 수입업자는 대금을 지급한 5월 10일부터 물품을 인도받는 5월 30일까지 20일 동안 자신이 이자 등의 자금을 부담하게 되는 셈이다.

① 당사자 간에 일람출급추심방식의 매매계약(D/P at sight) 체결
② 수출업자는 수출통관 후 선적
③ 수출업자는 수입업자를 지급인으로 하는 일람출급환어음을 발행하고, 관련 서류를 자신의 거래은행(추심의뢰은행)으로 하여금 수입업자의 거래은행(추심은행)에 추심을 의뢰하도록 요청
④ 추심의뢰은행이 환어음 및 관련 서류를 추심은행으로 송부
⑤ 추심은행이 서류가 도착하면 바로 수입업자에게 서류도착 통지
⑥ 수입업자는 어음의 대금을 지급
⑦ 수입업자는 어음대금지급과 동시에 서류인수
⑧ 추심은행이 추심의뢰은행에 대금송금
⑨ 추심의뢰은행이 수출업자에게 대금지급
⑩ 수입업자는 물품 도착 후 운송인에게 서류 제시(서류도착 시 대금지급 후 인도한 후 물품 도착 시까지 수입업자가 자금을 부담하는 셈임)
⑪ 운송인은 선하증권(B/L)과 상환으로 물품인도

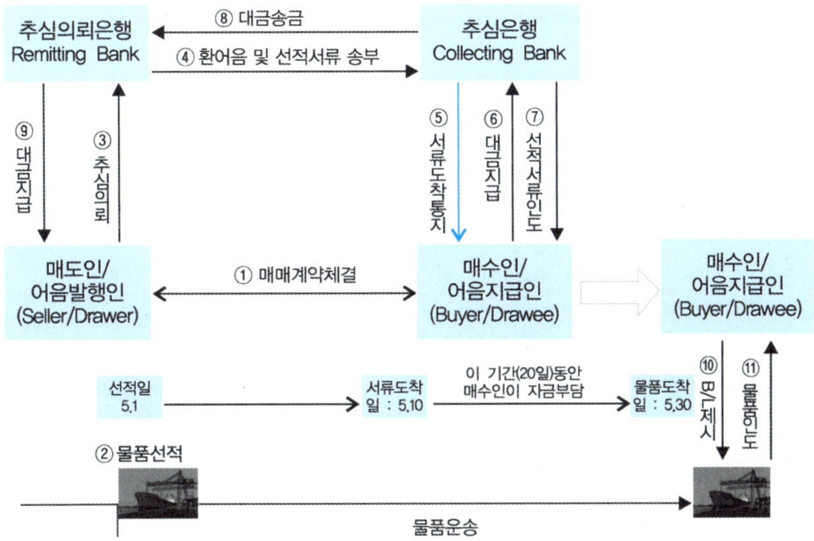

그림 6-11 지급인도조건(D/P at sight)의 절차도

(2) 기한부추심(D/P Usance)

기한부추심(D/P usance)은 수입업자의 거래은행인 추심은행(collecting bank)이 서류가 첨부된 연지급환어음상에 명시된 기간(usance기간)이 지난 만기일에 제시하여 대금의 지급과 상환으로 서류를 인도해주는 방식을 말한다. 기한부추심은 합의된 기한이 지난 만기일에 수입업자가 대금을 지급하는 방식이다. 일람출급추심(D/P at sight)의 경우 추심은행은 추심의뢰은행(remitting bank)으로부터 송부된 선적서류를 받는 즉시 수입업자에게 제시하고 대금을 지급받지만, 기한부추심의 경우에는 추심은행이 송부받은 선적서류를 정해진 기간(예를 들어 D/P 30 days after B/L date 등)이 경과한 후 수입업자에게 제시하여 대금을 지급받게 된다. 예를 들어 거래조건이 다음과 같다고 가정해보자.

> 선적일이 5월 1일, 수입업자의 거래은행인 추심은행에 서류 도착일이 5월 10일, 그리고 양륙항에 물품도착일이 5월 30일이다.

추심은행은 5월 10일 서류가 도착하더라도 서류를 보관하고 있다가 선하증권상의 선적일(5월 1일)로부터 30일이 경과한 5월 30일(만기일)에 수입업자에게 관련 서류를 제시하고 수입대금을 지급받는다. 물품이 도착되는 날짜가 5월 30일이기 때문에 수입업자는 서류수령 후 바로 운송인에게 관련 서류(선하증권)를 제출하고 물품을 인도받게 된다. 이와 같이 수입업자가 물품도착일을 사전에 인지하고 유전스 기간을 잘 활용하면 서류를 받자마자 물품을 인수받을 수 있다.

① 당사자 간에 기한부추심방식(D/P 30 days from B/L date)의 매매계약 체결
② 수출업자는 수출통관 후 선적
③ 수출업자는 기한부환어음을 수입업자를 지급인으로 하여 발행하고, 관련 선적서류를 자신의 거래은행(추심의뢰은행)으로 하여금 수입업자의 거래은행(추심은행)에 추심을 의뢰하도록 요청
④ 추심의뢰은행이 환어음 및 관련서류를 추심은행으로 송부
⑤ 추심은행이 서류가 도착하면 보관하고 있다가 만기일에 수입업자에게 서류도착 통지
⑥ 수입업자는 어음대금 지급
⑦ 수입업자는 어음대금 지급과 동시에 서류인수
⑧ 추심은행이 추심의뢰은행에 대금송금
⑨ 추심의뢰은행이 수출업자에게 대금지급
⑩ 수입업자는 운송인에게 서류(B/L) 제시
⑪ 운송인이 서류와 상환으로 물품인도

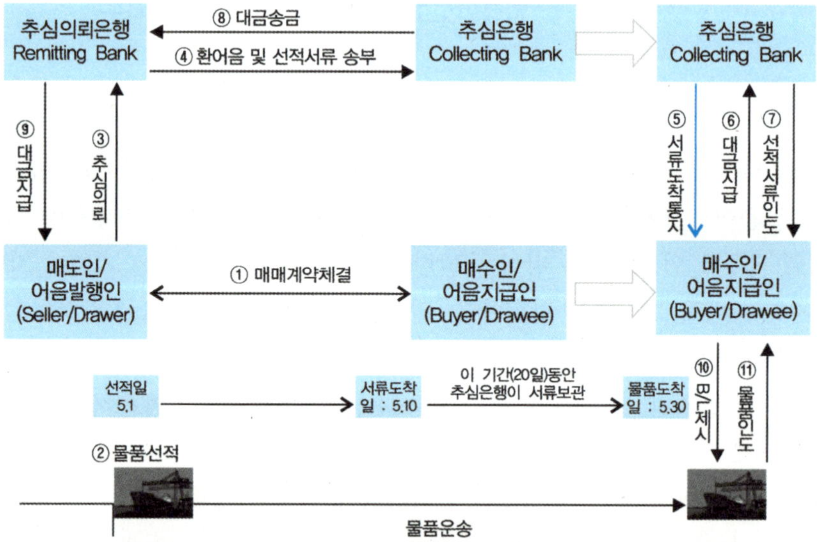

그림 6-12 지급인도조건(D/P Usance)의 절차도

2) 인수인도조건(Document Against Acceptance ; D/A)

인수인도조건은 수입국의 추심은행(collecting bank)이 제시한 환어음 및/또는 서류에 대해 수입업자가 환어음을 인수하고 만기일에 상환할 조건으로 서류가 수입업자에게 인도되는 것을 말한다. 인수인도조건은 수출업자가 물품을 선적한 후 서류가 첨부된 연지급환어음(documentary usance bill)을 수입업자를 지급인으로 하여 발행한 후 자신의 거래은행

인 추심의뢰은행(remitting bank)에 추심을 의뢰할 경우 추심의뢰은행은 그러한 서류가 첨부된 환어음을 수입업자의 거래은행인 추심은행(collecting)으로 보내어 추심을 의뢰한다. 추심은행은 환어음의 지급인인 수입업자로부터 어음의 인수를 받으며 서류를 인도하고, 그 어음의 만기일에 대금을 지급받아 추심의뢰은행에 결제하는 방식이다.

① 당사자 간에 기한부추심방식(D/A 30 days from B/L date)의 매매계약 체결
② 수출업자는 수출통관 후 선적
③ 수출업자는 기한부환어음을 수입업자를 지급인으로 하여 발행하고, 관련 선적서류를 자신의 거래은행(추심의뢰은행)으로 하여금 수입업자의 거래은행(추심은행)에 추심을 의뢰하도록 요청
④ 추심의뢰은행이 환어음 및 관련서류를 추심은행으로 송부
⑤ 추심은행이 서류가 도착하면 바로 수입업자에게 서류도착 통지
⑥ 수입업자는 어음대금 지급 없이 기한부어음에 "Accepted by ~"라고 배서하는 인수(acceptance) 서명표시 후 서류인수
⑦ 추심은행이 수입업자에게 선적서류 인도
⑧ 수입업자는 운송인에게 서류(B/L)제시
⑨ 운송인이 서류인수 후 물품인도
⑩ 수입업자는 만기일에 추심은행에 대금지급
⑪ 추심은행이 추심의뢰은행에게 대금지급
⑫ 추신의뢰은행이 수출업자에게 대금지급

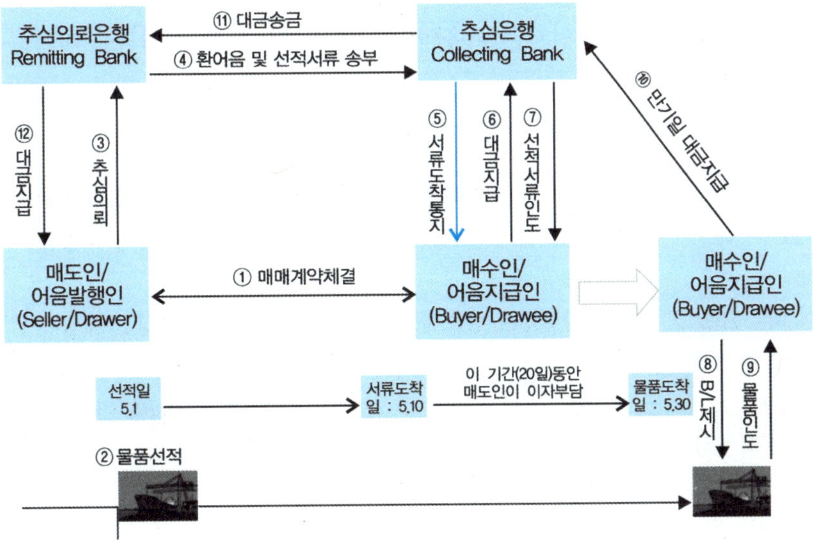

▌그림 6-13▐ 인수인도조건(D/A)의 절차도

3) 지급인도방식(D/P)과 인수인도방식(D/A)의 차이점

(1) D/P at sight방식과 D/A방식의 차이점

매도인은 D/P(D/P at sight)방식하에서는 일람출급환어음을 발행하고, D/A방식하에서는 기한부환어음을 발행한다. 따라서 매수인의 입장에서는 D/A방식이 D/P at sight 방식보다 환어음의 지급기일만큼 더 오랫동안 신용을 공여받게 된다.

(2) D/P usance방식과 D/A방식의 차이점

매매당사자 간에 'D/P 30 days after B/L date', 'D/A 30 days after B/L date'과 같이 동일한 조건으로 계약을 체결하였다고 가정한다.

D/P usance방식 역시 동시지급방식이기 때문에 수입국의 추심은행(collecting bank)은 서류를 수입업자로부터 대금을 지급받음과 동시에 관련 서류를 인도하게 된다. 유전스(usance) 기간이 만료되기 전에 관련 서류가 추심은행에 도착하였더라도 추심은행은 바로 수입업자에게 서류를 제시하지 않고 보관하고 있다가 만기일이 도래하면 비로소 서류를 제시하여 대금을 지급받게 된다.

한편, D/A방식은 후지급방식으로 유전스(usance) 기간이 만료되기 전에 관련 서류가 추심은행에 도착하였다면 바로 수입업자에게 서류를 제시하고 수입업자는 대금지급을 하지 않고 서류를 인수한다. 이후 수입업자는 어음의 만기일에 추심은행에 대금을 지급하여야 한다.

표 6-8 신용장방식과 추심방식의 비교

구 분	신용장방식	추심(D/P, D/A)방식
대금지급확약 여부	은행의 지급확약 있음	은행의 지급확약 없음
은행의 개입 여부	은행개입	은행개입
은행거래에 따른 담보제공	신용장발행시 담보제공	환어음 추심전 매입시 담보제공
거래에 따른 부대비용	많음	적음
대금결제기간	일람불, 기한부	일람불(D/P), 기한부(D/A)
환어음 발행시의 지급인	은행	수입업자
매매당사자 간의 유리성	매도인, 매수인 모두 유리	매수인 유리
거래상의 융통성	없음	많음
결제수단의 안전성	안전성	불안전성
거래상의 준거법	신용장통일규칙(UCP 600)	추심에 관한 통일규칙(URC522)

4 국제팩토링결제방식

1) 국제팩토링결제방식의 의의

금융용어로서 팩토링(factoring)이란 판매자가 구매자에게 상품이나 서비스를 제공함에 따라 발생하는 외상매출채권(account receivable)을 중간의 팩토링회사(factor)가 판매자를 대신하여 신용조사 및 지급보증, 매출채권관리, 대금회수 등의 업무를 제공하는 금융기법이다.

국제무역결제방식으로서의 국제팩토링(international factoring)방식은 팩토링회사(factor)가 수출업자와 수입업자 간에 개입하여 수출업자가 수입업자에게 물품을 외상으로 판매한 후에 발생하는 외상매출채권을 팩토링회사가 일괄 양도받는 조건으로 계약을 체결한 후, 수출업자에게 채권범위 내에서 금융의 제공, 매출채권의 관리, 채권의 회수, 기타 사무처리 대행 등을 제공하는 무신용장방식의 결제를 말한다. 국제팩토링은 전 세계 팩터의 회원망을 통하여 수입업자의 신용을 바탕으로 이루어지는 무신용장 결제방식으로 팩터는 수출업자를 위하여 수출채권과 관련된 대금회수를 보장하고 수입업자에게는 수입을 위한 신용을 제공해준다.

2) 국제팩토링의 유형

(1) 상환청구불능팩토링

상환청구불능팩토링(factoring without recourse)[9]은 팩터가 채무자인 매수인의 신용위험을 인수하여 채무자로부터 대금을 회수하지 못한 경우에도 채권자인 매도인에게 이미 지급한 대금의 상환청구를 할 수 없는 것으로 일괄서비스팩토링(full service factoring)이라고도 한다. 이 방식에서 팩터는 신용위험은 담보하지만 상업위험은 담보하지 않는다. 또한 추가적인 운전자금뿐만 아니라 채권관리와 신용위험을 팩터에게 전가하기 때문에 신규시장을 개척하려는 기업에게 적합하다.

(2) 상환청가능팩토링

상환청구가능팩토링(factoring with recourse) 팩터가 채무자인 매수인으로부터 대금을

9) 수출팩터(export factor)가 신용위험 인수(credit risk cover), 장부관리(sales ledger administration), 추심(collection), 전도금융(advance payment) 등 광범위한 서비스를 상환청구 없이 제공하는 일괄서비스 팩토링(full service factoring)으로 공급자인 수출업자의 매출채권을 매입한다.

지급받지 못하는 경우 채권자인 매도인에게 이미 지급한 대금의 상환청구를 할 수 있는 팩토링방식이다. 이 방식은 비록 팩터가 채무자인 매수인의 신용위험을 인수하지는 않지만 상환청구불능에 대비하여 별도의 신용한도를 설정한다. 매도인의 입장에서 채무자인 매수인의 신용담보가 필요하지 않거나 매수인의 신용보험이 부보된 경우에 금융비용 절감을 위하여 선택하는 경우가 많다.

3) 국제팩토링결제방식의 당사자

(1) 수출업자

수출업자는 매매계약상의 매도인으로 물품을 외상으로 수출하는 조건으로 계약물품을 선적하고 상업송장 및 선적서류를 수출팩터에게 양도하면서 전도금융을 제공받는다.

(2) 수출팩터

수출팩터(export factor)는 수출국의 수출업자와 국제팩토링계약을 체결하고 수출업자의 매출채권(account receivable)을 매입하여 전도금융을 제공한다. 또한 수입국의 수입팩터에게 수입업자의 신용조사 및 신용승인 등을 요청한다.

(3) 수입팩터

수입팩터(import factor)는 수입국에서 수입업자의 외상수입을 위하여 신용조사 및 신용승인의 위험을 인수한다. 또한 수입업자로부터 대금을 회수받아 수출팩터에게 송금한다.

(4) 수입업자

수입업자는 수입팩터의 신용을 바탕으로 수출업자로부터 물품을 외상으로 수입하고, 만기일에 대금을 지급한다.

4) 국제팩토링결제방식의 거래절차

① 수출업자와 수입업자는 무역거래상담을 통하여 국제팩토링결제방식의 거래에 합의한다.
② 수출업자가 수출팩터와 국제팩토링거래약정을 체결한다.
③ 수출업자는 수입업자에 대한 신용조사와 신용승인을 요청한다.
④ 수출팩터는 수출업자의 요청에 따라 수입국의 거래처인 수입팩터에게 수입업자에 대한 신용조사 및 수입업자에게 제공할 수 있는 신용한도를 요청한다.

⑤ 수입팩터는 수입업자의 신용상태를 조사하여 신용한도액을 산정한다.
⑥ 수입팩터는 수출팩터에게 신용조사결과 및 신용한도액을 통보한다 .
⑦ 수출팩터는 수입팩터로부터 받은 신용승인결과를 수출업자에게 통보하고 수출을 진행할 수 있도록 한다.
⑧ 수출업자는 신용승인의 범위 내에서 수입업자와 매매계약을 체결한다.
⑨ 수출업자는 매매계약상의 선적기간 내에 물품을 선적한다.
⑩ 수출업자는 선적 후 관련 선적서류를 수출팩터에게 양도하고 전도금융을 요청한다.
⑪ 수출팩터는 제시받은 선적서류를 확인한 후 수출채권을 매입하고 수출업자에게 전도금융을 제공한다. 이에 따라 수출업자는 만기일 이전에 대금을 사전에 지급받게 된다.
⑫ 수출팩터는 송장의 원본 및 사본에 채권양도문언을 첨부하여 원본은 수입업자에 사본은 수입팩터에 양도한다.
⑬ 수입팩터는 수입업자에게 채권양도 통지를 하고 선적서류를 인도한다.
⑭ 수입업자는 만기일에 수입팩터에게 수입대금을 지급한다.
⑮ 수입팩터는 수입대금을 수출팩터에게 지급한다.
⑯ 수출팩터는 수출업자에게 전도금융한 금액과 수입팩터로부터 지급받은 대금을 상계한다.

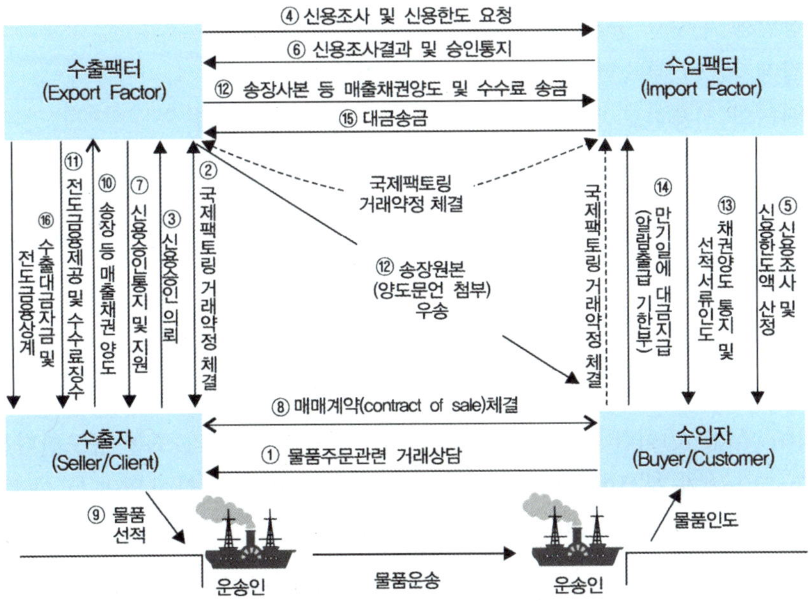

▌그림 6-14▐ 국제팩토링(international factoring)방식의 절차도

5) 국제팩토링결제방식의 효용성

(1) 수출업자의 효용성

① 수출대금의 회수를 수출팩터가 보증해 주기 때문에 신용거래에 따른 위험이 없다.
② 수입업자에게 유리한 무신용장거래로 신시장개척이 용이하다.
③ 신용장 및 추심방식에 비해 무역실무절차가 간단하다.
④ 수출팩터가 채권회수를 책임지므로 수출업자의 외상매출채권을 효율적으로 관리할 수 있다.
⑤ 수출팩터가 전도금융을 제공해주기 때문에 외상매출채권을 사전에 자금화하여 운영자금을 조달할 수 있다.
⑥ 팩터가 수입업자에 대한 신용조사 등을 대신해 주기 때문에 여러 가지 부대비용을 절감할 수 있다.

(2) 수입업자의 효용성

① 수입팩터가 지급보증을 해주기 때문에 신용구매가 가능하다.
② 수입보증금예치에 따른 자금부담이 없다.
③ 신용장발행 수수료 등의 부대비용이 절감된다.
④ 수입결제자금이 부족할 경우 금융수혜가 가능하다.
⑤ 수입팩터의 신용한도 설정으로 지속적인 구매가 가능하다.
⑥ 수입팩터로부터 회계관리 등의 서비스를 제공받는다.

5 포페이팅결제방식

1) 포페이팅결제방식의 의의

포페이팅(forfaiting)이란 현금을 대가로 외상채권을 미리 포기 또는 양도한다는 의미로, 포페이터(forfaiter)가 물품이나 서비스의 연불수출거래에 따른 환어음 또는 약속어음을 수출업자 또는 이전의 소지인에게 상환청구권을 행사하지 않는 조건(without recourse)으로 고정이자율로 할인·매입하는 수출무역금융의 한 형태를 말한다. 다시 말해 포페이팅은 "미래에 지급되어야 하는 외상매출채권과 관련하여 유통증권보증(Aval)[10]이 추가된 어음(환어

---

10) 'Aval'이란 프랑스어로 어음보증인의 서명 또는 어음보증을 의미한다. Aval은 'approval'의 약어로 수입업자의 거래은행이 은행지급보증서 대신에 사용하는 간단한 형식의 보증을 가리킨다. 즉 보증은행이 약속어음 또는

음, 약속어음)이나 기한부신용장, 독립보증 등에 의하여 추상화된 금전채권을 상환청구불능(without recourse)조건으로 매입하는 것이다.

포페이팅거래란 수출업자가 수입업자로부터 받을 장기외상채권(1년에서 10년)을 포페이터에게 소구권을 행사하지 않을 조건으로 할인판매하고, 포페이터는 수입업자의 거래은행이 발행한 지급보증서나 Aval을 믿고 이 외상채권을 매입한 후 채권만기시에 원리금을 받는 방식이다.

수출업자인 매도인은 약속어음 또는 환어음을 만기일 전에 포페이터로부터 대금을 지급받게 되고, 포페이터는 약속어음 및 환어음의 만기일에 대금을 매수인인 수입업자로부터 회수한다. 이로써 매도인은 신용위험뿐만 아니라 환위험 및 비상위험도 회피할 수 있게 된다.

포페이터가 상환청구권을 포기하는 조건으로 환어음 또는 약속어음 등의 채권을 매입함으로써 수출업자가 포페이팅을 통해 수출대금을 영수한 경우 수입업자의 대금지급거절 또는 연기 등으로 발생할 수 있는 모든 위험에서 벗어날 수 있는 장점을 가지고 있다. 포페이팅은 신용장, D/A 및 D/P 등과 같은 대금결제방식이라기보다는 주로 신용장하에서 발행된 기한부환어음을 포페이터가 할인·매입하는 중장기금융이라고 할 수 있다.

포페이팅에는 수출업자, 수입업자, 포페이터 및 보증은행이 개입된다. 포페이터는 수출업자가 발행한 연불어음을 할인·매입하는 은행이며, 보증은행은 수입업자를 위하여 환어음의 지급을 보증하거나 지급보증서를 발급하는 은행을 말한다.

포페이팅결제방식의 경우 수입업자의 입장에서는 보증은행이 지급보증하기 때문에 연불조건으로 거액의 물품을 수입할 수 있고, 수출업자의 입장에서는 연불조건의 외상수출이라고 하더라도 포페이터로부터 일람출급조건과 같이 대금을 즉시 지급받을 수 있다. 하지만 신용위험과 대금회수에 따른 위험으로 인하여 일반금융에 비하여 수수료가 높고, 소액거래로 인한 외상수입기간의 이자율이 일반 연지급거래에 비해 높으며, 수입업자의 신용이 약한 경우에 이용하기 어렵다는 단점도 있다. 포페이팅거래에 사용되는 보증에는 수입업자 거래은행의 지급보증, 유통증권보증(Aval) 및 정부기관의 보증 등이다.

2) 포페이팅결제방식의 거래절차

① 수출업자는 수입업자와 포페이팅 거래조건으로 계약을 체결한다. Usance L/C로 합의한 경우 수출업자는 포페이팅 수출금융이 가능한 국가와 은행에 해당되는지의 여부를 확인한다.

② 수입업자는 자신의 거래은행인 발행은행에게 기한부 신용장의 발행을 의뢰한다.

환어음 자체에 보증한다는 뜻을 기입하여 채무를 성실히 이행할 것을 보증하는 취소불능의 무조건보증이다.

③ 발행은행은 통지은행에게 신용장을 통지한다.
④ 통지은행은 수출업자에게 신용장을 통지한다.
⑤ 수출업자는 계약물품을 선적한다.
⑥ 수출업자는 포페이터(Forfaiter)와 포페이팅계약을 체결한다.
⑦ 수출업자는 환어음과 선적서류를 포페이터에게 제시한다.
⑧ 포페이터는 어음과 서류를 발행은행에 제시한다.
⑨ 신용장 발행은행은 포페이터에게 환어음과 선적서류의 인수를 통지한다.
⑩ 포페이터는 발행은행으로부터 인수통지를 받은 후 수출업자에게 어음할인금액을 지급한다.
⑪ 발행은행은 만기일에 수업업자에게 어음 및 선적서류를 제시한다.
⑫ 수입업자는 제시된 선적서류와 함께 제시된 어음을 결제한다.
⑬ 발행은행은 수입업자로부터 받은 대금을 포페이터에 송금한다.

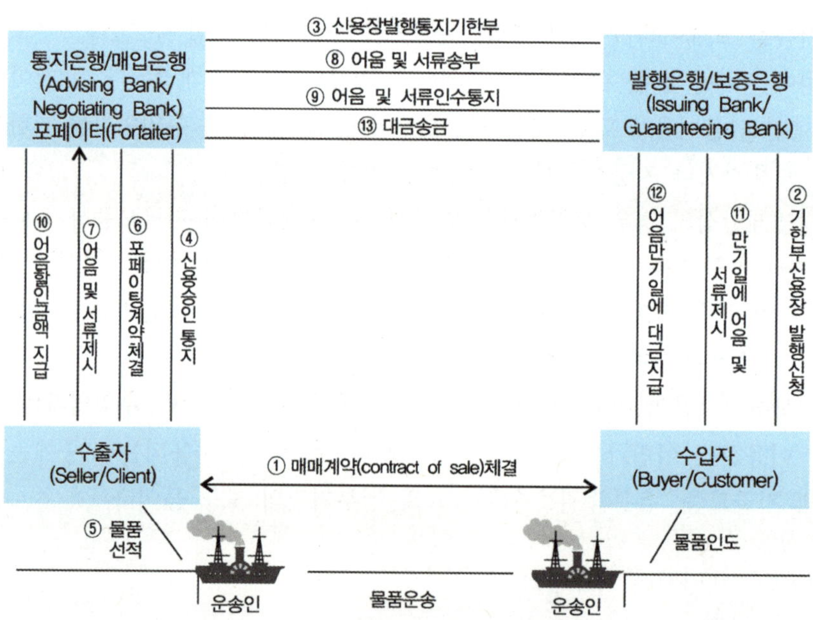

▌그림 6-15▌ 포페이팅(Forfaiting)방식의 절차도

3) 포페이팅결제방식의 특징[11)]

(1) 위험으로부터의 회피

포페이터(forfaiter)가 수출업자에 대하여 소구권을 행사하지 않고 대금지급을 보증해주고 다음과 같은 위험을 부담한다.

① 신용위험(credit risk) : 포페이터가 어음지급인이 어음의 만기일에 지급하지 못할 경우 위험을 부담한다.
② 국가위험(country risk) : 포페이터가 국가 간의 여신행위에 대한 위험을 부담한다.
③ 통화위험(currency risk) : 포페이터가 취급하는 외국통화에 대한 위험을 부담한다.
④ 금리위험(interest rate risk) : 포페이터가 고정금리로 업무를 취급하기 때문에 변동금리 연불수출어음을 포페이팅할 경우 금리위험을 부담한다.

(2) 별도의 보증 요구

포페이터가 상환청구권을 포기하는데 따른 위험이 발생하므로 어음매입시 은행이나 보증기관으로부터 다음과 같은 보증을 요구한다.

① 은행보증(bank guarantee) : 매수인의 신용위험에 대비하여 포페이터는 수입업자의 거래은행 등이 보증하는 기한부신용장 등의 발행을 요구한다.
② 유통증권보증(Aval) : Aval은 'approval'의 약어로 수입업자의 거래은행이 은행지급보증서 대신에 사용하는 간단한 형식의 보증을 가리킨다. 즉 보증은행이 약속어음 또는 환어음 자체에 보증한다는 뜻을 기입하여 채무를 성실히 이행할 것을 보증하는 취소불능의 무조건보증이다.
③ 정부기관의 보증 : 정부차원의 지급보증은 가장 확실한 지급보증이 될 수 있다.

(3) 취급대상이 환어음 및 약속어음

포페이팅 거래에서 취급하는 대상 어음은 환어음과 약속어음이다. 포페이팅 거래의 지원대상은 주로 매수인이 매도인 앞으로 발행한 약속어음이거나 매도인이 발행한 환어음으로 매수인 거래은행의 보증어음 및 은행보증을 대상으로 이루어진다.

(4) 상환청구권 없이 할인 매입

포페이터는 상환청구권 없이 수출업자의 환어음 또는 약속어음을 할인매입하기 때문에

11) 박병호, 전게서, pp.638~640 참조

수출업자는 채권회수불능의 위험 없이 채권을 매각할 수 있다.

▌표 6-9▐ 국제팩토링방식과 포페이팅방식의 비교

	국제팩토링방식	포페이팅방식
정 의	외상거래에서 발생된 매출채권을 매도인으로부터 상환청구불능 또는 상환청구가능조건으로 매입하는 무역금융기법	환어음 및 약속어음을 상환청구불능조건으로 매입·할인하는 무역금융기법
대상채권	비유통증권(외상매출채권)	유통증권(환어음, 약속어음)
금 액	일반적으로 소액(30만 불 미만)	일반적으로 거액(100만 불 이상)
외상기간	단기(1년 미만)	비교적 장기(6개월 ~ 10년)
상환청구권	상환청구 가능, 상환청구불능 모두 가능	상환청구불능(without recourse)
지급근거	수입 팩터(factor)의 신용승인	은행보증(신용장), 유통증권보증(Aval)
거래방식	송금방식이 가장 많음	환어음 또는 약속어음이 매개체 주로 Usance L/C거래
대상채권	현재 및 미래매출채권까지 포함가능	개별적으로 확정된 매출채권에만 국한됨
선지급율	80% ~ 100%	100%
비 용	할인료 : Libor + 0.5% ~ 1% 수수료 : 매출채권의 0.4% ~ 0.8%	Libor + 0.4% ~ 3%
비밀성	팩터가 수출채권 매입을 매수인에게 통지하는 것이 일반적임	포페이팅 관련 당사자들에 대한 정보를 비밀로 하는 것이 일반적임
서비스	Full Service(전도금융, 경영컨설팅, 회계업무, 채권추심 등)	채권의 매입 및 할인

연습문제

1. 주관식문제

1) 신용장의 정의와 특성을 설명하시오.
2) 매입신용장에 대해 설명하시오.
3) 일람출급매입신용장의 거래과정을 설명하시오.
4) 지급신용장의 내용과 거래절차를 설명하시오.
5) 인수신용장의 내용과 거래절차를 설명하시오.
6) 신용장상에 규정된 다음 선하증권 문언내용을 구체적으로 설명하시오.

FULL SET OF CLEAN ON BOARD OCEAN BILL OF LADING MADE OUT TO THE ORDER OF ABC BANK MARKED FREIGHT PREPAID AND NOTIFY ACCOUNTEE.

7) 신용장양도의 조건, 횟수, 조건변경 및 양도가능사항에 대하여 설명하시오.
8) 기한부신용장에서 환어음 지급기일의 표기방법에 대하여 설명하시오.
9) 신용장 양도인의 권리에 대해 설명하시오.
9) 대금지급상환도결제방식의 종류와 절차들을 설명하시오.
10) 추심방식의 종류, 당사자 및 거래절차들을 설명하시오.
11) 국제팩토링방식과 포페이팅방식의 결제과정과 특징에 대해 설명하시오.
12) 국제팩토링결제방식와 포페이팅결제방식을 비교하여 설명하시오.

2. 용어해설문제

- 신용장
- 지급이행(Honour)
- 수익자
- 발행의뢰인
- 발행은행
- 통지은행
- 확인은행
- 매입은행
- 보증신용장
- 신용장의 독립성
- 신용장의 추상성
- 상환청구가능신용장
- 양도가능신용장
- 무역인수신용장
- 은행인수신용장
- 국제팩토링
- 포페이팅

제 7 장

물품의 확보 및 무역금융

1. 수출물품의 확보방법에 대하여 알아본다.
2. 수출입승인과 요건확인에 대하여 알아본다.
3. 무역금융의 종류와 내용에 대하여 알아본다.

제7장

물품의 확보 및 무역금융

7.1 수출물품의 확보

1 수출물품의 확보 방법

수출물품을 확보하는 방법은 수출업자가 ① 자가공장이나 하청공장에서 물품을 제조·가공하여 생산하는 경우와, ② 다른 회사에서 생산한 완제품을 구매하는 경우가 있다.

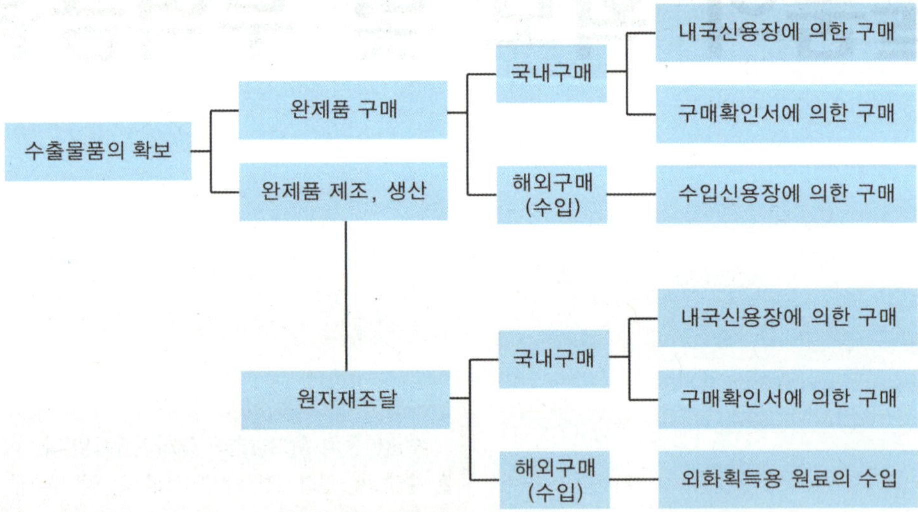

첫째, 수출업자가 자가공장이나 하청공장에서 물품을 생산하기 위해서는 소요되는 원자재를 국내에서 구매하거나 또는 외국에서 수입하여야 한다. 원자재를 국내에서 확보할 경우 무역금융 관련 규정상의 내국신용장(Local L/C)에 의한 방법과 대외무역법령상의 구매

확인서에 의한 방법이 이용된다.[1] 원자재를 외국에서 구매할 경우에는 수입신용장이나 기타 수입결제방식 등이 이용된다.

둘째, 수출업자가 다른 회사에서 생산한 완제품을 구매할 경우 완제품을 국내에서 구매하거나 외국에서 구매하여야 한다. 완제품을 국내에서 구매할 경우 내국신용장(Local L/C)에 의한 방법과 구매확인서에 의한 방법이 이용된다. 완제품을 외국에서 구매할 경우에는 수입신용장이나 기타 수입결제방식 등이 이용된다.

2 내국신용장에 의한 구매

1) 내국신용장의 의의

내국신용장(Local L/C)은 국내수출업자가 수출용 수입원자재와 국내에서 생산된 수출용 원자재 또는 완제품을 구매할 때 동 물품의 구매자인 국내수출업자를 발행신청인으로 하고 동 제품의 생산자를 수익자로 하여 국내은행이 개설[2]한 신용장을 말한다. 내국신용장은 ① 외국으로부터 수출신용장을 받은 수출업자나 또는 과거 수출실적이 있는 수출업자가 국내에서 수출용 수입원자재 또는 수출용 원자재를 구매하여 수출물품을 제조하여 외국에 수출하거나, ② 수출용 완제품을 구매하여 외국에 수출하고자 하는 경우에 이들 수출업자의 발행의뢰를 받은 거래외국환은행이 수출용 수입원자재 또는 국내에서 생산된 수출용 원자재나 반제품의 국내공급업자를 수익자로 하여 그 공급업자에게 지급보증하는 국내용 신용장을 의미한다.

내국신용장은 원수출신용장의 수익자가 국내의 물품공급업자로부터 물품을 구매하여 수출을 이행하고자 할 때 원수출신용장을 담보로 물품공급자를 수익자로 한 별도의 신용장을 말한다. 내국신용장은 수출신용장뿐만 아니라 D/P·D/A계약서, 외화표시물품공급계약서, 외화표시건설 및 용역공급계약서, 그리고 과거의 수출실적을 근거로 하여 발급받을 수 있다. 또한 내국신용장의 수익자인 물품공급업자가 필요한 원자재를 공급받기 위하여 내국신용장을 근거로 하여 제2의 내국신용장(Sub-local L/C)의 개설도 가능하다.

---

1) 내국신용장의 발행 및 구매확인서의 발급대상이 되는 물품에 대하여 내국신용장의 경우에는 수출용 원자재 또는 수출용 완제품이라는 용어를 사용하고, 구매확인서의 경우에는 외화획득용 물품이라는 용어를 사용한다. 한편 관세환급의 경우에는 수출용 원재료라는 용어를 사용한다.

2) 화환신용장통일규칙(UCP 600)에서는 발행(issue)이라는 용어를 사용하고 있으나 우리나라 내국신용장의 경우 무역금융 취급세칙 및 절차에는 개설(open)이라는 용어를 사용하고 있다.

2) 내국신용장의 기능

물품구매자는 발행의뢰인으로서 수출용 원자재 또는 완제품을 편리하게 조달받을 수 있으며, 내국신용장어음의 결제자금으로 원자재금융차입 또는 은행의 지급보증이 가능하다. 물품공급업자는 수혜자로서 물품공급실적을 대외무역법상의 수출실적과 일반수출입금융의 융자대상으로 인정받을 수 있으며 은행이 지급·보증해줌으로써 대금회수가 보장되고 부가가치세 영세율의 적용은 물론 관세환급 등의 혜택을 볼 수 있다.

3) 내국신용장의 개설근거

수출용원자재나 수출용완제품을 조달하기 위한 내국신용장의 발행의뢰는 당해업체가 보유하고 있는 융자대상증빙, 즉 수출신용장, D/P, D/A조건 및 기타 수출관련 계약서, 또는 내국신용장을 근거로 하거나 당해업체의 증빙에 의한 과거 수출실적을 근거로 하여 이루어진다. 다시 말해 내국신용장의 개설근거가 신용장인 경우에는 원수출신용장, 수출계약서, 외화표시물품공급계약서 또는 다른 내국신용장이 필요하고, 개설근거가 실적기준일 때에는 융자대상 수출실적이 필요하다.

4) 내국신용장의 개설한도

거래 외국환은행은 당해업체의 과거 수출실적 등을 감안하여 실적기준금융을 이용하는 업체에 대하여 융자한도를 설정하게 된다. 용도별 금융의 경우에는 생산자금, 원자재자금 및 완제품 구매자금별로 융자한도를 산정한다. 또한 포괄금융의 경우에는 업체별로 융자한도를 산정하게 되는데 내국신용장의 개설한도는 산정된 융자한도 범위 내에서 운용된다.

▌별표▐ 내국신용장의 개설근거별 용도표시방법

개설근거	용 도	표 시 방 법		비 고
		표시문언	표시장소	
I. 원자재내국신용장[주)]				
1. 신용장기준원자재 자금이용업체 및 신용장기준포괄금융 이용업체의 개설 의뢰분	1. 원자재구매	원자재	“용도”란	“원수출신용장내용”란에 원수출신용장 등의 내용 기재
	2. 원자재임가공위탁	원자재임가공 완제품임가공	〃 〃	〃 〃
2. 실적기준원자재금융 자금이용업체 및 실적기준포괄금융 이용업체의 개설의뢰분	1. 원자재구매 2. 원자재임가공위탁 3. 완제품임가공위탁	원자재(실적) 원자재임가공(실적) 완제품임가공(실적)	〃 〃 〃	
II. 완제품 내국신용장				
1. 신용장기준완제품구매자금 이용업체의 개설의뢰분	1. 완제품구매	완제품	〃	“원수출신용장내용”란에 원수출신용장 등의 내용 기재
	2. 수출대행	완제품(수출대행)	〃	〃
2. 실적기준완제품구매 자금이용업체의 개설 의뢰분	1. 완제품구매	완제품(실적)	〃	
	2. 수출대행	완제품(수출대행) (실적)	〃	

주) 위탁가공무역에 소요되는 국산원자재를 내국신용장에 의해 구입하는 경우는 현행 표시문언인 “원자재” 앞에 “(위탁가공)”이라 표시

담 당	검토자	결재권자

취소불능내국신용장개설신청서

취 소 불 능 내 국 신 용 장	신용장번호
1 고객번호 [ ] 개설신청인(상호, 주소, 대표자, 전화)	2 결제통화 및 금액 ㅁ①원 화₩ ㅁ②외 화(통화표시) ㅁ③원 화₩ (외화금액 @) 다만, 환어음 매입시 매매기준율이 개설시와 다를 경우 원화금액은 동 매매기준율로 환산한 금액으로 함.
4 수 혜 자(상호, 주소, 대표자, 전화)	3 어음대금 결제조건 ㅁ일람불(개설의뢰인이 자체자금으로 결제) ㅁ기한부(개설은행이 융자하여 결제)
	5 물품인도기일 / 6 유효기일

형식 : 수익자가 신용장 금액을 한도로 하여 송장금액 전액을 어음금액으로 하고 본인(당사)을 지급인, 귀행을 지급장소로 하는 일람출급환어음을 발행함을 허용하는 신용장

제 출 서 류

7 물품수령증명서 통 8 물품명세가 기재된 송장 통 9 공급자발행 세금계산사본 통

10 기 타

공 급 물 품 명 세

HS부호	품명 및 규격	단위 및 수량	단 가	금 액
29922-11-10000	Mono-Ethanol	2,000 M/T	@US$28,161	US$563,200

11 분할인도 ㅁ①허용함 ㅁ②불허함	12 서류제시기간 물품수령증명서발급일로부터 영업일이내
13 기 타	14 용 도

원 수 출 신 용 장 등 의 내 용

15 종류 : ㅁ 수출 L/C ㅁ D/A ㅁ D/P ㅁ 내국신용장 ㅁ외화표시물품 공급계약서 ㅁ외화표시건설·용역 공급계약서 ㅁ기타 수출 관련계약서

16 신용장(계약서)번호	17 결제통화 18 금 액	19 선적(인도)기일	20 유효기일
21 수출(공급)상대방	22 발행은행	23 대금결제조건	24 수출지역
25 HS부호	26 품명 및 규격	27 단위 및 수량	금 액

귀행이 개설하는 내국신용장은 상기 원신용장과는 독립된 별개의 것임을 서약하고 위와같이 내국신용장 개설을 신청하오며 귀행 별도 소정 외국환거래약정서 조건을 무위 준수할 것을 확약합니다.

주 소 :

인감 및 원본확인

년 월 일 신 청 인 : (인)

주식회사 은행 귀하 Tel.

이 신용장에 관한 사항은 다른 특별한 규정이 없는 한 국제상공회의소 제정(2007년개정) 화환신용장 통일규칙에 따릅니다.

*

수 입 보 증 금	
승인신청번호	

5) 내국신용장의 당사자

(1) 개설의뢰인

개설의뢰인은 수출신용장 및 과거의 수출실적을 근거로 국내에서 수출용 수입원자재, 수출용 원자재 또는 완제품을 구매하는 자나 혹은 국내에서 이미 내국신용장을 개설받은 국내업체로 내국신용장을 근거로 수출용 수입원자재, 수출용 원자재 또는 완제품을 구매하는 자이다.

(2) 개설은행

개설은행은 수출업자 등의 거래은행으로 내국신용장에 의해 물품이 공급되었을 때 대금지급의무를 이행하는 은행을 의미한다.

(3) 수익자

수익자는 수출용 수입원자재, 수출용 원자재 또는 수출용 완제품의 공급업자를 의미한다. 수익자는 내국신용장의 공급대상물품을 직접 생산하거나 가공하는 국내의 물품공급업자, 다른 국내제조업자들로부터 물품을 구매하여 공급하는 업자, 외국으로부터 원자재를 수입하여 공급하는 국내공급업자 등이다.

(4) 매입은행과 추심의뢰은행

매입은행은 수익자가 내국신용장에 따라 물품을 공급한 후 어음을 발행하여 매입 또는 추심을 의뢰하는 경우 이를 매입하는 은행을 의미하고, 추심의뢰은행은 어음을 매입하지 않고 발행은행에 추심의뢰한 후 결제가 이루어지면 수익자에게 어음대금을 상환하는 은행을 의미한다.

6) 내국신용장의 거래절차

① 국내 수출용 원자재 또는 완제품의 구매업자인 내국신용장의 개설의뢰인인 수출업자가 원자재 또는 완제품의 공급업자인 내국신용장의 수익자와 물품매매계약을 체결한다.
② 개설의뢰인인 수출업자는 자신의 거래은행인 외국환은행에 원수출신용장으로 담보를 제공하거나(신용장금융기준), 또는 과거 수출실적(실적기준금융)에 의해 내국신용장의 개설을 의뢰한다.
③ 개설은행은 국내의 물품공급업자인 수익자에게 내국신용장의 개설을 통보한다.

④ 국내의 물품공급업자인 수익자는 거래외국환은행(추심의뢰은행)에 생산자금 및 원자재의 무역금융을 신청한다.

⑤ 수익자는 약정일에 물품을 물품구매업자인 개설의뢰인에게 공급하고 송장과 세금계산서를 개설해준다.

⑥ 개설의뢰인은 수익자로부터 물품을 공급받고 물품수령증명서를 발급해준다.

⑦ 수익자는 거래외국환은행(추심의뢰은행)에게 내국신용장의 매입을 요청하고 무역금융 대금을 상환한다.

⑧ 거래외국환은행(추심의뢰은행)은 내국신용장의 개설은행에게 어음추심을 의뢰한다.[3)]

⑨ 개설은행은 지급제시를 받은 날로부터 3영업일 이내에 거래외국환은행(추심의뢰은행)에 내국신용장어음을 결제한다.[4)]

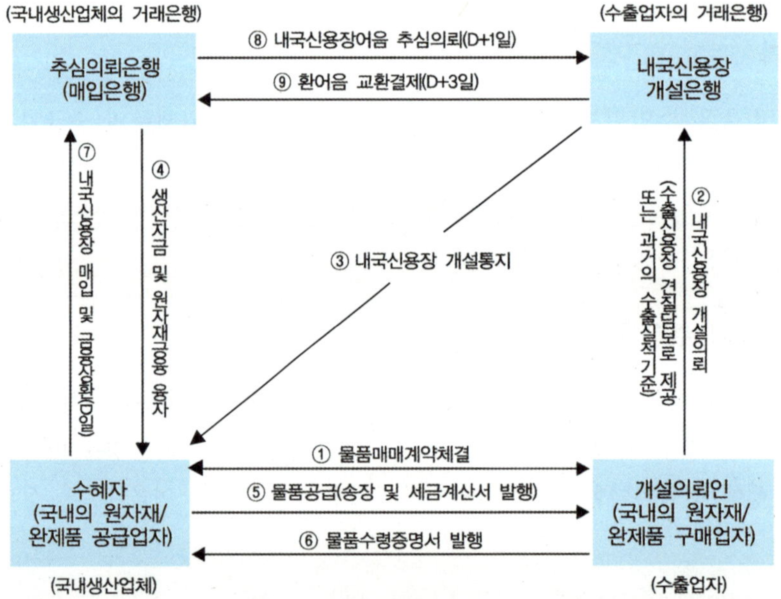

그림 7-1 내국신용장의 거래절차

3) 내국신용장 어음매입시의 구비서류는 ① 내국신용장 환어음, ② 물품수령증명서, ③ 공급자발행 세금계산서 사본 등이다.

4) 개설은행은 융자예정분에 대하여는 개설의뢰인을 차주로 하여 원자재금융을 취급하므로 융자금과 내국신용장 어음금액과의 차액만을 발행의뢰인으로부터 받아서 당해 어음을 결제한다. 한편 한국은행은 내국신용장 관련 운영세칙을 개정하여 환어음은 전자문서인 판매대금추심의뢰서로 대체되어 내국신용장 결제시에도 수혜업체가 금융기관을 방문하지 않고도 관련 서류들을 전자문서화하여 제출할 수 있도록 하였다.

3 구매확인서에 의한 구매

1) 구매확인서의 의의

구매확인서란 외화획득용 원료·기재를 구매하려는 경우 또는 구매한 경우 외국환은행의 장 또는 전자문서기반사업자가 내국신용장에 준하여 발급하는 증서를 말한다.[5] 다시 말해 구매확인서란 수출용 물품 등의 외화획득용 원료·기재인 원자재, 부품 또는 완제품을 구매하고자 하거나 구매한 자가 전자적으로 발급을 신청하면 외국환은행의 장 또는 전자무역기반사업자(KTNET)가 이들 물품이 국내에서 조달되었음을 확인하고 내국신용장에 준하여 발급하는 증서를 말한다.

구매확인서의 발급신청시기는 외화획득용 원료·기재를 구매하기 전에 신청하거나 또는 구매한 후 세금계산서를 발급받아 과세기간 종료 후 20일 이내에 신청할 수 있다.[6] 구매확인서는 단순송금방식의 수출, 무역금융 부족 등으로 내국신용장을 발행할 수 없을 경우에 주로 이용된다.

현재 구매확인서는 은행창구를 통한 발급(off-line)이 폐지되고 전자무역기반사업자인 KTNET이 운영하는 국가전자무역시스템인 uTradeHub(utradehub.or.kr) 또는 각 사업자가 발급기관과 직접 연계한 내부전산시스템(ERP) 등을 통하여 전자적으로(on-line)만 발급되고 있다. 하지만 구매확인서 발급신청인이 전산설비를 구비하고 있지 못한 경우에는 전자무역기반사업자에게 위탁하여 신청할 수 있다.

2) 구매확인서의 신청서류

구매확인서 발급신청시 필요한 서류는 구매확인신청서에 다음의 어느 하나의 서류를 첨부하면 된다.

① 수출신용장
② 수출계약서(품목, 수량, 가격 등에 합의하여 서명한 수출계약의 입증서류)
③ 외화매입(예치)증명서 (외화획득이행 관련 대금임이 관계 서류에 의하여 확인되는 경우에만 해당됨
④ 내국신용장

---

5) 구매한 경우에는 구매확인서 신청인이 세금계산서를 발급받아 부가가치세법 시행규칙 제9조의 2에서 정한 기한 내에 신청하여 발급받은 증서에 한한다.

6) 부가가치세법 시행규칙 제9조의 2에서 규정하고 있는 기간이다.

⑤ 구매확인서

⑥ 외화획득에 제공되는 물품등을 생산하기 위한 경우임을 입증할 수 있는 서류(㉠ 수출, ㉡ 주한 국제연합군이나 그 밖의 외국군 기관에 대한 물품 등의 매도, ㉢ 관광, ㉣ 용역 및 건설의 해외진출, ㉤ 국내에서 물품 등을 매도하는 것으로서 지식경제부장관이 정하여 고시하는 기준에 해당하는 것)

⑦ 수출신고필증(사후발급 구매확인서의 경우에만 해당됨)

3) 구매확인서의 종류

(1) 사전발급 구매확인서

사전발급 구매확인서는 국내에서 외화획득용 원료 또는 물품을 구매하고자 하는 자의 신청에 의하여 외국환은행의 장 또는 전자무역기반사업자가 그 물품의 구매 전에 발급하는 것이다.

(2) 사후발급 구매확인서

사후발급 구매확인서는 국내에서 외화획득용 원료 또는 물품을 이미 구매한 자의 신청에 의하여 외국환은행의 장 또는 전자무역기반사업자가 발급하는 것이다.

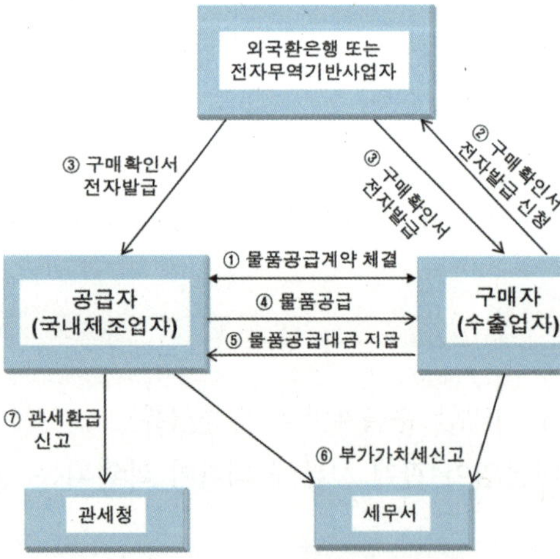

▌그림 7-2▐ 사전발급 구매확인서

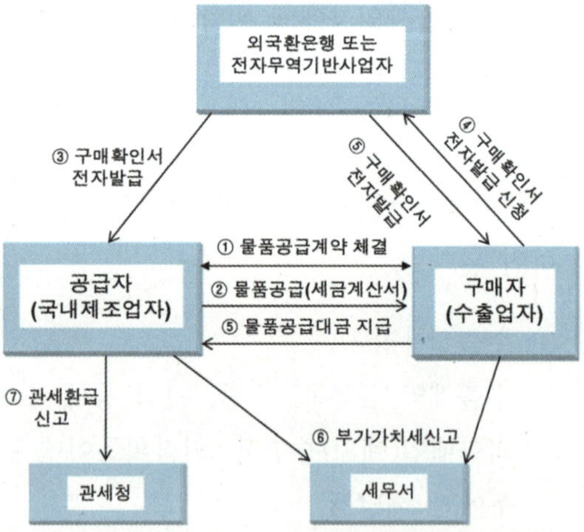

▌그림 7-3▐ 사후발급 구매확인서

▌표 7-1▐ 내국신용장과 구매확인서의 비교

<table>
<tr><th>구분</th><th colspan="3">내국신용장</th><th>구매확인서</th></tr>
<tr><td rowspan="7">차
이
점</td><td>관련법규</td><td colspan="2">무역금융관련규정(한국은행 총액한도 대출관련 무역금융 취급세칙)</td><td>대외무역법, 전자무역촉진에 관한 법률</td></tr>
<tr><td>지급보증</td><td colspan="2">발행은행의 지급보증</td><td>발급은행의 지급보증이 없음</td></tr>
<tr><td>발급조건</td><td colspan="2">보유신용장 또는 무역금융 융자한도내에서 개설(무역금융수혜대상)</td><td>업체의 거래증빙서류 보유 범위내에서 제한 없이 발급(무역금융수례대상이 아님)</td></tr>
<tr><td rowspan="2">발급근거</td><td>신용장 기준</td><td>① 수출신용장
② 수출계약서
③ 외화표시물품공급계약서
④ 외화표시건설용역공급계약서
⑤ 다른 내국신용장
⑥ 실적금융기준 수혜업체의 과거 수출실적에 의한 금융한도</td><td rowspan="2">① 수출신용장
② 수출계약서(D/P, D/A)
③ 외화매입(예치)증명서(외화 취득이행 관련 대금임이 관계서류에 의해 확인되는 경우에 한함)
④ 내국신용장
⑤ 구매확인서
⑥ 외화획득에 제공되는 물품 등을 생산하기 위한 경우임을 입증할 수 있는 서류</td></tr>
<tr><td>실적 기준</td><td>융자대상 수출실적</td></tr>
<tr><td>거래대상물품 및 용도</td><td colspan="2">수출용 원자재 또는 완제품의 국내구매에 사용</td><td>외화획득용 원료·기새의 국내구매에 사용</td></tr>
<tr><td>공급실적의 수출실적 인정</td><td colspan="2">무역금융규정 및 대외무역관리규정상의 공급자의 수출실적으로 인정</td><td>대외무역관리규정상 공급자의 수출실적으로 인정</td></tr>
<tr><td rowspan="5">유
사
점</td><td>발급기관</td><td colspan="3">외국환은행</td></tr>
<tr><td>발급횟수</td><td colspan="3">차수 제한 없이 발급가능</td></tr>
<tr><td>부가가치세</td><td colspan="3">영세율적용</td></tr>
<tr><td>용도</td><td colspan="3">외화획득용 원료·기재(수출용 원자재 및 완제품)의 국내구매에 사용</td></tr>
<tr><td>관세환급</td><td colspan="3">관세환급 가능</td></tr>
</table>

[대외무역관리규정 별지 제13호 서식]

외화획득용원료 · 기재구매확인신청서

① 구매자 (상호)
(주소)
(성명)
(사업자등록번호)

② 공급자 (상호)
(주소)
(성명)
(사업자등록번호)

1. 구매원료·기재의 내용

③ HS부호	④ 품명 및 규격	⑤ 단위 및 수량	⑥ 구매일	⑦ 단가	⑧ 금액	⑨ 비고

2. 외화획득용 원료·기재라는 사실을 증명하는 서류

⑩ 서류명 및 번호	⑪ HS부호	⑫ 품명 및 규격	⑬ 금액	⑭ 선적기일	⑮ 발급기관명

3. 세금계산서(외화획득용 원료·기재를 구매한 자가 신청하는 경우에만 해당)

⑯ 세금계산서 번호	⑰ 작성일자	⑱ 공급가액	⑲ 세액	⑳ 품목	㉑ 규격	㉒ 수량

㉓ 구매원료·기재의 용도명세 : 원자재구매, 원자재 임가공위탁, 완제품 임가공위탁, 완제품 구매, 수출대행 등 해당용도를 표시하되, 위탁가공무역에 소요되는 국산원자재를 구입하는 경우는 "(위탁가공)" 문구를 추가표시

* 한국은행 총액한도대출관련 무역금융 취급절차상의 용도표시 준용

위의 사항을 대외무역법 제18조에 따라 신청합니다.

신청일자 년 월 일
신 청 자
전자서명

※ *③은 HS부호 또는 자사관리코드 중 어느 하나를 반드시 기재하여야 합니다.
⑳ 내지 ㉒은 1. 구매원료·기재의 내용과 금액이 다른 경우에는 반드시 기재하여야 합니다.

210㎜ × 297㎜
일반용지 60g/㎡

7.2 무역금융

1 무역금융의 개념

무역금융은 정부가 정책적으로 무역거래에 필요한 각종 자금을 지원해주는 것을 말한다. 즉 무역금융은 수출경쟁력을 확대시키기 위하여 무역거래나 이와 관련된 국내거래 및 해외 현지거래의 각종 단계에 필요한 자금을 일반금융에 비해 유리한 조건으로 정부가 지원하는 금융제도를 의미한다.

무역금융은 수출촉진을 위하여 지원되고 있는 제도금융으로 일반자금대출 등 여타 대출금과는 달리 금리 및 자금이용 가능성면에서 우대되어 왔다. 무역금융금리를 일반자금대출 금리보다 낮게 운용하고 있는 것은 수출업체에 대하여 금융비용의 부담을 적게 함으로써 수출경쟁력향상에 이바지하기 위해서이다.

WTO의 보조금 및 상계관세협정에서 무역금융을 정부의 보조금으로 규정하여 그 사용을 제한함에 따라 무역금융은 정부의 특혜적인 금융지원보다는 무역거래에 필요한 각종 자금을 융자해주는 상업적 차원에서의 금융으로 성격이 변화하고 있다. 우리나라의 무역금융은 중앙은행의 자금지원으로 이루어지는 정책금융이다.[7] 한국은행은 금융통화운영위원회가 정한 총액범위 내에서 한국은행차입한도를 사전에 포괄적으로 배정하여 금융기관별로 자금을 지원하고 있으며 우대금리를 적용하고 있다. 따라서 개별기업에게 무역금융을 제공한 융자취급은행은 한국은행으로부터 취급액의 일정 금액을 차입받을 수 있다.

2 무역금융의 종류

1) 융자대상

① 수출신용장(L/C), 지급인도(D/P), 인수인도(D/A), 기타 수출관련 계약서에 의하여 물품 및 용역을 수출하고자 하는 기업

② 내국신용장(Local L/C) 또는 구매확인서에 의하여 수출용 완제품 또는 원자재를 제조, 가공하여 공급(수탁가공포함)하고자 하는 기업

---

7) 현행 총액한도 무역금융은 금융통화운영위원회가 제정한 "한국은행 금융기관의 대출규정"을 근거로 한국은행총재가 제정한 "한국은행총액한도 대출관련 무역금융취급세칙" 및 "한국은행총액한도 대출관련 무역금융취급절차"(이하 무역금융취급세칙 및 무역금융취급절차라 한다)의 규정에 따라 외국환은행이 제공하는 금융제도이다.

③ 신용장 또는 내국신용장(Local L/C) 방식에 의한 수출실적 보유기업으로서 과거 수출실적을 기준으로 융자받고자 하는 기업
④ 중계무역방식에 의한 수출은 융자대상에서 제외

2) 융자금 구분

용도별 금융 및 포괄금융에 따른 융자금 구분은 다음과 같다.

표 7-2 무역금융 융자금의 구분

구 분	종 류	내 용
용도별 금융	생산 자금	국내에서 수출용 완제품 또는 원자재를 가공·개발하거나 용역을 수출(외국인에 대한 국내에서의 용역수출 포함)하기 위해 소요되는 자금
	원자재 자금	수출용 원자재를 해외로부터 수입하거나 내국신용장에 의하여 구매하는데 소요되는 자금
	완제품 구매자금	국내에서 생산된 수출용 완제품을 내국신용장에 의하여 구매하는데 소요되는 자금
포괄금융		전년도 또는 과거 1년간 수출실적이 미화 2억 달러 미만인 업체에 대하여 소요자금을 일괄하여 취급하는 자금(완제품자금 제외)

7.3 수출입승인, 요건확인 및 허가

우리나라의 경우 원칙적으로 수출입이 정부의 제한 없이 자유롭게 이루어질 수 있도록 하고 있지만, 예외적으로 일부 해당 품목에 대해서는 수출입승인, 수출허가 및 요건확인 등을 받아야 수출입을 할 수 있도록 수출입품목 관리의 근거도 마련해 두고 있다. 수출입품목에 대한 관리는 대외무역법에 근거한 수출입공고, 전략물자수출입고시 및 개별법에 의한 통합공고로 이루어져 있다.

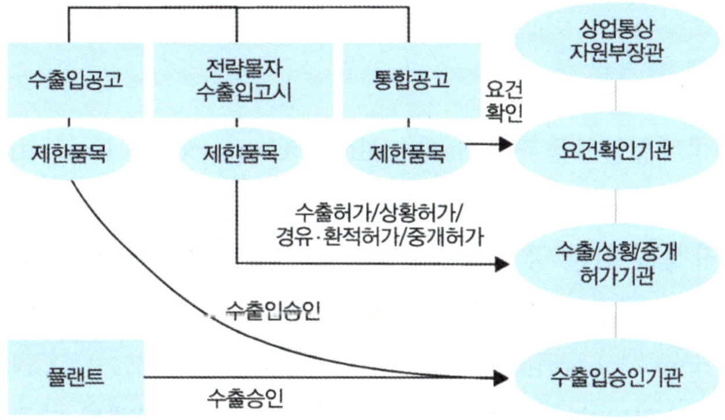

1 수출입공고상의 품목관리

1) 수출입공고의 의의

수출입공고란 산업통상자원부장관이 승인대상물품 등의 품목별 수량·금액·규격 및 수출 또는 수입지역 등의 한정 등 물품 등의 수출 또는 수입의 제한 및 절차 등을 정하여 공고하는 것으로 수출입 품목관리를 위한 기본공고이다. 수출입공고에서 산업통상자원부장관은 다음과 같은 사항을 공고하고 있다.

① 물품의 수출·수입에 관한 자동승인품목, 제한승인품목 또는 금지품목 등을 구분
② 제한승인품목의 품목별 수량·금액·규격 또는 지역 등의 제한
③ 제한승인품목의 품목별 수량·금액·규격 또는 지역 등의 제한에 따른 물품의 수출·수입에 관한 승인 또는 확인 등의 절차

2) 수출입공고의 표시방법

우리나라는 1967년 GATT 가입을 계기로 무역자유화 추세에 따라 수출입공고 표시방법을 허용품목 표시제(Positive List System)에서 불허품목 표시제(Negative List System)로 개편하였다. 허용품목 표시제(Positive List System)는 수출입공고에 수출 또는 수입이 허용되는 품목만을 표시하고 여기에 표시되지 않는 기타 품목은 원칙적으로 수출·수입이 제한 또는 금지되도록 하는 품목표시방법이다. 이에 반해 불허품목 표시제(Negative List System)는 수출입공고에 수출 또는 수입의 제한 내지 금지품목만을 표시하고 여기에 표시되지 않은 기타 품목은 수출·수입이 허용되도록 하는 품목표시방법이다.

3) 수출입공고상의 품목분류

수출입공고는 신국제통일상품분류(Harmonized Commodity Description and Coding System : HS)[8] 방식으로 분류된 각 품목의 HS 번호순서대로 편집되어져 있다.

HS는 무역통계 작성을 위한 국제적 상품분류인 표준국제무역상품분류(Standard International Trade Classification : SITC)와 관세부과를 위한 국제적 상품분류인 관세협력이사회품목분류(Customs Cooperation Council Nomenclature : CCCN)를 단일화·통일화할 필요성에 따라서 제정된 분류체계로 근본적으로는 CCCN체계를 따르고 있으며, 10단위까지 분류가 가능하여 거의 모든 품목을 분류할 수 있다.

우리나라는 1988년 1월 1일부터 이 제도를 채택하고 있는데, 세계 공통의 6단위 분류(HS Code)에 국내의 제반사정을 감안한 자체 분류 4단위를 합하여 모두 10단위로 품목을 분류하고 있다. HS분류는 관세·통계 통합품목 분류표(HS Korea : HSK)에 의한 관세율표상의 품목분류체계를 따른다.

4) 수출입공고상의 품목구분

현재 수출입공고상의 품목은 수출금지품목, 수출제한품목(수출승인품목) 및 수입제한품목(수입승인품목)으로 분류되어 있다. 수출금지품목은 별표 I에, 수출제한품목은 별표 2에, 수입제한품목은 별표 3에 각각 그 금지 및 제한되는 품목이 기재되어 있다.

---

8) 이는 조화제도(Harmonized System : HS) 혹은 New CCCN이라고도 한다.

▌표 7-3▌ 수출입공고상의 수출입제한품목

수출금지품목(별표 1)	고래고기, 자연석(화강암, 사암), 개의 모피(생모피·모피·모피제품)
수출제한품목(별표 2) (수출승인대상물품)	규사, 자갈, 대리석
수입제한품목(별표 3) (수입승인대상물품)	항공기 및 동 부분품

[수출입공고 별표 1] 수출금지품목

HS	품 목	수출요령
0208	기타의 육과 식용설육(신선·냉장 또는 냉동한 것에 한한다)	
40	고래, 돌고래, 쇠돌고래(고래목의 포유동물), 매너티·듀공(바다소목의 포유동물), 물개, 바다사자, 바다코끼리(기각아목의 포유동물)의 것	다음의 것은 수출할 수 없음 ① 고래고기
. (생략)	. (생략)	. (생략)

[수출입공고 별표 2] 수출제한품목

HS	품 목	수출요령
2505	천연모래(착색된 것인지의 여부를 불문하며 제26류의 금속을 함유하는 모래를 제외한다)	
10	규사	다음의 것은 한국골재협회의 승인을 받아 수출할 수 있음 ① 규산분(SiO_2)이 90% 이하의 것
90	기타	
. (생략)	. (생략)	. (생략)

[수출입공고 별표 3] 수입제한품목

HS	품 목	수출요령
3920.99.1000	플라스틱제의 기타 판, 시트, 필름, 박 또는 스트립(셀룰러가 아닌 것으로서 기타 재료로 보강, 적층, 지지 또는 이와 유사하게 결합되지 아니하는 것)중 항공기용의 것	한국항공우주산업진흥협회의 승인을 받아 수입할 수 있음
. (생략)	. (생략)	. (생략)

5) 수출입승인의 의의

수출입승인이란 수출입공고에 의해 수출입이 제한되는 물품 등을 수출입이 가능하게 하도록 허가해주는 절차를 말한다. 수출입승인은 수출입이 제한되는 물품만을 대상으로 하는 것이기 때문에 수출입이 제한되지 않는 대부분의 품목들은 사전에 승인을 받지 않고 자유롭게 수출입을 할 수 있다.

수출입승인대상물품을 수출입하고자 하는 자는 물품 등의 수출·수입의 승인을 얻기 위하여 수출입승인기관의 장에게 신청하고 신청받은 수출입승인기관의 장은 요건에 충족될 경우 그 승인의 유효기간(원칙적으로 1년)을 정하여 승인한다.

수출입대상물품은 산업통상자원부장관이 헌법에 의해 체결·공포된 조약과 일반적으로 승인된 국제법규에 따른 의무의 이행, 생물자원의 보호 등을 위하여 지정하는 물품으로서 ① 수출입공고상의 제한품목, ② 수출입공고상의 제한품목을 외화획득용 원료·기재로 수입하는 물품을 말한다.

표 7-4 수출제한품목 및 승인기관

수출제한품목(수출승인대상물품)			수출승인기관
HS류	품목코드	품목	
25류	2505, 2517	규사, 자갈, 대리석	한국골재협회
73류	7206~7229	잉곳, 철이나 비합금강의 반제품 등	한국철강협회 (미국지역에 한정)
	7301,7302,7304,7305	철강으로 만든 널말뚝 등	

표 7-5 수입제한품목 및 승인기관

수입제한품목(수입승인대상물품)			수입승인기관
HS류	품목코드	품목	
39류	3920	항공기 및 동 부분품	한국항공우주산업 진흥협회
40류	4011 ~ 4013, 4016		
70류	7007		
84류	8407, 8409, 8411 ~ 8414, 8421, 8466, 8483		
85류	8511, 8526, 8544		
88류	8801, 8802		
90류	9014, 9032		
94류	9401		

6) 수출입승인의 내용

▌표 7-6▐ 수출입승인의 내용

<table>
<tr><th>구 분</th><th colspan="2">내 용</th></tr>
<tr><td>수출입승인대상 물품 등</td><td colspan="2">• 헌법에 의하여 체결·공포된 조약이나 일반적으로 승인된 국제법규상의 의무이행을 위하여 산업통상자원부장관이 지정·고시하는 물품 등
• 생물자원보호를 위하여 산업통상자원부장관이 지정·고시하는 물품 등
• 교역상대국과의 경제협력증진을 위하여 산업통상자원부장관이 지정·고시하는 물품 등
• 방위산업용 원료·기재, 항공기 및 동 부분품 기타 원활한 물자수급·과학기술의 발전 및 통상·산업정책상 필요하다고 인정하여 산업통상자원부장관이 해당품목을 관장하는 행정기관의 장과 협의를 거쳐 지정·고시하는 물품 등</td></tr>
<tr><td>수출입승인기관</td><td colspan="2">수출입공고에서 산업통상자원부장관이 지정·고시한 기관·단체의 장</td></tr>
<tr><td>수출입승인신청서류</td><td colspan="2">• 수출입승인신청서 3부(업체용, 세관용, 승인기관용) 및 사본(신청자가 신청한 경우에 한한다)
• 수출의 경우 : 수출신용장, 수출계약서 또는 주문서
• 수입의 경우 : 수입계약서 또는 물품등매도확약서
• 대행수출입의 경우 : 수출 또는 수입대행계약서
• 수출입공고 등에서 규정한 요건을 충족하는 서류(단, 해당 승인기관에서 제한요건의 충족 여부를 확인할 수 있는 경우는 제외)</td></tr>
<tr><td>수출입승인요건</td><td colspan="2">• 수출입승인신청인이 승인을 얻을 수 있는 자격이 있는 자일 것
• 수출하고자 하는 물품이 수출입공고 등 대외무역관리규정에 의한 승인요건을 충족하는 물품일 것
• 수출하는 물품의 품목분류번호(HS)의 적용이 적정할 것</td></tr>
<tr><td>수출입승인</td><td colspan="2">• 2이상의 수출입승인은 각각 독립적 승인을 얻어야 함
• 전략물자의 수출허가 및 산업설비수출의 승인을 얻은 자는 수출승인을 얻은 것으로 간주</td></tr>
<tr><td rowspan="2">수출입승인 유효기간</td><td>원칙</td><td>1년</td></tr>
<tr><td>예외
• 1년 미만
• 최장 2년</td><td>• 산업통상자원부장관이 물가안정 또는 수급조절을 위하여 1년 이내로 유효기간의 단축이 필요하다고 인정하는 경우
• 물품 등의 제조·가공기간이 1년을 초과하는 경우 등 물품 등의 선적 또는 도착기일을 감안하여 1년 이내에 물품 등의 선적이나 도착이 어려울 것으로 수출입승인기관의 장이 인정하는 경우
• 수출·수입이 혼합된 거래로 수출입승인기관의 장이 부득이하게 인정하는 경우</td></tr>
<tr><td>수출입 대금결제</td><td colspan="2">외국환은행을 통하여 회수 또는 지급(단, 외국환거래규정에서 인정하는 경우는 제외)</td></tr>
<tr><td>수출입 승인위반</td><td colspan="2">허위 또는 기타 부정한 방법으로 승인 또는 변경승인을 얻거나 그 승인 또는 변경승인을 면제받고 물품 등을 수출 또는 수입한자는 3년 이하의 징역 또는 3천만원 이하의 벌금에 처한다.</td></tr>
</table>

7) 수출입승인의 면제

수출입승인을 받아야 하는 물품이라도 외교관 휴대품, 일시수출입 물품, 상업용 견본품 등 일부는 법에 승인면제대상으로 규정되어 있다(대외무역법 제11조 제2항 단서). 대외무역법시행령 제19조(수출입승인의 면제) 및 대외무역관리규정 별표 3, 4에 수출승인 면제대상과 수입승인 면제대상을 규정해 놓았다. 이들 물품에 대한 확인업무는 관세국경에서 물품을 검사, 확인하고 적정하게 통관시키는 것을 업무로 하는 세관에서 면제대상여부를 판단하고 확인하는 것이 효율적이기 때문에 세관장에게 위탁하고 있다. 세관에서는 면제대상여부를 판단하고 결과에 따라서 통관절차를 진행한다.

▌표 7-7▐ 수출입승인의 면제대상물품

구 분	내 용
수출승인 면제대상 물품	• 외교관 등이 휴대하고 나가거나 세관에 신고하고 송부하는 특정물품 • 긴급하여 정상적인 절차를 밟아 수출하기에 적합하지 아니한 물품 등 • 무역거래를 원활하게 하기 위하여 주된 거래에 부수하여 수출하는 물품 등 • 주된 사업 목적을 달성하기 위하여 부수적으로 수출하는 물품 등 • 무상으로 수입하여 다시 무상으로 수출하거나, 무상으로 수입할 목적으로 수출하는 것으로서 사업 목적을 달성하기 위하여 부득이하다고 인정되는 물품 등 • 특정지역에 대하여 수출하는 물품 등 • 공공성을 가지는 물품 • 기타 상행위 이외의 목적으로 수출하는 물품 등 • 해외이주자가 반출하는 물품 등
수입승인 면제대상 물품	• 외교관 등이 자가 휴대하여 들어오거나 세관에 신고하고 들여오는 특정물품 • 긴급하여 정상적인 절차를 밟아 수입하기에 적합하지 아니한 물품 등 • 무역거래를 원활하게 하기 위하여 주된 거래에 부수하여 수입하는 물품 등 • 주된 사업 목적을 달성하기 위하여 부수적으로 수입하는 물품 등 • 무상으로 수출하여 다시 수입하거나 무상으로 수출할 할 목적으로 수입하는 것으로서 사업 목적을 달성하기 위하여 부득이하다고 인정되는 물품 등 • 특정지역으로부터 수입하는 물품 등 • 공공성을 가지는 물품 • 기타 상행위 이외의 목적으로 수입하는 물품 등 • 외국환 거래 없이 수입하는 물품 등

[별지 제3-1호 서식]

수출승인(신청)서
Export License(Application)

처리기간 : 1일 Handling Time : 1Day

<table>
<tr><td colspan="2">(1) 수출자 무역업고유번호 671110
(Exporter) (Notification No.)
상호, 주소, 성명
(Name of firm, Address, Name of Rep.)
(주) 길동무역
서울 강남구 삼성동 159-1 (서명 또는 인)
대표이사 홍길동 (Signature)</td><td colspan="3">(4) 구매자 또는 계약당사자
(Buyer or Principal of Contract)
ABC Corporation
3166, Lincoln Ave, Suite 217 Chicago Ill 60657, U.S.A

(5) 신용장 또는 계약서 번호(L/C or Contract No.)</td></tr>
<tr><td colspan="2">(2) 위탁자 사업자등록번호
(Requester) (Business No.)
상호, 주소, 성명
(Name of firm, Address, Name of Rep.)
(서명 또는 인)
(Signature)</td><td colspan="3">(6) 금액(Total Amount)
US$ 20,732.50

(7) 결제기간(Period of Payment)
AT SIGHT

(8) 가격조건(Terms of Price)
F.O.B BUSAN</td></tr>
<tr><td colspan="2">(3) 원산지(Origin)
REPUBLIC OF KOREA</td><td colspan="3">(9) 도착항(Port of Arrival)
LONG BEACH, USA</td></tr>
<tr><td>(10) HS부호
(HS Code)</td><td>(11) 품명 및 규격
(Description/Size)</td><td>(12) 단위 및 수량
(Unit/Quantity)</td><td>(13) 단가
(Unit Price)</td><td>(14) 금액
(Amount)</td></tr>
<tr><td>6704.11.0000</td><td>SYNTHETIC HAIRGOODS
1) Style : 9181 ; WT : 16GR
2) Style : 9182 ; WT : 20GR
Total</td><td>
3,050PCS
4,000PCS
7,050PCS</td><td>
$2.85
$3.01
</td><td>
8,692.5
12,040.0
20,732.5</td></tr>
<tr><td colspan="5">(15) 승인기관기재란(Remarks to be filled out by an Approval Agency)</td></tr>
<tr><td colspan="5">(16) 유효기간(Period of Approval)</td></tr>
<tr><td colspan="5">(17) 승인번호(Approval No.)</td></tr>
<tr><td colspan="5">(18) 승인기관 관리번호(No. of Approval Agency)</td></tr>
<tr><td colspan="5">(19) 위의 신청사항을 대외무역법 제14조제2항 및 동법 시행령 제26조제1항의 규정에 의하여 승인합니다.
(The undersigned hereby approves the above-mentioned goods in accordance with Article 14(2) of the Foreign Trade Act and Article 26(1) of the Enforcement Decree of the said Act.)
년 월 일
승인권자 (인)</td></tr>
<tr><td colspan="5">※ 승인기관이 2이상인 경우 (15) ~ (18)의 기재사항은 이면에 기재하도록 합니다.
※ 이 서식에 의한 승인과는 별도로 대금결제에 관한 사항에 대하여는 외국환거래법령이 정하는 바에 따라야 합니다.</td></tr>
</table>

[별지 제3-2호 서식]

수입승인(신청)서
Import License(Application)

처리기간 : 1일 Handling Time : 1Day

(1) 수입자 무역업고유번호 671110 (Importer) (Notification No.) 상호, 주소, 성명 (Name of firm, Address, Name of Rep.) (주) 길동무역 서울 강남구 삼성동 159-1 (서명 또는 인) 대표이사 홍길동 (Signature)	(5) 송화인(Consignor) 상호, 주소, 성명 (Name of Firm, Address, Name of Rep.) SMITH & JONES INC., 1070, Park AVE.,N.Y.,N.Y., 10060 U.S.A
(2) 위탁자 사업자등록번호 (Requester) (Business No.) 상호, 주소, 성명 (Name of firm, Address, Name of Rep.) (서명 또는 인) (Signature)	(6) 금액(Total Amount) US$ 20,000 (7) 결제기간(Period of Payment) AT SIGHT (8) 가격조건(Terms of Price) C.I.F BUSAN, KOREA
(3) 원산지(Origin) U.S.A.	(4) 선적항(Port of Loading) LONG BEACH, USA

(9) H.S부호 (H.S Code)	(10) 품명 및 규격 (Description/Size)	(11) 단위 및 수량 (Unit/Quantity)	(12) 단가 (Unit Price)	(13) 금액 (Amount)
4301200000	Raw Rabbit Fur Skin	20PCS	US $100	US $20,000
	Total	20PCS	US $100	US $20,000

(14) 승인기관기재란(Remarks to be filled out by an Approval Agency)

(15) 유효기간(Period of Approval)

(16) 승인번호(Approval No.)

(17) 승인기관 관리번호(No. of Approval Agency)

(18) 위의 신청사항을 대외무역법 제14조제2항 및 동법 시행령 제26조제1항의 규정에 의하여 승인합니다.
(The undersigned hereby approves the above-mentioned goods in accordance with Article 14(2) of the Foreign Trade Act and Article 26(1) of the Enforcement Decree of the said Act.)

년 월 일

승인권자 (인)

※ 승인기관이 2이상인 경우 ⑭~⑰의 기재사항은 이면에 기재하도록 합니다.
※ 이 서식에 의한 승인과는 별도로 대금결제에 관한 사항에 대하여는 외국환거래법령이 정하는 바에 따라야 합니다.

2 수출입요건확인

1) 수출입요건확인의 의의

수출입요건확인은 통합공고에 의하여 수출입이 제한되는 물품 등을 수출입이 가능할 수 있도록 허가하여 주는 절차를 말한다. 통합공고는 수출입요건확인과 통관업무를 간소화하고 무역질서를 유지하기 위하여 대외무역법 이외의 법령에서 정하여 시행하는 수출입의 요건 및 절차 등을 취합·조정하여 널리 공고하는데 목적이 있다. 즉 통합공고는 수출입요건확인기관이 통합공고상의 개별법에 의하여 수출입이 제한되는 물품인 요건확인품목에 대해 수출입통관 전후에 추천, 신고, 검사, 검정, 시험방법, 형식승인 등을 행사하는 것을 의미한다.[9] 하지만 요건확인품목이 아닌 경우에는 요건확인을 받을 필요가 없다. 수출입승인 권한은 산업통상자원부장관에게 있으나 관계행정기관장에게 위임하고 있다.

2) 수출입요건확인의 대상품목

수출입요건확인 대상품목은 통합공고상의 별표 1(수출요령)과 별표 2(수입요령)에서 제한되는 수출입요건확인품목과 별도규정품목이다.

(1) 요건확인품목 : 수출입요령에서 주무부처의 장 또는 관련 단체의 장으로부터 허가, 추천, 신고, 검사, 검정, 시험방법, 형식승인 등을 받도록 하고 있는 물품을 말한다.

(2) 별도규정품목 : 통합공고 별표 1, 2의 수출입요령에 게기되지 않더라도 수출입요건확인이 필요한 품목을 말한다. 여기에는 마약 및 향정신성의약품, 마약류의 원료물질,

---

9) 약사법, 마약류관리에 관한 법률, 화장품법, 식품위생법, 화학물질 관리법, 양곡관리법, 비료관리법, 농약관리법, 가축전염병예방법, 식물방역법, 종자산업법, 축산법, 전기용품 및 생활용품 안전관리법, 계량에관한법률, 석유 및 석유대체연료사업법, 원자력안전법, 전파법, 야생생물보호 및 관리에 관한 법률, 폐기물의 국가간 이동 및 그 처리에 관한 법률, 대기환경보전법, 소음·진동관리법, 자동차관리법, 산업안전보건법, 오존층보호를 위한 특정물질의 제조규제 등에 관한 법률, 건설기계관리법, 먹는물관리법, 자원의 절약과 재활용촉진에 관한 법률, 화학무기 · 생물무기의 금지와 특정화학물질 · 생물작용제 등의 제조 · 수출입 규제 등에 관한 법률, 축산물 위생관리법, 건강기능식품에 관한 법률, 농산물품질관리법, 방위사업법, 수산업법, 고압가스안전관리법, 영화 및 비디오물의 진흥에 관한 법률, 게임산업진흥에 관한 법률, 음악산업진흥에 관한 법률, 하수도법, 주세법, 지방세법, 총포·도검·화약류 등의 안전관리에 관한 법률, 의료기기법, 인체조직안전 및 관리 등에 관한 법률, 수산생물질병관리법, 사료관리법, 생물다양성보전 및 이용에 관한 법률, 폐기물관리법, 전기 · 전자제품 및 자동차의 자원순환에 관한 법률, 액화석유가스의 안전관리 및 사업법, 목재의 지속가능한 이용에 관한 법률, 농업생명자원의 보존 · 관리 및 이용에 관한 법률, 기타 특정물품의 수출입절차 또는 요령을 정한 법률 및 국제협약, 수입식품안전관리특별법, 에너지이용합리화법, 잔류성오염물질관리법, 생활화학제품 및 살생물체의 안전관리에 관한 법률, 친환경어업육성 및 유기식품 등의 관리 · 지원에 관한 법률, 생활주변방사선안전관리법, 해양수산생명자원의 확보 · 관리 및 이용 등에 관한 법률, 체외진단의료기기법 등이다(www.law.go.kr).

식품류, 통관제한품목, 보호문화재, 방산물자, 농약 또는 원제, 화학물질, 유독물 및 관찰물질, 취급제한·금지물질, 축산물류, 중국 · 베트남 · 유럽연합 및 러시아 등지로 수출하려는 수산물, 미국에 수출하려는 패류, 식품검역대상물품, 및 국제적 멸종위기종 등이 해당된다.

3) 수출입요건 확인기관 및 면제확인기관

수출입요건 확인기관은 수출입 통관 전후에 허가, 추천, 신고, 검사, 검정, 시험방법, 형식승인 등의 수출입을 위한 요건확인서를 발급하는 주무부처 또는 관련 단체를 말한다. 수출입요건 면제확인기관은 통합공고 및 통합공고상의 개별법에 따라 관계행정기관의 장이 별표 2에 규정된 수입요령의 적용면제를 확인하도록 지정한 기관을 말한다. 요건면제확인기관이 지정되지 아니한 경우 해당 물품의 요건확인기관을 요건면제확인기관으로 본다.

4) 수출입의 요건면제

수출입요건확인의 면제물품은 수출입시 통합공고 또는 통합공고상의 개별법에 따라 수출입요건 및 절차의 적용이 면제되는 물품으로 통합공고상의 요건면제물품을 말한다.

5) 수출입요건면제

통합공고에 따른 요건확인품목이라고 하더라도 ① 외화획득용 원료·기재의 수입물품, ② 중계무역물품, 외국인수수입물품, 외국인도수출물품, 선용품, ③ 수출입승인 면제 물품(대외무역법 시행령 제19조), ④ 통합공고상의 개별법에서 요건확인면제 사유에 해당하는 경우의 하나에 해당하는 경우에는 요건과 절차를 거치지 않고 수출입할 수 있다.

하지만, 마약류 관리에 관한 법률, 식물방역법, 총포·도검·화약류 등의 안전관리에 관한 법률 등에 적용을 받는 물품은 위 요건면제를 적용하지 않기 때문에 반드시 요건확인을 받아야 한다.

6) 수출입승인과 요건확인

수출입공고상의 제한품목인 수출입승인대상물품과 수출입공고상의 제한품목을 외화획득용 원료·기재로 수입하는 물품은 수출입승인을 반드시 받아야 한다. 하지만 수출입공고상의 제한품목으로 중계무역물품, 외국인수수입물품, 외국인도수출물품, 선용품은 수출입승인을 받을 필요가 없다. 이 외의 나머지 모든 품목들은 수출입승인 없이 자유롭게 수출할 수 있다.

통합공고상의 요건확인품목은 고시가 정한 요건 및 절차를 거쳐 수출입하여야 한다. 하지만, 통합공고상의 요건확인품목이라고 하더라도 ① 외화획득용 원료·기재의 수입물품, ② 중계무역물품, 외국인수수입물품, 외국인도수출물품, 선용품은 정한 요건확인 및 절차를 이행할 필요가 없다.

수출입공고상의 제한품목이면서 동시에 통합공고상의 요건확인 품목의 경우에는 수출입승인과 요건확인을 모두 받아야 한다. 하지만, 수출입공고상의 제한품목이면서 전략물자수출입고시상의 허가대상품목인 경우 전략물자수출입고시에 따라 허가를 받으면 승인간주처리되기 때문에 수출입공고상의 수출입승인을 받을 필요가 없다.

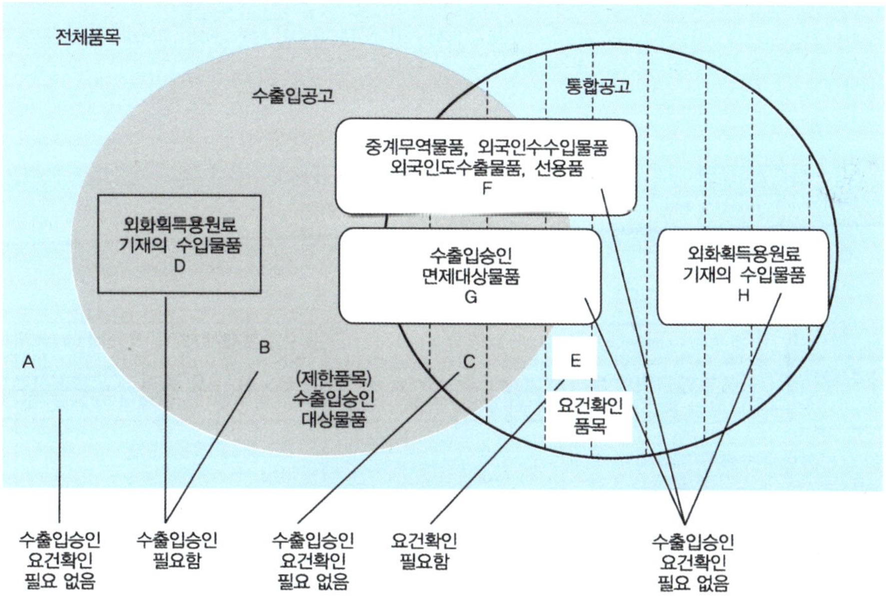

자료) 전순환, 대외무역법, 한올출판사, 2019, p.130.

3 전략물자의 수출허가

1) 전략물자의 의의

전략물자(strategic goods or materials)란 산업통상자원부장관이 "대통령령으로 정하는 국제수출통제체제"의 원칙에 따라 국제평화 및 안전유지와 국가안보를 위하여 수출허가 등

제한이 필요하여 지정, 고시한 물품등(대통령령으로 정하는 기술 포함), 즉 별표2(이중용도품목) 및 별표3(군용물자품목)에 해당되는 물품등(물질, 시설, 장비, 부품), 소프트웨어 등 전자적 형태의 무체물 및 기술을 의미한다.

대량살상무기 비확산을 위한 각종 국제조약이나 협약 등이 지속적으로 발생하여 국제적으로 다자간에 전략물자 등의 수출을 통제하는 체제가 성립하였다.

① 바세나르체제(WA)
② 핵공급국그룹(NSG)
③ 미사일기술통제체제(MTCR)
④ 오스트레일리아그룹(AG)
⑤ 화학무기의 개발·생산·비축·사용금지 및 폐기에 관한 협약(CWC)
⑥ 세균무기(생물무기) 및 독소무기의 개발·생산·비축금지 및 폐기에 관한 협약(BWC)
⑦ 무기거래조약(ATT)

국제수출통제체제

① 바세나르체제 ② 핵공급국그룹(NSG)
③ 미사일기술통제체제(MTCR) ④ 오스트레일리아그룹(AG)
⑤ 화학무기의 개발, 생산, 비축, 사용 금지 및 폐기에 관한 협약(CWC)
⑥ 세균무기(생물무기) 및 독소무기의 개발, 생산, 비축 금지 및 폐기에 관한 협약(BWC)
⑦ 무기거래조약(ATT)

전략물자

산업통상자원부장관이 "대통령령으로 정하는 **국제수출통제체제**"의 원칙에 따라 국제평화 및 안전유지와 국가안보를 위하여 수출허가 등 제한이 필요하여 지정, 고시 한 물품등(**대통령령으로 정하는 기술** 포함), 즉 **별표 2(이중용도품목) 및 별표 3(군용물자품목)**에 해당되는 물품등(물질, 시설, 장비, 부품), 소프트웨어 등 전자적 형태의 무체물 및 기술

대통령령으로 정하는 기술

국제수출통제체제에서 정하는 물품의 제조·개발 또는 사용 등에 관한 기술로서 산업통상자원부장관이 관계행정기관의 장과 협의하여 고시하는 기술

다음의 어느 하나에 해당하는 기술 제외
① 일반에 공개된 기술 ② 기초과학연구에 관한 기술
③ 특허 출원에 필요한 최소한의 기술
④ 법 제19조 제2항에 따라 전략물자 수출허가를 받은 물품등의 설치, 운용, 점검, 유지 및 보수에 필요한 최소한의 기술

별표 2 (이중용도품목)	▪ 제1부 소재, 화학물질, 미생물, 독소 ▪ 제2부 소재가공 ▪ 제3부 전자 ▪ 제4부 컴퓨터 ▪ 제5부 통신 및 정보보안	▪ 제6부 센서 및 레이저 ▪ 제7부 항법 및 항공전자 ▪ 제8부 해양 ▪ 제9부 항공우주 및 추진 ▪ 제10부 원자력전용품목 (핵물질, 설비 및 장비)
별표 3(군용물자품목)		

자료) 전순환, 전게서, p.266.

2) 전략물자의 수출허가 및 상황허가

국제평화와 안전유지, 국가안보를 위해 국제적으로 이동을 엄격하게 통제한다. 우리나라는 다자간 국제수출통제체제의 원칙을 받아들여 대외무역법에 따른 전략물자수출입고시에서 별표 2(이중용도품목[10])와 3(군용물자품목[11])에 계기하여 통제하고 있다.

전략물자관리제도를 시행함으로써 국가의 안보를 유지하고 외교적으로 기업의 국제거래가 국가간 분쟁으로 확대되는 것을 방지하며 국가의 신뢰도를 제고할 수 있다. 또한 기업 입장에서는 안심하고 수출할 수 있도록 지원하며 국제적 통제체제 위반으로 인한 무역보복을 미연에 방지할 수 있다. 수출입 통관 측면에서는 전략물자 교역에 대한 투명성을 높이고 첨단물자의 수출을 촉진하는 효과를 발휘하고 있다.

전략물자는 다자간 국제수출통제체제의 원칙에 따라 국제평화 및 안전유지와 국가안보를 위하여 수출허가 등 제한이 필요한 물품·기술 등이 모두 포함된 넓은 개념이므로 일상생활에 흔히 쓰이는 용품이라도 재질에 따라 전략물자로 분류될 수 있다. 예를 들어 일상생활에서 흔히 사용되는 밸브, 테니스 라켓이나 낚싯대도 재질에 따라 미사일 동체의 용도로 사용될 수 있는 전략물자로 분류되어 수출통제 대상이 될 수 있다.

전략물자 또는 대량파괴무기 등의 제조·개발·사용 또는 보관 등의 용도로 전용될 가능성이 높은 물품 등을 수출하려는 자는 관련 서류를 첨부하여 산업통산자원부장관 또는 관계 행정기관의 장에게 제출하여 수출허가를 받아야 한다.

전략물자에 해당되지 않더라도 대량파괴무기와 그 운반수단인 미사일의 제조·개발·사용 또는 보관 등의 용도로 전용될 가능성이 높은 물품 등을 수출할 경우에도 ① 수입업자나 최종 사용자가 그 물품 등을 대량파괴무기 등의 제조·개발 등에 전용할 수 있음을 알았거나, ② 최종 용도에 대해 필요한 정보제공을 회피할 경우 등에는 산업통상자원부장관이나 관계 행정기관의 장으로부터 상황허가를 받아야 한다.

수출허가 신청이나 상황허가 신청을 받은 산업통상자원부장관 또는 관계행정기관의 장은 15일 이내에 수출허가나 상황허가의 여부를 결정하고 그 결과를 신청인에게 알려야 한다.

---

10) 전략물자수출입고시 별표2(이중용도품목) 목차 : 제1부 소재, 화학물질, 미생물, 독소 / 제2부 소재가공 / 제3부 전자 / 제4부 컴퓨터 / 제5부 정보통신 및 정보보안 / 제6부 센서 및 레이저 / 제7부 항법 및 항공전자 / 제8부 해양 / 제9부 항공우주 및 추진 / 제10부 원자력 전용품목(핵물질, 설비 및 장비)

11) 전략물자수출입고시 별표3(군용물자품목) : ML1(구경 20mm 미만인 활강무기와 구경 12.7mm 이하의 화기, 자동무기 및 부속품) ~ ML22(기술) 22개 품목을 규정

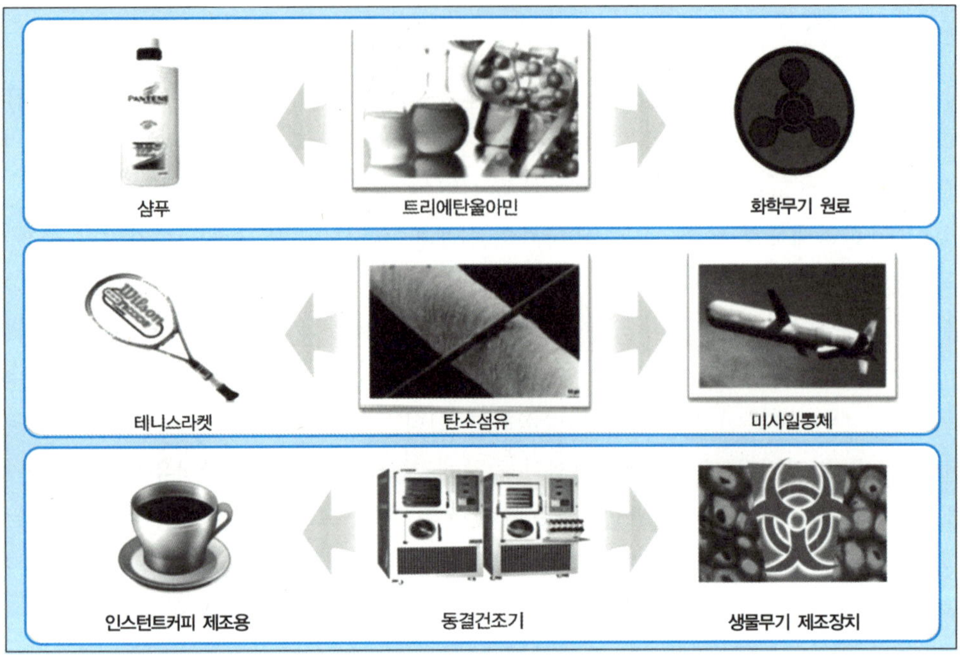

3) 전략물자의 수출허가 및 상황허가

모든 제조자 및 무역거래자는 자신의 제조나 거래 품목이 전략물자에 해당하는지 여부를 확인해야 한다. 전략물자에 해당하는지 여부를 확인하는 방법은 제조자와 무역거래자가 자체적으로 판정하는 자가판정과 전문적인 조직과 기술을 갖추고 있는 판정기관에 의뢰하는 사전판정으로 구분한다. 무역거래자 스스로 판정하는 것이 곤란하거나 무역거래 과정에서 공인기관의 판정결과가 필요하면 산업통상자원부장관이나 관계 행정기관의 장에게 전략물자에 해당하는지에 대한 판정을 신청할 수 있다. 현재 전략물자의 허가기관은 산업통상자원부장관[12], 원자력안전위원회위원장[13], 방위사업청장[14]에 위탁하고 있다.

12) 별표2(이중용도품목)의 제1부부터 제9부까지에 해당되는 전략물자, 별표3(군용물자품목) 중 방위사업법 시행령 제39조 제2항에 따른 일반방산물자 및 기술

13) 별표2(이중용도품목) 제10부(원자력 전용품목)에 해당하는 전략물자

14) 별표3(군용물자품목)에 해당되는 전략물자(방위사업법 시행령 제39조 제2항에 따른 일반방산물자 제외)와 별표2(이중용도품목)에 해당되는 전략물자 중 수입국 정부가 군사목적으로 사용할 경우

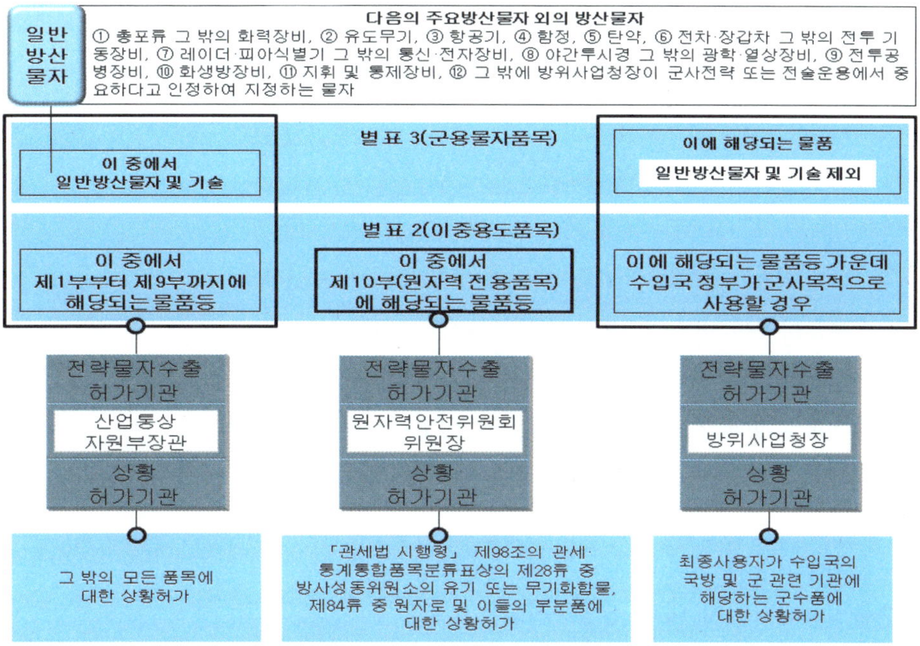

자료) 전순환, 전게서, p.266~267.

4 특정거래

1) 특정거래의 의의

수출입의 거래형태 중에서 별도의 관리가 필요한 거래형태를 특정거래형태이며 대외무역법에서 이에 대한 수출입 인정요건을 규정하고 있다.

▮표 7-8▮ 특정거래의 정의 및 형태

<table>
<tr><th></th><th colspan="3">특정거래형태</th></tr>
<tr><td rowspan="2">정의</td><td rowspan="2">해당 거래의 전부 또는 일부가 다음의 어느 하나에 해당하는 수출입거래형태로서 산업통상자원부장관이 정하여 고시하는 기준에 해당하는 거래
① 수출 또는 수입의 제한을 회피할 우려가 있는 거래
② 산업보호에 지장을 초래할 우려가 있는 거래
③ 외국에서 외국으로 물품등의 이동이 있고, 그 대금의 지급이나 영수가 국내에서 이루어지는 거래로서 대금결제상황의 확인이 곤란하다고 인정되는 거래
④ 대금결제 없이 물품들의 이동만 이루어지는 거래</td><td colspan="2">산업통상자원부장관이 고시하는 기준에 해당하는 거래</td></tr>
<tr><td>① 위탁판매수출
② 위탁판매수입
③ 위탁가공무역
④ 수탁가공무역
⑤ 임대수출
⑥ 임차수입</td><td>⑦ 연계무역
⑧ 중계무역
⑨ 외국인수수입
⑩ 외국인도수출
⑪ 무환수출입</td></tr>
</table>

연습문제

1. 주관식문제

1) 수출물품의 확보방법과 내용을 설명하시오.
2) 내국신용장과 구매확인서의 거래절차를 설명하시오.
3) 내국신용장과 구매확인서를 비교하여 설명하시오.
4) 총액한도 무역금융의 종류와 내용을 간략히 설명하시오.
5) 총액한도 무역금융의 융자한도, 융자금액 및 융자기간을 설명하시오.
6) 수출입공고상의 품목관리에 대해 설명하시오.
7) 수출입요건확인에 대해 설명하시오.
8) 전략물자의 수출허가에 대해 설명하시오.
9) 특정거래의 형태와 내용에 대해 설명하시오.

2. 용어해설문제

- 수출입승인
- 내국신용장
- 구매확인서
- 무역금융
- 총액한도 무역금융
- 무역어음제도
- 수출환어음 담보대출
- 외화대출
- 전략물자

제 8 장

해상운송

1. 정기선과 부정기선에 대해 알아본다.
2. 컨테이너운송에 대해 알아본다.
3. 해상운송절차에 대해 알아본다.
4. 해상선하증권의 내용, 종류 및 작성방법에 대해 알아본다.
5. 국제물류주선업에 대해 살펴본다.

제8장

해 상 운 송

8.1 해상운송의 의의

1 해상운송의 특징과 형태

1) 해상운송의 특징

무역에서 의미하는 해상운송(carriage by sea, ocean transportation)이란 해상에서 선박을 이용하여 다른 사람의 화물이나 사람을 운송하고, 그 대가로 운임을 받는 상업활동을 말한다.

해상운송의 특징으로는 다음과 같다.

첫째, 해상운송은 대량수송이 가능하다. 해상운송은 육상운송이나 항공운송 등에 비해 속도는 느리지만 한꺼번에 대량의 화물을 운반할 수 있다.

둘째, 해상운송은 경제성이 있다. 해상운송은 다른 운송수단에 비해 대량수송으로 인한 운임의 절감효과를 누릴 수 있다.

셋째, 해상운송은 원거리의 국제운송에 적합하다. 해상운송은 육상운송과는 달리 협소한 통로의 제약을 받지 않는 자유로운 운송로를 이용할 수 있기 때문에 원거리의 운송에 적합하다.

해상운송의 이러한 특징으로 인해 대부분의 국제무역은 해상운송에 의존하고 있으며, 일부 항공운송수단을 이용하는 것을 제외하고 육상운송에 의한 운송을 할 수 없는 우리나라의 경우 해상운송의 의존도는 더욱 높다.

2) 해상운송의 형태

선박의 운항형태에 따라 정기선운송, 부정기선운송 및 특수전용선운송으로 구분된다.

(1) 정기선운송

정기선(liner)이란 정해진 항로를 따라 규칙적으로 운항하는 선박을 의미한다. 정기선의 특징으로는 다음과 같다.

첫째, 정해진 운항일정(sailing schedule)과 운임요율표(freight tariffs)에 의해 고정된 항로를 반복적으로 운항한다.

둘째, 주로 다수 화주의 소량화물 및 컨테이너화물을 운송대상으로 한다.

셋째, 운송계약 형태가 개품운송계약에 의존하고 해운동맹(shipping conference)에 결성되어 있다. 정기선은 선박 자체가 부정기선에 비해 고가이며 화물도 완제품이나 반제품인 2차 상품이 대종을 이루고 있다.

우리나라가 취항하고 있는 정기선 항로로는 ① 한일항로, ② 동남아항로, ③ 북미주항로, ④ 중동항로, ⑤ 유럽항로, ⑥ 호주항로, ⑦ 홍해·지중해항로, ⑧ 아프리카항로, ⑨ 중남미항로 등이다.

(2) 부정기선운송

부정기선(tramper)은 일정한 항로를 정기적으로 운항하는 정기선과는 달리, 화물이나 항해에 아무런 제약을 받지 않고 화주가 요구하는 시기와 항로에 선복(ship's space)을 제공하는 운송형태이다. 부정기선의 특징으로는 다음과 같다.

첫째, 취급하는 화물의 운송수요가 급증하는 화물과 운임 부담력이 약한 대량의 산화물(bulk cargo)을 주요 대상으로 한다.[1)]

둘째, 운임이 수요와 공급, 선주와 화주간 합의에 의해 결정되고 운송계약 형태는 용선계약(charter party)에 의하는 것이 보통이다.

셋째, 운임요율이 낮고 변동폭이 심하다.

(3) 특수전용선운송

특수전용선(specialized carrier)이란 넓은 의미로 부정기운송의 일종으로 특정한 화물을

1) 이에 해당되는 대상으로는 광석, 곡물, 원목, 원면, 원당, 비료 등을 들 수 있다.

운송할 목적으로 건조된 선박이다. 특수전용선의 종류로는 수산물이나 청과물을 운송하는 냉동선(refrigerated ship), 유류를 운송하는 유조선(oil tanker), 곡물전용선(grain carrier), 목재전용선(lumber carrier), 자동차전용선(car carrier), 광석전용선(ore carrier), 가스전용선(LPG tanker carrier, LNG tanker carrier) 등이 있다.

표 8-1 정기선운송과 부정기선운송의 비교

구 분	정기선운송	부정기선운송
선 박	정기선(컨테이너선)	부정기선(전용선, 겸용선)
조 직	대형조직	소형조직
운항형태	규칙성(고정항로, 운항일정에 의한 규칙적 운항)	불규칙성(지역별, 시기별 불규칙적 운항)
화 물	다수화주의 소량화물, 공산품 등의 일반화물, 컨테이너화물, 포장화물	단일화주의 산화물(원유, 철광석, 석탄, 곡물, 시멘트 등)
운 임	공시운임(tariff)	변동운임(수요와 공급)
운송계약	개품운송계약(선하증권)	용선운송계약(용선계약서)
화물집하	주로 선사가 직접 집하	주로 중개인을 통하여 이루어짐
운송성격	공적 일반운송	사적 계약운송

표 8-2 화물선의 종류

구 분	선박유형	선박종류
건화물선	일반화물선	정기선(컨테이너, 일반정기선) 부정기선(일반부정기선, 포장적재화물선)
	전용선	광석전용선 석탄전용선 자동차전용선 곡물전용선 청과물전용선 목재전용선
	겸용선	광석 + 유류겸용선 광석 + 불포화화물 + 유류겸용선 자동차·불포장화물겸용선 세미컨테이너선
	특수선	냉장(냉동)선 중량물운반선 래쉬선, 바지선 예인선
탱커 (유조선	유조선	원유유조선 제품유조선
	특수액체운반선	화학약품운반선 LGP탱커 LNG탱커 정밀운반선

2 정기선운송

1) 개품운송계약

개품운송계약(contract of affreightment in a general ship)이란 선박회사가 다수의 화주로부터 개개의 물품을 대상으로 개별적으로 운송계약을 체결하는 것을 말한다. 일반적으로 선박회사가 불특정 다수의 화주로부터 화물운송을 위탁받아 이들 화물을 분류하여 목적지별로 컨테이너에 적입한 후 정기항로에 취항하는 정기선을 통하여 운송을 하게 된다. 개품운송계약에서 당사자의 운송계약 체결의무는 Incoterms® 2010의 정형거래규칙에 따라 결정된다. FCA, FAS 및 FOB규칙에서는 수입업자가 운송계약을 체결할 의무가 있고, CPT, CIP, DAP, DPU, DDP, CFR 및 CIF 규칙의 경우에는 수출업자가 운송계약을 체결할 의무가 있다.

개품운송계약은 불요식계약(informal contract)이므로 체결절차에 있어 특별히 요구되는 방식은 없다. 송화인(shipper)이나 그 대리인인 국제물류주선인(international freight forwarder)이 선박회사와 일단 구두나 전화 등으로 선복예약을 한 후 해당 선박회사의 선적요청서(shipping request : S/R) 양식에 선적사항을 기재한 후 이를 선박회사에 송부하여 서명을 받는다. 선적요청서는 운송계약을 체결하기 위하여 화주가 선박회사에게 선복(ship's space)을 요청하는 청약(offer)에 해당하며, 선박회사가 이를 승낙(acceptance)하면 선복예약확인서(booking note)를 교부함으로써 운송계약이 성립된다. 선박회사는 화주의 선적신청을 승낙한 이후 이를 선복원부(space book)에 기입하는데 이를 booking이라고 한다. 이러한 운송계약의 증거로 물품을 선적하게 되면 선하증권(Bill of Lading ; B/L)이 발행된다.

2) 정기선운임의 구성요소

(1) 기본운임

정기선박회사는 화물의 운임표를 사전에 작성하여 공표한다. 정기선운임은 컨테이너 단위를 기준으로 산정된다.

① 품목별운임 : 품목별운임(commodity rate)은 컨테이너 내용물의 가치에 따라 운임을 정하는 방식이다. 고가품일 경우에는 높은 운임을 적용하고, 저가품의 경우에는 낮은 운임을 적용하는 종가운임제이다.

② 무차별운임 : 무차별운임은 컨테이너에 적재된 화물의 종류와 관계없이 컨테이너 1단위당 동일한 운임을 적용하는 방식이다.

③ 품목별 박스운임 : 품목별 박스운임(commodity box rate)은 품목별운임과 무차별운임을 절충하여 물품을 몇 가지 등급으로 분류하여 운임을 차등으로 적용하는 방식이다.

(2) 할증료

정기항로의 운임을 일단 공표하게 되면 운임을 긴급하게 인상할 수 없다. 이에 따라 정기선의 경우 용적이나 중량 등을 기준으로 기본운임이 적용되지만 화물이나 항로에 따라서 할증운임(surcharge)이 부과된다. 할증운임의 종류로는 유류할증료(bunker adjustment factor : BAF), 중량할증료(heavy lift surcharge), 용적 및 장척할증료(bulky or lengthy cargo surcharge), 양륙항선택할증료(optional charge), 체선할증료(congestion surcharge), 운하할증료(canal surcharge), 전쟁위험할증료(war risk surcharge) 및 통화할증료(currency adjustment factor : CAF) 등이 있다.

표 8-3 할증운임의 종류와 내용

종 류	내 용
유류할증료	벙커유의 가격변동에 따른 손실을 보전하기 위하여 도입한 할증료. 기본운임에 대하여 일정비율 또는 일정액을 징수하고 있음
중량할증료	일반화물보다 무거울 때 부과하는 할증료
용적 및 장척할증료	부피가 크거나 길이가 길 때 부과되는 할증료
양륙항선택할증료	선적시 목적항을 2개로 정하고 본선출항 후 최종적으로 도착항을 선택할 때 부과되는 할증료
체선할증료	도착항의 항만사정이 선박으로 혼잡할 때 부과되는 할증료
통화할증료	일정기간 해당 통화의 가치변동을 감안하여 기본운임에 일정비율을 부과하거나 일정액을 부과하는 할증료

(3) 부대비용

부대비용에는 부두사용료(Wharfage : WFG, W/F), 터미널화물처리비(Terminal Handling Charge : THC), CFS작업료(CFS Charge), 컨테이너세(Container Tax : CTX), 도착지화물인도비용(Destination Delivery Charge : DDC), 서류작성료(Documentation Charge), 체선료(Demmurage)[2], 지체료(Detention Charge)[3] 등이 있다.

2) 적재 또는 양륙을 위한 정박일자가 약정된 기간을 초과할 경우 초과일수에 대하여 용선자가 선주에게 지불하는 것으로 하루 또는 중량 톤수 1톤당 얼마를 지불하는 금액

3) 화주가 허용된 시간 이내에 반출해간 컨테이너를 지정된 선사의 CY로 반환하지 않을 경우 지불하는 금액

3) 정기선운임의 산정기준

(1) 용적기준

용적기준은 1입방미터(cubic meter : $1m^3$)를 1톤으로 하는 용적톤(measurement ton)기준이다. 계산단위는 CBM(Cubic Meter)을 주로 사용하며 대부분의 일반화물에 대해 이 기준을 적용하고 있다. 용적운임이 적용되는 화물을 용적화물(measurement cargo)이라고 한다.

(2) 중량기준

중량기준은 1,000kg의 중량을 1중량톤(weight ton)으로 하여 운임을 산정하는 방식으로 통상 Metric Ton(M/T)이라고 한다. 중량기준에는 Long Ton(영국톤 : 2,240lbs = 1,016kg)과 Short Ton(미국톤 : 2,000lbs=906kg)이 있다. 철강, 금속 및 기계류 제품 등이 이 기준으로 이용되고 있으며 중량운임이 적용되는 화물을 중량화물(weight cargo)이라고 한다.

(3) 가격기준

가격기준은 종가운임(ad valorcm rate)이리고 힌다. 보식, 귀금속, 예술품 및 희귀품 등의 고가품에 주로 이용되는 방법으로 용적 및 중량에 관계없이 상업송장가격에 대하여 일정률의 운임이 부과된다. 대상물품에 대한 보관방법이나 적재장소에 대한 주의가 요구되고 손해발생시 배상액이 고액이기 때문에 일반화물의 운임보다 비싸다.

(4) 수익기준

운임계산의 기준으로 사용되는 톤을 수익톤 또는 운임톤(Revenue Ton : R/T)이라고 하며 Freight Ton이라고 한다. 운임계산시 화물의 총 중량(gross weight)과 총 용적(gross measurement)을 비교하여 운임이 큰 쪽을 운임톤으로 결정하는 방식이다. 이 때 용적과 중량의 비교는 1CBM(Cubic Meter=$1m^3$)과 1MT(Metric Ton = 1,000kg)이다. 즉 화물에 대한 용적 1CBM의 무게가 1,000kg 이상이 되면 중량화물이 되어 중량기준으로 운임을 부과하고, 1CBM의 무게가 1,000kg 이하이면 용적화물이 되어 용적기준으로 운임을 부과한다. 대부분 정기선운송의 일반화물의 경우 용적화물에 해당된다.

4) 정기선운임의 부담자와 지급시기

운임은 선적과 동시에 송화인(shipper)이 지불하는 선지급(freight prepaid)과 양륙지에서 수화인(consignee)이 화물을 수령할 때 지불하는 후지급(freight collect)이 있다.

Incoterms® 2020 하의 FAS 및 FOB규칙으로 매매계약을 체결하고 운송계약을 체결하였다면 운임후지급에 해당되어 수입업자가 수입지의 선박회사 또는 대리점으로부터 수입화물인도지시서(Delivery Order : D/O)를 발급받으면서 운임을 지급한다.

한편 CFR 및 CIF규칙으로 매매계약을 체결하고 운송계약을 체결한 경우에는 운임선지급으로 수출업자는 선적지에서 선박회사 또는 대리점으로부터 선하증권(Bill of Lading : B/L) 발급일자의 환율을 적용하여 운임을 지급하고 선하증권을 교부받는다.

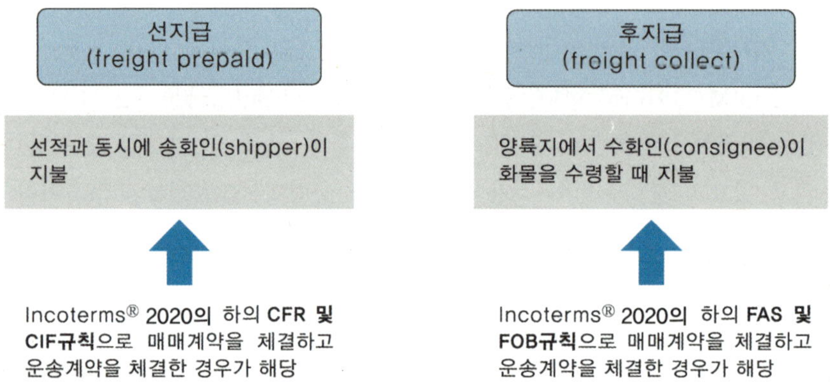

3 정기선과 해운동맹

1) 해운동맹의 의의

해운동맹(shipping conference ; shipping ring)이란 특정항로에서 정기선 선박회사들이 상호간의 과당경쟁을 방지하고 상호이익을 증진시키기 위하여 운임, 기항지, 배선수, 취항 횟수 등 운송조건에 대하여 협정하고 이행하려는 국제적인 해운카르텔(cartel)을 말한다. 해운동맹이 운임에 비중을 두었을 때에는 운임동맹(freight conference)이라고 하고, 항로에 비중을 두었을 때에는 항로동맹(navigation conference)이라고 한다.[4]

정기선항로는 막대한 자본을 필요로 하는 산업인 반면 투자된 고정자본은 항로의 경쟁이 심화되거나 영업이 어렵다고 해서 철수하기도 어려운 비탄력적인 시장이다. 이에 따라 관련 선박회사들이 상호 독립성을 유지하면서 내부적으로는 공급과잉이나 집화경쟁 등의 과당경쟁을 방지하고, 외부적으로는 독점력을 강화하여 회원사 상호간의 경제적 지위를 향상

4) 해운동맹은 정기선 선박회사들 간의 연합체이므로 정기선동맹(liner conference) 또는 해운연합(shipping ring)이라고 한다.

시킬 목적으로 해운동맹을 결성하게 된다.

해운동맹은 규칙적인 운항을 보장하고 협정운임을 통한 안정적인 운임체계를 제공할 수 있게 되어 무역업체들이 정확한 운임을 적용할 수 있게 됨으로써 국제무역의 활성화에 기여할 수 있게 된다. 따라서 해운동맹이 독점에 의한 폐해가 없는 한 무역업자의 입장에서도 필요한 조직이라고 할 수 있다.

2) 해운동맹의 종류

(1) 개방동맹(open conference)

개방동맹은 배선능력이 있는 선사는 누구나 가입이 자유롭고 탈퇴도 자유로운 동맹으로 미국식 동맹이다. 개방동맹은 동맹선사의 수가 수시로 변동하므로 동맹선사 간의 단결력이 약하고 강력한 독점적 지위를 누리기 어렵다.

(2) 폐쇄동맹(closed conference)

폐쇄동맹은 동맹선사의 기득권을 보호하고 질서유지를 위하여 보수적인 규율을 가지고 있는 동맹으로 가입과 탈퇴가 까다롭고 규율이 엄격한 영국식 동맹이다. 특정항로에 취항하는 선박회사의 수가 일정하기 때문에 안정적인 운임수입을 확보할 수 있다는 장점이 있다.

해상운송에서 컨테이너운송으로 단일화되면서 그 동안 동맹선이 누려왔던 비교우위가 약화되어 가고 있다. 이에 따라 대형 선박회사들이 점차 해운동맹을 탈퇴하여 독자적으로 운영함에 따라 오늘날 해운동맹의 기능이 약화되는 추세를 보이고 있다.

3) 해운동맹의 운영

(1) 대내적 운영

① 운임협정(Rate Agreement) : 가맹선사들로 하여금 사전에 협정된 동일한 운임률(tariff)을 사용하도록 하여 운임경쟁을 막기 위한 방법이다. 협정운임률을 변경하기 위해서는 가맹선사들의 동의가 필요하다.

② 항해협정(Sailing Agreement) : 동맹선사 간에 선복량, 취항일수, 발항지 및 기항지 할당 등 항해와 관련된 사항을 사전에 협의함으로써 선복과잉에 의한 과당경쟁을 방지하기 위한 협정이다.

③ 공동계산협정(Pooling System, Pooling Agreement) : 가맹선사들이 특정항로에서 일정기간 동안 벌어들인 운임에서 항해경비 및 하역비용 등을 공제하고 나머지 운임수입을 일정비율에 따라 선사들에게 배분하는 방법이다.

(2) 대외적 운영

① 계약운임제(Contract Rate System ; Dual Rate System) : 계약운임제는 일반화주에게는 일반운임률인 공정운임률을 적용하고 동맹선에만 선적하겠다는 계약을 하는 화주에 대해서는 일반운임률보다 낮은 계약운임률(contract rate)을 적용하는 제도를 말한다. 계약운임률과 비계약운임률은 항로에 따라 대략 10 ~ 15% 정도 차이가 난다.[5] 만일 계약화주가 계약을 위반하여 비동맹선(outsider)에 적재하였을 경우에는 위약금이나 기타 다른 제재가 가해진다. 계약화주와 비계약화주에 대하여 별도의 요금률을 적용한다고 하여 이중운임제도(dual rate system)라고도 한다.

② 운임연환급제(Deferred Rebate System) : 운임연환급제는 화주가 일정기간(보통 6개월) 동맹선에만 선적하고 그 기간 내에 지급된 총 운임 중 일부(보통 10%)를 다음의 일정기간 동안에도 동맹선에 계속 선적할 경우에 환급해주는 제도이다. 화주가 일정기간 동맹선박을 이용해야 하는 기간을 계산기간(account period)이라고 하고, 그 이후 일정기간을 동맹선박에 선적해야 하는 기간을 거치기간(deferred period)이라고 한다. 거치기간이 경과되어야 계산기간의 운임을 환급받을 수 있기 때문에 화주가 운임을 환급받기 위해서는 계속해서 동맹선박을 이용하여야 한다.

③ 성실환급제(Fidelity Rebate System) : 성실환급제는 일정기간(보통 4개월) 동안 동맹선에만 선적한 화주에게 그 기간 내에 받은 운임의 일정비율을 그 기간 경과 후 즉시 환불해주는 제도이다. 성실환급제는 거치기간이 없이 계산기간이 지나면 바로 환급받을 수 있다는 점에서 운임연환급제와 다르다.

▌표 8-4▐ 해운동맹의 대외적 운영방법의 종류와 내용

구 분	내 용
계약운임제	일반화주에게는 공정운임률을 적용하고 동맹선에만 선적하겠다는 계약을 하는 화주에 대해서는 일반운임률보다 낮은 계약운임률(contract rate)을 적용하는 이중운임제도
운임연환급제	화주가 일정기간(계산기간 : 보통 6개월) 동맹선에만 선적하고 그 기간 내에 지급된 총 운임 중 일부(보통 10%)를 다음의 일정기간 (거치기간) 동안에도 동맹선에 계속 선적할 경우에 환급해주는 제도
성실환급제	일정기간(계산기간 : 보통 4개월) 동안 동맹선에만 선적한 화주에게 그 기간 내에 받은 운임의 일정비율을 그 기간 경과 후 즉시 환불해주는 제도로 거치기간 없이 바로 지급하는 제도

5) 계약운임제 하에서도 쌀이나 시멘트 등과 같이 계약운임제가 적용되지 않는 비동맹화물(non-conference cargo)과 계약운임이 적용되는 동맹화물(conference cargo)이 있다.

4 부정기선운송

1) 용선운송계약

부정기선(tramper)을 이용할 경우에는 용선운송계약(contract of affreightment by charter party; contract of sea carriage by charter party)이 체결된다. 용선운송계약이란 화주가 선박회사로부터 선복(ship's space)의 전부 또는 일부를 빌려 계약을 체결하는 것을 말한다. 용선계약은 선복의 범위에 따라 선복의 일부만 빌리는 일부용선계약(partial charter)과 선박 한 척을 전부 빌리는 전부용선계약(whole charter)으로 구분된다. 전부용선계약은 용선형태에 따라 기간(정기)용선계약(time charter), 항해용선계약(voyage charter) 및 나용선계약(bareboat charter)으로 구분된다. 용선운송계약시에는 개품운송과는 달리 표준화된 용선계약서(charter party : C/P)에 의하여 정식적으로 운송계약을 체결하고 있다.

(1) 일부용선계약

일부용선계약(partial charter)은 용선계약시에 선복의 일부만을 빌리는 경우에 체결되는 계약을 말한다.

(2) 전부용선계약

① 정기용선계약(time charter) : 정기용선계약은 화주(용선자)가 선주로부터 선장 및 선원이 승무하고 항해장비를 갖춘 선박을 용선료를 지급하고 빌리기로 약정하는 계약을 말한다. 따라서 선주는 선박의 감가상각비, 보험료 등의 간접비와 선원비, 수리비, 검사비, 선박의 용품비용과 같은 직접비를 부담해야 하며, 용선자는 용선비, 연료비, 적·양화비, 운반비를 지급해야 한다. 정기용선계약은 다른 화주들의 화물을 운송하기 위하여 체결하는 경우가 많아 화주로부터 받은 운임과 용선료의 차액을 취득한다.

② 항해용선계약(voyage charter ; trip charter) : 항해용선계약은 화주(용선자)가 선주로부터 선장 및 선원이 승무하고 항해장비를 갖춘 선박을 특정 항구에서 특정 항구까지 용선료를 지급하고 빌리기로 약정하는 계약을 의미한다. 일반적으로 항해용선계약은 '톤당 얼마'로 하여 화물의 실제 선적량에 따라 책정한다. 하지만 실제로 적재된 톤수에 대해서만 운임을 받으면 선주의 입장에서 손해가 나는 경우가 많으므로 화물의 양에 관계없이 '한 항해에 얼마'로 포괄운임을 지불하도록 하는 선복운송계약(Lump Sum Charter)[6]과 '1일당 얼마'로 용선요율을 정하는 일대(日貸)용선계약(daily charter)이 있다.

6) 선복운송계약 하에서 지급되는 운임을 총괄운임 또는 선복운임(lumpsum freight)이라고 한다.

③ 나용선계약(bareboat charter) : 나용선계약은 용선자가 선주로부터 아무런 장비를 갖추지 않은 선체(bareboat)만 빌리고 선박의 운항에 필요한 선원, 장비, 소모품 등은 용선자가 책임질 것을 약정하는 계약을 말한다. 한국의 운송업자가 외화획득을 위하여 외국 선박을 나용선하여 우리의 선원과 장비를 갖추어 외국에 다시 재용선(subcharter)하는 경우도 있다.

▌표 8-5▐ 용선운송계약의 종류

구 분	종 류	내 용
전부용선	정기(기간) 용선계약	화주(용선자)가 선주로부터 선장 및 선원이 승무하고 항해장비를 갖춘 선박을 용선료를 지급하고 빌리기로 약정하는 계약
	항해용선계약	화주(용선자)가 선주로부터 선장 및 선원이 승무하고 항해장비를 갖춘 선박을 특정 항구에서 특정 항구까지 용선료를 지급하고 빌리기로 약정하는 계약
	나용선계약	용선자가 선주로부터 아무런 장비를 갖추지 않은 선체(bareboat)만 빌리고 선박의 운항에 필요한 선원, 장비, 소모품 등은 용선자가 책임질 것을 약정하는 계약
일부용선	선복의 일부만을 빌려 체결하는 계약	

▌표 8-6▐ 용선운송계약의 종류

구 분	항해용선계약	정기용선계약	나용선계약
계약의 본질	운송행위의 제공	운송능력을 제공	운송수단의 제공
용선방법	일정항구에서 다른 항구까지 일항차 또는 수개항차 용선	선박을 일정기간 정하여 용선	감항성 있는 나선박을 용선
용선기간	선적항 선적준비 완료부터 양륙항에서 물품 양륙시	약정기간의 용선개시부터 기간종료시	약정기간의 용선선박 인도부터 인수받을 때
용선료 산정	행해단위(총용선계약) 또는 톤당	기간단위(총용선계약)	기간단위(순용선계약)
용선료	선적화물의 중량에 따라 지급	용선기간에 따라 보통 3~6월 등 월수 기초	매월 또는 상호합의한 시기에 나용선료 지급
용선료의 의미	운송행위의 보수로 선적량 또는 총액운임	운송행위능력에 관한 보수로 기간운임	운송수단인 선박의 임차료
선박의 점유·지배권자	선주(선박소유자)	선주(선박소유자)	나용선자
선주부담 항목	간접선비, 직접선비, 운항비	간접선비, 직접선비	간접선비
용선자부담 항목	없음	운항비	직접선비, 운항비

구 분	항해용선계약	정기용선계약	나용선계약
선박소유자의 감항능력내용	선박의 항해능력 선원, 설비, 보급의 적합성 냉동실, 홀드, 화물창을 양호하기 유디	선박의 항해능력 선원, 설비, 보급의 적합성 냉동실, 홀드, 화물창을 양호하기 유디	선박의 항해능력
감항능력 유지시기	선적항 출항시	용선계약 개시시	선박인도시
용선계약서	Gencon서식	Baltime Form Produce Form	Barecon서식, Bareboat C/P

자료) 박병호, 전게서, p. 1272.

2) 항해용선계약의 하역비용

하역이란 운송수단에 물품의 적재(loading), 선내하역, 양륙(unloading) 등의 작업을 총칭하는 개념이다. 물품의 적재 후 선창에 내려진 후 행하여지는 선내하역은 적부(stowage)[7], 정리(trimming)[8] 및 결박(lashing)[9] 등의 작업을 말한다. 정기용선의 경우에는 용선료에 이들 하역비용이 포함되기 때문에 하역비용에 대한 합의가 필요 없다. 하지만 부정기선에 의한 항해용선계약은 항해구간을 기준으로 용선료를 결정하기 때문에 선내인부임(stevedorage)관련 하역비용을 선주와 화주(용선주) 중 누가 부담할지를 결정하여야 한다.

하역이란? 운송수단에 물품의 적재(loading), 선내하역, 양륙(unloading) 등의 작업을 총칭하는 개념

선내하역의 작업

7) 적부(stowage)란 선박의 안전과 운송물의 보호를 위하여 선박 내에서 계획적으로 행하는 운송물의 배치작업을 말한다.

8) 정리(trimming)란 항해 중 적재화물의 움직임을 최소화하기 위해서 화물의 적재 표면을 평평하게 고르는 작업을 말한다.

9) 결박(lashing)이란 화물이나 컨테이너를 선박에 고정시키는 것과 화물을 컨테이너에 넣고 고정시키는 것 모두를 뜻하는 말이다. 컨테이너를 선창에 선적하는 경우에는 컨테이너가 셀 가이드(cell guide)에 따라 격납되기 때문에 특별히 고정시킬 필요가 없지만, 컨테이너를 갑판적하거나 일반잡화를 선창 내에 적치할 때에는 선박의 흔들림으로 인하여 화물이 쓰러지거나 무너지는 일이 없도록 고정에 유의해야 한다. 화물을 컨테이너에 적재할 때에는 컨테이너의 측벽이나 바닥에 설치된 래싱아이(lashing eye)나 래싱링(lashing ring)에 밧줄이나 밴드를 걸어 고정해 두어야 한다.

(1) Berth Terms ; Liner Terms

본선 적재비, 선내 하역비 및 양륙비 모두 선내인부임을 선주(선박회사)가 부담하는 조건이다. 용선자(화주)는 선측까지 화물을 운반하고 선주가 Tackle에 걸어서 이를 선적하면서부터 발생하는 하역비를 부담하는 조건으로 용선자의 부담이 적은 조건이다. 일반적으로 정기선에서 사용되어 정기선조건(Liner Terms)라고도 한다. 정기선운송의 경우 화주가 지급한 운임에 선적비용, 선내 하역비용 및 양륙비용이 모두 포함되어 있기 때문에 이들 비용들은 선주가 부담한다.

(2) Free In and Out : FIO(화주선적·양륙비용부담)

용어상의 'Free'는 선주의 입장에서 비용으로부터 자유롭다는 의미로 비용을 부담하지 않는다는 개념이다. 즉 선주는 "선적(In)비용과 양륙(Out)비용의 책임이 없다(free)"는 의미로 선적시와 양륙시 선내인부임을 모두 화주가 부담하는 조건이다. 항해용선계약 중 가장 보편화된 표준서식인 'GENCON'서식은 FIO조건을 채택하고 있다.

(3) Free In : FI(화주선적비용·선주양륙비용부담)

"선주가 선적(In)비용의 책임이 없다(free)"는 의미로 선내인부임에 대해 선적시에는 화주가 부담하고 양륙시에는 선주가 부담하는 조건이다.

(4) Free Out : FO(선주선적비용·화주양륙비용부담)

"선주가 양륙(Out)비용의 책임이 없다(free)"는 의미로 선내인부임에 대해 선적시에는 선주가 부담하고 양륙시에는 화주가 부담하는 조건이다.

(5) Free In, Out and Stowage : F.I.O.S(화주선적·양륙 및 적부비용부담)

"선주가 선적(In)비용, 양륙(Out)비용 및 적부(Stowage)비용의 책임이 없다(free)"는 의미로 선적·양륙·본선내의 적부관련 선내인부비용을 모두 화주가 부담하는 조건이다.

(6) Free In, Out, Stowage and Trimming : F.I.O.S.T(화주선적·양륙·적부 및 선창내 화물정리비용부담)

"선주가 선적(In)비용, 양륙(Out)비용, 적부(Stowage)비용 및 선창내 화물정리(Trimming)의 책임이 없다(free)"는 의미로 선적·양륙·본선내의 적부·선창내의 화물정리 관련 선내인부비용을 모두 화주가 부담하는 조건이다.

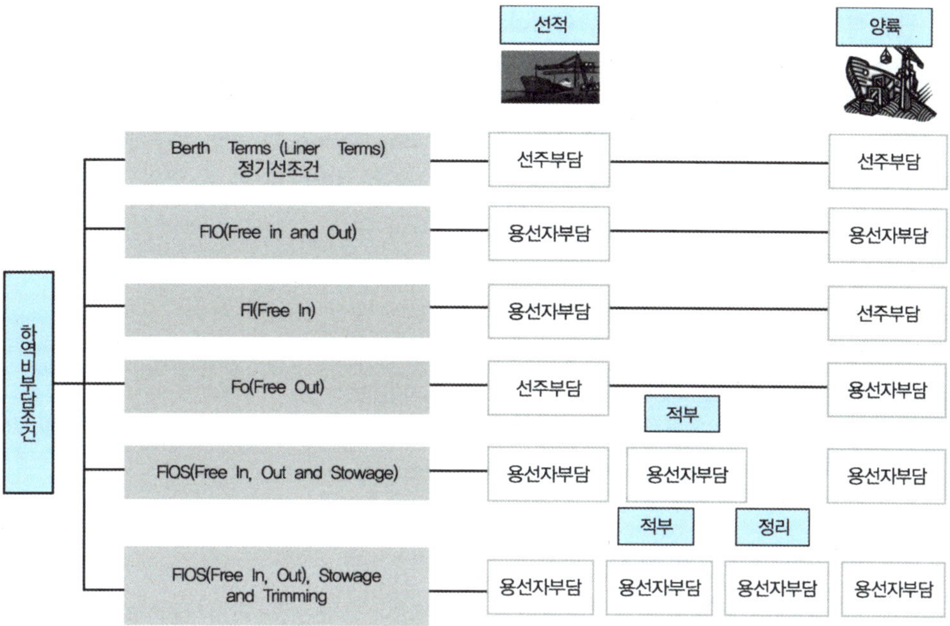

3) 항해용선계약의 정박기간

정박기간(laydays, laytime)은 항해용선계약에서 화주가 운송화물 모두를 선적 또는 양륙하기 위하여 본선을 부두에 정박시킬 수 있는 기간을 말한다. 선주와 용선주는 용선계약서에 정박기간을 기재하고 하역작업이 끝나면 실제 정박일수를 기재한 정박기간 계산서(laydays statement)를 작성하여 선장과 화주가 서명한다. 약정된 기일 내에 하역작업이 끝나지 않으면 화주는 선주에게 체선료(demurrage)를 지급하고 예정된 기일보다 하역작업이 일찍 끝나면 선주가 화주에게 조출료(dispatch money)를 지급한다.

체선료는 용선자가 허용된 정박기간 내에 선적 및 양륙작업을 수행하지 못한 경우 용선자가 선주에게 지급하여야 하는 약정된 손해배상금액을 말한다. 용선자가 일정한 기간 내에 선적 및 양륙작업을 완료하겠다는 계약의무를 위반하여 선박이 약정된 기간을 초과하여 정박한 경우 선주에게 손해를 배상할 의무를 부담한다.

조출료는 용선자가 허용된 정박기간을 전부 사용하지 아니하고 조기에 선적 및 양륙작업을 완료한 경우 선주가 용선자에게 지급하기로 약정한 금액을 말한다. 조출료는 일자에 비례하여 지급하며 일반적으로 체선료의 절반정도이다.

정박기간은 화물의 종류, 항구의 상황, 선적 및 상관습에 따라 다음과 같은 방법이 이용되고 있다.

(1) 관습적 조속하역(Customary Quick Dispatch : C.Q.D)

당해 항구의 관습적 하역방법 및 하역능력에 따라 가능한 한 빨리 적재 또는 양륙하는 조건을 말한다. 일반적으로 정박기간을 명시적으로 정하지 않고 항구의 관습에 따라 빨리 선적 및 양륙하는 방식이다. 불가항력에 의한 하역불능은 정박기간에서 제외되지만, 일요일, 공휴일 및 야간하역을 약정된 하역일에 포함하는지의 여부는 별도의 특약이 없는 한 그 항구의 관습에 따른다.

관습적 조속하역 (C.Q.D : Customary Quick Dispatch)	• 당해 항구의 관습적 하역방법 및 하역능력에 따라 가능한 한 빨리 적재 또는 양륙하는 조건 • 불가항력에 의한 하역불능은 정박기간에서 제외 • 일요일, 공휴일 및 야간하역을 약정된 하역일에 포함하는지의 여부는 별도의 특약이 없는 한 그 항구의 관습에 따름

(2) 연속하역일(Running Laydays)

우천, 파업 및 기타 불가항력 등 어떠한 원인에 관계없이 하역개시부터 종료시까지의 경과일수를 모두 정박기간에 계산하는 방법이다. 일요일이나 공휴일은 이들을 제외한다는 별도의 특약이 없는 한 정박기간에 포함되고 야간 초과작업으로 인한 비용은 화주가 부담한다. 보통 '1일 몇 톤'과 같이 1일의 책임하역수량을 표시한다.

연속하역일 (Running Laydays)	• 우천, 파업 및 기타 불가항력 등 어떠한 원인에 관계없이 하역개시부터 종료시까지의 일수를 모두 정박기간에 계산하는 방법 • 일요일이나 공휴일은 이들을 제외한다는 별도의 특약이 없는 한 정박기간에 포함 • 야간 초과작업으로 인한 비용은 화주가 부담 • 보통 '1일 몇 톤'과 같이 1일의 책임하역수량을 표시

(3) 하역가능일(Weather Working Days : WWD)

하역이 가능한 좋은 일기상태의 날만 정박기간에 계산하는 방법으로 현재 가장 많이 사용되고 있다. 하역 가능한 상태여부는 기상 상황과 화물의 종류에 따라 다르기 때문에 선장과 화주가 합의하여 결정한다. "WWD Sundays and holidays excepted(WWD SHEX)"인 경우에는 일요일과 공휴일에 작업하였더라도 정박기간에 산입하지 않고, "WWD Sundays and holidays excepted unless used"인 경우 일요일과 공휴일에 작업한 경우에는 정박기간에 산입한다. 하지만 "unless used"에 대해서도 시간 수만 계산되는지, 아니면 1일로 계산되는지의 문제가 발생할 수 있기 때문에 실제 작업된 시간만을 산입하고자 할 경우에는 "WWD Sundays and holidays excepted unless used, but only time actually used to count"라고 합의하여야 한다.

하역가능일 (WWD : Weather Working Days)

- 하역이 가능한 좋은 일기상태의 날만 정박기간에 계산하는 방법으로 현재 가장 많이 사용되고 있음
- 하역 가능한 상태여부는 기상 상황과 화물의 종류에 따라 다르기 때문에 선장과 화주가 합의하여 결정

"WWD Sundays and holidays excepted(WWD SHEX)"	"WWD Sundays and holidays excepted unless used"
일요일과 공휴일에 작업하였더라도 정박기간에 산입하지 않음	일요일과 공휴일에 작업하였을 경우 정박기간에 산입

정박기간의 표시

구분	내용
관습적 조속하역(CQD) (Customary Quick Dispatch)	해당항구의 관습적 하역 방법 및 하역능력에 따라 가능한 한 빨리 적재 또는 양륙하는 조건
연속하역일 (Running Laydays)	우천, 파업 및 기타 불가항력 등 어떤 원인에도 관계없이 하역개시일로부터 종료시까지 경과일수로 계산하는 방법
하역가능일(WWD) (Weather Working Days)	하역이 가능한 좋은 일기상태의 날만 정박기간에 계산하는 방법

- WWD Sundays and Hoidays excepted (SHEX) 일요일이나 공휴일에 작업하였더라도 정박기간에 산입하지 않음
- WWD Sundays and Hoidays excepted unless used 일요일이나 공휴일에 작업할 경우 정박기간에 산입함
- WWD Sundays and Hoidays excepted unless used, but onlytime actually used to count : 일요일이나 공휴일에 작업할 경우 실제 작업시간만 정박기간에 산입함

5 컨테이너운송

1) 컨테이너의 의의

컨테이너(container)란 화물을 안전하게 보관하여 운송할 수 있게 제작된 규격화된 운송용기를 말한다. 컨테이너를 이용한 운송은 운송화물의 단위당 비용을 줄일 수 있고, 선복이윤을 증대시킬 수 있을 뿐만 아니라 대량화물을 일시에 적재하고 양륙할 수 있어 운송기간이 단축될 수 있다. 따라서 컨테이너를 이용할 경우 최종 목적지까지의 운송 즉 '문전에서 문전'(door to door)까지의 운송을 실현할 수 있다.

2) 컨테이너운송의 장단점

(1) 장점

① 정박기간 단축 : 컨테이너는 동일하게 규격화되어 있고 밀폐된 운송용기이기 때문에 악천후에도 작업이 가능하다. 따라서 작업시간이 단축되고 정박기간을 줄일 수 있다.

② 환적의 용이성 : 컨테이너는 모든 운송수단에 적재될 수 있도록 되어 있기 때문에 운송수단 간의 환적이 용이하다.

③ 창고료 절감 : 컨테이너는 하나 하나가 별개의 독립된 창고역할을 하기 때문에 부두의 유료창고에 보관할 필요가 없다.

④ 화물의 안전성 : 화물이 견고하고 밀폐된 기구에 의해 운반되기 때문에 파손이나 도난의 위험성이 적다.

⑤ 항해기간의 단축 : 최근에 건조된 컨테이너선박은 고속엔진으로 운항하기 때문에 항해기간이 단축된다.

⑥ 운임절감 : 두 가지 이상 운송수단을 이용할 경우 전 운송구간에 동일한 통과요율(through rate)이 적용되어 운임이 절감된다.

(2) 단점

컨테이너운송의 단점으로는 다음과 같은 것을 들 수 있다. 컨테이너와 함께 운송수단과 항만시설 등의 제반설비가 완료되기 위해서는 막대한 고정자본과 기술적 지원이 필요하다. 또한 컨테이너에 적재하여 운송하기가 곤란한 화물의 종류가 있다.[10] 뿐만 아니라 컨테이너선에서는 컨테이너화물의 적재가 대부분 갑판상에 적재되어야 하는데, 보험회사에서는 갑판 적재화물에 대해 높은 할증보험료를 적용한다. 그러나 이러한 단점들은 컨테이너가 부여하는 다양한 장점에 비교할 경우 큰 걸림돌이 되는 문제는 아니다.

3) 컨테이너의 종류

컨테이너의 종류는 규격 및 화물별 용도에 따라 다음과 같이 분류할 수 있다.

(1) 규격에 따른 분류

규격에 따른 컨테이너의 분류는 다음과 같다.

---

10) 이에 대한 대표적인 화물로는 철강제품, 자갈이나 모래, 기타 장척화물(長尺貨物) 등을 들 수 있다.

▌표 8-7▌ 규격에 따른 컨테이너 분류

구분 / 컨테이너		길이 (cm)	폭/Door폭 (cm)	폭/Door 높이(cm)	내부용적 (CBM)	컨테이너중량 (KG)	최대적재중량 (KG)
20'	Dry	589.7	234.8/233.7	238.5/227.2	33.0	2,290	28,190
	Reefer	545.5	229.0/229.0	226.2/222.7	28.3	2,960	21,040
	F/R	595.8	201.8/-	209.7/-	25.0	2,720	27,760
	O/T	589.8	234.6/233.8	238.1/224.4	32.6	2,450	21,550
40'	Dry	1203.1	234.8/233.7	238.5/227.2	67.4	3,770	26,710
	Reefer	1155.4	228.6/228.6	221.6/218.2	58.5	4,240	26,240
	F/R	1198.4	223.6/-	196.8/-	52.7	5,850	39,150
	O/T	1202.2	234.6/233.8	238.1/224.4	66.4	4,020	26,460
40' HC	Dry	1203.1	234.8/233.7	269.0/257.7	76.0	3,990	26,490
	Reefer	1158.5	229.0/229.0	252.7/249.1	67.0	4,110	26,370
45'	Dry	1355.5	234.8/233.7	269.0/257.7	85.6	4,880	25,600

주) HC : High Cube container, O/T : Open-top Container, F/R : Flat-rack Container

(2) 용도에 따른 분류

① 표준컨테이너(Dry Container) : 온도조절이 필요하지 않는 일반잡화를 수송하기 위한 표준 컨테이너로 가장 널리 사용되고 있다.

② 온도조절 컨테이너

㉠ 냉동컨테이너(Reefer Container) : 육류, 생선, 과일, 채소 등 일반 잡화를 수송하기 위한 냉동기가 달린 컨테이너로 -28℃에서 +26℃까지 온도를 조절할 수 있다. Deep Frozen Control Container의 경우 냉매사용으로 -60℃까지 가능하다.

㉡ 통풍컨테이너(Ventilation Container) : 화물 자체에서 나오는 가스를 배출하거나 호흡을 필요로 하는 화물(감자, 양파 등)의 수송용 컨테이너로 컨테이너 측면의 상하에 환풍구(ventilation hole) 수가 일반컨테이너보다 많다.

Dry Container

Reefer Container

③ 특수 컨테이너(Special Container)

㉠ 탱크 컨테이너(Tank Container) : 유류, 약품, 식료품 등의 액체화물을 수송하기 위한 컨테이너로 원유를 수송하는 유조선이 이에 해당된다.

㉡ 오픈 탑 컨테이너(Open Top Container) : 파이프, 철근 등의 장척화물이나 중량품, 기계류 등을 운송하기 위한 지붕이 없는 개방식의 컨테이너이다. 크레인으로 컨테이너의 위쪽을 통하여 화물을 적재한다.

㉢ 사주 컨테이너(Flat Rack Container) : 승용차, 기계류, 합판 등의 화물을 운송하기 위한 컨테이너로 천정과 벽을 제거한 것으로 덮개와 벽면이 없이 강도가 높은 바닥과 4개의 모서리에 기둥과 버팀대만을 남겨 둔 컨테이너이다.

Tank Container

Open Top Container

Flat Rack Container

㉣ 가축용 컨테이너(Livestock Container, Pen Container) : 소, 말 등의 동물을 운송하는데 이용되는 컨테이너로 통풍을 위한 환기장치와 동물에게 먹이를 줄 수 있고 사육을 위해 사료나 분뇨의 처리장치가 되어 있다.

㉤ 평면 컨테이너(Platform Container) : 사주 컨테이너(Flat Rack Container)와 마찬가지로 중량화물이나 장척화물을 운송하기 위하여 사주 컨테이너의 네 기둥을 없앤 것과 같은 모양으로 모서리에 밧줄을 걸 수 있는 구멍이 있는 컨테이너를 말한다.

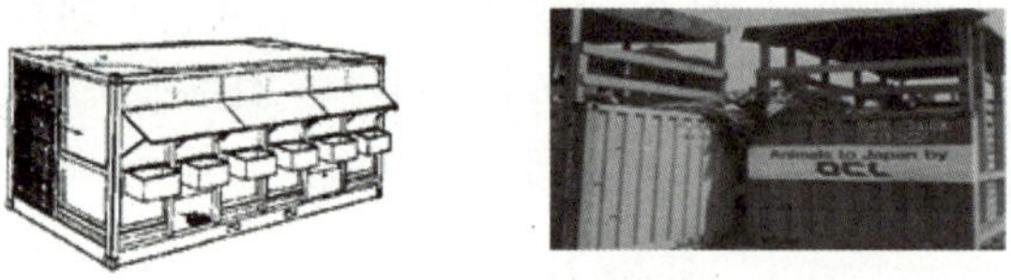
Livestock (Pen) Container

Platform Container

㉥ 의류용 컨테이너(Garment Container) : 양복 등의 고급 의복류를 옷걸이에 걸린 상태로 적재하여 운송할 수 있는 컨테이너를 말한다.

㉦ 팬 컨테이너(Fan Container) : 살아 있는 동물을 운반하기 위하여 표준 컨테이너의 문 쪽에 강제로 배기시킬 수 있는 환풍기(fan)을 달고 그 반대쪽인 뒷면(rear side)에는 구멍을 뚫어 공기가 공급되도록 한 컨테이너를 말한다.

ⓩ 자동차용 컨테이너(Vehicle Rack Container) : 자동차를 적재하기에 편리하도록 되어 있는 컨테이너로 보통 2단으로 되어 있다.

Garment Container

Fan Container

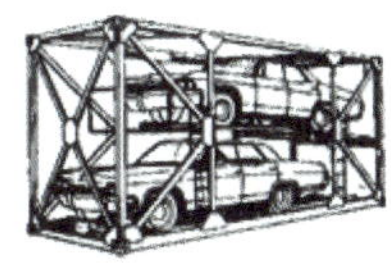

Vehicle Rack Container

4) 컨테이너선의 종류

컨테이너를 운송하는 선박의 종류는 그 형태와 하역방식에 따라 다음과 같이 분류된다.

▌표 8-8▐ 컨테이너선의 종류

구분	종 류	정 의
선형	혼재형 Conventional Ship	재래선에 일반잡화와 함께 혼재하는 선박이며 컨테이너 전용선이 아님
	분재형 Semi-container Ship	재래선의 특정 선창을 개조하여 컨테이너를 적재할 수 있도록 혼합형, 겸용형의 다목적 선박
	컨테이너 전용선 Full-container Ship	대량의 컨테이너만을 적재할 수 있도록 전용화한 선박
	레쉬선(LASH) Lighter Aboard Ship	규격화된 전용부선(lighter)을 갠트리 크레인(gantry crane)으로 선미부터 끌어 올려 화물을 적재한 채로 부선을 선박에 적입(aboard)하여 수송하도록 설계된 선박
하역 장비	크레인 장착형 Geared Container Ship	본선의 갑판에 하역을 위한 자체 갠트리 크레인이 설치되어 있는 선박
	크레인 미장착형 Gearless Container Ship	본선에 하역을 위한 자체 갠트리 크레인이 설치되어 있지 않은 선박
하역 방식	R/O R/O선 Roll on/Roll off	본선의 선수, 선미, 선측에 설치된 개구부를 통하여 선내 경사로(ramp way)를 이용하여 컨테이너 트레일러나 자동차가 굴러들어갈 수 있도록 수평으로 적재 또는 양륙할 수 있도록 제작된 선박
	L/O L/O선 Lift on/Lift off	선상이나 육상의 크레인(crane)을 이용하여 컨테이너를 본선에 수직으로 적재 또는 양륙할 수 있도록 한 선박
	FO/FO Float on/Float off	부선에 화물을 적재하고 컨테이너 대신에 크레인으로 바지선을 적재 또는 양륙하는 LASH선과 같은 하역방식을 할 수 있는 선박

5) 컨테이너선 화물의 유통기지

(1) 컨테이너 터미널(Container Terminal : CT)

컨테이너 터미널은 컨테이너운송에서 해상운송의 접점인 부두에 위치하고 있으며, 화물보관, 컨테이너와 컨테이너화물의 인수·인도, 본선하역, 기타 적재 및·양륙시설의 관리 등을 하는 컨테이너 전용부두를 말한다.

① 안벽(Berth) : 컨테이너선이 안전하게 부상하여 닿을 수 있는 계안선을 말한다. 안벽에는 선박의 동요를 막기 위한 계선주(bollard mooring bitt)가 있어야 한다.

② 에이프론(Apron) : 부두 안벽에 접한 야드의 일부분으로 안벽에는 갠트리 크레인(gantry crane)용 철도가 가설되고 그 철도위에는 컨테이너화물 하역을 위하여 크레인이 이동하는 지역을 말한다. 에이프론은 주로 컨테이너 화물의 선적과 양륙 등에 필요한 기기만 출입하는 곳이다.

③ 마샬링 야드(Marshalling Yard) : 선적할 컨테이너나 이미 양륙된 컨테이너를 정렬하고 보관하는 장소로 에이프론과 인접하고 있다.

④ 컨테이너 야드(Container Yard : CY) : 컨테이너를 인수, 인도 및 보관하는 장소로 Marshalling Yard, Apron, Container Freight Station(CFS) 등을 포함하는 것으로 정의되지만 컨테이너 터미널의 일부이다. 부두 안에 있는 CY는 항내 CY(On-dock CY)라고 부르고 부두 밖에 있는 CY는 항외 CY(Off-dock CY)라고 부른다.

⑤ 컨테이너 화물조작장(Container Freight Station : CFS) : 컨테이너 만재화물(Full Container Load : FCL)[11]이 될 수 없는 소량화물(Less than a Container Load : LCL)[12]을 여러 화주로부터 인수하여 같은 목적지로 운송되는 화물들을 한 컨테이너에 적입(stuffing)하여 포장하거나, 또 반입된 혼재화물을 해체(devanning)하여 소량 화주에게 분산·인도하는 장소를 말한다.

⑥ 사무소(Administration Office) : 컨테이너 터미널을 관리하고 운영하는 곳으로 터미널의 입구에 위치한다.

⑦ 통제소(Control Tower) : 컨테이너 야드 내의 중심부에서 여러 작업장을 한 눈에 보고 컨테이너 야드에서의 본선하역을 신속히 수행할 수 있도록 계획·지시 및 감독하는 곳을 말한다.

---

11) 20피트 혹은 40피트 컨테이너에 가득 차는 화물을 말한다. FCL화물의 경우 화주가 자신의 공장이나 창고에서 물품을 컨테이너에 직접 적입·봉인하여 운송인에게 인도한다.

12) 20피트 혹은 40피트 컨테이너에 가득 차지 않는 소량화물을 말한다. 이 화물은 국제물류주선인이 동일한 목적지까지 가는 소량화물을 모아 FCL화물로 만든 다음 운송인에게 인도한다.

⑧ 컨테이너 정비소(Maintenance Shop) : 터미널에 있는 여러 종류의 기기 및 비품을 점검·수리·정비하는 곳이다.

⑨ 출입문(CY Gate) : 컨테이너가 출입하는 출입구로 컨테이너의 이상 유무, 봉인(seal)의 유무, 컨테이너 중량, 컨테이너 인수에 필요한 서류 등을 확인한다.

⑩ 갠트리 크레인(Gantry Crane) : 컨테이너 터미널에서 컨테이너선에 컨테이너를 선적하거나 양륙하기 위한 전용크레인이다. 컨테이너 하역용으로 특별히 설계된 크레인으로 Apron에 부설된 레일을 따라 접안된 본선과 평행으로 주행하고 유압에 의해 신축하는 Spreader Hook이 붙어 있다.

⑪ Straddle Carrier : 컨테이너 야드에서 컨테이너를 양각사이에 끼우고 운반하는 차량으로 기동성이 우수한 대형 하역기기이다. 컨테이너를 Marshalling Yard로부터 Apron 또는 CY에 운반·적재하는데 이용된다.

⑫ 야드 트렉터(Yard Tractor) : 컨테이너를 탑재하는 차대인 샷시(chassis)를 끄는 트럭을 말한다.

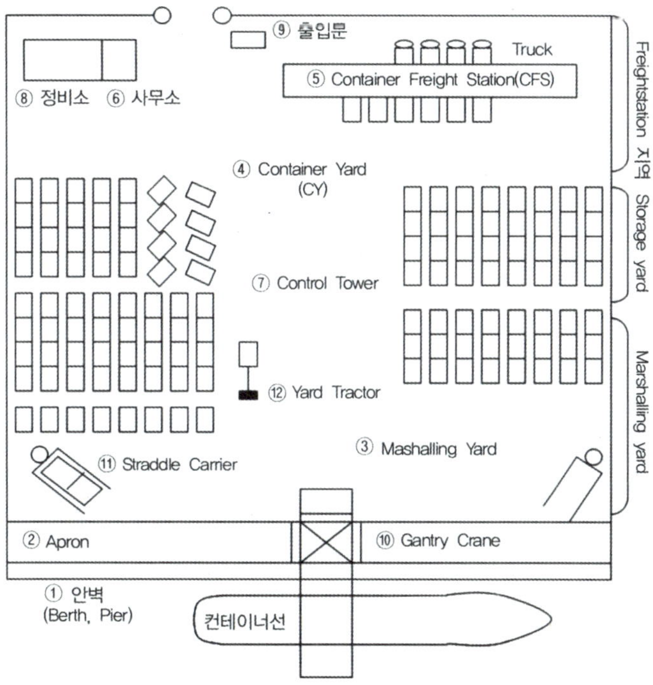

(2) 내륙컨테이너기지(Inland Container Depot : ICD)

내륙컨테이너기지는 컨테이너 화물을 효율적으로 운송하기 위하여 내륙지점에 설치된 컨테이너 화물의 집결지를 말한다. 즉 내륙컨테이너기지는 항만 또는 공항이 아닌 내륙시설로서 공적 권한(public authority)을 지니고 있으며, 고정설비를 갖추고 여러 내륙운송수단에 의해 미통관된 상태에서 이송된 여러 종류의 화물의 일시적 저장과 취급에 대한 서비스를 제공하고, 세관의 통제 하에 통관과 수출 및 연계운송을 위하여 일시적 장치, 창고보관, 재수출, 일시상륙(temporary admission) 등을 담당하는 단체들이 있는 장소를 말한다. 내륙지점에 내륙컨테이너기지가 설치되어 있으면 송화인은 컨테이너 화물을 컨테이너터미널로 직접 반입하지 않고 내륙컨테이너기지로 보낸다. 여기에 집결된 화물은 선박회사나 운송인이 전세 계약한 컨테이너 전용열차(container unit train)를 이용하여 컨테이너터미널로 반입된다.

5) 컨테이너화물의 운송형태

(1) CY/CY(FCL/FCL : Door to Door)

송화인의 생산공장이나 창고에서 컨테이너에 만재된 물품(FCL)을 수입국에 있는 수화인의 창고까지 그대로 일관운송하는 형태이다. 이 형태는 단일의 송화인과 수화인의 관계로 컨테이너운송의 신속성·경제성·안정성을 충족시키고 수출업자의 문전에서 수입업자의 문전까지(door to door) 일관운송되는 운송방법이다.

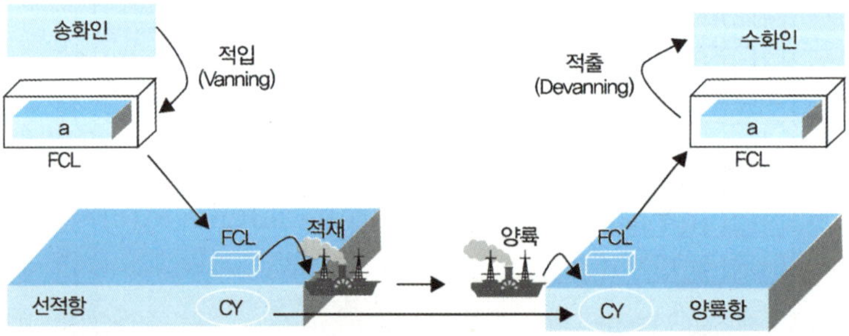

(2) CY/CFS(FCL/LCL : Door to Pier)

송화인의 생산공장이나 창고에서 컨테이너에 만재화물(FCL)로 적재되어 목적항에 도착한 다음 수입지 CFS에서 해체(devanning)하여 여러 화주들에게 인도하는 운송형태이다. 단일의 송화인과 수입국에 있는 다수의 수화인 관계의 운송방법이다.

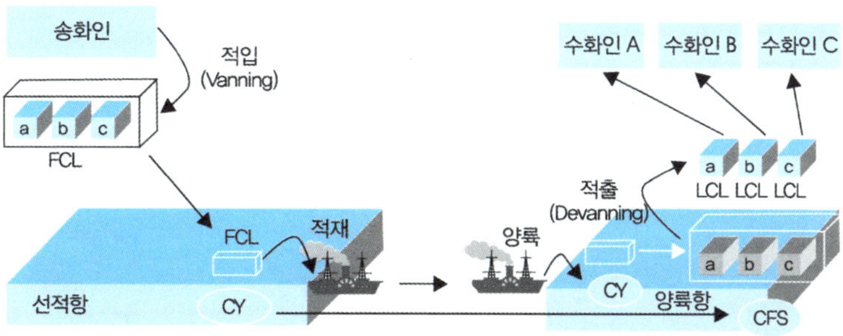

(3) CFS/CY(LCL/FCL : Pier to Door)

다수의 송화인의 소량화물(LCL)을 선적항에 있는 선박회사의 지정 CFS에서 혼재(consolidation)하여 만재화물(FCL)로 만들어 수입국에 있는 단일 수화인의 공장이나 창고까지 운송하는 형태이다. 단일의 수입업자가 특정 국가의 여러 수출업자들로부터 물품을 수입하는 경우에 이용된다.

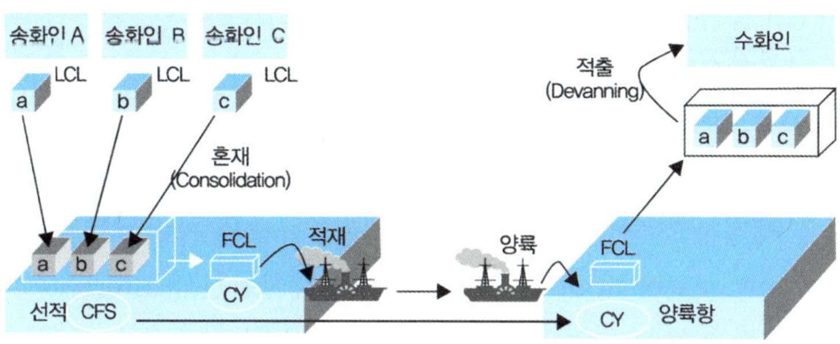

(4) CFS/CFS(LCL/LCL : Pier to Pier)

다수의 송화인의 소량화물(LCL)을 선적항에 있는 선박회사의 지정 CFS에서 혼재(consolidation)한 다음 만재화물(FCL)로 적재되어 목적항에 도착한 후 수입지 CFS에서 해체(devanning)하여 여러 화주들에게 인도하는 운송형태이다. 다수의 송화인으로부터 소량화물을 집화하여 수입지에 있는 다수의 수화인에게 인도하는 경우에 이용된다.

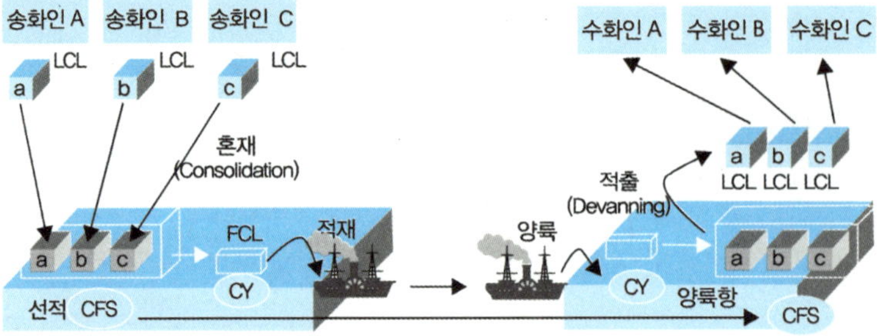

6 해상운송관련 국제법규

1) 헤이그규칙(Hague Rules)

(1) 개요

19세기 증기기관의 등장과 해상운송의 발전 등으로 인하여 선주들은 자신들에게 일방적으로 유리한 면책조항들을 삽입하여 해상운송계약을 체결하였다. 영국 선주들이 일방적으로 면책약관을 남용함으로써 미국 화주들의 반발을 사게 되어 1893년 미국 의회에서 하터법(Harter Act)이 제정되었다.[13] 하터법 제정 이후 기타 화주국들이 선주들의 면책약관을 제한하는 법을 제정하면서 선주와 화주간에 분쟁이 빈번히 발생하였다.

이러한 분쟁을 해결하고 해상운송에 관한 국제통일규칙을 마련하기 위하여 국제법협회(International Law Association : ILA)와 국제해사위원회(International Maritime Committee : IMC)가 주관이 되어 네덜란드 헤이그에서 'Hague Rule 1921'을 제정하고 이 내용을 선하증권에 삽입하도록 권고하였다. 하지만 이 규칙은 선주들의 반발로 국제해양법협회(International Maritime Law Association)에 의해 수정되어 1924년 8월 25일 벨기에의 수도 브뤼셀에서 개최된 해상법에 관한 국제회의에서 '선하증권에 관한 통일규칙을 위한 국제조약'(International Convention for the Unification of Certain Rules of Law Relating to Bills of Lading)이 채택되었다. 이 조약은 'Hague Rule 1921'을 기본으로 하여 수정되었기 때문에 헤이그규칙이라고 부른다.

하터법이 선주에게 엄격한 책임원칙을 규정하고 있는 반면, 헤이그규칙은 선하증권상의

13) 하터법은 운송인들의 면책사항을 제한하기 위한 법으로 해상운송인들이 자신들의 권리를 보호하기 위하여 선하증권에 면책약관을 삽입해온 것을 견제하기 위하여 제정된 법이다. 미국의 하터(Harter) 의원이 1893년 자국 화주들의 권익을 보호하기 위하여 국회에 제출하여 제정되었으므로 그의 이름을 붙였다. 상업상의 과실에 해당되는 화물의 선적·적부·보관·주의 및 인도에 관한 과실의 경우에는 운송인의 책임으로 하고, 항해와 선박의 취급에 관한 항해상의 과실에 관해서는 운송인의 면책으로 규정하여 국제적으로 사용되고 있다.

운송인의 기본적 의무로 내항능력(seaworthiness)에 대한 주의와 운송물의 취급 및 보관에 정당한 노력을 다했다는 증거가 있으면 선주측의 책임이 면제될 수 있도록 규정하고 있다.

(2) 해상운송인의 의무 및 책임

헤이그규칙 하에서 해상운송인은 발항 당시 선박이 항해 중에 예상되는 통상의 위험을 극복하고 화물을 목적지까지 안전하게 운반하는데 적합한 상태인 선박의 감항능력(seaworthiness)을 유지하기 위해서 상당한 주의를 기울여야 한다.

해상운송인의 화물에 대한 손해배상의 책임의 기본원칙은 '과실책임원칙'이다. 즉, 운송인의 관리 하에 있는 화물의 안전주의를 태만하여 발생된 멸실·손상의 위험에 대해 운송인이 책임진다. 이에 따라 운송인은 상업상의 과실에 대하여 책임을 져야 한다. 상업상의 과실이란 운송인이 화물의 적재, 취급, 선내작업, 운송, 보관, 관리 및 양륙에 대한 적절한 관리책임이 있음에도 불구하고 이러한 책임의무를 게을리하는 것을 말한다.

물품의 운송구간은 물품을 선박에 적재한 순간부터 물품이 선박으로부터 양륙되는 시점까지인 'Tackle to Tackle'의 원칙이 적용된다. 따라서 화물의 선적 전과 양륙 후의 운송구간에 대해서는 책임지지 않는다.

(3) 해상운송인의 면책

운송인은 항해상의 과실에 대해서는 면책된다. 항해상의 과실이란 선장, 선원, 도선사, 기타 운송인이 사용하는 자의 항행 또는 선박관리상의 과실을 말한다. 즉, 항해상의 과실은 해상운송과정 중에 선박의 운항이나 항해기술 면에서 발생된 해상운송인의 과실을 의미한다. 헤이그규칙 제4조 제2항(a)호에서는 선장, 선원, 도선사, 그 외 사용인의 항해 또는 선박취급에 관한 작위, 부주의 또는 과실로 인한 항해상의 과실에 의하여 발생한 화물의 손해는 해상운송인의 면책으로 규정하고 있다. 항해상의 과실을 면책으로 인정한 것은 항해에 관한 사항은 선박의 조종에 관한 기술적인 사항으로 운송인이 관여할 수 없는 일이고, 선장 및 기타 선박사용인의 경미한 과실로 막대한 손해가 발생될 수 있을 뿐만 아니라 운송인을 면책시키더라도 선장 등에게는 상당한 벌칙, 행정처분 등이 수반되기 때문에 이들이 손해의 발생을 조장할 염려는 없기 때문이다. 다만, 해상운송인이 항해상의 과실에 대하여 면책되기 위해서는 손해와 항해상의 과실 간에 상당한 인과관계가 있음을 입증하여야 한다.

2) 헤이그-비즈비규칙(Hague-Visby Rules)

(1) 개요

헤이그규칙이 제정된 이후 해상운송여건이 변화되면서 1968년 2월 '선하증권조약개정의정서'(Protocol to Amend the International Convention for the Unification of Certain Rules of Law Relating to Bills of Lading)인 헤이그-비스비규칙(Hague-Visby Rule)이 나타나게 되었다.[14] 헤이그-비스비규칙의 주요 내용은 ① 운송인의 책임제한금액의 인상과 중량제의 병용, ② 화물손해배상액 산정기준의 명확화, ③ 컨테이너조항의 신설, ④ 책임제한 저해사유에 관한 규정신설, ⑤ 운송인, 사용인 및 대리인도 책임제한이나 항변사유를 원용할 권리를 갖는다는 규정 등이다. 이 규칙에서는 해상운송인의 책임한도를 현실적으로 인상하였다. 아울러 컨테이너약관의 신설을 통한 포장단위의 개념을 도입하여 선하증권상에 컨테이너단위만 기재되면 컨테이너가 포장단위이고, 컨테이너 내용물의 단위가 표시되어 있으면 그것이 포장단위가 된다.

(2) 해상운송인의 의무 및 책임

해상운송인은 헤이그규칙과 마찬가지로 선박의 감항능력(seaworthiness)을 유지하기 위해서 상당한 주의를 기울여야 한다. 또한 해상운송인의 화물에 대한 손해배상의 책임의 기본원칙은 역시 '과실책임원칙'으로 '상업상의 과실'에 대한 책임을 져야 한다.

물품의 운송구간 역시 물품을 선박에 적재한 순간부터 물품이 선박으로부터 양륙되는 시점까지인 'Tackle to Tackle'의 원칙이 적용된다.

(3) 해상운송인의 면책

면책사유에 있어서 헤이그-비즈비규칙은 헤이그규칙보다 사용인의 면책범위가 확대되었다. 해상운송인의 사용인이나 대리인도 해상 운송인과 동일한 면책혜택을 부여받게 되었다. 이에 따라 항만하역자와 같은 독립계약자도 면책될 수 있도록 하기 위해서는 선하증권에 사용인 면책약관인 '히말라야(himalaya)약관'을 삽입하여야 한다. 히말라야약관은 하역노동자 등이 독립계약자로 인정되어 면책사유에 제외되는 문제점을 해결하기 위하여 생겨난 약관으로 이를 통하여 독립계약자인 항만노동자들에게도 선하증권상의 책임에 대한 제한과 면책을 부여하는 것이다.

---

14) 헤이그-비즈비규칙에 비준한 국가들은 영국, 프랑스, 이탈리아, 네덜란드, 벨기에, 노르웨이, 스웨덴, 덴마크, 핀란드, 스위스, 폴란드 등이다.

3) 함부르크규칙(Hamburg Rules)

(1) 개요

헤이그-비즈비규칙이 발효되기도 전에 개발도상국들은 기존의 통일조약이 선진 해운국을 중심으로 제정되어 화주국인 개발도상국의 입장을 무시한 것이라는 의견이 유엔무역개발회의(UNCTAD)에서 제기되었다. 이에 따라 국제무역법위원회(United Nations Commission on International Trade Law : UNCITRAL)의 개정작업을 통해 1978년 독일의 함부르크에서 개최된 유엔외교회의에서 '유엔해상물품운송조약'(United Nations Convention on the Carriage of Goods by Sea, 1978)을 채택하였다. 이 조약은 개최지의 이름을 따서 함부르크규칙(Hamburg Rules)이라고 부르게 되었다. 헤이그규칙이 해상운송구간만 커버되는 것에 반하여 함부르크규칙은 컨테이너운송과 관련하여 해상운송에 인접한 육상운송까지 포함시켰다. 개발도상국들의 입장을 반영하여 운송인의 책임을 크게 강화하였기 때문에 상대적으로 화주에게 유리하게 법체계가 구성되어 있다. 이에 따라 많은 선박을 보유하고 있는 선진국들이 대부분 비준을 하지 않아 실효성에 의문이 되고 있다. 현재 20여개의 개발도상국들이 비준하여 발효되고 있다.[15] 우리나라의 경우 헤이그규칙, 헤이그-비즈비규칙 및 함부르크규칙 모두 비준하지 않은 상태이다. 현재 헤이그-비즈비규칙을 준용하여 제정된 상법 제5편에 해상운송에 관한 사항이 규정되어 있다.

(2) 해상운송인의 의무 및 책임

해상운송인의 책임원칙과 관련하여 함부르크규칙은 헤이그규칙과 같이 '과실책임원칙'이 적용된다. 화물이 운송인의 관리 하에 있는 동안 화물의 멸실, 훼손 또는 인도지연이 원인이 되어 발생된 사고로 인한 손해에 대하여 운송인이 책임을 진다.

운송인의 책임구간은 물품이 선적항, 운송과정 및 양륙항에서 운송인의 관리 하에 있는 기간까지 확장되었다. 즉, 운송인의 책임구간이 선적항에서 화물을 수령한 때부터 양륙항에서 화물의 인도시까지 확장된 "Port to Port"원칙이 적용된다. 헤이그규칙이 단지 화물의 멸실이나 훼손에 대한 책임만을 부여하고 있는 반면, 함부르크규칙은 인도지연에 대한 배상책임을 규정하고 있다.

(3) 해상운송인의 면책

함부르크규칙에서는 항해상의 과실에 대한 면책제도를 명시적으로나 묵시적으로 규정하고 있지 않기 때문에 사실상 폐지되었으며 운송인의 책임이 증가되었다. 따라서 운송인이

15) 함부르크규칙에 비준한 국가들은 케냐, 레바논, 모로코, 세네갈, 탄자니아, 튀니지, 우간다, 잠비아, 칠레, 루마니아, 헝가리 등이다.

손해배상책임을 면책받기 위해서는 화물의 관리기간 동안 사고나 그 결과를 방지하기 위한 모든 합리적인 조치를 취했다는 것을 입증하여야 한다.

4) 로테르담규칙(Rotterdam Rules)

(1) 개요

2008년 12월 유엔총회에서 "해상에 의한 국제물품운송계약에 관한 유엔 협약"(United Nations Convention on Contracts for the International Carriage of Goods Wholly or Partly by Sea, 2008)을 채택하였다. 이 협약은 2009년 9월부터 로테르담에서 서명되어 '로테르담규칙'(Rotterdam Rules)이라고 부르고 있다.

(2) 운송인의 의무 및 책임

로테르담규칙은 헤이그-비즈비규칙의 "Tackle to Tackle"과 함부르크규칙의 "Port to Port"의 적용범위를 현대의 운송관행에 맞게 변형하여 운송인이 해상구간뿐만 아니라 송화인으로부터 물품을 수령한 후 수화인에게 인도할 때까지 복합운송구간에 대하여 책임을 지는 "Door to Door" 개념을 적용시킨 것이다.

로테르담규칙은 항해과실에 대한 면책항변을 할 수 없고 선박의 감항능력을 위한 의무가 확대되었다. 함부르크규칙에 비하여 운송인의 면책이 확대되고 화주의 입증책임이 강화되었다. 로테르담규칙의 주요 특징은 다음과 같다.

① 복합운송이 보편화됨에 따라 해상운송이 포함된 복합운송에 적용될 수 있다.
② 출항지가 체약국에 있는 국제해상운송은 물론 입항지에 있는 국제해상운송까지 확대하여 적용된다.
③ 전자선하증권의 경우에도 종이선하증권과 동일한 기능을 수행하도록 하고 있다.
④ 운송구간이 물품수령 후 물품인도시까지 운송인의 관리 하에 있는 동안 확대되어 해륙과 연계되는 연계복합운송의 경우에도 적용할 수 있도록 하고 있다.
⑤ 운송인의 과실책임에 대한 입증은 청구인 또는 수화인이 하도록 하고 있다.
⑥ 강행규정을 명시하고 있지만 대량화물운송계약에서 예외적으로 계약자유의 원칙이 적용될 수 있도록 하고 있다.

(3) 운송인의 면책

헤이그규칙, 헤이그-비즈비규칙은 항해상의 과실에 대해 면책조항을 규정하고 있고, 함부르크규칙은 운송인의 책임에 대하여 원칙적으로 과실책임주의로 운송인이 무과실을 입증하여야 하므로 사실상 항해상의 과실이 폐지되었다. 로테르담규칙에서는 면책사유에 항해상의 과실을 폐지함에 따라 항해상의 과실도 운송인의 일반책임원칙에 따라 처리하도록 하였다.

▮표 8-9▮ 헤이그규칙, 헤이그-비즈비규칙, 함부르그규칙 및 로테르담규칙의 비교

구 분	헤이그규칙	헤이그-비스비규칙	함부르크규칙	로테르담규칙
적용범위 – 적용 가능한 해상물품운송계약	선하증권발행 정기선운송계약	좌동	선적항, 양륙항이 다른 운송계약, 정기선 운송계약	수령지, 인도지가 다른 운송계약, 정기선 운송계약
적용범위 – 적용대상 당사자	운송인, 선박, 선주, 송화인과 그 대리인	좌동(운송인 이행보조자 추가)	선박, 선주, 운송인, 실제운송인, 송화인, 수화인, 기타 이해관계자	선박, 선주, 운송인, 이행당사자, 해상운송 이행자, 송화인, 수화인, 기타 이해당사자
적용범위 – 운송목적물	재산, 화물, 상품(생동물, 갑판적화물 제외)	좌동	생동물 포함, 관습적 갑판적 화물포함	화물에 대한 제한규정 없음
운송인 책임기간(구간)	적재부터 양륙까지	좌동	선적항 수령시부터 양륙항 인도시까지	수령시부터 인도시까지
운송인 책임원칙 – 책임원칙	과실책임원칙	좌동	과실추정책임원칙	과실책임원칙
운송인 책임원칙 – 손해유형	멸실, 손상	좌동	과실, 손상, 지연	좌동
운송인 책임원칙 – 손해발생원인 – 항해과실	면책	좌동	면책 폐지	면책 폐지
운송인 책임원칙 – 손해발생원인 – 상업과실	과실책임	좌동	운송인의 과실추정	과실책임
운송인 책임원칙 – 손해발생원인 – 화재위험	사실상 면책	좌동	입증책임을 화주에게 지움으로서 사실상 면책	면책(해상구간에 한정되고 본선상에서 화재가 난 경우로 한정)
운송인 책임원칙 – 손해발생원인 – 원자력 위험	규정 없음	일체의 국제협약 적용	운송인 면책	운송인 면책
운송인 책임원칙 – 손해발생원인 – 면책리스트위험	면책	좌동	면책리스트 삭제 운송인의 과실추정	면책
운송인 책임원칙 – 예외규정	–	–	–	대량계약 특별제외
운송인 책임원칙 – 책임한도	• 포장·단위당 100파운드	• 포장·단위당 10,000프랑 (667 SDR) • Kg당 30프랑 (2 SDR) → 높은 금액	• 포장·단위당 835SDR • Kg당 2.5SDR → 높은 금액	• 포장·단위당 875SDR • Kg당 3SDR → 높은 금액
이행보조자책임 – 운송인의 책임제한이익 공유 여부	규정 없음 (히말라야약관 추가)	운송인 이익 공유 및 항변권	좌동	좌동
운송인 및 이행보조자 책임제한 이익의 부정	규정 없음	고의	고의, 중과실	고의
손해의 통지	인도시 또는 3일 이내	좌동	인도익일 또는 15일 이내 지연손해(60일 이내)	인도장소 또는 7영업일이내 (지연손해 21일 이내)
제소기간	1년	좌동	2년	좌동

8.2 해상화물 하역절차

하역(cargo working)이란 화물을 선적지보세구역에서 반출하여 본선(기)에 옮겨 싣는 적재작업에서부터 도착항 및 도착지 등에서 본선(기)로부터 양륙 등을 포함하는 작업을 말한다.

1 컨테이너화물의 하역절차

1) 컨테이너화물의 선적절차

(1) FCL(Full Container Load)화물

20피트 또는 40피트 컨테이너에 가득 채워 수출하는 컨테이너화물의 선적절차는 다음과 같다.

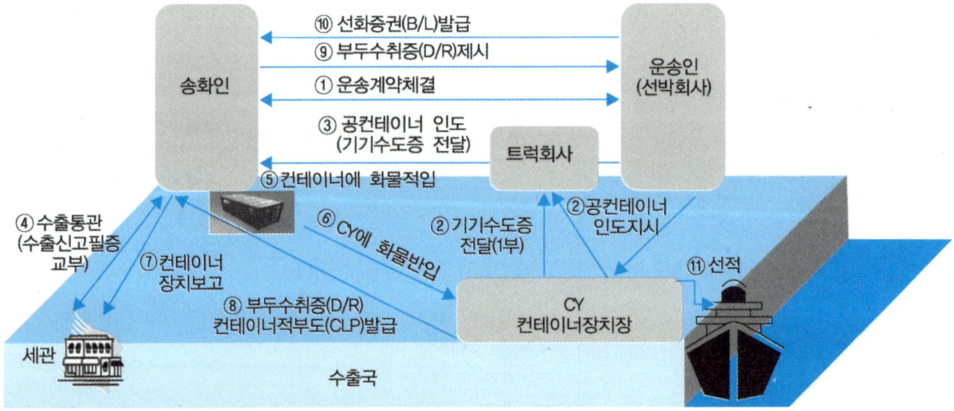

① 운송계약체결 : 화주(송화인)는 운송인인 선박회사에게 선적요청서(Shipping Request ; S/R) 등의 서류를 송부하여 운송계약을 체결하고 공컨테이너의 인도를 요청한다.

② 트럭회사에 공컨테이너 인도지시 : 선박회사는 자신의 대리인인 CY운영인(CY Operator)에게 공컨테이너의 인도를 요청하고, CY운영인이 트럭회사에게 공컨테이너의 인도를 지시한다. 컨테이너 터미널에서 기기수도증(Equipment Interchange Receipt ; EIR, Equipment Receipt ; E/R) 5부를 작성하여 그 중 1부를 트럭기사를 통하여 화주에게 전달한다. 기기수도증은 컨테이너 기기(equipment)를 넘겨받았음을 증명하는 서류이다.

③ 화주에게 공컨테이너 인도 : 트럭회사는 화주에게 공컨테이너를 인도하고 컨테이너 터미널에서 인도받은 기기수도증 1부를 화주에게 전달한다.
④ 수출통관 : 화주는 세관에 수출신고를 하고 세관으로부터 수출신고필증을 교부받는다.
⑤ 컨테이너에 화물적입 : 화주는 자신의 책임으로 화물을 컨테이너에 적입한 다음 봉인(seal)을 부착시킨다.
⑥ 화물반입 : 화주는 선박회사가 지정한 CY로 화물을 운송한 후 CY운영인에게 인도하여 반입시킨다.
⑦ 세관에 컨테이너장치 보고 : 화주는 컨테인너화물을 CY에 반입하고 CY담당자로부터 수출신고서에 장치확인을 받아 관할세관에 도착보고를 한다.
⑧ 본선수취증(D/R) 및 컨테이너적부도(CLP)발급 : 선박회사의 대리점인 CY 운영인은 화주가 제출한 서류와 선박회사가 송부한 선적예약목록(booking list) 등을 대조한 후 부두수취증(Dock Receipt; D/R)과 컨테이너적부도(Container Load Plan ; CLP)를 발급하여 화주에게 교부한다.
⑨ 부두수취증 제시 : 화주는 CY 운영인으로부터 송부받은 부두수취증을 선박회사에 제출한다.
⑩ 선박회사는 화주로부터 부두수취증과 상환으로 선하증권을 발급하여 교부한다.
⑪ 선적 : 선박회사는 적법한 절차에 따라 본선에 선적한다.

(2) LCL(Less than Container Load)화물

20피트 또는 40피트 컨테이너 분량이 되지 않아 소량으로 수출하는 LCL화물의 선적절차는 다음과 같다.

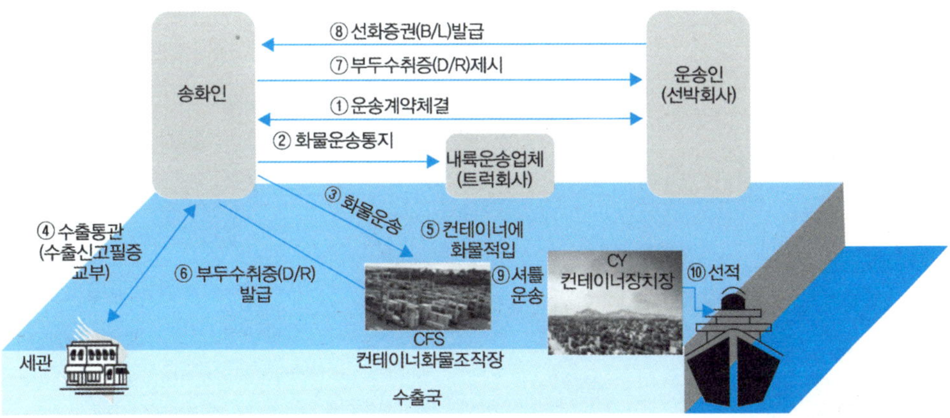

① 운송계약체결 : 화주(송화인)는 소량화물(LCL화물)을 수출할 경우 일반적으로 국제물류

주선인(International Freight Forwarder)에게 선적요청서(Shipping Request ; S/R) 등의 서류를 송부하여 운송계약을 체결한다. 국제물류주선인은 운송인인 선박회사와 운송계약을 체결한다. 화주는 국제물류주선인으로부터 화물입고지인 컨테이너화물조작장(CFS)과 담당자명을 통보받는다.

② 내륙운송업체(트럭회사)에 화물운송 통지 : 화주는 자신의 소량화물을 내륙운송업체(트럭회사)에게 지정된 CFS까지 운송하도록 통지한다.

③ 화물운송 : 내륙운송업체인 트럭회사는 화주로부터 포장명세서(packing list)을 받아 화물을 CFS에 입고시킨 다음 CFS 운영인(operator)로부터 보세구역 장치확인을 받는다.

④ 수출통관 : 화주는 세관에 수출신고를 하고 세관으로부터 수출신고필증을 교부받는다.

⑤ 컨테이너에 화물적입 : CFS 운영인은 입고된 화물의 이상 여부를 확인하고 컨테이너적부도(CLP)에 따라 목적지별로 화물을 혼재(consolidation)한 후 컨테이너에 적입한다.

⑥ 부두수취증 발급 : 화주는 CFS 운영인으로부터 부두수취증(D/R)을 발급받는다.

⑦ 부두수취증 제시 : 화주는 부두수취증을 선사에게 제시한다.

⑧ 선하증권 발급 : 선박회사는 국제물류주선인 앞으로 집단선하증권(Groupage B/L; Master B/L)을 발급하고, 국제물류주선인은 집단선하증권을 근거로 하여 송화인에게 물류주선인선하증권(Forwarder's B/L; House B/L)을 발급한다.

⑨ 셔틀운송 : CFS에서 컨테이너에 적입된 화물은 CY로 셔틀운송된다.

⑩ 선적 : 적법한 절차에 따라 선적된다.

2) 컨테이너화물의 양륙절차

FCL과 LCL 컨테이너화물에 대한 양륙절차는 다음과 같다.

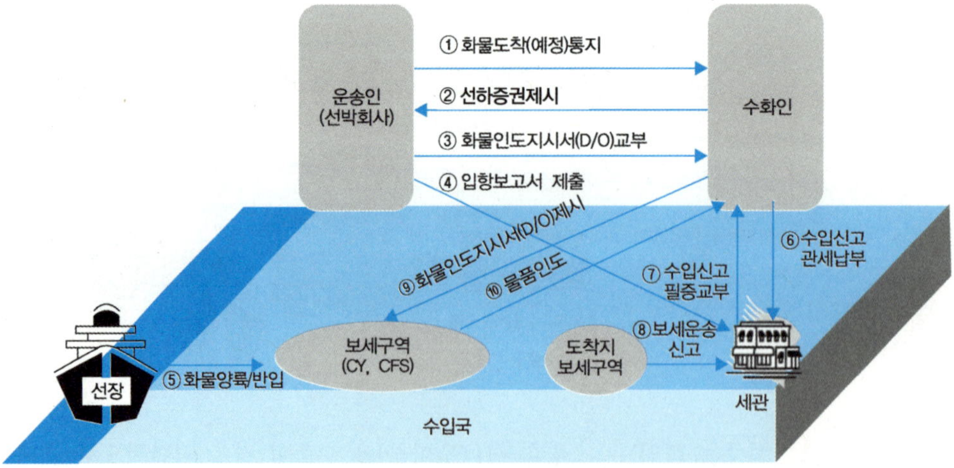

① 화물의 도착통지 : 기명식선하증권(straight B/L)의 경우 본선이 목적항에 도착하면 선박회사 또는 선박회사의 대리점은 선하증권상의 착화통지처(notify party) 란에 있는 수화인(consignee)에 화물도착사실을 통지한다. 하지만, 지시식선하증권(order B/L)의 경우에는 선하증권상에 수화인명이 기재되어 있지 않기 때문에 수입업자가 화물도착 정보를 선박회사나 그 대리점에 문의한다.

② 선하증권 제시 : 수화인은 송화인 또는 은행으로부터 입수한 선하증권을 선박회사에 제출한다. 선박회사는 제출된 적화목록을 통하여 화물정보를 확인한 후 운임후지급(freight collect)인 경우 운임을 지급받고 이 사실을 선하증권 뒷면에 기입하여 서명한다.

③ 화물인도지시서 교부 : 선박회사는 이 선하증권과 상환으로 화물인도지시서(Delivery Order ; D/O)를 발급한다.

④ 입항보고서 제출 : 선박회사는 목적항 도착 24시간 전에 적화목록 등을 첨부한 입항보고서를 전자문서로 관할세관장에게 제출한다.

⑤ 화물양륙 및 반입 : 선박회사 또는 선박회사의 위임을 받은 하역업자는 세관으로부터 하선신고수리를 통보받은 후 FCL 화물은 CY에 입고시키고, LCL 화물은 CFS로 입고시켜 수화인별로 해체작업을 할 수 있도록 한다.

⑥ ⑦ 수입통관 : 수화인은 세관에 수입신고를 하고 관세를 납부한 다음 세관으로부터 수입신고필증을 교부받는다.

⑧ 보세운송 신고 : FCL 화물을 화주문전의 도착지에서 통관하고자 할 경우 보세운송을 하려는 보세운송업자, 화주 또는 관세사는 보세운송신고서를 전자문서로 세관에 전송한다.

⑨ 화물인도지시서 제시 : FCL 화물을 수입하는 화주는 CY에, LCL 화물을 수입하는 화주는 CFS에 수입신고필증과 함께 화물인도지시서(D/O)를 제시한다.

⑩ 물품인도 : CY 및 CFS 담당자는 수화인에게 화물을 인도한다.

2 개품운송계약에 의한 하역절차

1) 개품운송계약에 의한 선적절차

재래화물의 개품운송계약에 의한 선적절차는 다음과 같다.

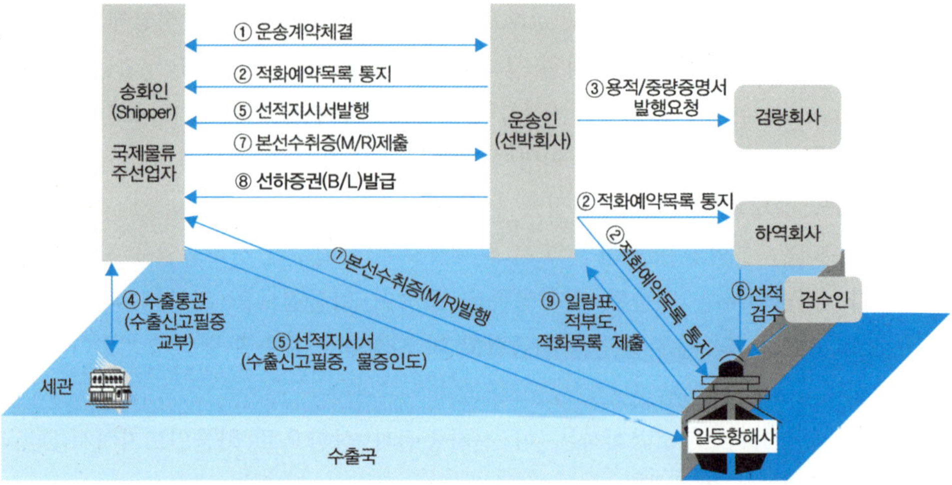

① 운송계약체결 : 운송계약은 화주가 선복요청서(Shipping Request : S/R)를 제출하는 방식으로 이루어지며, 국제물류주선업자(NVOCC)을 통하여 운송계약을 체결하거나 직접 해상운송인(VOCC)과 운송계약을 체결할 수 있다. 화주가 국제물류주선업자와 운송계약을 체결할 경우 국제물류주선업자는 선박회사의 화주로서 역할을 하게 된다.

② 적화예약목록 통지 : 적화예약목록(booking list)은 선박회사가 작성하여 본선과 하역업자에게 통지하는 화물명세서로 이를 근거로 집화계획을 수립하고 화물을 수취한다.

③ 용적·중량증명서 발행의뢰 : 선박회사는 검량회사에 용정·중량증명서(measurement and weight certificate)의 발행을 요구한다.

④ 수출통관 : 화주는 세관에 수출통관을 의뢰하여 세관으로부터 수출신고필증을 교부받는다.

⑤ 선적지시서 발행 및 교부 : 화주의 요청에 의해 선박회사는 화주에게 선적지시서(Shipping Order ; S/O)를 발행한다. 선주 또는 선박대리점이 본선 1등 항해사 앞으로 발행하여 선적을 지시하기 위해 작성하는 문서를 말한다. 선적지시서 작성 시에는 선박명 및 항차, 선적항, 최종 목적지, 상품 명세 사항 등을 정확하게 기재하도록 한다. 선적지시서를 작성하면 본선의 1등 항해사에게 선적화물에 관한 정보를 제공함으로써 선적업무의 정확성을 기할 수 있다는 장점이 있다.

⑥ 선적 및 검수 : 화주 또는 화주의 대리인인 국제물류주선업자는 선박회사가 지정한 장소에 물품을 반입한다. 선적은 일반적으로 선박회사와 계약을 체결한 선적대리점(shipping agent)이나 선내하역업자(stevedore)을 통하여 이루어진다. 본선적재는 선적지시서와 대조하여 이루어지며, 선박회사와 화주 측의 검수인(tally man)이 입회

하여 선적지시서대로 선적되었는지 확인하고 선적지시서와 본선수취증(Mate Receipt ; M/R)에 합의내용을 기재하여 본선의 일등항해사(Chief Mate ; Chief Officer)에게 제출한다.

⑦ 본선수취증 발행 : 재래선의 경우 선적이 완료되면 본선의 일등항해사가 화물수취의 증거로서 서명하여 화주 측에 교부하는 것이 본선수취증이다. 이 본선수취증을 선박회사에 제출하면 이와 상한으로 선하증권이 발행된다.

⑧ 선하증권 발급 : 화주는 본선수취증을 교부받은 다음 운임선지급(freight prepaid)조건인 경우에는 운임을 지급하고 해당 본선수취증을 선박회사에 제출하고 이와 상환으로 선하증권(Bill of Lading ; B/L)을 교부받는다.

⑨ 기타 서류업무 : 선하증권 발급 적재화물의 일람표(hatch list), 화물적재를 위한 설계도인 적부도(stowage plan) 등을 작성하여 선박회사에 인도하고, 선박회사는 적재화물의 명세표인 적화목록(Manifest ; M/F)을 작성하여 본선과 대리점에 교부한다.

2) 개품운송계약에 의한 양륙절차

재래화물의 개품운송계약에 의한 양륙절차는 나음과 같다.

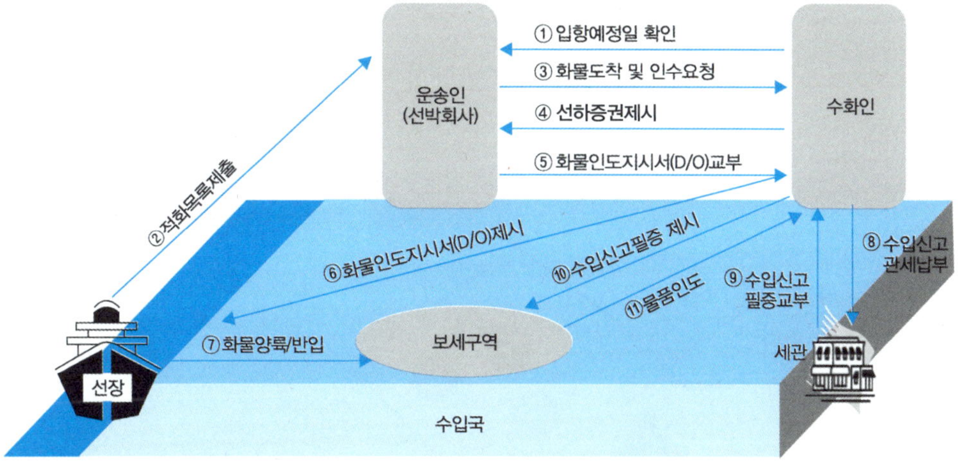

① 입항예정일 확인 : 지시식선하증권(order B/L)의 경우에는 선하증권상에 수화인명이 기재되어 있지 않기 때문에 수입업자가 화물도착 정보를 선박회사나 그 대리점에 문의한다.

② 적화목록 제출 : 본선이 목적항에 입항한 후 선장은 선박회사에게 적화목록(manifest)

을 제출한다.

③ 화물의 도착통지 : 기명식선하증권(straight B/L)의 경우 본선이 목적항에 도착하면 선박회사 또는 선박회사의 대리점은 선하증권상의 착화통지처(notify party) 란에 있는 수화인(consignee)에 화물도착사실을 통지한다.

④ 선하증권 제시 : 수화인은 송화인 또는 은행으로부터 입수한 선하증권을 선박회사에 제출한다. 선박회사는 제출된 적화목록을 통하여 화물정보를 확인한 후 운임후지급(freight collect)인 경우 운임을 지급받고 이 사실을 선하증권 뒷면에 기입하여 서명한다.

⑤ 화물인도지시서 교부 : 선박회사는 이 선하증권과 상환으로 화물인도지시서(Delivery Order ; D/O)를 발급한다.

⑥ 화물인도지시서 제시 : 수화인은 화물인도지시서를 본선의 선장에게 제시한나. 컨테이니 화물의 경우에는 CY/CFS의 운영인에게 제출한다.

⑦ 화물양륙 : 본선은 수화인으로부터 화물인도지시서를 받고 수입화물을 양륙한다.

⑧ ⑨ 수입신고 및 관세납부 : 수입화주는 세관에 수입신고를 하고 관세를 납부한 후 수입신고필증을 교부받는다.

⑩ ⑪ 수화인은 화물을 보관하고 있는 보세구역 운영인에게 수입신고필증을 제시하고 물품을 인도받는다.

3 수입해상화물의 운송절차

수입해상화물에 대한 업무절차는 다음과 같다.

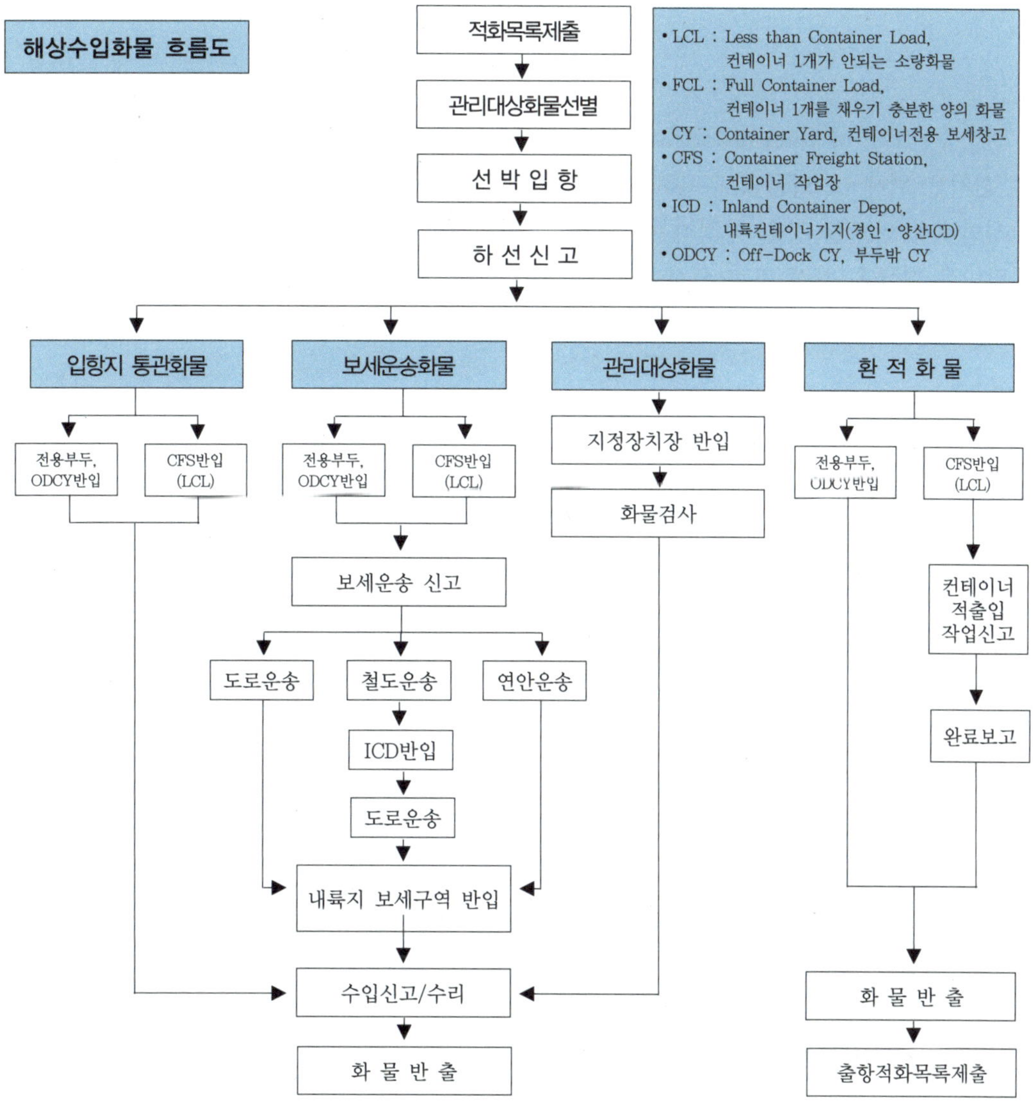

8.3 선하증권

1 선하증권의 의의와 기능

1) 선하증권의 의의

선하증권(Bill of Lading : B/L)은 선박회사가 화주로부터 의뢰받은 운송화물을 선적 또는 선적을 위해 그 화물을 수령하였음을 증명하고, 동 화물을 도착항에서 수화인 또는 그 지시인에게 인도할 것을 약정하는 유가증권이다. 즉, 선하증권은 선박회사가 화주로부터 위탁받은 화물을 선적 또는 선적을 목적으로 수령한 사실을 증명하고 양륙항에서 이 증권의 소지자에게 증권과 상환으로 화물을 인도할 것을 약속하는 증권을 말한다.

2) 선하증권의 기능

(1) 운송계약의 증거(Evidence of Contract of Carriage)

선하증권은 화주와 운송인(선박회사) 간에 해상화물운송계약이 체결된 다음 운송인이 송화인으로부터 물품을 수령하거나 선적된 이후에 발행된다. 선하증권상에 송화인과 운송인 사이에 성립된 운송계약의 내용과 조건이 그 증권에 기재된다. 따라서 선하증권은 그 자체가 운송계약서가 아니라 증권에 기재된 내용과 조건대로 해상운송계약이 체결되었음을 증명하는 증거서류이다.

(2) 화물수령증(Receipt of Goods)

선하증권은 운송인이 선하증권에 기재된 물품을 선적을 위하여 지정된 장소에서 수령하였거나 또는 지정된 본선에 적재되었음을 증명하는 역할을 한다. 즉 운송인이 선하증권에 표시된 화물을 수령하였거나 선적하였음을 증명하는 화물수령증의 기능을 한다.

(3) 권리증권(Document of Title)

선하증권을 소지한 자는 그 증권에 기재된 물품의 소유권을 가지고 있어 목적지에서 운송인에 대하여 화물인도청구권을 행사할 수 있다. 선하증권의 소지인은 또한 배서(endorsement) 및 양도를 통하여 자신의 권리를 제3자에게 이전할 수도 있다. 이와 같이 선하증권은 그 자체가 화물을 대표하는 권리증권으로서의 기능을 한다.

2 선하증권의 법적 성질

1) 요인증권

선하증권은 화주와 운송인 간의 운송계약에 의하여 물품의 수령 또는 선적사실을 요인으로 하여 발행되는 요인증권이다. 따라서 물품의 선적 또는 선적을 위한 수탁 이후에 발행될 경우에 법률적 효력이 있고, 그 이전에 발행되는 경우에는 법률적으로 무효이다.

2) 요식증권

선하증권은 관련 법률에서 정한 기재사항을 선하증권에 기재하도록 요구하는 요식증권이다. 선하증권의 소지인이 물품의 인도청구권을 행사하기 위해서는 법으로 정해진 유가증권이어야 한다.

3) 문언증권

신하증권의 소지인과 운송인의 권리와 의무는 단지 그 증권에 기재된 문언의 내용에 의해서만 정해진다. 따라서 선하증권상에 기재된 문언 이외의 사항에 대해서 어느 일방도 상대방에게 권리를 요구할 수 없다. 우리나라 상법도 선하증권이 발행된 경우 선하증권에 기재된대로 운송인이 물품을 수령 또는 선적한 것으로 추정하며[16], 선하증권을 선의로 취득한 소지인에 대하여 운송인은 선하증권에 기재된 바에 따라 책임을 진다고 규정하고 있다.[17]

4) 상환증권

선하증권은 목적지에서 수화인(consignee)이 화물의 인도를 위해 운송인에게 그 증권을 제시하고 화물과 상환할 수 있는 상환증권의 성질이 있다. 운송인은 선하증권을 제시하지 않는 한 물품인도청구를 거절할 권리와 의무가 있다. 선하증권이 작성된 경우 이와 상환하지 않으면 화물의 인도를 요청할 수 없다.

5) 인도증권

선하증권은 정당한 소지인이 운송인에게 그 증권과 함께 물품인도청구를 하게 되면 운송

---

16) 상법 제854조 제1항, 제855조 제2항
17) 상법 제854조 제2항

인의 인도의무가 발생하는 유가증권이다. 선하증권에 의하여 물품을 인도받을 수 있는 당사자에게 선하증권이 교부된 경우 해당 선하증권의 인도가 바로 물품의 인도와 동일한 법적 효력을 갖게 된다.

6) 처분증권

선하증권이 발행된 경우 해당 물품을 처분하기 위해서는 반드시 선하증권으로 하여야 하는 처분증권의 성질을 가지고 있다. 매매당사자들이 사전에 물품의 소유권 이전에 관하여 어떠한 합의를 하였는지 불구하고 매도인이 선하증권을 매수인에게 인도하지 않는 한 물품의 소유권은 매도인에게 있는 것이나.

7) 지시증권

선하증권은 그 증권의 권리자인 소지인이 다른 사람에게 배서(endorsement)방식을 통하여 권리를 이전시킬 수 있는 지시증권의 성질을 가진다. 선하증권은 기명식, 지시식, 선택무기명식 등 어느 방식으로도 발행할 수 있으며, 기명식의 경우라도 선하증권의 발행인이 배서금지의 뜻을 기재하지 않는 한 배서에 의하여 양도될 수 있다(상법 제130조).

표 8-10 선하증권의 기능과 법적 성질

구분	항 목	내 용
기능	운송계약의 증거	화주와 운송인간에 선하증권의 내용대로 운송계약이 체결되었음을 증명하는 증거
	화물수취증	운송인이 증권에 표시된 물품을 수령하였음을 증명하는 증서
	권리증권	선하증권 그 자체가 화물을 대표하는 권리증권
법적 성질	요인증권	화주와 운송인 간 운송계약에 의해 선적 및 수탁사실을 전제로 하여 발행됨
	요식증권	상법 등 관련 법률에 규정된 법정기재사항의 기재가 요구됨
	문언증권	운송인과 화주의 권리와 의무이행은 선하증권에 기재된 문언에 의해서만 따름
	상환증권	선하증권과 상환 없이 화물의 인도를 청구할 수 없음
	인도증권	선하증권의 인도가 곧 운송물의 인도와 동일한 효력이 있음
	처분증권	선하증권에 기재된 물품을 처분함에 있어 반드시 선하증권에 의해서만 가능함
	지시증권	배서방식을 통하여 선하증권을 다른 사람에게 양도할 수 있음

3 선하증권의 종류

1) 발행시기에 따른 구분

(1) 선적선하증권(Shipped B/L, On Board B/L)

선적선하증권은 선박회사가 물품을 본선에 적재되었음을 확인하고 발행하는 선하증권을 말한다. 선하증권상에 "shipped(or loaded) in apparent good order and condition on board the vessel on April 20, 20xx.(20xx년 4월 20일 본선에 외관상 양호한 상태로 선적되었음)"과 같이 기재되어 물품이 실질적으로 본선에 선적되었음을 증명하는 선하증권이다. 선하증권상의 본선적재표시는 보통 "On board : April 20, 20xx", "On board date : April 20, 20xx" 혹은 "Loaded on board on May 20, 20xx" 등과 같이 기재되며 적재문언과 일자를 기입하고 ① 운송인, ② 선장, ③ 운송인의 대리인 또는 ④ 선장의 대리인 서명하게 된다. 실무상에서는 선적선하증권을 요구하며, 운송인 또는 운송인의 대리인이 서명하는 경우가 대부분이다.

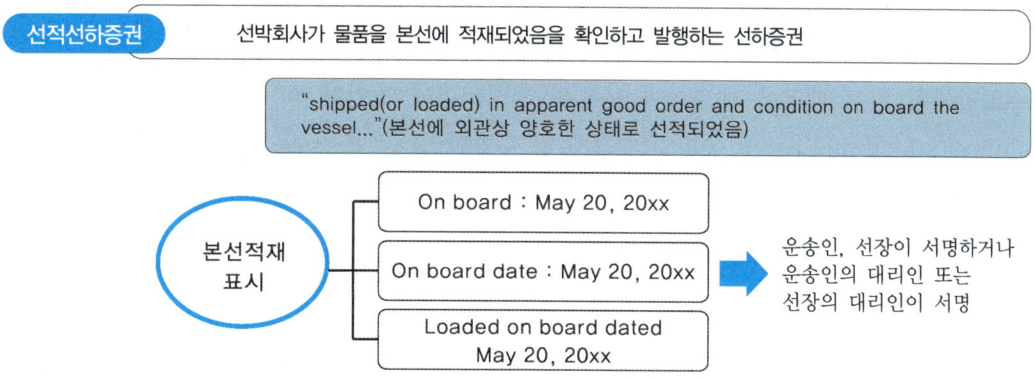

(2) 수취선하증권(Received B/L, Received for Shipment B/L)

수취선하증권은 지정선박이 아직 부두에 정박되지 않았거나 입항하지 않았을 경우 선박회사(운송인)가 물품을 수령한 후 선적 전에 발행하는 선하증권으로 일종의 부두수취증(dock receipt) 또는 창고수취증(warehouse receipt)을 말한다. 보통 선하증권상에 "Received in apparent good order and condition on April 20, 20xx for shipment on board the vessel(본선에 선적을 위하여 20xx년 4월 20일 외관상 양호한 상태로 수취되었음)"과 같이 기재된다. 미국의 원면거래에서 사용되는 Custody B/L과 Port B/L도 수취선하증권의 일종이다. Custody B/L은 선박이 아직 항구에 정박되지 않은 상태에서 화물이 운송인에게 인도될 때 발행되는 수취선하증권이고, Port B/L은 선박은 입항했으나 아직 화물이 본선에 선적되지 않은 경우 발행되는 수취선하증권이다. 신용장상에 "Received B/L acceptable(수취선하증권 수락 가능함)"이라는 문언이 없으면 은행은 수리거절한다. 만일 수취선하증권이 발행된 이후 실재 선적이 이루어질 경우 선적일을 기입하여 선박회사 또는 그 대리인이 서명하면 선적선하증권과 동일한 효력을 가지게 되어 은행은 수리한다.

2) 하자표시유무에 따른 구분

(1) 무고장선하증권(Clean B/L, Received for Shipment B/L)

물품을 본선상에 적재할 때 물품의 상태가 외관상 양호하고 수량이 맞아 선하증권의 비고(remarks) 란에 아무런 표시가 없는 선하증권을 말한다. 선하증권상에 "shipped(or loaded) in apparent good order and condition on board the vessel...(본선에 외관상 양호한 상태로 선적되었음)"과 같이 기재되거나, 주문된 물품명과 수량이 정확하게 기재되고 물품이나 포장상태의 하자내용이 기재되어 있지 않은 경우도 무고장선하증권이다. 따라서 신용장상에 '무고장선하증권(clean B/L)'을 요구하고 있는 경우 위와 같이 기재된 선하증권을 은행은 수리한다. 한편 만재화물(FCL)인 컨테이너 화물의 경우 컨테이너로의 물품적재의무가 송화인에게 있기 때문에 매도인이 물품을 컨테이너에 적입한 후 발행된 선하증권상에 " shipper's load and count(송화인의 적재 및 수량확인)" 혹은 "said by shipper to contain (송화인의 신고내용에 따름)"과 같은 부지문언(unknown clause)이 기재된 선하증권도 무고장선하증권으로 간주되어 은행은 수리한다.

(2) 고장부선하증권(Foul B/L, Dirty B/L)

선박회사가 물품을 인수할 당시 파손, 수량부족 혹은 포장불량 등의 사실을 인지하고 이러한 내용들을 비고 란에 기재한 선하증권을 말한다. 예를 들어 선하증권의 비고란에 "1 box short(1박스 부족)", "10pcs damaged(10개 손상됨)" 등과 같이 물품의 수량과 외관상의 문제점을 기재하고 있는 경우가 있다. 고장부선하증권은 신용장상에 "Foul B/L acceptable(고장부선하증권 수리가능함)" 등과 같이 별도의 언급이 없는 한 은행은 수리거절한다.

화주는 부족한 물품이나 손상된 물품을 대체시켜 무고장선하증권이 발행되도록 하는 것이 원칙이지만, 만일 사정상 그렇지 못할 경우[18] 선박회사에 송화인과 은행을 연대보증인

18) 선박출항일정, 제조 및 가공시간, 원재료의 부족 등으로 사고 물품을 보충할 수 있는 시간적 여유가 없을 경

으로 한 파손화물보상장(Letter of Indemnity ; L/I)을 제출하고 선박회사로부터 무고장선하증권을 발급받을 수 있다.[19] 파손화물보상장은 수출업자가 파손된 물품에 대해서 모든 책임을 질 것을 선박회사에게 약속하는 일종의 보증장이다. 물론 도착지에서 사고내용의 보상과 책임은 모두 송화인이 지게 된다. 따라서 수출업자는 이런 사실을 수입업자에게 알리고 파손화물에 대한 보상조치를 취해야 한다.

3) 수화인의 표시에 따른 구분

(1) 지시식선하증권(Order B/L)

선하증권의 수화인(consignee) 란에 특정인을 기재하지 않고 단순히 "to order of xxx bank", "to order", "to our order", "to order of shipper" 등이 기재된 선하증권을 말한다. 지시식 선하증권은 백지배서(blank endorsement)를 통하여 양도가 가능하다. 선하증권은 일반적으로 지시식선하증권(order B/L)을 사용하고 있으며, 매수인의 이름과 주소는 수화인 란이 아니라 착화통지처(notify party) 란에 기재된다.

(2) 기명식선하증권(Straight B/L)

선하증권의 수화인(consignee) 란에 수입업자 및 은행 등과 같이 특정인의 명칭이 기재된 선하증권을 말한다. 기명식선하증권의 경우 수화인 란에 명시된 당사자만 물품을 인도받을 수 있기 때문에 지시식 선하증권과는 달리 유통될 수 없다. 하지만 우리나라 상법에서는 기명식 선하증권이라 하더라도 별도의 배서금지의 문구가 없는 한 배서에 의하여 양도될 수 있도록 규정하고 있다(상법 130조). 기명식 선하증권은 대금이 선지급된 경우, 수입국에 수출업자의 대리인이 있는 경우, 그리고 개인용품을 발송하는 경우 등에 자주 이용된다.

(3) 소지인식선하증권(Bearer B/L)

선하증권의 수화인(consignee) 란에 "bearer" 또는 "to bear"로 기재되거나 수화인 란을 공란으로 두는 것으로 지참인식 또는 무기명식선하증권이라고도 한다.

우 등이 있다.

19) 이 경우 보험회사는 파손화물에 대하여 책임이 없기 때문에 수출업자는 보험회사에 이 사실을 통지하여야 한다. 그렇지 않으면 사기로 문제될 수 있다.

▌표 8-11▐ 선하증권의 종류별 기재형태

구 분	수화인 기재형태
기명식선하증권	Tom Baker(수화인의 성명), Lincoln, NE, USA(주소) XYZ Trading Co., Ltd.(수화인의 상호), N.Y. USA(주소)
지시식선하증권	To order 또는 To order of shipper To the order of XYZ Trading Co., Ltd.(회사명) To the order of Wells Fargo Bank, USA(은행명)
소지인식선하증권	선하증권의 소지인(bearer)이 운송인에 대하여 화물인도청구권이 있도록 한 방식이나 실무적으로 거의 이용되지 않는다.

4) 유통가능여부에 따른 구분

(1) 유통가능선하증권(Negotiable B/L)

선하증권의 권리가 증권상에 기재된 자의 지시인에게 배서 및 교부에 의하여 양도될 수 있는 선하증권을 말한다. 일반적으로 지시식선하증권이 이에 해당되며 원본 3통의 선하증권이 유통가능선하증권이다. 증권상에 "Negotiable" 혹은 "Original(First original, Second original, Third original)" 등과 같은 표시가 인쇄되어 있다.

(2) 유통불능선하증권(Non-negotiable B/L)

권리에 대한 양도나 유통이 불가능한 선하증권으로 배서금지문구가 있는 기명식선하증권이 여기에 해당된다. 선하증권의 사본에는 "Non-negotiable" 혹은 "Copy"라는 표시가 인쇄되어 있으며 유통될 수 없고 은행도 수리거절한다.

5) 발행형식에 따른 구분

(1) 약식선하증권(Short Form B/L)

일반적으로 선하증권의 앞면에는 법정 기재사항들이 인쇄되어 있고 뒷면에는 운송약관이 인쇄되어 있다. 약식선하증권은 선하증권의 앞면에는 모든 법정 기재사항들이 인쇄되어 있지만 뒷면에는 운송약관이 생략되어 있는 선하증권을 말한다. 선하증권의 발행수속을 간소화하기 위하여 발행되는 약식선하증권은 신용장에 별도의 명시가 없는 한 은행은 수리한다.

(2) 정식선하증권(Long Form B/L)

선하증권의 앞면에는 법정 기재사항들이 인쇄되어 있고 뒷면에는 운송약관이 인쇄되어 있는 선하증권을 말한다. 보통 양과 규격이 커서 정식선하증권보다는 약식선하증권이 이용된다.

6) 환적여부에 따른 구분

(1) 직접선하증권(Direct B/L)

선적항에서 출발하여 목적항까지 운송하는 도중 제3의 항구에 기항하지 않고 관습적 항로에 따라 직접 목적항까지 가는 직항선(direct vessel)에 선적하고 발행하는 선하증권을 말한다.

(2) 환적선하증권(Transhipment B/L)

선적항에서 출발하여 제3의 항구에 기항하여 다른 선박에 환적하여 최종 목적항까지 운송할 때 발행되는 선하증권을 말한다.

7) 운송계약형태에 따른 구분

(1) 정기선선하증권(Liner B/L)

정기선선하증권은 정기선에 의한 개품운송계약을 통하여 정기선박회사가 발행하는 선하증권을 말한다.

(2) 용선계약선하증권(Charter Party B/L)

화주가 화물을 대량으로 운송하기 위해 부정기선을 용선하는 경우 화주와 선박회사 간에 체결되는 용선계약에 의해 발행되는 선하증권을 말한다. 신용장상에 요구가 있거나 허용될 경우 사용할 수 있다.

8) 발행인에 따른 구분

(1) 집단선하증권(Groupage B/L, Master B/L)

한 컨테이너분량이 되지 않는 소량화물(LCL)인 경우 국제물류주선인(international freight forwarder) 또는 무박운송인(Non-Vessel Operating Common Carrier ; NVOCC)이 목적지별로 여러 화주들의 물품을 혼재하여 해상운송을 직접 수행하는 선박회사에 인도하여 선적한 후 선박회사가 국제물류주선인에게 발급해주는 선하증권으로 'Master B/L'이라고도 한다.

(2) 국제물류주선인 선하증권(House B/L, Forwarder' s B/L)

국제물류주선인이 운송인으로부터 발급받은 집단선하증권은 화주에게 직접 교부할 수 없다. 국제물류주선인 선하증권은 개별 화주들에 대해 운송인의 역할을 담당하고 있는 국제물류주선인이 화주들에게 개별적으로 발행해주는 선하증권으로 혼재선하증권(House B/L) 혹은 국제물류주선인 선하증권(Forwarder's B/L)이라고도 한다. 매도인이 House B/L을 은행에 제시하는 경우 매수인은 동 서류를 인도받아 도착지에서 화물을 수령하게 된다.[20] Master B/L은 국제물류주선인과 선박회사 간에 화물인도 및 운임정산 등의 정리용으로 사용된다.

(3) FIATA 복합운송선하증권(FIATA Combined Transport B/L)

국제운송주선인연맹(International Federation of Forwarding Agent's Association ; FIATA)이 발행한 선하증권으로 혼재선하증권이다.

9) 운송수단결합형태에 따른 구분

(1) 통선하증권(Through B/L)

운송화물이 목적지에 도착할 때까지 서로 다른 둘 이상의 운송기관, 즉 해상운송, 항공운송, 육상운송 등을 교대로 이용하여 운송되는 경우, 환적할 때마다 운송계약을 맺는 절차 및 비용을 절약하기 위하여 첫 번째의 운송인이 전 운송구간에 대해서 발행하는 선하증권을 말한다. 통선하증권의 경우 해상운송인은 육상 운송수단을 수배하지만 송화인의 대리인으로서 행동할 뿐 책임이 있는 것은 아니다. 통선하증권의 발행인은 해상운송의 이행과 해상구간의 손실만을 책임진다. 따라서 복합운송 하에서 각자가 담당하는 운송수단, 즉 해운, 육운, 공운을 담당하는 운송인이 그 담당하는 운송구간에 대해 책임을 진다. 환적할 때마다 계약을 체결하는 번거로움과 그 비용을 절약하기 위해서 최초의 해상운송인이 그 다음에 이어지는 운송인을 찾아서 송화인의 대리인으로서 계약을 체결할 뿐이지, 그 다음 운송구간까지 최초의 해상운송인이 책임을 지는 것은 아니다.

(2) 복합운송선하증권(Multimodal or Combined B/L)

수출국의 화물인수장소부터 수입국의 인도장소까지 해상, 육상, 항공 등 두 가지 이상의

---

20) House B/L이 수리되기 위해서는 국제물류주선인이 선박을 소유한 운송인 또는 선장의 대리인의 자격으로 발행되어야 한다.

서로 다른 운송수단을 이용하여 운송되는 경우 복합운송인(Combined or Multimodal Transport Operator)이 전 구간의 운송을 책임지고 발행하는 선하증권을 말한다.

통선하증권과 복합운송의 차이점은 다음과 같다.

① 통선하증권 하에서 운송인은 자신의 운송구간에 대하여 책임을 지지만, 복합운송선하증권 하에서 운송인은 전 운송구간에 대해 책임을 진다.

② 통선하증권은 해상운송을 포함하는 두 가지 이상의 운송수단을 이용하는 것으로 물품이 선적되었음이 표시되어야 하고, 복합운송선하증권은 물품이 선적, 인수 또는 발송되었음이 표시되어 있으면 된다.

③ 통선하증권은 선박회사가 발행하는 것이지만, 복합운송선하증권은 발행인이 제한되지 않는다. FIATA B/L인 경우 국제물류주선인(운송중개인)도 발행할 수 있다.

10) 운송의 신속성에 따른 구분

(1) 목적지선하증권(Destination B/L)

송화인의 요구에 따라 운송인이 선적지에서 발행하지 않고 목적시나 송화인이 원하는 장소[21]에서 발행하여 물품을 신속하게 인수할 수 있도록 하는 선하증권을 말한다.

(2) 권리포기선하증권(Surrender B/L)

권리포기선하증권(surrender B/L)은 선하증권의 종류라기보다는 선하증권상에 'Surrendered'란 문구의 도장을 찍어 유통가능한 유가증권으로서의 기능을 포기하는 선하증권으로 원선하증권(original B/L) 없이 수입화물을 인도하여도 좋다는 의미를 가진 선하증권을 말한다. 송화인은 운송인으로부터 Original B/L을 발급받아야 하나 실제 발급을 받지 않고 송화인이 배서하여 운송인에게 반환함으로써 선하증권의 유통성이 소멸된 선하증권이다. 일반적으로 'B/L을 surrender 한다'라고 하는 것은 송화인이 발행된 원본선하증권을 수입지의 수화인에게 송부하지 않고 운송인에게 제출함으로써 수화인이 선하증권의 원본을 제출하지 않고도 물품은 인도받을 수 있도록 한 것이다. 포기(surrender)하는 방법은 ① 수출지의 운송인으로부터 발급받은 선하증권 원본에 배서한 다음 동일 운송인에게 반납하거나, ② 선하증권 원본이 발행되기 전에 'Surrender B/L발행동의서'를 제출하면 운송인은 선하증권상에 'Surrendered' 혹은 'Express B/L'이란 문구를 스탬프로 찍어 교부하기도 한다. 권리포기선하증권은 유통성이 소멸된 것으로 수화인인 매수인만이 권리를 행사할 수 있는 물

21) 송화인의 대리인이나 거래은행의 본·지점 혹은 환거래은행 중 수화인과 동일한 지역에 소재하는 은행이 해당된다.

품인수증이다.

실무적으로는 선박회사가 송화인의 요청으로 원본선하증권(Original B/L)을 발행하지 않고 선하증권 사본에 "Surrendered"라는 문구를 스탬프로 찍어 주면 송화인이 팩스(fax) 등으로 수화인인 수입업자에게 송부하여 원본의 선하증권을 제시하지 않고도 화물을 인수할 수 있도록 하고 있다. 이 방식은 다음과 같은 경우에 주로 이용된다.

① 수출업자가 화물을 선적한 후 선적서류 원본을 수입업자에게 보내는데 있어 화물의 도착보다 시간이 더 걸리는 경우
② 수입지역에서 선사대리점이 수입업자를 익히 알고 있는 경우, 신용장방식이 아닌[22] 송금방식의 거래의 경우, 본·지점 간 거래 및 신용이 구축된 거래처들 간의 거래
③ 사전에 대금결제가 완료된 경우

Surrender B/L이 가능하려면 선하증권상의 수취인이 수입업자로 되어있어야 한다. 통상 수입업자는 수출업자로부터 선하증권을 받아 수취인(consignee)을 확인하는 명판 및 인감을 날인하여 해당 운송인(선사 및 국제물류주선인)에게 제시하여 화물인도지시서(D/O)를 교부받고 수입통관 후 화물을 인수한다. 운송인은 도착지의 운송인에게 별도의 메시지(message)를 알린다.

수입업자의 입장에서는 화물을 적기에 인수하여 판매함으로써 수입목적을 달성할 수 있고, 서류지연에 따른 창고료 등의 비용을 절감할 수 있게 된다. 한편 수출업자의 입장에서는 만일 수입업자가 화물을 인수하고 대금을 지급하지 않을 위험이 있기 때문에 수입업자의 신용이 확실한 경우에만 이용하여야 한다.

【표 8-12】 일반선하증권과 권리포기선하증권의 비교

구 분	수화인의 기재	유통성	원본 수	표기방법
일반선하증권	기명식(To...Co., Ltd) 지시식(To order) 지참인식(To bearer)	유통가능	일반적으로 3통	First Original Second Original Third Original
Surrender B/L	기명식	유통불능	–	Surrendered Telex Release
Sea Waybill	기명식	유통불능	–	Non-negotiable Sea Waybill

22) 신용장거래의 경우 Surrender B/L을 허락하는 신용장조건이 없다면 수리가 거절된다. 신용장거래에서는 선하증권의 수화인이 발행은행의 지시식으로 발행되어 있는 경우가 많아 선취화물보증서(Letter of Guarantee : L/G)를 사용하면 되기 때문에 Surrender B/L로 매입의뢰하는 경우가 거의 없다.

11) 중계무역에 따른 구분

(1) 제3자선하증권(Third Party B/L)

제3자선하증권은 선하증권상에 표시되어 있는 송화인이 신용장상의 수익자인 수출업자가 아닌 제3자(third party)를 송화인으로 하여 발행되는 선하증권이다. 제3자선하증권은 ① 중계무역, ② 양도가능신용장하에서 제2수익자의 명의로 선하증권을 발급하는 경우, ③ 다국적기업의 해외생산기지에서 물품을 선적하는 경우 등과 같이 수익자와 송화인이 다른 경우 이용될 수 있다. 제3자선하증권은 처음부터 당해 물품의 운송 중 전매 등의 가능성을 염두해두고 양도가능신용장하에서 언제든지 송화인이 제3자가 될 수 있도록 허용하고 하고 있는 선하증권이다.

예를 들어 한국이 중국으로부터 물품을 수입하여 미국에 수출하는 대신 실제 물품이 중국에서 미국으로 직접 운송되는 중계무역의 경우, 신용장상의 수익자는 한국의 수출업자이지만 선하증권상의 송화인은 중국에 있는 제3자가 된다. 비록 수출업자인 한국의 업체와 수입업자인 미국의 수입업체 간의 매매계약서상에는 한국의 업체가 송화인임에도 불구하고 제3자선하증권상의 송화인은 물품을 직접 선적하는 중국의 업체가 된다. 제3자신하증권은 중계무역은 물론 내국신용장(Local L/C)이나 양도신용장하에서 원신용장(Master L/C)상의 수익자가 선하증권상의 송화인 란에 기재되지 않고 직접 선적을 담당한 물품공급자 또한 양수인의 명의가 기재되는 경우에 이용될 수 있다. 신용장통일규칙(UCP 600)에서 신용장에 별도의 명시가 없는 한 제3자선하증권을 수리하도록 규정하고 있다.[23)]

(2) 스위치선하증권(Switch B/L)

스위치선하증권은 중계무역, 신용장양도 등에 사용되는 선하증권으로 중계업자가 원래의 매도인을 노출시키지 않기 위하여 화물을 실제 수출한 지역에 속한 선박회사가 발행한 선하증권을 근거로 하여 제3의 장소에서 중계업자를 송화인(shipper)으로 교체하여 발급한 선하증권을 말한다. 선하증권 상에 “Switch(교환)”이라는 문언이 기재되어 있는 선하증권으로 중계업자가 해외 물품공급자로부터 받은 선하증권 상의 송화인이 실제 공급자인 경우 그 선하증권을 중계업자가 소재하는 국가에 있는 운송인(선박회사)에게 반납하고 자신을 송화인으로 하여 운송인으로부터 다시 발행받은 선하증권이다.

스위치선하증권은 만일 최종 수입업자가 선하증권상의 송화인(물품공급업자)을 알게 되

---

23) UCP 600 제14조 k항에 “The shipper or consignor of the goods indicated on any document need not be the beneficiary of the credit”(모든 서류상에 표시된 물품의 송화인 또는 탁송인은 신용장의 수익자일 필요는 없다)고 규정하고 있어 제3자선하증권도 수리할 수 있도록 하고 있다.

면 향후 거래에서 중계무역(intermediary trade)을 하지 않고 직접 수출업자와 거래할 수 있기 때문에 중간 무역업자의 이익을 보호해주기 위해서이다. 예를 들어 한국이 중국으로부터 물품을 수입하여 미국에 수출하여야 하지만 실제 물품이 중국에서 미국으로 직접 운송되는 중계무역의 경우, 중국의 수출업자가 발급받은 선하증권을 한국의 중계무역업자가 회수하고 이를 한국에 소재하는 운송인에게 반납한 후 다시 자신을 송화인으로 하여 재발급받는 선하증권이 스위치선하증권이다. 스위치선하증권에서 송화인, 수화인, 착화통지처는 변경이 가능하지만, 선적항, 도착항 및 선박명 등은 변경이 불가능하다.

스위치선하증권은 물품을 선적하는 선적지의 선사 또는 운송중개인과 본지점 또는 파트너 관계인 중계국의 선사 또는 운송중개인이 원본을 반납받고 다시 스위치하여 원본을 발행하는 것이다. 이 경우 중계업자는 중계국에 소재하는 선적지 국가의 선사 또는 운송중개인의 대리인에게 중계업자를 매도인으로 하는 새로운 스위치선하증권을 발행하도록 요청한다.

11) 기타 목적에 따른 구분

(1) 적색선하증권(Red B/L)

적색선하증권은 선하증권과 보험증권을 결합시킨 것으로 이 증권에 기재된 화물이 항해중에 사고가 발생하면 선박회사가 보상해주는 선하증권을 말한다. 선하증권상에 부보내용을 표시하는 부분이 붉은색으로 되어 있기 때문에 적색선하증권(Red B/L)이라고 한다. 선박회사는 보험회사와 모든 적색선하증권 발행분에 대해서 일괄하여 부보하게 되기 때문에 손해부담은 보험회사가 진다. 따라서 선박회사는 보험료만큼 운임에 전가되므로 결국 송화인이 보험료를 부담하는 셈이 된다.

(2) 기간경과선하증권(Stale B/L)

기간경과선하증권은 신용장거래에서 서류제시기간을 경과하여 은행에 제시된 선하증권으로 지체선하증권이라고도 한다. 신용장상에 운송서류의 제시기간이 지정된 경우에는 지정기간 내에 제시하여야 한다. 하지만, 신용장상에 제시기간이 지정되어 있지 않은 경우에는 선적 후 21일 이내에 제시하여야 한다. 신용장통일규칙(UCP 600)에서 신용장의 수익자가 선적일로부터 21일 이내에 선하증권 등이 첨부된 화환어음을 제시하여야 은행이 수리한다고 규정하고 있다.[24] 신용장상에 "stale B/L acceptable"이라는 문언이 없으면 은행은 수리거절한다.

---

24) UCP 600 제14조 c항

(3) 양륙항선택선하증권(Optional B/L)

운송계약시나 선적할 때까지도 양륙항이 결정되지 않아 선하증권상에 양륙항이 2개 이상 기재된 선하증권으로 화주가 양륙항을 선택하도록 되어 있다. 정기선보다는 용선계약에 의한 화물운송의 경우에 종종 이용된다. 선하증권상의 양륙항 표시는 Busan/Ulsan Option 또는 One(or two) port(s) Busan/Pohang Range 등과 같다.

(4) 부서부선하증권(Countersign B/L)

해상운임 및 수수료 등과 같은 비용을 수화인이 선박회사에 지급을 완료하여야 수화인이 물품을 인수받을 수 있다. 운임선지급(CFR, CIF규칙)의 경우라도 양륙항에서 컨테이너 장비를 사용하는 수수료를 수화인이 부담하는 경우 수수료는 도착불로 기재된다. 운임후지급(FAS 및 FOB규칙)의 경우에는 운임을 목적항에서 선박회사에 지불하여야 한다. 수화인이 이들 비용들을 선박회사에 지불하게 되면 선박회사가 이를 증명하기 위하여 선하증권상에 서명하게 되는데 이 선하증권을 부서부선하증권(countersign B/L)이라고 한다.

(5) Hitchment B/L

화물이 다른 지역에 위치한 2개 이상의 항구에서 선적되었지만 하나로 발행된 선하증권을 말한다. 한국의 수출업자가 곡물 50톤에 대한 신용장을 받은 경우 화물확보의 어려움 등으로 운송인이 인천항에서 20톤을 선적하고 동일운송인이 나머지 30톤을 부산항에서 선적할 경우 운송인으로부터 두 선적항에서 선적된 총 50톤을 커버하는 하나의 선하증권을 발급하는 경우이다. 이러한 경우 분할선적(partial shipments)으로 간주되지 않으며 선적일은 마지막 항구인 부산항에서의 최종화물 선적일이 선하증권상의 선적일이 된다.

표 8-13 선하증권의 종류

구 분	종 류	내 용
발행시기	수취선하증권 Received B/L	운송인이 부두창고 등에서 송화인으로부터 물품수령 후 선적 전에 발급되는 선하증권
	선적선하증권 On board B/L	운송인이 물품이 본선에 적재되었음을 확인하고 발급하는 선하증권
하자표시 유무	무고장선하증권 Clean B/L	물품 적재시 상태가 외관상 양호하여 선하증권의 비고란에 아무런 표시가 없는 선하증권
	고장부선하증권 Foul B/L	선하증권의 비고란에 물품의 하자표시가 있는 선하증권

구 분	종 류	내 용
수화인 기재	지시식선하증권 Order B/L	선하증권의 수화인 란에 특정인을 기재하지 않고 단순히 지시(order) 문언이 기재된 선하증권
	기명식선하증권	수화인 란에 은행 등과 같이 특정인의 명칭을 기재
유통가능 여부	유통가능선하증권 Negotiable B/L	선하증권의 권리가 증권상에 기재된 자의 지시인에게 배서 및 교부에 의하여 양도될 수 있는 선하증권
	유통불능선하증권 Non-negotiable B/L	권리에 대한 양도나 유통이 불가능한 선하증권
발행형식	약식선하증권 Short Form B/L	선하증권의 앞면에는 모든 법정 기재사항들이 인쇄되어 있지만 뒷면에는 운송약관이 생략된 선하증권
	정식선하증권 Long Form B/L	선하증권의 앞면에는 법정 기재사항, 뒷면에는 운송약관이 인쇄되어 있는 선하증권
환적여부	직접선하증권 Direct B/L	목적항까지 운송하는 도중 제3의 항구에 기항하지 않고 관습적 항로에 직항선에 선적하도록 하는 선하증권
	환적선하증권 Transhipment B/L	목적항까지 운송 중 제3의 항구에 기항하여 다른 선박에 환적할 것을 기재한 선하증권
계약형태	정기선선하증권 Liner B/L	정기선에 의한 개품운송계약을 통하여 정기선박회사가 발행하는 선하증권
	용선계약선하증권	부정기선을 용선하는 경우 용선계약에 의해 발행
발행인	집단선하증권 Groupage B/L (Master B/L)	국제물류주선인 등이 LCL화물을 목적지별로 혼재하여 FCL화물화하여 선적 후 해상운송 담당 운송인이 발행
	국제물류주선인선하증권 Forwarder B/L (House B/L)	국제물류주선인 등이 LCL화물을 인수하거나 선적하고 화주에게 개별적으로 발행해주는 선하증권
	FIATA선하증권	FIATA가 발행한 선하증권으로 혼재선하증권임
결합형태	통선하증권 Throgh B/L	서로 다른 운송방식을 이용할 때 최초의 운송인이 전 운송구간에 대해서 발행하지만 다른 운송형태에 대한 책임은 지지 않고 해상구간만 지도록 하는 선하증권
	복합운송선하증권 Combined Transport B/L	단일운송인의 책임으로 단일운임으로 두 가지 이상의 서로 다른 운송수단을 이용하여 운송되는 경우에 발행하는 선하증권
신속정도	목적지선하증권 Destination B/L	선적지에서 발행하지 않고 목적지나 송화인이 원하는 장소에서 발행하는 선하증권
	권리포기선하증권 Surrender B/L	'Surrendered'란 문구를 넣어 유통성을 포기하는 선하증권으로 Original B/L 없이 수입화물을 인도할 수 있도록 하는 선하증권
중계무역	제3자선하증권 Third Party B/L	송화인이 수출업자가 아닌 제3자(third party)를 송화인으로 하여 발행하는 선하증권
	스위치선하증권 Switch B/L	해외 공급자로부터 받은 선하증권상의 송화인이 실제 공급자인 경우 그 선하증권을 선박회사에 반납하고 자신을 송화인으로 하여 다시 발행하는 선하증권

구 분	종 류	내 용
기타 목적	적색선하증권 Red B/L	선하증권과 보험증권을 결합시킨 것으로 항해 중에 사고가 발생하면 선박회사가 보상해주는 선하증권
	기간경과선하증권 Stale B/L	선적 후 21일이 경과한 선하증권
	양륙항선택선하증권 Optional B/L	선하증권상에 양륙항이 2개 이상 기재된 선하증권으로 화주가 양륙항을 선택할 수 있는 선하증권
	부서부선하증권 Countersign B/L	수화인이 관련 비용들을 선박회사에 지불하게 되면 선박회사가 이를 증명하기 위하여 서명한 선하증권
	Hitchment B/L	화물이 다른 지역에 위치한 2개 이상의 항구에서 선적되었지만 하나로 발행된 선하증권

4 선하증권의 기재사항

1) 선하증권의 법정 기재사항

(1) 선하증권의 명칭

① 선하증권(bill of lading)의 명칭이 기재되어야 한다. 해상운송에서 사용되는 운송서류는 해상화물운송장(sea waybill), 화물수령증(cargo receipt) 등이 포함되기 때문에 선하증권의 표기가 요구된다.

(2) 운송인에 관한 사항

㉛ 운송인의 상호와 서명자의 이름을 기재한다. 대리점이 발행할 경우에는 '운송인의 대리인으로서(as an agent for carrier)' 등과 같이 명시할 수 있다.

(3) 화주에 관한 사항

② 송화인(Shipper) : 송화인의 성명 또는 상호를 기재하며 혼동이 예상될 경우 주소를 명기한다.

③ 수화인(Consignee) : 신용장상에 명기된 문구를 기재한다. 예를 들어 "to order", "to our order", "to the order of xxx bank" 등이다.

④ 착화통지처(Notify Party) : 보통 신용장상에 "Notify Accountee"로 기재되어 있어 신용장 발행의뢰인인 수입업자 또는 수입업자가 지정하는 대리인의 연락처(화물도착시 연락처)를 기재한다.

(4) 운송화물에 관한 사항

⑬ 컨테이너번호(Container No.) : 화물이 적재되는 컨테이너번호를 기재한다.

⑭ 컨테이너 봉인번호(Seal No.) 및 화인(Marks & No.) : 화물이 적재되는 컨테이너 봉인번호와 포장명세서상에 표시된 화인(shipping marks)과 포장의 일련번호(1 ~ 100)를 기재한다.

⑮ 포장의 종류 및 수량 : 운송인이 인수한 화물의 수량을 기록하거나 또는 CY 인수조건의 화물인 경우 컨테이너종류와 수량(1x20 Feet Container)을 표기한다.

⑯ 화물의 종류(Description of Goods) : 신용장, 상업송장 및 포장명세서에 기재된 상품명을 기재한다.

⑰ 화물의 상태 : 실무적으로 "Received in apparent good order and condition unless otherwise indicated herein(선하증권에 별도로 하자상태의 기재가 있는 것을 제외하고 외관한 양호한 상태로 화물을 수령하였음)"이라고 인쇄하는 방식을 사용하고 있다.

⑱ 화물의 중량·용적(Gross Weight, Measurement) : 중량(gross weight)은 공인검량회사에서 검측된 포장의 무게가 포함된 총 중량을 명기하고, 용적(measurement)은 포장명세서 등 기타 서류와 일치되는 CBM을 기재한다.

(5) 운송선박에 관한 사항[25)]

⑤ 선박명칭(Ocean Vessel) : 화물이 선적된 선박의 명칭(name of vessel)이 기재된다.

⑦ 항해번호(Voyage No.) : 정기선운송에서는 항해번호 및 항해방향도 표기한다.

(6) 운송구간에 관한 사항[26)]

⑥ 화물의 수령지(Place of Receipt) : 운송인이 송화인으로부터 화물을 수취하는 장소로 'Busan CY, Korea' 또는 'Busan CFS, Korea' 등과 같이 기재한다. 이 지점에서부터 운송인의 책임이 개시된다.

⑧ 화물의 선적항(Port of Loading) : 화물이 선박에 선적된 항구명과 국명이 기재된다.

⑨ 화물의 양륙항(Port of Discharge) : 화물을 선박으로부터 육지로 양륙하는 항구명과 국명이 기재된다.

---

25) 상법은 선박의 국적을 기재하도록 하고 있지만 실무적으로 선박명칭만 기재하고 국적을 기재하지 않는 경우가 많다. 아울러 상법은 선박의 톤수를 기재하도록 하고 있지만 총톤수, 순톤수, 적재중량톤수, 재화용적톤수 등 다양하여 실무적으로 이를 기재하지 않는다.

26) 선하증권 상에 운송구간의 기재내용에 따라 당사자의 책임범위가 달라지므로 수령지, 선적항, 양륙항 및 인도지가 명확하게 기재되어야 한다.

⑩ 화물의 인도지(Place of Receipt) : 운송인이 수화인에게 화물을 인도하기로 약속한 장소를 기재한다. 이 장소는 운송인이 운송을 인수한 구간의 최종 목적지인 동시에 수화인이 운송인에게 화물의 인도청구를 하는 장소이다.

⑪ 최종목적지(Final Destination) : 화물의 최종목적지를 표시하나 선하증권에 운임이 기재되어 있지 않은 경우에는 운송인의 운임이 없고 단지 참고사항에 불과하다. 복합운송이 아닌 경우 기재되지 않는 경우가 많다.

(7) 운임에 관한 사항

⑲ 운임 및 비용(Freight and Charges) : 화물운송에 따른 운임 및 제반비용의 명세로 CFS 사용료, 터미널비용(THC), 부두사용료(Wharfage), 컨테이너세(Container Tax) 등이다.

⑳ 운임톤(Revenue Tons) : 중량톤과 용적톤 중에서 운임이 높게 산정되는 톤을 표시한다. 즉 총중량 또는 총 용적에 각각의 운임단위를 곱하여 총중량의 운임이 총용적의 운임보다 많을 경우에는 “M/T”을, 총 용적의 운임이 많을 경우에는 “CBM”을 표시한다.

㉑ 운임비율(Rate) : 우리나라의 경우 톤 이하는 무조건 올려 계산하고 있다. 예를 들어 6.05CBM의 경우 7CBM으로 계산된다.

㉒ 단위당(Per) : 용적당 또는 중량당, Full Container의 경우에는 개당으로 표시한다.

㉓ 운임선불(Prepaid) : CFR규칙이나 CIF규칙의 경우 “운임선불(Freight Prepaid)” 란에 운임을 계산하여 표시한다.

㉔ 운임후불(Collect) : FAS규칙이나 FOB규칙의 경우 “운임후불(Freight Collect)”과 같이 표기한다. 선불운임을 기재되지 않을 수도 있으나 후불운임은 반드시 기재된다.

㉕ 운임선불지급장소(Freight Prepaid At) : CFR규칙이나 CIF규칙의 경우 운임이 지급되는 장소를 기재한다. 화물이 부산에서 선적되더라도 운임은 서울에서 지불되는 경우에는 “Seoul, Korea”라고 기재한다.

㉖ 운임후불지급장소(Freight Payable At) : FAS규칙이나 FOB규칙의 경우 수화인의 운임지불장소가 기재된다.

㉗ 총 운임선불금액(Total Prepaid In) : 선적지 통화기준 선불운임 및 제요금의 합계, 즉 외화표시 운임에 환율을 곱하여 선적지통화 운임액을 산정하고 제요금을 합하여 (부가세 제외) 총액을 표시한다.

(8) 선하증권 발행통수에 관한 사항

㉘ 원본발행통수(No. of Original B/L) : 선하증권 원본의 발행통수를 기재한다. 일반적으로 전통(full set)은 원본 3통으로 구성된다.

(9) 선하증권의 발행지 및 발행일자

㉙ 발행지 및 발행일(Place and Date of Issue) : 선하증권의 발행지와 발행일자를 기재한다.

(10) 선적일(On Board Date, Laden on Board Vessel)

㉚ 화물이 선적항의 본선에 선적된 일자를 기재한다. 견본에서와 같이 두 곳에 모두 표기할 필요는 없고 한 곳에 표기하면 된다. 만일 선하증권상에 선적일이 기재되지 않은 경우에는 발행일이 선적일로 간주된다.

(11) 운송인의 기명날인 및 서명

㉛ 운송인, 선장 또는 운송인의 대리인의 기명날인 또는 서명을 기재하여야 한다. 서명형식은 수기(handwriting), 압인, 천공(perforation) 및 기계적·전자적 방법에 의할 수 있다.

2) 선하증권의 임의적 기재사항

(1) 운송관련 사항

⑦ 항해번호(Voyage No.) 및 항해방향(Voyage Direction) : 정기선 운송에서는 필수기재사항이다.

⑩ 최종목적지(Final Destination) : 운송인의 책임구간이 아닌 화주의 운임과 비용부담으로 화물을 운반하여 가는 목적지이다.

⑫ 선하증권번호(B/L No.)

⑭ 봉인번호(Seal No.) : 컨테이너운송에서는 필수기재사항이다.

(2) 선하증권약관

- 운송의 이해당사자간 확인을 위한 약관
- 운송인의 자유재량권 및 권리에 관한 약관
- 운송인의 장비사용에 관한 화주책임약관
- 운송인의 면책사유에 관한 약관
- 운송인의 책임제한액에 관한 약관
- 부지약관(Unknown Clause) : 화주가 화물을 적재한 컨테이너 내용물의 명세 및 상태에 대하여 운송인은 알지 못하여 면책이라는 조항으로 “Shipper’s Load and Count” 등과 같이 기재된다.

① Bill of Lading

<table>
<tr><td colspan="3">② Shipper/Exporter
DAEHAN CO.,, LTD
CPO BOX 195 SEOUL, KOREA</td><td colspan="3">⑫ B/L No. ; PCS-96010</td></tr>
<tr><td colspan="3">③ Consignee
TO ORDER OF BANK OF AMERICA</td><td colspan="3" rowspan="4">World Trans Corporation
C.P.O. Box. 1234 Seoul, Korea
TEL : (02)624-1212
FAX : (02)624-1234</td></tr>
<tr><td colspan="3">④ Notify Party
BROWN CO., LTD.
310 FIFTH AVE, NEW YORK, NY 10118, USA</td></tr>
<tr><td colspan="2">Pre-Carriage by</td><td>⑥ Place of Receipt
BUSAN CY, KOREA</td></tr>
<tr><td colspan="2">⑤ Ocean Vessel
WONIS JIN</td><td>⑦ Voyage No.
V-234E</td></tr>
<tr><td colspan="2">⑧ Port of Loading
BUSAN, KOREA</td><td>⑨ Port of Discharge
NEW YORK USA</td><td colspan="2">⑩ Place of Delivery
NEW YORK CY, USA</td><td>⑪ Final Destination
(for the merchant's reference only)</td></tr>
<tr><td>⑬ Container No.</td><td>⑭ Seal No.
Marks & No</td><td>⑮No. & Kinds of Containers or Packages</td><td>⑯Description of Goods</td><td>⑱Gross Weight</td><td>Measurement</td></tr>
<tr><td>ISCU1104</td><td>0559 929
PCU
C/NO. 1-250
NEW YORK, USA
MADE IN KOREA</td><td>1 CNTR
(20'CNTR)</td><td>⑰ "SAID TO CONTAIN"
2,000SETS OF COMPUTERS
㉓ "Freight Prepaid"
L/C No.
MD1NY408NS0 0018</td><td>4,631 KGS</td><td>25 CBM</td></tr>
<tr><td colspan="3">Total No. of Containers or Packages(in words)</td><td colspan="3">SAY : ONE CONTAINER ONLY</td></tr>
<tr><td>⑲ Freight and Charges
FREIGHT PREPAID
CFS CHARGE+THC
WHARFAGE
CNTR TAX
DOCK'S FEE</td><td>⑳ Revenue tons</td><td>㉑ Rate</td><td>㉒ Per</td><td>㉓ Prepaid</td><td>㉔ Collect</td></tr>
<tr><td>㉕Freight prepaid at
BUSAN, KOREA</td><td colspan="2">㉖Freight payable at</td><td colspan="3" rowspan="3">㉙ Place and Date of Issue
BUSAN, KOREA, JULY 20, 20xx

Signature
㉛ World Trans Corporation
as an agent for Hyundae Shipping Co., Ltd., Carrier</td></tr>
<tr><td>㉗Total prepaid in</td><td colspan="2">㉘No. of original B/L
THREE(3)</td></tr>
<tr><td colspan="3">㉚ Loaded on Board the Vessel
JULY 20, 20xx</td></tr>
</table>

5 선하증권의 배서

1) 기명식 배서(full endorsement)

기명식 배서는 배서인(endorser)이 피배서인(endorsee)의 성명, 상호를 명기하여 서명하는 방법이다. 송화인인 ABC Trading Co., Ltd.가 Brown Co., Ltd.에게 기명식으로 배서할 경우는 다음과 같다.

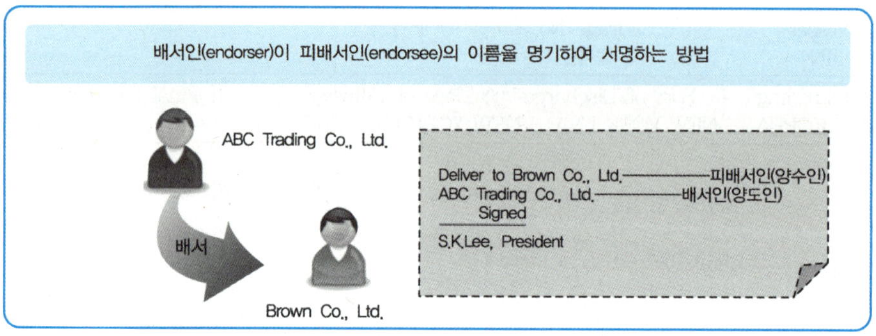

2) 지시식 배서(order endorsement)

지시식 배서는 피배서인의 이름이 명기되지 않고, 송화인이나 발행은행 등처럼 지시인의 지시를 받아 그들이 지정한 자에게 화물을 인도하는 문언과 함께 배서인이 서명하는 것이다. 송화인인 ABC trading Co, Ltd가 xxx Bank의 지시인 앞으로 배서하는 경우는 다음과 같다. 지시식 배서는 수화인이 'to order of 발행은행', 혹은 'to our order'로 되어 있는 경우에 주로 사용된다.

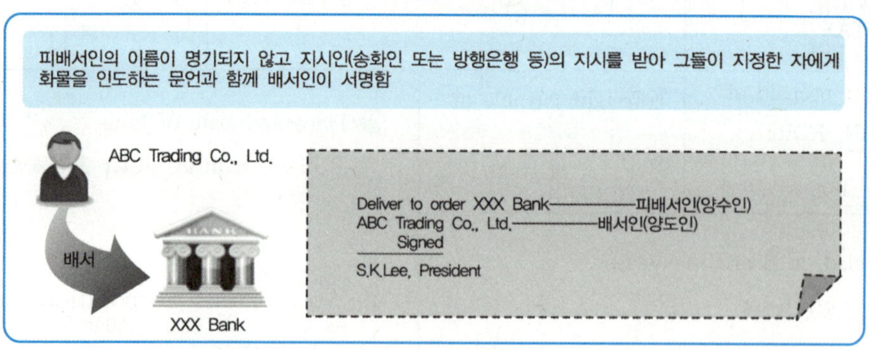

3) 백지식 배서(blank endorsement)

백지식 배서는 두 가지 방법이 있다. ① 피배서인의 이름이 명기되지 않고 인도문언 및 배서인의 서명만 있는 경우와, ② 피배서인의 이름과 인도문언이 없고 배서인의 서명만 있는 방식이다. 백지식 배서는 수화인이 "to order" 혹은 "to order of shipper" 등으로 되어 있는 경우에 주로 사용된다.

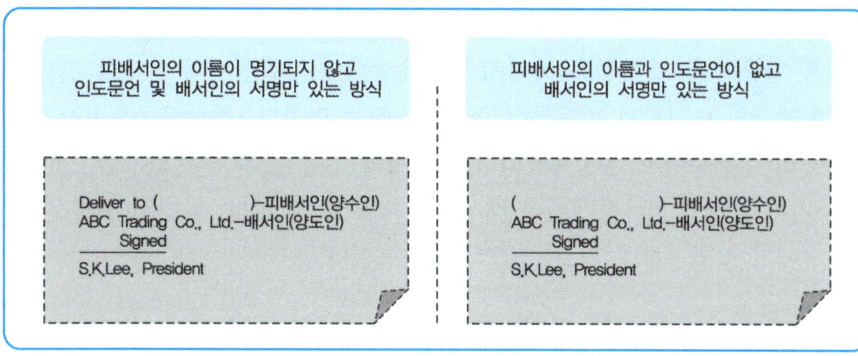

4) 선택무기명식 배서

선택무기명식 배서는 특정의 "피배서인 또는 본권 지참인("A" or bearer)이라고 기입하고 배서인이 서명하는 형식이다. 송화인인 ABC trading Co, Ltd가 xxx Bank 혹은 지참인에게 선택무기명식으로 배서하는 경우, 다음과 같이 배서할 수 있다.

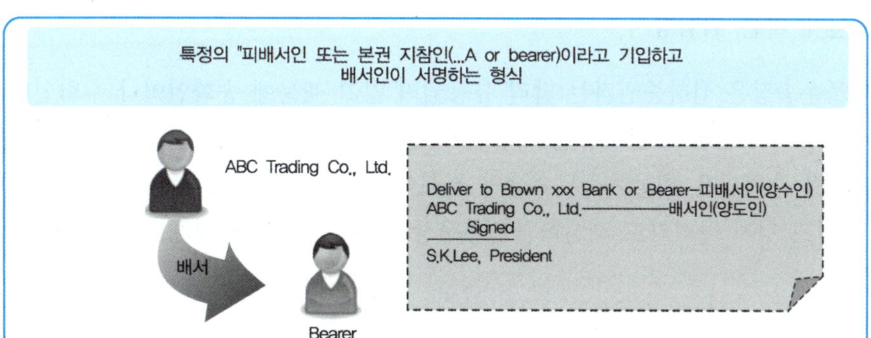

8.4 기타 해상운송서류

1 해상화물운송장

1) 해상화물운송장의 의의

해상화물운송장(Sea WayBill : SWB)은 해상운송인이 운송을 위하여 화물을 수령 또는 선적하였음을 입증하고 그 화물을 목적지까지 운송하여 수화인에게 인도할 것을 약정하는 해상화물운송계약의 증거로서 비유통성 화물운송장을 말한다. 해상화물운송장은 선하증권과 같이 화물의 수취증이며 운송계약의 증거로서의 기능을 가지고 있지만, 선하증권과는 달리 유가증권이 아니고 비유통성이며 배서하여 양도할 수 없다. 따라서 화물운송 중에 양도를 통한 전매가 불가능하며 담보로서의 가치도 없다.

2) 해상화물운송장의 효용성

(1) 신속한 화물인도

해상화물운송장은 권리증권이 아니어서 수화인이 해상화물운송장을 상환하지 않아도 수화인임을 입증하기만 하면 화물을 신속하게 인수할 수 있다. 화물이 목적지에 먼저 도착했으나 선하증권이 도착되지 않을 경우 수화인은 운송인에게 화물인도를 청구할 수 없는 것과는 달리 수화인의 화물인도지연이 발생되지 않는다.

(2) 분실에 따른 위험방지

해상화물운송장은 선하증권과는 달리 유통되지 않기 때문에 송화인이나 수화인이 해상화물운송장을 분실하더라도 선하증권과 같은 복잡한 절차를 거치지 않고도 재발급 받을 수 있다. 따라서 수화인은 해상화물운송장의 분실에 따른 위험이 없다. 수화인이 해상화물운송장을 가지고 있지 않더라도 해상화물운송장상의 수화인임을 증명해보이면 화물을 인도받을 수 있다.

(3) 경비절감

수화인은 해상화물운송장의 도착지연과 관계없이 화물이 도착되면 바로 인도받을 수 있기 때문에 경비를 절감시킬 수 있다. 선하증권에 의한 운송의 경우 화물이 목적지에 먼저 도착되었으나 관련 서류가 도착되지 않을 경우 바로 물품을 인도받기 위해 발행은행을 통한 수입화물선취보증서(L/G) 발급 등의 조치를 취해야 하는데 이럴 경우 L/G발급으로 인한 보증수수료가 발생된다. 또한 선하증권이 도착되는 동안 화물의 인도지연으로 인한 창고료 등이 발생될 수 있다. 하지만 해상화물운송장은 이러한 비용들을 절감시킬 수 있는 방법이 된다.

(4) 전자적 운영촉진

해상화물운송장은 권리증권의 기능이 없기 때문에 화물권리의 이전이 요구되는 선하증권과는 달리 전자적 운영이 가능하다. 해상화물운송장의 전자화는 오래전부터 시도되어 왔으나 그 동안 은행이 권리증권인 선하증권을 확보하고 대금결제를 하는 신용장거래와 같이 해상화물운송장에도 억지로 권리증권성을 부여하여 전자화하려고 했기 때문에 성공적일 수 없었다. 따라서 해상화물운송장의 전자화는 운송도중 운송증권에 의한 전매가 이루어지지 않고 대금결제에 문제가 없는 화물운송으로 한정시켜 전자화를 추진한다면 어려움 없이 실현될 수 있을 것이다.

3) 해상화물운송장 사용에 적합한 물품

해상화물운송장을 활용하기에 적합한 무역거래형태는 다음과 같다.

① 매매의 목적이 아닌 개인용품이나 이사화물

② 무박운송인(NVOCC)이 집화한 화물을 자신의 해외 파트너에게 발송하는 화물

③ 송화인과 수화인이 동일인이거나 수화인이 송화인의 대리인인 경우

④ 본사와 지사 간에 거래되는 물품

⑤ 신용이 있는 당사자 간의 거래로 운송도중 전매되지 않는 물품[27)]

⑥ 견본품

27) 원유 등과 같이 운송 중에 전매가 발생하여 유통성과 권리증권이 필요한 경우에는 전자선하증권(electronic B/L)을 개발하여 이용하는 것이 바람직할 것이다.

▌표 8-14▐ 선하증권과 해상화물운송장의 비교

구 분	선하증권(B/L)	해상화물운송장(SWB)
인도방법	정당하게 배서된 소지인에게 B/L원본과 상환으로 물품인도	운송장에 명시된 수화인이라는 증명만 되면 SWB의 제시 없이 물품인도
양도성	양도가능	양도불능
유가증권성	유가증권	유가증권이 아님(단순한 화물수취증)
권리증권성	있음	없음
상환증권성	있음	없음
수화인 기재방식	지시식 및 기명식	기명식
수화인	B/L원본소지인(지시식 배서)	약정 수화인(SWB상 기명 수화인)
권리이전	B/L취득자가 권리취득	권리증권이 아님(권리이전 불가능)
서류양식	정식, 약식, 배면백지식	약식, 배면백지식
발행부수	원본 3부 및 사본 다수	원본 1부 및 사본
관련 법규	헤이그-비즈비규칙, 함부르크규칙, 관련 국내 수용법	국제해사법회(CMI) 통일규칙

2 전자선하증권

1) 전자선하증권의 의의

전자선하증권(Electronic Bill of Lading : e-B/L)은 운송물의 내역을 포함한 운송계약의 내용 및 조건이 기재되어 있는 유형의 종이선하증권을 발행하는 대신 전자적 언어(data)로 컴퓨터에 보존해 두고, 이를 운송인, 송화인, 은행 등 운송의 이해당사자들이 선하증권과 동일하게 인정하며, 화물에 대한 권리를 전자적으로 행사하는 것을 말한다. 즉 전자선하증권(e-B/L)은 운송계약의 증거, 화물수령증, 권리증권기능 및 유통기능 등과 같이 종이선하증권이 가지는 기능을 전자적인 방법으로 운영하는 시스템이라고 할 수 있다.

2) 전자선하증권의 시도

(1) CMI규칙에 의한 전자선하증권

1990년 국제해사법회(*Comite Maritime International* : CMI)에서 채택한 "전자식 선하증권에 관한 CMI규칙"(CMI Rules for Electronic Bill of Lading)에 언급된 선하증권으로 선하증권상의 권리를 개인키(private key)를 이용하여 이전할 수 있도록 규정하고 있다. 선박회사가 양도인, 양수인 등에게 개인키를 부여하고 양도의사를 전자적 지시를 통하여 전달함으로써 선하증권의 권리를 양도하게 된다. 종이선하증권에서는 화물에 대한 통제권을 선하증권의 소지인이 가지고 있었지만 전자식 선하증권에서는 전자적 지시를 할 권한을 가진 선박회사가 가진다.

CMI규칙에서 화물의 인도과정은 다음과 같다. 수화인을 최종 소지인으로 하여 개인키를 부여하고, 개인키로 입증된 수화인에게만 화물을 인도한다. 화물이 목적지에 도착하면 운송인은 전자식 선하증권의 소지인에게 물품인도 예정 장소 및 일자를 전송한다. 이를 수취한 소지인은 개인키를 이용하여 수화인을 지명하고, 운송인에게 인도에 관한 지시를 한다. 만일 소지인이 수화인을 지명하지 않으면 소지인 자신이 수화인으로 간주된다. 운송인은 인도지시에 따라 지정된 수화인 또는 소지인에게 물품을 인도하며 개인키는 자동적으로 폐기된다.

(2) 볼레로(Bolero)시스템의 전자선하증권

볼레로(Bill of Lading Electronic Registry Organization : Bolero)는 선하증권을 비롯한 선적서류를 전자화하여 이를 상업적으로 운영하는 시스템이다. 볼레로 시스템은 선하증권 뿐만 아니라 무역서류 전반을 전자화하여 무역거래의 효율성을 높이려고 하고 있다. 중립적인 중앙등록기관을 운영하여 정보의 흐름을 원활하게 하고, 정보의 안전성을 보장하기 위해 디지털 서명을 메시지 전송에 채택하고 있다. 사용자는 반드시 공개키와 개인키 한 쌍을 작성하여 공개키를 등록기관에 보내어 사용자등록을 하도록 하고 등록기관은 상호키를 대조하여 사용자의 자격을 부여한다.

그 동안 국제적으로 시도해온 전자선하증권은 전자선하증권에 의한 선하증권 원본 대체에 따른 문제, 물품수령과 운송계약의 증거로서의 기능에 따른 문제, 전자선하증권 데이터의 진정성 등에 대한 해당 국가들의 자국 내 입법미비, 메시지표준통일 및 전자선하증권 통신참여자의 책임문제 등으로 인하여 아직 보편화단계에 들어서지 못하고 있다. 우리나라의 경우도 전자선하증권의 발행, 유통, 화물인도와 전자선하증권의 상환 등 업무를 국가가 지정한 등록기관을 통하여 전자적으로 수행할 수 있도록 상법이 법률적으로 뒷받침하고 있다.

8.5 국제물류주선업자

1 국제물류주선업자의 의의

국제물류주선업자는 운송취급인, 운송주선인, 프레이트 포워더(international freight forwarder) 등과 같은 개념으로 사용된다.[28] 우리나라의 '물류정책기본법'에 의하면 "타인의 수요에 따라 자기의 명의와 계산으로 타인의 물류시설·장비 등을 이용하여 수출입화물의 물류를 주선하는 사업을 말한다"라고 정의되어 있다. 즉 국제물류주선업자란 송화인으로부터 화물을 인수하여 수화인에게 인도할 때까지의 집화·입출고·선적·운송·보험·보관·배송 등 일체의 업무를 주선하기도 하며 스스로 운송을 책임지는 운송 주체자가 되기도 한다. 국제물류주선업자는 1960년대 컨테이너화물이 일반화되기 전까지는 주로 내륙운송을 담당하는 역할을 하였고 해상운송은 선사가 맡았었다. 그러나 컨테이너화물이 증가하고 복합운송이 보편화되자 업무가 확대되어 스스로 복합운송증권을 발행하고 운송의 전 구간을 책임지는 운송주체자로 발전하게 되었다. FIATA[29]는 Freight Forwarder를 "국제무역화물을 출발지에서 목적지까지 이동하는데 있어 정확한 장소와(at the right place), 정확한 시간에(at the right time), 온전한 상태로(in good order and condition), 가장 경제적인 비용으로(at the most economical cost) 도착시키는 자"로 정의하고 있다.

2 국제물류주선업자의 역할

1) 운송의 설계 및 운송계약의 체결

국제물류주선업자는 화주에게 해상·항공·철도·도로운송 등의 소요비용, 시간, 신뢰성, 경제성을 고려하여 가장 적절한 운송수단을 선택하며, 운송수단, 환적여부, 운송기간 등에 바탕을 두고 화물의 포장형태도 추천한다. 그리고 자기명의의 운송증권(House Bill of Lading 혹은 Air Waybill)을 발행하여 송화인에게 전달한다.

---

28) 국제물류주선업자의 명칭은 Forwarding Agent, Shipping Agent, Shipping & Forwarding Agent를 총칭하며 International Freight Forwarder 혹은 무박운송인(Non-Vessel Operating Common Carrier : NVOCC)이라고 불린다.

29) 1926년 5월 오스트리아 비엔나에서 설립된 국제민간기구로 150여개국 약 40,000개의 포워터협회와 포워더(Forwarder)로 구성되어 있다.

2) 화물의 혼재

혼재(consolidation)란 복수화주의 소량화물(Less than Container Load ; LCL)을 컨테이너단위의 만재화물(Full Container Load ; FCL)로 만드는 것을 말한다. 소량화물의 경우 화물을 수령한 국제물류주선업자는 개개의 수출업자에게 화물수령증[30] 또는 국제복합운송서류를 발행하고 이를 일괄하여 한 선박에 적재하여 한 건의 선하증권을 발급받음으로써 운임절감을 도모할 수 있다. 또한 다른 NVOCC에게 공동혼재(joint consolidation)를 의뢰하여 FCL로 만들어 선사에게 제공하는 Co-Loading업무를 담당하기도 한다.

3) 화물의 포장 및 보관

국제물류주선업자는 수송의 패턴 또는 목적지까지의 수송에 적합하도록 포장할 수 있는 독자의 포장회사를 갖거나 제휴하여 화물의 포장방법에 관하여 수송패턴이나 목적지까지의 수송에 가장 적합한 것을 화주에게 조언한다. 또한 수출화물의 경우 화물을 혼재하여 실제운송인에게 인계하기까지 일시적으로 보관하거나, 수입화물의 경우 실제운송인으로부터 FCL화물을 수령하여 이를 저출, 검량, 검수 및 분류해 놓았다가 수화주에게 인도하기까지 보관을 위하여 자기의 창고를 확보하여 운영하기도 한다.

4) 화물의 통관수속

국제물류주선업자는 주요 항만이나 공항에 사무소를 두고 세관과 긴밀한 접촉을 유지하면서 관세사에게 의뢰하는 등 화주의 수출입화물의 통관수속업무를 대행하기도 한다.

5) 보험의 수배

국제물류주선업자는 보험 종류, 조건, 보험료 등에 정통하므로 운송로, 운송형태에 따라 유리한 조건으로 보험수배를 할 수 있다.

6) 운임 및 기타 비용 대납

국제물류주선업자는 화주의 화물운송에 필요한 각종 비용을 대납하고 사후에 일괄적으로

---

30) 국제물류주선업자가 화주들로부터 수령한 화물을 혼재하고 각각의 화주에게 발행하는 제 증서를 총칭하여 House Bill of Lading이라고 한다. 이러한 증서들은 엄밀한 의미에서 B/L이라고 할 수 없다. House B/L은 수화인에게 운송인으로부터의 화물인도청구권을 부여하고 있는 권리증서가 아니기 때문이다. 즉 국제물류주선업자가 House B/L을 발행하는 경우 단순히 혼재업자일 뿐 운송인의 지위에 서는 것은 아니다.

정산한다. 또한 자신의 고객인 수입업자의 요청으로 선적에 앞서 수출물품의 검사를 실시하고 검사증명서를 수입업자에게 송부할 수 있다.

7) 화물 추적서비스 제공

국제물류주선업자는 수송의 감시자(controller)와 배송자(distributor)의 역할을 담당한다. 수송감시자의 역할은 문전에서 문전(door to door)까지 전 수송과정에 걸쳐서 화물의 안전과 원활한 흐름을 꾀하기 위하여 화주를 대신하여 이를 감시하는 것이다. 배송자의 역할은 화주로부터 화물을 수령한 때부터 인도하기까지 자기관리하에 있는 기간은 물론 운송기간 동안 화물의 소재를 파악하고 추적하는 서비스를 제공한다.

연습문제

1. 주관식문제

1) 항해용선계약의 하역비 부담원칙에 대해 설명하시오.
2) 컨테이너화물의 운송형태에 대해 설명하시오.
3) 해상에 의한 수출입화물의 운송절차를 설명하시오.
4) 선하증권의 기능과 법적 성질을 설명하시오.
5) 선하증권의 종류와 내용을 설명하시오.
6) 국제물류주선업자의 역할을 설명하시오.

2. 용어해설문제

- 부정기선운송
- 해운동맹
- 선하증권
- CY
- CFS
- 선적선하증권
- Clean B/L
- Order B/L
- House B/L
- Master B/L
- Through B/L
- 해상화물운송장
- 복합운송선하증권
- 국제물류주선업자
- Straight B/L

제 9 장

항공운송과 복합운송

1. 항공운송의 절차와 항공화물운송장에 대해 알아본다.
2. 복합운송의 형태, 복합운송경로 및 복합운송서류에 대해 알아본다.

제9장

항공운송과 복합운송

9.1 항공운송

1 항공운송의 의의

1) 항공운송의 개념

항공운송(carriage by air, air transportation)은 항공기의 항복(plane's space)에 여객 또는 화물을 적재하여 공로를 통하여 운송하는 것을 말한다. 오늘날 세계가 일일생활권화 되면서 신속한 운송이 요구되는 화물이 늘어나게 되었다. 부가가치가 높은 반도체, 정밀기기, 통신기기, 광학기기 등의 제품은 물론 신선도의 유지가 필요한 화물의 운송이 늘어나면서 항공운송에 대한 수요가 증가하는 추세이다. 뿐만 아니라 항공기술의 발달로 인하여 대형 항공기가 등장하고 화물전용기의 취항이 늘어나면서 대량운송이 가능해진 점도 항공운송의 증가에 기여하고 있다.

2) 항공운송의 장점

항공운송의 장점으로는 다음과 같다.

첫째, 항공운송은 신속성 때문에 수송기간이 단축된다. 항공운송으로 적합한 화물은 긴급화물로 기회비용이 중요시되는 상품들이다. 이들 상품으로는 긴급히 운반하지 않으면 막대한 손실을 가져오는 기계설비 및 선박의 부품, 납기가 촉박한 상품, 계절상품, 투기상품 등이다.

둘째, 항공운송은 재고비용을 절감시킨다. 제품이 신속하게 운송됨으로 인해 재고발생이 적어지며, 이로 인한 재고비용이나 보관비용을 절약할 수 있다. 이에 적합한 상품으로는 생선, 식료품, 방사성 물질과 같이 시간의 경과에 따라 가치가 없어지는 화물이나 부패성화물 등을 들 수 있다.

셋째, 항공운송은 수송조건이 양호하다. 이는 수송기간이 짧고 운송상태가 양호하고 안전함으로써 파손, 분실, 훼손의 위험이 적다는 것을 의미한다.

하지만 항공운송은 ① 중량과 용적의 제한이 심한 점, ② 운임이 상대적으로 비싸다는 점, ③ 기후에 영향을 받는 점 등의 단점도 있다.

2 항공화물운송인

1) 항공화물운송대리점

항공화물운송대리점(air cargo agent)은 항공사 또는 총대리점을 위하여 유상으로 항공기에 의한 화물운송계약체결을 대리하는 사업을 운영하는 업체를 말한다. 다시 말해 항공화물운송대리점은 항공사를 대리하여 항공사의 운송약관규칙, 운임률(Tariff)과 운항시간표에 의거하여 항공화물을 집화하면 항공화물운송장(Air Waybill : AWB)을 발행하며 이에 부수되는 업무를 수행한다. 즉 항공화물운송대리점은 출발지에서 집화한 화물에 대하여 항공화물운송장을 발행하여 항공사의 공항사무소로 반입할 때까지의 업무를 담당한다.

항공화물운송대리점은 화주를 대리하여 창고에서 공항까지의 육상운송이나 수출입 통관업무를 겸업하는 경우가 많다. 항공화물운송대리점은 항공사의 운송약관, 운임률 및 운항스케쥴을 근거로 항공화물운송장의 발행, 항공화물운임의 징수, 화물실 공간의 예약, 화물반입의 수배 등의 부수적인 업무를 담당하고 있다. 항공사는 이에 대한 보수로 일정한 수수료를 지급한다. 이와 같이 대부분의 항공화물은 국제항공운송협회(IATA)[1]가 인가한 대리점인 항공화물운송대리점에 의해 집화되어 판매되고 있다. IATA대리점은 어떤 항공회사와도 대리점계약을 체결할 수 있고, 혼재업자를 겸업하며 동시에 통관업, 자동차운송업, 창고업 등을 겸업하고 있는 경우가 많다.

2) 항공화물운송주선업자

항공화물운송주선업자(air freight forwarder)는 타인의 수요에 부응해 자기의 명의로 항공사의 항공기를 이용하여 화물을 혼재, 운송해주는 사업자로 혼재업자(consolidator)라고도 한다.[2] 항공화물운송주선업자는 화주에 대하여 독자적인 운송약관, 독자적인 항공화

1) 국제항공운송협회(International Air Transportation Association : IATA)는 1945년 4월 설립된 순수 민간단체로 본부는 몬트리올에 있다. IATA는 항공권의 약관, 운임협정, 서비스내용, 기술분야 협력, 통신약호통일, 출입국절차 간소화 등을 위해 협력하고 있다.

물운송장(AWB)을 가지고 있는 것이 특징이다. 항공화물운송대리점 판매의 경우 대리점은 단순히 항공사의 대리인에 불과하여 화주의 계약상대가 항공사인 반면, 항공화물운송주선업 판매의 경우 화주의 계약상대는 항공화물운송주선업자이다.

송화인과 항공사의 중간입장인 운송주선업자는 송화인에게는 운송업자의 입장이고, 항공사에 대해서는 송화인의 입장이 된다. 따라서 운송주선업자는 자체 운송약관과 운임률표를 가지고 혼재되는 각각의 화물에 대해 자신의 AWB양식을 활용하여 혼재화물운송장(House Air Waybill : HAWB)을 발행한다. 혼재화물이 항공사에 인도될 때에 운송주선업자는 송화인이 되어 항공사로부터 항공화물운송장(Master Air Waybill : MAWB)을 발급받게 된다. MAWB은 항공사와 운송주선업자간의 운송계약에 따른 증빙이며, 항공화물을 수화인별로 분류하여 인도할 때 HAWB과 연결시켜 업무를 수행하게 된다.

항공화물운송주선업자의 주요 업무로는 다음과 같다.

① 화물의 유치 및 계약체결
② 화물의 집화 및 혼재업무
③ 벌크화물을 팔레트 또는 컨테이너화
④ 선적서류의 준비 및 작성
⑤ 출발지와 도착지의 통관업무수행을 위한 조치
⑥ 포장 및 화인작업
⑦ 내륙트럭운송
⑧ 보세운송 필요시 보세운송
⑨ 화물의 출발, 환적, 도착 등 일련의 화물이동추적업무

표 9-1 항공화물운송대리점과 항공화물운송주선업자의 비교

구 분	항공화물운송대리점	항공화물운송주선업자
업무영역	모든 화물(LCL화물은 운송주선업자에게 혼재의뢰)	국내외 LCL화물
운임률	항공사의 운임률	자체의 운임률
화주에 대한 책임	항공사 책임	운송주선업자 책임
운송약관	항공사의 약관 이용	자체의 약관 이용
항공화물운송장	항공사의 Master AWB발행	자체의 House AWB발행
수수료	국제운송인주선협회(IATA)의 5% 수수료 및 취급수수료	수취운임과 지급운임과의 차액 또는 IATA의 5% 수수료

2) 항공기를 운항하지 않는 항공운송인(Non-Airfreight Operating Common Carrier : NAOCC)이라고 한다.

3 항공화물운임

각 항공사가 적용하는 항공화물운임은 국제항공운송협회(IATA)가 제정한 운임률표와 규정이 기본이 된다. IATA가 정한 운임이나 규칙 등은 당해 정부의 승인이나 신고를 조건으로 효력을 가진다. IATA의 화물요금은 기본적으로 수송거리에 따른 거리비례제를 채택하되 항공운송의 특성상 품목에 따라 할증 또는 할인하기도 한다. 이러한 요금과 요율을 공시하고 계산하는 방법을 소개한 매뉴얼이 TACT(The Air Cargo Tariff)이다.

운임(charge)이란 요율(rates)에 어떤 단위(kgs 혹은 lbs)를 곱해서 산출한 결과를 의미한다. IATA에서 규정하고 있는 국제항공화물운임은 크게 제품의 운송요금과 부대요금으로 구분된다. 운송요금에는 중량단위당 부과되는 중량운임(weight charge)과 제품의 가치에 따라 부과되는 종가운임(valuation charge)으로 구분된다.

중량운임에는 다시 ① 일반화물요율(General Cargo Rates ; GCR), ② 특정품목요율(Specific Commodity Rates ; SCR), ③ 품목분류요율(Commodity Classification Rates ; CCR), ④ 단위탑재용기운임(Bulk Unitization Charge ; BUC), ⑤ 비공시요율(Unpublished Rate)로 구분된다.

한편 부대요금에는 위험물취급수수료(Handling Charges), 입체지불금취급수수료(Disbursement Charges), 착지불수수료(Collection Fee), 보험료(Insurance Charges), 운송장작성수수료(AWB Fee) 등이 있다.

▌표 9-2▐ 항공화물운송의 요금

구 분	항 목	세부내역
운송요금 (Transportation Charges)	중량운임 (Weight Charge)	일반화물요율(GCR)
		특정품목요율(SCR)
		품목분류요율(CCR)
		단위탑재용기운임(BUC)
		비공시요율(Unpublished Rates)
	종가운임(Valuation Charge)	
부대요금 (Other Charges)	• 위험물취급수수료(Handling Charges) : 항공사 • 입체지불금취급수수료(Disbursement Charges) : 항공사 • 착지불수수료(Collection Fee) : 항공사, 항공화물운송주선업자 • 보험료(Insurance Charges) : 항공사(계약보험회사) • 운송장작성수수료(AWB Fee) : 항공화물운송주선업자	

1) 일반화물요율(General Cargo Rates : GCR)

일반화물요율은 특정품목할인요율 또는 품목분류요율이 적용되지 않는 모든 화물에 적용되는 기본적인 운임이다. 예를 들어 서울과 암스테르담간의 일반화물요율의 구성은 다음과 같다.

SEOUL		KR	SEL
KOREAN WON		KRN	KGS
AMSTERDAM	NL	M	67200
		N	11780
		45	8840
		100	7760
		300	7070
		500	5930

- M : 최저운임
- N : 기본요율(45KG미만 화물)
- 45 : 45KGS 이상 100KGS 미만
- 100 : 100KGS 이상 300KGS 미만
- 300 : 300KGS 이상 500KGS 미만
- 500 : 500KGS 이상

(1) 최저운임(Minimum Charge)

항공화물운송에 적용되는 최저운임으로 Tariff에는 품목별 최저운임이 정해져 있으며 'M'으로 표시되어 있다. 화물의 실제중량이나 부피중량에 운임률을 곱하여 산출되는 금액이 Tariff에서 정한 최저운임보다 낮으면 Tariff에서 정한 운임을 적용한다.

- 운송화물 : 책상
- 무게 : 6kg
- Tariff 표시요율 : M:30,000원, N:3,000원, 45/2,000원
- 운임계산 : 6kg x 3,000원 = 18,000원
- 산정된 운임 18,000원은 최저운임 30,000원에 미치지 못하므로 최저운임 30,000원을 적용함

(2) 기본요율(Normal Rate)

항공운임은 45kg 미만의 화물에 적용하는 요율을 기본으로 하고 있다. 기본요율은 화물의 중량이 45kg 미만인 경우에 적용되는 일반요율을 말하며 항공화물 Tariff에 'N'으로 표시되어 있다. 기본요율은 "N"으로 표기되어 있으며 항공화물운송장 작성시 Rate Class

Column에 "N"으로 기입한다. "N"이 존재하지 아니하는 구간에서는 45kg 이상 100kg 미만 단계의 요율을 적용한다.

(3) 중량단계별 할인요율

화물분량이 일정단계에 도달하면 기본요율보다 할인된 운임율을 설정하여 운영하고 있다. TACT Rates Books상에는 "Q"로 표기되어 있으며 항공화물운송장 작성시 Rate Class Column에 "Q"로 기입한다.

예를 들어 중량이 45kg 이상인 경우 Normal 요율인 Kg당 3,000원을 적용하는 것이 아니라 2,000원을 적용한다. 화물의 실제 중량이 40kg이라고 하더라도 45kg 요율을 적용했을 때의 총운임이 40kg에 대한 요율을 적용했을 때의 총운임보다 더 낮게 나올 경우에는 45kg으로 올려서 운임을 적용한다.

- 운송화물 : 가구 3개
- 실제무게 : 40.0kg
- 한 개의 크기 : 40.5cm × 40.0cm × 50.0cm
- Tariff 표시요율 : M:30,000원, N:3,000원, 45/2,000원

- 운임적용

① 총운임비교 : 40kg요율 적용시 운임 = 120,000원(40kg × 3,000)
45kg요율 적용시 운임 = 90,000원(45kg × 2,000)

② 적용결과 : 45kg 요율을 적용하는 것이 40kg 요율을 적용하는 것보다 총운임액이 더 낮기 때문에 실제 중량이 40kg라고 하더라도 45kg으로 올려서 운임을 적용

(4) 항공화물운송주선업자와 중량단계별 할인요율

항공화물운송주선업자는 화주로부터 소량화물을 기본요율로 집화하여 45kg 이상으로 혼재함으로써 항공운송사로부터는 할인요금을 적용받아 이익을 본다.

2) 특정품목요율(Specific Commodity Rate : SCR)

(1) 정의

특정품목요율은 특정구간에서 반복적으로 운송하는 특정품목에 대하여 할인혜택을 주는 운임으로 일반적으로 일반화물요율(GCR)보다 요율이 낮게 책정되어 있다. 이는 육상, 해상 등과 같은 다른 운송수단의 경쟁력을 유지하여 항공수요를 확대하기 위한 것이다. 특정품목요율의 적용은 최저 중량의 제한을 받도록 되어 있으며 최저 중량은 100kg으로 설정되어 있다.

(2) 품목분류

특정품목요율을 위한 할인요율 분류는 0001부터 9999까지 4단위의 숫자로 적용되어 있다. 주 항목번호(master item)와 품목분류체계(description system)는 다음과 같다.

0001 0009 : 생선, 육류, 야채, 과일 제품
1000 1999 : 생·동물, 동물성, 식물성 제품
2000 2999 : 직물, 섬유류 제품
3000 3999 : 금속 및 금속류 제품(기계류, 자동차, 전기제품 제외)
4000 4999 : 기계류, 자동차, 전기제품
5000 5999 : 비금속 광물 및 그 제품
6000 6999 : 화학 관련 제품
7000 7999 : 종이, 갈대, 고무, 나무 및 관련 제품
8000 8999 : 과학기계, 정밀기계 및 그 제품
9000 9999 : 기타 품목

(3) 적용절차

화물이 운송되는 구간에 특정품목요율(SCR)이 설정되어 있는지의 여부를 확인하여야 한다. 선정된 품목번호를 공시된 요율 Table에서 중량적용 Rate를 선정하여 이 중 최소운임률을 적용하여야 한다. 항공화물운송장 작성시 Rate Class란에 "C"를 기입하고 Commodity Number란에는 SCR품목번호를 기입하여야 한다.

3) 품목분류요율(Commodity Classification Rates : CCR)

(1) 정의

품목분류요율은 화물의 특성이나 가격 등을 고려하여 특별취급을 요하는 품목을 사전에 분류하여 요율을 설정하는 것을 말한다. 일반품목요율(GCR)의 백분율에 의한 할증 또는 할인운임체계로 되어 있다.

할증운임요율 적용품목	• 생동물(Live Animals) • 유해(Human Remains) • 귀중품(valuable cargo) • 자동차(vehicles)
할인운임요율 적용품목	• 신문, 정기간행물, 책, 카달로그, 점자책 및 그 용구 • 비동반 수화물(기계류, 보석, 카메라, 상품, 비즈니스맨 견본 제외) • 안구와 이식용 각막(Human Eyes and Dehydrated Corneas)

(2) 적용방법

① 신문, 정기간행물, 책, 카달로그, 점자책 및 그 용구 : 해당구간 일반화물요율 중 "N"으로 표시된 요율의 50%에 해당하는 요율이 적용되며 최저요금은 해당구간 일반화물 최저요금과 할인요율에 5kg을 적용한 금액 중 큰 금액을 최저요금으로 한다. 단, 한국발 미국행 화물에 대해서는 해당 중량화물 일반화물 요율이 적용되며, 최저요금은 일반 최저요금이 된다.

② 비동반 수화물 : 비동반 수화물(baggages shipped as cargo personal effects)은 화물로 운송되는 개인의류 및 개인용품 등을 말한다. 주로 들고 다닐 수 있는 악기, 운동기구 등을 포함하나 기계류, 기계부품, 화폐, 유가증권, 보석류, 식기류, 모피, 필름, 카메라, 티켓, 서류, 주류, 향수, 상품 견본 등은 제외된다. 이 요율이 적용되는 화물은 승객의 출발일 이전에 항공사에게 인도되어야 한다. 비동반 수화물의 경우 해당구간 일반화물요율 중 "N"으로 표시된 요율의 50%에 해당하는 할인요율이 적용되며 최저요금은 10kg에 해당하는 금액이다.

③ 안구와 이식용 각막 : 인간의 신체이식을 목적으로 수송하는 경우 매우 민감하고 도덕성을 요구하기 때문에 일반적으로 무료로 수송한다.

(3) 일반 적용규정

품목분류요율(CCR)은 일반화물요율(GCR)보다 우선하여 적용된다. 즉 할인요율이 적용되는 경우에는 일반화물요율 적용운임이 품목분류요율 적용운임보다 낮게 책정될 경우에는 일반화물운임이 적용된다. 특정품목요율(SCR)이 설정되어 있는 경우에는 특정품목요율 운임이 품목분류요율 운임보다 우선하여 적용된다. 항공화물운송장 작성시 Rate Class란에 할증요율이 적용되는 경우에는 "S"를 기입하고 할인요율이 적용되는 경우에는 "R"을 기입한다.

4) 단위탑재용기운임(Bulk Unitization Charges : BUC)

단위탑재용기운임(BUC)은 파레트 또는 컨테이너에 적입된 상태로 송화인이 항공사에 반입하여 그대로 수화인에게 인도되는 화물에 적용되는 운임을 말한다. 이 운임은 IATA가 정한 단위탑재용기(Unit Load Device) 타입별로 부과하는 요금이다. 단위탑재용기운임은 탑재용기의 적재작업을 화주(포워더)의 책임으로 하고 그 대신 요금을 저렴하게 책정하기 위한 것이다. 항공사의 입장에서는 ULD적재작업에 소요되는 인력과 장소에 대한 투자를 절감시키고 항공기 공간활용을 극대화시킬 수 있는 장점이 있고, 화주(포워더)의 입장에서는 주어진 가격 내에서 크고 작은 화물의 배합으로 공간활용을 극대화시키며 부피중량과 실중량화물의 혼합으로 인한 중량상쇄효과의 이익을 기대할 수 있는 장점이 있다.

5) 비공시요율(Unpublished Rates)

비공시요율은 일정구간의 요율이 Tariff에 표기되지 아니한 경우를 말한다. 일반적으로 전 세계 모든 구간의 항공요율은 TACT Rate Book에 공시되어 있으며 항공사들이 이들 직통요율(through rates)을 기준으로 삼고 있다. 하지만 어떤 구간에는 이 직통요율이 공시되어 있지 않은 경우가 있는데 이 때 요율을 구성하는 방법은 다음과 같다.

① 구성요율(construction rate) : 직통요율이 공시되지 않은 소도시의 운임을 산출할 경우 공시요율이 설정된 도시의 요율에 가산하는 가산요금에 의하여 요율을 구성한다.
② 결합요율(combination rate) : 구성요율이 나타나지 않은 도시의 경우 최단거리의 중간지점을 설정하고 구간요율의 결합을 통하여 요율을 설정한다.

6) 종가운임(Valuation Charges : VC)

종가운임은 화주의 신고가격(declared value)이 일정 단위당 일정 액수(1kg당 17 SDR)를 초과한 경우에 운임에 부과되는 일종의 할증료이다. 이 운임은 항공화물운송장(AWB)상의 “Declared Value for Carriage”란에 화주가 신고한 화물의 가격에 따라 추가적으로 할증료를 항공사에 지불하는 운임이다, 종가요금 부과에 대한 결정기준은 화주의 신고가격을 기준으로 단위 중량(kg 또는 Lb)당 산출되는 금액이다. [신고가액(U$)] ÷ (Gross weight)의 값이 17SDR을 초과하면 초과분에 대하여 0.75%의 종가요금이 부과된다.

4 항공화물의 수출입절차

1) 항공화물의 수출절차

(1) 운송계약 체결

화주는 항공화물운송대리점이나 항공화물운송주선업자와 항공화물운송계약체결을 의뢰한다. 화주를 대신하여 대리점이나 주선업자는 송화인, 출발일자, 포장개수, 품목 및 용적, 출발 및 도착지 공항 등의 정보를 항공사에게 통보하여 예약을 의뢰하면 항공사는 예약가능여부를 통지하게 된다.

(2) 운송의뢰 및 화물의 집화

송화인이 항공화물운송대리점이나 항공화물운송주선업자에게 화물운송을 의뢰하고 승낙받음으로써 운송계약이 체결되게 된다. 송화인이 발송의뢰서(Shipper's Letter of Instruction ; SLI)를 운송주선업자에게 송부하는 것이 원칙이지만 전화 등을 통한 구두요청으로 집화가 이루어지게 된다.

① 항공화물운송대리점에 의한 집화 : 항공화물운송대리점은 항공사를 대신하여 항공사의 요율(tariff)에 의한 운임 및 서비스, 운송약관에 의하여 화물을 집화한다.

② 항공화물운송주선업자에 의한 집화 : 항공화물운송주선업자는 자신의 명의로 개별화주와 계약을 체결한다. 아울러 송화인에 대하여 항공화물운송인(carrier)의 지위에서 자체의 독자적인 운임요율에 의거하여 집화업무를 진행한다.

③ 총 판매대리점에 의한 집화 : 특정지역의 영업을 위해 항공사로부터 위임받은 총 판매대리점은 항공사로부터 수수료를 지급받는 대가로 집화활동을 전개한다.

④ 다른 회사에 의한 집화 : 국제항공운송협회(IATA)에 가입한 항공사들이 다른 항공사를 대신하여 판매한 대금에 대하여 협정에 따라 합의된 수수료를 받을 수 있다. 이에 따라 자사가 운항하지 않는 다른 항공사의 노선에 대해 집화활동을 전개한다.

(3) 수출통관

화주는 자신이 직접 수출신고를 하거나 관세사 등을 통하여 세관에 수출신고를 하여 수출통관을 진행한다.

(4) 화물의 수령과 발송준비(ready for carriage)

송화인이 화물을 준비하여 항공화물운송주선업자의 지정창고까지 가져오면 창고운영자가 이를 서류와 대조하여 수령하고 화주에게 인수증(화물반입계)을 발급해준다. 화주가 항공화물운송주선업자에게 육상운송을 요청한 경우 항공화물운송주선업자가 자신의 트럭으로 송화인으로부터 화물을 인수하고 보수를 받는다.

항공화물운송주선업자는 접수한 화물을 항공운송에 적합하도록 포장, 화인(marking) 및 라벨링(labelling) 등을 하여 항공기에 기적될 수 있는 상태로 준비한다.

(5) 항공화물운송장 작성 및 발행

항공화물운송대리점의 경우 해당 항공사의 항공화물운송장(AWB)의 양식을 사용하여 항공화물운송상을 발행하고, 항공화물운송주선업자의 경우에는 자신의 항공화물운송장(AWB)

의 양식을 사용하여 항공화물운송장을 발행한다. 항공화물운송장은 송화인이 작성하는 것이 원칙이지만 일반적으로 항공운송인이 송화인을 대리하여 작성한다.

(6) 화물 및 관련 서류의 인도

항공화물운송인은 화주로부터 인수한 화물을 운송준비완료 상태로 만들어 화물인도수령증(cargo delivery receipt)과 함께 항공화물운송장, 상업송장, 포장명세서 등 운송에 필요한 서류를 공항의 해당 항공사의 화물터미널에 반입시킨다. 항공사는 Cargo Delivery Receipt에 접수확인을 기재한 후 검수인에게 전달한다. 이로서 화물이 항공사의 관리하에 있게 된다.

(7) 화물의 적입작업

항공사는 화물이 항공기에 탑재가 용이하도록 화물에 따라 적절한 단위탑재용기(ULD)작업을 한다.

(8) 항공사의 Master Air Waybill 발급

항공화물운송인은 화물을 항공사에 접수시키고 항공사가 발행한 Master Air Waybill을 발급받는다.

(9) 적재신고 및 수리

항공기가 출항하려면 항공사는 관할 세관장에게 당해 공항에서 적재한 화물의 목록을 제출하여 출항허가를 받아야 한다. 항공사는 항공화물운송인이 전자문서로 제출한 혼재화물 물품목록을 취합하여 출항적화목록(manifest)을 작성하고 출항지 세관장에서 전자문서로 제출하여 적재신고를 하여야 한다. 이에 대하여 세관장은 전산시스템으로 신고내역의 오류 여부를 확인한 후 적재신고를 수리한다.

(10) 화물적재

항공사는 작업이 완료된 단위적재용기(ULD)의 크기와 무게를 감안하여 화물의 적재위치를 계획하고 조업사로 하여금 정해진 위치에 적재하도록 한다.

(11) 출항허가 획득 및 출발

항공사는 출발지 관할세관장으로부터 출항허가를 받은 후 출항한다.

(12) 목적지에 화물내용 통보

항공사는 전산시스템을 통하여 목적지별로 하기작업이 원활히 이루어지도록 탑재된 화물의 내역을 통보한다. 한편 항공화물운송주선업자는 목적지의 항공화물운송인에게 화물발송통지를 한다.

2) 항공화물의 수입절차

(1) 기적화물의 정보입수

목적지의 항공사는 출발지 항공사로부터 탑재된 화물의 내용을 전자적 방법으로 입수하고 하기할 전체화물 관련 정보를 조업사에게 통보하며, Master Air Waybill상의 수화인에게 화물도착통지를 한다.

(2) 적화목록의 제출

항공사는 항공기가 입항하기 전 관련세관장에게 화물의 적화목록을 전자적으로 제출하여야 한다. 혼재화물이 경우 항공화물운송인이 전자문서로 작성하여 제공한 혼재화물적화목록을 항공사가 최종적으로 취합하여 관할 세관장에게 제출하여야 한다.

(3) 하기장소 신고

항공사는 항공기가 입항하기 전 관할세관장에게 당해 공항에 하기할 장소를 신고하여야 한다. 적화목록에 하기장소를 기재한 경우에는 이를 하기신고로 갈음한다.

(4) 보세구역 물품반입

항공사는 항공기가 입항한 후 24시간 이내에 당해 물품을 항공기가 입항한 항역내 보세구역에 반입한다. 조업사가 항공기에 적재된 수입화물을 하기하여 터미널 내 분류작업장으로 이동하여 단위탑재용기(ULD)를 해체하는 작업을 실시한다. 입항전수입신고 또는 입항전보세운송이 신고되어 수리된 화물은 세관반입신고 없이 현도장을 통하여 즉시반출하며 공항에서 통관예정화물은 화주가 요청하여 적화목록에 표기된 장체장에 반입한다.

인천국제공항의 경우 김포공항 항역 내 보세구역을 포함한다. 물품을 인수한 보세구역 운영인은 물품의 반입 즉시 House AWB 단위로(House AWB이 없는 경우에는 Master AWB 단위로) 세관장에게 전자문서로 물품반입신고를 한다.

(5) 화물도착통지 및 항공화물운송장(AWB) 인계

항공화물운송인(운송주선인)은 항공화물운송장상의 수화인(consignee)에게 화물도착통지(arrival notice)를 하고 화물과 함께 도착한 항공화물운송장(AWB)을 항공사로부터 인수한 뒤 수입화주에게 수화인용 항공화물운송장을 교부해준다. 일반적으로 항공화물운송장상의 수화인은 수입화주이지만 신용장거래의 경우 수화인은 발행은행으로 기재된다. 수화인이 발행은행으로 기재된 경우에도 통지처인 매수인에게 항공화물운송장을 인계한다.

(6) 화물인도지시서(D/O)발행

항공화물운송인(운송주선인)은 화주의 요청이 있는 경우 전자식 화물인도지시서(e-D/O)를 발급한다. 해상운송에서 해상운송인이 선하증권과 상환으로 화물인도지시서를 발행하지만 항공운송에서는 항공화물운송인(운송주선인)이 도착지에서 수화인에게 항공화물운송장을 교부해준다. 화물인도지시서가 발급되지 않는 경우 항공화물운송장 수화인용 원본이 화물인도지시서로 활용된다.

(7) 수입화물인도승낙서(항공화물 L/G)발행

신용장방식의 대금결제의 경우 항공화물운송장의 수화인은 발행은행이다. 신용장거래에 있어서 항공화물운송장상의 수화인이 수입지의 은행인 경우에 화물이 항공기와 함께 도착되었지만 관련 서류가 아직 도착하지 않은 경우에는 수화인이 화물을 인도받을 수 없다. 화물에 대한 인도청구권은 수화인인 발행은행에게 있으므로 항공화물운송장상의 통지처인 수입업자는 운송주선인으로부터 수화인용 항공화물운송장을 교부받아 발행은행에 결제하거나 담보를 제공한 후 발행은행으로부터 수입화물인도승낙서(Letter of Guarantee ; L/G)를 교부받는다.

항공화물인도승낙서(항공화물 L/G)는 항공화물운송장이 발행되고 신용장방식으로 대금결제를 하기로 한 경우 발행은행이 채권확보를 위하여 발행은행을 수화인으로 기재된 항공화물운송장에 대하여 수입화주가 대금이행약속을 완료한 후 운송인 또는 보세창고업자에게 당해 물품을 수입화주에게 인도하라는 의사표시를 한 서류를 말한다.

▌표 9-3▐ 해상화물 LG와 항공화물 LG의 비교

	해상화물선취보증서(해상화물 L/G)	항공화물인도승낙서(항공화물 L/G)
개 념	은행이 수화인인 수입업자와 연대하여 운송인에게 선하증권 원본을 입수하는 즉시 교부하겠으며 선하증권의 정당한 소지인에게 운송인이 손해배상을 책임을 부담할 경우 부담할 것을 보증하는 서류	발행은행이 채권확보를 위하여 발행은행이 수화인으로 기재된 항공화물에 대하여 수입화주로부터 대금결제를 완료한 후 운송인 또는 보세창고업자에게 해당 물품을 수입화주에게 인도하여도 좋다는 내용이 기재된 서류
발행목적	선하증권 원본이 도착하지 않아 선하증권 원본을 제시하지 않고 수입화물선취보증서를 제시하고 물품수령하도록 발행	항공화물운송장의 수화인인 발행은행이 신용장 대금의 채권확보를 위하여 발행
발행주체	발행은행	발행은행
발행대상	해상운송인(선사)	운송인 및 보세창고
배상책임	L/G를 통해 물품인도하였으나 선하증권의 정당한 권리자인 3자가 나타날시 해상운송인은 선하증권의 정당한 권리자에게 배상책임	발행은행의 인도승낙서 없이 물품을 인도한 보세창고는 수하인에게 배상책임
대상서류	은행지시식 선하증권	은행기명식 항공화물운송장
발생빈도	선하증권 원본이 지연도착하는 경우	은행기명식 항공화물운송장이 발행된 경우

자료) 박병호, 무역실무 제2권, 세인북스, p. 1345

(8) 수입통관

수입업자는 항공기로부터 물품이 하기되어 보세구역에 장치된 후 전자문서로 수입신고를 하면 심사 또는 물품검사대상으로 분류되는 경우가 아닌 한 즉시 수입신고수리된다. 수입업자는 수입신고가 수리된 날로부터 15일 이내에 관세 등을 국고수납은행 또는 우체국에게 납부하여야 한다.

(9) 화물인도지시서 및 수입화물인도승낙서 수령 및 화물의 인도

보세창고업자는 수입신고 수리된 화물에 대해 항공화물운송장 또는 화물인도지시서(D/O) 및 수입화물인도승낙서(L/G)를 확인하고 화물을 인도한다. 화물인도시 수입신고필증사본, 항공화물운송장 수화인용 원본, 수입화물인도승낙서(신용장방식의 경우)가 요구된다.

5 항공화물운송장

1) 항공화물운송장의 의의

항공화물운송장(Air Waybill : AWB)은 항공운송업자가 화물을 항공으로 운송하는 경우 발행하는 단순한 화물수취증이다. 즉, 항공화물운송장은 항공운송인과 송화인과의 운송계약 체결, 운송인에 의한 화물의 수령사실과 운송조건에 관한 증거가 되는 서류이다. 항공화물운송장은 원칙적으로 송화인이 작성해야 하지만 일반적으로 송화인을 대신하여 운송인이 작성하며 선하증권과 같이 화물 자체를 화체한 유가증권이 아니다.

2) 항공화물운송장의 형식

항공화물운송장은 각 항공사가 독자적으로 개발한 양식을 사용할 수 있으나 기본적으로 국제항공운송협회(IATA) 항공화물운송장의 양식을 따르고 있다. 항공화물운송장은 원본 3통과 부본 6통으로 구성되는 것을 원칙으로 하고 있지만 각 항공사에 따라 부본을 5통까지 추가할 수 있다. 항공화물운송장의 각 원본과 사본은 선하증권과는 달리 그 용도가 특정되어 있어 용도에 따라 식별이 용이하도록 색용지를 사용하고 있다.

원본(original)은 송화인용(청색) 1통, 발행항공사용(녹색) 1통 및 화물이 목적지에 도착했을 때 화물과 함께 수화인에게 인도되는 수화인용(적색) 1통으로 구성되어 있다. 사본은 발행한 항공화물대리점용이나 목적지에 도착한 화물인수용 등으로 사용된다.

3) 항공화물운송장의 성질

(1) 항공운송계약의 증거

송화인과 항공운송인 간의 항공운송계약의 성립을 입증하는 운송계약서이다. 항공화물운송장은 일반적으로 총 12통으로 구성되어 있는데 3매의 AWB 원본 중 1번(항공사용)과 3번(송화인용)이 해당된다.

(2) 화물수취증

항공운송인이 송화인으로부터 화물을 수취한 것을 증명하는 화물수취증의 성격을 가진다(원본 3번 송화인용).

(3) 운임 및 요금 청구서

운임 및 요금이 선지급(prepaid)인 경우에는 송화인에 대한 청구서 기능을 하고(원본 3번), 후지급(collect)인 경우에는 수화인에 대한 청구서 기능을 한다(AWB 원본 2번).

(4) 보험계약증서

송화인이 화주보험에 부보하고 AWB에 보험금액 및 보험료를 기재한 경우에는 보험계약증서의 기능을 한다(AWB 원본 3번).

(5) 세관신고서

수출입신고서 및 수입통관자료로 사용된다.

(6) 화물운송의 지시서

송화인이 AWB에 화물의 운송, 취급, 인도에 관한 내용을 기재한 경우 AWB은 화물과 함께 운송되므로 출발지, 경유지, 목적지 등에서 기재내용대로 화물을 적절히 취급할 수 있도록 지시서 역할을 한다.

(7) 송장

화물과 함께 목적지로 보내어져 수화인이 화물의 명세, 운임, 요금 등을 대조하고 검증할 수 있는 역할을 한다(AWB 원본 2번)

(8) 화물인도증서

도착지에서 항공운송인이 화물을 수화인에게 인도하고 수화인으로부터 AWB상에 수화인의 서명을 받아 인도의 증거서류로 한다(AWB 4번)

(9) 기타 업무처리 및 참고용

항공화물운송장의 부본은 4번부터 12번까지 있다.

▌표 9-4▐ 항공화물운송장(AWB)의 구성

번호		용도	색	기능 및 역할
원본	1	발행항공사용 (for carrier)	녹색	항공화물을 인수하고 AWB을 발행한 항공사용으로 송화인과 운송인간 운송계약체결의 증명서이며 운임 등의 회계처리용으로 사용
원본	2	수화인용 (for consignee)	적색	화물과 함께 목적지에 보내어지는 AWB로 운송인은 AWB에 기명된 수화인에게 화물인도
원본	3	송화인용 (for shipper)	청색	출발지에서 운송인이 항공운송을 위하여 송화인으로부터 화물을 수령하였다는 수취증 및 운송계약을 체결하였다는 증거서류
부본	4	화물인도 항공사용 (delivery receipt)	황색	도착지에서 수화인이 화물인수시에 서명하고 인도 항공사에게 돌려주는 화물인도증명서 및 운송계약이행 증명서류
부본	5	도착지 공항용 (for airport at destination)	백색	화물과 함께 도착지 공항에 보내져 세관 등 도착지 공항의 필요 부서에서 사용
부본	6	세 번째 운송 항공사용 (for third carrier)		
부본	7	두 번째 운송 항공사용 (for second carrier)	백색	운송에 참여한 항공사가 운임정산을 위해 사용함
부본	8	첫 번째 운송 항공사용 (for first carrier)		
부본	9	발행대리점용 (for Agent)	백색	AWB을 발행한 대리점의 보관용
부본	10～12	예비용(extra copies)	백색	참가 항공사가 많을 경우 필요시 사용 송화인 참고용(file용)

Shipper's Name and Address	Shipper's Account Number	Not negotiable Air Waybill *issued by* KOREAN AIR
		Copies 1, 2 and 3 of this Air Waybil are originals and have the same validity.
Consignee's Name and Address	Consignee's Account Number	It is agreed that the goods described herein are accepted in apparent good order and condition (except as noted) for carriage SUBJECT TO THE CONDITIONS OF CONTRACT ON THE REVERSE HEREOF. THE SHIPPER'S ATTENTION IS DRAWN TO THE NOTICE CONCERNING CARRIER'S LIMITATION OF LIABILITY. Shipper may increase such limitation of liability by declaring a higher value for carriage and paying a supplemental charge if required.
Telephone :		
Issuing Carrier's Agent Name and City		Accounting Information
Agent's IATA Code	Account No.	
Airport of Departure(Addr. of First Carrier) and Requested Routing		

TO	By First Carrier	Routing and Destination	to	by	to	by	Currency	CHGS Code	WT/VAL PPD	WT/VAL COLL	Other PPD	Other COLL	Declared Value for Carriage	Declared Value for Customs

Airport of Destination	Flight/Date	For Carrier Use Only	Flight/Date	Amount of Insurance	INSURANCE–If Carrier offers Insurance, and such insurance is requested in accordance with conditions on reverse hereof, indicate amount to be insured in figures in box marked 'amount of Insurance'.

Handling Information

No. of Pieces RCP	Gross Weight	kg / lb	Rate Class / Commodity item No.	Chargeable Weight	Rate / Charge	Total	Nature and Quantity of Goods (incl. Dimensions or Volume)

Prepaid	Weight Charge	Collect	Other Charges
	Valuation Charge		
	Tax		
	Total Other Charges Due Agent		Shipper certifies that the particulars on the face hereof are correct and that insofar as any part of the consignment contains dangerous goods, such part is properly described by name and is in proper condition for carriage by air according to the applicable Dangerous Goods Regulations.
	Total Other Charges Due Carrier		Signature of Shipper or his Agent
Total Prepaid		Total Collect	
Currency Conversion Rates		CC Charges In Dest. Currency	Executed on(date) at(place) Signature of Issuing Carrier or its Agent
For Carrier's Use Only at Destination		Charges at Destination	Total Collect Charges

ORIGINAL3(FOR SHIPPER)

3) 항공화물운송장과 선하증권의 비교

항공화물운송장과 선하증권은 모두 운송인(항공운송은 항공운송인, 해상운송은 해상운송인)이 운송을 위하여 화물을 수취하였다는 화물수취증이고, 운송계약의 증거서류라는 점에서는 같다. 하지만 선하증권이 유통증권인 반면 항공화물운송장은 비유통증권이다. 선하증권이 대부분 선적 후 발행되지만 항공화물운송장은 항공사의 창고나 터미널에 화물이 도착하면 바로 발급하는 수취식이 일반적이다. 또한 선하증권은 보통 지시식으로 발행되지만 항공화물운송장은 기명식으로 발행된다.

표 9-5 항공화물운송장(AWB)과 선하증권(B/L)의 비교

구 분	항공화물운송장(AWB)	선하증권(B/L)
유가증권성	유가증권이 아닌 화물수취증	유가증권
유통성	비유통성	유통성
발행시기	수취식(창고반입 후 발행)	선적식(선적 후 발행)
상환증권성	비상환증권	상환증권
수화인	기명식	지시식
작성자	송화인이 작성하는 것이 원칙	운송인

6 항공운송관련 법제

1) 바르샤바조약(Warsaw Convention)

이 조약의 정식명칭은 "국제항공운송관련 규칙의 통일에 관한 조약"(convention for the unification rules relating to international carriage by air 1929)으로 1929년 바르샤바에서 개최된 국제사법회의에서 채택된 항공사법에 관한 조약이다. 1933년 발효된 이 조약의 주요 내용은 다음과 같다.

① 항공화물운송장(AWB)의 기능을 명문으로 규정
② 송화인의 화물에 대한 처분권과 수화인의 운송인에 대한 화물인도청구권 규정
③ 화물이 항공운송인의 관리기간 중 항공운송인의 과실로 인하여 멸실, 훼손 또는 지연손해 발생시 배상책임의무 부여 및 면책조건 규정
④ 항공운송인에 대한 화주의 손해배상청구기간[3] 명시

3) 화물의 멸실 및 훼손으로 인한 손해발생의 경우에는 화주가 화물을 인수한 후 7일 이내, 화물지연으로 인한

2) 헤이그의정서(Hague Protocol)

바르샤바조약체결 이후 항공운송환경이 변화함에 따라 1955년 바르샤바조약의 내용을 일부 개정하였다. 헤이그의정서의 정식명칭은 "1929년 바르샤바에서 서명된 국제항공운송관련 규칙의 통일에 관한 조약의 개정을 위한 의정서"(Protocol to amend the Convention for the Unification rules relating to International Carriage by Air signed at Warsaw on October 12, 1929)이며, 헤이그의정서 또는 개정 바르샤바조약이라고도 한다. 우리나라는 바르샤바조약은 비준하지 않았지만 헤이그 의정서는 1963년에 비준하고 1967년에 공포하여 현재 국내법과 동일한 효력을 가지고 있다. 헤이그의정서의 주요 내용은 다음과 같다.

① 항공운송인의 여객에 대한 책임한도액을 두 배로 증액[12만 4천 골드 프랑 (U$10,000)에서 25만금 프랑(U$20,000)]으로 증액
② 승무원의 항공기 운항상의 과실로 인한 손해에 대해 운송인 면책
③ 화주의 손해배상청구기간을 7일 이내에서 14일 이내로 연장
④ 항공운송인의 이행보조자, 사용자의 운송인의 책임제한 특권 향유

3) 몬트리올조약(Montreal Convention)

국제민간항공기구(ICAO)가 바르샤바조약 및 헤이그의정서 등의 항공관련 협약을 통합하기 위하여 1999년 케나다 몬트리올에서 개최된 국제항공법회의에서 채택하고 2003년 11월 발효된 것이 "몬트리올조약"(Convention for the Unification of Certain Rules for International Carriage by Air done at Montreal on May 28, 1999)이다. 몬트리올조약의 주요 내용은 다음과 같다.

① 항공운송인의 배상책임한도액 증가시키고 한도액을 매 5년마다 재검토
② 재판관할권의 확대. 바르샤바조약에서 규정한 운송인의 주거지, 운송인의 본사 소재지, 계약체결영업소의 소재지 또는 도착지를 관할하는 법원 외에 사고발생 당시 승객의 영구주거지로서 항공운송인이 여객운송서비스 영업을 하는 장소를 관할하는 법원에도 소송제기 가능

4) 과다라하라조약(Guadalajara Convention)

국제민간항공기구(IACAO)는 항공기의 임대차가 증가함에 따라 새로운 조약의 필요성을 느껴 1965년 9월 멕시코의 과다라하라조약을 채택하였다. 이 조약은 바르샤바조약을 보충

손해의 경우에는 화주가 화물을 처분할 수 있게 된 날로부터 14일 이내에 운송인에게 배상청구를 해야 한다.

하는 조약으로 1964년 5월 1일 발효되었으나 우리나라와 미국은 가입하지 않았다.

5) 과테말라의정서(Guatemala Protocol)

1965년 7월에 개최된 IACAO 총회에서 책임한도의 개정에 대한 필요성이 제기되어 1971년 과테말라 외교회의에서 과테말라의정서를 통과시켰다. 과테말라의정서는 승객의 사상에 대한 운송인의 절대책임, 책임한도액의 절대성, 한도액의 정기적 자동수정, 화해촉진조항의 신설, 국내적 보호조치의 허용 및 재판관할권 원인의 확대 등 바르샤바 체제의 개정을 목적으로 하고 있다.

표 9-6 국제 항공운송협약의 비교

구 분		바르샤바조약	헤이그의정서	몬트리올조약
서명일		1929. 10. 23	1955. 9. 8	1999. 5. 28
발효일		1933. 2. 13	1963. 8. 1	2003. 11. 4
한국 발효일		–	1967. 10. 11	2007. 12. 29
책임원칙		과실책임원칙 (멸실, 훼손, 지연)	과실책임원칙 (멸실, 훼손, 지연)	무과실책임제도 (항공운송 중에 발생한 멸실, 훼손, 지연 보상)
면책사유		① 운송인 및 사용인이 손해방지위해 필요한 모든 조치 취한 것 또는 그러한 조치가 불가능하 다는 것을 입증 ② 운송인이 손해가 조종, 항공기취급 또는 항행에 의한 과실에서 발생하였 음을 증명한 경우 ③ 청구차측의 과실, 손해가 운송인 또는 그 사용인의 고의 또는 고의에 상당하는 과실로 발생한 경우 운송인면책 상실	① 운송인 및 사용인이 손해방지위해 필요한 모든 조치 취한 것 또는 그러한 조치가 불가능하 다는 것을 입증 ③ 청구차측의 과실, 손해가 운송인 또는 그 사용인의 고의 또는 고의에 상당하는 과실로 발생한 경우 운송인면책 상실	① 화물의 고유한 흠결, 품질 하자 ② 운송인, 고용인 또는 대리인 이외의 자가 행한 화물의 결함이 있는 포장 ③ 전쟁 또는 무력충돌 ④ 화물의 입국, 출국 또는 통과와 관련되어 행한 공공기관의 행위
책임 한도액	여객(1인당)	12만 5천금 프랑 (U$10,000)	25만금 프랑 (U$20,000)	10만 SDR
	위탁수화물 휴대수화물 화물	U$20.0/kg U$400.0/1인 U$20.0/1인	U$20.0/kg U$400.0/1인 U$20.0/1인	17 SDR/kg 1,000 SDR/1인 17 SDR/kg
제소기간		2년	2년	2년

9.2 복합운송

1 복합운송의 의의

1) 복합운송의 정의

복합운송(multimodal transport)이란 육상·해상·내륙수로·항공·철도·도로 중 적어도 두 가지 이상의 서로 다른 운송수단을 이용하여 단일의 복합운송인(multimodal transport operator : MTO)이 복합운송증권(multimodal transport B/L)을 발행하여 물품을 인수한 때부터 인도할 때까지 단일의 일관운송책임을 지면서 단일의 복합운송 운임률로 운송되는 것을 말한다. 즉 복합운송은 운송의 시작에서 종료까지 하나의 계약에 의해 운송물이 적어도 두 가지 이상의 서로 다른 운송수단으로 운송되는 방식이다.

2) 복합운송의 요건

복합운송의 요건은 다음과 같다.

① 복합운송인이 단일운송계약과 단일책임 등 운송에 대한 모든 책임을 진다.
② 복합운송인이 전 구간의 운송을 인수한다.
③ 다양한 운송수단(different modes of transport)이 이용된다.
④ 단일운임(through)의 청구권을 가진다.
⑤ 복합운송인은 복합운송증권(multimodal transport document)을 발행하여야 한다.

2 복합운송인

1) 복합운송인의 정의

복합운송인은 자기의 명의와 계산으로 송화인과 운송계약을 체결하고 복합운송을 인수한 당사자로서 운송인의 지위에서 복합운송증권을 발행하며, 전 운송구간의 운송과 화물의 멸실, 훼손 또는 지연으로 인한 손해에 대하여 책임을 지는 주체자로 Combined Transport Operator(CTO) 또는 Intermodal Transport Operator(ITO) 등으로 불리어진다.[4)]

---

4) UN국제복합운송조약 제1조 제2항, UNCTAD/ICC복합운송증권규칙 제2조 제3항

2) 복합운송인의 유형

(1) 운송수단을 운행하는 복합운송인

운송수단을 보유한 운송인이 송화인과 복합운송계약을 체결하고 전 구간의 운송을 책임지는 운송인을 말한다. 선박 등의 운송수단을 보유하고 있는 운송인은 직접 운송구간의 일부를 운행하고, 다른 운송구간의 운송은 자기의 책임으로 해당 구간의 실제 운송인에게 하도급을 주어 전체 운송을 책임진다. 선박회사, 항공회사, 철도회사, 트럭회사 등이 해당되는데 이 중 선박회가가 대표적인 복합운송인이다.

(2) 운송수단을 운행하지 않는 복합운송인

선박, 항공기, 트럭 등의 운송수단을 보유하지 않은 상태에서 송화인과 복합운송계약을 체결하고 자신이 전 구간의 운송을 책임지는 운송인으로 계약운송인형 복합운송인이라고 한다. 이들은 송화인에게는 운송인의 역할을 담당하지만 실제 운송수단을 보유하고 실제로 운송을 담당하는 구간 운송인들에게는 송화인의 역할을 담당하게 된다. 따라서 이들에게는 화주로부터 받는 일괄운임과 실제 운송인에게 지불하는 운임합계의 차액이 수익이 된다. 운송수단을 보유하지 않으면서 복합운송업을 영위하는 예로는 ① 우리나라의 국제물류주선업자[5], ② 미국의 무박운송인(Non-Vessel Operating Common Carrier : NVOCC), ③ FIATA의 Freight Forwarder 등이 있다.

3 복합운송증권

1) 복합운송증권의 의의

복합운송증권(Multimodal Transport Document : MTD)은 화주와 복합운송계약을 체결한 복합운송인이 두 가지 이상의 운송수단을 이용한 복합운송에서 발행하는 증권을 말한다. 즉 복합운송증권은 복합운송인이 증권에 기재된대로 자신의 책임하에 화물을 인수지로부터 목적지까지 운송하기 위하여 수령하였다는 수취증이고, 유통성 복합운송증권의 경우 수화인이 배서 또는 교부에 의하여 처분할 수 있는 권리가 포함된 유가증권이라고 할 수 있다.

---

5) 과거 화물유통촉진법상 복합운송주선업의 규정이 있었으나 2007년 이 법을 전면 개정한 현행 물류정책기본법에서는 복합운송주선업의 용어를 없애고 국제물류주선업이라는 용어가 정의되었다. 따라서 복합운송인이라는 별도의 정의는 없지만 실무적으로 국제물류주선인이 복합운송인의 기능을 수행하고 있다.

2) 복합운송증권의 형식

(1) 명칭

복합운송증권 가운데는 선하증권의 명칭을 포함하고 있는 것과 그렇지 않은 것이 있다. Multimodal(Combined) Transport B/L과 같이 선하증권의 명칭에 복합운송이라는 단어가 첨부된 것도 있고, 단지 Multimodal (Combined) Transport Document와 같이 선하증권의 명칭이 사용되지 않은 것이 있다. 선하증권 형태의 복합운송증권은 FIATA Multimodal Transport B/L(FBL), Combined Transport B/L(FBL), Intermodal Transport B/L(FBL) 등이 사용되고 있다. 이들 복합운송증권은 국제운송인주선협회(FIATA)가 1992년 표준약관으로 개정한 것이다.

(2) 발행형식

복합운송증권은 유통식과 비유통식으로 발행될 수 있다.

① 유통증권으로 발행된 경우에는 수화인이 배서 또는 교부에 의하여 화물을 처분할 수 있는 운송물에 관한 권리가 포함된 권리증권으로 유가증권이다.

② 비유통성으로 발행된 경우에는 증권에 지명된 수화인을 기재하도록 규정되어 있다.

▌표 9-7▌ 복합운송증권과 선하증권의 비교

구분	복합운송증권	선하증권
운송구간	모든 복합운송구간	해상구간에 한정됨
증권형태	부지문언(unknown clause) "shipper's load and count" "said by shipper to contain"	무사고(무고장)선하증권(clean B/L)
발급시기	수취식	보통 선적식 (수취식도 가능)
발행형식	유통식, 비유통식 가능	유통식

4 주요 복합운송 경로

복합운송의 형태는 ① 해륙복합운송, ② 해공복합운송, ③ 육해공복합운송이 있다. 해륙복합운송은 대륙을 하나의 교량으로 이용하는 랜드브리지(land bridge)방식이 이용되고 있다. 랜드브리지 서비스는 항로를 중심으로 한 해상운송경로의 중간에 일부 대륙횡단경로를 운송구간으로 추가하여 환적 없이 일괄운송함으로써 최종 목적지까지 두 가지 이상의 운송수단에 의하여 운송되는 방식이다.

1) 해륙복합운송 경로

(1) 시베리아 랜드브리지(Siberia Land Bridge : SLB)

시베리아횡단철도(Trans-Siberia Railway : TSR)를 이용한 시베리아 랜드브리지는 시베리아대륙을 교량으로 이용하여 극동과 유럽 및 중동지역을 해상·육상 또는 해상·육상·해상의 형태로 연결하는 복합운송시템이다.

극동지역의 한국, 동남아, 호주 등과 유럽대륙과 스칸디나비아반도 및 중동지역을 극동에서 유럽 및 중동행 화물을 집화하여 러시아의 나호트카(Nakhodka)항이나 보스토치니(Vostochny)항까지 컨테이너선으로 해상운송한다. 그 곳으로부터 러시아의 전소련통과화물공단, 유라시아 트렌스사와 한국, 일본, 유럽의 무박운송인(NVOCC)들이 제휴하여 시베리아횡단철도에 의해 육상운송을 한다. 이후 다시 동구, 서구, 스칸디나비아반도, 지중해, 이란, 아프가니스탄 등지로 철도, 컨테이너선, 트럭 등으로 연결되는 국제복합운송의 한 형태이다. SLB는 운송수단의 편성방법에 따라 다음과 같이 구분된다.

① Trans-Rail : 한국, 일본 등 아시아항구에서 선적한 화물을 러시아의 나호트카(Nakhodka)항이나 보스토치니(Vostochny)항까지는 해상운송하고 거기에서 시베리아 철도화차로 환적한 후 TSR을 이용하여 러시아와 폴란드의 국경철도역인 브레스트(Brest)까지 운송한 다음 트럭을 이용하여 유럽내륙까지 운송하는 방식이다. 유럽에서는 각국의 국철가맹의 인터컨테이너에 의해 운송되어 철도인입선을 이용하여 창고까지 운송되기도 한다.

Silberian Land Bridge [SLB : Trans-Rail]

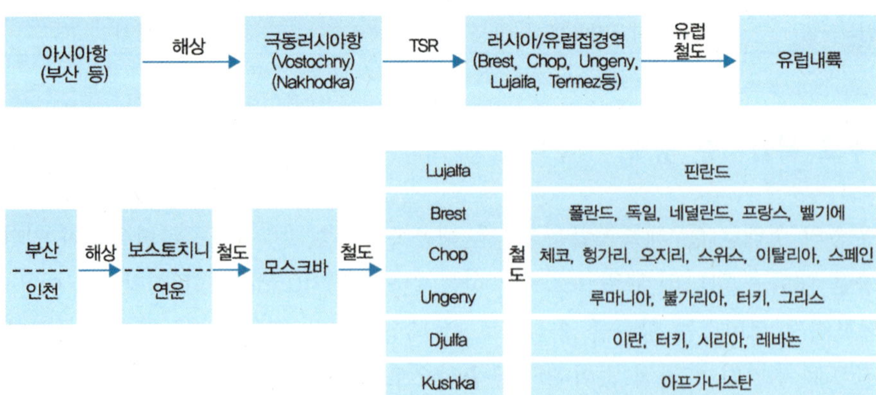

② Trans-Sea : 한국, 일본 등 아시아항구에서 선적한 화물을 러시아의 나호트카(Nakhodka) 항이나 보스토치니(Vostochny)항까지는 해상운송하고 거기에서 시베리아 철도화차로 환적한 후 TSR을 이용하여 러시아 서쪽 항구인 레닌그라드(Leningrad), 탈린(Tallin), 리가(Riga)항 및 남쪽 항구인 즈다노프(Zhdanov), 일리체브스크(Illychevsk)까지 철도로 운송한 다음 그 국경 항구에서 유럽의 목적지까지 해상운송하는 방식이다.

Silberian Land Bridge [SLB : Trans-Sea]

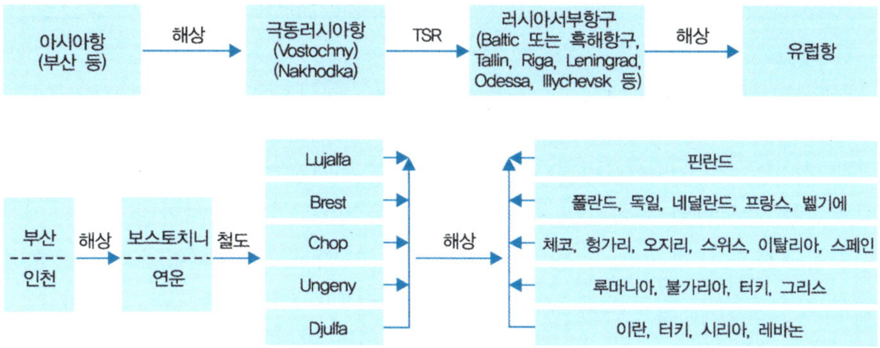

③ Tracons : 한국, 일본 등 아시아항구에서 선적한 화물을 러시아의 나호트카(Nakhodka) 항이나 보스토치니(Vostochny)항까지는 해상운송하고 거기에서 시베리아 철도화차로 환적한 후 TSR을 이용하여 러시아와 폴란드 국경의 브레스트(Brest)의 동쪽에 있는 비소코 리토브스크까지 철도로 운송한다. 그 이후 트럭을 이용하여 스위스, 프랑스 북부지역까지 운송되는 형태이다.

Silberian Land Bridge [SLB : Trans-Rail]

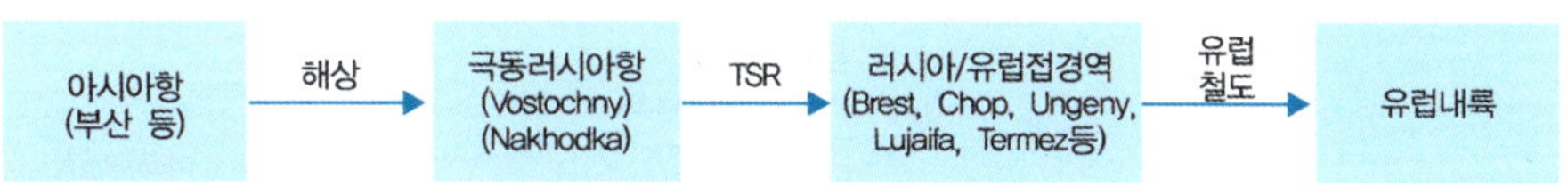

(2) 차이나 랜드브리지(China Land Bridge : CLB)

중국대륙 황단철도(Trans China Railway : TCR)를 이용하는 차이나 랜드브리지는 한국, 일본 등 아시아 화물을 중국의 강소성 연운항까지 해상으로 운송한 후 중국대륙을 동서로 관통하는 내륙운송의 동단기점에서 철도로 러시아 철도의 접점까지 운송한다. 거기에서 러시아 철도로 전환하여 폴란드, 독일 등을 거쳐 네덜란드 로테르담항까지 운송하는 경로이다.

▌표 9-8▐ 차이나 랜드브리지(CLB)와 시베리아 랜드브리지(SLB) 비교

구 분	경 로	거 리
CLB(연운항기점) (TCR + TSR)	극동아시아-해상-연운항-TCR-TSR-로테르담	약 11,000km
블라디보스톡항 SLB(TSR)	극동아시아-해상-블라디보스톡항-TSR-로테르담	약 13,000km
해 상	극동아시아-해상(수에즈운하 경우)-로테르담	약 20,700km
	극동아시아-해상(파나마운하 경우)-로테르담	약 23,000km

(3) 아메리카 랜드브리지(America Land Bridge : ALB)

① 아메리카 랜드브리지(America Land Bridge : ALB) : 미국 횡단철도를 이용한 아메리카 랜드브리지는 아시아와 유럽간의 화물운송의 경우 한국 등의 아시아국가 항구에서 미국의 서안항구까지는 해상으로 운송한 다음 철도로 미국 동안의 항구까지 운송하며 다시 해상으로 유럽의 항구까지 운송하는 방식이다.

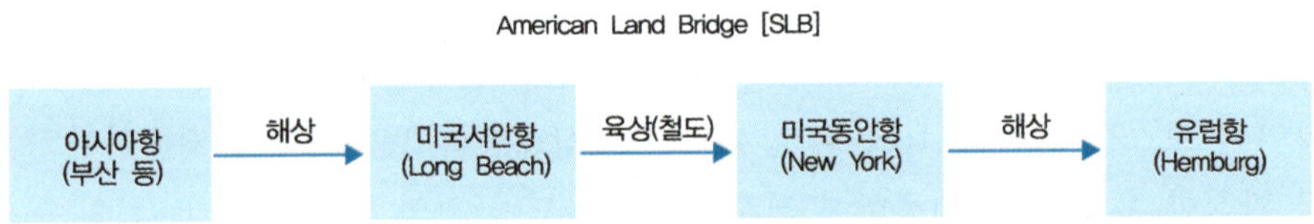

② 미니 랜드브리지(Mini Land Bridge : MLB) : 극동에서 선적된 화물이 미국 태평양 서안항구에서 양륙되어 철도 등의 육상운송수단으로 북미대륙을 횡단하여 미국 대서양 연안의 동부 걸프지역 항구까지 운송되는 복합운송의 한 형태이다.

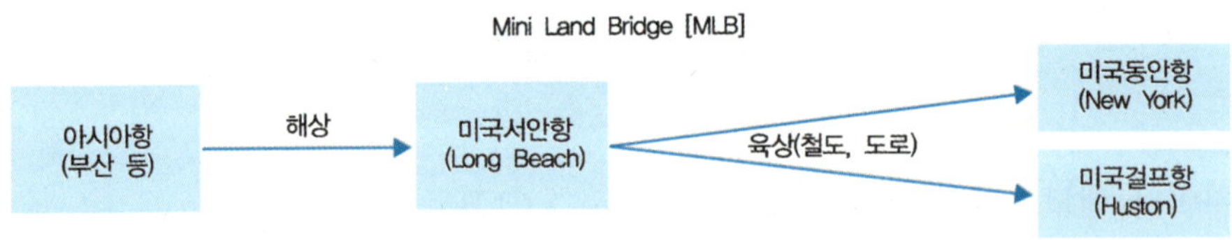

③ 마이크로 랜드브리지(Micro Land Bridge : MCB) : 미니 랜드브리지(MLB)가 미국의 동안항 또는 걸프연항인데 비하여 마이크로 랜드브리지(MCB)는 목적지가 항구가 아닌 미국의 내륙지점이다. 극동에서 선적된 화물이 미국 태평양 서안항구에서 양륙되어 철도 등의 육상운송수단으로 북미대륙을 횡단하여 미국 내륙지점까지 운송되는 복합운송

의 한 형태로 인테리어 포인트 복합운송(Interior Point Intermodal : IPI)이라고도 한다. 한편 수정된 인테리어 포인트 복합운송(Revised Interior Point Intermodal : RIPI)은 극동에서 선박으로 파나마운하를 경유하여 북미동부지역 항구에서 양화되어 철도 등의 육상운송 수단으로 내륙지역까지 운송하는 시스템을 말한다.

Micro Land Bridge [MCB]

2) 해공복합운송 경로

해공(Sea & Air)복합운송은 출발지에서 목적지까지의 운송구간 중 일부는 선박으로 운송하고 나머지는 항공기로 운송하는 형태로 해상운송의 저렴한 운임과 항공운송의 신속성의 장점을 결합시킨 운송방식이다. 해공복합운송의 경우 컨테이너를 그대로 항공선적하기 어렵기 때문에 중계지에서 컨테이너로부터 화물을 적출하여 항공기에 적합한 규격의 단위탑재용기(Unit Load Device : ULD)에 환적하는 작업이 이루어져야 한다.

(1) 북미 서해안 경유 유럽행 해공복합운송

아시아의 극동항구에서 선박으로 미국의 서해안이나 캐나다의 벤쿠버항까지 운송하고 화물을 양륙하여 공항까지 육상운송한 다음 항공기로 유럽의 목적지까지 운송하는 것을 말한다.

아시아항–북미서부항–유럽 해륙복합운송 경로

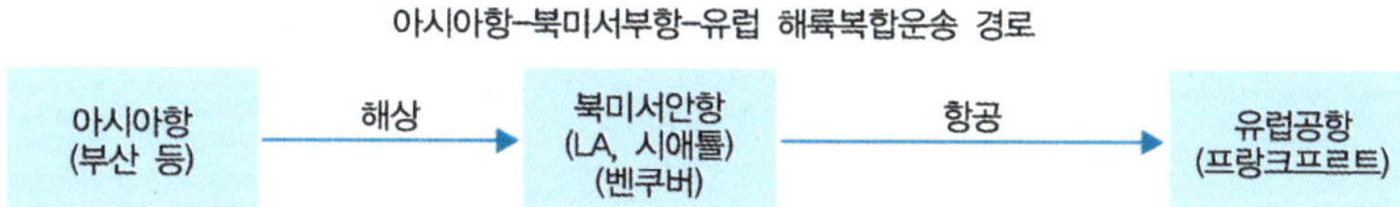

(2) 북미 서부 경유 중남미행 해공복합운송

아시아의 극동항구에서 선박으로 북미 서부 또는 동남부 항구까지 운송하고 화물을 양륙하여 공항까지 육상운송한 다음 항공기로 중남미까지 운송하는 것을 말한다.

아시아항-북미서부, 동남부항-중남미 해륙복합운송 경로

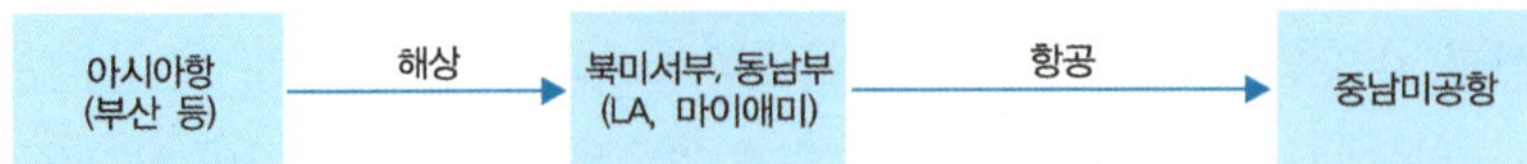

(3) 동남아시아 경유 유럽행 해공복합운송

아시아의 극동항구에서 선박으로 싱가폴 또는 홍콩까지 운송하고 화물을 양륙하여 항공기로 유럽까지 운송하는 것을 말한다.

아시아항-싱가폴, 홍콩항-유럽 해륙복합운송 경로

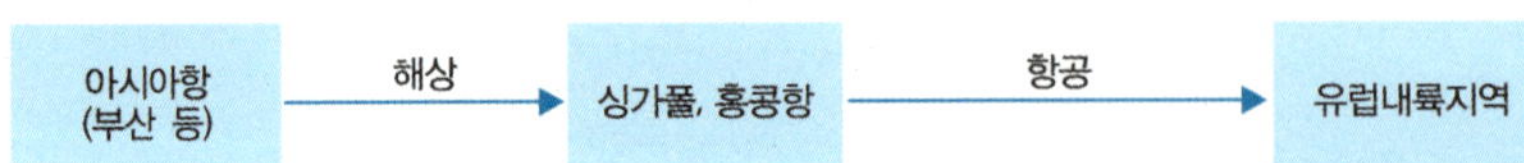

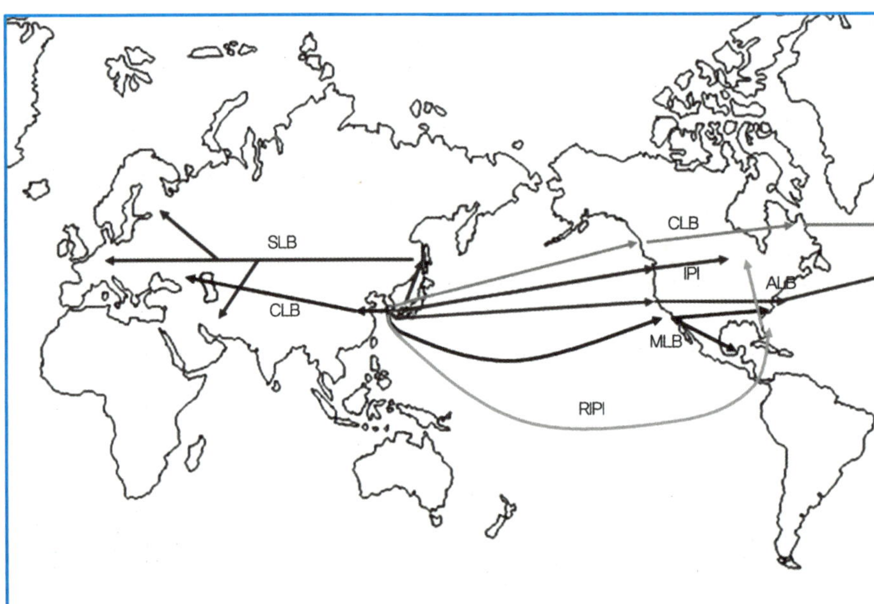

자료) 전순환, 전게서, p.476.

▌표 9-9▌ 국제복합운송의 연결형태

명 칭	연결형태	내 용
Piggy-back	철도와 트럭	트레일러나 컨테이너를 철도의 무개화차(flat car)에 적재운송하는 방식
Fishy-back	해운과 트럭	트럭으로 운송된 컨테이너를 선박에 적재운송하는 방식
Birdy-back	항공과 트럭	트럭으로 운송된 컨테이너를 항공기에 적재운송하는 방식
Truck-air	트럭과 항공	트럭과 항공을 혼합이용하는 운송하는 방식
Rail-water	철도와 수운	철도를 구비한 특수선박에 기차를 적재하고 운송
Ship-barge	선박과 부선	내륙수로와 연안항구간의 해운을 혼합이용하는 방식
Sea-air	해운과 항공	항공기와 선박을 혼합이용하는 방식
Sky-rail	철도와 항공	철도와 항공기를 혼합이용하는 방식
Pipe-line	-	국가간 파이프라인을 설치하여 이용하는 방식

9.3 기타 운송

1 국제철도운송

국제철도운송(international carriage by rail)은 철도차량에 의하여 어느 항만시설국으로부터 다른 내륙지역국, 반대로 내륙지역국으로부터 항만시설국으로 물품을 운송하거나 또는 대륙구간의 물품의 국제운송을 의미한다. 국제철도운송은 해상과 육상사이에서 교량적 역할을 주로 피기백(piggy-back)방식으로 운송하고 있으며 운송범위를 철도노선상에 한정시키는 'rail car service'로 이용된다.

2 국제도로운송

국제도로운송(international carriage by road)는 한 국가에서 다른 국가의 특정 장소로 국제도로운송조약에 따라 물품을 육로로 운송하는 것을 의미한다. 국제도로운송은 고속도로나 일반 간선도로 등 각종 공로망의 확충과 운반차량의 대형화 등으로 다양한 운송요구에 부응하고 있다.

3 국제특송서비스

국제특송서비스(international courier service)는 외국의 업체와 계약을 체결하여 상업서류 및 소형·경량물품을 항공기를 이용하여 문전에서 문전(door to door)까지 수취·배달해주는 서비스로 상업서류 및 이에 부수되는 소량화물 송달서비스를 의미한다. 국제특송서비스는 ① 계약서, 기술관계서류, 각종 데이터, 사양서, 목록, 은행 관계 서류, 수출화물의 선적서류, 증권류, 도면, 설계도, 자기 테이프, 컴퓨터 테이프, 팜플렛, 사전, 보도용 원고 등 우편법에 제한적용을 받지 않는 상업서류 및 이에 수반되는 ② 상품견본, 시험견본, 제작용 견본, 선물용품, 카달로그, 인쇄물, 부속부품, 기계의 대체품, 소량의 장식품 등의 중량 45kg 이하의 시장가치가 없는 소량, 소형, 경량의 일반화물 등의 소량화물을 급송하는 서비스를 의미한다.

국제택배업이 택배업자 또는 상업서류송달업자인 포워더들의 사업인 반면, 특송화물운송업은 항공사의 운송사업이었으나 국제택배업자들이 항공운송업을 겸하는 통합 케리어가 되고, 특송화물운송업자들은 airport-to-airport에서 door-to-door 서비스를 제공함에 따라 통상 같은 개념으로 사용되고 있다. 국제특송서비스의 대표업체들로는 DHL, Federal Express, United Parcel Service(UPS) 등이 있다.

연습문제

1. 주관식문제

1) 항공화물의 운송절차에 대해 설명하시오.
2) 항공화물운송장(AWB)의 성질에 대해 설명하시오.
3) 항공화물운송장(AWB)의 구성에 대해 설명하시오.
4) 항공화물운송장(AWB)과 선하증권(B/L)을 비교하여 설명하시오.
5) 복합운송증권과 선하증권을 비교하여 설명하시오.
6) 복합운송의 정의와 요건에 대해 설명하시오.
7) 복합운송경로에 대해 설명하시오.

2. 용어해설문제

- 항공운송
- 항공화물운송장
- 복합운송
- 복합운송업자
- 랜드브리지

제 10 장

무역관련보험

1. 해상보험의 의의, 당사자 및 해상손해에 대해 알아본다.
2. 협회화물약관(협회적화약관)의 구성과 보상범위에 대해 알아본다.
3. 항공보험의 의의와 담보범위에 대해 알아본다.
4. 무역보험의 운영종목에 대해 알아본다.

제 10 장

무역관련보험

10.1 해상보험

1 해상보험의 의의

1) 해상보험의 정의

해상보험(marine insurance)이란 보험자(insurer)가 해상운송 중에 발생하는 물품의 위험을 인수하고 이들 위험에 기인한 손해가 발생할 경우 피보험자(insured)에게 그 손해액을 보상할 것을 계약하고, 피보험자는 그 대가로서 보험료(insurance premium)를 지불할 것을 약속하는 손해보험의 일종이다. 운송기간, 포장상태, 물품의 종류 및 성질 등 해상보험에 영향을 미치는 요인들이 많기 때문에 적절한 보험조건을 선택하여 보험계약을 체결하여야 한다.

▌표 10-1▌ 해상보험의 정의와 구분

구분	대상	종류	내용
보험 대상	화주 보험	적화보험 (Cargo Insurance)	해상보험의 대상이 화물인 경우로 화물보험이라고 함.
	선주 보험	선박보험 (Hull Insurance)	해상보험의 대상이 선박인 경우에 해당됨
정의	보험자(insurer)가 해상운송 중에 발생하는 물품의 위험을 인수하고, 이들 위험에 기인한 손해가 발생하였을 경우 피보험자(insured)에게 그 손해액을 보상할 것을 계약하고, 피보험자는 그 대가로서 보험료(insurance premium)를 지불할 것을 약속하는 것		

영국의 해상보험법(Marine Insurance Act 1906 : MIA) 제1조에서 “해상보험계약은 보

험자가 피보험자에 대하여 그 계약에 의해 합의된 방법과 범위 내에서 해상손해, 즉 해상사업에 수반되는 손해를 보상할 것을 확약하는 계약"으로 정의하고 있다. 동 법 제2조에서 "해상보험계약은 그 명시된 특약 또는 상관습에 의해 담보된 범위를 확장하여 해상 항해에 수반되는 내수로(inland waters) 또는 육상위험으로 인한 손해에 대해서도 보상할 것"을 규정하고 있다. 따라서 해상보험의 범위와 관련하여 육상운송위험까지 연장되어 담보되도록 되어 있어 해상 및 육상의 혼합보험적 성격을 띠고 있다.

2) 해상보험의 당사자

(1) 보험자

보험자(insurer, assurer, underwriter)는 보험회사(insurance company)나 개인보험업자(underwriter)와 같이 보험계약을 인수하고, 이에 따라 보험계약자에게 손실보상을 약속하는 당사자를 말한다. 한국에서 보험자는 주식회사만 보험자로 인정하고 있다. 영국은 로이즈(Lloyd's)와 같은 개인도 보험업자가 될 수 있지만 미국은 개인보험회사를 인정하지 않고 있다.

(2) 보험계약자

보험계약자(policy holder)는 보험자와 보험계약을 체결하는 당사자로서 보험자인 보험회사와 보험계약을 체결하고 보험료를 납입하는 당사자이다.

(3) 피보험자

피보험자(insured, assured)는 피보험이익(insurable interest)을 갖는 당사자를 의미한다. 즉, 피보험자는 손실이 발생할 경우 계약에 의해 보상을 받을 수 있는 당사자이다.

보험계약자와 피보험자는 동일인이 될 수도 있고 그렇지 않을 수도 있다. FOB규칙이나 CFR규칙인 경우 수입업자가 보험계약자이면서 피보험자이기 때문에 동일인이 된다. 그러나 CIF규칙이나 CIP규칙인 경우 수출업자가 자신을 피보험자로 하여 보험료를 납부하지만, 보험증권에 배서(endorsement)한 다음 수입업자에게 양도하여 결국 수입업자가 보험금의 수취권을 가지게 되기 때문에 보험계약자와 피보험자는 동일인이 아니다.

3) 보험의 목적물(Subject-matter Insured)

보험의 목적물은 피보험목적물로 보험에 부보된 재산이나 물품을 말한다. 위험으로 인하여 손해나 경제상의 손해가 발생되는 대상으로 선박(hull), 화물(cargo), 운임(freight),[1] 선비(disbursement),[2] 희망이익(estimated profit),[3] 희망보수(expected commission)[4] 등이다.

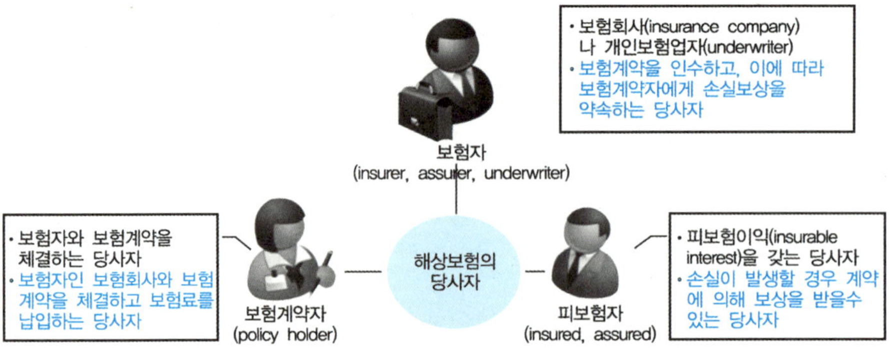

4) 보험가액과 보험금액

(1) 보험가액

보험가액(insurable value)이란 보험계약이 체결될 수 있는 금액으로서 보험목적물의 실제적인 가치를 말한다. 다시 말해 보험가액은 보험사고가 발생할 경우 피보험자가 입게 되는 손해액의 최고한도이다.

(2) 보험금액

보험금액(insured amount)은 피보험자가 실제로 보험에 가입한 금액으로서 손해발생시 보험자가 부담하는 보상책임의 최고한도액을 말한다. 보험금액은 보험자의 보상액이 되기 때문에 보험산정의 기준이 된다. 보험가액이 높게 책정된다 하더라도 보험금액을 낮게 책정할 경우에는 보상액도 그 만큼 낮게 된다.

(3) 보험가액과 보험금액과의 관계

① 전부보험(full insurance) : 보험가액과 보험금액이 일치하는 경우를 말한다.

② 일부보험(under insurance) : 보험목적물에 대해 보험가액의 일부만을 보험금액으로 책정하는 것을 말한다. 따라서 보험가액이 보험금액보다 크다.

③ 초과보험(over insurance) : 보험가액보다 보험금액이 더 큰 것을 말하는 것으로, 이는 선의의 경우를 제외하고는 무효가 된다.

1) 운임을 취득하는 자가 운임보험계약을 체결하는데 운임이 선불인 경우는 화주가 보험계약을 체결하고, 후불인 경우에는 선주가 체결한다.

2) 선비는 피보험항해를 위한 의장비용, 즉 연료, 윤활류, 식료 등을 의미하고 광의로는 의장비용은 물론 선원에 대한 전 도급료와 보험비용 등이 포함된다.

3) 화물이 안전하게 도착될 경우 매수인이 얻을 수 있는 이익을 말한다.

4) 화물이 안전하게 도착될 경우 취득할 수 있는 중개인의 수수료, 수탁자의 구전, 기타 보수를 총칭한다.

5) 피보험이익(Insurable Interest)

(1) 피보험이익의 정의

선박과 화물은 보험계약의 대상물에 불과하고 보험계약은 이들 보험목적물에 대하여 특정인이 가지는 이해관계를 보호하기 위하여 존재한다. 선박과 화물 등의 보험목적물과 이해관계가 있는 자는 이들 목적물들이 위험에 처할 경우 손해를 입을 수가 있기 때문에 이를 대비하기 위하여 보험계약을 체결한다. 보험계약자는 보험목적물과 경제적인 이해관계가 있기 때문에 보험계약을 체결하고 재산상의 손해를 보상받게 된다.

이와 같이 보험의 목적물에 대하여 특정인이 갖게 되는 경제적 이해관계를 피보험이익(insurable interest)이라고 한다. 다시 말해 보험목적물과 관계가 있는 당사자는 보험목적물이 위험에 노출될 경우 손해를 입을 수 있기 때문에 이에 대비하여 보험계약을 체결한다. 따라서 당사자는 보험목적물과 이해관계가 있기 때문에 보험계약을 체결하고, 이 계약에 의해서 미래의 사고로부터 재산상의 손해를 보상받을 수 있는 피보험이익을 가지게 된다.

"이익이 없는 곳에는 보험이 없다(no interest, no insurance)"는 말과 같이 피보험이익이 존재하지 않으면 보험계약을 체결할 수도 없고, 만일 보험계약의 형식을 갖추었다고 하더라도 그 계약의 효력은 발생될 수 없다. 예를 들어, 화물의 소유자는 보험의 목적물인 화물에 대하여 보험회사에게 보험을 부보하고 해당 화물에 대한 사고가 발생하면 보상을 받는다. 하지만 화물의 소유자가 아닌 제3자가 보험을 부보할 경우에는 동일한 사고에 대하여 보상을 받을 수 없다. 이 경우 화물의 소유자와 보험의 목적물인 화물과 경제적 이해관계가 성립되게 되는데 이 경제적 이해관계가 바로 피보험이익이다.

피보험이익(Insurable Interest)이란?
- 보험의 목적물에 대하여 특정인이 갖게 되는 경제적 이해관계

영국의 해상보험법 제4조에서 "도박이나 사행(사행계약)을 위해 보험의 목적물(subject matter of insurance)과 하등의 이해관계 없이 이루어지는 보험계약은 무효"라고 규정하고 있다. 보험에는 반드시 피보험자가 보험의 목적물과 재산상의 이해관계가 있어야 하며,

재산상의 이해관계를 보호함으로써 특정인이 갖게 되는 이익이 피보험이익이다.

(2) 피보험이익의 요건

선박과 화물 등의 보험목적물에 대한 보험계약이 법적 효력을 발생하기 위한 피보험이익의 요건으로는 다음과 같다.

첫째, 피보험이익은 적법성이 있어야 한다. 밀수품, 마약, 절도품, 탈세와 도박 등과 같이 공서양속(公序良俗)에 위배되는 목적물은 피보험이익이 될 수 없다.

둘째, 피보험이익은 경제성이 있어야 한다. 피보험이익은 금전적으로 평가할 수 있는 경제적 이익이 있어야 하며, 감정적·도덕적 이익은 금전으로 평가할 수 없는 비경제적 이익이기 때문에 피보험이익이 될 수 없다.

셋째, 피보험이익은 확정성이 있어야 한다. 즉 보험사고가 발생할 때까지 보험계약의 요소로서 확정하거나 확정할 수 있는 것이어야 한다. 예를 들어 CIF가격에 희망이익을 포함하여 최대 110%를 부보하는 것도 현재 확정되어 있지 않더라도 장래에 확정될 것이 확실한 것이기 때문이다.

(3) 피보험이익의 당사자

피보험이익의 당사자는 선박(marine hull), 적화(marine cargo), 운임(freight), 선비(disbursement) 등과 같은 보험목적물을 소유하거나 취득하는 당사자로서 이들에 대한 피보험이익을 가진다. 선주(shipowner)는 선박, 운임, 선박보험료, 선비 등과 같은 선박과 관련된 것들에 대한 피보험이익을 가진다. 화주(shipper)는 자신이 화물을 소유하고 있는 한 화물에 대한 피보험이익을 가진다.

표 10-2 피보험이익의 정의·요건·당사자

구 분		내 용
정의	보험의 목적물에 대하여 특정인이 갖게 되는 경제적 이해관계	
요건	• 적법성 : 법률상 인정되는 적법한 것일 것 • 경제성 : 금전적으로 산정할 수 있는 경제적 이익이 있을 것 • 확정성 : 사고발생시까지 보험계약요소로 확정되거나 확정할 수 있을 것	
당사자	선주	선박, 운임, 선박보험료, 선비 등과 같은 선박과 관련된 피보험이익
	화주	화물가액, 적화보험료(보험료지불시), 운임(운임선지급시), 희망이익 등
	용선자	선박(나용선의 경우), 용선료(선주에게 지불한 운임인 용선료)

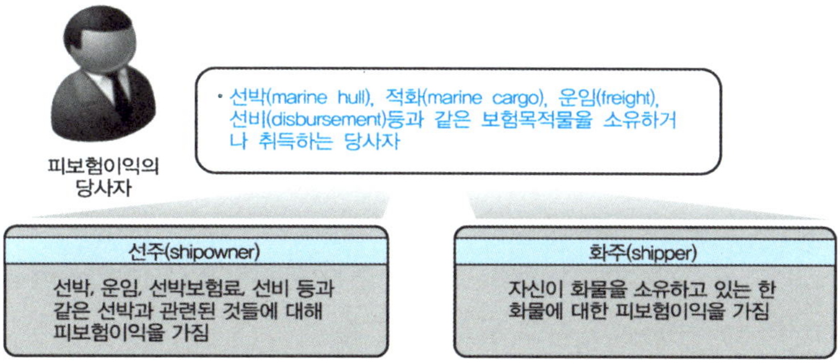

6) 고지의무

(1) 고지의무의 의의

고지의무(duty of disclosure)는 피보험자 등이 보험계약체결 당시 보험자에게 중요한 사실을 알려주어야 할 의무로 계약 전에 알려줘야 하는 의무를 말한다. 피보험자 등의 고지사항은 보험자가 보험을 인수할 것인지를 결정하고 정확한 보험료를 평가하는데 필요하다. 피험자 등이 보험자에게 보험목적물에 대한 구체적인 사항을 최대선의의 원칙에 의거하여 고지해야 할 의무가 있다. 고지의무의 이행당사자는 보험계약자, 피보험자 또는 피보험자의 대리인이다.[5)]

(2) 고지사항

① 피보험자가 알고 있는 모든 중요한 사실

고지의무 당사자는 자신이 알고 있는 모든 중요한 사실을 보험자에게 고지하여야 한다. '중요한 사실(material fact)'은 보험자가 사고의 위험을 측정하여 보험의 인수여부나 보험료를 결정하는 합리적 판단에 영향을 미치는 사실을 의미한다. 보험자는 보험계약체결 전 청약단계에서 화물 등의 피보험목적물에 대한 정확한 정보가 없기 때문에 고지의무 당사자는 자신이 알고 있는 중요한 사실을 고지하여야 한다.

② 피보험자가 당연히 알고 있을 것으로 추정되는 모든 중요한 사실

피보험자 등이 실제로 알고 있는 중요한 사실뿐만 아니라 통상적인 업무수행상 당연히 알고 있을 것으로 추정되는 사실도 고지할 의무가 있다. 실제로 피보험자 등이 고지시점에서 전혀 인지하지 못하고 있었던 사실이나 추정할 수 없는 사실까지도 고지하여야 하는 것

5) 영국 해상보험법(MIA)은 타인을 위한 보험계약을 인정하고 있지 않고 보험계약자의 개념이 존재하지 않기 때문에 피보험자가 고지의무자가 된다.

은 아니다. 하지만, 피보험자 등이 상당한 주의를 기울였다면 알아낼 수 있었던 사실을 게을리 함으로써 고지하지 않은 경우에는 고지위반에 해당될 수 있다.

(2) 불고지사항

① 위험을 감소시키는 일체의 사항

고지의무는 보험자를 보호하는 역할을 하는 것이기 때문에 위험에 아무런 영향을 미치거나 위험을 감소시키는 사항은 고지할 필요가 없다.

② 보험자가 알고 있거나 알고 있을 것으로 추정되는 사항

보험자가 알고 있거나 알고 있을 것으로 추정되는 사항은 고지할 필요가 없다. 보험자는 일반적으로 널리 알려진 사항이나 상식에 속하는 사항 및 보험자가 자기의 통상적인 업무상 마땅히 알아야 할 사항들은 고지하지 않아도 된다.

③ 보험자가 고지받을 권리를 포기한 사항

보험자가 고지받을 권리를 포기한 사항은 질문이 없는 한 고지할 필요가 없다. 예를 들어 선박이 소급약관(lost or not lost clause)조건으로 부보된 경우 보험계약이 체결되기 전에 선박이 실제로 출항한 사실은 고지할 필요가 없다.

④ 담보에 의해 고지가 필요 없는 사항

보험계약상 담보(warranty)는 보험기간 동안 피보험자가 지켜야 할 약속이다. 보험자는 그 담보에 포함된 사항은 알고 있고, 피보험자가 담보를 위반할 경우 보험자는 면책되기 때문에 담보관련 사항은 고지할 필요가 없다.

(3) 고지의무 위반

영국 해상보험법(MIA)상 고지위반의 경우 보험자는 보험계약을 취소(revocation)할 수 있다. 보험자가 취소권을 행사한 경우 보험자는 피보험자가 지급한 보험료를 반환해야 하며, 피보험자는 보험자가 지급한 보험금을 반환해야 한다. 물론 보험자의 계약취소권은 포기(waiver)될 수 있다. 고지위반이 있음에도 불구하고 보험자는 추가보험료를 받고 고지위반사실을 승인할 수도 있다.

한국 상법의 경우 고지위반이 있는 경우 보험자는 보험계약을 해지(cancellation)할 수 있다. 해지의 효력은 장래에 대해 발생하고 소급효과가 없으므로 보험자는 피보험자가 보험사고 발생 전에 이미 지급한 보험료를 반환할 필요가 없고, 오히려 보험계약자 또는 피보험자의 미지급 보험료를 청구할 수 있다. 다만, 보험사고 발생 후 계약을 해지한 경우 보험자

는 보험계약자 또는 피보험자에게 이미 지급한 보험금반환청구가 가능하고, 지급하지 않은 보험금은 지급할 의무가 없다.

7) 담보

(1) 담보의 의의

담보(warranty)란 보험계약자가 특정조건의 준수를 보증하겠다는 약속이다. 담보는 피보험자에게 특정사항의 충족이나 이행사항을 보험증권에 명시적으로 기재하도록 하거나 명시되어 있지는 않지만 보험계약이 체결됨으로 인하여 당연히 지켜야 할 약속들을 의미한다.

(2) 명시담보

명시담보(express warranty)는 담보의 내용이 명시적으로 보험증권에 기재되거나 담보내용이 증권에 첨부되는 것으로 명시되어 있는 내용들은 피보험자가 특정의 일을 행하거나 행하지 않을 것 또는 특정의 조건을 구비할 것을 보증하는 진술이나 약속을 의미한다. 명시담보는 보험증권에 이와 상반되는 내용이 있더라도 우선하여 적용된다. 명시담보에는 중립담보(warranty of neutrality),[6] 상당안전담보(warranty of good safety),[7] 선비담보(disbursement warranty)[8] 및 항해담보(voyage warranty)[9]가 있다.

(3) 묵시담보

묵시담보(implied warranty)는 보험증권에는 명시되어 있지는 않지만 피보험자가 묵시적으로 지켜야 하는 약속을 의미한다. 대표적인 묵시담보는 감항성 담보(warranty of seaworthiness)와 적법성 담보(warranty of legality)이다. 감항성 담보는 해상과정에서 우연히 만나는 통상의 해상위험을 견될 수 있는 능력으로 선박자체의 항해능력은 물론 화물의 적재능력까지 포함되는 개념이다. 적법성 담보는 부보된 해상사업은 적법한 항해사업이어야 하고 피보험자가 사정을 통제할 수 있는 한 해상사업이 적법한 방법으로 수행되어야 한다는 것을 의미한다.

---

6) 중립담보는 선박이나 화물 등 피보험목적물이 중립재산이라고 명시하는 담보로 선박이 전시중인 교전국 소속의 것이 아닐 것, 봉쇄지역을 운행하거나 침입하지 않을 것, 적화가 금지품이 아닐 것 등이 이에 해당된다.

7) 상당안전담보는 피보험목적물이 보험개시일에 무사하거나 안전할 것을 조건으로 하는 것을 말한다.

8) 선비담보는 선박보험에 추가하여 선비를 특약으로 부보하는 경우 선비의 보험금액을 선박보험금액의 일정비율(25%) 이상을 넘지 못하도록 하는 담보를 말한다.

9) 항해담보는 선박이 운항할 수 없는 지역을 명시한 담보로 'Baltic warranty', 'Behring warranty' 등과 같이 표현될 수 있다.

(4) 담보위반

담보를 위반한 경우 보험자는 담보위반일로부터 보상책임을 부담하지 않는다. 따라서 담보위반 전에 발생한 손해는 보상하여야 하지만, 담보위반 이후에 발생한 손해는 보상할 필요가 없다. 담보위반은 고지의무의 위반의 경우처럼 소급효과가 발생하는 취소권과는 달리 담보위반 시점까지의 보험자가 받은 보험료는 반환할 필요가 없다. 하지만 담보를 위반하면 보험자는 보험계약의 해지권이 인정되기 때문에 계약을 해지할 수 있다. 담보위반이 발생한 경우라도 보험자가 해지권을 행사하지 않으면 계속 계약이 유지된다. 따라서 담보위반에 대하여 계약을 해지할 것인지는 보험자의 선택에 달려 있다. 보험자가 담보위반에 대한 해지권 권리를 포기할 경우 계약은 계속 유지될 수 있다.

8) 근인주의

보험자는 담보위험에 근인하여(proximately) 발생하는 손해만 보상한다. 근인(proximate cause)이라 함은 손해를 야기시킨 가장 직접적인 원인을 말하는 것으로, 이는 사건발생과 가장 가까운 시간적인 원인이 아니라 사고의 비중이 가장 큰 원인을 의미한다. 예를 들어 선원들이 선박을 침몰시키기 위해 고의로 선박에 구멍을 뚫어 물이 새어들어 선박이 침몰했다고 가정하자. 선박침몰원인은 구멍을 통해 들어온 해수이지만 실질적인 사고의 원인은 고의적인 선원의 행동이라고 할 수 있다. 따라서 해수는 침몰의 먼 원인이 되고 선원의 고의적인 행동은 가까운 원인, 즉 근인이 된다. 이 경우 보험조건이 선원의 악행을 담보하고 있다면 보험자가 보상하지만 그렇지 않을 경우에는 보상하지 않는다. 근인주의(doctrine of proximate cause)란 이러한 근인이 담보위험에 포함되면 보험자가 보상을 하지만 근인이 담보위험에 포함되지 않으면 보상하지 않는다는 것이다.

2 해상위험의 종류

1) 해상고유의 위험

해상고유의 위험(perils of the sea)은 바다의 항해에 기인하는 위험으로 항해를 하지 않았으면 발생되지 않았을 위험을 말한다.

(1) 침몰

침몰(sinking)은 선박이 부력을 상실하고 수중에 가라앉아 더 이상 항해가 불가능한 상태를 말한다. 침몰은 전손(total loss)으로 인정되며 위부(abandonment)의 행사를 통하여 추정전손으로 인정받을 수 있다.

(2) 좌초 및 교사

좌초(stranding)는 선박이 암초나 다른 견고한 물체에 얹혀 일정기간 움직이지 못하는 상태를 말하고, 교사(grounding)는 모래나 진흙 등과 같이 견고하지 않은 물체에 걸쳐 일정기간 진퇴가 불가능한 상태를 말한다.

(3) 충돌

충돌(collision)은 선박과 선박 간의 충돌뿐만 아니라 난파물, 암벽, 빙산, 빙벽 등과 같은 다른 물체와 직접적으로 접촉하는 것을 말한다.

(4) 전복

전복(capsize, overturn)은 해상에서 선박이 횡방향의 어느 한 쪽으로 기울어져 뒤집혀지는 현상을 말한다.

(5) 악천후

악천후(heavey weather, bad weather)는 소나기나 우박 등을 동반하는 나쁜 날씨 혹은 거친 날씨로 황천(荒天)이라고도 한다.

2) 해상위험

해상위험(marine risk, maritime perils)은 항해에 부수되는 위험으로 항해를 하지 않더라도 발생하는 위험이다. 화재, 투하, 선장이나 선원의 악행, 해적행위 등이 이에 해당된다.

(1) 화재

화재(fire)는 불로 나는 재앙이나 불로 인하여 발생하는 재난을 말한다. 하지만, 화재의 원인이 자연발화나 피보험목적물의 고유의 하자 및 성질을 근인으로 하는 물품의 멸실 또는 손상은 보상되지 않는다.

(2) 투하

투하(jettison)는 선장이 관련 당사자의 이익을 위하여 공동의 위험이 있을 때 화물을 바다에 던지는 행위로 공동해손에 해당되는 위험이다.

(3) 선장이나 선원의 악행

선장이나 선원의 악행(barratry of the master and mariners)은 선장이나 선원들이 고의적으로 또는 의도적으로 선주나 용선자에게 저지르는 비행을 말한다. 선박을 밀수목적으로 사용하거나, 방화, 고의적인 좌초, 침몰, 이로, 사기목적을 가지고 화물을 매각처분 하는 행위 등이 이에 해당된다.

(4) 해적행위

해적행위(pirates)는 어느 국가의 관할권에도 속하지 않는 공해상에 있는 선박에 대해 다른 선박의 승무원이나 여객이 사적인 목적달성을 위하여 자행하는 불법적 폭력행위, 억류 및 약탈행위를 말한다.

(5) 강도

강도(thieves)는 화물감독자가 습격을 받아 물품을 강탈당하는 것으로 폭력을 동반한 습격을 말한다. 강도위험은 ICC(A)에서는 담보되지만, ICC(B) 및 ICC(C)에서는 담보되지 않는다.

3 해상손해

해상손해(marine loss)란 화물, 선박 또는 기타의 보험목적물이 해상위험으로 인하여 피보험이익의 전부 혹은 일부가 멸실 또는 손상되어 피보험자에게 재산상의 불이익이나 경제상의 불이익을 초래하는 것을 의미한다. 일반적으로 해상손해는 크게 물적손해(physical loss), 비용손해(expenses) 및 배상책임손해(liability loss)로 나눌 수 있다.

1) 물적손해

물적손해(physical loss)는 선박이나 화물 등의 보험목적물의 멸실이나 손상 등에 의한 손해를 말한다.

(1) 전손

전손(total loss)은 담보위험으로 인하여 보험목적물이 전부 소멸되는 경우를 의미한다. 해상보험에서는 현실전손(actual total loss)과 추정전손(constructive total loss)으로 구분된다.

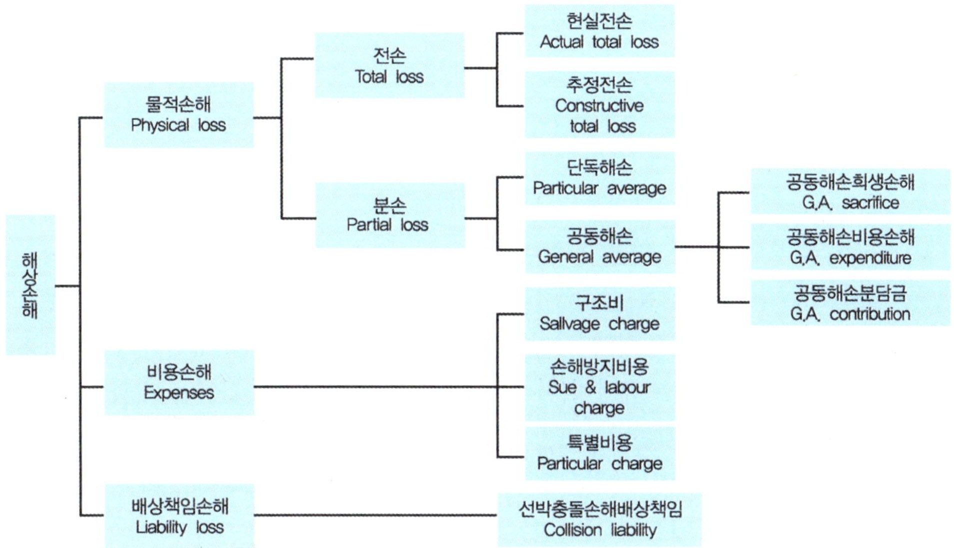

▌그림 10-1▐ 해상손해의 종류

① 현실전손 : 현실전손(actual total loss)은 보험목적물이 현실적으로 완전히 파괴되거나 부보된 종류의 물건으로서 존재할 수 없을 정도로 심한 손상을 받을 경우 피보험자가 보험목적물을 박탈당하여 회복할 수 없을 경우에 성립된다. 현실전손의 성립사유는 다음과 같다.

㉠ 보험목적물의 실질적 파손(Physical Destruction) : 보험목적물이 파손된 경우란 선박이나 적화 등이 충돌, 침몰, 좌초 등으로 인하여 완전히 파괴되어 복구가능성이 전혀 없는 상태 또는 선박이나 적화가 화재로 인하여 전소된 경우를 말한다.

㉡ 보험목적물의 본래의 성질상실(Alteration of Species) : 보험목적물이 본래의 성질상실된 경우란 부보된 물품으로서 존재할 수 없을 정도로 심한 손상을 받아 물건으로서는 존재하고 있으나 부보된 종류의 물건으로서의 성질을 상실한 것을 말한다. 예를 들어 시멘트가 완전히 응고되어 시멘트로서의 가치가 없게 된 경우 및 곡물이 악천우로 인하여 해수에 젖어 곡물의 가치를 상실한 경우 등이 이에 해당된다.

㉢ 보험목적물의 박탈(Irretrievable Deprivation) : 보험목적물을 박탈당하여 회복할 수 없는 경우란 선박이 적에게 포획되는 경우 혹은 합법적인 전리품으로 몰수되었을 때, 금괴의 해저침수와 같이 보험목적물이 회복전망이 없는 경우 등을 말한다.

㉣ 선박의 행방불명(Missing Ship) : 선박의 행방불명이란 선박이 행방불명되고 상당기간 후까지 그 소식을 모를 경우를 말한다.

② 추정전손 : 추정전손(constructive total loss)은 보험의 목적물이 현실적으로 전멸한 것은 아니지만 현실전손이라고 보는 것이 불가피하다고 인정되거나, 손해의 정도가 심하여 그 목적물의 용도에 사용할 수 없거나 또는 수리비가 수리 후 보험목적물이 가지는 시가보다 클 경우에 전손으로 간주하는 것이다. 추정전손으로 처리되기 위해서는 위부(abandonment)행위가 따라야 한다.

추정전손의 성립사유는 다음과 같다.

㉠ 선박 또는 적화의 점유를 상실한 때 : 선박 또는 적화의 점유를 상실한 때란 피보험자가 보험사고로 인하여 자신의 선박 및 화물의 점유를 상실하여 이를 회복할 가능성이 없거나 회복하기 위한 비용이 회복하였을 때의 가액을 초과할 것으로 예상되는 경우를 말한다.

㉡ 선박 수선비용이 선박가액을 초과할 것으로 예상되는 경우 : 선박 수선비용이 선박가액을 초과할 것으로 예상되는 경우란 선박의 전손의 경우 선박이 피보험위험으로 인하여 심하게 손상되어 그 손상을 수선하는 비용이 수선되었을 때의 선박의 가액을 초과할 것으로 예상되는 경우를 말한다.

㉢ 적화 수선비용과 목적지까지의 운송비용이 적화의 가액을 초과할 것으로 예상되는 경우 : 적화 수선비용과 목적지까지의 운송비용이 적화의 가액을 초과할 것으로 예상되는 경우란 화물의 손해의 경우 손상을 수선하는 비용과 화물을 그 목적항까지 운송하는 비용을 합산한 비용이 도착시의 화물의 가액을 초과할 것으로 예상되는 경우를 말한다.

③ 위부(Abandonment) : 위부는 피보험자가 보험자에게 보험목적물에 대한 손해를 전손으로 추정하도록 하기 위하여 소유권과 제3자에 대한 구상권을 보험자에게 양도하는 것을 말한다. 즉, 위부는 추정전손의 사유가 발생하여 피보험자가 보험목적물에 대한 일체의 권리를 보험자에게 이전하고 그 대신 전손에 해당하는 보험금을 청구하는 행위를 말한다. 피보험자의 이와 같은 의사표시를 보험자가 승낙하게 되면 추정전손이 성립되고 만약 이를 거절하게 되면 분손으로 처리된다. 그런데 보험사고의 손해를 추정하는 과정에서 보험자와 피보험자 간의 견해차이로 인해 피보험자는 전손으로 추정하는 반면에 보험자는 분손으로 추정할 수 있고 혹은 그 반대의 경우가 생길 수 있다.

따라서 추정전손이 성립되기 위해서는 보험자와 피보험자 간의 양자 합의가 이루어져야 하며, 이 양자의 합의가 곧 위부의 성립이 된다. 위부가 성립되려면 피보험자가 먼저 위부를 하겠다는 의사표시를 하고 보험자가 이를 수락해야 한다. 만약 보험자가 위부통지를 수락하면 보험자는 손해배상책임을 결정적으로 인정한 결과가 되며 일단 위부의 통지가 수락되면 위부는 철회될 수 없다.

위부(abandonment) : 추정전손의 사유가 발생하여 피보험자가 보험목적물에 대한일체 의 권리를 보험자에게 이전하고 그 대신 전손에 해당하는 보험금 청구

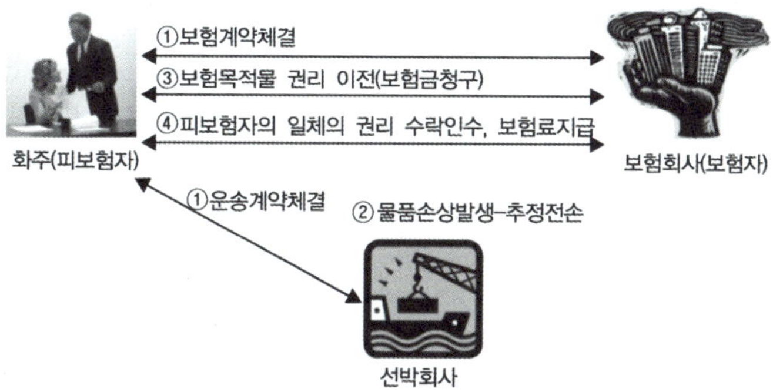

④ 대위(Subrogation) : 대위란 보험자가 보험금을 지급한 경우 피보험자가 보험의 목적에 대해 가지는 권리 및 제3자에 대하여 가지는 권리를 보험자가 승계하는 것을 의미한다. 손해보험계약은 실손보상의 원칙에 따라 손해를 입은 피보험자를 손해를 입기 전과 같은 상태로 복귀시키는 것을 목적으로 하는 계약이다.

따라서 피보험자는 보험계약으로 부당한 이득을 보아서는 안 된다. 이를 '부당이득금지의 원칙'이라고 한다. 그런데 피보험자가 보험자로부터 보험금의 지급을 받고도 보험의 목적에 잔존하고 있는 권리나 제3자에 대한 손해배상청구권을 그대로 가지고 있다면 피보험자는 부당한 이득을 보게 되어 이러한 원칙에 위배된다. 대위는 실손보상의 원칙에 따른 부당이득금지의 원칙에 의거한 것이다. 보험자대위에는 보험목적에 대한 보험자대위(잔존물대위)와 제3자에 대한 보험자대위(청구권대위)가 존재한다.

대위(subrogation) : 보험자가 보험금을 지급한 경우 피보험자가 보험의 목적불에 대해 가지는 권리 및 제3자에대해 가지는 권리를 보험자가 승계

대위는 피보험자인 화주가 보험자인 보험회사로부터 물품손상에 대한 보험금을 지급받는 이후 목적물인 파손물품에 대한 권리가 있어 이중으로 경제적 이익을 볼 수 없도록 하는 제도임

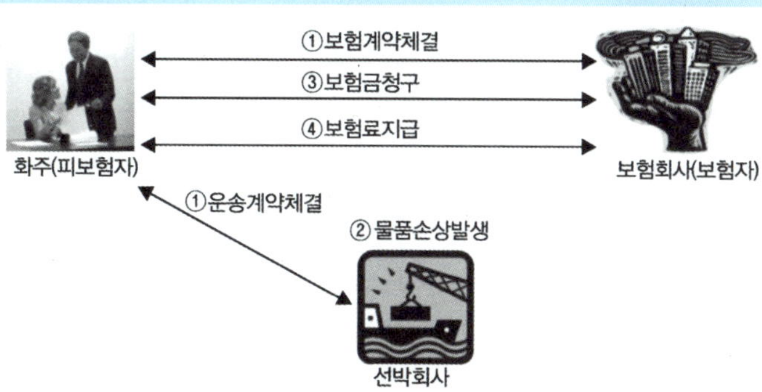

▌표 10-3▐ 위부와 대위의 비교

구 분	위부(abandonment)	대위(subrogation)
개 념	• 추정전손의 요건을 충족한 때 위부를 통하여 추정전손이 성립함 • 위부통한 추정전손 성립→보험금 지급	• 보험사고에 의해 손해가 발생한 경우 보험회사가 보험금 전액을 지급한 후 잔존물 청구권을 보험자에게 이전하여 이중이익 방지 • 보험금지급 후 → 대위권 행사
인정범위	추정전손이 필요한 해상보험	해상보험을 비롯한 모든 손해보험
법적성질	• 영국해상보험법(MIA)에서는 보험자의 승인 필요 • 상법에서는 위부를 단독행위로 봄	• 영국해상보험법(MIA)에서는 보험자에게 대위권이 있음 • 상법에서는 당연한 권리이전으로 봄
요 건	• 무조건적 : 피보험자가 가지는 보험 목적물에 관한 모든 이익을 보험자에게 이전	• 잔존물대위의 요건 – 전손의 발생 – 보험금액의 전부지급 • 청구권대위의 요건 – 제3자에 대한 피험자의 권리가 존재할 것 – 보험금액의 전부지급
효 과	• 직접효과(이전효과):보험자는 보험목적물에 대한 피보험자의 모든 권리취득. 잔존이익+제3자에 대한 청구권 포함 • 간접효과(피보험자의 보험금액 전액 청구권) : 피보험자는 보험자에게 보험금 전액을 청구할 수 있음	• 잔존물에 대한 권리이전 • 제3자에 대한 배상청구권 이전
취득대상	• 잔존물에 대한 피보험이익 • 제3자에 대한 청구권	• 잔존물에 대한 피보험이익 • 제3자에 대한 청구권
취득범위	배상금 〉 보험금 → 배상금 전체를 보험자가 취득	배상금 〉 보험금 → 보험금의 범위 내에서만 취득

(2) 분손

분손(partial loss)은 피보험이익의 일부만이 멸실되거나 손상되는 것을 말한다. 분손은 손해의 발생원인에 따라 단독해손과 공동해손이 있다.

① 단독해손 : 단독해손(particular average : P/A)이란 담보위험으로 인하여 발생한 보험목적물의 일부분에 대한 손해를 단독으로 책임지는 손해이다.[10] 예를 들어 폭풍우로 인한 선박의 손상, 화재로 인한 화물의 손상이 있을 경우 선박의 손상은 선주가 단독으로 부담하게 되고, 화물의 손상이 있을 경우 화물의 손상은 화주가 단독으로 부담한다. 피보험자가 이러한 단독해손을 보상받기 위해서는 이들 손해가 담보위험에 의

10) 영국해상보험법 제64조 제1항

하여 우연히 발생한 것이어야 한다. 단독해손의 유형에는 ① 선박의 단독해손, ② 운임의 단독해손, ③ 적화의 단독해손이 있다.[11]

② 공동해손 : 공동해손(general average : G/A)이란 보험목적물이 공동의 안전을 위하여 희생되었을 때 관련 이해관계자들이 비례하여 분담하는 손해이다. 예를 들어 항해 중에 선박이 태풍으로 인하여 서서히 가라앉고 있을 경우 선장의 책임 하에 선박이 가라앉지 않도록 하기 위해 화물을 바다에 버릴 수 있다. 이 때 바다에 버려진 화물의 손해에 대해 선주는 자신의 선박에 이상이 없다 하더라도 화주와 함께 분담해야 한다. 공동해손의 성립요건들로는 ① 항해단체 전원에게 위험이 존재해야 하는 위험의 공동성, ② 위험이 실제로 존재하여야 하는 위험의 현실성, ③ 재산의 손해나 비용의 지출이 특별해야 하는 공동해손의 이례성, ④ 목적을 가지고 자발적으로 이루어지는 공동해손행위의 임의성, ⑤ 공동해손행위의 손해와 비용의 합리성 등이다.

2) 비용손해

비용손해(expenses)는 화물에 손해가 없더라도 사고에 의한 손해를 경감 또는 방지하기 위하여 지출한 비용이니 사고의 발생에 따라 지출된 비용 등의 손해를 말한다.

(1) 구조비(salvage charge)

구조는 위험에 직면한 선박이나 화물을 구출하는 행위를 말한다. 구조는 성격에 따라 구조계약을 체결하지 않은 상태에서 위험에 처해 있는 재산을 구조자가 스스로 구조하는 순수구조(pure salvage)와 구조계약을 체결하는 상태에서 구조하는 계약구조(contract salvage)로 구분된다. 해상보험에서는 구조비는 순수구조이다. 구조비(salvage charge)는 구조계약을 체결하지 않은 상태에서 제3자에 의해 자발적으로 구조되었을 때 구조한 자에게 지불하는 비용을 말한다. 구조비는 현실적으로 위험한 상태에서 자발적으로 실제로 구조된 것에 한해서 지불되며 구조가 실패로 끝나 구조물이 없는 경우에는 구조비가 지급되지 않는다.

(2) 손해방지비용(sue & labour charge)

손해방지비용은 실질적인 위험에 처했을 때 피보험자 또는 선장이나 선원 또는 하역업자

---

11) 선박의 단독해손은 수선비, 선원의 급료, 연료 및 저장품 등이 대상이며 해수유입, 선내화재, 장애물과의 충돌 및 좌초로 인하여 선박장비가 멸실되거나 선체구조에 손해가 발생한 것을 말하고, 운임의 단독해손은 화물의 일부가 멸실, 손상을 입어 운임의 일부를 받지 못하거나 불필요하게 지급된 경우를 말한다. 적화의 단독해손은 주로 질적인 훼손상태, 양적인 수량부족 등으로 선박에의 해수유입, 선박의 장애물과의 접촉, 화재에 의한 적화의 분손 등이 있다.

등과 같은 피보험자의 대리인이 손해를 방지하거나 경감하기 위해서 합리적으로 지출한 비용을 말한다. 피보험자의 손해방지의무는 자신을 위한 것이 아니라 결국 보험자를 위한 의무이기 때문에 손해방지비용은 보험자가 별도로 보상한다. 피보험자의 적극적인 손해방지행위를 유도하기 위하여 손해방지행위를 시도하다 실패한 경우에도 보험자는 이 비용을 보상해야 한다. 피난항에서의 가축사료비용, 해상 또는 육상으로의 계반비용, 담보위험으로 인한 재포장비, 배상책임이 있는 자에게의 소송비용 등이 이에 해당된다.

(3) 특별비용(particular charge)

특별비용은 피보험목적물의 안전이나 보존을 위하여 피보험자 혹은 피보험자의 대리인에 의하여 지출된 비용으로 공동해손비용과 구조료 이외의 비용을 말한다. 예를 들어 화물의 경우 긴급사태가 발생하여 피난항에서 지출하게 된 양륙비, 창고보관료, 재포장비용, 재선적비, 재운송비 등이 이에 해당된다.

▌표 10-4▌ 비용손해와 공동해손비용손해의 비교

구 분	구조비	손해방지비	특별비	공동해손비용
행위 주체	제3자	피보험자 또는 그의 대리인	피보험자 또는 그의 대리인	선장
지출 목적	공동 또는 단독이익	단독이익	단독이익	공동이익
종류	자발적 구조비만 해당	• 목적지 도착 전 비용 – 피난항 가축사료비 – 계반비용 – 재포장비 • 소송비용	• 피난항비용 – 창고비 – 재선적비 – 출항비 • 도착후비용 – 화물건조비용 – 재포장비용 – 정상품분리 비용 • 계약구조비	• 피난항 입항비 • 피난항 양륙비 • 공동이익주의 – 창고료 – 재선적비 – 출항비 • 예인선비 • 공동해손행위 구조비
보상 한도	실구조비	협정보험가액 초과시에도 피보험목적물의 손해액 + 손해방지비 모두 배상	보험금액 내에서만 보상	실지출비

3) 배상책임손해

배상책임손해(liability loss)는 피보험선박이 자신의 과실이나 쌍방의 과실로 다른 선박과 충돌하여 피보험선박은 물론 상대 선박의 선주 및 그 화물에 손해를 입게 될 때 피보험자가 책임져야 하는 손해배상금을 보험자가 보상해주는 것을 말한다. 협회화물약관(Institute Cargo Clause : ICC)에 쌍방과실충돌약관(both to blame collision clause)이 있어 선주와 화주의 제3자에 대한 배상책임을 보험자가 보상하도록 하고 있다.

미국의 경우 쌍방과실에 의한 충돌결과 각 선박의 적화에 손해가 발생한 경우 연대책임을 진다. 화주는 선박의 충돌로 인해 발생된 적화의 손해에 대하여 선주의 항해과실로 인한 면책사유로 자기 선박의 선주에게 손해보상청구를 할 수 없지만 상대선주로부터 전손액을 회수할 수 있다. 이에 따라 자기 선박의 선주가 결과적으로 상대선주를 통하여 화주에게 간접적으로 배상한 것으로 된다. 따라서 선하증권에서 쌍방과실충돌약관을 두어 선주가 자기 선박의 적화에 대하여 부담한 손해를 자기 선박의 화주에게 청구할 수 있도록 하고 있다.

선하증권의 쌍방과실충돌약관에 의해 피보험자인 화주가 자기 선박의 선주에게 지급해야 할 금액을 보험자가 보상할 것을 협회화물약관(ICC)에서 규정하고 있다. 화주가 상대 선주로부터 배상받은 금액 중 자신이 적재한 적재선의 과실비율에 해당하는 부분을 운송인이 청구하게 되면 이를 보험자가 피보험자에게 보상한다.

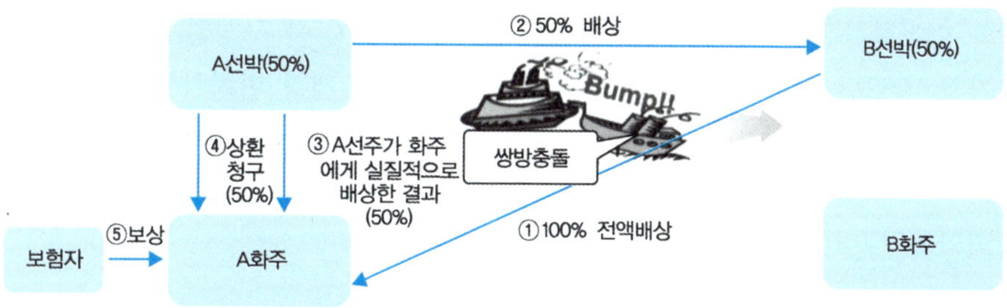

① B선주가 A화주에게 전액 배상
② A선주가 B선주에게 50% 배상
③ 실질적으로 A선주가 A화주에게 배상한 결과
④ 선하증권상의 쌍방과실충돌약관에 의해 A화주로부터 상환청구
⑤ 보험자가 피보험자인 A화주에게 보상

4 협회화물약관(협회적화약관)의 개념과 구성

1) 협회화물약관의 개념

해상화물보험(해상적화보험 : marine cargo insurance)과 관련하여 런던보험자협회(Institute of London Underwriters : ILU)가 로이즈 SG 보험증권(Lloyd's S.G. Policy)[12)]을 기초로 하여 1912년에 협회화물약관[협회적화약관(Institute Cargo Clause : ICC)]을 제정하였다. 협회화물약관(협회적화약관)이란 해상적화보험의 보상범위에 관한 보험조건을 규정한 것이다. 1962년에 제정된 구약관인 협회화물약관(협회적화약관)은 전위험담보조건(All Risks : A/R)인 ICC(A/R), 분손담보조건(With Average : W/A)인 ICC(WA), 단독해손부담보조건(Free From Particular Average : FPA)인 ICC(FPA)가 있었으나, 1982년 약관 명칭을 ICC(A/R), ICC(WA), ICC(FPA)에서 ICC(A), ICC(B), ICC(C)로 변경되었다. ICC(A)조건은 담보위험의 범위가 가장 넓고 그 다음이 ICC(B), ICC(C)의 순서이다.

1982년부터 운영되어왔던 신협회화물약관은 테러리스트들(terrorists)의 위협 등 해상화물보험시장의 환경변화에 따라 변경되게 되었다. 그 동안 영국에서 협회약관을 주도적으로 제정해 왔던 런던보험자협회(ILU)는 1998년 런던 국제보험 및 재보험시장연합과 합병하여 런던국제보험인수협회(International Underwriting Association of London : IUA)로 새로 탄생하게 되었다. 영국국제보험인수협회는 로이즈보험시장협회(Lloyds Market Association : LMA)와 합동화물위원회(Joint Cargo Committee : JCC)를 구성한 후 3년 동안의 준비과정을 거쳐 1982년 신협회화물약관을 개정하여 2009년 개정 협회화물약관(ICC 2009)을 공표하고 2009년 1월 1일부터 사용하도록 하였다.

2) 협회화물약관의 구성

2009년 개정 협회화물약관은 1982년 신협회화물약관[신협회적화약관 ; Institute Cargo Clause (ICC)]의 ICC(A), ICC(B), ICC(C)약관의 기본체제에는 변함이 없고 각 약관에 대한 위험약관의 내용도 동일하다. 다만, 면책조항 적용범위의 축소, 보험담보기간의 확장, 테러행위의 위험에 대한 정의추가, 약관의 용어의 변경 등이 이루어졌다. 아울러 면책(제4조~제7조), 보험(제15조), 지연의 회피(제18조), 법률과 집행(제19조)에서 조항명만 삭제되었다.

---

12) 로이즈SG보험증권(Lloyd's S.G. Policy)은 1779년에 작성된 로이즈의 표준양식보험증권을 말한다. S.G.는 선박(Ship)과 물품(Goods)을 의미하는 것으로 선박보험과 화물보험(적화보험)을 포함하는 것이다.

▌표 10-5▐ 개정 협회화물약관(ICC)의 분류(2009년)

구 분	조항	내 용	
담보위험 (Risks Covered)	1 2 3	위험약관(Risks Clause) 공동해손약관(General Average Clause) 쌍방과실충돌약관(Both to Blame Collision Clause)	
면책 (Exclusions)		1982년	2009년
	4 5 6 7	일반면책약관 불내항성 및 부적합면책약관 전쟁면책약관 동맹파업면책약관	조항명이 삭제됨
보험기간 (Duration)	8 9 10	운송약관(Transit Clause) 운송계약종료약관(Termination of Contract of Carriage Clause) 항해변경약관(Change of Voyage Clause)	
보험금 청구 (Claims)	11 12 13 14	피보험이익약관(Insurable Interest Clause) 계반비용약관(Forwarding Charges Clause) 추정전손약관(Constructive Total Loss Clause) 증액약관(Increased Value Clause)	
보험이익 Benefit of Insurance		1982년	2009년
	15	보험이익불공여약관	조항명이 삭제됨
손해경감 Minimizing Losses	16 17	피보험자의무약관(Duty of Assured Clause) 포기약관(Waiver Clause)	
지연의 회피 Avoiding of Delay		1982년	2009년
	18	신속조치약관	조항명이 삭제됨
법률 및 관행 Law and Practice		1982년	2009년
	19	영국법률 및 판례약관	조항명이 삭제됨

주) 1982년 약관에서는 각 조별로 약관이름이 있었지만 2009년 신약관에서는 약관명칭이 혼란을 줄 수 있다는 이유로 삭제한 조문이 있고, 특히 면책조항 관련 약관은 모두 이름이 삭제되었다.

5 협회화물약관(협회적화약관)의 보상범위

1) 담보위험

(1) ICC(A)

협회화물약관 A[Institute Cargo Clause(A) : ICC(A)]는 구 보험조건인 전위험담보조건[ICC(A/R) : ICC(All Risks)]과 유사한 약관으로 포괄책임주의를 채택하고 있다. 따라서 ICC(A)는 약관에 규정한 면책위험을 제외하고 보험의 목적에 따른 멸실 또는 손상의 일체의 위험을 담보한다.

제1조(담보위험)는 보험자의 담보범위를 규정하고 있는 약관으로 제4조에서 제7조에 열거된 면책위험을 제외하고 보험자가 보상한다.

제2조는 공동해손 및 구조비를 보험자가 보상한다는 내용으로 공동해손으로 피보험자가 부담해야 할 공동해손분담금이 있으면 보험자가 부담한다.

제3조는 쌍방과실충돌약관으로 보험자의 손해보상범위를 확장하여 선하증권의 쌍방과실충돌약관에 의하여 피보험자가 부담해야 할 금액 중 보험증권에서 보상받을 수 있는 손해에 관한 부분을 보험자가 부담해 줄 것을 규정하고 있다.

(2) ICC(B)

협회화물약관 B[Institute Cargo Clause(B) : ICC(B)]는 구 보험조건인 분손담보조건[ICC (WA) : ICC(With Average)]과 유사한 약관으로 열거책임주의를 채택하고 있다. 담보위험과 관련하여 협회화물약관 제1조에서 규정된 11가지의 위험만을 담보한다.

(3) ICC(C)

협회화물약관 C[Institute Cargo Clause(C) : ICC(C)]는 구 보험조건인 분손부담보조건[ICC (FPA) : ICC(Fee From Particular Average)]과 유사한 약관으로 열거책임주의를 채택하고 있다. 협회화물약관 제1조에서 규정된 11가지 위험 중 다음을 제외하고는 나머지는 ICC(A)와 동일하다.

① 지진·분화·낙뢰
② 갑판유실
③ 본선·부선·선창·운송용구·컨테이너 또는 보관장소에 해수·호수·하천수의 유입
④ 본선·부선에 적재 또는 이들로부터 양륙 중 수몰 또는 낙하한 포장단위당 전손
⑤ 제1조에서 규정된 11가지 이외의 일체의 위험

표 10-6 각 조건별 담보위험(2009)

약관 조항	담보위험	포괄 책임	열거 책임	
제1조	다음 사유와 상당인과관계가 있는 멸실·손상	A	B	C
	① 화재·폭발	O	O	O
	② 본선·부선의 좌초·교사·침몰·전복	O	O	O
	③ 육상운송용구의 전복·탈선	O	O	O
	④ 본선·부선·운송용구의 타물과의 충돌·접촉	O	O	O
	⑤ 조난항에서의 화물의 양륙하역	O	O	O
	⑥ 지진·분화·낙뢰	O	O	X
	다음 사유로 인한 멸실·손상			
	⑦ 공동해손희생	O	O	O
	⑧ 투하	O	O	O
	⑨ 갑판유실	O	O	X
	⑩ 본선·부선·선창·운송용구·컨테이너 또는 보관장소에 해수·호수·하천수의 유입	O	O	X
	⑪ 본선·부선에 적재 또는 이들로부터 양륙 중 수몰 또는 낙하한 포장단위당 전손	O	O	X
	⑫ 상기 이외의 일체의 위험	O	X	X
제2조	⑬ 공동해손 및 구조비(면책위험과 관련된 것 제외)	O	O	O
제3조	⑭ 쌍방과실충돌	O	O	O

2) 면책위험

면책위험은 일반면책, 불내항 및 부적합면책, 전쟁면책 및 동맹파업면책으로 구분된다.

(1) 일반면책

일반면책은 제4조에서 면책사항을 8가지로 제시하여 구분하고 있다. ICC(A)약관에서는 이 중 '⑦ 어떤 자의 불법행위에 의한 의도적인 손상 또는 파괴'를 면책으로 하고 있지 않다. 하지만 ICC(B), ICC(C)약관에서는 어떠한 특약에 의해서도 담보되지 않는다.

(2) 불내항 및 부적합

선박의 불내항성 및 부적합성으로 인한 보험사고에 대해서 보험자가 책임을 지지 않는다는 것으로 제5조에 규정되어 있다. 이는 ICC(A), ICC(B), ICC(C)약관 모두 어떠한 특약에 의해서도 담보되지 않는다.

(3) 전쟁위험면책

전쟁위험으로 인한 손해에 대해서 보험자가 면책되는 것으로 제6조에 규정되어 있다. ICC(A)약관에서 해적행위 제외(piracy excepted)라는 단서조건이 삽입되어 있어 해적행위도 보험자가 담보한다. ICC(B) 및 ICC(C)약관에서는 이러한 조건이 없다. 하지만 협회전쟁약관(Institute War Clause)을 이용할 경우에는 전쟁위험도 담보된다. 특약으로 부보가 가능한 전쟁위험으로는 다음과 같다.

① 전쟁·내란·혁명·모반·반란 또는 이로부터 발생하는 국내투쟁 또는 교전국에 의하거나 또는 교전국에 대한 적대행위
② 포획·나포·구속·억지 또는 억류(해적제외) 및 그러한 행위의 결과 또는 그러한 행위를 하려는 기도[B, C약관은 해적면책]
③ 유기된 기뢰·어뢰·폭탄 또는 그 밖의 유기된 전쟁무기

(4) 동맹파업면책

동맹파업, 폭동, 소요, 테러 등으로 인한 손해에 대해서 보험자가 면책되는 것으로 제7조에 규정되어 있다. 이는 ICC(A), ICC(B), ICC(C)약관 모두 담보되지 않는다. 과거 이 약관을 동맹파업, 폭동 및 소요부담보약관(Free from Strikes, Riots and Civil Commotions Clause : SRCC)으로 표현하였다. 동맹파업면책약관은 특약을 할 경우에는 담보가능하다. 특약으로 부보 가능한 동맹파업위험은 다음과 같다.

▌표 10-7▐ 각 조건별 면책위험(2009)

약관	면책위험	A	B	C
제4조	① 피보험자의 고의적인 불법행위	X	X	X
	② 통상의 누손·중량 또는 용적의 통상의 감소·자연소모	X	X	X
	③ 포장 또는 포장준비의 불완전·부적합	X	X	X
	④ 물품 고유의 하자·성질	X	X	X
	⑤ 지연	X	X	X
	⑥ 본선 소유자·관리자·용선자 또는 운항자의 지급불능 또는 채무불이행	X	X	X
	⑦ 어떤 자의 불법행위에 의한 의도적인 손상 또는 파괴	O	X	X
	⑧ 원자핵무기에 의한 손해	X	X	X
제5조	⑨ 피보험자 또는 그 사용인이 인지하는 선박의 내항성 결여·부적합	X	X	X
제6조	⑩ 전쟁위험(특약으로 부보가능)→ICC(A)에서는 해적행위담보	X	X	X
제7조	⑪ 동맹파업(특약으로 부보가능)	X	X	X

주) X 표시는 면책을 의미하고, O 표시는 담보되는 것을 의미함.

① 동맹파업자, 직장폐쇄노동자, 또는 노동쟁의, 폭동 또는 소요에 가담한 자로 인하여 발생하는 것
② 스트라이크, 직장폐쇄, 노동쟁의, 폭동 또는 소요로부터 발생하는 것
③ 폭력주의의 행위, 즉 합법적 또는 비합법적으로 설립된 일체의 정체를, 무력 또는 폭력에 의하여 전복 또는 지배하기 위하여 지시된 활동을 수행하는 조직을 대신하여 행동하거나, 또는 그 조직과 관련하여 행동하는 자의 행위로 인하여 발생하는 것
④ 정치적, 이념적 또는 종교적 동기로부터 행동하는 자의 행위로 인하여 발생하는 것

3) 보험기간

(1) 위험의 개시시기

보험의 개시는 보험의 목적물이 창고 또는 보험계약에서 지정된 보관장소에서 운송의 개시를 위하여 운송차량 또는 그 밖의 운송용구에 즉시 적재할 목적으로 최초로 이동된 때로부터 개시된다.[13] 해상화물보험에서 해상보험의 담보 개시시점은 운송약관에 따라 화물이 보험증권에 기재된 지역의 창고 또는 보관장소에서 운송개시를 위해 떠날 때부터이며 '통상의 운송과정(ordinary course of transit)' 중에도 계속된다. 따라서 적재를 위하여 창고 내에서 이동 중 화물이 손상될 경우에 보상되는 것으로 해석된다.

(2) 위험의 종료시기

위험의 종료시기와 관련하여 이전의 운송약관에서는 수화인의 최종 창고에 인도할 때였으나 2009년 개정약관에서는 최종창고에서 운송차량으로부터 양륙이 완료되었을 때로 변경되었다. 해상위험이나 동맹파업위험에 적용되는 보험의 종료시기는 다음 네 가지 중 가장 먼저 발생한 때이다.

① 보험계약에 기재된 목적지의 최종 창고 또는 보관창고에서 운송차량 또는 기타 운송용구로부터 양륙이 완료된 때
② 보험증권에 기재된 목적지에 도착하기 전이건 목적지에서건 불문하고 피보험자 또는 그 고용인들이 통상의 운송과정이 아닌 보관 또는 할당이나 분배를 위해 다른 창고 또는 보관장소에서 운송차량이나 기타 운송용구로부터 양륙이 완료된 때(피보험자가 선택한 중간창고에서 화물이 인도되는 경우 최소한 그러한 창고 내에서 운송차량으로부터 양륙완료시까지의 손상에 대하여 보험자에게 보상책임이 있음을 규정)

13) 2009년 협회화물약관(협회적화약관) 제8조 및 협회동맹약관 운송조항 제5조

③ 피보험자 또는 그 고용인들이 통상의 운송과정이 아닌 보관을 위하여 운송차량 또는 기타 운송용구 또는 어떠한 컨테이너를 이용하기로 선택한 때(물품도착 후 바로 양륙되지 않고 컨테이너 또는 기타 운송용구에 보관하면 실제로 양륙하기 전에 보험이 종료되는 것을 규정).

④ 양륙항에서 본선으로부터 양륙완료 후 60일이 경과한 때

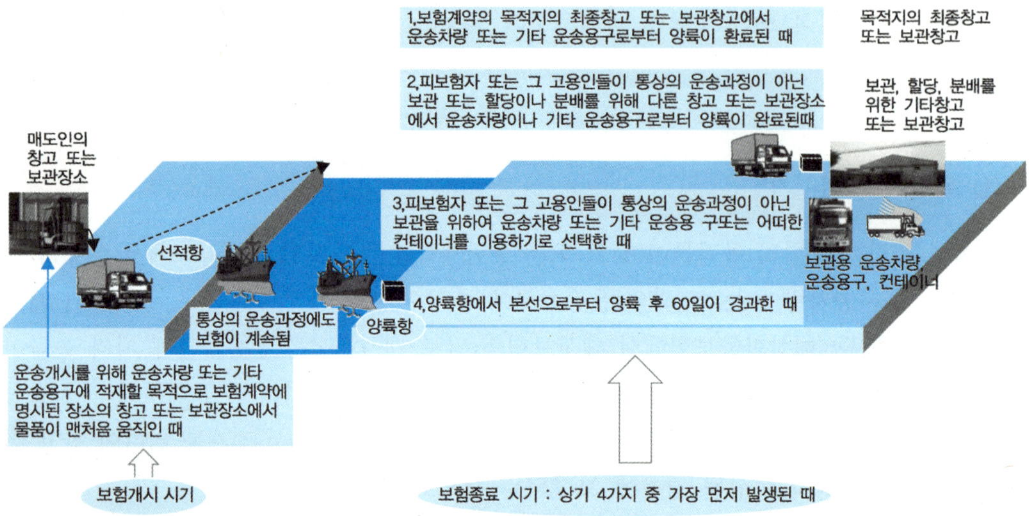

전쟁위험과 관련하여서는 2009년 개정 협회전쟁약관 제5조의 운송약관에서 다음 중 어느 것이든 먼저 발생한 때를 보험기간으로 규정하고 있다.

① 화물이 본선에 적재된 때부터 양륙될 때까지 또는

② 화물이 본선에 적재된 때부터 본선이 최종 양륙항 도착 후 15일이 경과할 때까지

6 해상화물보험의 부보

1) 화물보험(적화보험)계약의 체결

CIF 또는 CIP규칙에서는 수출업자가 적화보험의 계약자가 되어 보험자와 보험계약을 체결하게 되지만 FCA, FAS, FOB, CFR, CPT 등의 규칙에서는 수입업자가 자신을 위해 보험을 부보해야 하기 때문에 수입업자가 보험계약자인 동시에 피보험자가 된다. 우리나라에서는 보험계약자가 직접 보험회사와 보험계약을 체결하고 있기 때문에, 보험증권상에 기재

되는 지역의 창고나 보관장소를 떠나기 전에 반드시 보험을 부보하여야 한다. 또한 수입할 경우에 수입업자가 화물보험을 부보하는 경우에는 외국 수출업자의 출고일이나 선적일을 잘 모르기 때문에 상대방에게 출고일 및 선적일을 사전에 통지하도록 의무화하여야 한다.

2) 해상화물보험(적화보험)조건

(1) 기본조건

해상화물보험의 기본조건은 담보범위에 따라 협회화물약관(ICC) A약관, B약관 및 C약관이 있다. 담보범위가 가장 넓은 약관은 A약관이고 B약관, C약관의 순으로 되어 있다. 보험계약자는 화물의 종류, 운송구간, 운송시기 등을 고려하여 세 가지 조건 중 하나를 선택하여 부보한다.

(2) 부가조건

기본조건만으로는 모든 손해를 보상받을 수 없기 때문에 다양한 부가조건이 이용되고 있다. 기본조건 중 가장 담보범위가 넓은 ICC(A)약관의 경우 전쟁위험 및 동맹파업위험은 면책위험이기 때문에 이들 위험으로 인한 손해를 보상받기 위해서는 전쟁위험 및 동맹파업위험을 담보하는 별도의 부가조건을 이용하여야 한다. 일반적으로 화물보험에서 이용되는 부가조건은 다음과 같다.

① 파손(Breakage) : 유리나 도자기, 정밀기기 등 파손이나 깨지기 쉬운 화물의 파손위험을 담보한다.

② 누손 및 중량부족(Leakage and/or Shortage ; L/S) : 액체화물의 누손이나 수량 및 중량부족으로 인한 손해위험을 담보한다.

③ 도난 · 발하 · 불착(Theft, Pilferage and Non-Delivery : TPND) : 도난(theft), 좀도둑에 의해 포장내용물의 일부가 없어지는 발하(pilferage) 및 다른 곳에서 양륙되거나 분실 등을 원인으로 포장단위의 화물이 도착되지 않는 불착(Non-delivey)위험을 담보한다.

④ 투하, 갑판유실(Jettison, Washing Over Board : JWOB) : 화물을 바다에 버리거나 갑판에 적재된 화물이 파도에 씻겨 내려가는 위험을 담보한다.

⑤ 빗물 및 담수에 의한 손해(Rain and/or Fresh Water Damage : RFWD) : 바닷물 이외의 물에 젖는 위험을 담보하는 것으로 주로 비오는 날의 하역시에 발생하는 위험이다.

⑥ 유류나 타 화물과의 접촉(Contact with Oil and/or Other Cargo : COOC) : 기름이나 산(acid)을 선내에서 충분하게 청소하지 않음으로 인해 발생하는 오염이나 다른 화물과 접촉하여 발생하는 위험을 담보한다.

⑦ 갈고리에 의한 손해(Hook & Hole : H/H) : 하역작업 중 갈고리에 의한 손해를 담보한다.

⑧ 습기와 발열에 의한 손해(Sweat & Heating : S/H) : 선창, 컨테이너 내벽에 응결된 수분에 접촉하여 일어난 손해, 직접 화물의 표면에 응결된 수분에 의한 손해 및 이상온도의 상승에 의해 화물이 입은 손해를 담보하는 조건이다.

⑨ 곡손(Denting and/or Bending) : 외부적, 우발적 원인으로 화물에 발생된 구손 및 곡선을 담보하는 조건이다.

⑩ 오손(Contamination) : 액체의 화확약품이나 유류 등이 해수나 담수 등의 혼입으로 입게 되는 품질저하의 손해를 담보한다.

⑪ 자연발화(Spontaneous Combustion) : 석탄, 성냥, 화학 등 항해 중 화물자체의 화학적 변화에 의한 자연발화로 인해 발생하는 손해위험을 담보한다.

⑫ 곰팡이손해(Mildew and Mould) : 함유수분이나 습도의 증가로 곰팡이나 기타 미생물에 의한 피해를 받기 위한 식료품, 섬유품 등의 손해위험을 담보한다.

⑬ 녹손(Rust) : 기계류나 철물 등의 화물이 해수, 담수, 빗물 등으로 녹이 스는 경우에 발생하는 손해위험을 담보한다.

7 보험증권

① 보험증권 번호 : 보험자가 피보험자에게 보험증권을 교부할 때 붙이는 일련번호이다.

② 피보험자(또는 보험계약자)명 : 수출입업체명을 기재하는데 CIF계약의 수출인 경우 피보험자에 대하여 별도의 약정이나 지시가 없으면 수출업자 자신을 피보험자로 하여 수출환어음 매입시에 백지배서(blank endorsement)에 의해 양도하면 된다.

③ 참조번호 : 보험자가 업무상 참조하기 위한 번호로써 통상 수출의 경우에는 신용장 또는 수출허가서의 번호를, 수입의 경우에는 상업송장 또는 수입허가서의 번호를 기재한다.

④ 보험금액 : 보험계약자가 부보한 금액으로써, 보험사고가 발생하였을 때 보험자가 손해보전액 즉 보험금(loss or claim paid)으로써 지불하는 최고 한도액이다. 보험금액은 당사자의 합의에 의하여 정해지지만 보험금액은 보험가액과 동액 또는 그 이하가 되지 않으면 안 된다. 보험금액과 보험가액이 동액인 경우를 전부보험, 보험금액이 보험가액의 일부인 경우를 일부보험이라고 하는데 대부분의 해상보험은 전부보험이다. 보험금액이 보험가액을 상회하면 초과보험이 되는데 초과분은 무효가 된다. 보험금액은 보통 물품의 CIF 가격에 10%를 가산한 금액이 된다(신용장통일규칙 37조 b항). 즉 보험금액 = {원가(C, 즉 FOB가격) + 보험료(I) + 운임(F)}×1.1이 된다.

⑤ 보험조건 : 어떠한 보험조건을 선택하느냐 하는 문제는 보통 수출입 계약을 체결할 때에 매매당사간의 합의에 의해 결정된다. 그리고 그 내용은 매매계약서나 신용장에 기재된다. 그런데 이 보험조건은 화물의 종류, 포장, 운송방법, 예상 항해기간 등을 감안하여 이상적인 조건으로 결정하도록 하여야 한다. 구체적으로 어떠한 기본조건을 선택하고 또 화물과 수송의 특수사항을 고려하여 어떠한 부가위험을 추가할 것인지 전쟁위험과 동맹파업 위험 등은 어떻게 할 것인가를 결정하여야 한다.

⑥ 보험금 지불장소 : 일반적으로 수출의 경우에는 화물의 최종 목적항이 기재되고 수입의 경우에는 당해 보험자명이 기재된다.

⑦ 손해사고 통지서 : 피보험화물에 손해가 발생하였을 지체 없이 통지하여야 할 곳인데 수출의 경우에는 최종 목적항에 있는 보험자의 대리점의 상호 및 주소가 명시되고, 수입의 경우에는 보험자명이 기재된다.

⑧, ⑨ 화물의 출하지와 선적지가 다른 경우에 출하지로부터 선적지까지의 운송화물에 대한 부보시 기재하게 되는데 ⑧은 국내운송 용구이며 ⑨는 출하항 또는 출하지이다.

⑩ 화물을 적재하는 선박명이 기재된다.

⑪ 적재선박이 선적항을 출항하는 년월일 또는 예정 년월일을 기재한다. 특히 수출의 경우에는 선하증권상의 내용과 일치하도록 하여야 한다.

⑫ 선적항 ⑬ 환적이 있는 경우 환적항, 그리고 ⑭ 양륙항을 기재한다.

⑮ 최종 목적지와 운송용구 : 최종 목적지가 내륙지방에 있어 양륙항에 목적지가 상이한 경우, 운송 약관에 따라 양륙항에서 최종목적지까지의 운송화물에 대하여 부보할 때 최종목적지와 운송용구를 기재한다. 예를 들어 양륙항이 New York이고 최종목적지가 Chicago인데 철도화차를 이용하여 운송한다면, Chicago by rail과 같이 기재하고 운송용구가 불명할 때에는 land conveyance 또는 any conveyance라고 기입한다.

⑯ 피해보험 화물의 명세 : 화물의 품명, 수량, 화인 등을 신용장이나 선하증권상의 기재내용대로 기입한다.

⑰ 보험증권의 발행지와 발행일 : 발행일은 선하증권 발행일보다 이전이 되지 않으면 안 된다.

⑱ 보험증권의 발행매수 : 보통 2통이 발행되는데 보험자가 1통에 대하여 변제하면 나머지 1통은 무효가 된다.

⑲ 보험자의 서명 : 해상보험증권은 보험자 또는 보험자의 대리인에 의하여 서명되지 않으면 안 된다. 다만 보험자가 법인인 경우에는 법인의 인장으로 충분하다. 우리나라에서는 보험회사의 해상보험 부문의 책임자가 서명하는 것이 보통이다.

⑳ 본문 약관 : 개정된 보험증권의 신양식 본문약관은 종전양식의 본문약관보다 아주 간결하게 되어 있다. 그 내용은 준거법 약관, 타보험약관, 약인약관 등으로 되어 있다.

MARINE INSURANCE POLICY

Assured(s), etc ② SAMWON CORPORATION		
Policy No. ① 002599A65334		Ref. No.③ Invoice No. DS-070228 L/C No. IOMP20748
Claim, if any, payable at : ⑥ GELLATLY HANKEY MARINE SERVICE 842 Seventh Avenue New York 10018 Tel(201)881-9412		Amount insured ④ USD 65,120.00 (USD59,200 x 110%)
Survey should be approved by ⑦ THE SAME AS ABOVE		Conditions ⑤ * INSTITUTE CARGO CLAUSE(A) 2009 * CLAIMS ARE PAYABLE IN AMERICA IN THE CURRENCY OF THE DRAFTS.
⑧ Local Vessel or Conveyance	⑨From(interior port or place of loading)	
Ship or Vessel called the ⑩ KAJA-HO V-27	Sailing on or about ⑪ MARCH 3, 20XX	
at and from ⑫ BUSAN, KOREA	⑬ transhipped at	
arrived at ⑭NEW YORK	⑮ thence to	
Goods and Merchandise ⑯ 16,000YDS OF PATCHWORK COWHIDE LEATHER		
Place and Date signed in ⑰ SEOUL, KOREA MARCH 2, 20xx. No. of Policies issued. ⑱ TWO ⑳		

Notwithstanding anything contained herein or attached to the contrary, this insurance is understood and agreed to be subject to English law and practice only as to liability for and settlement of any and all claims.
This insurance does not cover any loss or damage to the property which at the time of the happening of such loss or damages is insured by or would but for the existence of this Policy be insured by any fire or other insurance policy or policies except in respect of any excess beyond the amount which would have been payable under the fire or other insurance policy or policies had this insurance not been effected.
We, THE MARINE INSURANCE CO., LTD. hereby agree, in consideration of the payment to us by or on behalf of the assured of the premium as arranged, to insure against loss damage liability or expense to the extent and in the manner herein provided.
In witness whereof, I the undersigned of THE MARINE INSURANCE CO., LTD. on behalf of the said Company have subscribed My Name in the place specified as above to the policies, the issued numbers thereof being specified as above, of the same tenor and date, one of which being accomplished, the others to be void, as of the date specified as above

IMPORTANT

PROCEDURE IN THE EVENT OF LOSS OR DAMAGE FOR WHICH UNDERWRITERS MAY BE LIABLE

LIABILITY OF CARRIERS, BAILEES OR OTHER THIRD PARTIES

It is the duty of the Assured and their Agent, in all cases, to take such measures as may be reasonable for the purpose of averting or minimizing a loss and to ensure that all rights against Carriers, Bailees or other third parties are properly preserved and exercised. In particular, the Assured or their Agents are required:
1. To claim immediately on the Carriers, Port Authorities or other Bailees for any missing packages.
2. In no circumstances, except under written protest, to give clean receipts where goods are in doubtful condition.
3. When delivery is made by Container, to ensure that the Container and its seals are examined immediately by their responsible official.
If the Container is delivered damaged or with seals broken or missing or with seals other than as stated in the shipping documents, to clause the delivery receipt accordingly and retain all defective or irregular seals for subsequent identification.
4. To apply immediately for survey by Carriers' or other Bailees' Representatives if any loss or damage be apparent and claim on the carriers or other Bailees for any actual loss or damage found at such survey.
5. To give notice in writing to the Carriers or other Bailees within 3 days of delivery if the loss or damage found at such survey.

NOTE: The Consignees or their Agent are recommended to make themselves familiar with the Regulation of the Port Authorities at the port of discharge.

INSTRUCTIONS FOR SURVEY

In the event of loss or damage which may involve a claim under this insurance, immediate notice of such loss or damage should be given to and a Survey Report obtained from this Company's Office or Agents specified in this Policy or Certificate.

For THE MARINE INSURANCE CO., LTD.

DOCUMENTATION OF CLAIMS

To enable claims to be dealt with promptly, the Assured or their Agents are advised to submit all available supporting documents without delay, including when applicable:
1. Original policy or certificate of insurance.
2. Original or Certified copy of shipping invoices, together with shipping specification and/or weight notes.
3. Original or certified copy of Bill of Lading and/or other contract of carriage.
4. Survey report or other documentary evidence to show the extent of the loss or damage.
5. Landing account and weight notes at port of discharge and final destination.
6. Correspondence exchanged with the Carriers and other Parties regarding their liability for the loss or damage.

☞In the event of loss or damage arising under this policy, no claims will be admitted unless a survey has been held with the approval of this company's office or Agents specified in this policy.

⑲ AUTHORIZED SIGNATORY

10.2 항공보험

1 항공보험의 의의

항공보험(air insurance)이란 항공운송과 관련된 보험으로 피보험자를 기준으로 할 경우 ① 항공운송사업자를 위한 항공보험과 ② 화주를 위한 항공화물보험으로 구분된다. 항공보험은 항공운송, 항공기 사용·관리·제조·수리 등과 관련된 위험으로 인하여 발생되는 손해를 보상받는 보험이다. 항공운송업자를 위한 항공보험에는 항공기체보험과 항공화물배상책임보험이 있으며, 화주를 위한 항공보험에는 화주가 적화보험에 가입하여 보험자로부터 손실을 보상받는 항공화물보험과 화주를 대신하여 항공사가 보험계약자로서 역할을 하는 항공화물화주보험으로 구분된다.

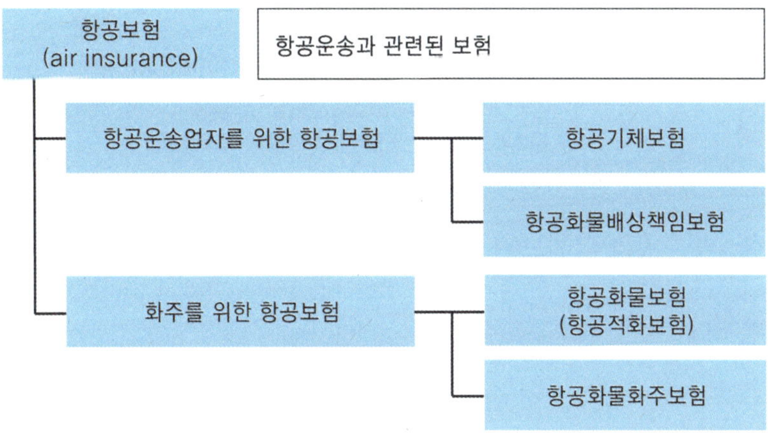

2 항공운송업자를 위한 항공보험

1) 항공기체보험(Aircraft Hull Insurance)

항공사고는 전손(all risks) 가능성이 많고 손해액도 거대하다. 항공기체보험은 우연한 사고로 인하여 항공기가 멸실 또는 훼손되는 경우 손해를 보상받기 위하여 항공운송사업자가 부보하는 보험이다.

2) 항공화물배상책임보험(Cargo Legal Liability Insurance)

항공운송인이 취급·운송하는 화물의 멸실이나 손상이 발생할 경우 운송인이 화주에 대해 손해배상책임을 보상하는 보험이다. 항공운송인은 자신이나 사용인의 과실로 인하여 화주의 화물에 손상이 발생할 경우 책임을 부담하여야 한다. 화주가 항공화물에 대한 항공화물화주보험과 항공화물적화보험을 부보하였을 경우에는 보험사로부터 배상책임을 받을 수 있다. 하지만, 항공운송인의 과실로 인한 책임인 경우 보험사는 우선 화주에게 배상을 한 다음 항공운송인에게 구상권을 행사할 수 있다. 이에 따라 항공운송인은 보험사와 항공화물배상책임보험을 가입함으로써 자신의 부담액을 보험사가 부담할 수 있도록 한다.

• 항공운송인이 취급·운송하는 화물의 멸실이나 손상이 발생할 경우 운송인이 화주에 대해 손해배상책임을 보상하는 보험

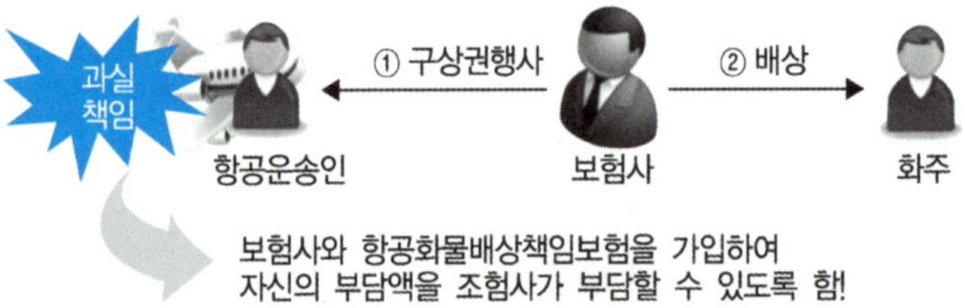

3 화주를 위한 항공화물보험

1) 항공화물보험

(1) 개념

화주로부터 화물을 인수한 항공운송인은 자신의 관리 하에 있는 동안 어떤 사고로 인하여 화물의 멸실·손상 또는 훼손에 대해서 화주에게 배상책임이 있다. 하지만 항공운송인의 과실이 없거나 면책사항인 경우에는 화주는 항공운송인으로부터 손해배상을 받을 수 없다. 따라서 화주의 입장에서는 이러한 경우에도 항공화물보험(항공적화보험)을 부보함으로써 보험사로부터 손해배상을 받을 수 있게 된다.

(2) 담보범위

항공기 사고는 거의 화물의 전손으로 이어지기 때문에 항공화물은 전위험(all risks)조건으로 부보된다. 항공화물보험증권약관은 항공화물약관[ICC(Air) Excluding sending by Post]

이 사용된다. 항공화물보험은 영국 해상보험법(MIA)이 아닌 비해상(Non-marine)에 관한 법률이 적용되며 우편물에는 적용되지 않는다. 보험료는 운임정산시 함께 납부하며 송화인은 항공사의 송화인용 항공화물운송장을 보험증권으로 사용한다. 전쟁위험과 동맹파업위험이 면책되기 때문에 이들을 담보하기 위해서는 Institute War Clause(Air Cargo) 및 Institute Strike Clause(Air Cargo)를 특약해야 한다. 보험자는 다음 손해를 제외하고 화물의 멸실·훼손 등 모든 손해를 담보한다.

▌표 10-8▌ 항공화물보험(ICC Air)상 보험자가 담보하지 않는 손해

구 분	보험자가 담보하지 않는 손해
ICC(Air)	① 피보험자의 고의적 비행에 기인한 화물의 손해 ② 통상의 누손, 중량 또는 용적의 통상의 손실 및 자연소모 ③ 화물포장의 불완전 또는 부적합으로 인해 발생한 손해 ④ 보험목적물의 고유하자나 성질로 인하여 발생한 손해 ⑤ 지연을 근인으로 하여 발생한 손해 ⑥ 항공기소유자, 운항자의 지불불능, 채무불이행으로 생긴 손해 ⑦ 원자력, 핵, 방사능 무기사용 등으로 발생한 손해 ⑧ 전쟁, 내란, 혁명, 반란, 교전국이 적대행위에 기인한 손해 ⑨ 포획, 납포, 억류(해적행위 제외)에 기인한 손해 ⑩ 유기된 지뢰, 폭탄 또는 기타 유기된 전쟁무기에 기인한 손해 ⑪ 파업, 직장폐쇄, 노동분쟁, 소요 또는 폭도에 의하여 발생한 손해 ⑫ 테러리스트, 정치적 동기로 행동하는 자에 의하여 발생한 손해

주) ⑧ ~ ⑪을 담보받기 위해서는 특별약관(Institute War Clause 혹은 Institute Strike Clause 등)을 부보하여야 함

(3) 보험기간

항공화물보험의 경우 보험자의 보험담보기간은 해상운송의 경우와 같다. 하지만 보험의 종료기간에 대해서는 화물이 도착지(공항)에 하기된 후 30일이 경과되면 보험이 종료된다. 전쟁위험의 보험기간은 화물이 항공기에 적재되어 있는 기간 동안만 담보된다. 따라서 화물이 항공기에 적재되기 전이나 하기된 후처럼 육상에 있는 동안에는 담보되지 않는다.

2) 항공화물화주보험(Shipper's Interest Insurance : SII)

(1) 개념

일반보험과는 달리 화주가 항공사에 항공화물화주보험에 부보할 의사를 표시하면 항공사가 보험사를 대리하여 보험계약을 체결하고 화주로부터 보험료를 지급받고 그 항공사가 보

험계약자를 대신하여 특정보험회사와 화물보험계약을 체결하는 것을 말한다. 만일 항공화물화주보험에 부보된 화물에 손해가 발생할 경우에는 화주는 항공사를 통하여 보상을 받거나 또는 보험사로부터 직접 보상을 받을 수 있다.

(2) 부보절차

항공화물화주보험은 화주가 항공화물운송장(AWB)상 Insurance Amount 란에 보험금액을 기입한 후 항공사에게 접수시키면 되고, 보험료는 항공운임과 함께 지급한다. 운임조건이 후불(collect)인 경우 항공화물화주보험의 보험료도 후불조건으로 할 수 있다. 보험사가 매 건마다 화주에게 보험증서(insurance policy)를 발행하는 것이 아니라 은행 네고용 첨부서류 등의 용도로 부보증서가 필요한 경우 화주의 요청에 따라 “Certificate of Shipper's Interest Insurance”를 발급한다.

(3) 담보범위 및 보험기간

항공화물화주보험(SII)의 담보범위와 보험기간은 항공화물보험(ICC Air)의 내용과 동일하다.

항공화물화주보험 (SII: Shipper's Interest Insurance)	화주가 항공사에 항공화물화주보험에 부보할 의사를 표시하면 항공사가 보험사를 대리하여 보험계약을 체결하고 화주로부터 보험료를 지급받고 그 항공사가 보험계약자로부터 특정보험회사와 적화보험계약을 체결하는 것

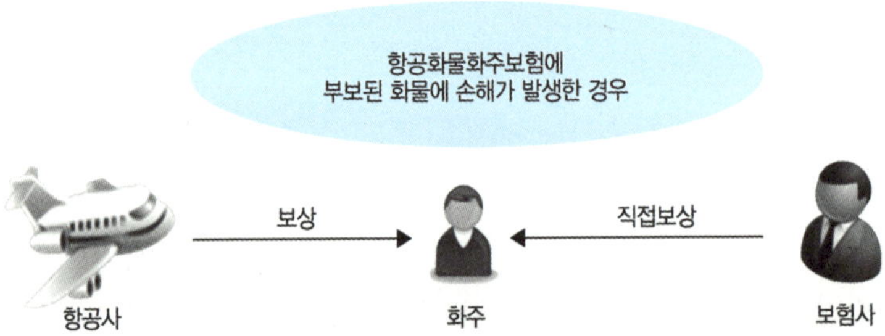

10.3 무역보험

1 무역보험의 의의

무역보험은 수출보험과 수입보험을 포함하는 개념으로 수출업자가 물품을 수출하고 수출대금을 지급받지 못하거나 금융기관이 제공한 수출금융을 회수하지 못하는 경우, 그리고 수입업자가 외국 수출업자로부터 적기에 화물을 인도받지 못하거나 선지급금을 회수하지 못하는 경우에 발생하는 손실을 한국무역보험공사가 무역보험법에 의하여 보상해주는 비영리정책보험을 말한다.

2 수출보험의 기능

1) 수출거래상의 불안제거 기능

수출보험은 수출거래에 따른 수출업자의 위험부담을 해소하여 준다는 측면에서 수출거래의 환경 및 조건을 국내 상거래의 경우와 동일한 정도로 유리하게 조성하는 데에 일차적인 기능을 가지고 있다. 즉 수출보험은 수입국에서 발생하는 비상위험이나 수입업자의 신용위험으로 인하여 수출업자 또는 금융기관이 입게 되는 손실을 보상해 줌으로써 안심하고 수출활동을 할 수 있게 해준다.

2) 금융 보완적 기능

수출보험은 수출대금의 미회수위험을 담보하기 때문에 금융기관으로 하여금 수출금융을 공여하게 하는 금융 보완적 기능을 가진다. 또한 수출계약상대방의 대금지급지체 등과 같은 보험사고가 발생하여 수출대금의 회수전망이 불투명하거나, 회수에 장기간이 소요되는 경우에 수출업자가 입는 손실을 보상해 줌으로써 기업자금의 유동성을 제고시켜줄 수 있는 신용공여의 기능도 수반한다.

3) 수출진흥 정책수단으로서의 기능

수출보험은 수출거래의 촉진 및 진흥을 위하여 정부의 지원 하에 운영되기 때문에 수출경쟁력을 강화시키고 결과적으로 수출을 촉진시키는 역할을 하게 된다.

수출보험은 보험인수조건, 즉 담보하는 위험의 범위, 담보율, 보험료율 등을 수출여건에 따라 적절히 조정함으로써 수출업자의 활동을 촉진시키거나 제한할 수도 있으므로, 수출무역 및 대외거래에 대한 인·허가 등의 직접적 통제방식을 간접적 통제방식으로 전환시키는 기능도 갖게 된다.

4) 해외수입자에 대한 신용조사 기능

수출보험은 보험인수관리 및 보험사고예방을 위하여 수입국의 정치·경제적 사정, 수입업자의 재정 및 신용상태 등을 조사하고 분석하는 신용조사의 기능을 수행한다.

3 담보위험의 종류

1) 비상위험

비상위험(political risk)은 수입국 정부의 외환부족으로 인한 환거래의 제한 및 금지, 수입국가의 수입금지 및 제한조치, 외국에서의 전쟁·내란·정변 등과 같은 비상사태 등 수출업자에게 책임을 지울 수 없는 사유로 인하여 발생하는 위험이다.

2) 신용위험

신용위험(credit risk)은 수입업자가 대금을 지급할 능력이 없거나, 대금지급을 지연시키는 등 당연히 수행해야 할 채무나 의무를 태만히 하거나 이행하지 않음으로 인하여 발생하는 위험이다.

3) 기업위험

기업위험(management risk)은 기업가의 판매예상, 경영예측이 어긋나는 등 기업의 활동과정에서 발생하는 위험이다.

4 운영종목

현재 한국무역보험공사에서 운영하고 있는 무역보험의 종목과 구체적인 내용은 한국무역보험공사 인터넷사이트(http:www.ksure.or.kr)를 통하여 확인할 수 있다.

연습문제

1. 주관식문제

1) 해상보험의 당사자에 대해 설명하시오.
2) 피보험이익의 정의, 요건 및 당사자에 대해 설명하시오.
3) 해상손해의 종류와 내용에 대해 설명하시오.
4) 2009년 개정 협회화물약관(협회적화약관)에서 규정된 각 조건별 담보범위, 면책위험 및 보험기간에 대해 설명하시오.
5) 항공화물보험의 정의, 담보범위 및 보험기간에 대해 설명하시오.
6) 무역보험의 운영종목에 대해 설명하시오.

2. 용어해설문제

- 해상보험
- 보험가액
- 보험금액
- 근인주의
- 현실전손
- 추정전손
- 분손
- 구조비
- 손해방지비용
- 배상책임손해
- ICC(A)
- ICC(B)
- ICC(C)
- TPND
- 항공화물보험
- 항공화물화주보험
- 항공화물배상책임보험
- 수출보험

제 11 장

수출입통관과 관세

1. 수출입통관의 의의에 대해 알아본다.
2. 수출통관절차에 대해 알아본다.
3. 수입통관절차에 대해 알아본다.
4. 관세의 신고와 납부에 대해 알아본다.
5. 원산지규정에 대해 알아본다.

제 11 장

수출입통관과 관세

11.1 관세와 통관

1 관세의 의의

1) 관세의 정의

관세(customs, customs duty, tariffs)란 국가가 재정수입을 얻기 위하여 관세영역을 통과하는 물품에 대하여 법률이나 조약에 의하여 반대급부 없이 강제적으로 징수하는 금전적 납부이다. 관세는 조세의 일종으로 징수주체는 국가이며, 국가도 하나의 조직으로서 조직이 운영 또는 유지되기 위해서는 재정이 필요하기 때문에 이러한 재정수입의 목적으로 관세가 부과된다. 또한 관세는 관세영역을 출입하는 물품에 대하여 부과·징수되는데, 관세영역(customs boundary)이란 관세법의 효력이 미치는 영역을 말한다. 물품은 원칙적으로 유체물을 의미하나 특허권, 실용신안권, 의장권과 같이 그 자체가 가격에 구체화되어 상품가격에 첨가되어 거래될 경우에는 무체물도 관세의 부과대상이 된다. 관세도 조세의 일종이므로 조세법률주의에 따라 법에 근거하여 부과하고, 관세부과는 일정한 급부의무를 명하는 재정하명으로서 납부자는 금전으로 반대급부 없이 납부하여야 한다.

2) 관세의 산출방법

(1) 종가세

종가세(ad valorem duties)는 수입물품의 가격을 과세산정기준으로 하는 관세로 한국의 관세율표는 대부분 종가세로 되어 있다.

관세액 = 실거래가격(CIF가격) × 환율 × 관세율

종가세의 장점은 관세부담이 상품가격에 비례하기 때문에 공평하고 시장가격의 변경에도 불구하고 과세부담의 균형을 유지할 수 있다는 점이다. 반면에 단점은 과세표준으로서 과세가격을 산출하기 어렵고, 가격결정의 어려움으로 절차가 복잡하고 비용이 많이 소요되며, 국내산업보호의 기능이 희박하다는 점이다.

(2) 종량세

종량세(specific duties)는 수입물품의 수량을 관세산정의 기준으로 하는 관세이다.

관세액 = 수량 × 수량단위당 관세액

종량세의 장점으로는 세액을 쉽게 산출할 수 있어 과세방법이 간단하고 같은 상품인 경우 관세가 동일하며, 국내산업보호의 기능이 강하다는 데 있다. 이에 반해 단점으로는 물가변동에 따른 세율의 적용이 불가능하고 관세부담의 공평을 기할 수 없으며, 상거래에 사용되는 중량단위 및 계량단위의 통일에 어려움이 있다는 점 등이다.

3) 관세율

관세율은 관세의 과세표준인 수입물품의 가격 또는 수량에 대한 관세액의 비율을 말한다. 관세율에는 크게 국정세율과 협정세율로 구분된다. 국정세율에는 기본세율, 잠정세율 및 탄력세율로 세분되고, 협정세율은 협정에 의한 세율을 말한다.

(1) 기본관세

정상적인 상태에서 적용하는 관세율로 국회에서 제정하고 개정한다.

(2) 잠정관세

일정한 경제상황이 도래할 때까지 일시적으로 적용하도록 국회에서 정한 세율이다. 예를 들어 수입물품을 국내에서 생산하기 위한 수입대체공장을 건설하고 있는 경우 동 공장이 완공될 때를 상정하고 국내 산업을 보호하기 위하여 기본관세율을 높게 정하고, 공장이 완료될 때까지는 실수요업체를 위하여 잠정적으로 낮은 세율을 정하는 것이다.

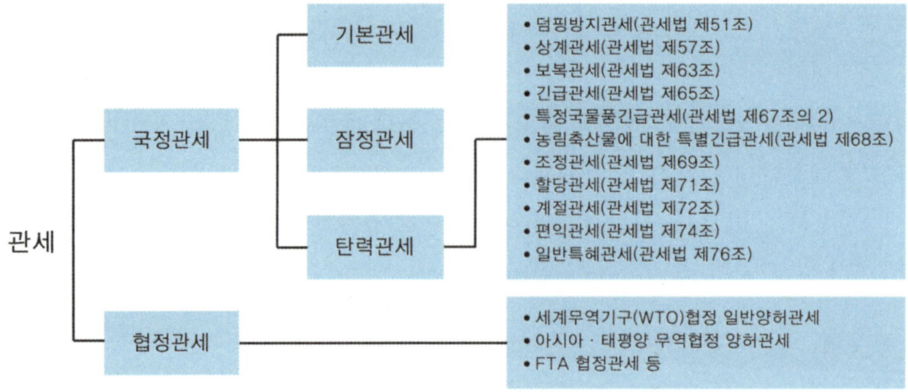

(3) 탄력관세

탄력관세(flexible duties)는 조세법률주의의 예외적인 조치로 급변하는 국제경제환경에 대처하여 관세정책을 수행할 수 있도록 행정부에 일정한 범위내에서 관세율조정권을 위임하여 관세율을 탄력적으로 조정하거나 변경할 수 있도록 하는 것을 말한다. 한국에서 현재 시행하고 있는 탄력관세로는 다음과 같은 것들이 있다.

(가) 덤핑방지관세(anti-dumping duties)

외국물품이 정상가격보다 저렴하게 수입되어 동종 국내산업이 실질적인 피해를 받거나 받을 우려가 있는 경우 정상가격과 덤핑가격의 차이(덤핑마진)만큼의 가격을 관세의 형태로 추가 부담시키는 것을 말한다.

(나) 상계관세(countervailing duties)

수출국에서 생산이나 수출 측면에서 정부에 의해 직·간접적으로 보조금(subsidy)을 받아 생산된 물품이 국내로 수입되어 수입국의 국내산업이 피해를 받거나 받을 우려가 있는 경우, 이를 상쇄할 목적으로 해당 품목에 대하여 부과하는 관세를 의미한다.

(다) 보복관세(retaliatory duties)

외국이 자국 상품에 대하여 부당한 수입관세나 차별대우를 취하는 경우, 이에 대한 대응으로 외국으로부터 수입되는 물품에 대하여 보복적으로 부과하는 관세를 말한다.

(라) 긴급관세(emergency duties)

특정물품의 갑작스러운 수입증가로 인하여 국내산업에 중대한 피해를 가져오거나 피해의 위협이 존재는 경우 이에 대응하기 위해 특정 수입물품에 관세율을 높여서 부과하는 것을 말한다.

(마) 특정국물품 긴급관세

국제조약 또는 일반적인 국제법규에 따라 특정국물품의 수입증가로 인하여 국내산업이 피해를 입을 경우 이를 구제하거나 방지하기 위하여 필요한 범위에서 추가하여 부과하는 관세를 말한다. 대표적인 것으로 중국이 WTO에 가입하면서 제3국이 수입제한조치를 허용함에 따라 우리나라로 중국의 저가제품 수입이 증가하면서 우리 경쟁상품에 피해를 줄 경우 부과하는 관세가 이에 해당된다.

(바) 농림축산물에 대한 특별긴급관세

우리나라가 UR협상에서 양허한 농림축산물의 수입물량이 급증하거나 국제가격이 하락하는 경우 당초 양허한 세율을 초과하여 관세를 부과할 수 있는 특별긴급관세이다.

(사) 조정관세(adjustment duties)

특정물품의 수입이 증가하여 국내개발물품·농산물 등 국제경쟁력이 취약한 물품의 국내시장 및 산업기반 유지를 저해하거나, 국민보건·환경보존·소비자보호 등을 위하여 필요한 경우 높은 관세율을 부과하는 것을 말한다.

(아) 할당관세(tariff quota)

특정물품을 국가가 정한 일정수량의 범위 내에서 수입될 때에는 저율의 관세를 부과하고, 일정수량을 초과하여 수입될 때에는 고율의 관세를 부과하는 제도로 '이중관세율제도'라고 한다.

(자) 계절관세

계절에 따라 가격차이가 심한 농산물, 자연산품 등의 가격과 수입량을 계절적으로 조절하여 연중 안정적으로 가격을 유지하기 위한 제도를 말한다. 특정물품이 부족하여 국내가격이 상승하는 계절에는 해당 물품의 세율을 낮추어 수입을 증가시키고, 특정물품이 남아돌아 국내가격이 하락하는 계절에는 세율을 인상시켜 수입을 억제시킨다.

(차) 편익관세(beneficial duties)

국제조약 등에 의하여 관세 상의 혜택을 받지 않는 나라의 물품이 수입될 때 기존 체약국에게 부여하고 있는 관세 상의 혜택의 범위 내에서 자국에 유리한 세율을 적용하는 것을 말한다.

(카) 일반특혜관세(preferential duties)

개발도상국을 지원하기 위하여 원산지를 개발도상국으로 하는 수입물품에 대하여 기본세율보다 낮은 특혜관세율을 부과하는 관세를 말한다.

(4) 협정관세

국가간의 통상과 무역의 진흥을 위하여 조약 또는 협정 등으로 정한 관세를 말한다. WTO협정 일반양허관세, 아시아·태평양 무역협정(APTA)양허관세, WTO협정 개발도상국 양허관세, FTA 양허관세 등이 이에 해당된다.

2 관세율 적용의 우선순위

협정관세는 국가 간의 협정에 의한 세율이기 때문에 국정관세보다 우선하여 적용된다. 국정관세 중에서의 우선순위는 탄력관세, 잠정관세, 기본관세의 순이다. 탄력관세 중 덤핑방지관세, 보복관세, 긴급관세, 농림축산물에 대한 특별 긴급관세 및 상계관세와 같이 상대국가의 불공정거래에 적용되는 관세는 협정세율에 우선하여 적용된다.

▌표 11-1▌ 관세율 적용 우선순위

순 위	종 류
제1순위	덤핑방지관세, 상계관세, 보복관세, 긴급관세, 농림축산물에 대한 특별긴급관세
제2순위	국제협력관세(FTA, 양허관세율 등), 편익관세(WTO미가입 국가 등에 적용되는 관세)
제3순위	조정관세, 할당관세, 계절관세
제4순위	일반특혜관세
제5순위	잠정관세
제6순위	기본관세

주) 제2순위 관세율은 제3, 4, 5, 6순위 관세율보다 낮은 경우에 한하여 우선 적용됨

3 과세가격의 결정방법

과세가격을 결정하는 방법은 [표 11-2]에서 제시된 대로 여섯 가지 방법으로 구분하여 이를 순차적으로 적용하도록 하고 있다.

1) 당해상품의 거래가격(제1평가방법)

이 방법은 당해상품의 실제 거래가격을 기초로 하여 과세가격을 산출하는 방법으로 가장 기본적이고 원칙적인 방법이다. 거래가격은 수입자가 수출업자에 대하여 직접 또는 간접으로 지급하였거나 지급할 금액의 총액을 말한다.

거래가격 = 실제로 지급하였거나 지급하여야 할 가격 − 공제요소금액 + 가산요소금액

▌표 11-2▐ 과세가격의 결정방법

순 위	과세가격의 결정기준
제1평가방법	당해상품의 거래가격(actual transaction value)
제2평가방법	동종상품의 거래가격(transaction value of identical goods)
제3평가방법	유사상품의 거래가격(transaction value of similar goods)
제4평가방법	당해상품의 공제가격(deductive value)
제5평가방법	당해상품의 산정가격(computed value)
제6평가방법	기타의 합리적 기준에 의한 과세가격

(1) 실제로 지급하였거나 지급하여야 할 가격

실제로 지급하였거나 지급하여야 할 가격이란 수입물품의 대가로 구매자가 판매자에게 또는 판매자를 위하여 직접 또는 간접으로 지급하여야 할 총 금액을 말한다. 한편 간접지급 금액은 다음과 같다.

① 구매자가 당해 수입물품의 대가와 판매자의 채무를 상계하는 금액
② 구매자가 판매자의 제3자에 대한 채무를 변제하는 금액
③ 구매자가 판매자의 요청에 의하여 수입물품 대금의 일부를 제3자에게 지급하는 경우 그 금액

(2) 실제 지급액에서 공제되는 금액

구매자가 실제로 지급하였거나 지급하여야 할 가격에서 다음에 해당하는 금액을 명백히 구분할 수 있으면 과세가격에서 공제한다.

① 수입 후에 행하여지는 당해 물품의 건설, 설치, 조립, 정비, 유지 또는 기술지원비용
② 수입항 도착 후에 당해 수입물품의 운송에 필요한 운임, 보험료, 기타 운송에 관련되는 비용
③ 우리나라에서 당해 수입물품에 부과된 관세, 제세와 기타 공과금
④ 연불조건 수입은 당해 수입물품에 대한 연불이자

(3) 가산요소

물품의 수입과 관련하여 다음의 금액을 구매자가 부담하는 때에는 실제지급금액에 이를

가산하여 과세가격을 산출한다.

(가) 수수료 및 중개료

수수료란 매매당사자의 위임을 받아 그를 대리하여 물품을 구매하거나 판매하고 위임자로부터 받는 대가를 말한다. 다만, 외국에서 구매자만을 대리하여 행하는 대가로 구매자가 그 대리인에게 지급하는 구매수수료는 제외한다. 중계료란 매매당사자 간에 거래알선 및 중개역할의 대가로 쌍방으로부터 받는 거래알선료를 말한다.

(나) 포장비

당해 물품과 동일체로 취급하는 용기의 비용(예를 들어 사진기와 사진기케이스, 콜라와 콜라병, 시계와 시계케이스 등)과 당해 물품에 소요되는 노무비 및 자재비를 구매자가 부담하는 금액도 과세한다.

(다) 생산지원비용

수입물품의 생산 및 수출거래를 위하여 구매자가 무료 또는 인하된 가격으로 제공하는 물품과 용역비용을 말한다.

① 수입물품에 결합되는 재료, 구성요소, 부분품 등(예를 들어 수입의류의 원단, 단추, 안감 등)
② 수입물품의 생산에 사용되는 공구, 다이스, 몰드 및 기계, 기구 등
③ 수입물품의 생산과정에서 소비되는 물품(예를 들어 촉매, 연료 등)

(라) 특허권 등 사용료(로열티)

수입물품에 관련되는 특허권, 실용신안권, 의장권, 상표권, 저작권 및 이와 유사한 권리(노하우 등)를 사용하는 대가로 당해 물품의 거래조건으로 구매자가 직접 또는 간접으로 지급하는 금액(로열티)도 과세한다.

(마) 사후 귀속이익

당해 물품의 수입 후의 판매, 처분 또는 사용에 따른 수익금액 중 일부가 직접 또는 간접으로 판매자에게 귀속되는 금액도 과세한다.

(바) 운임·보험료 및 운송 관련 비용

수입물품이 수입항에 도착할 때까지 실제 소요되는 운임·보험료 및 기타 운송 관련 비용도 과세한다. 수입항 도착시점은 수입항에 도착하여 본선 하역준비가 완료된 때를 말한다.

2) 동종상품의 거래가격(제2평가방법)

수입상품과 같은 시기에 수입되는 동종상품(like products)의 거래가격을 수입상품의 과세가격으로 결정하는 방법이다. 동종상품이란 동일한 국가 내에서 생산된 것으로 물리적 특성·품질 및 소비자의 평판 등 모든 면에서 동일한 것을 의미하며, 가격의 비교시점은 평가하고자 하는 상품과 거의 같은 시기에 수입국으로 선적된 것이어야 한다.

3) 유사상품의 거래가격(제3평가방법)

당해 수입상품과 같은 시기에 유사상품(similar products)의 거래가격을 당해상품의 거래가격으로 결정하는 방법이다. 유사상품이란 동일한 국가 내에서 생산된 것으로 모든 면에서 동일하지 않더라도 동일한 기능을 수행하고 대체사용이 가능할 정도로 비슷한 특성과 구성요소를 가진 상품을 의미한다.

4) 당해상품의 공제가격(제4평가방법)

상품이 수입되어 판매되는 가격에서 일정한 비용을 공제한 가격(deductive value)을 과세가격으로 결정하는 방법이다. 계산의 기초가 되는 수입되어 판매되는 가격은 수입 후 90일 이내에 수입자가 실제로 판매한 가격 중 가장 많은 수량이 판매된 단가를 전체 수입수량으로 곱한 가격이다. 국내의 판매가격이 결정되면 여기에 수입 후에 소요된 신용장 발행수수료, 전보료, 무역협회 부담금, 입항료, 하역료, 보관료, 통관수수료, 검역수수료, 내국운송 및 보험료 등을 공제하여 과세가격을 산출한다.

5) 당해상품의 산정가격(제5평가방법)

외국 제조업자의 원가계산서를 검사하여 상품생산에 사용된 원자재, 기타 가공비용과 수입국에서 계상하는 수수료, 이윤 및 일반경비를 합산하여 산정된 가격(computed value)을 과세가격으로 결정하는 방법이다. 산정가격을 산출하기 위하여 ① 수입상품의 생산에 사용된 자재, 조립, 기타 가공에 소요되는 비용이나 가격, ② 수입국에 수출하기 위하여 수출국 내의 생산업자가 제조한 동일상품 또는 유사상품을 판매할 때 통상적으로 반영시키는 이윤 및 일반경비, ③ 포장비, 국제운임, 보험료 및 관련비용 등의 금액을 합산한다.

6) 기타 합리적 기준에 의한 과세가격(제6평가방법)

과세가격을 제1방법에서 제5방법까지의 어느 방법으로 결정할 수 없을 경우에는 각 방법에서 정하는 내용과 방법을 확대 해석하여 가장 합리적이라고 판단되는 기준에 의하여 과세가격을 결정하여야 한다.

4 통관의 의의

1) 통관의 개념

통관(Customs Clearance)이란 '관세선을 통과하는 것'으로 관세선을 지키는 관문이 세관이므로 '세관을 통과하는 것'으로 이해될 수 있다. 관세법상 통관(Customs Clearance)이란 관세법에서 규정한 절차를 이행하여 물품을 수출·수입·반송하는 것을 말한다.[1] 화물의 국가 간 이동에는 나라마다 특수한 목적을 위하여 각종 규제를 가하고 있다. 이러한 규제는 세관에서 통관이라는 절차를 통하여 실현되고 있다. 한국의 경우에도 국제수지의 균형과 국민경제의 발전 및 안전·건강과 환경보호 등을 위하여 대외무역법 등 각종 법령에 관한 규제사항들을 두고 있고 이러한 목적을 달성하기 위하여 관세법에 통관절차를 규정하고 있다.

2) 통관의 종류

▌표 11-3▌ 통관의 종류와 내용

구 분		내 용
화물의 이동경로	수출통관	수출하고자 하는 물품의 제조에서부터 수출신고, 심사, 검사, 신고수리를 거쳐 당해 물품을 우리나라와 외국 간을 왕래하는 운송수단에 적재하기까지의 절차
	수입통관	수입신고를 받은 세관장이 신고사항을 확인하여 일정한 요건을 갖추었을 때 신고인에게 수입을 허용하는 것으로 수입신고사항과 현품이 부합하는지의 여부와 제반 법규정을 충족하였는지의 여부를 확인한 후 외국물품을 내국물품화하는 세관행정절차
물품의 결제방식	유환통관	일반적인 결제방식인 신용장(L/C), 추심방식(D/P, D/A) 등과 같이 환어음을 통하여 물품의 결제가 이루어지는 방식에 대해 유환으로 통관하는 것
	무환통관	대체품, 견본, 전시회용품 등과 같이 당사자간의 대금결제가 이루어지지 않는 거래에 대해 무환으로 통관하는 것
통관절차의 편이도	일반통관 (정식통관)	외국물품에 대해 수입신고를 하고 수입신고가 수리되면 물품을 반출하는 일련의 통관절차
	간이통관	여행자 휴대품이나 탁송품, 우편물과 같이 소량물품, 정부용품 등의 면세 및 재수출면세에 대하여 수입통관절차를 거치지 않고 간이한 방법으로 신고하는 절차

1) 관세법 제2조 제13호

통관에 대한 관세법상의 의미는 수출, 수입 및 반송의 신고수리를 의미한다. 화물의 이동경로에 따라 수출통관, 수입통관 및 반송통관으로, 물품의 결제방식에 따라 유환통관과 무환통관으로, 그리고 통관절차의 편이도에 따라 일반통관과 간이통관으로 각각 구분된다.

11.2 수출입통관절차

1 수출통관절차

수출통관은 내국물품을 외국으로 반출하는 세관장의 처분이다. 관세법상 수출이라 함은 내국물품을 외국으로 반출하는 것을 말한다. 수출되는 모든 물품은 수출통관절차를 거쳐야 하지만 체신관서가 외국으로 발송한 우편물은 수출 또는 반송이 이루어진 것으로 본다. 수출통관절차라 함은 수출하고자 하는 물품을 세관에 수출신고를 한 후 신고수리를 받아 물품을 우리나라와 외국 간을 왕래하는 운송수단에 적재하기까지의 절차를 말한다. 수출통관절차는 다음과 같다.

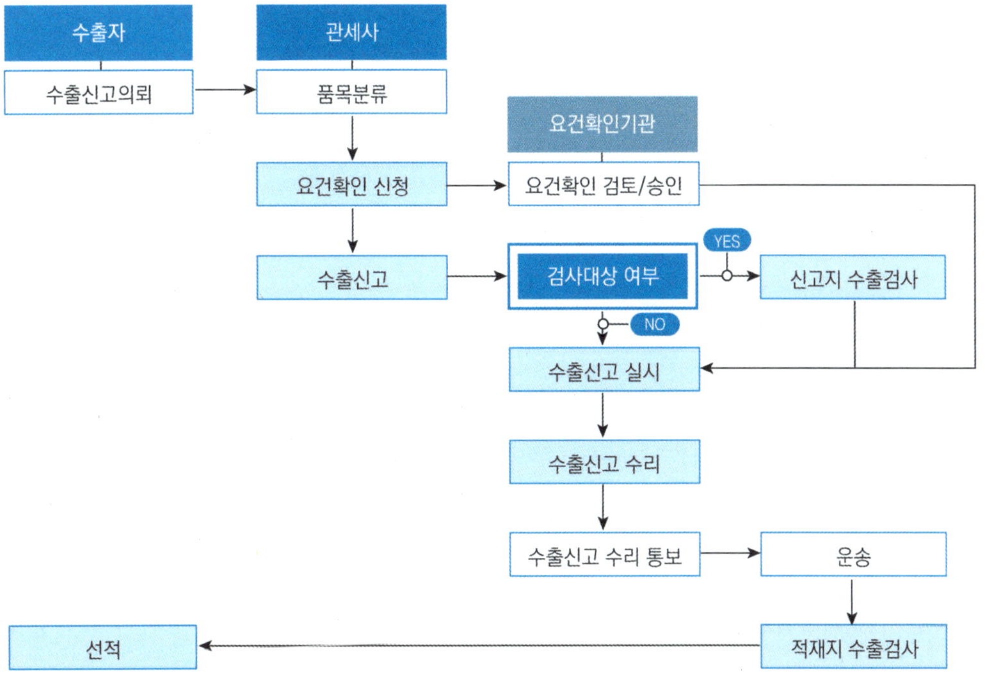

2 수입통관절차

관세법상 수입이라 함은 "외국물품을 우리나라에 반입(보세구역을 경유하는 것은 보세구역으로부터 반입하는 것을 말한다)하거나 우리나라에서 소비 또는 사용하는 것(우리나라의 운송수단 안에서의 소비 또는 사용을 포함하며, 제239조 각 호의 어느 하나에 해당하는 소비 또는 사용은 제외한다)을 말한다"로 규정하고 있다.[2)]

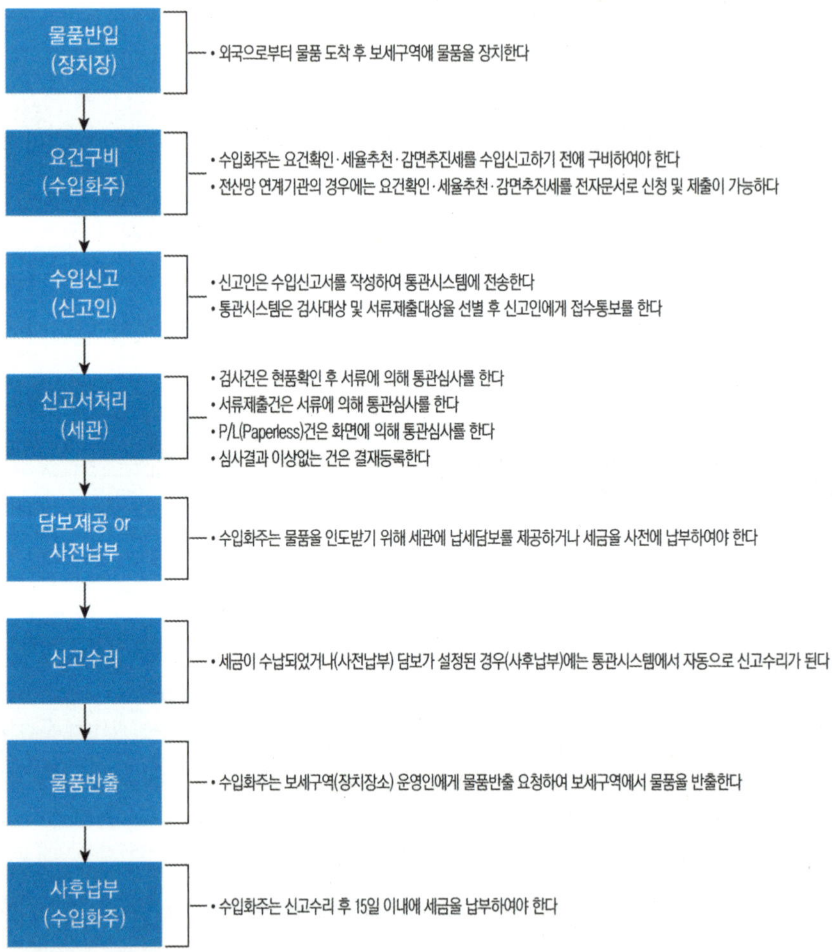

수입통관은 외국물품을 우리나라에 반입하는 것을 허용하는 세관장의 처분을 말한다. 즉 수입통관이란 외국물품을 수입하고자 하는 자가 직접 또는 관세사 등을 통하여 세관장에게

---

2) 관세법 제2조 제1항

수입신고를 하고, 동 수입신고자가 관세법의 규정에 따라 적법하고 적당하게 신고된 것으로 인정되는 경우에는 이를 수리함으로써 수입업자가 보세구역으로부터 물품을 반출하여 자유롭게 사용할 수 있도록 하는 것을 말한다.

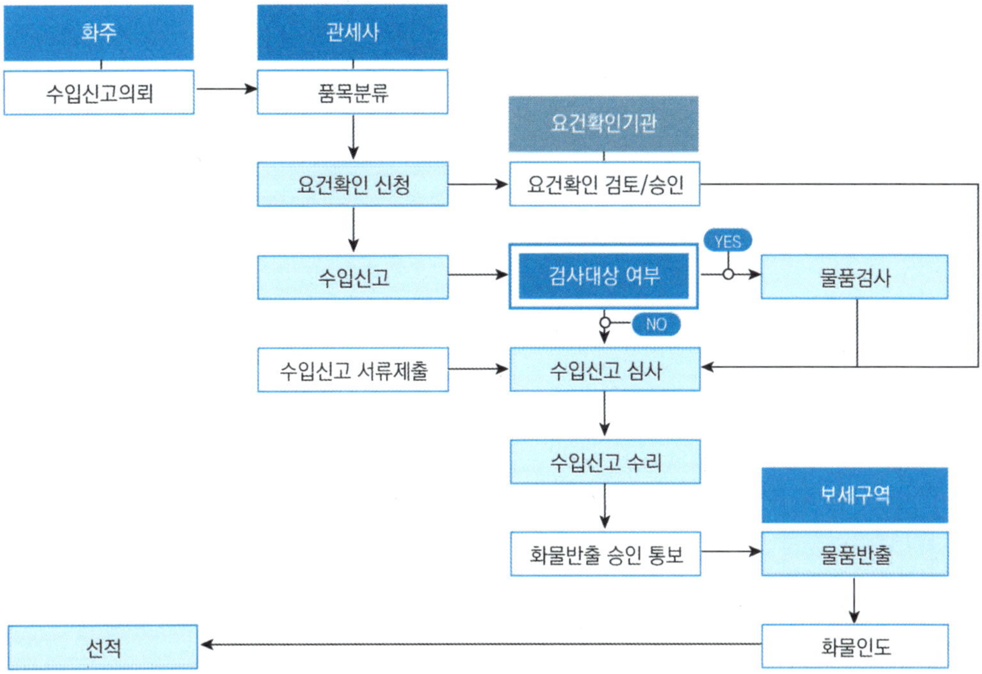

11.3 원산지규정

1 원산지의 의의

물품의 원산지(Country of Origin ; C/O)란 '어떤 물품이 성장했거나 생산, 제조 또는 가공된 지역'으로써 정치적 정체성을 지닌 국가를 의미하나 식민지, 속령 또는 보호령과 중국 귀속 후의 홍콩 등과 같이 독립적 국가가 아닌 지역도 원산지가 될 수 있다. 원산지규정은 각국이 상품의 원산지 국가를 결정하는데 필요한 법률, 규정 및 일반적으로 적용되는 행정적인 판정기준이나 절차를 말한다.[3] 원산지규정은 그 적용 목적에 따라 특혜원산지규정(preferential rules of origin)과 비특혜원산지규정(non-preferential rules of origin)으로

3) WTO 원산지규정에 관한 협정 제1조

분류된다. 특혜원산지규정[4]은 GATT(1994) 제1조에 규정된 최혜국대우원칙(most favored nation treatment ; MFN)의 적용을 받지 않고 일방적 혹은 쌍방적으로 관세상 특혜를 부여하는데 적용되는 규정으로 관세상의 특혜를 부여하는 것을 의미한다. 일반적으로 FTA원산지규정은 특혜원산지규정이다. 비특혜원산지규정은 특혜원산지규정 이외의 모든 것으로 WTO 통일원산지규정이 이에 해당된다. 이는 반덤핑관세(anti-dumping), 상계관세(countervailing duty), 긴급수입제한조치(safeguards) 등과 같이 무역정책상 물품의 원산지를 구별하는데 사용된다.

2 원산지 결정기준

FTA 원산지결정기준의 구성체계는 다음과 같다.

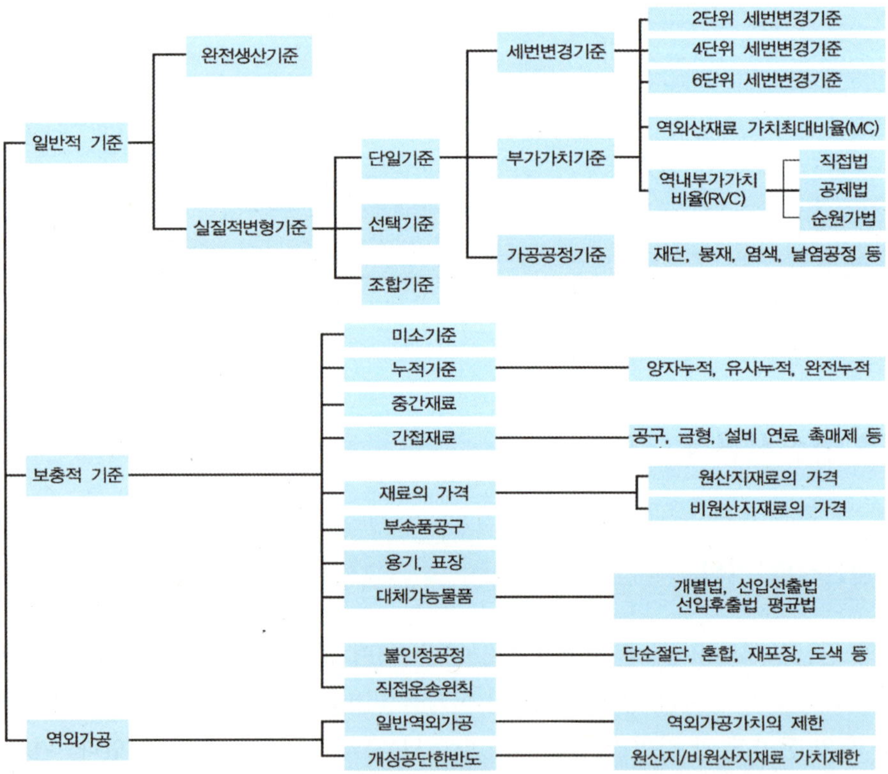

【그림 11-1】 FTA 원산결정기준의 구성체계

4) 한국의 특혜원산지규정에는 한·칠레 FTA부터 가장 최근에 발효된 한·미 FTA까지 각 FTA에서 규정한 원산지규정과 아시아·태평양 무역협정(APTA), UNCTAD 개발도상국간 특혜무역제도에 관한 협정(GSTP), 최빈개발도상국에 대한 일반특혜관세공여 등에 적용되는 원산지규정이 포함된다.

1) 완전생산기준

완전생산기준(Wholly Obtained Criterion)은 원산지 판정기준에서 우선적으로 적용되는 기준으로 주로 농산물 등의 1차 상품과 같이 한 국가에서 생산이 완성되는 상품에 적용되는 기준이다. 즉 한 국가에서 수확되거나 채취된 식물이나 광물이라든지, 한 국가에서 출생되고 사육된 동물이라든지, 한 국가에서 생산한 원재료를 가지고 처음부터 동일한 국가 내에서 가공한 완제품의 원산지를 인정하는 기준이다. FTA협정에서 적용되고 있는 완전생산품 기준으로는 ① 1국 완전생산품[5], ② 역내 완전생산품,[6] ③ 완전생산 간주물품[7]이 있다.

▌표 11-4▐ 한국이 체결한 주요 FTA별 완전생산기준

FTA	내 용
칠레	일방 또는 양 당사국의 영역 내에서만 완전하게 획득되거나 생산된 상품
싱가포르	일방 또는 양 당사국의 영역 내에서만 완전하게 획득되거나 생산된 상품
EFTA	당사국에서 완전히 획득된 상품
아세안	전적으로 수출국 영역 내에서 전부 완전 획득되거나 생산된 상품
인도	수출 낭사국의 영역에서 완전하게 획득되거나 생산된 상품
미국	전적으로 어느 한 쪽 또는 양 당사국의 영역에서 완전하게 획득되거나 생산된 상품
EU	당사자 내에서 완전히 획득된 상품
페루	전적으로 어느 한 쪽 또는 양 당사국의 영역에서 완전하게 획득되거나 생산된 상품
튀르기예	당사국 내에서 완전히 획득된 상품

우리나라와 체결되어 현재 이행 중인 FTA에서는 모든 공해상에서 획득한 수산물을 제외하고는 완전생산기준의 개념에 대해서는 큰 차이가 없다. 회원국(역내)에서 채굴한 광산물, 재배·수확한 농산물, 수렵 또는 어로작업에 의해 획득한 물품이 이에 해당된다. 가축 등 산 동물의 경우에는 역내에서 번식되어 사육된 것에만 완전생산기준이 적용된다. 영해 밖의 해저 또는 해저층에서 채취·채굴한 원유·광산물 등 해저자원이나 기타 물품의 경우에는 역내 국가가 영해 밖의 해저를 탐사하거나 채굴할 수 있는 권리를 소유하고 있는 경우에는 역내산으로 인정된다.

---

5) 수출 당사국에서 생산된 종자를 파종하여 역내에서 재배·수확한 쌀 등이 이에 해당된다.

6) 상대국의 완전생산 재료로 당사국에서 완제품을 제조하여 상대국으로 수출한 경우로 예를 들어 미국산 우유로 한국에서 치즈를 생산한 경우가 이에 해당된다.

7) 역외에서 생산되거나 역외산 재료 또는 원산지불명 재료를 사용한 경우에도 사용한 경우에도 예외적으로 완전생산품으로 인정하는 경우가 있는데, 예를 들어 역내 선박으로 역외(공해)에서 채취한 수산물, 고물, 부산물 등이 이에 해당된다.

▌표 11-5▐ 역내선박 인정요건

칠레, 싱가포르, 아세안, 미국, 인도, 페루	EFTA	EU, 튀르기예
당사국 등록 + 당사국 국기게양	당사국 국기게양	당사국등록 + 당사국 국기게양 + 소유요건

수산물의 경우 영해 내에서 획득한 것은 선박의 국적여하를 막론하고 연안국을 원산지로 인정한다. 외국에서 치어를 수입하여 자국에서 양식한 수산물의 경우에도 원산지가 인정된다. 영해 밖의 공해상에서 획득한 수산물 또는 선상가공품의 경우 작업이 이루어진 선박이 자국적인 경우에만 원산지를 인정한다. 하지만 자국산 선박의 범위를 판단하는 기준은 서로 다르다. 선박에 의한 어획물은 그 선박이 당사국에 등록되고 조업 당시에 당사국 국기를 게양하고 있으면 공해상이나 다른 국가의 영해상에서 잡은 경우에도 역내 완전생산품으로 인정될 수 있다. 하지만 한·EU FTA 및 한·튀르기예 FTA는 양 당사국 중 하나의 국민에 의해 적어도 50%가 소유되거나 또는 그 본점과 주 영업소가 양 당사국 중 하나에 있고 양 당사국의 하나의 공공기관에 의해 적어도 50%를 소유하고 있는 회사의 선박 및 가공선박으로 그 자격요건을 제한하고 있다. 한·EFTA FTA에서는 영해와 공해상에서 획득한 것을 역내산으로 인정하고 있지만 다른 나라의 영역에서 잡은 것은 원산지물품으로 인정하지 않는다. 등록요건과 관련하여 한·EFTA FTA에서는 당사국의 국기만 게양하면 되지만 다른 FTA에서는 선박의 당사국 내 등록을 요건으로 하고 있다.

2) 실질적 변형기준

실질적 변형기준은 원료와 부품으로부터 제품이 제조되는 생산과정 중에서 제품의 본질적 성격을 부여하는 곳을 원산지로 하는 기준이다. 실질적 변형여부를 판단하는 기준은 다시 세번변경기준(change of tariff heading criterion : CTH), 부가가치기준(value added criterion or ad valorem percentage criterion), 그리고 가공공정기준(processing operation criterion)으로 구분할 수 있다.

한국의 FTA에서 공산품에 대한 원산지기준은 매우 느슨한 형태(6단위 세번변경)에서부터 아주 까다로운 기준(2단위 세번변경과 60% 부가가치기준을 조합한 경우)까지 다양하다.

(1) 세번변경기준

세번변경기준(change of tariff heading criterion)은 세번(税番 ; tariff heading)을 이용한 것으로 제품의 제조 및 생산과정에서 투입된 원재료 또는 부품의 세번과 이들을 이용하여 생산된 제품의 세번이 다를 경우 공정이 발생한 국가에 원산지를 부여하는 것이다. 즉 특정 제품이 여러 국가에서 공정이 이루어질 경우 제품에 고유하게 부여되는 세번(6단위상의 HS번호)[8]을 변경시키는 공정이 최종적으로 발생한 국가에 실질적 변형이 발생한 것으로 간주하고 원산지를 부여하는 것이다.

현재 한국에서 사용되는 HS품목번호는 모두 10자리로 구성되어 있으며 이 중 앞에서 두 자리를 류(Chapter), 4자리를 호(Heading), 6자리를 소호(Subheading)이라고 부른다. 앞의 6자리 단위까지는 국제적으로 통일되어 있고 나머지 4자리는 각 국가마다 다르기 때문에 원산지협상에서는 6단위까지만 사용하고 있다. WTO 통일원산지 협상에서 사용하고 있는 세번변경 기준은 다음과 같은 기준으로 사용되고 있다.

① HS 2단위 변경기준(Change of Chapter : CC Rule)으로서 다른 2단위 세번으로부터 해당 세번으로의 변경

○ 0.2.01 ~ 02.10 *(한-미 품목별원산지기준)*

다른 류에 해당하는 물품(제0105호 닭을 제외한다)에서 제0201호 내지 0210호에 해당하는 물품으로 변경된 것

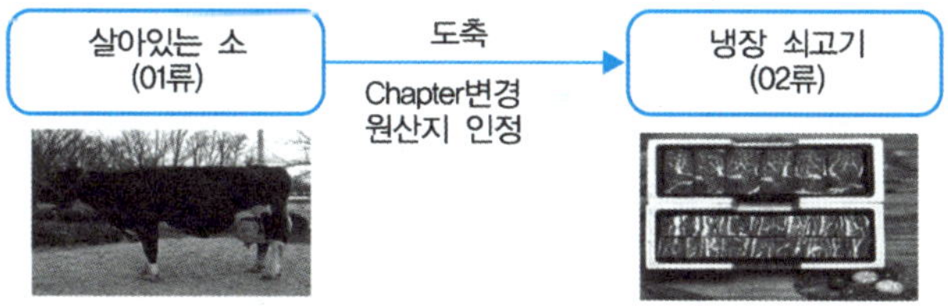

그림 11-2 **2단위 세번변경(Change of Chapter)**

② HS 4단위 변경기준(Change of Tariff Heading : CTH Rule)으로서 다른 4단위 세번으로부터 해당 세번으로의 변경

8) 국제관세협력이사회(CCC)가 국제무역의 원활화를 도모하고자 국가 및 산업부문별로 다양하게 되어 있는 상품분류체계, 즉 SITC(Standard International Trade Classification ; 표준국제무역분류, 1950), CCCN (Customs Cooperation Council Nomenclature ; 관세협력이사회품목분류, 1997), TSUSA(Tariff Schedule of USA ; 미국관세율표), CTS(Canada Tariff Schedule ; 캐나다 관세율표) 등 각국의 분류체계를 국제적으로 통일하고 적용하기 위하여 CCCN을 골격으로 한 신국제통일상품분류체계(Harmonized Commodity Description and Coding System ; 약칭 HS)를 만들었으며, 1988년부터 수출입공고의 품목분류방법으로 사용되고 있다.

○ 72.08 ~ 72.29 *(한-미 품목별원산지기준)*

다른 호에 해당하는 물품에서 제7208호 내지 7229에 해당하는 물품으로 변경

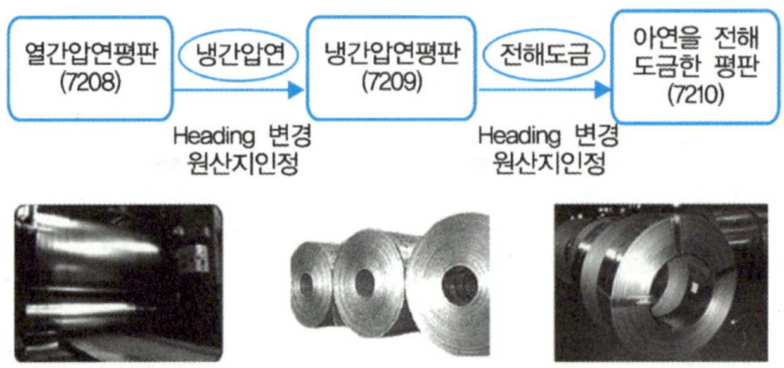

▌그림 11-3▐ 4단위 세번변경(Change of Tariff Heading)

③ HS 6단위 변경기준(Change of Tariff Subheanding : CTSH Rule)은 다른 6단위 세번으로부터 해당 세번으로의 변경

• **볶은 커피(제0901.21호 한-미 품목별기준)**

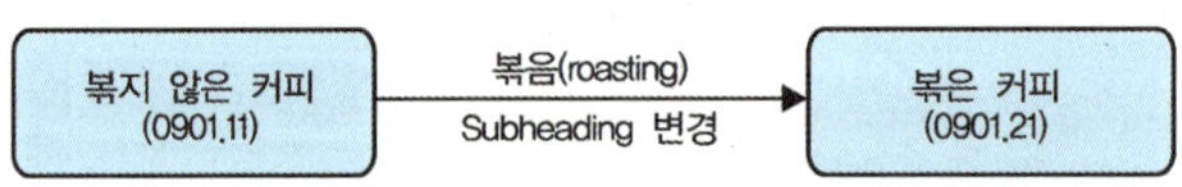

▌그림 11-4▐ 6단위 세번변경(Change of Tariff Sub-Heading)

한국은 기체결 FTA협정에서 주로 세번변경기준을 적용하고 있으며 세번변경에 있어서도 HS 4단위 세번변경기준이 적용되고 있다. 일반적으로 국내 경쟁력이 취약한 농수산물이나 민감산업물품의 경우 2단위 위주의 엄격한 세번변경기준을 적용하였고, 다수의 품목에 4단위 위주의 세번변경기준을 적용하였으며 극히 제한적인 품목에 6단위 세번변경기준을 적용하였다. 세번변경기준의 경우 세번변경요건과 관련하여 한·EU FTA에서는 4단위 세번병경이 주로 사용되었고, 한·인도 FTA에서는 부가가치기준 35%기준과 6단위 세번변경기준이 복합적으로 적용되고 있다.

(2) 부가가치기준

부가가치기준(value added criterion)은 제품의 생산과정에서 일정한 수준의 부가가치가 발생할 경우 해당 공정이 발생된 장소를 원산지로 인정하는 방법이다.

부가가치의 비율을 정하는 방법에는 '특정 국가에서 발생한 부가가치가 일정비율 이상일

것'과 같이 규정하는 'RC방식(Regional Contents Method)'이나 '특정 국가 이외의 국가에서 생산된 원재료의 가치가 일정비율 이하일 것'으로 규정하는 'MC방식(iMport Contents Method)'이 사용된다.

(가) RC법

① 집적법(Build-up Method) : 생산자가 상품의 생산에 필요한 원산지재료비가 상품의 가격에서 차지하는 비율을 역내가치로 보는 방식이다. 따라서 원산지재료비의 비중이 높을 경우 적용하면 쉽게 부가가치비율을 산출할 수 있다.

$$\text{부가가치 비율(RC)} = \frac{\text{원산지재료비(VOM)}}{\text{상품가격(AV)}} \times 100$$

* RC : %로 표시된 부가가치비율
* AV : FOB가격으로 조정된 상품의 거래가격
* VOM : 생산자가 그 제품의 생산을 위하여 사용한 원산지재료의 가격

② 공제법(Build-down Method) : 상품가격에서 비원산지재료의 가격을 제외한 나머지 부분을 역내가치로 보는 방식이다. 따라서 원산지재료비 비율이 낮고 가공비 비율이 높은 경우에 적용하면 유리하다.

$$\text{부가가치 비율(RC)} = \frac{\text{상품가격-비원산지재료비(VNM)}}{\text{상품가격(AV)}} \times 100$$

* RC : %로 표시된 부가가치비율
* AV : FOB가격으로 조정된 상품의 거래가격
* VNM : 생산자가 그 제품의 생산을 위하여 사용한 비원산지재료의 가격

③ 순원가법(Net Cost Method) : 공제법의 일종으로 공제법이 상품의 가격을 수출국에서 출발할 때의 가격을 기준으로 하는데 비하여, 순원가법은 그 가격에서 판매비용 등 일정비용을 제외한 가격으로 한다는 점이 특이한 사항이다.

$$\text{부가가치 비율(RC)} = \frac{\text{순원가(NC)-비원산지재료비(VNM)}}{\text{상품가격(AV)}} \times 100$$

* RC : %로 표시된 부가가치비율
* NC : 순원가는 총 비용에서 판촉, 마케팅, A/S, 로열티, 운송, 포장관련 비용 및 허용범위를 벗어난 이자비용을 뺀 것
* VNM : 생산자가 그 제품의 생산을 위하여 사용한 비원산지재료의 가격

(나) MC법

“비원산지 재료비가 상품가격의 일정비율 이하일 것”으로 정하는 방식으로 한·EFTA FTA, 한·EU FTA 및 한·튀르기예 FTA 등에서 채택하고 있다.

$$\text{부가가치 비율(MC)} = \frac{\text{비원산지재료비(VNM)}}{\text{공장도가격(EXW)}} \times 100$$

* MC : %로 표시된 비원산지재료비의 비율
* VNM : 생산자가 그 제품의 생산을 위하여 사용한 비원산지재료의 가격
* EXW : 상품의 공장도 가격에서 환급되는 모든 내국세를 공제한 가격

표 11-6 한국이 체결한 주요 FTA별 부가가치 기준

구분	칠레	싱가포르	EFTA	아세안	인도	EU	페루	미국	튀르기예	호주	캐나다
계산방법	공제법, 집적법	공제법	MC	공제법, 집적법	공제법	MC	공제법, 집적법	공제법, 집적법, 순원가법	MC	공제법, 집적법	MC, 순원가, 집적법
부가가치기준	RVC (45~80%)	RVC (45~55%)	MC (30~60%)	RVC (35~60%)	RVC (25~40%)	MC (20~50%)	RVC (20~50%)	RVC (35~60%)	MC (20~50%)	RVC (30~40%)	MC (10~65%)
기준가격	조정가격	FOB 기초 조정된 관세가격	공장도 가격	FOB	FOB (관세평가에 따라 결정)	공장도 가격	FOB	조정가치, 순원가	공장도 가격	조정가치	공장도가격(거래가격), 순원가
비고	(혼합주스) 공제법 80% 이상	–	비원산지 재료비율이 기준을 초과하지 않아야 함	직접법과 공제법중 국가 선택 (한국:공제법)	(일반기준) CTSH+RVC35%	비원산지 재료비율이 기준을 초과하지 않아야 함	대부분 공제법 (일부 품목 선택 가능)	(자동차) 순원가법 선택 가능	비원산지 재료비율이 기준을 초과하지 않아야 함	비원산지 재료비율이 10%를 초과하지 않아야 함	(자동차) 순원가법 선택 가능

구분	중국	베트남	뉴질랜드	콜럼비아	중미	영국	RECP	캄보디아	이스라엘	인도네시아
계산방법	공제법	공제법, 집적법	공제법, 집적법	공제(순원가)법)/집적법	공제법, 집적법	MC	공제법, 집적법	공제법, 집적법	MC	공제법, 집적법
부가가치기준	RVC (40~60%)	RVC (40~45%)	RVC (30~40%)	RVC (30~60%)	RVC (20~50%)	MC (20~50%)	RVC 40	RVC (40~60%)	MC (50~60%)	RVC 40
기준가격	FOB (관세평가에 따라 결정)	FOB (관세평가에 따라 결정)	FOB	조정가치	FOB	공장도 가격	FOB	FOB	공장도 가격	FOB (관세평가에 따라 결정)
비고	–	–	–	(자동차) 순원가법 선택 가능	–	비원산지재료 비율이 기준을 초과하지 않아야 함	–	–	–	–

(3) 가공공정기준

가공공정기준(processing operation criterion)은 불완전생산품에 대한 원산지결정기준 중 품목별기준의 한 종류로 제품의 제조공정 중 각 제품에 대해 가장 중요하다고 인정되거나 당해 제품의 주요한 특성을 발생시키는 기술적 제조·가공작업을 열거하여 지정된 공정이 역내에서 수행된 경우 원산지로 인정하는 것을 말한다.

한국이 체결한 일부 FTA에서 섬유 또는 의류제품에 한하여 세번변경기준과 병용하거나 선택적으로 사용하고 있다. 한·미 FTA에서는 원사기준을 원산지기준으로 채택하였다. 원사기준(yarnforward rule)이란 협정 당사국산 '실'을 사용하여 직물을 제직 또는 편직하고 직물 및 의류 등 섬유 완제품을 재단·봉재해야만 동 제품의 원산지를 인정하는 제도로, NAFTA를 비롯하여 미국이 체결한 FTA에서 고수해온 원산지 원칙이다.

표 11-7 한국이 체결한 주요 FTA별 가공공정기준

품명	HS	칠레	싱가포르	EFTA	인도	미국
의류	61~62류	국산원단요건 + 재단기준	재단기준	재단기준	재단기준	원사기준
직물	50~60류	CC (HS 2단위 변경)	CC	CTH(세번변경) or 염색 또는 날염	세번변경 + 40%	품목별로 규정

3) 보충적 원산지 결정기준

(1) 누적기준

누적(accumulation)이란 어떤 물품의 원산지 결정시 체약상대국에서 발생한 생산과정 투입요소를 자국의 것으로 간주하는 것을 말한다. 누적기준(accumulation rule)은 원산지 물품의 역내누적 및 역내 생산자들에 의한 비원산지 재료의 역내 생산누적에 관한 것이다. 예를 들어 한국에서 어떤 상품 생산과정에서 칠레산 원산지재료를 사용한 경우 그 재료를 한국 원산지재료로 인정하는 경우이다. 누적기준을 두는 이유는 원산지 영역을 확대하여 역내산 재료사용 및 역내가공을 촉진하여 시장통합의 효과를 극대화하기 위한 것이다.

(2) 미소기준

미소기준(De Minimis rule)은 역외산재료인 비원산지 재료가격이 당해 물품의 전체 가격에서 차지하는 부분이 미미할 경우 원산지기준에서 규정하고 있는 세번변경기준 등 원산

지요건을 충족하지 못할 경우에도 예외적으로 원산지를 인정하는 제도로 최소허용기준(tolerance rule)이라고도 한다. 예를 들어 한국산 인플레이터와 중국산 커버 및 쿠션을 사용하여 자동차용 에어백(원산지기준 : CTH)을 생산하는 경우 쿠션의 가격이 에어백 가격의 10%를 초과하지 않는다면 동 쿠션의 세번이 변경되지 않더라도 에어백을 원산지물품으로 인정한다.

▌표 11-8▌ 한국이 체결한 FTA별 미소(허용)기준

구분	칠레	싱가 포르	EFTA	아세안	인도	EU	페루	미국	튀르기예	호주	캐나다
일반품목가격	조정가치 8% 이하	관세가격 10% 이하	공장도가격 10% 이하	FOB 10% 이하	FOB 10% 이하	공장도가격 10% 이하	FOB 10% 이하	조정가치 10% 이하	공장도가격 10% 이하	조정가치 10% 이하	공장도가격 10% 이하
농수산물가격	1~24류 CTSH 충족하면 적용가능	1~14류 적용제외, 15류~24류 CTSH 충족하면 적용가능	1류~24류 CTSH 충족하면 10% 이하	10% 이하	1~14류 적용제외 15~24류 10% 이하	10% 이하	1~14류 적용제외 15~24류 10% 이하	1~24류 CTSH 충족하면 10% 이하(일부제외)	10% 이하	1~14류 CTSH 충족하면 10% 이하 (일부제외) 15~24류 10% 이하	1~21류 CTSH 충족하면 10% 이하
중량(섬유)	8% 이하	8% 이하	10% 이하	10% 이하	7% 이하	8~30% 이하 (일부 가격기준)	10% 이하	7% 이하	8~30% 이하 (일부 가격기준)	10% 이하	10% 이하

구분	중국	베트남	뉴질랜드	콜럼비아	중미	영국	RECP	캄보디아	이스라엘	인도네시아
일반품목가격	FOB 10% 이하	FOB 10% 이하	FOB 10% 이하	조정가치 10% 이하	FOB 10% 이하	공장도 가격 10% 이하	FOB 10% 이하	FOB 10% 이하	공장도 가격 10% 이하	FOB 10% 이하
농수산물가격	1~14류 적용제외 15~24류 CTSH 충족하면 10% 이하	10% 이하	1~14류 10% 이하(단순한 혼합을 초과하는 공정) 15~24류 10% 이하	1~24류 CTSH 충족하면 10% 이하 (15류로 분류되는 비원산지 재료 일부는 최소 허용수준 적용 제외)	1~14류 적용제외 15~24류 CTSH 충족하면 10% 이하	10% 이하	FOB 10% 이하	FOB 10% 이하	1~14류 적용제외 15~24류 CTSH 충족하면 10% 이하	10% 이하
중량(섬유)	10% 이하 (중량 또는 가격기준)	10% 이하 (중량 또는 가격기준)	10% 이하 (중량 또는 가격기준)	10% 이하	10% 이하	8~30% 이하(일부 가격기준)	10% 이하	10% 이하	10% 이하	10% 이하

(3) 직접운송원칙

직접운송원칙은 해당 물품이 수출당사국을 출발하여 중간에 다른 국가를 거치지 않고 곧바로 수입당사국으로 운송되는 경우에 한하여 특혜를 제공한다는 원칙이다. 하지만, 비당사국을 거치더라도 그 국가에서 환적 등 운송에 필요한 작업 이외의 행위가 없으면 일정조건하에서 특혜를 주는 예외가 인정된다. 직접운송요건을 두는 이유는 운송업 이용을 촉진하고 운송과정에서 비체약국 물품이 체약국 원산지물품으로 둔갑하는 것을 방지하기 위한 것이다.

3 원산지증명

1) 기관발급제

기관발급제는 상공회의소와 같은 제3의 기관이 수출자로부터 신청 받아 원산지의 적정여부를 확인한 후 원산지증명서를 발급해주는 방식이다. 한·ASEAN, 한·인도, 한·싱가포르 및 한·페루 FTA는 기관발급방식을 따른다. 원산지증명의 기관발급은 종이문서로 발급하는 것이 아니므로 발급이 완료된 후에 업체에서는 이를 출력하여 수입자에게 원본으로 제출한다.

2) 자율발급제

자율발급제는 수출자가 자율적으로 원산지요건의 충족여부를 확인하고 원산지증명서를 작성하여 수입자에게 제출하는 방식이다. 한·칠레, 한·EFTA, 한·EU, 한·튀르기예, 한·콜럼비아, 한·페루(발효 5년 후) FTA의 경우 수출자는 자신이 생산한 제품 또는 생산자의 원산지확인서 또는 원산지증명서를 근거로 수출하는 제품에 대하여 원산지증명서를 작성할 수 있다. 원산지증명서 발급은 상업송장 등의 상업서류상의 원산지신고 문안에 인증수출자 번호를 기재하고 수출자가 서명하는 원산지신고서의 형태이다.

3) 인증발급제

인증발급제는 일정 규모 이상의 금액을 빈번하게 수출하는 수출자 중 성실업자에 대해 수출국 세관당국의 사후관리를 조건으로 자율적으로 원산지증명서를 발급하도록 허용하되, 그렇지 않은 수출자에 대해서는 권한 있는 당국에 신청하여 원산지증명서를 발급받는 방식을 말한다. 인증발급제는 원산지증명 능력이 있다고 관세당국이 인증한 수출자에게 원산지 증명서 발급절차 또는 첨부서류 간소화 혜택을 부여하는 제도이다.

▌표 11-9▐ 한국이 체결한 FTA별 원산지증명 및 운송요건

구분	칠레	싱가포르	EFTA	아세안	인도	EU	페루	미국	튀르기예	호주	캐나다
발급방식	자율발급	기관발급	자율발급 (스위스는 기관발급)	기관발급	기관발급	자율발급	자율발급	자율발급	자율발급	자율발급 호주(기관 발급병행)	자율발급
발급주체	수출자	싱가포르 (세관) 한국 (세관, 상의, 자유무역 관리원)	수출자 생산자	아세안 (정부기관) 한국 (세관, 상의)	인도 (수출검사위원회, 섬유위원회, 수산물수출진흥원) 한국 (세관, 상의)	수출자(6천유로 이상은 인증수출자)	수출자/ 생산자	생산자/ 수출자/ 수입자	수출자	자율(수출자/생산자) 호주 (상공회의소, 산업협회)	수출자/ 생산자
검증방식	직접	직접	간접	(원칙)간접, (예외) 직접	(원칙)간접, (예외) 직접	간접	직접, 간접	직접, 간접(섬유)	간접	직접(호주 지원요청 가능)	직접
검증주체	수입국세관	수입국세관	수출국 세관(수입국 참관 가능)	수출국세관 (한국) 검증기관, 세관(아세안)	수출국세관 (한국) 검증기관, 수입국세관 (인도)	수출국 세관(공동조사 가능)	수출국세관 (간접), 수입국세관 (직접)	수출국세관 (간접), 수입국세관 (직접)	수출국 세관(수입국 참관 가능)	수입국세관	수입국세관
증명서식	통일서식	별도서식	송품장	통일서식	통일서식	송품장	통일서식	자율서식 (권고서식)	송품장	자율서식 (권고서식)	통일서식
유효기간	2년	1년	1년	1년	1년	1년	1년	4년	1년	2년	1년
제출면제	1,000달러 이하	1,000달러 이하	1,000달러 이하(EFTA로 반입시 상이)	FOB200달러 이하(상품 또는 우편물)	개인소포, 여행자수하물 (금액제한 없음)	1,000달러 이하(EU로 반입시 상이)	1,000달러 이하	1,000달러 이하	1,000달러 이하	한국(1,000 달러 이하), 호주(1,000 호주달러 이하)	1,000달러 이하
운송요건	하역, 재선적, 상자포장, 포장, 재포장, 상품보존, 운송필요공정	하역, 재선적, 상자포장, 포장, 재포장, 상품보존& 세관통제	하역, 재선적, 탁송품분리, 상품보존필요, 파이프라인 운송&세관통제	지리적 · 운송상 이유, 경유국거래, 소비금지&하역, 재선적, 상품보존&통과선하증권	경유국거래, 소비금지&하역, 재선적, 상품보존&세관통제	단일 탁송화물&하역, 재선적, 상품보존&세관통제	하역, 재선적, 재포장, 상품보존& 세관통제	하역, 재선적, 상품보존, 운송 필요공정& 세관통제	단일 탁송화물& 하역, 재선적, 상품보존& 세관통제	하역, 재선적, 보관, 재포장, 재라벨링, 운송목적, 상품보존& 세관통제	경유국거래, 소비금지& 하역, 운송목적분리, 재선적, 상품보존& 세관통제

* 아세안 정부기관 : ① 브루나이 : 외교통상부, ② 캄보디아 : 상무부, ③ 인도네시아 : 통상부, ④ 라오스 : 상공회의소, ⑤ 말레이시아 : 국제통상산업부, ⑥ 미얀마 : 상무부, ⑦ 싱가포르 : 세관, ⑧ 필리핀 : 세관, ⑨ 베트남 : 통상부, ⑩ 태국 : 상무부

구분	중국	베트남	뉴질랜드	콜럼비아	중미	영국	RECP	캄보디아	이스라엘	인도네시아
발급방식	기관발급	기관발급	자율발급	자율발급	자율발급	자율발급	기관, 자율(순차적 도입)	기관발급 인증수출자 자율발급	기관발급 인증수출자 자율발급	기관발급 인증수출자 자율발급(단계적 시행 예정)
발급주체	중국(중국해관총서/국제무역촉진위원회) 한국(세관/상의)	베트남(산업무역부) 한국(세관, 상의)	수출자/생산자	수출자/생산자	수출자 생산자	수출자(6천유로 이상은 인증수출자)	수출자/생산자/수출당사자의 발급기관	기관발급 : 한국(세관, 상의) 캄보디아 : 상무부 자율발급 : 인증수출자	기관발급 : 한국(세관, 상의), 이스라엘(재무부 이스라엘조세당국 관세국) 자율발급 : 인증수출자, 미화 1000불 이하 수출자	기관발급 : 한국(세관, 상의), 인도네시아(통상부) 자율발급 : 인증수출자, 미화 1000불 이하 수출자(시행유보)
검증방식	간접 후 직접	(원칙) 간접, (예외) 직접	직접	직접/간접	직접/간접	간접	직접/간접	간접 후 직접	(원칙)간접, (예외)직접	(원칙)간접, (예외)직접
검증서식	수출국세관 수입국세관	(한)세관, (베)발급기관	수입국세관	수출국 세관(간접), 수입국세관(직접)	수출국 세관(간접), 수입국세관(직접)	수출국 세관(공동조사 가능)	수출국C/O발급기관(간접), 수입국세관(직접)	수출국세관(간접) 수입국세관(직접)	수출국세관(간접) 수입국세관(직접) (수출당사국 입회 가능)	수출국세관(간접) 수입국세관(직접)
증명서식	통일서식	통일서식	송품장/권고서식	통일서식	통일서식	송품장	당사국 합의양식	통일서식	기관발급:통일서식	기관발급:통일서식
유효기간	1년	1년	2년	1년	1년	1년	1년	1년	1년	1년
제출면제	700달러 이하	FOB 600달러 이하	1,000달러 이하	1,000달러 이하	1,000달러 이하	1,000달러 이하(영국으로 반입시 상이)	200달러 이하, 수입국이 정한 금액 이하, 수입국에서 요건 면제한 상품	200달러 이하, 수입국이 정한 금액 이하, 수입국에서 요건 면제한 상품	소포 및 여행자 수화물 1,000달러 이하	200달러 이하, 수입당사국 통화로 이에 상당하는 금액, 수입당사국이 설정 할 수 있는 금액을 초과하지 않는 금액, 수입당사국이 수입자에게 원산지 증명 제출을 요구하는 않는 상품
운송요건	지리적·운송상 이유& 하선·재선적·운송목적 분리, 상품보존&세관통제	지리적·운송상 이유, 경유국거래, 소비금지&하역, 재선적, 상품보존&통과선하증권	하역, 운송상이유, 재선적, 상품보존&세관통제	하선, 운송상이유, 재선적, 상품보존& 경유국거래, 소비금지 &세관통제	하역, 재선적, 재포장, 상품보존& 단일운송서류, 경유국 관세당국 발행증명서& 세관통제	단일 탁송화물&하역, 재선적, 상품보존&세관통제	하역,재선적, 상품보존,운송상이유&세관통제	하역,재선적, 보관, 상품보존 & 세관통제 & 통과선하증권	경유국거래, 소비금지 & 하역, 재선적, 상품보존공정	지리적·운송상 이유로 정당화, 경유국 거래 및 소비 금지, 하역, 재선적, 상품보존공정

4 수입물품의 원산지 표시제도

1) 원산지표시대상

원산지표시대상은 일반적인 수입물품뿐만 아니라 FTA교역품목도 당연히 원산지표시를 하여야 한다. 원산지표시는 수입물품 자체에 해야 하는데 현품에 표시하는 것이 불가능한 경우에는 당해 물품의 포장, 용기에도 원산지를 표시할 수 있다.

2) 일반적인 표시

(1) 원칙

원산지표시대상물품을 수입하려는 자는 다음과 같은 방법으로 원산지를 표시하여야 한다.
① 한글·한문 또는 영문으로 표시할 것
② 최종 구매자가 쉽게 판독할 수 있는 활자체로 표시할 것
③ 식별하기 쉬운 위치에 표시할 것
④ 표시된 원산지가 쉽게 지워지거나 떨어지지 아니하는 방법으로 표시할 것

그리고 품질경영 및 공산품안전관리법, 식품위생법 등에서 대외무역법령과 달리 정한 바가 있으면 그것을 적용할 수 있다.

원산지 표시제도는 공정한 무역거래질서를 확립하고 불법 수입행위를 근절하며 궁극적으로 수입자를 보호하기 위하여 수입물품에 대한 원산지표시를 보완하고 강화하는데 있다.

(2) 표시언어

수입 물품의 원산지는 다음 중 방식으로 한글, 한자 또는 영문으로 표시할 수 있다
① "원산지: 국명" 또는 "국명 산(産)"
② "Made in 국명" 또는 "Product of 국명"
③ "Made by 물품 제조자의 회사명, 주소, 국명"
④ 크기가 작아 위 3가지 방식으로 할 수 없으면 국명만 표시할 수 있음
⑤ 최종구매자가 원산지를 오인할 우려가 없으면 "Brewed in 국명" 또는 "Distilled in 국명" 가능
⑥ "Assembled in 국명"에서 "국명"이 원산지와 같으면 가능
⑦ 물품의 주요 부분품 원산지가 다른 경우 부분품별 원산지 표시 가능

그리고 최종구매자가 수입 물품의 원산지를 오인할 우려가 없으면 다음과 같이 널리 사용하는 국가명이나 지역명 등을 표시할 수 있다.

① United States of America를 USA로
② Switzerland를 Swiss로
③ Netherlands를 Holland로
④ United kingdom을 UK로
⑤ UK의 England, Scotland, Wales, Northern Ireland
⑥ 기타 관세청장이 지식경제부장관과 협의하여 타당하다고 인정하는 국가나 지역명

(3) 표시 크기 및 위치

수입 물품의 원산지는 최종구매자가 쉽게 판독할 수 있는 크기로 활자체를 사용하여 표시하여야 한다. 또한 정상적인 물품구매과정에서 원산지표시를 발견할 수 있도록 식별하기 용이한 곳에 표시하여야 한다.

(4) 표시방법

원산지표시는 쉽게 지워지지 않으며 물품(또는 포장·용기)에서 쉽게 떨어지지 않도록 표시하여야 한다. 제조단계에서 인쇄(printing), 등사(stenciling), 낙인(branding), 주조(molding), 식각(etching), 박음질(stitching) 그리고 이와 유사한 방식으로 표시하는 것을 원칙으로 한다. 그러나 물품의 특성상 이와 같이 표시하는 것이 물품을 훼손하는 등 부적합하면 날인(stamping), 라벨(label), 스티커(sticker), 꼬리표(tag)를 사용하여 표시할 수 있다.

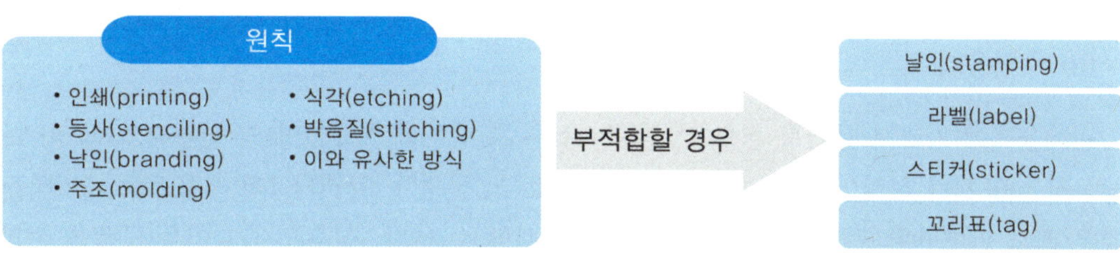

3) 특수물품의 원산지표시

(1) 물품 자체에 표시하기 곤란한 물품의 원산지표시방법

원산지는 물품 자체에 식별하기 쉽고 보존성이 있게 표시하는 것이 원칙이나, 물건의 특성상 과일, 채소 등 농산물과 같이 자체 표시가 적당하지 않거나 콘텍트 렌즈와 같이 상품

가치를 떨어뜨리는 경우에는 다음과 같이 최소포장이나 용기 등에 표시한다.

① 해당 물품에 원산지를 표시하는 것이 불가능한 경우
② 원산지 표시로 크게 훼손되는 경우(예: 당구공, 콘택즈렌즈, 포장하지 않은 집적회로 등)
③ 원산지 표시로 가치가 실질적으로 저하되는 경우
④ 표시비용이 해당 물품의 수입을 막을 정도로 과도한 경우(예 : 물품값보다 표시비용이 더 많이 드는 경우 등)
⑤ 상거래 관행상 최종구매자에게 포장, 용기에 봉인되어 판매되는 물품 또는 봉인되지는 않았으나 포장, 용기를 뜯지 않고 판매되는 물품(예 : 비누, 칫솔, 비디오테이프 등)
⑥ 부품 및 원재료를 수입하여 실질적 변형을 일으키는 제조공정에 투입하는 실수요자에게 직접 공급하는 경우
⑦ 외관상 원산지의 오인 가능성이 적은 경우(예 : 두리안, 오렌지, 바나나와 같은 과일·채소 등)
⑧ 관세청장이 산업통상자원부장관과 협의하여 타당하다고 인정하는 물품

(2) 수입세트 물품

① 수입 세트물품을 구성하는 개별 물품들의 원산지가 동일하고 최종 구매자에게 세트로 판매되는 경우에는 개별로 표시하지 아니하고 그 세트 물품의 포장·용기에 원산지를 표시할 수 있다.
② 세트를 구성하는 개별 물건의 원산지가 2개 이상이면 개별로 각각 원산지를 표시하고, 세트 물품의 포장·용기에는 개별 원산지를 모두 나열·표시하여야 한다.
(예 : Made in China, Taiwan, ····)

(3) 수입용기

관세율표에 따라서 용기를 별도 분류하는 것은 그 용기에 "(용기명)의 원산지 : (국명)"에 상응하는 표시를 하여야 한다(예 : "Bottle made in 국명"). 그러나 1회 사용으로 폐기하는 것은 최소 판매단위 포장에 용기의 원산지를 표시할 수 있다. 실수요자가 이들 물품을 수입하는 경우에는 용기의 원산지를 표시하지 않아도 무방하다.

(4) 수입 후 단순가공한 물품의 원산지 표시

수입 후 단순가공을 거치는 과정에서 본래의 원산지 표시가 훼손된 경우에는 다음과 같이 표시한다. 또한 이러한 경우에는 세관장이 수입자에게 수입 통관 후 법령에 따른 원산지 표시를 준수하도록 명할 수 있다. 그리고 수입하는 자가 제3자에게 양도하는 경우에는 양수

인에게 서면으로 법령에 따른 원산지 표시의무를 준수하여야 할 것을 알려야 한다.

① 수입된 후 최종구매자가 구매하기 이전에 국내에서 단순 제조·가공되는 과정에서 원산지가 은폐·제거되거나 은폐·제거될 우려가 있으면 제조·가공업자가 완성에 수입물품의 원산지가 분명하게 나타나도록 표시한다.

② 대형 포장으로 수입된 후에 최종구매자가 구매하기 전에 국내에서 소매단위로 재포장되어 판매되는 경우에는 재포장 판매업자가 재포장 용기에 수입물품의 원산지가 분명하게 나타나도록 원산지를 표시하여야 한다. 재포장되지 않고 낱개나 산화물로 판매되는 경우에도 물품이나 판매용기 그리고 판매장소에 스티커 부착, 푯말부착 등의 방법으로 원산지를 표시한다

③ 수입된 후에 최종구매자가 구매하기 전에 다른 물품과 결합되어 판매되는 경우에는 제조·가공업자가 수입된 해당 물품의 원산지가 분명하게 나타나도록 "해당 물품명의 원산지 : 국명"의 형태로 원산지를 표시한다.

수입후 단순가공을 거치는 물품이 위 3가지에 포함되지 않는 경우에는 수입물품 원산지 표시규정을 준용한다.

4) 원산지오인 우려 수입물품의 원산지표시방법

원산지오인 우려 표시물품은 원산지표시대상물품이 다음에 해당되는 물품을 말하다.

① 주문자상표부착(OEM)방식에 의해 생산된 물품의 원산지와 주문자가 위치한 국명이 상이하여 최종 구매자가 해당 물품의 원산지를 오인할 우려가 있는 물품

② 물품 또는 포장·용기에 현저하게 표시되어 있는 상호·상표·지역·국가 또는 언어명이 수입물품의 원산지와 상이하여 최종 구매자가 해당 물품의 원산지를 오인할 우려가 있는 물품

원산지오인 우려 표시물품에 해당되는 수입물품은 해당 물품 또는 포장·용기의 전면에 "수입물품의 원산지표시 일반원칙"에 따라 원산지를 표시하여야 한다. 물품의 특성상 전후면의 구별이 어렵거나 전면에 표시하기 어려운 경우 등에는 원산지 오인을 초래하는 표시와 가까운 곳에 표시하여야 한다.

5) 원산지표시 유의사항

① 수입물품의 원산지는 최종구매자가 당해 물품의 원산지를 용이하게 판독할 수 있는 크기의 활자체로 표시하여야 한다.

② 수입물품의 원산지는 최종구매자가 정상적인 물품구매과정에서 표시된 원산지를 용이하게 발견할 수 있는 곳에 표시하여야 한다.

③ 수입물품의 원산지는 제조단계에서 인쇄, 등사, 낙인, 주조, 식각, 박음질 또는 이와 유사한 방식으로 원산지를 표시하는 것을 원칙으로 한다. 다만, 물품의 특성상 위와 같은 방식으로 표시하는 것이 부적합하거나 물품을 훼손할 우려가 있는 경우에는 날인, 라벨, 스티커, 꼬리표를 사용하여 표시할 수 있다.

④ 품질경영 및 공산품안전관리법, 식품위생법 등 다른 법령에 의한 표시사항이 라벨, 스티커, 꼬리표의 방법으로 부착되는 경우에는 원산지 항목을 추가하여 기재하여야 한다.

연습문제

1. 주관식문제

1) 수출통관절차에 대해 설명하시오.
2) 수입통관절차에 대해 설명하시오.
3) 적화목록의 제출시기에 대해 설명하시오.
4) 탄력관세의 종류와 내용에 대해 설명하시오.
5) 관세율의 적용 순위에 대해 설명하시오.
6) 과세가격의 결정방법에 대해 설명하시오.
7) 관세환급의 종류와 내용에 대해 설명하시오.
8) 원산지의 판정기준에 대해 설명하시오.
9) 수입물품의 원산지제도에 대해 설명하시오.

2. 용어해설문제

- 통관
- 세관검사장
- 보세건설장
- 적화목록
- 종량세
- 자율발급제
- 보세구역
- 보세창고
- 보세판매장
- 관세
- 관세환급
- 기관발급제
- 지정장치장
- 보세공장
- 종합보세구역
- 종가세
- 원산지

제 12 장

환어음과 무역결제서류

1. 환어음의 의의와 작성방법에 대해 알아본다.
2. 무역결제서류의 개념에 대해 살펴본다.
3. 상업송장의 종류와 작성방법에 대해 알아본다.
4. 운송서류의 종류와 내용에 대해 알아본다.
5. 보험서류의 내용에 대해 알아본다.
6. 부속서류의 종류와 내용에 대해 알아본다.

제 12 장

환어음과 무역결제서류

12.1 환어음

1 환어음의 의의

1) 환어음의 개념

환어음(draft, bill of exchange)이란 어음의 발행인(drawer)인 채권자가 지급인(drawee)인 채무자에게 일정한 기일 및 장소에서 채권금액을 지시인(order) 또는 소지인(bearer)에게 무조건적으로 지급할 것을 위탁하는 요식유가증권(formal instrument)이며 유통증권(negotiable instrument)이다. 즉, 채권자인 어음발행인(drawer)이 채무자인 지급인(drawee)에 대하여 일정기일에 일정한 장소에서 그 채권금액을 지시인 또는 소지인(bearer)에게 무조건 지급할 것을 위탁하는 유가증권으로서 지급청구서(demand for payment)의 역할을 한다.

환어음은 선하증권 등의 서류를 첨부하여 발행하면 화환어음(documentary bill of exchange)이 되며, 보통 2통을 1조(set)로 하여 발행되어 하나가 결제되면 나머지는 자동적으로 무효가 된다. 환어음의 효력에 대한 준거법은 원칙적으로 행위지의 법률에 따른다. 예를 들어 환어음이 한국에서 발행되고 영국에서 지급되었을 경우 어음발행행위는 한국의 어음법이 적용되고 지급행위는 영국의 환어음법에 따른다.

신용장방식의 거래는 물론 무신용장 방식인 추심방식(D/P, D/A)의 거래에서도 대금결제를 위한 수단으로 환어음이 널리 이용되고 있다. 환어음이 신용장조건에 의하여 선적서류 등과 함께 발행되면 화환어음(documentary bill of exchange)이고, 선적서류 등이 첨부되지 않은 것은 무화환어음(clean bill of exchange)이 된다. 한편, D/P 및 D/A계약서에 의하여 발행되는 환어음을 추심어음(bill of documentary collection)이라고 한다.

2) 환어음의 당사자

(1) 발행인(drawer)

환어음을 발행하고 서명하는 자로서 일반적으로 환어음의 발행인은 수출업자로 채권자가 된다. 환어음은 반드시 발행인의 기명날인이 있어야 효력이 발생된다.

(2) 지급인(drawee)

지급인은 환어음의 지급을 위탁받는 채무자로서 신용장거래에서는 보통 발행은행(issuing bank)이나 발행은행이 지정한 은행인 결제은행(reimbursing bank)되고, D/A 및 D/P거래에서는 수입업자가 지급인이 된다.

(3) 수취인(payee)

수취인은 환어음금액을 지급받을 자로서 환어음 발행인 또는 발행인이 지정하는 제3자가 될 수 있다. 즉, 수취인은 보통 환어음 발행인인 수출업자가 될 수도 있고 어음을 매입한 매입은행(negotiating bank) 또는 환어음을 점유하고 있는 선의의 소지인(bona-fide holder) 등이 될 수 있다. 따라서 환어음 발행인과 수취인은 동일할 수도 있고 다를 수도 있다.

(4) 인수인(acceptor)

환어음이 기한부형식으로 발행된 경우에는 지급인에 의하여 인수되어야 한다. 환어음의 지급인이 본인의 명의로 서명하여 거래의 지급인임을 인정하고 환어음의 만기일(due date, at maturity)에 지급할 것이라는 의사를 표명하는 것을 인수(acceptance)라고 한다. 환어음의 인수인은 기한부 환어음의 인수와 동시에 환어음의 만기에 어음금액을 지급할 것이라는 약속을 하고 인수에 대한 내용을 어음의 전면에 기재하고 서명하게 된다.

3) 환어음의 종류

(1) 운송서류의 첨부 여부에 따른 분류

(가) 무화환어음(clean bill of exchange)

운송서류 등이 첨부되지 않은 환어음으로 환어음만으로 결제가 되는 것을 말한다. 주로 운임, 보험료, 수수료 등의 지급에 이용된다.

(나) 화환어음(documentary bill of exchange)

선하증권(B/L)을 비롯한 운송서류가 첨부된 어음을 말한다. 환어음에 첨부될 운송서류는 신용장이나 매매계약서에 명시되어 있다.

(2) 어음의 지급기일에 따른 분류

(가) 일람출급환어음(sight bill)

환어음이 지급인에게 제시되면 즉시 대금결제가 이루어지는 환어음을 말한다. 지급기일이 at sight인 경우 일람은 어음지급인이 서류가 첨부된 화환어음을 일람한 날을 의미한다.

(나) 기한부환어음(usance bill)

환어음이 어음지급인에게 제시된 후 일정기간이 경과한 만기일에 결제되는 환어음을 말한다.

① 일람 후 정기출급(at xxx days after sight) : 환어음이 지급인에게 제시된 다음 날부터 일정기간이 경과한 후에 지급되어야 하는 어음이다.
② 발행일자 후 정기출급(at xxx days after date) : 환어음이 발행된 다음 날부터 일정기간이 경과한 후에 지급되어야 하는 어음이다.
③ 확정일자 후 정기출급(at xxx days after B/L date) : 선하증권 등의 서류가 발행된날(선적일)의 다음 날부터 일정기간이 경과한 후 지급되어야 하는 어음이다.
④ 확정일출급(fixed date) : 환어음상에 확정된 날에 지급되어야 하는 어음이다.

(3) 어음의 지급인에 따른 분류

(가) 은행어음(bank bill)

환어음의 지급인이 은행인 경우로 신용장거래에서 발행되는 환어음은 모두 발행은행이나 지정된 은행을 지급인으로 하여 발행되기 때문에 은행어음이다.

(나) 개인어음(private bill)

환어음의 지급인이 개인이나 기업인 경우로 추심(D/P, D/A)거래에서 수입업자를 지급인으로 하는 개인어음이 발행된다.

(4) 수취인에 따른 분류

(가) 기명식 환어음

환어음상에 수취인이 “Pay to KEB Hana Bank”와 같이 특정인 앞으로 발행된 것으로 기명된 자(KEB하나은행)가 환어음금액을 지급받게 된다.

(나) 지시식 환어음

환어음상에 수취인이 “Pay to the order of New York Bank”와 같이 기명된 자(New York Bank)의 지시식으로 발행된 것으로 기명된 자의 지시인이 환어음을 지급받을 자가 된다. 지시식 환어음은 유통가능하고 양도될 수 있다.

(다) 소지인식환어음

환어음상의 수취인이 “Pay to bearer”와 같이 명시되어 발행된 것으로 환어음의 소지자가 환어음금액을 지급받을 자가 된다.

4) 환어음의 발행통수

국내에서의 어음결제는 1통만을 발행하는 단독어음 또는 단일어음(sole bill)으로 이루어지지만, 무역결제에서 사용되는 환어음은 운송 중의 분실이나 연착에 의한 어음유통상의 장애를 방지하기 위하여 같은 내용으로 2통을 작성한다. 즉, 제1권(first bill of exchange)과 제2권(second bill of exchange)으로 이루어진 조어음(set bill)을 발행한다. 제1권에서는 운송서류의 원본(original)을 첨부하고 제2권에는 운송서류의 부본(duplicate)을 첨부하여 수출지의 은행에서 수입지의 은행으로 각각 별도로 우송한다.

조어음이 이중으로 지급되는 것을 방지하기 위하여 제1권의 어음에는 “second of the same tenor and date being unpaid”(동일한 어음기간 및 발행일의 제2권이 지급되지 않은 경우에 한함)이라고 되어 있고, 제2권에는 “first of the same tenor and date being unpaid”(동일한 어음기간 및 발행일의 제1권이 지급되지 않은 경우에 한함)이라고 되어 있다.

BILL OF EXCHANGE

① *환어음의 명칭*

No. ② *어음번호* Date. ④ *발행일자*

For ⑤ *어음금액(숫자)* Place ③ *발행지*

⑦ *파훼문구*

At ⑥ *어음기일* sight of this First Bill of Exchange (Second of the same tenor and date

수취인(payee)

being unpaid) ⑧ pay to ABC Bank or order the sums of ⑨ *어음금액(문자)*

⑩ *대가수취문언*

Value received and charge the same to account of ⑪ *계정결제인(accountee)*

Drawn under ⑫ *신용장발행은행* L/C No. ⑬ *신용장번호* dated ⑭ *신용장발행일*

To ⑮ *어음지급인(drawee)*

⑯ *어음지급인의 주소*

⑰ *어음발행인(drawer)*

Authorized signature

환 어 음

① *환어음의 명칭*

번호 ② *어음번호* 일자 ④ *발행일자*

금액 ⑤ *어음금액(숫자)* 장소 ③ *발행지*

⑦ *파훼문구*

제**1**환어음(동어음의 지급기일과 일자의 제**2**환어음에 대하여 지급이 이루어지지 않은 경우)

⑥ *어음기일* ⑧ *수취인(payee)*

에 대하여 일람출급(또는 기한부)(으)로 **ABC**은행 또는 그 지시인에게 다음의 금액을 지급하시오

⑨ *어음금액(문자)*

⑩ *대가수취문언*

대가 수취하였으며 어음금액을 다음의 계정으로부터 청구하시오 ⑪ *계정결제인(accountee)*

다음에 의하여 발행되었음 ⑫ *신용장발행은행* 신용장번호 ⑬ *신용장번호* 발행일자 ⑭ *신용장발행일*

앞 ⑮ *어음지급인(drawee)*

⑯ *어음지급인의 주소*

⑰ *어음발행인(drawer)*

서명

BILL OF EXCHANGE
① *환어음의 명칭*

No. ② *ITL-0001* Date. ④ *July 26, 20xx*

For ⑤ *USD500,000* Place ③ *Seoul, Korea*

⑦ *파훼문구*

At ⑥ *xxx* sight of this Second Bill of Exchange (First of the same tenor and date

수취인(payee)

being unpaid) ⑧ pay to Korea Exchange Bank or order the sums of ⑨ *US Dollars*

Five hundred thousand Only

⑩ *대가수취문언*

Value received and charge the same to account of ⑪ *Brown Company Ltd.*

Drawn under ⑫ *Bank of America* L/C No. ⑬ *MD1NY404NS00018* dated ⑭ *May 15, 20xx*

To ⑮ *Bank of America*
⑯ *New York, NY 10015*
USA

⑰ *Daehan Co., Ltd.*
Authorized signature

환 어 음
① *환어음의 명칭*

번호 ② *어음번호* 일자 ④ *발행일자*

금액 ⑤ *어음금액(숫자)* 장소 ③ *발행지*

⑦ *파훼문구*

제2환어음(동어음의 지급기일과 일자의 제1환어음에 대하여 지급이 이루어지지 않은 경우)

⑥ *어음기일* ⑧ *수취인(payee)*

에 대하여 일람출급(또는 기한부)(으)로 ABC은행 또는 그 지시인에게 다음의 금액을 지급하시오

⑨ *어음금액(문자)*

⑩ *대가수취문언*

대가 수취하였으며 어음금액을 다음의 계정으로부터 청구하시오 ⑪ *계정결제인(accountee)*

다음에 의하여 발행되었음 ⑫ *신용장발행은행* 신용장번호 ⑬ *신용장번호* 발행일자 ⑭ *신용장발행일*

앞 ⑮ *어음지급인(drawee)*
⑯ *어음지급인의 주소*

⑰ *어음발행인(drawer)*
서명

매 입 신 청 서

①매입번호	NFD405N1257CIT
CMF번호	

계		대리		차장		부점장	

(1) L/C 및 운송서류내용(DESCRIPTION)

(2) 매입대금처리내역

			처 리 내 역			확 인 인	
②	BENEFICIARY:	DAEHAN TRADING CO., LTD					
	ASSIGNED FROM		⑫ NEGO AMOUNT		US$500,000	계	대리
	L/C NO.	MD1NY404NS00018	외화 계정대체				
③	COMMODITY	2,000PCS OF COMPUTERS	⑬무역어음 대 출	A			
④	ADVICE NO.	A-0667-404-03135		B			
⑤	EXPORT LICENCE NO.	C1701405-80211		C			
⑥	ISSUING BANK	BANK OF AMERICA		D			
⑦	ACCOUNTEE	BROWN CO., LTD	수 입 보 증 금				
⑧	INVOICE VALUE	US$500,000	우 편 료				
⑨	SHIPPING EXPIRY	20xx. 7. 25	환 가 료				
⑩	CREDIT EXPIRY	20xx. 8. 10	대 체 료				
	B/L DATE		대체지정계좌입금				

위 내용의 수출하부환어음(또는 운송서류)을 기 약정한바에 의하여 매입하여 주시고 동 수출어음 대금을 위와 같이 처리하여 주시기 바랍니다.

⑭ 20xx년 8월 9일

⑮상호 DAEHAN TRADING CO., LTD (인)
대표이사

인감대조

⑯	AT Sight
⑰	@
⑱	20xx년 8월 9일

⑲확 인 서

수입 인지

________ 은행 앞　　　　20xx 년 월 일

위 신용장(계약서에 의한 수출환어음 또는 선적서류 매입과 관련하여 본인은 귀행에 아래와 같은 신용장(계약서)조건과의 불일치 또는 기타 사유로 인한 하자사항을 확인하며 이로 말미암은 비용 및 손해는 수출거래약정서에 따라 부담하겠습니다.
(운송서류 매입일부터 Nego대금이 귀행 내규 소정일수를 경과하여 입금되는 경우에는 그 초과 일수에 대한 소정이자를 지급하겠습니다.)

※ DISCREPANCIES
1)
2) ________
3) ________　　상호　　DAEHAN TRADING CO., LTD (인)
4) ________　　대표이사

인감대조

※은행사용란

1	CMF.NO			9	우편요금	*		16	자사실적	*		23	기산기준일	
2	재매입여부	*		10	기타공제			17	타사실적	*		24	확정일코드	
3	매입통화	*		11	가격조건	*		18	선물환율			25	확인구분	
4	매입금액	*		12	우대요율			19	선물환금액			26	COMM.율	
5	하자여부	*		13	수출상대국	*		20	기 산 일	*		27	COMMISSON	
6	외화대체			14	수출형태	*		21	추심수수료	*		28	INTEREST율	
7	TENOR	*		15	HS. NO.	*		22	USANCE기간	*		29	INTEREST	
8	본지사구분													

2 환어음의 기재사항

환어음은 엄격하나 요식증권이므로 일정한 형식과 요건을 충족하여야 한다. 환어음은 필수기재사항과 임의기재사항으로 구분된다.

표 12-1 환어음의 기재사항

필수기재사항	임의기재사항
• 환어음의 명칭(Bill of Exchange) • 무조건지급 위탁문언 • 지급인(drawee) • 지급지(domicile) • 지급기일(tenor) • 수취인(payee) • 발행일 및 발행지 • 발행인의 기명날인	• 환어음 번호 • 신용장번호 • D/P, D/A표시 • 복본번호 • 파훼문구 • 대가수취문언 • 신용장에 관한 문언 • 기타(이자, 환율 등)

1) 필수기재사항

(1) 환어음의 명칭

환어음임을 표시하는 ① '환어음(bill of exchange)'이라는 표시가 있어야 한다.

(2) 무조건지급 위탁문언

환어음은 무조건적으로 지급을 위탁하는 증권이기 때문에 이에 대한 문언이 있어야 한다. 즉 일정할 금액을 지급하라는 무조건지급 위탁문언(unconditional order in writing) 문구를 기재할 것을 요구하고 있다. 환어음상에 일정금액을 지급한다는 의미의 "pay to ..... the sum of ....."의 문언이 이에 해당된다. 무조건지급 위탁이란 지급에 조건이 없다는 의미로 "pay to ....."가 이에 해당된다. 예를 들어 "물품이 도착한 때" 혹은 "특정 기업의 자금 중에서" 등과 같이 지급에 조건을 붙이거나 지급자금을 한정하는 경우에는 어음이 무효가 된다.

⑧ 수취인 : "pay to"다음에는 수취인을 기재한다. 수취인은 환어음을 지급받는 자로서 발행인이 될 수도 있고 제3자가 될 수도 있다. 보통 신용장거래에서는 매입은행이 기재된다.

⑨ 어음금액(문자) : "the sum of" 다음에는 확실한 지급통화[1]와 금액을 문자로 기재한다.

⑤ 어음금액(숫자) : 어음금액은 숫자와 함께 병기한다. 금액에 대한 숫자와 문자 간에 차이가 나면 문자금액이 우선된다.

(3) 지급인(Drawee)

⑮ 지급인 : 환어음은 지급위탁증권이기 때문에 환어음상에 지급인이 기재되어야 한다. 일반적으로 환어음의 하단 좌측에 "To ....." 다음에 기재되는 자로서 환어음의 지급인이 된다. 신용장거래의 경우에는 발행은행 또는 제3의 은행(상환은행, 결제은행)이 지급인이 되고, 추심거래(D/P, D/A)의 경우에는 수입업자가 지급인이 된다. 신용장상에 "..... your drafts drawn on New York Bank"와 같은 문구가 있다면 "on" 뒤의 New York Bank가 지급인이 된다. 한편 ".... drawn on accountee"인 경우에는 발행의뢰인인 수입업자가 지급인이 된다.

(4) 지급지(Domicile)

⑯ 지급지 : 지급지는 어음금액이 지급될 일정한 지역을 말한다. 지급지는 환어음 하단 좌측의 "To" 다음에 지급인명과 함께 기재된다. 지급지는 실제 존재하는 지역이어야 하며 지급인의 주소로 대신할 수 있다. 영미법에서는 지급지의 표시가 임의기재사항이다.

(5) 지급기일(tenor)

⑥ 지급기일 : 어음금액이 지급될 날로 환어음상의 "at ..... sight of"의 문언이 이에 해당된다. 지급기일은 일람출급(at sight)과 기한부(usance)로 구분되며 기한부는 다시 ① 일람 후 정기출급(after sight), ② 발행일자 후 정기출급(after date), ③ 확정일자 후 정기출급(after fixed date), ④ 확정일출급(fixed date)으로 구분된다.

(가) 일람출급(at sight)

환어음이 지급인에게 제시되는 즉시 지급되어야 한다는 의미로 환어음상에 "at xxx sight"라고 표시하거나 "at" 다음의 지급일자에 대해 아무런 표시를 하지 않을 수도 있다.

(나) 기한부(usance)

① 일람 후 정기출급(at xxx days after sight) : 환어음이 지급인에게 제시된 후 일정기간이 경과한 후에 지급하라는 의미로 환어음상에 "at 90 days after sight" 등과 같이 기재한다. 어음이 지급인에게 제시되고 난 다음 날로부터 90일이 되는 날이 만기일(maturity)이 된다.

---

1) 막연히 Dollas($) 등으로 표시하면 안되고 US Dollas(US$)와 같이 표시하여야 한다.

② 발행일자 후 정기출급(at xxx days after date) : 환어음이 발행된 다음 날부터 일정기간이 경과한 후에 지급되는 것으로 환어음에 "at 60 days after date" 등과 같이 기재한다. 이 경우 환어음을 발행한 다음 날로부터 60일이 되는 날이 만기일이 된다.

③ 확정일자 후 정기출급(at xxx days after B/L date) : 선하증권 등의 서류가 발행된 다음 날부터 일정기간이 경과한 후 지급되는 것으로 "at 60 days after B/L date" 등과 같이 기재한다. 이 경우 선적일 다음 날부터 60일째 되는 날이 만기일이 된다.

④ 확정일출급(fixed date) : 환어음상에 확정된 날에 지급되는 것으로 "on December 15, 20xx"와 같이 확정된 지급기일의 일자를 표시한다.

(6) 수취인(payee)

환어음금액을 지급받을 자로 환어음상에 "pay to ….."의 문언이 이에 해당된다. 신용장거래에서 수취인은 일반적으로 매입은행이 된다.

① 기명식환어음 : "pay to Korea Exchange Bank"와 같이 수취인을 특정인의 명칭을 기재한다.

② 지시식환어음 : "pay to the order of Korea Exchange Bank"와 같이 지시식으로 발행되는 경우로 양도가능한 유통성을 가지고 있다. 지시식환어음은 배서와 인도에 의해 양도된다.

③ 소지인식(지참인식)환어음 : "pay to bearer"와 같이 환어음의 지참인이 지급청구권을 가진다.

(7) 발행일 및 발행지

③ ④ 발행일 및 발행지 : 환어음의 발행일은 어음이 발행된 날로서 어음상에 기재된 날짜를 의미한다. 신용장거래에서 발행일은 신용장유효기일 이내에 발행되어야 한다. 발행지는 환어음이 발행된 장소로 실제로 발행된 장소와 일치될 필요는 없다. 발행지는 "Seoul Korea"와 같이 도시명으로 기재한다.

(8) 발행인(Drawer)의 기명날인

⑰ 어음발행인 : 환어음의 발행인은 환어음을 발행하는 자로 신용장거래에서는 수익자인 수출업자이며 양도가 이루어진 신용장의 경우에는 제2수익자(양수인)가 된다. 어음은 행위지법에 따르도록 되어 있으므로 발행인의 기명과 날인이 있어야 한다.

2) 임의기재사항

(1) D/P, D/A의 표시

D/P, D/A거래에서는 D/P, D/A가 명확하게 구분이 되어 있지 않으면 D/P로 간주된다. D/A의 경우에는 "D/A at xxx days after sight"와 같이 표시하고 D/P인 경우에는 어음상에 D/P라는 문구를 기재한다.

(2) 어음번호

② 어음번호 : 어음번호는 특별한 의미는 없고 다만 후일 참조할 필요가 있을 경우 편리하게 확인하기 위하여 기재한다.

(3) 복본번호

환어음은 보통 2통으로 발행되기 때문에 각각의 환어음에 번호를 붙여 발행된다. 이들 번호가 없으면 복본으로 발행되어 독립적으로 유통될 위험이 있다.

(4) 파훼문구

⑦ 파훼문구 : 동일한 내용의 어음 2통이 발행되는 복본(set bill)의 경우 독립된 법적 효력을 가지고 있지만 만일 어느 한 통에 대해서 지급이 완료되면 나머지 것은 자동적으로 무효가 된다. 파훼문구는 이중지급을 방지하기 위하여 제1환어음에는 "this first bill of exchange(second of the same tenor and date being unpaid)"로 되어 있고, 제2환어음에는 "this second bill of exchange(first of the same tenor and date being unpaid)"의 문언이 기재되어 있다.

(5) 대가수취문언(Valuation Clause)

⑩ 대가수취문언 : 대가수취(value received)는 대가를 수령하였다는 것을 말한다. 환어음상에 대가수취문언은 "Value received and charge the same to account of ....."로 표기된 문언이다. 이 문언은 환어음 발행인이 어음의 대가를 영수하였으며 동 대가에 해당하는 어음금액을 .....의 계정으로부터 징수를 요한다는 의미로 "account of ....."의 공란에 신용장 발행의뢰인의 명칭이 기재된다.

(6) 신용장에 관한 문언

⑫ 신용장발행은행, ⑬ 신용장번호, ⑭ 신용장발행일

신용장거래에 의한 환어음의 경우 신용장의 종류, 번호, 발행일자 및 발행은행을 기재함으로써 당해 환어음이 특정신용장에 의하여 발행되었다는 것을 나타낸다. 환어음상에 "Drawn under ..... L/C No. ..... dated ....."로 기재된다. Drawn under이하에는 신용장 발생은행이 기재되고, D/P, D/A 등 무신용장방식인 경우에는 공란으로 두거나 계약서상의 지정은행이 기재된다.

3 수출환어음 매입시의 적용환율

수출환어음은 신용장조건에 따라 일람출급환어음(sight draft)과 기한부환어음(usance draft)의 두 가지 방식 중 한 가지로 발행하게 된다. 일반적으로 환율구조는 다음과 같다.

표 12-2 환율구조

구 분	기 준
매매기준율 (시장평균환율)	• 달러당 환율이 1,122.80원인 경우
현찰매도율 (cash selling rate)	• 매매기준율의 +2% • 1,145.25 (1,122.80 + 2%)
전신환매도율 (T/T selling rate)	• 매매기준율의 +1% • 1,134.02 (1,122.80 + 1%)
전신환매입율 (T/T buying rate)	• 매매기준율의 -1% • 1,111.57 (1,122.80 – 1%)
현찰매입율 (cash buying rate)	• 매매기준율의 -2% • 1,100.34 (1,122.80 – 2%)

1) 일람출급수출환어음매입

일람출급신용장 또는 지급인도조건(D/P)에 의해 발행되는 환어음은 일람출급환어음매입율(at sight rate)인 전신환매입율(telegraphic transfer buying rate)을 적용한다. 제시된 서류가 하자가 없는 '무하자매입'(clean negotiation)인 경우에는 '전신환매입률 – 표준우편일수 / 360 × 일람불환가료율 × 장부가격'과 같은 방법으로 매입한다.

일람출급환매입율 : 전신환매입율 − 표준우편일수 / 360 × 일람불환가료율 × 장부가격

▌표 12-3▐ 일람출급환어음의 수출대금 계산방법

구 분	수출대금 계산방법
수출대금 수령액(원화) = 수출대금(외화) × 일람출급환어음 매입율 × 장부가격	
일람출급환어음 매입율	전신환매입율 − 환가료
환가료(우편일수 일자)	매입금액×매매기준율×매입일의 일람불환가요율(1개월 SOFR금리 + Spread)×표준일수/360
일람불환가요율	SOFR금리 + Spread
장부가격	매매기준율에서 원단위 미만을 절삭한 환율

주) L/G Nego(하자 매입시) : 하자서류 매입시 상기 환가요율에 1.5%가 가산된 요율
- 표준우편일수 : 8일
- 기존 LIBOR금리가 SOFR금리로 바뀜
- Spread : 은행별 가산금리(은행별 2.75~3%)

2) 기한부수출환어음매입

기한부신용장(usance L/C) 또는 인수인도조건(D/A)에 의하여 발행되는 환어음은 기한부환어음매입률(usance rate)을 적용한다. 하지만 Banker's usance L/C와 같이 정해진 기간에 따른 이자를 수입업자를 대신하여 발행은행이 부담하는 조건이나 혹은 "Usance interest (or Discount charge) to be covered by accountee"와 같은 조건인 경우에는 유예하여 주는 기간 동안의 이자는 공제하지 않고 순수한 표준추심일수에 상당하는 환가료만 공제한다.

(1) at 90 days after sight의 경우

일람 후 90일 동안의 이자를 매수인이 부담할 경우에는 '일람출급환어음매입율 − 어음기간 90일/360 × 기간별환가료율 × 장부가격'과 같은 방법으로 매입한다.

일람후 정기출급(90days after sight)의 경우

일람출급환어음 매입율 − 어음기간(90일) / 360 × 기간별환가료율 × 장부가격

(2) at 90 days after B/L date의 경우

선하증권일자 후 90일 지급과 같이 확정일부어음으로 이자부담을 매수인이 할 경우에는 '전신환매입율 − 선하증권일자로부터 90일간 / 360 × 기간별환가료율 × 장부가격'과 같이 산정된다.

일자후 정기출급(90days after B/L date)의 경우

전신환매입율 – 어음기간(90일) / 360 × 기간별환가료율 × 장부가격

▌표 12-4▐ 기한부환어음의 수출대금 계산방법

구 분	수출대금 계산방법
수출대금 수령액(원화) = 수출대금(외화) × 기한부환어음 매입율 × 장부가격	
기한부환어음 매입율 (90 days after sight)	일람출급환어음 매입율–Usance기간(90일)환가료
기한부환어음 매입율 (90 days after B/L date)	전신환 매입율–Usance기간(90일)환가료
Usance기간(90일)환가료	기간별환가료율 × Usance 90일/360 × 매매기준율

주) L/G Nego(하자 매입시) : 하자서류 매입시 상기 환가료율에 1.5%가 가산된 요율

4 하자 있는 수출환어음 매입

1) 제시서류의 하자

서류의 하자(discrepancy)란 제시된 환어음이나 서류가 신용장조건과 일치하지 않거나 또는 제시된 서류 상호간에 모순되는 것을 말한다. 서류의 하자는 환어음의 부도 또는 수리거절의 사유가 되어 매입 자체가 거절되거나 매입이 되더라도 발행은행으로부터 매입대금을 상환받지 못하는 결과를 초래하게 된다. 매입은행이나 발행은행에 의하여 환어음의 지급거절이 발생되는 사유는 매우 다양하다. 하자 있는 서류라도 수입국가의 시장상황이 매우 좋아 지급이나 인수될 경우에는 다행이지만, 수입국가의 시장상황이 나쁘게 될 경우 사소한 하자라도 지급거절되는 요인이 발생하기 때문에 매도인의 입장에서는 서류준비에 신중을 기하여야 한다.

2) 지급거절사유

환어음의 지급거절(unpaid)사유는 다음과 같이 매우 다양하다.

① 사고부선하증권(unclean B/L, foul B/L)

② 최종선적일이 경과된 선하증권(stale B/L)

③ 용선계약선하증권(charter party B/L)
④ 갑판적재 물품(goods shipped on deck)
⑤ 운임선지급 혹은 운임후지급 등의 표시가 없는 선하증권
⑥ 신용장에 명시된 것과 다른 보험서류
⑦ 서류 상호 간의 불일치
⑧ 신용장과 상업송장 간 상품명세가 다른 경우
⑨ 신용장에서 요구되는 서류의 누락
⑩ 서명이 누락된 경우
⑪ 유효기간이 경과된 서류 등

3) 하자서류의 매입

수출업자가 직접 작성하는 상업송장(commercial invoice), 포장명세서(packing list) 등은 재작성과 정정이 가능하지만 선하증권(B/L)이나 보험증권(insurance policy) 등은 수출업자 스스로 정정이 불가능하다. 특히 신용장상의 서류제시기간(validity)상 정정이 어려울 경우 다음과 같은 방법으로 하자서류를 매입할 수 있다.

(1) 보증부매입(indemnity negotiation, L/G negotiation)

서류의 하자로 인하여 발행은행으로부터 어음이 부도되는 경우를 대비하여 수출지의 매입은행이 매도인으로 하여금 무조건 매입대금을 반환하겠다는 파손화물보상장(Letter of Indemnity : L/I)이나 보증서(Letter of Guarantee ; L/G)를 받고 매입에 응하는 방법이다. 이럴 경우 수출업자의 담보제공이 요구되고 환가료 징수시에 추가수수료를 부담하게 된다.

(2) 전신 또는 전자우편 조회 후 매입(cable or e-mail negotiation)

매입은행이 발행은행에 전신 또는 전자우편으로 먼저 서류의 불일치를 알리고 발행은행으로부터 하자서류의 매입에 응하겠다는 승인통지서를 접수한 후 매입하는 방법이다.

(3) 추심(collection)에 의한 처리

매입은행이 수출업자의 하자서류를 매입하지 않고 우선 추심수수료만 받은 후 서류를 발송하여 환어음을 추심한 후 발행은행 혹은 결제은행으로부터 대금이 입금되면 수출업자에게 대금을 지급하고 지급거절이 되면 매입을 하지 않는 것을 말한다.

(4) 신용장조건변경 후 매입

하자 있는 선적서류에 맞추어 신용장조건을 변경(amendment)하여 하자사항을 정정한 후 매입하는 방식을 말한다. 수출업자가 최종선적일 이내에 선적하기 어려울 경우 사전에 수입업자에게 선적기일 연장을 위한 신용장조건변경을 요청하고 발행은행을 통하여 동 내용의 변경이 이루어지면 하자 없이 서류를 매입할 수 있다. 시간적 여유가 충분히 있거나 수입업자가 허락하면 바람직한 방법이다.

5 수입화물선취보증서

수입화물선취보증서(Letter of Guarantee ; L/G)는 수입업자와 발생은행이 연대보증한 증서를 선박회사 앞으로 선하증권의 원본대신에 제출하여 수입화물을 인도받을 수 있는 보증서를 말한다. 즉, 수입화물선취보증은 발행은행을 보증인으로 하고 선하증권을 도착 즉시 선박회사에게 인도하겠다는 것과 이 보증제도에 의하여 발생한 일체의 사고는 보증은행 및 수입업자가 단독 또는 연대로 책임을 부담하겠다는 서약서이다.

본선이 복적항에 입항하였으나 환어음 및 운송서류가 아직 발행은행에 도착되지 않았을 경우 화물의 인수가 불가능하게 되어 수입업자로서는 판매시기를 놓칠 우려가 있다. 이에 따라 발행은행이 단독으로 혹은 수입업자와 연대 보증인이 되어 선하증권 원본이 도착되면 선박회사에게 인도하겠다는 것과 보증인도 관련 모든 책임을 부담하겠다고 서약한 선취화물보증서를 선박회사에 제출하고 물품을 인도받는다. 한편 선취화물보증서 발행 후 서류의 원본이 해외은행으로부터 내도되면 L/G의 회수(redemption)를 위하여 선하증권의 원본에 배서하고 L/G회수요청서와 함께 선박회사에 제출하여 L/G를 회수받는다.

6 수입화물대도

수입화물대도(Trust Receipt ; T/R)는 신용장발행은행이 일람출급방식의 결제 건에 대해 수입업자의 신용이 높거나 또는 수입업자가 다른 보증이나 담보를 제공할 경우 수입업자가 대금지급 없이 서류를 인도하여 물품을 인도받을 수 있도록 하고 나중에 대금지급을 할 수 있도록 하는 제도를 말한다. 일람출급방식인 경우 통상 물품의 담보권이 신용장발행은행에게 있기 때문에 은행의 입장에서는 수입업자가 대금을 지급하지 않으면 선적서류를 인도할 수 없다. 이에 따라 수입업자가 수입대금을 지급하지 않고 관련 서류를 인도받아 선박회사로부터 물품을 인수할 수 있도록 신용장발행은행이 금융을 제공하는 것이 수입화물대도제도이다. 수입화물대도제도하에서는 은행을 신탁공여자(trustor)로 하고 발행의뢰인을 신탁수혜자(truster)로 하는 신탁계약(trust contract)을 하게 된다.

수입화물대도(T/R)를 통해 수입자가 얻게 되는 이점은 다음과 같다.

① 수입물품의 결제자금에 어려움이 있을 경우 T/R을 통하여 은행으로부터 선적서류를 제공받게 됨으로써 물품이 운송 중일 경우는 물론이고 운송완료 후에도 선적서류를 매각할 수 있어 소기의 목적을 달성할 수 있다.
② 수입물품의 시세변동이 크거나 계절적인 물품의 경우 혹은 물품성격상 변질되기 쉬운 경우 물품을 적기에 인도받아 상기를 맞출 수 있다.
③ 수입대금의 결제지연시 보관료 등의 부대비용이 발생하지만 T/R로 이와 같은 비용들을 방지할 수 있다.
④ 수입물품을 적기에 판매할 수 있어 판매대금으로 은행채무를 변제할 수 있다.
⑤ 기계설비의 설치 및 이용을 위한 대도인 경우 영업활동을 통한 수익으로 분할상환이 가능하다.
⑥ 수출용 원자재수입을 위한 대도인 경우 수출신용장의 매입대금으로 원자재수입대금을 결제할 수 있다.

12.2 무역결제서류

1 무역결제서류의 개념

무역결제서류는 기본서류인 상업송장(commercial invoice), 운송서류 및 보험서류와 부속서류인 송장부속서류(포장명세서 등), 공용증명서류, 품질증명서류 및 기타 부속서류를 포함한 모든 문서를 의미한다. 신용장통일규칙(UCP 600)에서는 단순히 "서류"(documents) 또는 "요구되는 서류"(documents required)라고 표기하고 있을 뿐 선적서류(shipping documents)의 개념이 사용되고 있지 않다. 다만 환어음을 제외한 모든 서류를 규정하고 있다. 또한 운송서류 역시 선하증권, 항공화물운송장 등 실제로 적재·발송·수탁 등 운송의 증거서류만을 의미하기 때문에 보험서류(insurance documents)가 운송서류는 아니다. 국제표준은행관행(International Standard Banking Practice : ISBP)에서는 "선적서류(shipping documents)는 신용장에 의하여 요구된 환어음을 제외한 운송서류뿐만 아니라 모든 서류를 말한다"라고 규정하고 있다. 추심에 관한 통일규칙(URC 522)에서는 서류를 금융서류(환어음·약속어음·수표 또는 기타 금전의 지급을 받기 위하여 사용되는 기타 이와 유사한 증서) 및/또는 상업서류(상업송장·운송서류·권리증권 또는 이와 유사한 서류 또한 기타 금융서류가 아닌 일체의 서류)를 의미한다고 규정하고 있다.

2 무역결제서류의 종류

1) 기본서류

기본서류에는 크게 ① 상업송장, ② 운송서류, ③ 보험서류로 구분된다. 운송서류(transport documents)는 본선적재(loading on board), 발송(dispatch) 또는 복합운송의 경우 수탁(taking in charge) 등 물품인도의 증거를 나타내는 서류를 말한다. 운송서류에는 해상운송서류, 항공운송서류, 육상운송서류, 내륙수로운송서류, 복합운송서류 및 기타 운송서류로 구분된다.

2) 임의서류

임의서류에는 ① 송장부속서류(포장명세서, 용량 및 용적증명서), ② 공용증명서류(원산지증명서 등), ③ 품질증명서류(검사증명서, 위생증명서 등) 등으로 구분된다.

- 무역결제서류
  - 기본서류
    - 상업송장(Commercial Invoice)
    - 운송서류
      - 해상운송서류
        - 해상/해양선하증권(Marine/Ocean B/L)
        - 해상화물운송장(Sea Waybill)
      - 항공운송서류
        - 항공화물운송장(Air Waybill)
        - 항공화물수탁서(Air Consignment Note)
      - 육상운송서류
        - 도로화물수탁서(Road Consignment Note)
        - 철도화물수탁서(Railway Consignment Note)
      - 내수로운송서류(Inland Waterway Transport Document)
      - 복합운송서류
        - 복합운송선하증권(Multimodal Transport B/L)
        - 국제물류주선인협회복합운송선하증권(FIATA Combined Transport B/L)
      - 기타운송서류
        - 우편수령증/우송증명서/소포수령증(Post Receipt, Certificate of Posting/Parcel Receipt)
        - 특송화물수령증(Courier Receipt)
    - 보험서류
      - 해상보험증권(Marine Insurance Policy)
      - 보험증명서(Certificate)
  - 임의서류
    - 송장부속서류
      - 포장명세서(Packing List)
      - 중량 및 용적증명서(Certificate of Weight and Measurement)
    - 공용증명서류
      - 원산지증명서(Certificate of Origin)
      - GSP원산지증명서(GSP C/O)
      - 영사송장/세관송장(Consular Invoice/Customs Invoice)
    - 품질증명서류
      - 검사증명서(Inspection Certificate)
      - 위생증명서(Health Certificate)
      - 검역증명서(Quarantine Certificate)
    - 기타부속서류
      - 차변표(Debit Note)
      - 대변표(Credit Note)

12.2 무역결제의 기본서류

1 상업송장

1) 상업송장의 개념

상업송장(commercial invoice)이란 수출업자가 수출거래의 구체적인 내용을 기재하여 수입업자 앞으로 보내는 매매거래의 명세서이다. 선하증권이나 보험증권과 같이 구체적인 권리를 나타내는 것은 아니지만 수출업자에게는 물품의 선적, 출하안내서 및 선적화물의 가격계산서, 수입통관시의 과세자료로서 물품대금이나 비용의 역할을 하며 신용장 거래시에는 필수구비서류로 취급된다. 한편, 수입업자에게는 수입계산서 역할을 하며 수입지에서 수입통관할 때 필요한 서류이다. 즉 물품의 적요서, 선하증권 및 보험증권이 계약과 일치되었음을 증명하는 서류의 역할, 매매계약서 및 대금청구서의 역할, 수입통관시의 과세자료의 역할을 한다.

2) 상업송장의 역할과 기능

상업송장은 다음과 같은 역할과 기능을 한다.

(1) 계약사항의 입증

상업송장은 수출업자가 송부한 물품이 계약과 일치한다는 것을 증명하는 서류이다. 수출업자가 매매계약상의 물품의 명세, 수량, 단가 및 금액 등이 상업송장상의 내용과 일치함으로써 매매계약에 일치하는 물품을 인도하였음을 입증하는 서류이다.

(2) 대금청구서

상업송장은 계약물품의 단가, 지급방식, 지급시기 등을 구체적으로 명기한 매매계산서 및 대금청구서로서의 역할을 한다. 따라서 상업송장의 발행금액은 환어음의 발행금액과 일치하여야 한다.

(3) 무역거래의 필수서류

무역결제는 대부분 환어음으로 이루어지며 수출지 은행에서 환어음을 매입할 때나 수입지 은행에서 대도(Trust Receipt : T/R)로 수입물품을 수입업자에게 인도할 때 화환어음의 담보물권이 되는 서류에는 이들 담보물의 명세서나 계산서의 역할을 하는 상업송장이 포함된다.

(4) 세관신고서류

상업송장은 수입지에서 화물수취안내서와 수입물품의 진실성 및 정확성을 입증하기 위한 세관신고의 증명자료가 된다. 상업송장은 과세표준액산정에 가장 중요한 자료가 되기 때문에 수입통관시 수입업자에게 불이익이 없도록 정확히 작성되어야 한다.

(5) 신용장통일규칙(UCP 600)상의 상업송장

UCP 600 제18조에서 상업송장은 ① 수익자에 의하여 발행된 것으로 보여야 하며(양도신용장의 경우에는 제2수익자 발행), ② 발행의뢰인 앞으로 작성되어야 하고, ③ 신용장과 동일한 통화로 작성되어야 하며, ④ 서명될 필요가 없는 것으로 규정되어 있다.

3) 상업송장의 종류

송장은 용도에 따라 상거래용으로 사용되는 상업송장(commercial invoice)과 영사관이나 세관용으로 작성되는 공용송장(official invoice)으로 구분된다.

(1) 상업송장

① 선적송장 : 선적송장은 무역계약을 이행하고 거래조건에 따라 작성되는 송장이다. 수출업자가 수입업자에게 물품을 매매하는 경우에 작성되는 송장으로 FOB송장 CFR송장 및 CIF송장으로 구분된다.

② 견적송장(Proforma Invoice) : 견적송장은 매매계약이 체결되기 전에 수출업자가 수입업자에게 송부하는 것으로 송장에 기재된 물품가격에 대한 법적 구속력이 없다. 매매계약 체결 후 실제로 선적되는 물품에 대한 선적송장의 가격과 일치할 수도 있지만 일치하지 않을 수도 있다.

③ 견본송장 : 수출업자가 수입업자에게 견본을 송부하는 경우에 작성되는 송장이다.

④ 위탁매매송장 : 위탁매매송장은 위탁자인 수출업자가 수탁자인 수입업자에게 위탁판매하는 경우에 작성되는 위탁판매송장(consignment invoice)과 수출업자가 수입업자로부터 물품의 매입을 위탁받는 경우 매입위탁을 받은 수출업자가 수입업자의 매입대리인으로 물품을 선적할 때 작성하는 매입위탁송장(indent invoice)이 있다.

(2) 공용송장(Official Invoice)

공용송장은 상업송장의 진정성을 확인하기 위하여 관계기관의 증명을 받을 때 사용되는 송장을 말한다.

① 영사송장(consular invoice) : 수출국에 주재하고 있는 수입국의 영사가 송장의 기재내용을 심사하고 작성하거나 사증(visa)하는 것으로 물품가격을 높게 조작(over-invoicing)함에 따른 수입업자의 외화도피나, 물품가격을 낮게 조작(under-invoicing)함에 따른 수입업자의 관세포탈을 방지하기 위한 목적으로 사용된다. 뿐만 아니라 개발도상국의 경우 수출국에 주재하는 공관의 운영자금 등의 수입목적으로 사증료 징수를 하는 경우도 있다.

② 세관송장(customs invoice) : 영사가 작성하거나 사증하는 영사송장과는 달리 수입국의 특정 송장양식에 수출업자가 직접 작성하는 것으로 과세가격의 결정, 덤핑유무의 판정, 수입통계 등의 목적으로 사용된다.

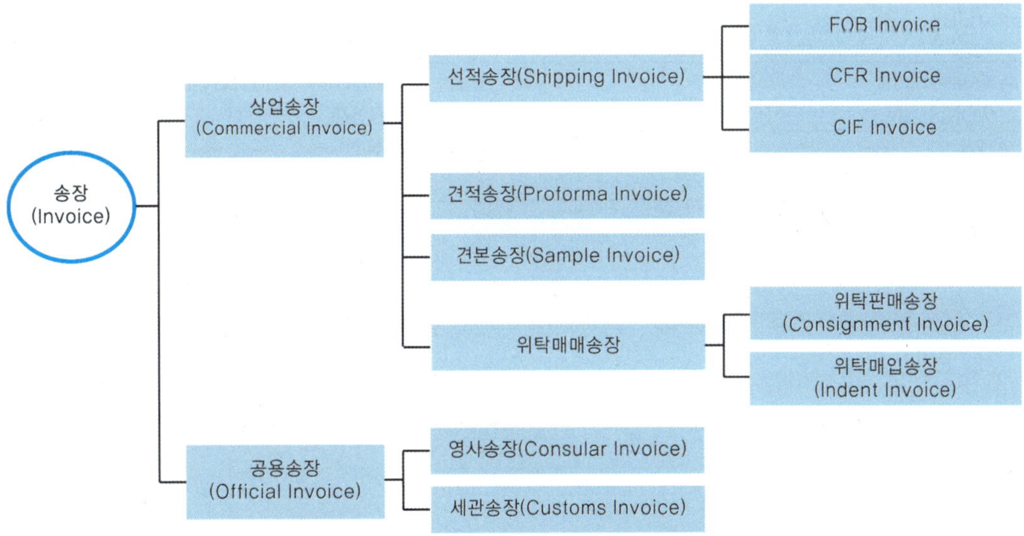

COMMERCIAL INVOICE

①Shipper/Seller (KRGILTRA15 9SEO) DAEHAN CO., LTD. CPO BOX 195 SEOUL, KOREA	⑦Invoice No. and date 8905 BK 1007 JULY 25. 20xx ⑧L/C No. and date MD1NY408NS00018, MAY 15. 20xx
② Consignee TO THE ORDER OF BANK OF AMERICA	⑨Buyer(if other than consignee) BROWN CO., LTD. 310 FIFTH AVE. NEW YORK NY, USA
③Departure date JULY. 21, 20xx	⑩Other references COUNTRY OF ORIGIN : REPUBLIC OF KOREA
④Vessel/flight WONIS JIN ⑤From BUSAN, KOREA ⑥To NEW YORK, U.S.A	⑪Terms of delivery and payment CIF NEW YORK L/C AT SIGHT

⑫Shipping Marks	⑬No.&kind of packages	⑭Goods description	⑮Quantity	⑯Unit price	⑰Amount
PCU NEW YORK C/NO.1-250 MADE IN KOREA		COMPUTERS	2,000PCS	US$250.00	US$500,000

Signed by ⑱

2 운송서류

운송서류(transport documents)는 운송물품의 적재(loading on board), 발송(dispatch) 또는 복합운송의 경우 수탁(taking in charge)을 표시하는 서류를 말한다.

1) 선하증권

선하증권의 수리요건은 신용장통일규칙(UCP 600) 제20조에서 규정하고 있다.

▌표 12-5▐ 선하증권의 수리요건(UCP 600 제20조)

구 분	선하증권
서류의 명칭	• 선하증권은 그 명칭에 관계없이 아래와 같이 보여야 함
운송인의 명칭표기 및 서명방법	• 운송인의 명칭이 표시되고 운송인, 선장 또는 이들 대리인에 의하여 서명된 것 • 서명은 서명자가 운송인, 선장 또는 대리인인지 표기될 것 • 대리인의 서명의 경우 운송인을 대리한 것인지, 선장을 대리한 것인지의 명확한 표시
선적의 표시	• 신용장에 명기된 적재항에서 물품이 지정선박에 본선선적되었음을 사전인쇄된 문언이나 본선적재필 부기로 명시한 것
적재항 및 양륙항의 표시	• 신용장에 명시된 적재항에서 양륙항까지의 선적이 표시된 것 • 신용장에 명시된 선적항을 표시하고 있지 않거나 선적항에 관하여 “예정된(intended)” 또는 이와 유사한 제한을 명시한 경우 신용장에 명시된대로 선적항을 표시하고 있는 본선적재필부기, 선적일 및 선박명을 기재할 것
서류의 제시통 수	• 선하증권상에 표시된대로 전통일 것(단일의 원본 또는 2통 이상의 원본으로 발행된 경우 선하증권에 표시된대로 전통일 것)
약식/배면백시식 서류	• 운송의 제조건을 포함하고 있거나 운송의 제조건을 포함하는 다른 자료를 참조하도록 표시하는 약식/배면백지식 선하증권
용선계약의 금지	• 용선계약에 따른다는 표시가 없을 것
환적의 정의	• 환적이란 신용장에 명기된 적재항으로부터 양륙항까지의 운송과정 중 한 선박으로부터 양화하여 다른 선박으로 재적재
환적의 허용여부	• 신용장에서 환적을 금지하더라도 물품이 선하증권에 의하여 입증된대로 컨테이너, 트레일러 또는 레쉬선에 선적된 경우에는 환적이 행해질 것이라거나 또는 행해질 수 있다고 표시하고 있는 선하증권은 수리됨. 다만, 전 운송은 동일한 선하증권에 의하여 커버될 것
환적유보조항무시	• 운송인이 환적할 권리를 유보한다고 명기하고 있는 조항이 있는 선하증권은 무시됨

(1) 서류의 명칭

선하증권은 그 명칭에 관계없이 신용장통일규칙(UCP 600)의 요건을 충족하여야 한다.

따라서 신용장이 선하증권을 요구하고 있는 경우에는 선하증권의 명칭인 표제가 아니라 선하증권상의 내용이 중요하다는 의미이다. 일반적으로 운송서류로서 적용될 수 있는 선하증권의 표기방법은 다음과 같다.

① Marine bill of lading(해상선하증권)
② Ocean bill of lading(해양선하증권)
③ On board bill of lading(본선적재선하증권)
④ Shipped bill of lading(선적선하증권)
⑤ Multimodal transport bill of lading(복합운송선하증권)
⑥ Combined transport bill of lading(복합운송선하증권)

(2) 운송인의 명칭표기 및 서명자

선하증권에는 운송인의 명칭을 표시하고 다음의 자에 의하여 서명이 되어있어야 한다.

- 운송인(carrier) 또는 운송인을 대리하는 지정대리인(named agent)
- 선장(master) 또는 선장을 대리하는 지정대리인

운송인(선박회사)의 명칭이 선하증권상에 표기되어 있다고 하더라도 그 운송인, 운송인의 대리인 또는 선장, 선장의 대리인 중에서 한 당사자가 서명하여야 한다. 지정대리인이 서명할 경우에는 운송인을 대리하는 것인지, 아니면 선장을 대리하는 것인지를 분명하게 제시하여야 한다. 실무적으로 서명하는 방법은 다음과 같다.

① 운송인이 서명하는 경우 : "as carrier(운송인으로서)"라고 표기하고 서명하거나, 운송인의 명칭이 표면상에 있기 때문에 "as carrier"라는 표현 없이 서명만 하여도 무방하다.
② 운송인의 대리인이 서명하는 경우 : as agent for (or on behalf of) the carrier(운송인의 대리인으로서)와 같이 표기한다. 실무적으로 국제물류주선인(forwarder)이 발행한 House B/L에 많이 적용되는 것으로, 선하증권상에 국제물류주선인이 운송인의 대리인 자격인지 또는 선장의 대리인 자격인지를 표시하고 서명하여야 한다.
③ 선장이 서명하는 경우 : as master(선장으로서)와 같이 표기하고 서명하여야 한다.
④ 선장의 대리인이 서명하는 경우 : as agent for (or on behalf of) the master(선장의 대리인으로서) 등과 같이 표기하고 서명하여야 한다.

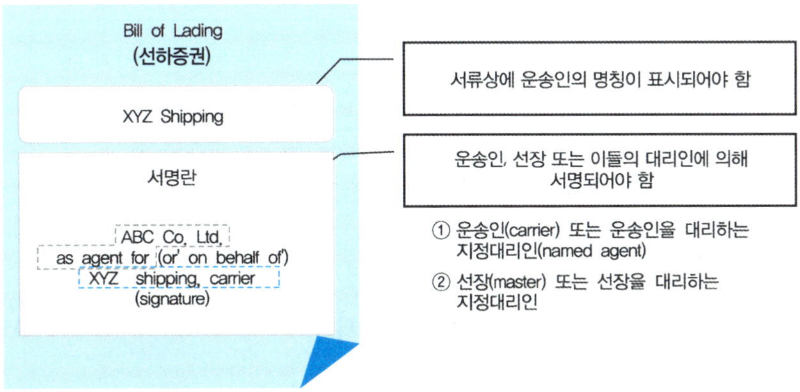

(3) 선박에의 물품적재표시

① 선적일의 증명방법 : 선적선하증권(on board B/L)의 경우 선하증권의 발행일과는 상관없이 선하증권상의 본선적재표기(on board notation) 일자가 선적일로 간주된다. 선적선하증권의 경우 통상 본선적재표기일과 발행일이 같은 일자로 발행된다. 수취선하증권(received B/L)의 경우에는 은행이 수리거절하지만, 만일 나중에 실제로 물품이 선적되었음을 나타내는 본선적재표기가 있으면 선하증권의 발행일에 관계없이 본선적재표기 일자가 선적일이 되어 은행은 수리한다.

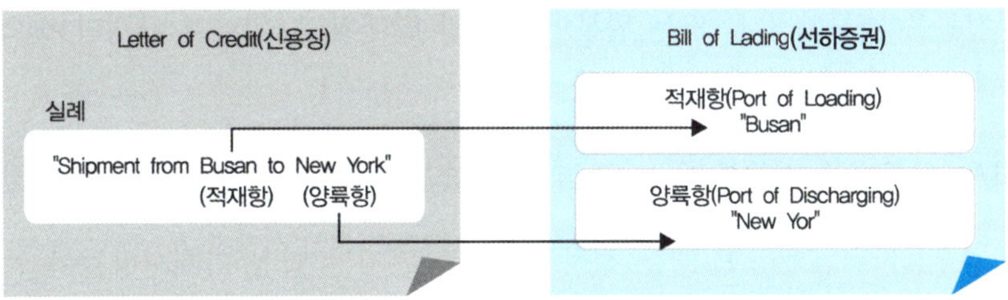

② 예정된 선박표시가 있는 경우의 본선적재표기 : 예정표시선하증권(intended clause B/L)은 선하증권 발급 당시에 운송선박, 선적항 또는 양륙항이 확정되지 않은 채 선박이나 선적항 앞에 "예정된(intended)"이 표시되어 있는 선하증권을 말한다. 선박이나 선적항 앞에 "intended"가 있으면 물품이 본선에 적재되지 않고 수취된 상태에서 발급되는 수취선하증권이므로 은행이 수리거절한다. 하지만 이러한 예정표시 선하증권도 신용장에 명기된대로 적재항, 선적일 및 선박의 명칭이 표시되는 경우에는 선적선하증권으로 인정되어 은행이 수리한다.

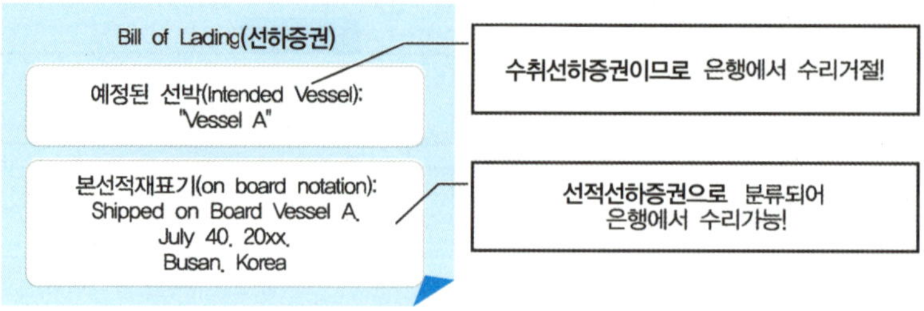

(4) 신용장상에 명기된 적재항과 양륙항의 표시

신용장상에 선적항은 부산항(Busan), 양륙항은 뉴욕항(New York)으로 요구하고 있는 경우에는 선하증권상에 신용장의 내용대로 적재항과 양륙항이 명시적으로 표기되어야 하는 것이 원칙이다. 하지만 선하증권의 수탁지 란에 서울(Seoul)로 기재되어 있고, 적재항 란에 부산항(Busan)으로 기재되어 있는 경우에 선적항이 부산항이어야 한다는 신용장상의 규정과 일치하기 때문에 은행은 수리한다.

(5) 발행통수

선하증권이 단일의 원본 또는 2통 이상의 원본으로 발행된 경우에는 그 선하증권상에 표시된대로 전통(full set ; 全通)이 제시되어야 한다. 단일의 원본이나 수통의 원본으로 발행된 선하증권은 그 선하증권상에 표시된대로 전통이어야 한다. 이는 다수의 원본으로 발행된 서류의 전통을 제시하거나, 또는 원본이 한통만 발행될 수 있다고 규정한 것으로 한통의 선하증권 원본을 발행할 수 있는 근거를 제시하는 것이다.

(6) 약식/배면백지식 선하증권

약식선하증권(short form B/L)은 선하증권의 앞면에는 법정 기재사항들이 인쇄되어 있으나 뒷면에는 운송약관이 기재되지 않고 백지상태로 발행된 선하증권을 말한다. 약식선하증권은 운송에 관한 일반조건의 전부를 기재하지 않고 조건 중 일부를 생략하여 필요사항만 발췌하여 기재한 선하증권이라고 할 수 있다. 반면 운송에 관한 배면약관이 있는 선하증권이 정식선하증권(long form B/L)이다. 은행은 정식선하증권은 물론 약식선하증권도 수리하며 이 경우 운송의 제조건은 심사하지 않는다.

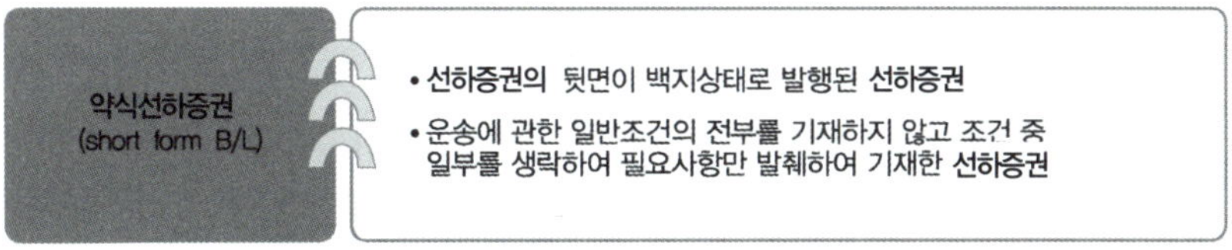

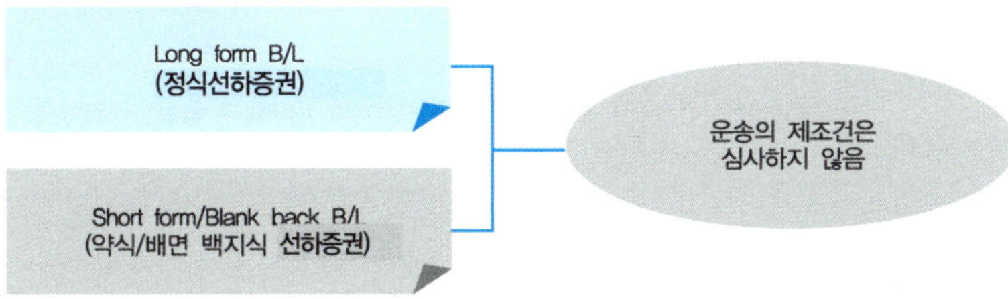

(7) 용선계약 선하증권

선하증권상에 "용선계약에 따른다"는 표시가 있는 용선계약 선하증권(charter party B/L)은 은행이 수리거절한다. 하지만 신용장상에 용선계약 선하증권을 허용하는 문언이 있으면 은행은 수리 가능하다.

(8) 환적금지부 선하증권

신용장이 환적을 금지하고 있는 경우에도, 물품이 컨테이너, 트레일러 또는 래쉬선에 선적된 경우 "환적이 행해질 것이다" 라거나 또는 "환적이 행해질 수 있다"고 표시하고 있는 선하증권은 은행이 수리한다. 이와 같은 이유는 컨테이너선이 대부분 대형선박이어서 실무적으로 선적항에서 양륙항까지 직송하거나 피더선(feeder)을 이용하는 경우가 많아 이를 환적으로 간주하지 않는 관행을 반영하고 있기 때문이다. 다만, 전 운송이 동일한 선하증권에 의하여 커버될 수 있는 것이어야 한다.

(9) 환적권리유보 선하증권

선하증권상에 운송인이 환적할 권리를 유보한다고 내용이 표시되어 있는 경우에 이 조항은 무시된다. 따라서 은행은 선하증권상에 이러한 표시가 인쇄, 스탬프, 타자 등과 같이 어떠한 방법으로 표시되어 있더라도 수리한다.

단, **선하증권은** 전 운송이 동일한 **선하증권에** 의하여 커버될 수 있는 것이어야 함!

2) 해상화물운송장

컨테이너 수송과 선박의 대형화 및 고속화로 운송기간이 단축됨에 따라 서류 도착 전에 화물이 먼저 도착되는 경우 선취화물보증서(L/G)제도를 이용하고 있지만 이에 대한 문제점도 발생되고 있고, 본·지사 간의 무역거래증가 등으로 인하여 해상화물운송장의 이용이 빈번하게 사용되고 있다. 신용장통일규칙(UCP 600) 제21조에 비유통성 해상화물운송장(non-negotiable sea waybill)의 수리요건이 규정되어 있으나 그 수리요건은 해상선하증권의 수리조건과 유사하기 때문에 제20조(선하증권)의 규정을 준용하면 된다.

▌표 12-6▐ 비유통성 해상화물운송장의 수리요건(UCP 600 제21조)

구 분	해상화물운송장
서류의 명칭	• 해상화물운송장은 그 명칭에 관계없이 아래와 같이 보여야 함
운송인의 명칭표기 및 서명방법	• 운송인의 명칭이 표시되고 운송인, 선장 또는 이들 대리인에 의하여 서명된 것 • 서명은 서명자가 운송인, 선장 또는 대리인인지 표기될 것 • 대리인의 서명의 경우 운송인을 대리한 것인지, 선장을 대리한 것인지의 명확한표시
선적의 표시	• 신용장에 명기된 적재항에서 물품이 지정선박에 본선선적되었음을 사전인쇄된 문언이나 본선적재필 부기로 명시한 것
적재항 및 양륙항의 표시	• 신용장에 명시된 적재항에서 양륙항까지의 선적이 표시된 것 • 신용장에 명시된 선적항을 표시하고 있지 않거나 선적항에 관하여 "예정된(intended)" 또는 이와 유사한 제한을 명시한 경우 신용장에 명시된대로 선적항을 표시하고 있는 본선적재필부기, 선적일 및 선박명을 기재할 것
서류의 제시통 수	• 해상화물운송장상에 표시된대로 전통일 것(단일의 원본 또는 2통 이상의 원본으로 발행된 경우 해상화물운송장에 표시된대로 전통일 것)
약식/배면백지식 서류	• 운송의 제조건을 포함하고 있거나 운송의 제조건을 포함하는 다른 자료를 참조하도록 표시하는 약식/배면백지식 해상화물운송장
용선계약의 금지	• 용선계약에 따른다는 표시가 없을 것
환적의 정의	• 환적이란 신용장에 명기된 적재항으로부터 양륙항까지의 운송과정 중 한 선박으로부터 양화하여 다른 선박으로 재적재

구 분	해상화물운송장
환적의 허용여부	• 신용장에서 환적을 금지하더라도 물품이 해상화물운송장에 의하여 입증된대로 컨테이너, 트레일러 또는 레쉬선에 선적된 경우에는 환적이 행해질 것이라거나 또는 행해질 수 있다고 표시하고 있는 해상화물운송장은 수리됨. 다만, 전 운송은 동일한 해상화물운송장에 의하여 커버될 것
환적유보조항무시	• 운송인이 환적할 권리를 유보한다고 명기하고 있는 조항이 있는 해상화물운송장은 무시됨

3) 용선계약선하증권

용선계약에 따른다는 표시를 포함하고 있는 용선계약선하증권의 수리요건은 신용장통일규칙(UCP 600) 제22조에서 규정하고 있다.

▌표 12-7▌ 용선계약선하증권의 수리요건(UCP 600 제22조)

구 분	용선계약선하증권
서류의 명칭	• 용선계약선하증권(용선계약에 따른다는 표시를 포함하고 있는 선하증권)은 그 명칭에 관계없이 아래와 같이 보여야 함
운송인의 명칭표기 및 서명방법	• 운송인의 명칭이 표시되고 운송인, 선장 또는 이들 대리인에 의하여 서명된 것 • 서명은 서명자가 운송인, 선장 또는 대리인인지 표기될 것 • 대리인의 서명의 경우 운송인을 대리한 것인지, 선장을 대리한 것인지의 명확한 표시
선적의 표시	• 신용장에 명기된 적재항에서 물품이 지정선박에 본선선적되었음을 사전인쇄된 문언이나 본선적재필 부기로 명시한 것
적재항 및 양륙항의 표시	• 신용장에 명시된 적재항에서 양륙항까지의 선적이 표시된 것(양륙항의 경우 신용장에 명시된대로 항구의 구역 또는 지리적 지역으로 표시가능)
서류의 제시통 수	• 용선계약선하증권에 표시된대로 전통일 것(단일의 원본 또는 2통 이상의 원본으로 발행된 경우 용선계약선하증권에 표시된대로 전통일 것)
용선계약서 심사여부	• 용선계약서가 신용장의 조건에 따라 제시되도록 요구되더라도 은행은 용선계약서를 심사하지 않음

4) 복합운송서류

복합운송서류(combined transport documents)는 운송화물의 수취로부터 인도시까지 적어도 두 가지 이상의 서로 다른 운송방식이 이용되고 최초의 운송인이 전 구간의 운송에 대하여 단일책임을 지고 발행하는 운송증권이다. 신용장통일규칙(UCP 600) 제19조에서 복합운송서류의 수리요건을 규정하고 있다.

▌표 12-8▌ 복합운송서류의 수리요건(UCP 600 제19조)

구 분	복합운송서류
서류의 명칭	• 복합운송서류는 그 명칭에 관계없이 아래와 같이 보여야 함
운송인의 명칭표기 및 서명방법	• 운송인의 명칭이 표시되고 운송인, 선장 또는 이들 대리인에 의하여 서명된 것 • 서명은 서명자가 운송인, 선장 또는 대리인인지 표기될 것 • 대리인의 서명의 경우 운송인을 대리한 것인지, 선장을 대리한 것인지의 명확한 표시
선적의 표시	• 신용장에 명기된 장소에서 물품이 발송, 수탁 또는 본선선적되었음을 사전인쇄된 문언이나 본선적재필 부기로 명시한 것
수탁지의 최종목적지의 표시	• 신용장에 명시된 발송, 수탁, 또는 본선적재지 및 최종목적지가 명기된 것 • 운송서류가 선박, 적재항 또는 양륙항에 관하여 "예정된(intended)" 또는 이와 유사한 제한을 명시한 경우 신용장에 명시된대로 발송, 수탁 또는 본선적재지 및 최종목적지를 표시하고 있는 것
서류의 제시통 수	• 선하증권상에 표시된대로 전통일 것(단일의 운송서류 원본 또는 2통 이상의 원본으로 발행된 경우 운송서류상에 표시된대로 전통인 것)
약식/배면백시식 서류	• 운송의 제조건을 포함하고 있거나 운송의 제조건을 포함하는 다른 자료를 참조하도록 표시하는 약식/배면백지식 운송서류(운송의 제조건은 심사되지 않음)
용선계약의 금지	• 용선계약에 따른다는 표시가 없을 것
환적의 정의	• 환적이란 신용장에 명기된 발송, 수탁 또는 선적지로부터 최종목적지까지의 운송과정 중 한 운송수단으로부터 양화하여 다른 운송수단으로 재적재
환적의 허용여부	• 신용장에서 환적을 금지하더라도 은행은 환적이 행해질 것이라거나 또는 행해질 수 있다고 표시하고 있는 복합운송서류를 수리함. 다만, 전 운송은 동일한 복합운송서류에 의하여 커버될 것

(1) 서류의 명칭

신용장에 두 가지 이상의 서로 다른 운송방식을 표시하는 운송서류인 복합운송서류는 그 명칭에 관계없이 신용장통일규칙(UCP 600)의 요건을 충족하여야 한다. 따라서 신용장이 복합운송서류를 요구하고 있는 경우에는 복합운송서류의 명칭인 표제가 아니라 복합운송서류의 내용이 중요하다는 의미이다. 예를 들어 신용장에 "combined transport B/L"을 요구할 경우 일반적으로 운송서류로서 적용될 수 있는 복합운송서류의 표기방법은 다음과 같이 할 수 있다.

① Multimodal transport document(복합운송서류)
② Combined transport document(복합운송서류)
③ Intermodal transport document(복합운송서류)
④ Multimodal transport bill of lading(복합운송선하증권)
⑤ Combined transport bill of lading(복합운송선하증권)
⑥ Intermodal transport bill of lading(복합운송선하증권)

(2) 운송인의 명칭표기 및 서명자

복합운송서류에는 운송인의 명칭을 표시하고 다음의 자에 의하여 서명이 되어있어야 한다.
• 운송인(carrier) 또는 운송인을 대리하는 지정대리인
• 선장(master) 또는 선장을 대리하는 지정대리인

운송인(선박회사)의 명칭이 복합운송증권상에 표기되어 있다고 하더라도 그 운송인, 운송인의 대리인 또는 선장, 선장의 대리인 중에서 한 당사자가 서명하여야 한다. 지정대리인이 서명할 경우에는 운송인을 대리하는 것인지, 아니면 선장을 대리하는 것인지를 분명하게 제시하여야 한다. 실무적으로 서명하는 방법은 다음과 같다.

① 운송인이 서명하는 경우 : as carrier(운송인으로서)
② 운송인의 대리인이 서명하는 경우 : as agent for (or on behalf of) the carrier(운송인의 대리인으로서)
③ 선장이 서명하는 경우 : as master(선장으로서)
④ 선장의 대리인이 서명하는 경우 : as agent for (or on behalf of) the master (선장의 대리인으로서)

(3) 물품의 발송, 수탁 또는 본선선적 표시

① 운송서류의 발행일과 선적일 : 복합운송서류상에 발송, 수탁 또는 본선선적되었다는 문언이 사전인쇄된 문언 등의 형태로 표시되어 있는 경우에는 그 운송서류의 발행일을 발송일(date of dispatch), 수탁일(date of taking in charge), 본선선적일(date of shipped on board) 및 선적일(date of shipment)로 본다. 이는 복합운송서류상에 발송, 수탁 또는 본선선적되었다는 문언이 표시되었으나 발송, 수탁, 본선적재 또는 선적일이 표시되지 않고 발행일만 표시된 경우에 적용될 수 있다. 복합운송서류는 선하증권과 달리 수취식으로 발행될 수 있기 때문에 발송, 수탁 또는 본선선적을 모두 선적의 개념으로 본다.

② 본선적재일표기일과 선적일 : 복합운송서류상의 발행일의 표시여부와 관계없이 복합운송서류상에 발송, 수탁 또는 본선선적되었다는 문언이 그러한 일자를 표시하고 있는 스탬프 또는 본선적재표기(on board notation)로 되어있는 경우에는 이러한 본선적재표기일을 선적일로 본다. 이는 복합운송서류상에 발송, 수탁 또는 본선적재되었다는 사전인쇄문언의 표시가 없고, 스탬프 혹은 표기에 의하여 발송일, 수탁일 또는 본선선적일만이 표시된 경우 적용될 수 있도록 한 것으로 이들 일자가 선적일이 된다.

(4) 신용장에 명기된 발송, 수탁 또는 선적지 및 최종목적지의 표시

① 신용장에 표시된 것과 다른 발송지, 수탁지, 선적지 또는 최종목적지 : 복합운송서류가 신용장에 명기된 발송지, 수탁지 또는 선적지 및 최종목적지를 표시하고 있는 한, 이 복합운송서류가 추가적으로 다른 발송지, 수탁지 또는 선적지 또는 최종목적지를 명기하고 있더라도 은행은 수리한다. 복합운송은 해상운송과는 달리 환적이 수반되는 경우가 많아 물품의 적재항과 수탁지가 다를 수 있고, 양륙항도 최종목적지와 다를 수 있다. 복합운송의 경우 적재항과 목적항이 아닌 물품의 수탁지와 최종목적지를 운송구간으로 하여 약정하게 된다. 따라서 복합운송서류상에 신용장상에서 정한 발송지, 수탁지 또는 선적지가 표기되는 한 선적항과 양륙항이 신용장에 표시된 것과 다르더라도 은행은 수리하게 된다.

② 선박, 적재항 및 양륙항의 명칭에 예정된 표시가 있는 경우 : 복합운송서류상에 신용장에 명기된 발송지, 수탁지 또는 선적지 및 최종목적지를 표시하고 있다면, 운송서류가 선박, 적재항 또는 양륙항에 관하여 "예정된(intended)" 또는 이와 유사한 제한의 표시가 있다고 하더라도 은행은 수리한다. 복합운송에서는 운송계약체결시 물품의 수탁지와 최종목적지만을 약정하고 선박 등의 운송수단이나 적재항이나 양륙항 등은 운송인에게 일임하고 있다. 이로 인하여 복합운송서류상의 선박, 적재항 및 양륙항의 기재란에는 "예정된(intended)"이라는 용어가 표시될 수 있다.

(5) 발행통수

복합운송서류가 단일의 원본 또는 2통 이상의 원본으로 발행된 경우에는 그 운송서류상에 표시된대로 전통(full set ; 全通)이 제시되어야 한다. 단일의 원본이나 수통의 원본으로 발행된 운송서류는 그 운송서류상에 표시된대로 전통이어야 한다. 이는 다수의 원본으로 발행된 서류의 전통을 제시하거나, 또는 원본이 한통만 발행될 수 있다고 규정한 것으로 한 통의 선하증권 원본을 발행할 수 있는 근거를 제시하는 것이다.

(6) 약식/배면백지식 복합운송서류

약식복합운송서류(short form MTD)는 운송서류의 앞면에는 법정 기재사항이 기재되어 있으나 뒷면에 운송약관이 생략되어 백지상태로 발행된 운송서류를 말한다. 약식운송서류는 운송에 관한 일반조건의 전부를 기재하지 않고 조건 중 일부를 생략하여 필요사항만 발췌하여 기재한 운송서류라고 할 수 있다. 반면 운송에 관한 배면약관이 있는 복합운송서류는 정식복합운송서류(long form MTD)이다. 은행은 정식복합운송서류는 물론 약식복합운송서류도 수리하며 이 경우 운송의 제조건은 심사하지 않는다.

(7) 용선계약 복합운송서류

복합운송서류상에 “용선계약에 따른다”는 표시가 있는 용선계약 복합운송서류는 은행이 수리거절한다. 하지만 신용장상에 용선계약 복합운송서류를 허용하는 문언이 있으면 은행은 수리가능하다. 은행이 용선계약 복합운송서류를 수리거절하는 이유는 용선자가 용선료를 지급하지 못하게 되면 선주는 화물에 대한 유치권을 행사할 수 없기 때문에 용선계약 복합운송서류를 소지한 은행이 화물에 대한 담보권을 행사할 수 없기 때문이다.

(8) 환적금지부 복합운송서류

신용장이 환적을 금지하고 있는 경우에도, 전 운송이 동일한 운송서류에 의하여 커버되는 한 운송서류에는 “물품이 환적될 것이다”, 또는 “물품이 환적될 수 있다”라고 표시한 운송서류도 은행은 수리한다. 복합운송의 특성상 환적이 필연적이기 때문에 전 운송과정이 하나의 동일한 복합운송서류에 의하여 커버되는 경우에는 은행은 신용장에 명기된 환적금지조항을 무시하고 수리한다.

5) 항공운송서류

무역화물을 항공으로 운송하는 경우에 발급되는 운송서류가 항공화물운송장(Air Waybill ; AWB)이다. 항공화물운송장은 항공회사가 화물을 인수하는 시점에서 발급되는 운송서류이며, 단순한 탁송증거로서의 역할을 할 뿐 선하증권과 달리 유가증권으로서의 성질을 가지지 못하여 기명식, 수취식으로 발행된다. 신용장통일규칙(UCP 600) 제23조에 항공운송서류(Air Transport Document)의 수리요건이 규정되어 있다.

(1) 서류의 명칭

신용장에 항공운송서류를 요구하는 경우에는 다음과 같이 표기할 수 있다.
① Air Waybill(AWB : 항공화물운송장)
② Air Consignment Note(항공화물수취증; 항공화물수탁서; 항공화물상환증)

(2) 운송인의 명칭표기 및 서명자

항공운송서류에는 운송인의 명칭을 표시하고 다음의 자에 의하여 서명이 되어있어야 한다.
• 운송인(carrier) 또는 운송인을 대리하는 대리인(named agent)

운송인(선박회사)의 명칭이 항공운송서류상에 표기되어 있다고 하더라도 그 운송인 또는 운송인의 대리인이 서명하여야 한다. 대리인이 서명할 경우에는 자신이 운송인을 대리한다는 표시를 하고 서명을 하여야 한다. 실무적으로 서명하는 방법은 다음과 같다.

① 운송인이 서명하는 경우 : as carrier(운송인으로서)

② 운송인의 대리인이 서명하는 경우 : as agent for (or on behalf of) the carrier(운송인의 대리인으로서)

▮표 12-9▮ 항공운송서류의 수리요건(UCP 600 제23조)

구 분	항공운송서류
서류의 명칭	• 복합운송서류는 그 명칭에 관계없이 아래와 같이 보여야 함
운송인의 명칭표기 및 서명방법	• 운송인의 명칭이 표시되고 운송인, 선장 또는 이들 대리인에 의하여 서명된 것 • 서명은 서명자가 운송인, 선장 또는 대리인인지 표기될 것 • 대리인의 서명의 경우 운송인을 대리한 것인지, 선장을 대리한 것인지의 명확한 표시
선적의 표시	• 물품이 운송을 위해 인수되었음을 표시한 것
발행일의 표시	• 발행일이 표시되어야 함
출발공항 및 양륙공항의 표시	• 신용장에 명기된 출발공항과 양륙공항이 표시될 것
서류의 제시통 수	• 신용장에서 전통이 요구되더라도 탁송인(consignor)혹은 송화인(shipper)용 원본이 제시될 것
약식/배면백시식 서류	• 운송의 제조건을 포함하고 있거나 운송의 제조건을 포함하는 다른 자료를 참조하도록 표시하는 약식/배면백지식 항공운송서류(운송의 제조건은 심사되지 않음)
환적의 정의	• 환적이란 신용장에 명기된 출발공항으로부터 목적공항까지의 운송과정 중 한 항공기로부터 양화하여 다른 항공기로 재적재
환적의 허용여부	• 신용장에서 환적을 금지하더라도 은행은 환적이 행해질 것이라거나 또는 행해질 수 있다고 표시하고 있는 항공운송서류를 수리함. 다만, 전 운송은 동일한 항공운송서류에 의하여 커버될 것

(3) 운송인을 위한 물품수취의 표시

항공운송서류는 물품이 운송을 위하여 수취되었음(accepted for carriage)을 표시하고 있어야 한다. 항공운송서류는 선적선하증권과는 달리 수취식으로만 발행된다. 따라서 은행은 수취식으로 발행된 항공운송서류를 수리한다.

(4) 선적일의 증명

항공운송서류는 원칙적으로 발행일을 선적일로 간주한다. 하지만 항공운송서류상에 선적일에 관한 특정한 표기가 있으면 그 표기일자가 선적일이 된다. 운항번호 및 일자에 관하여 항공운송서류상에 보이는 기타 모든 정보는 선적일을 결정하는데 고려하지 아니한다.

(5) 신용장에 명기된 출발공항과 목적공항의 표시

항공운송서류상에는 신용장에 명기된 출발공항과 목적공항을 표시하여야 한다. 은행은 항공운송서류가 신용장에 명기된대로 출발공항과 목적공항이 명시된 경우에 수리한다.

(6) 발행통수

신용장이 원본의 전통을 명시하고 있는 경우에도 탁송인(consignor) 또는 송화인(shipper)용 원본의 항공운송서류를 수리한다. 항공운송서류는 운송인용(for carrier ; 제1원본; 녹색), 수하인용(for consignee; 제2원본 ; 적색), 송화인용(for shipper; 제3원본; 청색) 등의 원본 3통과 나머지 사본(백색)이 발행된다. 3부의 원본 중에서 운송인용은 운송인이 보관하고, 수화인용은 화물과 함께 목적지의 수화인에게 발송되며, 송화인용만 송화인에게 교부된다. 따라서 매도인이 서류매입시 송화인용 원본만 제시할 수밖에 없기 때문에 은행은 송화인용 항공운송서류 원본을 수리한다.

(7) 약식/배면백지식 항공운송서류

약식항공운송서류는 운송서류의 앞면에는 법정 기재사항들이 기재되어 있으나 뒷면에는 운송약관이 생략되어 백지상태로 발행된 운송서류를 말한다. 약식운송서류는 운송에 관한 일반조건의 전부를 기재하지 않고 조건 중 일부를 생략하여 필요사항만 발췌하여 기재한 운송서류라고 할 수 있다. 반면 운송에 관한 배면약관이 있는 항공운송서류는 정식항공운송서류이다. 은행은 정식항공운송서류는 물론 약식항공운송서류도 수리하며 이 경우 운송의 제조건은 심사하지 않는다.

3 보험서류

CIF와 CIP조건의 매매계약에서는 수출업자가 적화보험을 부보하고 이에 대한 보험서류를 수입업자에게 제공해야 한다. 보험서류는 해상적화보험의 성립을 증명하는 서류를 총칭하는 것으로 보험증권(insurance policy : I/P), 보험증명서(insurance certificate), 통지서(declaration)가 있다. 대금결제시 은행은 보험증권 및 보험증명서를 보험서류로 인정하고 있지만 보험중개인이 발행한 보험승낙서(cover note)는 달리 합의된 사항이 없는 한 인정하지 않는다. 신용장통일규칙(UCP 600) 제28조에서 규정하고 있는 보험서류의 수리요건은 다음과 같다.

▌표 12-10▐ 보험서류의 수리요건(UCP 600 제28조)

구 분	보험서류
서명방법	• 대상 : 보험증권, 포괄예정보험에 의한 보험증명서, 통지서 • 보험회사, 보험업자 또는 이들 대리인 또는 대리업자에 의해 발행되고 서명된 것
원본	• 보험서류가 2통 이상 발행되었다고 표시하고 있는 경우에는 모든 원본이 제시되어야 함
수리되는 보험서류	• 보험증권(insurance policy), 보험증명서(insurance certificate) • 하지만, 보험승인서(cover notes)는 수리되지 않음
표시통화	• 신용장상의 통화와 동일한 종류의 통화
최소부보금액	• CIF가격 기준의 110%
위험담보	• 위험이 적어도 신용장에 명시된대로 수탁 또는 선적지와 양륙 또는 최종목적지간에 담보되었음을 표시한 것

매입은행은 보험서류 심사시 신용장에서 요구한 전통을 제시하고 있는지와 보험회사, 보험인수업자 또는 그 대리인이 정당하게 발행한 것인지의 여부, 보험서류상 피보험자가 신용장의 수익자이며 배서가 정당한 것인지의 여부 등을 심사한다.

12.3 기타 임의서류

1 포장명세서

포장명세서(packing list)는 선적화물의 포장방법, 각 포장단위별 내용명세, 순중량, 총중량, 용적, 화인, 포장번호 등을 명시한 것으로 송장의 내용을 보완해주는 서류이다. 선적화물을 조회하는 경우에 상업송장이나 용적·중량증명서로는 순중량이나 포장 내부의 내용물이 분명하지 않기 때문에 송장의 보조서류로서 포장명세서가 필요하다. 포장명세서에는 중량 외에도 수출화물의 용적(measurement)을 표시함으로써 운송인과 운송계약을 체결할 때 운송료 및 운송부대비용 산출의 일차적인 기준이 된다. 따라서 선적 후 수출업자가 수입업자에게 송부하는 운송서류의 사본에는 반드시 포장명세서를 같이 송부하여야 한다.

선적화물의 포장 및 명세서를 기재하는 포장명세서는 대금관련사항을 명기하지 않고, 각 규격별, 단위별로 일목요연하게 기재한다는 점을 제외하고는 송장과 유사하다. 포장명세서의 용도는 다음과 같다.

① 수출이나 수입의 통관 수속 때 심사자료로 활용되고 양륙지에서 화물을 처리하는 데 사용된다.
② 검수 또는 검량업자가 실제화물과 대조하는 참고자료는 물론 개별화물의 사고 발생시 확인자료로도 사용된다.
③ 선박회사가 화주와 운송계약을 체결하는 기준자료로 활용된다.

2 원산지증명서

원산지증명서(Certificate of Origin)는 해당 물품이 해당국에서 생산, 제조 또는 가공되었다는 사실을 증명하는 서류이다. 대부분 국가가 수입화물을 통관할 때 원산지증명서 제출을 요구하고 있는데, 이와 같이 수입통관시 원산지증명서를 제출하도록 요구하는 것은 ① 관세의 적용, ② 특정한 국가로부터의 수입제한, ③ 특혜관세의 적용, ④ 수입관련 통계자료 획득 등에 목적이 있다. 원산지증명서는 일반관세가 적용되는 국가에 물품을 수출할 때 사용되는 보편화된 서류로서 대한상공회의소가 발급한다. 원산지증명서는 ① 일반수출품 원산지증명서와 ② 관세양허내상 수출품 원산지증명서로 구분된다.

PACKING LIST

①Shipper/Seller DAEHAN CO., LTD. CPO BOX 195 SEOUL, KOREA		⑧No. & date of invoice 8905 BK 1007 JULY 25. 20xx ⑨No. & date of L/C MD1NY408NS00018, MAY 15. 20xx
②For account & risk of Messers. BROWN CO., LTD. 310 FIFTH AVE. NEW YORK NY, USA		⑩Consignee TO THE ORDER OF BANK OF AMERICA
③Notify party Same as above		⑪Remarks : Details are as per P/O No.DIC-07-03-10 Dated March 10, 2007 to be issued by Wilson & Company, Limited. Origin : Republic of Korea
④Port of loading Busan, Korea	⑤Final destination New York, U.S.A.	⑫Payment Terms Letter of Credit. At sight
⑥Carrier WONIS JIN	⑦Sailing on or about JULY 21, 20xx	⑬Price Term : CIF NEW YORK, USA

⑭ Marks & numbers of Pkg	⑮ Description of Goods	⑯Quantity/Net wt	⑰ Gross wt	⑱ Measure
PCU NEW YORK C/NO.1-250 MADE IN KOREA	COMPUTERS	2,000PCS	4,631KGS	25CBM

//

P.O.Box :
E-mail :
Telefax No. :
Telephone No. :

⑲ Signed by ____________________

Manager

CERTIFICATE OF ORIGIN

<table>
<tr><td>1. Exporter(Name, address, country)
DAEHAN CO., LTD.
CPO BOX 195
SEOUL, KOREA</td><td colspan="2">ORIGINAL

CERTIFICATE OF ORIGIN
issued by
THE KOREA CHAMBER OF COMMERCE & INDUSTRY
Seoul, Republic of Korea</td></tr>
<tr><td>2. Consignee(Name, address, country)

TO THE ORDER OF BANK OF AMERICA</td><td colspan="2">3. Country of Origin
REPUBLIC OF KOREA</td></tr>
<tr><td>4. Transport details
FROM : BUSAN, KOREA
TO : NEW YORK, USA
ON BOARD DATE : JULY 21, 20xx</td><td colspan="2">5. Remarks

COUNTRY OF ORIGIN
REPUBLIC OF KORA</td></tr>
<tr><td colspan="2">6. Marks & numbers ; number and kind of packages ; description of goods

PCU
NEW YORK
C/NO.1-250
MADE IN KOREA
///////////////

COMPUTER

L/C NO. : MD1NY404NS00018

//
/</td><td>7. Quantity

2,000PCS

/////////////////</td></tr>
<tr><td>8. Declaration by the Exporter

(Signature)

(Name)</td><td colspan="2">9. Certification

____
Authorized Signatory

Certificate No.</td></tr>
</table>

THE KOREA CHAMBER OF COMMERCE & INDUSTRY

3 검사증명서

검사증명서(Inspection Certificate)는 검사기관이 수출품의 품질·기능 등을 검사하여 완전한 상품임을 증명하는 문서를 말한다. 수입업자가 확실한 품질의 상품을 수입하고자 할 때 요구하는 서류이며 검사의 공정성을 위하여 검사인(Inspector)을 수입자가 지정하거나 전문 검사관의 검사증을 첨부토록 하는 경우가 많다. 검사를 행하는 자는, 독립된 검사기관이 많으나 신용장에 검사 기관에 대한 명시가 없는 경우에는 수출업자가 작성한다.

4 중량 및 용적증명서

중량 및 용적증명서(Certificate of Weight/Measurement)는 공인검량인이 개별 물품이나 전체 물품의 총 중량과 용적을 계량하고 발급해주는 서류이다. 중량 및 용적증명서는 선박회사와 송화인 간의 화물의 중량 용적 및 수량의 증명이 된다. 또한 선적지시서, 선하증권 등에 기재되어 운임 및 그 밖의 선적 관련 제비용 계산의 기초가 된다.

5 위생증명서

위생증명서(Certificate of Health, Sanitary Certificate)는 식료품, 약품류, 화장품 및 육류 등을 수출하는 경우 수입국에서 정한 기준에 부합되고 무균, 무해임을 증명하는 서류로 동 위생증명서를 세관송장에 첨부할 것을 요구하는 경우가 있다. 미국의 경우 FDA (Food and Drug Administration)가 정한 기준에 부합된다는 증명서로 육류를 수출하고자 할 때 도살 당시 균이 없었다는 위생증명서가 있어야 수출이 가능하다.

6 검역증명서

검역증명서(Certificate of Quarantine)는 미국, 브라질, 파나마 등으로 살아 있는 동식물을 수출할 경우 위생증명서의 일종인 검역증(certificate of quarantine)을 필요로 한다. 이 경우 전염성 균이 묻혀 들어가는 것을 방지하기 위하여 당해 물품을 별도로 격리하여 검역을 실시한 후 발급해주는 서류이다.

연습문제

1. 주관식문제

1) 환어음의 당사자에 대해 설명하시오.
2) 어음의 지급기일에 따른 환어음의 종류에 대해 설명하시오.
3) 환어음의 기재사항에 대해 설명하시오.
4) 하자 있는 수출환어음의 매입방법에 대해 설명하시오.
5) L/G와 T/R에 대해 설명하시오.
6) 무역결제서류의 종류에 대해 설명하시오.
7) 해상선하증권의 수리요건에 대해 설명하시오.
8) 복합운송서류의 수리요건에 대해 설명하시오.
9) 항공운송서류의 수리요건에 대해 설명하시오.
10) 보험서류의 수리요건에 대해 설명하시오.

2. 용어해설문제

- 환어음
- 환가료
- L/G
- T/R
- 상업송장
- 포장명세서
- 검사증명서
- 중량 및 용적증명서
- 위생증명서
- 검역증명서

제 13 장

무역클레임과 상사중재

1. 무역클레임의 내용과 종류에 대해 알아본다.
2. 무역클레임의 처리 및 해결방법을 살펴본다.
3. 상사중재절차에 대해 이해한다.

제 13 장

무역클레임과 상사중재

13.1 무역클레임

1 무역클레임의 의의

무역클레임(claim)은 넓은 의미로 단순한 불평(complain)이나 경고(warning) 및 분쟁(dispute) 등을 의미하지만, 좁은 의미로는 계약당사자의 일방이 매매계약내용을 불이행함으로써 상대방에게 손해를 끼쳤을 때 손해를 입은 당사자가 상대방에게 권리회복을 요구하거나 손해배상을 요구하는 적극적인 경우를 말한다.

무역클레임은 주로 물품의 성질, 선적지연, 선적불이행 등으로 수입업자가 수출업자에게 제기하는 경우와 대금결제와 관련하여 수출업자가 수입업자에게 제기하는 경우가 많지만, 무역거래과정에서 관련되는 선박회사, 보험회사, 외국환은행, 창고회사 등이 클레임의 대상이 되는 경우도 있다.

2 무역클레임의 내용

무역클레임을 제기할 때 피해자가 청구하는 클레임의 내용은 다음과 같은 것들이 있다.

1) 대금의 지급거절

대금의 지급거절(refusal of payment)이란 수입물품에 하자가 있어 수입업자가 수출업자에게 대금지급을 거절하는 것이다. 물품의 선적 전 송금, 취소불능신용장에 의한 대금결제 등은 대금의 지급거절이 불가능하나 추심으로서 결제기간이 장기간인 인수인도조건

(D/A)과 같은 무신용장방식의 거래에서는 제기될 수 있다.

2) 손해배상금의 청구

상대방의 고의나 과실로 입은 피해를 금전으로 보상해 줄 것을 요구하는 것이다. 금전 이외에 다른 방법으로 대체하기 어려운 환차손, 미지급된 운임, 수수료의 미지급 등과 같은 것이나, 새로 수입하더라도 수입국의 시황이 좋지 않은 경우에는 금전의 손해배상을 요구한다.

3) 대금의 감액청구

대금의 감액청구는 도착물품의 품질, 포장, 화인, 상표 등이 불량하거나 계약물품과 다른 경우 수입업자가 수출업자에게 계약가격보다 감액된 가격으로 물품을 인수하겠다고 요구하는 것을 말한다. 대금의 감액청구방법으로는 대금잔액으로부터의 감액, 추후 선적분의 가격으로부터의 감액 및 송금에 의한 감액 등이 있다.

4) 물품의 인수거절

물품의 인수거절은 물품이 도착된 후 품질상의 하자나 손상 등을 이유로 화물의 인수를 거절하는 것을 말한다. 이에 대한 방법으로는 전부인수거절(whole rejection)과 일부인수거절(partial rejection)의 방법이 있다.

5) 대체품의 청구

대체품의 청구(requirement of substituted goods)란 물품의 품질이 계약물품과 다르거나 수량이 부족한 경우, 이에 해당하는 물품에 대한 대체품을 요구하거나 다음 선적 분에 부족한 수량만큼 추가하여 선적하여 줄 것을 요구하는 것이다. 이와 같은 방법은 지속적인 거래관계를 가지고 있는 우호적인 당사자들 간의 거래에서 이용된다.

3 무역클레임의 종류

1) 상품에 관한 클레임

상품에 관한 클레임은 상품과 직접적으로 관련된 클레임과 상품과 간접적으로 관련된 클레임으로 구분된다. 상품과 직접적으로 관련된 클레임으로는 품질, 색상, 치수, 수량 및 중량, 손상에 관한 클레임 등이 있다.

▌표 13-1▌ 상품과 직접적인 관련이 있는 클레임

클레임 구분	종 류
품 질	품질불량, 품질상위, 형식상이, 등급저하, 불량품 혼입, 품질상이품 혼입, 품질결함, 변질 등
색 상	변색, 색의 상위, 색조의 상위 등
치 수	치수부족, 치수상위, 치수초과, 치수불량 등
수량 및 중량	수량부족, 중량부족, 용적부족, 감량, 중량계산상위 등
손 상	멸실, 손상 등

상품과 간접적인 관계가 있는 클레임에는 다음과 같은 것들이 있다.

▌표 13-2▌ 상품과 간접적인 관련이 있는 클레임

클레임 구분	종 류
포 장	포장불량, 불완전포장, 부정한 포장, 포장파손 등
화 인	화인누락, 화인혼합, 화인소멸, 화인상이 등
선 적	선적지연, 선적불이행, 하역손상, 선적상이, 과다선적 등
운 송	운송 중 파손, 환적, 분실, 도난, 초과운임, 난폭취급 등
가격·결제	가격조정, 초과지불, 과잉징수, 반송비, 재포장비, 수선비, 창고비, 검증료, 체선비, 벌금 또는 과태료, 결산대금 외의 청산, 어음부정할인, 어음할인 거부 등
서 류	송장상의 과오, 부정송장, 잘못 작성된 송장, 계산착오, 기재사항의 상위, 서류미흡 등
계 약	계약불이행, 계약취소, 용선계약파기, 계약거절, 부당한 계약해제 등

2) 일반적 클레임

거래의 수행상 통상적으로 발생하는 클레임으로서, 거래당사자가 최선을 다했으나 물품의 인도나 대금의 지급까지 시간을 요하는 무역의 특성상 불가피하게 발생하거나 거래당사자간에 어느 일방의 과실이나 태만에 따라 계약을 위반하였을 때 발생하는 것이 일반적 클레임이다.

3) 마켓클레임

마켓클레임(market claim)은 무역계약의 성립 후 상품의 시세가 하락한 경우 수입업자가 입은 손실을 보상하기 위하여 보통의 경우에는 클레임의 대상이 되지 않은 사항을 수출업자의 사소한 실수, 시황의 악화, 외환시세의 변동 등을 이유로 가격인하를 요구하거나 물품의 인수를 거부하는 등의 의식적인 클레임을 말한다.

4) 계획적 클레임

거래 상대방의 고의에 의한 클레임으로 수입업자가 처음부터 교묘한 방법으로 수출업자로 하여금 계약이행에 지장을 초래하게 하여 제기하는 클레임이다.

4 무역클레임의 처리

클레임은 합의된 기간 내에 적절한 절차에 따라 제기되어야 법률적인 보장을 받을 수 있다. 당사자 간에 계약을 체결할 때 클레임의 해결에 대한 사항을 약정했을 경우에는 그 기준에 따르지만 그렇지 않을 경우에는 국제상관습, 국제규칙 및 국내법에 의해 해결하도록 한다.

1) 클레임 제기당사자의 확정

클레임이 발생하면 우선 클레임을 청구할 당사자를 확정하여야 하는데, 당사자의 선택은 발생원인과 책임소재를 검토하여 결정하여야 한다. 클레임의 당사자에는 통상 계약당사자가 되지만, 예외적으로 계약당사자의 책임이 없는 경우에는 제3자인 은행, 보험회사, 운송회사 등이 되는 경우도 있다.

2) 클레임의 제기기간

클레임의 제기시기가 경과하게 되면 시효에 문제가 될 수 있을 뿐만 아니라 증거를 상실하게 되어 해결에 어려움이 따른다. 무역계약에 클레임의 제기기간을 약정한 경우에는 그 계약조항에 따르면 되지만, 약정이 없는 경우에는 법률 또는 관습에 따라 합리적으로 결정하여야 한다.

그러나 클레임의 제기기간을 일률적으로 규정할 수 없으므로, 기간으로 인하여 해결에 어려움이 따르기 때문에 계약시 클레임 처리기간조항을 약정하는 것이 바람직하다.

클레임 제기기간에 대한 각국별 예는 다음 [표 13-3]과 같다.

▌표 13-3▐ 클레임 제기기간의 예

구 분	제기기간
우리나라 상법(제69조)	발견 즉시 통지(즉시 발견 곤란할 경우 6개월 이내)
일본 상법(제526조)	즉시 검사, 하자 발견 후 즉시 통지
미국 통일상법전(제2-606조)	합리적인 기간 내에 물품을 검사하여 하자통지
영국 물품매매법(제34조, 제35조)	합리적인 기간 내에 물품을 검사하여 하자통지
Warsaw-Oxford Rules for CIF Contract(제19조)	합리적인 검사 후 3일 이내 통지
비엔나협약(제38조, 제39조)	단기간 내 검사, 합리적인 기간 내에 통지(최대 소멸시효기간 : 2년)

(3) 클레임의 통지

클레임의 사유가 결정되면 클레임제기 의사표시, 클레임의 주요 내용 등을 우선 가장 빠른 방법으로 그 개요에 대한 클레임통지서(claim notice)를 발송한 후 클레임 제기서를 서면으로 정식 송부하여야 한다.

클레임제기에 필요한 서류로는 클레임 내용을 기재한 클레임진술서(statement of claim), 손실명세서(particulars of loss sustained), 검사보고서(survey report), 청구서 및 기타 증빙서류 등이다. 손해배상을 청구할 경우에는 손실명세서를 작성하여 상대방에게 송장가격과 배상금액을 표기하고 손실에 대한 내역과 부대비용도 포함시킨다.

4) 클레임의 접수

상대방으로부터 클레임이 제기되면 클레임의 제기시기와 내용을 검토하고 자신의 입장과 해결방안을 통보하여야 한다.

(1) 제시시기의 검토

분쟁이 발생하여 손해가 발생하였으나 하자통지를 소홀히 하여 권리를 찾지 못하거나 심지어 클레임 제기권을 상실하는 경우가 있다. 따라서 클레임을 접수하면 계약서 및 법규와 상관습에 의한 유효기간 이내에 클레임이 제기되었는지를 검토한다.

(2) 청구서한의 검토

상대방으로부터 손해배상청구를 받았다고 하더라도 다음과 같은 사항들을 검토하여 분쟁해결에 대한 입장과 해결방안을 상대방에게 신속하게 대처하여야 한다.

- 본인이 분쟁의 책임당사자인지의 여부
- 계약조건의 미비에 의한 것인지의 여부
- 하자를 입증하는 객관적인 입증자료의 제시 여부
- 물품검사는 합리적인 방법과 기간 내에 이루어졌는지의 여부
- 하자의 정도가 계약상 또는 거래관행상 허용비율을 초과하는지의 여부
- 당해 계약의 특성을 충분히 감안했는지의 여부
- 공인검정기관이 인정한 물품검사인지의 여부
- 손해배상청구액이 합리적인 산출근거에 의한 것인지의 여부

(3) 자신의 입장과 해결방안 통보

클레임에 대한 입장과 해결방안에 대해 상대방에게 신속히 통보해야 한다. 무엇보다도 첫 응답은 향후 분쟁해결의 방향을 설정할 수 있기 때문에 자신의 입장, 주장 및 해결방안을 명확히 기재하여 오해의 소지를 없애야 한다. 상대방과 지금까지의 거래정도나 향후 거래관계를 고려하여 지속적으로 거래를 유지하여야 할 상대일 경우 우호적으로 해결하도록 노력하는 것이 바람직하다.

5 무역클레임의 해결방법

무역클레임이 발생되면 신속하게 대응하여 해결하도록 해야 한다. 무엇보다도 바람직한 해결방법은 당사자 간의 합의에 의한 것이지만 우호적으로 해결되지 못할 경우 제3자를 이용한 해결방법이 모색될 수 있다.

1) 당사자 간 해결

(1) 클레임의 포기(waiver of claim)

클레임의 포기는 해당 클레임에 대해 단순경고(warning)를 하고 다음부터는 그렇지 않도록 주의를 주는 것이다. 이는 피해자가 클레임 액수가 적거나 가해자가 즉시 손해배상을 해올 경우 배상의 청구권을 포기하는 경우이다.

(2) 타협(compromise)과 화해(amicable settlement)

타협과 화해는 당사자 간에 교섭을 통하여 우호적으로 양보하여 타협점을 이끌어내는 해결방법이다. 무역거래의 경우 상대방과의 지속적인 거래관계를 위하여 당사자간의 우호적인 해결방법으로 대체적 분쟁해결(Alternative Dispute Resolution : ADR)방법이 이용되

어 가는 추세이다.

2) 제3자를 통한 해결

(1) 알선(intermediation)

알선은 당사자 일방 또는 쌍방의 의뢰에 의하여 대한상공회의소, 대한상사중재원, 대사관, 영사관 등과 같은 공정한 제3자의 성격을 갖는 기관이 개입하여 타협이 이루어지도록 제시하거나 조언하여 분쟁을 해결하는 방법이다.

알선은 쌍방의 협력이 없으면 실패하기 쉬우며 강제력이 없고 조정이나 중재와는 달리 형식적인 절차를 필요로 하지 않는다.

(2) 조정(conciliation)

조정은 알선에 의하여 클레임이 해결되지 못하면 당사자가 제3자를 조정인으로 선정하고 조정인이 제시하는 해결안에 대해 합의함으로써 클레임이 해결되는 방법을 말한다. 조정은 중재의 전 단계로 당사자가 조정인의 조정안을 수락할 의무는 없지만 일단 수락하면 구속력을 갖게 된다. 조정은 조정인의 선정일로부터 일정기간 조정에 실패하면 조정절차가 폐기되고 중재단계로 넘어가게 된다.

(3) 중재(arbitration)

중재는 당사자들이 공정한 제3자를 선정하여 중재인의 판정에 복종함으로써 최종적으로 해결하는 방법이다. 중재는 중재인의 판정에 복종하고 법원의 확정판결과 동일한 효력을 갖는다는 점에서 조정안의 수락여부를 당사자들이 결정하는 조정과 다른 점이다.

(4) 소송(litigation)

소송은 국가기관인 법원의 판결에 의해 분쟁을 강제적으로 해결하는 최후의 해결방법이다. 일반적으로 무역거래는 법역을 달리하는 외국의 상대방과 거래를 하는 것이기 때문에 소송에 의한 해결은 우리나라의 판결효력이 상대국에 미치지 못하기 때문에 강제집행에 어려움이 있다.

▌표 13-4▐ 소송과 중재의 비교

구 분	소 송	중 재
대 상	민사, 형사, 행정, 선거 등 모든 분쟁	당사자가 처분할 수 있는 사법상의 모든 분쟁
요 건	당해 법원이 관할권을 가짐	당사자간 서면에 의한 중재합의가 필요
효 력	구속력, 집행력, 형성력이 있음	법원의 확정판결과 동일한 효력(집행판결로 강제집행력이 있음)
신속성	소송절차가 복잡하고 3심제도로 시간이 오래 걸림	절차가 간단하고 1심제
경 비	심급이 올라갈수록 소송수행비용이 인상되고 변호사 보수도 심급마다 추가됨	1심제이기 때문에 경비가 소송에 비해 저렴하고 변호사를 선임할 필요가 없음
심판자	법관은 법이론에 밝지만 상거래 실무와 관습에 관한 경험이 이에 비례하지 않음	문제에 전문가인 중재인이 판정하므로 분쟁에 대해 합리적인 판정이 가능
공개성	공개주의원칙으로 비밀이 보장되지 않음	비공개주의원칙으로 비밀유지가 가능함

▌표 13-5▐ 클레임의 해결방법

구 분	방 법	내 용
당사자간 분쟁해결	클레임의 포기	피해당사자가 상대방에 대한 손해배상청구권의 포기하는 것
	타협과 화해	당사자 간에 교섭을 통하여 우호적으로 양보하여 타협점을 이끌어 내는 해결방법
제3자를 통한 분쟁해결	알 선 (mediation)	제3자적 기관이 개입하여 합리적인 해결방안을 권고하는 것(구속력이 없음)
	조 정 (conciliation)	공정한 제3자를 조정인으로 하여 그 조정인이 제시하는 해결안에 합의하도록 제시하는 것(구속력이 없음)
	중 재 (arbitration)	당사자 간 중재합의에 의하여 제3자인 중재인의 판정에 복종함으로써 분쟁을 해결하는 것(판정결과에 구속력이 있음)
	소 송 (litigation)	국가기관인 법원의 판결에 의하여 강제적으로 분쟁을 해결하는 것(판결결과에 구속력이 있음)

13.2 상사중재

1 상사중재의 의의

상사중재란 분쟁당사자들의 합의(중재계약 또는 중재합의)로 법원의 판결에 의하지 아니하고, 제3자인 중재인에게 부탁하여 중재인의 판정에 복종함으로써 최종적인 해결을 하는 방법이다. 중재의 본질은 당사자의 합의에 의하고 재판을 받을 권리를 포기하며 제3자의 판정에 복종하는 것이다.

우리나라는 1966년 3월 16일 중재법(법률 제1767호)을 제정하여 시행해 오고 있으며, 동법 제1조(목적)에서 '이 법은 당사자 간의 합의로 사법상의 분쟁을 법원의 판결에 의하지 아니하고 중재인의 판정에 의하여 신속하게 해결함으로 목적으로 한다'라고 규정하고 있다.

2 상사중재제도의 장·단점

1) 상사중재제도의 장점

소송과 비교하여 일반적으로 상사중재제도가 가지고 있는 장점으로는 다음과 같은 것들을 들 수 있다.

① 중재계약의 자율성을 들 수 있다. 중재는 당사자들의 자유의사에 의한 합의(중재계약)에 따라 자신들이 선임하는 중재인에게 분쟁을 부탁하고 중재인이 내린 중재판정에 양당사자가 복종하게 하는 제도이다.

② 평화적인 분위기 속에서 이루어진다. 중재는 상호교섭과 양보를 통하여 평화로운 분위기 속에서 진행된다.

③ 중재절차가 비공개된다. 중재절차는 당사자의 의사를 존중하여 비공개적으로 진행된다. 비밀이 대외적으로 누설되지 않아 대외신용의 지속적인 유지가 가능하다.

④ 분쟁해결이 신속하게 이루어진다. 중재는 1심제로 정해진 기간 내에 중재판정이 이루어져 신속하게 해결이 이루어진다. 우리나라 중재법은 제11조 5항에 '중재판정은 중재계약에서 약정된 기간 내에, 또는 중재가 개시된 날로부터 3개월 내에 하여야 한다'라고 규정하고 있다.

⑤ 중재인의 전문성이다. 중재인은 분쟁의 내용과 특성을 신속하게 파악하여 판단할 수 있는 각계의 전문가, 학자 또는 법조계의 인사들 중에서 선정될 수 있다.

⑥ 비용이 저렴하다. 신속성과 단심제로 인하여 비용이 매우 저렴하게 소요되며, 중재절차에 있어 소송제도와는 달리 변호사에 의한 대리제도를 강제하고 있지 않아 당사자가 직접 심문에 출석하여 진술을 할 수 있어 변호사비용이 절약된다.

⑦ 중재판정은 국제적인 효력을 갖는다. 중재판정은 국내에서는 법원의 확정효력판결이 있고 국제적으로는 '외국중재판정의 승인 및 집행에 관한 UN협약(The United Nations Convention on the Recognition and Enforcement of Foreign Arbitral Awards 1958 : New York협약)'에 의해 동 체약국간에는 타국의 중재판정을 호혜원칙에 의하

여 승인하고 그 집행을 보장하고 있다.

2) 상사중재제도의 단점

① 중재인의 법률문제에 대한 판단능력이 미흡할 수 있다. 중재인은 사실문제에 대해서는 전문가로서의 능력을 발휘할 수 있으나, 전문분야가 아닌 중요한 법률문제가 내재되어 있을 경우에는 판단능력에 문제가 있을 수 있다.
② 법적 안정성과 예측가능성이 결여되어 있다. 중재인이 판정할 때 중재인의 자의적인 해석이나 주관적인 판단에 의해 판정의 공정성을 입증하는데 어려움이 있다. 따라서 중재인에 따라서 동일 분쟁도 각각 다른 판정이 내려질 수 있다.
③ 중재인이 당사자의 대리인으로 인식될 수 있다. 각 당사자가 각각 1명의 중재인을 선임할 경우 당사자에 의해 선정된 중재인이 당사자의 대리인으로 생각하는 경향이 있을 수 있다.
④ 상소제도가 없다. 중재는 단심제로 운영되고 있기 때문에 판정을 취소할 만한 중대한 결함이 없는 한 판정에 대한 불복신청이 불가능하다.

3 중재계약

중재제도는 사인간의 분쟁을 법원의 판결에 의하지 아니하고 '당사자의 합의'로 중재에 의하여 신속하게 해결함을 목적으로 한다. 따라서 당사자의 합의는 중재제도의 기초가 되는 것이며, 계약의 성질을 가지고 있다. 이와 같이 분쟁을 중재에 의해 해결하기로 하는 합의를 '중재계약'이라고 한다.

무역거래에서 사용되는 중재조항에는 중재지역, 중재기관 및 준거법이 포함되는데, 현재 대한상사중재원이 권장하고 있는 표준중재조항(standard arbitration clause)은 다음과 같다.

"All disputes, controversies, or differences which may arise between the parties, out of or in relation to or in connection with this contract, or for the breach thereof, shall be finally settled by arbitration in Seoul, Korea in accordance with the Commercial Arbitration Rules of the Korean Commercial Arbitration Board and under the Law of Korea. The award rendered by the arbitrator(s) shall be final and binding upon both parties concerned."
(본 계약으로부터 혹은 본 계약과 관련하여 또는 본 계약의 불이행으로 말미암아 당사자간에 발생하는 모든 분쟁, 논쟁 또는 의견차이는 대한민국 서울특별시에서 대한상사중재원의 상사중재규칙 및 대한민국 법에 따라 중재에 의하여 최종적으로 해결한다. 중재인(들)에 의하여 내려지는 판정은 최종적인 것으로 당사자 쌍방에 대하여 구속력을 가진다)

4 중재절차

1) 중재계약

중재는 중재계약에 대한 합의가 있어야만 가능하다. 따라서 무역계약서상에 별도로 중재 합의에 대한 문언이 약정되어 있어야 한다.

2) 중재신청 및 비용예납

중재에 의해 분쟁을 해결하려고 할 경우 신청인은 대한상사중재원 본부(서울)나 지역본부(부산)의 사무국에 중재비용과 함께 다음의 관련 서류를 작성하여 제출하여야 한다.

- 중재합의서(원본 또는 사본)
- 중재신청서
- 신청의 원인사실을 입증하는 서류(원본 또는 사본)
- 대리인이 신청시 그 위임장
- 신청인 및 피신청인 법인 등기부등본(개인은 주민등록등본)

3) 중재신청의 접수 및 통지

중재신청서가 제출되면 중재합의서, 중재신청서, 중재신청의 취지를 입증하는 서류의 유무, 대리인이 선임된 경우 위임장 등 적합 여부를 확인하고 사무국에서 적합하다고 판단되는 경우에는 소정의 중재비용을 예납받고 접수한다.

4) 답변서 제출

피신청인은 신청인의 중재신청서를 검토한 후 중재신청 접수통지의 수령일(기준일)로부터 국제중재의 경우 30일(국내중재의 경우 15일) 이내에 답변서를 사무국에 제출하여 답변할 수 있다.

5) 중재판정부 구성

중재사건을 판정할 중재인은 분쟁당사자가 직접 작성하거나 중재원에서 추천한 후보 중에서 선임하게 된다. 중재인은 법조계, 학계, 업계 등 각계 권위자로서 최소한 20년 이상 해당 분야에서 경험있고 전문지식, 신뢰성, 성실성, 신망, 판단력 등이 갖추어진 인사로 구성된다.

6) 중재심리

중재판정부는 심리일시, 장소와 방식을 결정하게 되는데 심리일시와 장소가 결정되면 사무국은 당사자에게 심리개시 20일 전(국내중재의 경우에는 10일 전)까지 통보한다. 중재판정부는 양 당사자에게 심리를 시작하기 전에 주장, 증거방법, 상대방 주장에 대한 의견을 기재한 준비서면을 제출하게 할 수 있다.

7) 중재판정

중재판정부는 중재계약의 범위 내에서 계약의 현실이행뿐만 아니라 공정하고 정당한 배상이나 기타의 구제를 명할 수 있다. 따라서 중재계약의 범위를 벗어난 판정은 효력이 인정되지 아니하고 중재판정부는 책임 있는 당사자에게 중재비용의 부담비율을 명하여야 한다. 중재판정부는 당사자 간의 별도 약정이 없는 한 중재심리가 종결된 날로부터 30일 이내에 중재인 과반수의 찬성으로 판정하고 당사자가 합의하면 판정이유의 기재를 생략할 수 있다.

중재판정은 당사자 간에 있어서 법원의 확정판결과 동일한 효력이 있다. 또한 뉴욕협약(외국중재판정의 승인 및 집행에 관한 UN협약)에 따라 외국에서도 중재판정의 승인 및 집행이 보장된다.

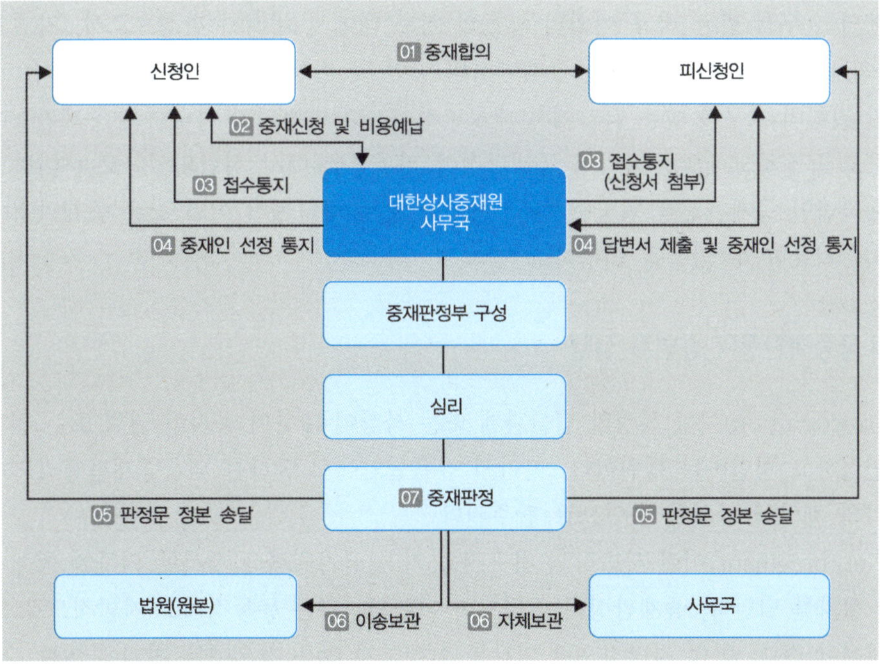

5 뉴욕협약(New York Convention)

1) 뉴욕협약의 의의

뉴욕협약은 1958년 뉴욕의 유엔본부에서 채택된 '외국중재판정의 승인 및 집행에 관한 유엔협약'(The United Nations Convention on the Recognition and Enforcement of Foreign Arbitral Awards)을 약칭하는 것으로 뉴욕에서 채택되었다고 하여 '뉴욕협약'(New York Convention)이라고 부른다. 우리나라는 1973년 2월 8일, 42번째 국가로 이 협약에 가입하여 동 년 5월 9일부터 그 효력이 발효됨에 따라 대한상사중재원에서 내려진 중재판정도 협약체약국가 간에서는 그 승인 및 집행을 보장받게 되었다. 협약 가입시 우리나라는 뉴욕협약 제1조 제3항 규정의 유보조항에 따라 한국법상 상사분쟁에 한하여 이 협약을 적용할 것과 외국중재판정에 대해서는 외국이 이 협약의 체약국인 경우에 한해서 이 협약을 적용할 것임을 각각 유보하였다.

2) 뉴욕협약의 적용범위

뉴욕협약의 주요 내용은 상호주의원칙에 따라 외국에서 내려진 중재판정의 효력을 인정하고 그 집행을 보장하는 것이다. 뉴욕협약 제1조 제1항에서 "이 협약은 중재판정의 승인 및 집행의 요구를 받는 국가 이외의 국가의 영토 내에서 내려진 판정으로서, 자연인 또는 법인간의 분쟁으로부터 발생하는 중재판정의 승인 및 집행에 적용한다. 이 협약은 또한 그 승인 및 집행의 요구를 받는 국가에서 내국판정이라고 인정되지 아니하는 중재판정에도 적용된다"고 규정하고 있다. 따라서 중재판정이 비록 국내에서 성립되었다고 하더라도 준거법이 외국법인 중재판정을 외국중재판정이라고 보는 국가에서 이와 같은 중재판정에도 뉴욕협약을 적용할 수 있음을 인정하고 있다.

3) 외국중재판정의 승인과 집행

승인(recognition)이란 특정한 법률관계 또는 사항에 대하여 공적인 권위 또는 권한에 의하여 인정하고 시인하는 행위이다. 따라서 뉴욕협약에서 말하는 외국중재판정의 승인이란 동 협약의 체약국에 의한 승인으로 간주된다.

집행(enforcement)이란 사법상의 청구권을 가진 국가권력의 행사에 의하여 행해지는 법률상의 절차를 말한다. 중재판정이 내려지면 이행의무자는 능동적이고 자발적으로 그 이행을 행하여야 한다. 만일 자발적으로 의무를 이행하지 않을 경우에는 법원에 의한 강제집행

이 이루어지게 된다. 중재계약이 법원에 의해 집행되기 위한 요건은 다음과 같다.[1)]

① 중재계약이 뉴욕협약의 적용범위 내에 해당되어야 한다.
② 분쟁이 중재계약의 범위 내에 포함되어야 한다.
③ 중재계약의 서면성 요건이 구비되어야 한다.
④ 중재계약이 무효, 실효 또는 이행불능이 되지 않아야 한다.
⑤ 외국판정의 승인이나 집행이 그 국가의 공공질서에 반하지 않아야 한다.

1) 뉴욕협약 제2조 및 제5조

연습문제

1. 주관식문제

1) 무역클레임의 내용을 설명하라.
2) 무역클레임의 종류를 설명하라.
3) 무역클레임의 해결방법과 그 내용을 설명하라.
4) 소송과 중재를 비교하여 설명하라.
5) 상사중재의 장·단점을 설명하라.
6) 중재절차에 대하여 설명하라.

2. 용어해설문제

• 무역클레임
• 마켓클레임
• 알선
• 조정
• 중재
• 소송
• 상사중재
• 중재계약
• 중재인

찾아보기

| ㅅ |

| ㅇ |

| ㅈ |

| ㅎ |

A

B

C

| N |

| O |

| P |

| Q |

| R |

| S |

저자 약력

■ 이신규

- 건국대학교 대학원 무역학과 졸업(경제학박사)
- ㈜아모레퍼시픽 해외사업부 근무
- 관세청 혁신지원단 자문위원
- 관세청 국민체감 우수정책사례 선정위원
- 관세사, 물류관리사 시험출제 및 선정위원
- 한국관세학회 부회장
- 국무조정실 국정과제평가위원
- International Academy for Global Business & Trade(IAGBT) 회장
- University of Nebraska-Lincoln(UNL) U.S.A., Visiting Professor
- 관세인재개발원 외래교수
- 배재대학교 경영대학장
- (현), 배재대학교 글로벌비즈니스학과 교수
- 청운대학교 글로벌무역물류학과 교수
- 관세청 자체제안 심사위원, AEO심사위원
- 관세청 수탁판매기관 지정심사위원
- 중앙공무원시험 출제, 선정 및 면접위원
- 한국창업정보학회 회장

〈주요 저서〉

- 엣센스무역실무, 도서출판 두남
- 국제물류론, 형설출판사
- 무역학원론(공저), 도서출판 두남
- 무역학개론(공저), 도서출판 두남
- Business English, 도서출판 두남
- 국제무역결제론, 도서출판 두남
- 무역영어회화, 도서출판 두남
- 엣센스무역영어, 도서출판 두남
- 무역영어, 도서출판 두남
- International Trade Practice, 도서출판 두남
- 국제통상론, 도서출판 두남
- 국제물류론, 형설출판사
- 국제무역의 이해(공저), 도서출판 두남
- 무역상담영어, 도서출판 두남

무역실무 – 개정4판

초　판 1쇄 발행 —— 2013년 1월 25일
개정판 1쇄 발행 —— 2014년 9월 5일
개정판 2쇄 발행 —— 2015년 3월 15일
개정판 3쇄 발행 —— 2016년 2월 5일
개정2판 1쇄 발행 —— 2018년 2월 20일
개정3판 1쇄 발행 —— 2020년 1월 20일
개정3판 2쇄 발행 —— 2020년 7월 30일
개정3판 3쇄 발행 —— 2021년 2월 1일
개정3판 4쇄 발행 —— 2022년 3월 30일
개정4판 1쇄 발행 —— 2024년 2월 25일

지은이 —— 이 신 규
펴낸이 —— 전 두 표
펴낸곳 —— 도서출판 두남
서울시 강동구 성내로 6길 34-16 두남빌딩
신 고 : 제25100-1988-9호
TEL : 02) 478-2066, 2067
FAX : 02) 478-2068
E-mail : dnbooks@dunam.co.kr
http://www.dunam.co.kr

정가 39,000원

ISBN 978-89-6414-987-4 93320